2011年国家社科基金重大招标项目"构建我国主流价值文化研究（11&ZD021）"最终成果

当代中国主流价值文化及其构建

江 畅 周海春 徐 瑾 等 著

科学出版社
北 京

图书在版编目(CIP)数据

当代中国主流价值文化及其构建/江畅等著. —北京：科学出版社，2017

（道德·价值·文化丛书）
ISBN 978-7-03-050658-0

Ⅰ. ①当… Ⅱ. ①江… Ⅲ. ①社会主义建设-价值论-研究-中国 Ⅳ. ①D616

中国版本图书馆 CIP 数据核字（2016）第 274280 号

丛书策划：侯俊琳　樊　飞
责任编辑：侯俊琳　樊　飞 / 责任校对：张怡君　李　影
责任印制：赵　博 / 封面设计：无极书装

编辑部电话：010-6403 5853
E-mail：houjunlin@mail.sciencep.com

科学出版社 出版
北京东黄城根北街 16 号
邮政编码：100717
http://www.sciencep.com
北京厚诚则铭印刷科技有限公司印刷
科学出版社发行　各地新华书店经销

*

2017 年 1 月第 一 版　开本：720×1000　1/16
2025 年 3 月第五次印刷　印张：37 1/2
字数：750 000

定价：199.00 元
（如有印装质量问题，我社负责调换）

"道德·价值·文化丛书"

编委会

主　编　江　畅　戴茂堂
副主编　李家莲　方　熹
编　委　（以姓氏拼音为序）

陈道德	陈　俊	陈　山	陈占友	方德志
冯　军	冯显德	高乐田	侯忠海	胡向东
黄文红	黄　妍	江传月	江　峰	李斌斌
李　莉	林季杉	刘　丹	罗　超	罗金远
倪　霞	强以华	阮　航	史　军	舒红跃
孙友祥	谭　洁	陶文佳	万明明	王义芳
王　振	吴晓云	吴秀莲	伍志燕	夏建华
谢　军	熊在高	徐　瑾	严　炜	颜昌武
杨爱琼	杨　丹	杨海军	姚才刚	余卫东
余　燕	曾丽洁	张光华	张立波	张　能
张　清	周海春	周鸿雁	周　涛	周　勇

目录

导　论　主流价值文化与中国主流价值文化　　1
　　一、价值、文化与价值文化　　1
　　二、主流价值文化与非主流价值文化　　14
　　三、中国主流价值文化的内涵、特质及其构建　　24

第一章　构建中国主流价值文化的历史必然性　　36
　　一、全球化时代迫切要求构建中国主流价值文化　　36
　　二、构建主流价值文化具有现实紧迫性　　47
　　三、传统价值文化需要创造性转化与创新性发展　　61
　　四、构建主流价值文化拥有坚强的保障和坚实的基础　　72

第二章　中国主流价值文化构建的总体架构　　91
　　一、中国主流价值文化构建的历史方位　　91
　　二、中国主流价值文化构建的基本定向和思路　　107
　　三、中国主流价值文化构建的目标和任务　　126
　　四、中国主流价值文化构建的基本原则和方法　　138

第三章　中国主流价值文化的思想文化来源　　149
　　一、马克思主义是中国主流价值文化的根本　　149
　　二、优秀传统文化是中国主流价值文化的母体　　158
　　三、吸收西方文化的优长是我国文化自强的途径　　180

第四章　中国主流价值文化的终极目标、核心理念和基本原则　　195
　　一、中国主流价值文化的实质和结构　　195
　　二、中国主流价值文化的终极价值目标　　203
　　三、中国主流价值文化的核心价值理念　　211
　　四、社会主义主流价值文化的基本价值原则与价值信念　　237

第五章　中国主流价值文化的作用及国际影响　**250**

一、对非主流文化的主导作用　250
二、对主流文化的规导作用　271
三、对公众的感召作用　276
四、提升中国主流价值文化的国际影响力　290

第六章　核心价值观的培育和践行与主流价值文化的构建　**300**

一、核心价值观培育和践行与主流价值文化构建的一致性　300
二、以核心价值观为核心构建中国价值观　309
三、核心价值观的道德化　316
四、核心价值观的法制化　327
五、核心价值观的政策化　337

第七章　国家治理与主流价值文化构建　**347**

一、国家治理现代化及其与主流价值文化构建的关系　347
二、中国治理体系的历史演进及其现代化的必要性　363
三、全面深化改革与国家治理现代化　374
四、推进国家治理现代化与主流价值文化构建的良性互动　383

第八章　文化生产和文化传播与主流价值文化的构建　**399**

一、文化产品的生产与主流价值文化的建构　399
二、主流价值文化的传播与社会认同　408
三、现代文化传播体系的建构　418
四、营造优秀文化人才脱颖而出的社会环境　426

第九章　教育与主流价值文化的构建　**441**

一、教育对于构建主流价值文化的重要作用　441
二、主流价值文化教育与其他教育形态的关系　451
三、主流价值文化教育应遵循的基本原则　469
四、推进主流价值文化教育的主要举措　480

第十章　当代中西主流价值文化构建之比较　**490**

一、比较与超越　490

二、构建背景、历程与基础之比较　　503
　　三、不同的构建路径与方式　　516
　　四、所构建的价值文化内容的异与同　　524
　　五、两种价值文化的不同性质及比较优势　　535
　　六、比较的启示　　551

结语　中国价值文化的创造性转化及愿景　　563
　　一、创造性转化的发生　　563
　　二、创造性转化面临的主要难题　　566
　　三、创造性转化的愿景　　569

附录　　573
　　一、2011年国家社科基金重大招标项目"构建我国主流价值
　　　　文化研究（11&ZD021）"项目及其成果简介　　573
　　二、2011年国家社科基金重大招标项目"构建我国主流价值
　　　　文化研究（11&ZD021）"阶段性成果目录　　578

后记　　588
丛书编后记　　589

导　论　主流价值文化与中国主流价值文化

构建中国主流价值文化，首先必须弄清楚中国主流价值文化是什么，而要弄清这个问题，需要了解什么是主流价值文化、什么是价值文化、什么是文化、什么是价值。对这些问题没有一个明确的概念，我们的构建就会是盲目的。而且对价值、文化、价值文化，以及主流价值文化，见仁见智，莫衷一是。因此，我们需要对这些概念进行疏理和澄清，并明确表达我们的基本看法。

一、价值、文化与价值文化①

价值不是某种事物，而是事物的有意义的性质，这种性质常常通过其影响其他事物的功能体现出来。一般来说，价值的主体是人（人类个体、群体、整体），对人有意义的事物被认为是有价值的。然而，价值并不是自明的，不是通过感官可以直接感知的。什么事物对人有价值，需要人根据自身的需要来判断。判断在相当大的程度上是主观的，因而一方面人们的价值判断以及在判断基础上形成的价值观，可能与事物本身具有的对于人的价值不一致，另一方面因人自身的需要不尽相同，而人们对事物价值的判断以及在此基础上形成的价值观也不尽相同，于是就有了不同群体、不同个人的价值观。文化一般来说就是不同群体形成共识的价值观现实化的结果。文化总是群体性的生存范式，其精髓和灵魂是群体的价值观，而由于不同群体有不同的价值观，因而作为其体现的文化也不尽相同。所谓价值文化，就是一定群体所认同的价值观得到了现实化所形成的那种文化。因此，价值文化与其他文化不同，它是一定群体价值观的直接体现。如果说价值观是一种文化的精髓和灵魂，那么价值文化就是一定文化的本质内涵，它决定着一种文化的性质，也因而成为一种文化区别于其他文化的主要标志。

（一）价值与文化

人类自从有了意识和自我意识之后，就有了诸如好坏（善恶）、得失、利害、美丑之类的价值观念和概念，近代西方经济学还大量使用了"价值"概念并讨论了诸多经济价值问题。但是，人类形成涵盖各种具体价值的一般价值概念是相当晚的事。一般认为，是德国哲学家洛策（R. H. Lotze，1817～1881）和尼采（F. W.

---

① 本部分曾作为阶段性成果收入《论价值观与价值文化》（科学出版社2014年版）中作为第二章，题目为《论价值、文化与价值文化》。

Nietzsche，1844～1900）第一次将"价值"（value）概念从经济学中引入哲学，使价值成为具有普遍意义的哲学概念。稍后的奥地利哲学家布伦塔诺（F. Brentano，1837～1917）及其学生迈农（A. Meinong，1853～1921）和艾伦菲尔斯（C. Erhernfels，1850～1932）更试图建立一般价值论，以研究统摄所有具体价值的一般价值。

"价值"一词的形容词是"有价值的"（valuable），这个形容词所表达的是事物所具有的价值性质。由于价值总意味着某事物的价值，因而当我们谈到价值时，所意指的是某事物是有价值的。这里就存在着意义的分歧："有价值的"是指"X对于……是有价值的"呢，还是指"X本身就是有价值的"呢？在前一种意义上，"有价值的"是"对于……有价值"（valuable for），在后一种意义上，"有价值的"是"自身有价值"（valuable in itself）。如果我们把价值看作是对于人而言的，那么很显然，"对于……有价值"具有相对的、主观的意义，而"自身有价值"则具有绝对的、客观的意义。

这种意义的分歧并不只是理解上的差异，而是涉及对价值理解的一个重大的、也是根本性的分歧：价值存在于哪里？或者说，我们应该根据什么断定一个事物是有价值的？在这个问题上，长期以来存在着以下三种不同的基本看法：第一种看法认为价值存在于事物本身，是事物本身的属性。根据这种看法，价值是事物自身具有的，完全不取决于人是否需要、追求、享受和评价它，甚至独立于上帝的意志之外。第二种看法认为价值取决于人，是人的需要或欲望所指向的对象。根据这种看法，事物本身不具有价值，某物之所以有价值是因为它为人们所追求或使人得到满足，因而价值主要取决于人的需求，离开了人，世界上根本不存在什么价值。第三种看法认为价值存在于人（主体）与客体（事物）的关系之中，是主体与客体之间的需要与满足关系。根据这种看法，价值既不取决于主体，也不取决于客体，而是存在于客体的属性或功能等（统称为"意义"）与主体需要之间的一致性关系之中。这种观点与第一种观点没有什么实质性区别，因为它同样把人的需要看作是价值的首要条件，同样承认价值必须有载体。在上述三种看法中，把价值看作是事物本身独立自存的属性的客观主义，在理论上是难以成立的。因为人们所说的价值都是相对而言的，一个孤立的事物只有各种不同的属性和功能，无所谓价值，只有当它与另一个事物发生了关系，它才具有了价值的性质。我们说一个事物有价值，并不说这个事物本身具有价值，而是说这个事物对于别的什么事物具有价值。价值就存在于这种"对于"之中。价值主观主义看到了价值的这种"对于"性质或相对性，这是合理的。但是，这种观点把价值仅局限于人，无法解释世界中普遍存在的价值现象，而且会得出许多与常识、科学相违背的结论。

价值是普遍存在的，但在人这里有其特殊性。对于人而言，价值一般地说也是事物对于人的意义，这种意义可以通俗地表述为"有用性"。但是，由于人具有意识和自我意识，具有自主性，能意识到自己需要什么，并能将需要转变为对对象的欲望，因而只有那种能满足欲望的对象才被看作是有价值的。能作为满足欲望对象的事物对于人是具有有用性的，但对于人具有有用性的事物并不都能成为欲望的对象。只有一个事物能成为欲望的对象，并能满足欲望，它才具有价值。因此，对于人来说，价值不仅取决于事物对于人的有用性，还取决于人对事物的欲望，取决于事物与欲望之间的契合性。事物是价值的载体，需要或欲望是价值的根据，事物与欲望之间的契合性是价值的实质。一个事物是否有价值及其价值大小就看该事物能否满足欲望以及满足欲望的程度。在这里，价值有三个要件：一是事物的有用性，二是欲望的指向性，三是事物对欲望的满足性。这三个要件就构成了价值的基础。虽然我们可以在一般意义上说价值就是一事物对另一事物的有用性，但对于人来说，价值则是人的欲望所指向的、能满足人的欲望的事物的有用性。不过，"X是有价值的"＝"X对于……是有价值的"这个结构式表明，价值无论在什么意义都是相对的，而不是绝对的。宇宙中不存在任何独立自存的价值。

　　在日常生活中人们会对各种事物形成不同的观点或看法（价值判断），这些观点或看法会逐渐转化为人们的价值观念，即"人们在关于各种事物所具有的各种价值的观点或看法基础上所形成的对这些事物所具有的这些价值的信念"[①]。价值观念是人们在进行价值判断和选择过程中自发起作用的标准，也是人们确立价值取向和追求的范型和定势。在人们进行价值判断和形成价值观念的过程中，也会逐渐形成用以判断事物是否有价值及其价值大小的总体性的、根本性的看法，这就是我们通常所说的价值观。价值观不是通常所理解的价值观点或看法，而是价值观念；它又不是某种具体的价值观念，而是总体性的、根本性的价值观念。与各种具体的价值观念不同，价值观是人们在进行价值判断和选择过程中自发起作用的根本标准和终极尺度，它自发地从根本上规定着人们的价值取向和价值选择。因此，价值观是人生存发展之根本，对于人具有指南针和方向盘的决定性意义。

　　个人是价值的主体，群体（包括各种组织、国家、民族，乃至整个人类）也是价值的主体。价值不仅具有属个人性，也有属群体性。因此，不仅不同的个人有不同的价值观，不同的群体也有不同的价值观。在各种不同类型的群体的价值观中，人类生活的基本共同体的价值观具有特别重要的地位和作用。所谓"人类生活的基本共同体"是指给人们提供基本生存保障（包括衣、食、住、行、安全等）的共同体，即通常所说的"社会"。在人类历史上，基本共同体是变化的。在原始社会，氏族、部落是人们的基本共同体，后来民族成了基本共同体，近代以来，国家逐渐成为了人类的基本共同体，今天人类的每一个人成员几乎都生活在国家之中。基本共同体的成员由于长期生活在一起，有共同的语言和生活习惯，有共同的理想、追

[①] 江畅：《理论伦理学》，湖北人民出版社2000年版，第51页。

求,有共同的利益和价值诉求,因而就会形成共同的价值观。基本共同体的管理者(统治者)为了维护共同利益和社会秩序也会推行和倡导某种共同的价值观。当然,也存在着统治者将自己的利益和价值观披上共同体外衣的情况,但一个基本共同体总有某些共同的利益,以及对统治者推行和倡导的价值观的某种程度的认同,否则共同体就无法存在下去。这就是历史上人类基本共同体之所以总有某种占统治地位的价值观的原因之所在。

在一定基本共同体中,按照共同体普遍认同的价值观或统治者所强制推行的价值观所形成的社会现实,就构成了该共同体的独特文化。到目前为止,人类文明社会的文化都是不同民族、国家的文化,或者不如说是不同基本共同体的文化。文化历来都是特定基本共同体的,尚不存在整个人类普遍认同的文化,因为就整个人类而言,迄今没有普遍认同的价值观,也没有管理者强力推行的某种价值观。"文化是一个在特定时空发展起来的历史范畴。世界上不存在超越时空的文化。"[①]每一基本共同体的独特文化不只是与域外文化不同,而且也区别于基本共同体特定阶段以前的文化。例如,西方国家根据资本主义价值观所形成的资本主义文化,不仅不同于社会主义文化,而且也不同于西方中世纪的文化。"不同民族在不同的生活环境中逐渐形成各具风格的生产方式与生活方式,养育了各种文化类型;同一民族又因生活环境的变迁和文化自身的运动规律,在不同历史阶段其文化呈现各异的形态,所谓'文变染乎世情,兴废系于时序'。前者是文化的民族性(或曰地域性),后者是文化的时代性(或曰阶段性)。"[②]

亨廷顿指出:"'文化'一词,在不同的学科中和不同的背景之下,自然有着多重的含义。"[③]大致上说,文化可以是严格意义上的文化,这种意义的文化指的是社会文化体系意义上的"文化";文化也可以是宽泛意义上的"文化",这种意义的文化不仅指严格意义上的文化,而且指风俗习惯、日常生活方式等。前者如"近现代资本主义文化"、"中国特色社会主义文化"、"基督教文化"、"佛教文化"等,这类文化的共同特点是一定的系统价值观的现实化;后者则还包括并非系统价值观的现实化,如"岭南文化"、"服饰文化"、"饮食文化"等。前一类文化有两个要件:一是系统的价值观,二是这种价值观的现实化。在人类历史上,有许多思想家建立了系统的社会价值观,但它们并没有被现实化,这种价值观虽然也属于思想文化的范畴,但并不是我们这里所说的文化。只有当一种价值观变成了社会现实,成为了社会现实后并对社会现实起规范作用的价值体系,它才是严格意义上的文化。文化作为价值观在社会实践过程中逐步得以现实化的结果,既包括人类创造和生产的各

---

① 冯天瑜、何晓明、周积民:《中华文化史》,上海人民出版社1990年版,第2页。
② 冯天瑜、何晓明、周积民:《中华文化史》,上海人民出版社1990年版,第2页。
③ [美]亨廷顿:《文化的作用》,[美]亨廷顿、哈里森:《文化的重要作用——价值观如何影响人类进步》,陈克雄译,新华出版社2010年第3版,第8页。

种产品，也包括人类自身特别是心智的不断改进。文化是人类活动对象的人类化，也是人类活动主体自身的教养化。文化就其实质而言是价值观，而就其形式而言是人类创制的各种产品以及人类自身的不断完善。

一定基本共同体的独特文化，并不是该共同体文化的全部。除此之外，基本共同体的文化还包括本共同体以前的文化遗产，以及各种流入的外域文化。这三者加在一起构成一定共同体的全部文化。例如，西方中世纪的基督教文化就作为文化遗产存在于近现代西方社会；当代中国社会流行着不少流入的西方近现代文化因素，如市场经济、代议制政治等。然而，对于一定基本共同体来说，其独特的文化才是真正属于它自己的文化。这种文化通常是成体系的，因而基本共同体的独特文化就是它的文化体系，而正是这种文化体系构成了人类文化的不同形态，体现了不同基本共同体的独特文化个性。

在人类历史上，文化有很长一段时期是自发形成的，但伴随着人类文明的进步和人类智力水平的不断提高，文化越来越成为人类自觉构建的结果。这主要体现在：首先，作为文化精髓的价值观越来越理论化，成为思想家经过学术探索和理论论证的结果。不言而喻，这种经过探索和论证所形成的价值观比自发形成的价值观会更科学、合理，更有逻辑力量，作为其现实化结果的文化通常会更先进、更优秀。其次，社会统治者越来越自觉地进行顶层设计，将理论的价值观转换成社会结构及其运行的蓝图，运用法律制度、政策措施等来推行其实现。由此形成的文化因而越来越鲜明地打上了人类意志的印记。今天人类的文化已然成为人为的，属人的，为人的。最后，越来越发达的教育，一方面提高了整个人类的文化素质和专业能力，另一方面又使人类有更强的能力创制满足人类需要的各种产品和服务，包括文化产品和服务。这使得人类的产品和服务越来越丰富，也使得人类的综合素质和专业能力不断得到提高，人类种族相应得到优化。

（二）文化与价值文化

一个基本共同体的独特文化是成体系的，或者说是以文化体系的形式存在的。按照冯天瑜先生的观点，文化可粗略地划分为技术体系和价值体系两极。"技术体系指人类加工自然造成的技术的、器物的、非人格的、客观的东西；价值体系指人类在加工自然、塑造自我的过程中形成的规范的、精神的、人格的、主观的东西。而技术体系和价值体系又经由语言和社会结构组成文化统一体。这个统一体便是广义文化。"[①]从文体形态看，文化是一个包括内核和若干外缘的不定形的结构整体，从外到内，约略分为几个层次：①物态文化，它是由人类加工自然事物创制的各种器物构成的，是可触知的具有物质实体的文化事物。物态文化构成整个文化创

[①] 冯天瑜、何晓明、周积民：《中华文化史》，上海人民出版社1990年版，第27页。

造的物质基础和条件。②制度文化，它是由人类在社会实践中约定俗成或制定的各种社会规范构成的，包括各种制度、规章、法律、法规等等。制度文化构成整个文化有序运行的保障机制。③行为文化，它是由人类在社会实践，尤其是人际交往中约定俗成的习惯性定势构成的，是以风俗习惯、道德风尚等形态出现的见之于动作的行为模式或习性。行为文化是决定文化体系整体状况的关键因素。④心态文化，也可大致上称为"观念文化"、"精神文化"和"社会意识"等①，它是由人类在社会实践和意识活动中逐渐形成的思维方式、价值观念、审美情趣、人生态度等主体因素构成的，包括社会心理和社会意识形态两个层次。社会心理指人们日常的精神状态和道德风貌，是尚未经过理论加工和艺术升华的流行的大众心态，诸如人们的欲望、愿望、兴趣、情绪等；社会意识形态则是指经过系统加工的社会意识，它们是由社会的专门家对社会心理进行理论的或艺术的处理的，曲折同时也更深刻地反映社会存在，并以物化形态（如书籍、绘画、雕塑等）固定下来，使之得以传播开来并流传下去。心态文化是文化的灵魂和精髓，从根本上决定着文化的性质和面貌。②

价值文化并不属于文化体系中的一个特定层次或特定子体系，它是作为心态文化的价值观念的现实化，而且不是某种具体的价值观念的现实化或所有价值观念的现实化，而是那种根本的总体的价值观念即价值观的现实化，也就是价值观现实化为社会制度、行为方式和物质实体，并渗透到社会心理和社会意识形态之中。价值观是一种价值观念，属于观念文化的范围，同时价值观又不是单一的，而是成体系的，是一种观念的价值体系。因此，作为价值观现实化的价值文化，就是作为观念的价值体系（即价值观）现实化为现实的价值体系。价值文化不是单纯的观念价值体系，观念价值体系是观念文化，而不是价值文化；它也不是单纯的现实价值体系，因为在社会现实中，实际的价值体系与观念的价值体系并不完全相符。一方面，存在着一个现实价值体系不断趋近观念价值体系的过程，另一方面在构建现实价值体系的过程中也会发生根据社会实践的变化而改变观念价值体系的情形。因此，价值文化是观念价值体系构建与现实价值体系构建的交互作用的动态结果。

价值文化的本质内容是价值观，价值观对于价值文化具有决定性意义。有价值观才有与之相应的价值文化，没有价值观也就不会有与之相应的价值文化。价值观是一种价值文化的根本规定性，也是一种价值文化区别于另一种价值文化的根本标志。但是，价值观并不等于价值文化。价值文化作为价值观的现实化，体现在社会现实的各个方面。其中最主要的有以下四个方面：

第一，价值观已成为社会的占统治地位的意识形态的核心内容。通常认为，意

---

① 这几个概念的关系较为复杂，这里不作辨析，在大致相同的意义上使用。
② 冯天瑜、何晓明、周积民：《中华文化史》，上海人民出版社1990年版，第81～82页。

识形态是社会意识的高级形式，所指的是存在于各种社会意识形式中的、具体的、历史的思想体系。①社会意识的形式多种多样，其中包括艺术、道德、政治思想、法律思想、宗教、哲学等形式。意识形态不仅体现于各种意识形态形式之中，而且也往往对这些形式的思想加以概括总结，将其凝炼成一种理论形态的综合思想体系。例如，作为无产阶级意识形态马克思主义，就是一种包括马克思主义哲学、经济学、政治理论内容的综合思想体系。在阶级社会里，由于人们的阶级地位和阶级利益不同，在同一社会的社会关系里，会形成不同的思想感情、愿望要求、习惯风尚和道德观念，会有不同的以至根本相反的意识形态。在经济上和政治上占居于统治地位的阶级，其意识形态也必然居于统治地位。②意识形态的意义在于它是一个阶级或社会的理论依据和指导思想。一种价值观成为了价值文化，意味着它已经成为意识形态的核心内容，成为了思想体系的主导观念。从这种意义上看，社会统治者推行某种价值观，这种价值观并非因此而成为了价值文化，只有当它渗透到了占统治地位的意识形态各种形式之中，成为其中的主导观念，并成为占统治地位思想体系的核心内容，才能说它成为了价值文化。

第二，价值观已积淀成社会心理，尤其是成为公众认同的共同理想和信念。社会心理是一种低层次的社会意识，它直接与日常社会生活相联系，是一种不系统的、不定型的、自发的反映形式，表现为感情、风俗、习惯、成见、自发的倾向和信念，③尤其是表现为社会公众个体的价值观。价值观成为价值文化的另一个重要标志，就是它已经深入人心，为社会公众所普遍认同。公众已经将这种价值观内化为理想、信念，乃至品质和行为准则。也就是说，这种价值观已经成为作为社会心态文化的社会心理，成为全社会普遍认同的共同理想和信念。这是一个价值"入心入脑"的过程，因而与成为社会意识形态相比较，价值观成为社会心理的难度更大，而且需要更长的过程。

第三，价值观已经被制度化。法律和制度是现代社会控制的主要手段，要使价值观转化为价值文化，必须使价值观体现在社会的制度体系之中。只有这样，价值观才能有效地转化为心态文化、行为文化、物态文化，以至制度体系本身。制度化指社会管理是通过制度实现的，并被纳入制度的框架之内。在现代社会，制度中的一些重要方面被法规化和法律化，因此制度化涵盖法规化、法律化，法规化、法律化不过是制度化的特殊形式。价值观制度化，指的是社会所有的制度都是根据价值观制定的，价值观的要求充分体现在制度之中。现

---

① 参见李秀林、王于、李淮春：《辩证唯物主义和历史唯物主义原理》，中国人民大学出版社1982年版，第367页。
② 参见艾思奇：《辩证唯物主义历史唯物主义》，人民出版社1961年版，第311页。
③ 参见李秀林、王于、李淮春：《辩证唯物主义和历史唯物主义原理》，中国人民大学出版社1982年版，第360页。

代社会价值观制度化，要求以价值观为指导建立完善、严密、成体系的制度体系。这种制度体系不仅有规则方面的制度，而且有程序方面的制度；不仅有规范方面的制度，而且还有制约机制方面的制度。价值观制度化意味着价值观已经成为制度文化。

第四，价值观已成为社会制定政策措施，进行管理决策的体制机制，并转化为社会风尚和公众普遍奉行的行为模式。社会生活复杂多变，除了需要法律制度加以控制之外，还需要社会管理者根据变化的情况制定政策措施并适时作出决策，以处理日常事务。价值观成为价值文化意味着社会已经根据价值观的基本原则建立了制定政策措施和作出决策的体制和机制，这种体制和机制能有效地约束社会管理者行为，使之不偏离价值观的基本要求。价值观已经成为价值文化，也意味它已成为社会风气，不仅转化成党风、政风，也转化成民风，成为社会公众的行为习惯。整个社会形成了以价值观为评价依据的舆论氛围，社会公众对于与之一致的行为给予颂扬，对于与之相悖的行为给予谴责。这就是说，价值观已经转化为社会的行为文化。

如果说价值观是价值文化的根本标志，那么可以说，以上四个方面是一种价值文化的基本标志。确立了一种价值观，并且这种价值观已经在上述四个方面得到了较充分的体现，那么可以说一种价值文化已经形成。因此，以上四个方面也就成了我们用以衡量一种价值观是否已经成为价值文化的尺度。

价值观是变化的，不同的社会形态有不同的价值观，同一社会形态的价值观也会发生变化，甚至发生大的变化，这即是通常所谓的观念更新。伴随观念更新而来的是价值文化的革故鼎新。然而，文化具有积累性。价值观变了，价值文化乃至整个文化体系都会相应地发生变化，但变化的速度和程度不相同。在通常情况下，制度文化变化相对较快，因为当价值观变了，明智的社会管理者会根据变化的价值观随即制定相应的法律制度。心态文化和行为文化变化的情形比较复杂。那些社会的先知先觉者的观念和行为模式可能变化得较快，而一般社会公众这方面的变化就要缓慢得多，甚至还会有一些对旧价值观和旧文化忠贞不渝的坚守者。至于物态文化变化却不是确定的，有时变化得很快，有时变化得很慢。例如，西方中世纪基督教价值观取代古罗马奴隶主义价值观后很长一段时间，社会的物态文化变化并不大，而近代西方资本主义价值观取代基督教价值观后，社会物态文化发生了很大的变化。我国改革开放后，中国特色社会主义价值观的确立也给中国社会带来了翻天覆地的变化。这种快慢的变化取决于新的价值观是否更有利于社会生产力的发展，是否有利于调动社会成员的积极性。

在新价值观取代旧的价值观后，原来的文化会作为传统程度不同地遗存下来，影响新的文化，其中特别重要的是价值观。同时，人类的基本群体（当代主要是国家）不同，价值观及作为其现实化的文化也不同，因而不同基本群体的价值观和文化是会相互作用和影响的，但那种强势价值文化的作用力和影响力更大。因此，相对于价值观新旧变化而言，文化的新旧变化更为复杂，其变化过程受到制约的因素更多。

（三）价值文化与价值观及价值体系

价值文化就是价值观的现实化，即作为观念的价值体系（即价值观）现实化为现实的价值体系。它是观念价值体系构建与现实价值体系构建的交互作用的动态结果。那么，我们就需要进一步具体分析价值观、价值体系及其与价值文化的关系。

通常认为，价值观是人们关于价值的最一般看法或总的根本的看法。这种观点不仅过于抽象，而且也不准确。前面我们已经说过，价值观实际上是一种价值观念，是那种根本的总体的价值观念。这种价值观念不是一种单一的价值观念，而是一种价值观念的体系，或者说观念的价值体系。当然，这种观念价值体系在不同的主体那里的情形是不同的。在个人那里，观念价值体系通常是不完整的，也不一定是自洽的或前后一贯的。在许多群体那里也是如此，如直到今天的人类群体都没有完全系统的观念价值体系。然而，在基本共同体那里，观念的价值体系通常相对比较完整系统。之所以如此，是因为基本共同体包括了人类生活的各个方面，如果没有一种较为完整系统的观念价值体系，也不可能有较为完整系统的现实价值体系，基本共同体就无法存续下去。

一种完整的价值观作为观念的价值体系，是由不同维度、不同层次的子体系构成的。从不同维度看，观念价值体系包括经济价值体系、政治价值体系、文化价值体系、社会价值体系、生态价值体系等子体系。从不同层次看，观念价值体系包括目的价值体系、手段价值体系、规则价值体系、制约机制价值体系等子体系。在所有这些不同层次、不同维度的价值体系之中，还有一个作为其中心或核心的体系，这即是我们现在常说的核心价值体系。核心价值体系包括三个基本层次，即终极价值目标、核心价值理念和基本价值原则。终极价值目标是旗帜，是航标，具有形成共识、鼓舞人心、凝聚力量的重要作用。核心价值理念是终极价值目标的具体化，也是社会共同理想的体现或简明精炼的表达，它是信念，是动力。基本价值原则是实现共同理想及其核心价值理念所必须遵守、不可违背的基本要求，是社会管理各项工作必须遵循的准则，也是检验各项管理工作是否正确有效的尺度。基本价值原则是立国之本，是一种价值体系不同于其他价值体系的最显著标志。在整个价值观体系之中，核心价值观核心、灵魂，是一种价值体系区别于另一种价值体系的根本规定性。正如习近平同志指出的："人类社会发展的历史表明，对一个民族、一个国家来说，最持久、最深层的力量是全社会共同认可的核心价值观。核心价值观，承载着一个民族、一个国家的精神追求，体现着一个社会评判是非曲直的价值标准。"①

一个社会的价值体系就是以其核心价值体系为核心的不同层次、不同维度的价值体系构成的庞大的复杂价值体系。一般地说，核心价值体系是价值体系的核心，也可以说是灵魂，而具体价值体系是它的具体化。如果说核心价值体系是心脏，那么具体价值体系及其要素就是血脉网络。不言而喻，心血管系统不只是指心脏，也包括脉络；社会价值体系同样不只是指核心价值体系，也包括具体的价值体系。核心价值体系与具体的价值体系是相互依存、不可分割的，否则就无所谓真正意义的核心价值体系。更重要的是，如果只有核心价值体系，而没有具体价值体系，核心价值体系的价值追求和要求就不能传达到现实的社会生活；这就犹如只有心脏而没有血管系统，养分就不能输送到身体的各个部分一样。②

一种完整系统的价值观就是一种观念的价值体系，它的现实化就是现实的价值体系。因此，一种观念的价值体系与其现实化的现实价值体系基本上是同构的，两者之间具有程度不同的一致性。但是，观念价值体系变为现实价值体系的情形很复杂，两者之间同构的情形、一致性的程度存在着很大的差别。

首先，并非总是在观念价值体系完全构建好了再现实化，而常常得边从事理论构建边从事现实构建，因而会出现不成功的情形。这种"边研究边设计边施工"的构建方式存在着诸多问题。其中最严重的问题是由于研究不深入、不充分，设计不合理、不完整，致使现实构建走弯路，甚至推倒重来。例如，在中国现代史上，孙中山所提出的"三民主义"就属于这种情形。"旧三民主义"还没有在理论上构建完成，就启动现实构建，很快又提出一种完全不同于"旧三民主义"的"新三民主义"。而"新三民主义"在更缺乏充分的论证、缺乏实施方案的情况下匆忙实施，导致价值观及其现实化陷入混乱，最终不得不退出历史舞台，为社会主义所取代。

其次，价值观现实化有一个过程，在这个过程中有存亡兴衰的情形。价值观现实化的过程常常是社会变革的过程，伴随着新旧价值观的斗争，而且还可能有其他价值观试图争夺主导的地位。在这种情况下，如果新价值观不具有强大的生命力，如果其构建不是强有力的，新价值观就难以顺利地构建。其结果可能有多种情形。在最好的情况下，新价值观虽然最终得以现实化，但经历了一个漫长的艰难过程。这种情形在历史上是常见的。基督教价值观从教父哲学家使之系统化到在西欧最终取得主导地位，至少经历了半个世纪。近代西方资本主义价值观从启蒙思想家系统提出和阐释到资产阶级革命使之现实化也花了约两百年时间。在最糟糕的情形下，新的价值观由于种种原因最终没有得以现实化。春秋战国时期，诸子百家中多

---

① 习近平：《青年要自觉践行社会主义核心价值观——在北京大学师生座谈会上的讲话》，《人民日报》，2014年5月5日。

② 参见江畅：《论全面构建社会主义价值体系》，《社会科学科学战线》，2014年第3期；《培育和践行社会主义核心价值观与中国价值观构建》，《思想理论教育》，2014年第4期。

家（如儒家、道家、墨家、法家等）提出并阐释了不同于以往的新价值观，但只有儒家价值观才最终得以现实化，法家价值观的现实化只是昙花一现，而其他诸子的价值观均没有现实化为全社会的价值体系。

再次，价值观现实化过程中由于种种因素的影响会发生"种瓜得豆"的变异情形。理论和系统的价值观通常是思想家提出的，而将其现实化主要是政治家的事情。这种价值体系理论构建与现实构建相分离的事实常常会引出现实化的价值体系偏离了原来的观念价值体系。这种偏离可能是部分的，也可能是整体的，而部分的偏离更常见。在基督教早期思想所设想的价值观中，有上帝之城与世俗之城的区别，也要求人们过宗教生活，而这些思想现实化的结果却是建立了遍及西欧的天主教教会统治。马克思的"以每个人全面而自由发展为原则"的共产主义社会，在苏联却成为了"极权主义"的社会主义社会。导致这种情形有政治家对思想家思想的理解问题，也有客观条件的限制问题，还有政治家的某种私利考虑的问题。基督教价值观现实的变异，主要是僧侣阶级为谋求本阶级利益导致的，而马克思主义价值观在苏联发生变异原因与当时新生的社会主义面临的险恶环境有关。

最后，并不是每一种价值观都可以完全现实化，有的价值观直到它被否弃都没有完全现实化。这种情形与前一种情形的不同之处在于，统治者从主观愿望上说希望将价值观完全付诸实施，但尽管作了持续的努力，但最终只是其中的部分得到现实化。最典型的要算中国宗法地主专制社会①。中国宗法地主专制社会的主导价值观是儒家价值观，这种价值观在现实化的过程中发生了很大的异变，从一种等级主义价值观变成了一种专制主义价值观。中国宗法皇权专制时代的许多君王确实作过很多努力，试图使儒家价值观得以现实化，但从来没有实现儒家"老吾老以及人之老，幼吾幼以及人之幼"的仁爱祥和的大同社会理想。导致这种情形的原因，也许主要是历史条件的限制。在以自然经济为基础的落后社会条件下，再好的价值观都会发生变异，即使像儒家价值观这样的与这种社会条件基本相适应的价值观，其中脱离现实的内容也不可能现实化。

以上这些情形表明，观念价值体系与现实价值体系的同构通常充其量只是大致上的，两者之间的一致性也只有不同程度。不过，一般来说，除了社会条件状况以及构建的有效性之外，价值观越科学、越正确、越完整、越系统、越具有可行性，越有可能现实化。因此，要形成理想的价值文化，构建科学、正确、完整、系统、可行的价值观是至关重要的，否则无论如何用力进行实践构建也无济于事，甚至起

---

① 过去通常将先秦或汉代至清代看作是中国的封建社会，冯天瑜教授对这种观点提出了质疑，并提出以"宗法地主专制社会"代替"封建社会"作为这段时期中国社会形态的名目，秦至清两千余年可简称为"皇权时代"（参见冯天瑜：《"封建"考论》，武汉大学出版社2006年第1版，中国社会科学出版社2010年修订版），他的批评引起了广泛的关注。笔者认同这种看法，并据此将汉代到清代这段历史时期统称为宗法地主专制主义时代，而将从夏代到西周这段历史时期称为宗法等级封建主义时代。

反作用。

（四）价值文化的存在形态

从人类历史看，在一个基本共同体范围内，价值文化有三种主要的形态：其一，"大一统"的价值文化形态；其二，"各自为政"的价值文化形态；其三，"主流－非主流"的价值文化形态。我们可以具体分析一下这三种形态各自产生的原因、利弊得失及其社会后果。

传统社会的价值文化形态基本上都是"大一统"的价值文化形态。其突出特点是，实现唯我独尊的文化专制主义，对社会推行的价值观之外的一切价值观实行压制甚至剿灭政策。罗马帝国统治、西方中世纪的基督教教会统治、中国宗法地主专制朝代都是这样的价值文化形态的典型，而中国历史上秦朝的"焚书坑儒"和清朝的"文字狱"，西方中世纪后期的"宗教裁判所"，则是这种价值文化的极端事例。实际上，绝对的"大一统"是很难实现的，在中国专制主义时期就存在着道教文化、佛教文化，西方中世纪也存在着异教、异端思想，只不过其存在是受到严格限制的，没有合法性，统治者可以随时对其进行打压。

"大一统"的价值文化形态的存在有其历史必然性。进入文明社会后建立的社会几乎都是由不同的小社会组成的。这些小社会有着自己的社会价值观（尽管可能是不自觉的），有着自己的特殊文化。由它们组成的新的社会因而客观上存在着不同的文化和不尽相同的社会价值观。历史上新社会的建立基本上都是通过武力的途径实现的，取得战争胜利的统治者为了维护自己的统治并实现自己的利益，必然会将自己的价值观强加给全社会，构建体现其价值观的文化。他们在这样做的过程中，常常通过极端的手段（如秦始皇实行的"焚书坑儒"政策、中世纪天主教会的"火刑"措施）压制以至剿灭一切与其不一致的文化及其价值观。当然，有时候统治者还会采取教化的政策，使被统治者心甘情愿地放弃自己的价值观和文化。其结果，社会就会形成一种文化一统天下的情形。由此看来，传统社会采取这种形式常常是难以避免的。这是因为，传统社会的统治者都是通过暴力手段建立自己的统治的，而且这种统治的终极目的是实现统治者的利益。为此，他们必须压制反映被统治者利益的价值观和文化，使之无法在自己的统治下存在下去。

历史事实表明，一种价值文化一统天下是一种弊多利少的价值文化形态。首先，社会为了压制非推行的价值文化、实现价值文化一统，要花巨大的社会成本或代价。一种价值文化一旦形成，就具有其相对独立性和生命力，要使之完全泯灭，则要耗费大量的人力、物力和精力。其次，社会在压制非推行的价值文化的同时，也压制了信奉其价值观的人对社会的认同以及建设社会的积极性和热情，甚至导致严重的对立情绪和斗争。这对于社会的稳定和发展是有害的。再次，对非推行的价值文化的过度压制必然导致社会文化缺乏活力以致衰败。历史上实行文化专制主义的社会，其结果都逃不出文化从单一走向枯萎的命运。更糟糕的是，尽管社会花费了巨大的成本，但非推行的价值文化并不会因此而销声匿迹，相反会程度不同地存在，一有机会就会与推行的价值文化相争斗、相抗衡，并力图取而代之。

历史上的社会变革时期和社会混乱时期，社会的价值文化形态通常是多元杂呈、各自为政的。这种价值文化形态的特点是有多种价值观，而且都力争成为主导的，但尚没有一种是起主导作用的，没有一种现实化为全社会认同的价值。在历史变革时期和社会混乱时期，通常也是思想比较活跃的时期。在这样的时期，一些思想家会根据对社会现状的反思和社会未来的走向和预测提出各种不同的价值观，其中的一些价值观可能会在一定范围内成为现实，但通常没有全社会认同的价值观和价值文化。中国春秋战国时期和民国时期，西方的希腊化时期和西方近代早期（16～18世纪），社会的价值文化状况就是这种情形。例如，从文艺复兴时期到资产阶级革命时期的西方社会，许多思想家提出过自己的价值观，其中最著名的有自由主义、共和主义和社会主义。一些思想家或革命家还为使某种价值观成为主导价值观作了不少努力，如法国18世纪的"掘地派运动"、19世纪法国的"巴黎公社"。导致多元杂呈的价值文化形态的原因，主要是社会缺乏公认的政治权威，没有建立起正常的社会秩序，因而没有权威的力量来推行某种价值观。在这样的历史时期，虽然会产生诸多有价值的价值观和思想文化，但对于社会来说是一种灾难。因为不同的利益群体各自为政，他们只谋求自身的利益，而完全不顾及社会整体的利益和全体社会成员的普遍利益，其必然结果是利益争斗激烈，甚至战乱频发。生活在这种社会中的人们，思想混乱，无所适从，生活困苦，安全得不到起码的保障。在人类文明日益进步的今天，任何社会都要努力避免这种价值文化状态。

"主流－非主流"价值文化形态是近代开始出现的一种新价值文化形态，它是对"大一统"价值文化形态的否定。这种形态的突出特点是社会存在着多种价值观，但其中有一种是占主导地位的，其他的价值观服从于它、服务于它，而占主导地位的价值观允许和尊重不同的价值观，与他们共存共荣。最典型的是现代西方社会，中国社会也在努力地朝着这个方向迈进。对于这种价值文化形态来说，主流价值文化之所以能成为主流的，是因为：首先，它代表了大多数社会成员甚至全体社会成员的利益，而不只是代表统治者的利益，反映了社会成员的普遍愿望；其次，其价值观从根本上说是合理的，在理论上得到了合法性论证，并进行了精心的顶层设计；最后，它是开放的，能不断地从非主流文化中吸收合理的成分，使自己的实力不断强大，以至于非主流文化不足以与之相抗衡。①

以上价值文化的三种形态中，"主流－非主流"价值文化形态无疑是最好的，

---

① 参见江畅：《主流文化存在的三种样态及我们的战略选择》，《湖北大学学报》（哲学社会科学版），2014年第1期。

但也是最难构建的,西方的构建经历了约600年。为什么构建这种形态如此之难呢?是因为构建"大一统"的只有要强力,甚至只要有一支强大的军队就可以了,而构建"主流与非主流"的价值文化需要诸多条件。其中最重要的条件有二:首先是政治开明,而政治开明就是必须实行民主和法治,建立真正的民主法治政治;其次是价值观科学、正确、合理,需要有兼容性和包涵力,能容得下其他价值观。显然,做到这两个方面都很难。要真正做到这两个方面,至为关键的是需要开明的政治家,有开明的政治家才有开明的政治,有开明的政治家才有思想自由,有思想自由才会出现能够在社会成为主流的价值观。

二、主流价值文化与非主流价值文化[①]

主流价值文化是相对于非主流价值文化而言的,没有非主流价值文化,就没有主流价值文化,两者是共存共荣的。两者共存共荣的前提是价值文化多元并存,但多元价值文化并存并非必然发生主流与非主流的情形。主流价值文化与非主流价值文化格局的形成,是在尊重价值文化多元并存这一事实的前提下,通过自觉主动的构建,其中一种价值文化能成为对其他价值文化具有引领、规范作用,使其服从于、服务于自己,并实现共存共荣的结果。主流价值文化与非主流价值文化共存共荣的格局,是当代价值文化存在的主要形态或模式。这种模式之所以被人类选择,有其深刻的社会历史根源和充分的价值依据。

(一)主流价值文化与非主流价值文化的共存共荣性

主流价值文化是在社会生活中起主导作用的文化。它作为社会的主导文化,像其他主导文化一样,其价值观能够得到社会公众的普遍认同,其基本内容已经体现为社会的法律制度,其基本价值原则转化为公众个人的行为准则。但是,主流价值文化与其他主导价值文化之间存在着不同,这种不同主要在于,它允许并尊重其他价值文化存在,在对其他价值文化起引导和规范作用的同时与其他价值文化共存共荣。因此,主流文化是相对于非主流价值文化而言的,它与非主流价值文化的共存共荣性,是主流价值文化不同于其他主导价值文化的实质之所在。与主流价值文化形成对照的是,非主流价值文化在社会生活中均不起主导作用,但其存在权利得到必要保障并允许其繁荣和发展的文化。每一种非主流价值文化都有自己不同于主流价值观的价值观,都是自己的价值观的现实化,但它的存在是有限定的,通常只是在社会生活的某个领域或某个层次,而且非主流价值文化接受主流价值文化的引导

[①] 本部分曾作为阶段性成果在《中原文化研究》2014年第5期上发表,题目为《主流价值文化与非主流价值文化论》。

和规范，服从于并服务于主流价值文化。但是，每一种非主流价值文化都是一种独立的价值体系，它是与作为独立价值体系的主流价值文化并存并共同繁荣的。从这种意义上看，与主流价值文化的共存共荣性是非主流价值文化的突出特征。

这里有几点特别需要指出。第一，无论主流价值还是非主流价值文化，都是指一定的系统价值观的现实化。一般来说，主流文化是指在社会生活中占据主导地位的、普遍流行的或者为公众普遍接受的文化，而非主流文化则是在社会不占主导地位、部分流行或为部分公众接受的文化。例如，在美国社会，主流文化是美国资本主义文化，而天主教文化则是非主流文化。这里要注意的是，非主流价值文化虽然属于某社会的价值文化，是某社会文化的组成部分，但并不属于社会主流价值文化，不属于社会主流文化体系。正因为如此，各种非主流价值文化与主流价值文化才会形成多元价值文化的格局。如果非主流价值文化都成了主流价值文化的构成部分，那么社会就不再是价值文化多元的了，而是价值文化一元的了。

第二，我们所说的"主流文化"、"非主流文化"不是宽泛意义上的文化，而是严格意义上的文化。两者之间的区别从实质上看是价值观的区别，而不是某种风俗习惯、日常生活方式的区别：主流文化是其价值观占据主导地位并普遍流行的价值文化，而非主流文化则是其价值观不占主导地位并只为部分公众所接受的价值文化。正确认识这一区别是极其重要的。在现实生活中，不少人将一些与我国传统的或本土的生活方式（如语言、服饰、饮食等）有关的东西看作是非主流的文化，这种看法不仅是表面的、肤浅的，而且是危险的、有害的。我们必须意识到，正因为主流文化与非主流文化的区别是不同价值观之间的区别，所以两者之间的关系一旦颠倒，就会导致整个社会制度乃至社会性质的根本变化。

第三，主流价值文化与非主流价值文化总是就一定社会范围内而言的，在一定社会范围的价值文化与其外的价值文化不构成主流与非主流的关系。比如，美国国内的价值文化与中国国内的价值文化不能构成主流与非主流的关系。不过，当美国的某种价值文化渗透到了中国而与中国的主流价值文化并存，它们就可能构成主流与非主流的关系。

第四，主流价值文化与非主流价值文化之间的区别可能是实质性的，也可能是非实质性的。本质上相同的价值文化之间也存在着区别。这种区别有两个方面：一是新旧的区别。例如，西方资本主义价值文化存在着近代与现代的区别，近代推行自由放任主义，而现代则推行国家干预主义。由于多方面的原因（如文化的相对独立性、不同的价值观体现不同的利益等），在国家干预主义占主导地位的西方，自由放任主义仍然为不少思想家所力主，并且在相当范围内还流行。二是不同类型的区别。例如，美国市场经济是个人化的，而德国的市场经济则更倾向于社会化。我们不能排除在美国存在着市场经济社会化的情形。对这一点有清醒的认识也非常重要。这种复杂的情况告诉我们，在处理主流文化与非主流文化的关系时，不仅要注意处理异质的非主流文化,也要注意同质但与主流文化有重要区别的非主流文化的存在,并处理好两者之间的关系。

主流价值文化与非主流价值文化的共存共荣性的前提是社会存在着多种价值文化。主流价值文化与非主流价值文化的共存共荣,本身就意味着有多种不同的价值文化。如果一个社会没有多元价值文化,或者虽然存在多元价值文化但不允许非主导价值文化与主导价值文化一同存在,那么,这个社会就不会有主流价值文化与非主流价值文化,也谈不上它们的共存共荣。一般来说,社会的文化不是绝对一元的。即使在"罢黜百家,独尊儒术"之后的中国宗法地主专制社会,在天主教教会一统天下的西方中世纪,社会的价值文化也程度不同地存在着多元的情形。但是,在这些社会,那些非官方推行的文化被压制、被排挤、被边缘化,不允许其生存。因此,在这样的社会就不会有主流价值文化和非主流价值文化。只是到了近代以后,市场经济、民主政治和法律治理的兴起和发展给各种不同价值观及价值文化的存在争得了权利,并且为各种不同价值文化共存共荣提供了环境、条件和保障。由此看来,一个社会存在着多种价值文化并非意味着出现主流价值文化与非主流价值文化并存的局面。这里有两种不同的情形:一是在动荡不安、分裂割据的社会,即使有多种价值文化,但并没有一种成为主流价值文化;二是在一个相对稳定的社会,虽然统治者强制推行一种价值文化,但这种文化并没有现实化,没有为社会公众所普遍接受,相反各种其他文化广泛流行。因此,多元价值文化格局是主流价值文化与非主流价值文化并存的必要条件,而非充分条件。

社会存在多种价值文化并不一定会形成多种价值文化共存共荣的格局。我国春秋战国时期、民国时期均存在着多种价值文化,但各种价值文化不仅不能共存共荣,而是斗争得你死我活。在多种价值文化存在的社会要形成价值文化共存共荣的格局,必须有一种价值文化能成为主流价值文化,即能与非主流价值文化共存共荣同时又起主导作用的文化。正如习近平同志所指出的:"如果一个民族、一个国家没有共同的核心价值观,莫衷一是,行无依归,那这个民族、这个国家就无法前进。这样的情形,在我国历史上,在当今世界上,都屡见不鲜。"[①]从人类历史看,这样的文化只能是社会管理者或统治者运用政治力量推行并构建的那种文化。例如,资本主义社会的主流价值文化就是占统治地位的资产阶级推行的资本主义文化。但是,决非统治者任意推行的价值文化都能成为主流价值文化。统治者推行的价值文化要成为主流价值文化,至少需要三个条件:其一,它能得到社会公众的广泛认同。社会公众的认同是一种价值文化能否成为主流价值文化的决定性因素。要得到广泛认同,它就必须代表和维护社会公众的共同利益。其二,它的主导地位能

---

① 习近平:《青年要自觉践行社会主义核心价值观——在北京大学师生座谈会上的讲话》,《人民日报》,2014年5月5日。

得到其他价值文化的承认。其他价值文化是主导价值文化的竞争对手,要使竞争对手心悦诚服,首先必须得到公众的广泛认同。一种价值文化能比其他价值文化得到更多的拥护,其他价值文化通常也得承认其优势地位。但除此之外,确实还存在着如何处理与其他价值文化的关系问题。如果不尊重其他价值文化,甚至打压它们,不给它们生存发展的空间,它们就会为生存而与占据主导地位的或得到公众认同的价值文化相抗争。在这种情形下,就不会形成各种价值文化共存共荣的格局,处于优势地位的价值文化也就成不了主流价值文化。其三,它是不是顺应人类历史发展总趋势的先进价值文化。在有些特殊情况下,统治者推行的价值观可能既得到了公众的认同,也为其他价值文化所拥护,但却是违背人类文明进步方向的。20世纪30年代德国纳粹党所鼓吹的国家社会主义虽然一时得到了全社会的狂热支持,但事实证明它是反人类的。因此,统治者所推行的价值文化还必须是与人类文明进步的大方向相一致的。对于当代中国来说,先进的价值文化就是"面向现代化、面向世界、面向未来的,民族的科学的大众的社会主义文化"①。这三个条件实际上意味着只有政治民主、开明,社会才会出现价值文化多元和共存共荣的格局,统治者所推行的价值文化才能成为面向公众、面向未来、面向竞争对手的主流价值文化。

要实现主流价值文化与非主流价值文化共存共荣,关键在于主流价值文化要根据不同的情形妥善处理与非主流价值文化的关系。对于一个社会来说,主流价值文化只有一种,但非主流价值文化则有多种。归纳起来,非主流价值文化主要有四种类型:一是人类共同价值观;二是传统价值观;三是外域价值观;四是宗教价值观。这四种价值文化与主流文化存在着错综复杂的关系,它们对于主流价值文化的意义也不尽相同。人类价值观并未完全形成,其一些观点主要体现于联合国的文书之中,也体现在各种世界或国际组织的有关规定之中,其中国际法体现了人类共同价值观的一些最基本要求。这种价值观应该成为主流价值观的底线要求,现代社会的真正主流价值观应该是认同这种价值观的,并将其基本要求转变为社会的最基本价值原则。传统价值观不仅以传统文化的文本为载体对现实生活发生影响,而且会体现在人们的心理之中,经常对现存价值观和文化潜移默化地起作用。主流价值文化应自觉地利用其资源为自己服务,吸取其精华,克服其消极影响,防范陈渣泛起。能对本土发生影响的外域价值观通常是有其自身价值和合理性的价值观,如中国汉唐时期传入的佛教,鸦片战争后传入的西方文化。对于各种不同的外域价值观,主流价值观通常一方面吸取其合理内容,使之融入自身,另一方面允许它在一定范围、一定程度上存在。总之,妥善处理主流价值文化与非主流价值文化,就是构建壮大主流、引领非主流的"主流-非主流"价值文化模式。我们党提出的

---

① 江泽民:《全面建设小康社会,开创中国特色社会主义事业新局面——在中国共产党第十六次全国代表大会的报告》,《人民日报》,2002年11月17日。

"弘扬主旋律，提倡多样化"的文化发展方针，就是处理主流价值文化与非主流价值文化的正确方针。①

（二）选择"主流－非主流"价值文化模式之理由

近代以来，"主流－非主流"价值文化模式越来越普遍化，对这种模式的认同已经成为今天世界的一种潮流。这种模式之所以迅速地取代"大一统"价值文化模式，是因为这种模式更具有合理性。这主要体现在，它更适应现代社会多元化主体的需要，更符合人性的要求，更能实现马克思"人全面而自由发展"的理想，归根到底更有利于人类的生存和发展。因而它具有更明显的优势、更强的竞争力和更广泛的社会基础。

现代社会是以市场经济为基础的民主社会。市场经济本质上是利益主体多元化的经济。在市场经济条件下，商品生产者和经营者都是独立自主的主体。虽然他们都受利益最大化法则的驱动，在追求利益最大化这一点上所有市场主体都是相同的，但市场经济毕竟使传统社会的统一利益主体分化为不同的利益主体，使社会的主体多元化。从单纯的经济角度看，作为市场主体的个人和企业只是利益的主体，但他们毕竟是人，除了经济生活之外还有其他的生活。市场经济在使人们成为利益主体的同时，也使人在其他方面成为主体，从而成为在社会生活中独立自主的主体。市场经济在使人们成为利益主体的同时，成为独立自主的社会主体，在使利益主体多元化的同时使社会主体多元化。这是市场经济的重要的也是积极的社会后果。如果说人作为利益主体在价值追求上是趋同的，那么人作为社会主体在价值追求上则是各异的。作为利益主体，人主要是理性的，是经济的人，片面的人，其追求是相同的，即利益。但是，人作为社会主体，人不仅是理性的，而且是感性的、情感的，是社会的人，是完整的人，除了追求利益之外，还有很多其他的追求，而这些追求则是不尽相同的。正是作为社会主体，人成为了社会的主人。现代民主政治正是以人是社会的主人为根据确立的。

在人的所有追求中，有一些追求是所有人共同的，有一些是大多数共同的，也有一些是少数人共同的，也许还有一些只是个别人的。而且，在每一个人的追求中，有一些是基本的、主要的追求，还有一些非基本的、次要的追求。主流－非主流价值文化的意义在于它既致力于满足社会成员的共同追求，也肯定和尊重社会成员各异的追求，并为其提供环境和条件。大致上说来，主流价值文化所反映的是所有社会成员或大多数社会成员的共同追求，非主流价值文化所反映的通常是少数社会成员的特殊追求，以及所有社会成员的一些非基本的、次要的追求。例如，我

---

① 参见中国文联理论研究室：《弘扬主旋律、提倡多样化：一个重要的文化方针》，《光明日报》，2009年8月12日。

国当代的主流价值文化体现的是全体成员或大多数社会成员把我国建设成富强、民主、文明、和谐的现代化国家的愿望,而我国的一些非主流价值文化所反映的则上部分社会成员的特殊需要,如佛教价值文化体现了我国社会少数社会成员的这种对宗教信仰的需要。在当代社会主体多元化的情况下,如果我们采取"大一统"价值文化模式,情形则完全不同。"大一统"价值文化模式的突出特点是,只允许一种价值观存在,对所有其他价值观采取排斥甚至压制的态度。在当代社会如果采取这种模式,在最好的情况下,价值文化只能反映全体社会成员或多数社会成员的主要追求,而少数人的追求得不到尊重,甚至不被允许。显然,这种价值文化模式不能像"主流－非主流"价值文化模式那样满足所有社会成员的追求。如果社会采取这种价值文化模式,对其中的一些成员是不公平的。

那么,社会为什么要尊重、保护甚至鼓励一些人异样的追求,而不强迫所有人追求共同的价值呢?社会之所以要如此,其根源在于人性。人有共同的本性,虽然学者们对人的共同本性是什么有种种不同看法,但也许不能否认生存得更好是人亘古不变的追求。[①]然而,由于无论是人类个体还是群体都有自己的意识、情感、意志,他们的生存总是个性化的,因而谋求生存得更好的这种共同追求,体现在不同的人那里,就会有不同的需要,而其主观表达——欲望更是千差万别。不仅不同人的需要和欲望结构不同,而且人们把自己需要和欲望中的哪一种作为终极的、哪一些作为基本的加以追求的情形也不同。如此一来,人们就会有不同的价值观。显然,不尊重这样一种人性事实,人性就难以得到充分实现,相反可能会受到压抑。一个追求人的自我实现和全面发展的人性化社会,不仅要尊重人们共同的价值追求和价值观的共同方面,而且要尊重人们不同价值追求和价值观的不同方面,不仅要尊重那些人类普遍的共同价值追求,也要尊重那些并非普遍的、一部分人所特有的追求。一般来说,社会的主流文化所关注的主要是社会成员的那些较为普遍的需要,因而它不能满足社会成员的个性化、多样性的追求。在这种情况下,非主流价值文化可以发挥补充的作用,因为不同的非主流文化可以满足不同社会人群的特殊追求。以美国为例,美国社会的主流价值观是那种具有实用主义特色的资本主义价值观,这种价值观能够满足美国社会大多数人追求利益最大化的欲望。但是,美国社会中有相当一部分人仍然信奉基督教价值观,不看重现实的利益和幸福,而看重死后与上帝同在。即使在信奉主流价值观的人之中,也有相当一部分有信奉基督宗教的需要。由此看来,在今天的美国社会,主流价值文化与非主流价值文化并存能够更充分地满足社会成员的需要,可以提高他们的生存质量和幸福感。

在实行阶级统治的传统社会,统治者为了自身的利益,将自己的价值追求泛化为全社会的价值追求,运用全社会的力量实现自己的目的。在这种社会条件下根本

---

① 关于人的本性及其与人性的关系,参见江畅:《德性论》,人民出版社2011年版,第211～212页。

不可能考虑大多数社会成员的利益诉求和价值追求，更不可能照顾统治阶级以外的少数人。因此，这种社会是不把人当人看的人性异化的社会，不仅被统治阶级因为被奴役而不可能实现其人性，而且统治阶级因为奴役人而导致人性扭曲和异化。正是针对这种异化的社会，马克思和恩格斯主张建立一种人性化的新型社会——共产主义社会，这种社会是人性得到全面而自由发展的社会，在这种社会里，每一个人的自由是其他一切人自由的条件。在马克思和恩格斯看来，在没有了阶级和阶级对立后的社会，所有的人都是自由的，每一个人的自由发展以其他所有人自由发展为条件，因而社会成员是普遍自由的，而社会则是一种"以每一个人的全面而自由发展为基本原则"①的自由人联合体。他们断言："代替那存在着阶级和阶级对立的资产阶级旧社会的，将是这样一个联合体，在那里，每个人的自由发展是一切人的自由发展的条件。"②显然，这样一种社会的价值文化不可能是传统社会的那种"大一统"的价值文化。虽然未来的共产主义社会不一定采取"主流－非主流"价值文化模式，但至少这种价值模式比"大一统"价值文化模式更适合共产主义社会或更接近共产主义社会的需要。

（三）主流价值文化的形成与构建

对于"主流－非主流"价值文化模式来说，关键在于构建主流价值文化。主流价值文化构建起来了，"主流－非主流"价值文化模式也就形成了。

一种价值文化要能成为主流价值文化有其基本前提，即社会必须是价值多元化的，或者不如说，社会管理者允许多种价值文化存在。如果一个社会是价值文化一统的，不允许所推行的价值文化以外的价值文化存在和流行，这个社会就不存在主流价值文化和非主流价值文化的问题，只会是一种推行的价值文化一统天下。在具备这种社会前提的条件下，一种价值文化要能成为主流价值文化，关键在于它能发挥两种作用：一是在多种价值文化中，它真正能对其他价值文化起主导作用，其他价值文化不与之相对立、相抗衡，相反与之共存共荣，并且接受它的引领和指导。即使社会大力推行一种价值文化，而这种价值文化不能与其他价值文化共存共荣，不能对其他价值文化起引领和指导作用，那么它就不是主流价值文化。二是它能成为社会生活和文化的价值体系和价值意蕴。其具体体现就是价值观已成为社会的占统治地位的意识形态的核心内容；已积淀成社会心理，尤其是成为公众认同的共同理想和信念；已被制度化，在社会的制度体系之中得到充分体现；已成为社会制定政策措施，进行管理决策的体制机制，并转化为社会风尚和公众普遍奉行的行为模

---

① ［德］马克思：《资本论》第一卷，中共中央编辑局编译：《马克思恩格斯文集》5，人民出版社 2009 年版，第 683 页。

② ［德］马克思、恩格斯：《共产党宣言》，中共中央编辑局编译：《马克思恩格斯文集》2，人民出版社 2009 年版，第 53 页。

式。概言之，这种价值文化已融入社会的心态文化、制度文化和行为文化之中，成为社会文化的深层价值体系。

一种价值文化要能够发挥上述两种作用，从而成为主流价值文化，它自身需要具备三个条件。首先，从根本上说，它必须代表全体社会成员的根本的总体的利益，而不是代表少数人或多数人的利益。一种文化只有代表全体社会成员的根本的总体的利益，才能得到全体社会成员至少大多数社会成员的拥护和信奉。如此，一切其他的代表一部分人利益或全体社会成员某方面利益的文化，就不可能与之相抗衡。这个条件是最重要的。历史上的那些被推行的价值文化之所以不能成为真正的主流，其根本原因就在于此。第二，它必须有科学的、合理的、可行的价值观。基于公众普遍利益的价值观必须是得到了理论论证和阐释的，它本身不仅应是科学合理的，而且应是采取可实施的形式。即使社会管理者确实是社会成员的代表，但如果他们并不能正确地反映其社会成员的心声，他们所致力推行的价值观还是不能为广大的社会成员所接受。在当代，反映社会成员愿望的价值观需要思想家来提供，思想家提供的价值观不正确，或者社会的管理者根本不让思想家提供，或者思想家提供了也不采用，仍然我行我素，其价值观和价值文化即使强力推行也仍然难以成为主流的。第三，它必须对非主流价值文化宽容、开放，不仅允许其存在和发展，而且不断从中吸取营养。在利益多元格局的社会，不可避免地会存在着多元的价值观，任何一种价值观都不可能毫无遗漏地代表每一社会成员的利益和愿望。在这种情况下，允许不同的价值观及其文化存在，能够更好地反映社会成员的不同利益诉求。另一方面，那些代表部分人利益的价值文化的存在和发展，不仅使社会的文化更丰富多彩，更繁荣昌盛，而且能够使代表大多数利益或所有成员根本利益的主流文化从其中吸取营养，使自己更强有力，此外，还可以使自己始终保持竞争态势，从而充满生机和活力。

一般地说，价值文化是一种自觉的文化，它需要提出理论价值观，并为其合理性提供论证，也需要对理论价值观的现实化进行设计和建设。我们可以将这两方面的工作统称为"价值文化的构建"。价值文化不是自发形成的，而是人为构建的。与其他价值文化相比较，主流价值文化更不是自发形成的，而完全是人为构建的结果，而且其难度也要大得多。

主流价值文化的构建包括两个方面：一是主流价值文化所需要的社会条件的构建；二是主流价值文化本身的构建。就社会条件构建而言，今天的世界虽然价值多元已经成为事实，并且成为一种世界性潮流，但是还有不少国家并不认同这一点。一些国家将价值多元视为洪水猛兽，采取各种措施防范、抵制、压制，强力推行价值一元化。在这种情况下，如何看待和对待价值多元问题就成为构建主流价值文化首先必须解决的问题。价值多元正在成为当代人类的基本格局，具有不可避免性，不可能通过防范、抵制和压制等措施改变这种历史趋势，而且事实也已经证明，价值多元更有利于人类的生存和发展。因此，要以积极的态度处理价值多元问题，也就是要在尊重价值多元事实的前提下构建"主流－非主流"形态的价值文化。社会的价值多元化是以社会的现代化、民主化为前提的，要构建主流价值文化所需要社会条件，就必须加快现代化、民主化进程。

主流价值文化本身的构建，包括理论的构建和实践的构建。理论构建的主要任务是通过探索和研究，提出和阐述系统的价值观理论，并为其合理性提供论证。主流价值观的理论构建主要是思想家的责任。在现代社会条件下，要构建出一种能够成为主流价值观的价值观，需要一大批有社会负责感的思想家的共同努力。一个社会要能够涌现出一大批这样的思想家，必须具备的最重要的社会条件是思想自由。只有在思想自由的社会环境中，思想家才不会有思想禁锢，才能自由地思考、探索和相互讨论。他们可以根据人类社会发展的规律和所在社会的实际，同时自由地利用人类已有的一切有益的相关学术资源，从不同的学科角度提出和丰富价值观的理论，并从各方面、各层次为之提供论证。没有思想自由就不会有真正的思想家，当然也不可能从理论上构建出能够成为主流价值观的价值观理论。如果一个社会的学者不能自由思想，而只能局限于社会意识形态的框框对统治者的思想作注释性或阐述性的论证，他们就充其量只能是学者，而不会成为真正的思想家，也不可能产生能够成为主流价值观的理论。提供思想是思想家的事，但营造能提供思想的自由环境，却不是思想家的事，而是社会的事，尤其是政治家的事。因此，社会能够营造宽松、开放的自由环境对于价值观的理论构建具有决定性的意义。

主流价值观的实践构建主要是政治家的责任。政治家除了要给思想家营造思想自由的环境，为主流价值观理论的产生创造条件之外，还肩负着根据主流价值观构建主流价值文化的任务。与主流价值观理论构建相比较，主流文化的现实构建要复杂得多。一般来说，只要有自由的社会环境，就会有思想家构建出价值观理论，但从思想家提供的各种价值观理论中发现能够成为主流价值观的理论，并使之现实化为主流价值文化，则既需要政治家的慧眼，也需要政治家的气魄、能力和务实精神。具体地说，从对主流价值观选择到使之现实化为价值文化，政治家需要做以下四个方面的艰苦工作：

一是从各种价值观理论中辨识那种能成为主流价值观的理论。迄今为止，同一社会内不同思想家提供的价值观理论通常并不是相同的，其情形不像一个大的工程设计那样由一个总工程师统筹谋划然后交给不同的设计师设计，而基本上是个性化的、各自为政的。他们提供的理论在价值取向上可能是对立，在内容上存在着交叉重叠，在质量上有高有低。在这样一种复杂的理论状况面前，需要政治家有敏锐的政治目光，发现那种代表社会未来发展的先进价值观理论。政治家的这种眼光对于何种价值观成为主导的或主流的，具有决定性意义。我们反思历史不难发现，如果没有汉武帝的敏锐目光，儒家价值观就难以成为中国宗法地主专制时代的主流价值观；没有华盛顿等美国开国政治家的卓识远见，美国就不能从丰富繁杂的启蒙思想中选择自由主义价值观。在这方面特别忌讳的是，政治家自以为是、我行我素，不关注或不持续关注和吸收思想家的最新研究成果。如果这样，要么就根本不会发现先进的价值观理论，要么即使原先选择的先进价值观理论也会过时、陈旧，根据这种过时的理论指导现实就会阻碍社会实践的发展。

二是将所选择的价值观理论转换成实践构建的实施方案。思想家的一些理论观点虽然可以直接影响到社会公众，甚至可能成为公众的信念，但他们的理论并不能直接用于社会价值文化的构建，而需要使抽象的一般的理论转变为可操作性的实施方案。有了这种转换，所选择价值观理论才能付诸实践。这个环节至关重要，缺乏这个环节，或者这个环节不到位，再好的价值观理论，也不能落到实处。欧洲的启蒙思想之花之所以在美洲大陆结出了丰硕的果实，美国开国政治家（特别是所谓的"联邦党人"）的设计工作功不可没。正是这些政治家在充分消化启蒙思想的基础上设计了完整周密的建国方案，美国才成为了西方资本主义价值文化构建的典范。美国的《独立宣言》和法国的《人权宣言》可以说是构建价值文化的实施方案的典型范例。这项工作就是我们今天所说的"顶层设计"。由于社会生活是变化的，价值观有与时俱进的问题，价值观的现实化也是没有止境的，政治家的"顶层设计"也需要持续不断地进行调整、更新和完善。

需要指出的是，从理论到方案转换的重要前提之一，是对所选择的价值观理论进行修改、补充和完善，而这样做的重要方法是从其他各种价值观理论中吸取合理内容，使所选择的价值理论成为一种更完善的价值观理论。即使是最伟大的思想家所提供的理论也或多或少存在着局限和不足，只有比照、借鉴其他思想家的思想，吸取其有价值的因素，这些局限和不足才能得以克服。例如，美国的价值文化的内涵主要是自由主义的，但美国开国政治家在设计这种价值文化方案时吸收了不少共和主义思想，以至于托克维尔认为美国价值文化的基本精神是平等，而不是自由。[①]

三是将价值文化的内容法制化。要保证价值观有效地得以现实化，首要的是要将价值观的内容和要求转化为制度，特别是宪法和法律。宪法所规定的是一个社会的一些根本制度，各种法制所规定的则是一个社会的各种具体制度。在现代社会，宪法和法律在国家生活中具有最高的权威，而且具有稳定性和持久性。当以宪法和法律的形式将主流价值观的基本内容和要求确定下来，主流价值观现实化为价值文化就有了基本保障。当然，要使法律制度真正发挥其作用，不仅它们必须体现主流价值观的基本精神和要求，而且它们必须完整和系统。只有建立了体现主流价值观的完善法律制度，主流价值文化的构建才有了可靠的保证。在现代社会，法律和制度的制定是一个民主的过程，价值文化实践构建的方案要得以法制化，需要得到全

---

① 参见［法］托克维尔:《论美国的民主》下卷，董果良译，商务印书馆1988年版，第620页。

社会特别是选民的认同。在这方面，政治家也有着特殊的作用，他们可以宣传和呼吁，争取选民的支持。1787年5月美国召开了历史上著名的制宪会议，制定了新宪法，但要由十三个州的代表会议分别批准。然而，在各州批准的过程中，对新宪法的意见截然相反。为争取批准新宪法，亚历山大·汉密尔顿、约翰·伊杰、詹姆斯·麦迪逊三人在纽约报刊上共同以"普布利乌斯"为笔名发表了85篇论文。这些论文不仅对各州批准新宪法起到了促进作用，而且成为一直沿用至今的美利坚合众国宪法和联邦政府所依据的原则的精辟说明。① 由此足见政治家的努力对于价值观法制化的重要性。

四是在法律制度的框架内从事实际的构建工作。法律制度为价值文化构建确定了目标、原则和程序，可以使构建工作不会发生大的偏离，但法律制度是相对稳定的，而社会生活是多变的，法律不可能解决现实构建中的所有具体问题。因此，要使主流价值观现实化为主流价值文化还需要在坚守的前提下制定各种有效的政策措施，作出正确的决策，从而一方面维护和执行法律制度规范，另一方面将各种构建工作落到实处。政策措施和决策的内容主要包括两个方面，一是规范和调节经济、政治、文化等领域的社会生活，促进社会生活体现主流价值观的要求；二是营造社会舆论，引领社会风尚，使社会公众了解主流价值观，促进他们对主流价值观的认同和内化。在这方面尤其需要政治家的能力、气魄和务实精神，只有能力强、有胆识、有气魄、扎实肯干的政治家，才能把理想的蓝图变成美好的现实。

三、中国主流价值文化的内涵、特质及其构建②

对于我国来说，一直到改革开放后才有真正意义的主流价值文化，而在此前的中国历史上从未存在过主流价值文化，也没有主流价值文化的概念。中国大多数历史时期采取的是"大一统"价值文化模式。在这种模式之下，只有官方推行的价值文化（主导文化），基本上没有其他价值文化。除此之外，还有一些价值文化多元杂呈的时期（如春秋战国时期），在这样的历史时期，虽然存在着多种文化，但没有任何一种成为了主流文化，也没有一种为全社会认同的主导价值文化。因此，一说到中国主流价值文化，指的就是当代中国主流价值文化。尽管我国的主流价值文化尚处于构建之中，但我国社会推行的价值文化正在成为、而且必将成为社会的主流价值文化。这种价值文化就是中国特色社会主义价值文化。

---

① 参见[美]汉密尔顿、杰伊、麦迪逊：《联邦党人文集》，程逢如、在汉、舒逊译，商务印书馆1980年版。

② 本部分曾作为阶段性成果在《河北学刊》2014年第6期上发表，题目为《论中国主流价值文化的内涵、特质及其构建》。

（一）中国主流价值文化的内涵

改革开放以来，我国呈现出价值文化多元局面。这种多元格局的形成，与我国社会实行改革开放直接相关。改革开放前，我国的价值文化虽然在内容上与中国传统社会的价值文化有着根本的区别，在形态上与中国传统的价值文化有着一致性。秦朝以后，中国传统社会的价值文化是宗法地主专制主义价值文化，其实质和核心内容是专制主义化的儒家价值观。新中国成立之后，我国彻底否定了专制主义价值文化，初步建立了社会主义价值文化。这是中国历史上价值文化的深刻革命。但是，在改革开放前，由于种种原因，我国实行一种封闭自守的国策，这种封闭不只是对外闭关锁国，而且也割断了与中国传统的联系，对外国文化和传统文化采取全盘否定的态度。因此，这个时期我国的价值文化基本上是清一色的社会主义文化，或者说，我国的价值文化是社会主义价值文化大一统的局面。自改革开放开始，我国改变了以前封闭自守的国策，在实行经济体制改革的同时，实行开放国策。这种开放虽然直接的是对外开放，但间接地也对传统开放，对传统从批判走向弘扬。经过三十多年的改革开放，过去社会主义价值观一统天下的局面被打破，出现了价值观多元化的格局。

首先走上当代中国舞台的是西方价值观。西方近现代主流价值观以其独特的优势通过各种途径，特别是通过西方著作的大量译介和日益频繁的教育文化交流，迅速在中国传播和流行，出现了一次又一次的思想文化冲击波，如萨特热、韦伯热、罗尔斯热、哈贝马斯热、新自由主义热等。在西方思想文化的冲击面前，在海外华人界流行的新儒学也在中国内地粉墨登场，与之相伴随的是国内出现的"国学热"。这种弘扬传统价值观（主要是本原的儒家价值观，而非专制主义化的儒家价值观）的热潮，由于当前我国社会生活诸多与市场经济相关联的社会问题日益严重而一浪高过一浪。今天，传统价值观在中国大地上的影响已经远远超过了西方近现代主流价值观。与此同时，一些宗教价值观（特别是基督教价值观、佛教价值观、道教价值观等）也竞相亮相。面对改革开放和市场经济导致的各种社会问题，一些保守的思想家和政治家，仍然坚持和推行改革开放以前的传统社会主义价值观。而由邓小平开创的中国特色社会主义价值观自改革开放以来一直是我国党和政府致力于推行的价值观。因此，在当今中国，有多种价值观并存和流行，其中最重要的西方价值观、中国传统价值观、传统社会主义价值观和中国特色社会主义价值。

所有这些价值观不仅在我国都有人信奉，而且在我国社会生活中都有某种体现，因而在一定意义上可以说我国当前存在着多种不同的价值文化。不仅如此，还有不少人试图将自己信奉的价值观取代中国特色社会主义价值观，使之成为我国占统治地位的价值文化。因此，我国的价值文化不仅多元，而且竞争还相当激烈。但是尽管如此，在所有的价值文化中，只有中国特色社会主义价值文化才能成为我国的主流价值文化，而且正在成为我国的主流价值文化。或者说，中国特色社会主义价值文化就是我国的主流价值文化的内涵，它们不过是同一价值文化的两种不同表达而已。

我们说中国特色社会主义价值文化必将成为并且正在成为中国主流价值文化，是有充足理由的。首先，中国特色社会主义价值文化是我们党主张并致力于构建的价值文化。改革开放以来，我们党在中国特色社会主义的伟大实践中，不断探索适合当代中国国情的社会主义价值观，中国特色社会主义价值观已经成为中国特色社会主义理论的核心内容，而且从党的十六届六中全会开始，到党的十八大，中国特色社会主义价值观的理论架构和核心内容逐渐明晰。中国特色社会主义建设的伟大实践已经证明并将继续证明这种价值观的正确性和合理性，它的强大影响力和生命力是当代中国任何其他价值观不能与之相媲美的。第二，在三十多年的改革开放和中国特色社会主义建设实践中，中国特色社会主义价值观已经在相当大的程度上在我国的法律制度、政策措施上体现出来。在这方面我国虽然面临着诸多问题，但党的十八届三中全会已经作出了《中共中央关于全面深化改革若干重大问题的决定》。这一决定的贯彻实施，必将强有力地推进中国特色社会主义价值观的制度化和法制化。第三，中国公众越来越认同中国特色社会主义价值文化。自党的十六届六中全会以来，特别是党的十八大以来，全国兴起了社会主义核心价值体系和核心价值观学习、宣传、研究的热潮，形成了核心价值体系和价值观入脑入心的强大态势。不仅广大的党员干部，而且广大的人民群众都在自觉地学习、理解核心价值体系和价值观，并正在将其转化为自己的内心信念和行为准则。第四，国内存在的各种价值文化也在走向对中国特色社会主义文化认同的过程中。今天，我国虽然还存在着诸多的价值观，但试图以其他价值观取代中国特色社会主义价值观的人越来越少，许多信奉其他价值观的人尊重中国特色社会主义价值观的主导地位，自觉接受其指导。即使那些不认同中国特色社会主义价值观主导地位的人，也不敢、当然也没有多少理由否定它。可以说，当代中国"主流－非主流"价值文化的格局正在形成。

中国特色社会主义价值文化成为中国主流价值文化具有历史必然性，构建中国社会主义价值文化是当代中国共产党和中国人民的正确选择。中华民族自从进入文明社会以后就开始逐渐形成了自己民族或国家的价值观。在约5000年的漫长历程中，中国价值观历经沧桑变化，也有某些内在一脉相承的精神和内容。中国价值观演进与国家政治的状况有着直接的关系。一般来说，国家统一的时候，就有占主导地位的国家价值观，而国家分裂或动乱时就会出现价值观纷纭杂呈的局面。纵观整个中国历史，中国价值观经历了三个相对稳定统一的历史阶段和两个相对动荡分裂的时期，而在相对动荡分裂的时期都孕育了价值观的变革和新时代的出现。从夏代结束"五帝"战乱初步建立统一的国家到西周时代，逐渐形成了中国价值观的最早形态，即宗法等级封建主义价值观。这是中国价值观的第一个统一形态，其特点是以维护王朝长治久安为社会的追求，以上帝、天神之命为根据论证政治的合法性，借助的手段是天神崇拜和祖先崇拜的合一。到东周时期出现了诸侯割据称霸，社会四分五裂，这就是所谓的春秋战国时期。这个时期社会没有统一的社会价值观，但出现了儒家、道家、墨家、法家等诸子百家争鸣的局面，特别是形成了儒家的价值观。秦始皇统一中国后，西汉实行"罢黜百家，独尊儒术"政策，于是以儒家价值观为依据形成了中国价值观的第二个统一形态，即宗法地主专制主义价值观。这是一种以"三纲五常"（"三纲"即"君为臣纲，父为子纲，夫为妻纲"，"五常"为"仁义礼智信"）为核心内容的价值观。自鸦片战争开始，伴随着中国沦为半殖民地半封建的国家，传统的专制主义价值观不断受到冲击，到中华人民共和国成立，这种价值观最终被取代。于是开始了中国价值观的第三个统一形态，即社会主义价值观。在到今天为止的六十多年中，社会主义价值观经历了两个时期：前一个时期是"文化大革命"之前以计划经济为基础的社会主义价值观占统治地位的时期，这个时期的价值观可称之为传统社会主义价值观；后一个时期是自实行改革开放后逐渐形成的以市场经济为基础的社会主义价值观占主导地位的时期，这个时期的价值观即中国特色社会主义价值观。传统社会主义价值观以毛泽东思想为主要内容；中国特色社会主义价值观则是以邓小平理论为核心内容的。两种价值观在主张人民当家作主、走社会主义道路、坚持社会主义制度、坚持共产党领导、以马克思主义为指导思想等方面的立场和观点是一致的，但对社会主义的理解存在着差别。传统社会主义价值观把社会主义的目的和任务主要理解为巩固无产阶级专政、防止资本主义复辟，因而它以阶级斗争为价值取向，坚持以阶级斗争为纲。这种价值观虽然也肯定发展经济的必要性，但坚持"政治挂帅"，而且不顾实际情况和科学规律急于求成，搞所谓的"大跃进"、"跑步进入共产主义"。坚持这种价值观的结果就是不断搞政治运动，最终酿成了"无产阶级文化大革命"的十年灾难。与传统社会主义价值观不同，中国特色社会主义价值观最初把社会主义理解为全社会共同富裕，因而强调以经济建设为中心，一部分人先富起来，先富带后富；后来进一步把社会主义理解为实现社会主义现代化和中华民族的伟大复兴，因而主张进行经济、政治、文化、社会、生态文明"五位一体"的全面建设。中国特色社会主义价值观是针对传统社会主义价值观的偏颇和严重后果，痛定思痛，形成并确立的。

由以上简要历史考察可以看来，从宗法等级封建主义价值文化到宗法地主专制主义价值文化再到社会主义价值文化，从传统社会主义价值文化到中国特色社会主义价值文化，具有历史必然性。中国特色社会主义价值文化既是对中国传统价值文化的革命性变革，同时深深扎根于中国价值文化之中，从中吸取有益的养分。习近平同志指出："中华文明绵延数千年，有其独特的价值体系。中华优秀传统文化已经成为中华民族的基因，植根在中国人内心，潜移默化影响着中国人的思想方式和行为方式。今天，我们提倡和弘扬社会主义核心价值观，必须从中汲取丰富营养，否则就不会有生命力和影响力。比如，中华文化强调'民惟邦本'、'天人合一'、'和而不同'，强调'天行健，君子以自强不息'、'大道之行也，天下为公'；强调'天下兴亡，匹夫有责'，主张以德治国、以文化人；强调'君子喻于义'、'君子坦荡荡'、'君子义以为质'；强调'言必信，行必果'、'人而无信，不知其可也'；强调'德不孤，必有邻'、'仁者爱人'、'与人为善'、'己所不欲，勿施于人'、'出入相友，守望相助'、'老吾老以及人之老，幼吾幼以及人之幼'、'扶贫济困'、'不患寡而患不均'，等等。像这样的思想和理念，不论过去还是现在，都有其鲜明的民族特色，都有其永不褪色的时代价值。这些思想和理念，既随着时间推移和时代变迁而不断与时俱进，又有其自身的连续性和稳定性。我们生而为中国人，最根本的是我们有中国人的独特精神世界，有百姓日用而不觉的价值观。我们提倡的社会主义核心价值观，就充分体现了对中华优秀传统文化的传承和升华。"①我们党提出并构建中国特色社会主义价值观，是顺应中国社会发展的历史必然性作出的正确选择，代表和反映了当代中国人民的普遍愿望和诉求。中国特色社会主义价值文化追求国家富强、民族振兴和人民幸福，倡导并践行富强、民主、文明、和谐、自由、平等、公正、法治等核心理念，坚持马克思主义、社会主义、共产党领导、改革开放、科学发展等基本原则，既具有中国传统文化特色，又吸收了人类最优秀的文明成果，是唯一适合并能引导中国社会健康发展的价值观。以中国特色社会主义价值文化作为中国主流价值文化，对国家、民族和人民都具有根本性的重大意义。

（二）中国主流价值文化的特质

中国特色社会主义价值文化作为当代中国自主构建的价值文化，既不同于西方当代资本主义价值文化，不同于中国传统的专制主义价值文化，也与改革开放前的传统社会主义价值文化有所不同。我们可以从价值体系、理论体系、制度体系、道德体系四个方面来考察中国特色社会主义价值文化的特质。

从其基本内涵看，中国特色社会主义文化是中国特色社会主义价值体系。中国特色社会主义价值文化是中国特色社会主义价值观的现实化。中国特色社会主义核心价值观作为观念的价值体系，就其核心内容而言，就是社会主义核心价值体系。关于社会主义核心价值体系，党的十六届六中全会作出了明确的规定："马克思主义指导思想，中国特色社会主义共同理想，以爱国主义为核心的民族精神和以改革创新为核心的时代精神，社会主义荣辱观，构成社会主义核心价值体系的基本内容。"②党的十八大更明确提出了社会主义核心价值观。根据党的十八大政治报告，社会主义核心价值观作为观念价值体系可以概括为三个层次：终极价值目标，

---

① 习近平：《青年要自觉践行社会主义核心价值观——在北京大学师生座谈会上的讲话》，《人民日报》，2014年5月5日。

② 《中共中央关于构建社会主义和谐社会若干重大问题的决定》，《人民日报》，2006年10月19日。

即"实现社会主义现代化和中华民族伟大复兴"。习近平将其概括为"中国梦",即"国家富强,民族振兴,人民幸福"。核心价值理念,即"富强、民主、文明、和谐","自由、平等、公正、法治","爱国、敬业、诚信、友善"。基本价值原则,即"必须坚持人民主体地位,必须坚持解放和发展社会生产力,必须坚持推进改革开放,必须坚持维护社会公平正义,必须坚持走共同富裕道路,必须坚持促进社会和谐,必须坚持和平发展,必须坚持党的领导"。[1]党中央强调要培育和践行社会主义核心价值观,这种培育和践行的过程就是从理论和实践上全面构建中国特色社会主义价值体系的过程。中国特色社会主义价值体系是中国价值文化的本质特征和基本内涵,也是它不同于西方现代价值体系、中国传统价值体系、传统社会主义价值体系的主要标志。

从其理论依据看,中国特色社会主义文化是中国特色社会主义理论体系。中国特色社会主义理论体系是中国共产党人的理论创新,是中国特色社会主义价值文化不同于其他任何价值文化的意识形态和理论体系。党的十八大政治报告指出:"中国特色社会主义理论体系,就是包括邓小平理论、'三个代表'重要思想、科学发展观在内的科学理论体系,是对马克思列宁主义、毛泽东思想的坚持和发展。"[2]中国特色社会主义理论是中国共产党和中国人民勇于推进实践基础上的理论创新,围绕坚持和发展中国特色社会主义提出的一系列紧密相连、相互贯通的新思想、新观点、新论断构成的理论体系。它是马克思主义同当代中国实际和时代特征相结合的产物,对新形势下建设什么样的社会主义、如何建设社会主义、建设什么样的党、如何建设党等重大问题作出了新的科学回答,把我们对社会主义规律的认识提高到新的水平,开辟了当代中国马克思主义发展新境界。中国特色社会主义理论体系是中国共产党集体智慧的结晶,是指导党和国家全部工作的强大思想武器,是当代中国主流意识形态。中国特色社会主义理论体系是中国特色社会主义价值观形成的理论依据,而中国特色社会主义价值观又是中国特色社会主义体系的核心内容和精髓;中国特色社会主义理论体系是中国特色社会主义价值文化的理论基础,中国特色社会主义价值文化又是中国特色社会主义的目的指向。中国特色社会主义理论体系的形成并成为当代中国社会的主流意识形态,是中国特色社会主义价值观现实化的重要体现之一。

从制度文化看,中国特色社会主义文化是中国特色社会主义制度体系。中国特色社会主义制度体系是中国特色社会主义价值文化不同于其他任何价值文化的制度文化。党的十八大政治报告指出:"中国特色社会主义制度,就是人民代表大会制

---

[1] 胡锦涛:《坚定不移走中国特色社会主义道路 夺取中国特色社会主义新胜利》,《人民日报》,2012年11月18日。

[2] 胡锦涛:《坚定不移走中国特色社会主义道路 夺取中国特色社会主义新胜利》,《人民日报》,2012年11月18日。

度的根本政治制度，中国共产党领导的多党合作和政治协商制度、民族区域自治制度以及基层群众自治制度等基本政治制度，中国特色社会主义法律体系，公有制为主体、多种所有制经济共同发展的基本经济制度，以及建立在这些制度基础上的经济体制、政治体制、文化体制、社会体制等各项具体制度。"①这些制度中有一些是对传统社会主义价值文化的坚守，有一些则是改革开放以来在中国特色社会主义实践中的制度创新。中国特色社会主义制度体系还在健全过程之中，特别是其体制和机制尚未充分体现中国特色社会主义价值观的精神和要求。因此，党的十八届三中全会又作出了《中共中央关于全面深化改革若干重大问题的决定》（简称《决定》）。《决定》提出，要紧紧围绕使市场在资源配置中起决定性作用深化经济体制改革；紧紧围绕坚持党的领导、人民当家作主、依法治国有机统一深化政治体制改革；紧紧围绕建设社会主义核心价值体系、社会主义文化强国深化文化体制改革；紧紧围绕更好保障和改善民生、促进社会公平正义深化社会体制改革；紧紧围绕建设美丽中国深化生态文明体制改革，加快建立生态文明制度；紧紧围绕提高科学执政、民主执政、依法执政水平深化党的建设制度改革。"全面深化改革的总目标是完善和发展中国特色社会主义制度，推进国家治理体系和治理能力现代化。"②全面深化改革，是中国特色社会主义制度文化建设的根本性总体性举措，必将使中国特色社会主义价值观在我国的社会制度方面得到更充分的体现。

从行为文化看，中国特色社会主义文化是中国特色社会主义道德体系。中国特色社会主义道德体系是中国特色社会主义价值文化区别于所有其他价值文化的行为文化的核心内容和规范体系。中国特色社会主义道德体系的核心内容是为人民服务，基本原则是集体主义，基本规范是"爱国守法、明礼诚信、团结友善、勤俭自强、敬业奉献"，包括社会公德、职业道德、家庭美德、个人品德四个基本领域的具体道德规范。由于道德涉及人们的理想、信念、人格、品质和行为习惯，加上市场经济的市场化、资本化对人们思想道德观念的冲击，因而道德建设的任务非常繁重。针对这种情况，党的十八大政治报告指出，"要坚持依法治国和以德治国相结合，加强社会公德、职业道德、家庭美德、个人品德教育，弘扬中华传统美德，弘扬时代新风。推进公民道德建设工程，弘扬真善美、贬斥假恶丑，引导人们自觉履行法定义务、社会责任、家庭责任，营造劳动光荣、创造伟大的社会氛围，培育知荣辱、讲正气、作奉献、促和谐的良好风尚。深入开展道德领域突出问题专项教育和治理，加强政务诚信、商务诚信、社会诚信和司法公信建设。"我们相信，通过加强道德建设，我国目前严峻的道德状况会根本好转，中国特色社会主义行为文化

---

① 胡锦涛：《坚定不移走中国特色社会主义道路 夺取中国特色社会主义新胜利》，《人民日报》，2012年11月18日。

② 《中共中央关于全面深化改革若干重大问题的决定》，《人民日报》，2013年11月16日。

最终将会构建起来。

需要特别指出的是，中国特色社会主义价值文化正处在构建之中，尚未完全定型，还会发生变化。特别是其中的不少内容还停留于理论的、理想的、要求的层面，要使之完全落到实处，还需要做长期艰苦的构建工作。单纯就价值观本身而言，也还相当不完善，需要进一步探索和创新，使之成为真正先进的完善价值观。尽管如此，我们仍然坚信，只要党和政府以及全国人民共同努力，这种新型的先进价值文化一定会在中国大地最终完全形成和健康发展，而且会显示其独特的个性和魅力。

（三）中国主流价值文化与当代中国文化

当代中国文化是一个内涵不十分明确、外延不很确定的概念。一般地说，当代中国文化是当代中国社会的文化，包括物态文化、制度文化、行为文化、心态文化。当代中国处于社会转型时期，当代中国所有这些形态的文化在性质上都不是纯粹中国特色社会主义价值观的体现。它们与当代中国主流价值文化存在着复杂的关系。物态文化一般没有鲜明的性质上的区别，但是由于物态文化具有很强的历史遗留性，因而在同一个社会的物态文化有着不同历史时代的印记。就当代中国物态文化而言，有中国历朝历代遗留下来的文化，一些考古发掘出来的文物，可能是历史十分悠久的器物文化。改革开放以来，中国的物质文明发展十分迅速，涌现出了不可胜数的历史上不曾有过的器物。当代中国的物态文化的主体部分属于中国特色社会主义的器物文化，它们当然也是中国特色社会主义价值文化的物态体现。当代中国的制度体系总体说是社会主义的，历史上的专制主义制度已经被荡涤干净，但是在其中存在着不少改革开放前传统社会主义的内容、因素，甚至制度。传统的社会主义制度以及体制机制是建立在计划经济基础之上并与之相适应的，因而一般来说不适应今天的社会主义市场经济、民主政治、先进文化和和谐社会的新要求，这些方面正是当前我国需要改革的。当然，其中也有一些根本性的制度是社会主义性质的，但这些方面的制度也需要今天进一步改革完善。这两个方面是当代中国主流价值文化构建所需要妥善处理的问题。今天中国的行为文化和心态文化极其复杂，除了生长着的中国特色社会主义价值文化因素之外，还大量而广泛地存在着中国传统社会的、传统社会主义社会的、外域的特别是西方的行为文化和心态文化因素。我们不排除其中包含有价值的合理因素，但也有相当多不适合时代和中国国情的消极、落后的内容。这些内容不只是存在于普通社会成员身上，也存在于作为社会精英的党政干部、知识分子身上；不只是作为心理发生作用，而且还包含在或渗透到我国的制度体系、意识形态、行为模式之中。这些文化因素显然是与中国特色社会主义价值文化格格不入的，甚至是中国特色社会主义价值文化构建的障碍和阻力。当前我国构建主流价值文化的一个极其重要的任务就是要清除这些陈旧内容，肃清其影响。

在多元文化的社会条件下,当代中国文化已经有了主流文化与非主流文化之分,它是与传统"大一统"文化形态不同的"主流－非主流"形态的文化。当代中国的主流文化是中国特色社会主义文化。但是,存在着多种力图与之抗衡甚至取而代之的文化,这些是非主流的文化。从概念上看,中国特色社会主义价值文化属于中国特色社会主义文化,但从实质上看,两者是完全一致的,甚至可以说是从不同的角度看当代中国主流文化所形成的两种不同说法。中国特色社会主义文化是从当代中国主流文化源头或本源看所形成的说法。因为当代中国主流文化从源头上看,是当代中国价值观的体现或现实化,从这种意义上看,当代中国主流文化是中国特色社会主义价值文化。而如果我们从结果的角度看,也就是从中国特色社会主义价值观已经现实化或正在现实化的现实看,中国特色社会主义价值文化就是中国特色的社会主义文化。中国主流价值文化与非主流文化的关系,实质上就是主流价值文化与非主流价值文化的关系,不过,这种关系尤其体现在与非主流文化的价值观方面。这些前面已多有讨论,归纳起来说,这种关系应当成为"主流－非主流"价值文化模式。

当代中国文化像任何一种社会文化一样,有主文化与亚文化之分。主文化是一个社会或国家占主导地位的文化,因为这种文化遍及全社会,因而也可以说是总体文化。亚文化指某一文化体系所属次级群体的成员共有的价值观在心理、行为、规范和器物等各方面的体现,它是与主文化相对应的那些非主导的、局部的文化现象。当代中国的主文化就是中国特色社会主义文化,而亚文化的情形很复杂,大致上可以划分为五种主要类型:一是民族文化,如藏族文化、蒙古族文化;二是区域文化,如岭南文化、城市文化、校园文化等;三是人群文化,如老人文化、青年文化、妇女文化;四是组织文化,如宗教文化、企业文化、学校文化、行政机构文化、事业单位文化、党派群团文化等。一个社会越开放、越自由、越开明,社会的亚文化就越丰富多样,社会主义文化就越会受到与之对立的文化的冲击。当代中国是开放的中国,因而亚文化的种类和形式也越来越多。

中国特色社会主义价值文化与亚文化的关系比较复杂。一般来说,一种亚文化不仅包含着与主文化相通的价值观,也有属于自己的独特价值观。中国特色社会主义价值观越是渗透到亚文化中去,它就越是得到了更大范围的社会认同,其生命力就越旺盛,也就越能成为社会的价值文化。它在各种亚文化中认同和贯彻的程度体现着社会成员(包括个人和组织)对它认同的程度。当然,并不是所有的亚文化都体现主流价值观,而且亚文化认同与否并不是价值观社会认同的主要标志。但是,应当高度重视和正确处理中国特色社会主义价值文化与亚文化的关系,要将它们纳入中国特色社会主义文化体系,对它们进行必要的规范和引导,在此前提下,允许并鼓励它们繁荣发展,从而实现整个社会的文化大繁荣大发展。

（四）中国主流价值文化的双重构建

价值文化的构建包括理论的构建和实践的构建。从历史和现实看，构建的方式有两种，一种是分离的或接续的构建，一种是双重的或同时的构建。所谓分离的构建，是先提出系统的价值观理论，然后使价值观理论变成现实。中国历史上的宗法地主专制主义价值文化的构建，就是这种分离的构建。它的价值观是儒家价值观，这种价值观早在春秋战国时期基本上构建完成，而将这种价值观作为国家的价值观并使之现实化是汉代汉武帝实行"罢黜百家，独尊儒术"开始的。西方近现代资本主义价值文化的构建也是如此。西方近现代主流价值观理论主要是在17～18世纪启蒙运动提出并论证的，而这种价值观理论现实化虽然最早可以追溯到16世纪的尼德兰革命和17世纪的英国资产阶级革命，但其具有普遍示范意义的实践是自18世纪下半叶的美国独立战争开始的。当然，以这种方式构建也不是绝对分离的。一方面，当统治者在运用已经形成的价值观理论的时候，会根据自身的需要对它作一些修正和调整。汉武帝在利用儒家价值观的时候就对它作了宗法地主专制主义的解读。另一方面，统治者在贯彻实施价值观理论的过程中也会根据时代和实践的变化对它作部分的更新。例如，进入20世纪后，西方资产阶级针对日益严重的社会贫富两极分化以及周期性的经济危机问题，将近代奉行的自由放任主义原则更改为国家干预主义。与分离或接续的构建方式不同，双重构建的方式则是差不多在提出和论证价值观理论的同时使这种价值观理论付诸实践。我国当代的主流价值文化构建基本上属于这种情形。

我国构建当代中国价值文化并不是从现在开始的，至少可追溯到中华人民共和国成立的时候。当时，我国就已经确立了以马克思主义、列宁主义、毛泽东思想为内容的社会主义理论作为我国的主导意识形态。虽然当时没有价值观、中国价值观的概念，更没有主流价值观的意识，但社会主义理论中包含了社会主义价值观。到文化大革命前，这种社会主义理论虽然也在不断随着社会主义实践的发展而变化，但以阶级斗争为纲的"左"倾思想路线导致了理论上的错误越来越严重。与此同时，借助政权的强大政治力量以及国家领导人的崇高威望，这种社会主义价值观基本上得到了现实化，不仅建立了社会主义制度和意识形态，而且这种价值观深入人心，得到了社会的广泛认同和拥护。不过，"文化大革命"的严酷现实及其严重后果，使这种思想路线以及价值观的错误暴露无遗。党的十一届三中全会结束了十年动乱，开始拨乱反正。一方面解放思想，以实践作为检验真理的唯一标准，从思想理论上进行反思清理，重新探索和构建社会主义理论。经过三十多年的努力，我们党基本上形成了中国特色社会主义理论。在此过程中，我们党逐渐意识到重构中国特色社会主义价值观的重要性和紧迫性，其重要标志就是党的十六届六中全会提出了社会主义核心价值体系，党的十八大又提出了社会主义核心价值观的概念及其理念。另一方面改革开放，在进行中国特色社会主义理论探索的过程中进行中国特色社会主义实践。经过三十多年的努力，我国的改革开放取得了历史性成就，我国不仅从贫穷落后的国家变成了世界第二大经济体，实现了从计划经济体制到市场经济体制的根本变革，更重要的是找到了一条中国特色社会主义道路。三十多年的中国特色社会主义事业，是中国特色社会主义理论与中国特色社会主义实践双重建设的事业，也是中国特色社会主义观念价值体系与中国特色社会主义现实价值体系双重构建的事业。从这三十多年的历程可以明显地看出，我国当代主流价值文化的构建是理论构建与实践构建同步进行的。我们不是先有充分的思想理论准备再根据理论进行实践，而是边实践边探索边建立理论，然后又用刚建立的理论指导实践。这就是邓小平所形象表达的"摸着石头过河"。

三十多年来的事实已经充分证明，虽然我国当代主流价值文化构建走过一些弯路，经历过一些挫折，付出了一些代价，但总体上看是非常成功的，所取得的成就是举世瞩目的。但是，我们也应该清醒的看到，我国的主流价值文化构建虽然取得了巨大的成绩，但尚未构建完成，我国的主流价值文化尚处于构建之中。大致上说，中国主流价值文化面临着两方面的艰巨任务：一是要构建系统完备而内在一致的观念的和现实的价值体系；二是要对传统社会主义价值体系进行全面改革。到目前为止，我国主流价值观的核心内容即核心价值观已经成型。然而，我国主流价值观作为一种社会价值观，它是成体系的，除核心内容（核心体系）外，还包括其他内容（其他不同维度不同层次的子体系），而这些子体系并非都构建起来了，而且不同子体系之间还存在着矛盾和冲突。因此，我国当前面临着构建完整的理论价值体系和现实价值体系的繁重任务。另一方面，我国的价值文化构建尚处于起步阶段，但这种起步不是白手起家，而是有沉重的历史包袱的。我们的构建必须在已有的经济的、政治的、文化的、社会的现实前提下进行，这种现实不仅有很多传统社会主义价值文化的因素，而且还有不少更久远的传统价值文化的因素。一方面，这些陈旧的内容与新生的内容纠缠在一起，难以分开；另一方面，还有一些陈旧内容的维护者。因此，我们不能简单地推倒重建，而只能通过稳健的改革来构建。这种改建必须考虑社会承受力等许多因素，因而比摧毁后重建难度大得多。

从总体上看，当代中国价值体系构建没有完全摆脱"摸着石头过河"的状况。而未来的构建仍然不可能先准备好理论再进行构建，而只能是边研究、边设计、边施工，而且这样一种构建方式要一直持续到中国主流价值文化构建基本完成。既然我国未来的主流价值文化构建不可能完全摆脱"摸着石头过河"的路子，我们就既要看到这种路子的优点，更要看到它的问题，以扬长避短。理论与实践同时构建的好处在于，所构建的理论好不好，很快就能发现，因而可以随时纠正理论，使理论直接服从于和服务于实践的需要。这种构建方式的问题是理论的指导力比较弱，甚至落后于实践。其严重的后果是实践由于有时缺乏理论的指导而带有盲目性，很容易走弯路，最糟糕的情况是构建起来后推倒重来。社会价值观和价值体系的构建是一项庞大的工程，比其他任何一项工程建设项目都要复杂得多。我们可以设想，如果三峡大坝建设这项工程采取边研究、边设计、边施工的方式建设，其结果会怎样。然而，今天我们已经没有选择，我国的价值文化建设只能边研究、边设计、边施工。在这种情况下，我们始终要对这种构建方式保持警醒，采取有力措施防范这种构建方式可能发生的严重问题以及可能导致的严重后果。新中国成立后，中国的发展态势相当好，而且当时的基本价值取向也比较正确和深得民心，但当时并没有形成完整正确的社会主义价值观理论，因而不得不边干边摸索，其结果摸错了路子，越走越偏，最后走进了"文化大革命"的深渊。这一离我们并不遥远的深刻惨痛教训，我们不能不时刻铭记，否则就有可能悲剧重演。

为了避免双重构建可能发生的问题，《中共中央关于全面深化改革重大问题的决定》中提出了"加强顶层设计和摸着石头过河相结合"的对策。[①] 这一对策是无比英明的，但要真正做好结合是相当困难的，因此我们不能不对其加以高度重视。我们认为，为了从根本上避免双重构建的问题，我们需要从三个"确保"着手：一是确保思想自由；二是确保决策民主；三是确保设计科学。确保思想自由才能不仅集中全党的智慧，而且集中全社会的智慧，尤其是让思想家发挥价值文化构建的智库作用。确保决策民主就不会犯大的错误，避免重蹈历史覆辙，而且还能够调动全体社会成员的积极性、创造性，真正做到群策群力，使大家都成为价值文化构建的主人。确保设计科学才会有最佳的实施方案，主流价值文化构建才能顺利推进，观念价值体系才能有效地变成现实价值体系，而且还可以借此促进社会的思想自由和决策民主，因为这两者是设计科学的前提。

---

① 参见《中共中央关于全面深化改革若干重大问题的决定》，《人民日报》，2013年11月16日。

第一章　构建中国主流价值文化的历史必然性

主流价值文化是对一个社会中多数人价值取向的整合，反应了特定社会时期中积极、健康、向上的价值理念及其实践。主流价值文化并不是自然而然形成的，而是社会统治阶级自觉构建的结果。当代中国构建主流价值文化，事关国家的长治久安，也是各民族大团结，人民安居乐业的必然要求，具有强烈的现实紧迫性。与此同时，构建主流价值文化，既拥有深厚的历史积淀，又基于现实基础；既源于自然禀赋，又植根于千百年的文明传统；既要坚持中国共产党的坚强领导，又得益于日益强大的综合国力和持续向好的经济发展形势，因此，又具有深刻的历史必然性。

一、全球化时代迫切要求构建中国主流价值文化[①]

中国主流价值文化研究是在经济全球化、政治多极化、价值和文化多元化、国际竞争既注重经济、技术等"硬实力"又注重文化"软实力"的时代背景下，在中国特色社会主义实践深入推进、我国正在从致力于建设社会主义经济强国到同时致力于建设社会主义文化强国的新的历史形势下提出的，是中国特色社会主义建设和发展面临的迫切需要研究解决的、具有重大历史感和现实感的重大理论课题和重大实践问题。准确把握提出中国主流价值文化问题的背景、意义与任务对于中国主流价值文化的构建十分重要。

（一）构建中国主流价值文化的时代和国际背景

从当今人类文明发展的阶段来说，不同的理论参照系会有不同的看法。从当今全球交往的角度来看，当今时代是一个国家、民族间，包括各国人民之间交往日益频繁，交往日益普遍化的时代。经济全球化时代已经到来，经济全球化强化了世界的相互依存性，要求人们立足整体和全局的高度思考和解决问题。

交往的普遍化给世界各国提出了文化交流的课题，也提出了文化冲突、文化霸权和文化和平共处、相互宽容的课题，给每个国家提出了如何对待文化的民族性和世界性的课题，特别是提出了在世界不同文化相互碰撞、相互交融、相互竞争中本国、本民族文化的核心竞争力和文化软实力的课题。世界正在依照价值文化而进行划分。在政治多极化的国际关系的新格局中，"文化霸权"、"文化渗透"、"普适价值"、

---

① 本部分曾作为阶段性成果在《中原文化研究》2013年第6期上发表，题目为《中国主流价值文化研究新探》。

"价值观外交"、"文明冲突"、"为价值观而战"、"文化边界"、"文化版图"、"文化主权"等用语越来越被广泛地使用。这一切表明，在今天世界的大舞台，经济、政治、文化密不可分地交织、融汇在一起。在政治入侵、经济渗透越来越行不通的情况下，一些国家大打文化牌，今天的国际竞争空前地表现为文化实力即所谓软实力的竞争。

当今时代已进入网络化、信息化时代，信息时代使得信息成为社会最重要的社会资源。由于新科技革命的兴起，科学技术成为"第一生产力"，信息、知识取代土地、资本，日益成为生产力的首要构成要素。随着信息、知识价值的提升，价值观在社会生活中的地位和意义越来越受到人们的重视。网络技术孕育了具有信息时代特征的文化形态，催生了网络音乐、网络游戏、网络视频、网络文学、"博客"和微博等新的文化样式。谁在网络文化的发展上抢得先机，谁就能占领文化的制高点。

与市场经济的高度发展、高新科学技术的研究与应用（如信息高速公路的建设）相伴随，全球一体化进程明显加速，地球正在变成一个"小村庄"，"全球市场"正在形成，普遍交往成为可能，一系列全球性问题也凸显出来。从全球性问题的角度来看，人类文明虽然已经高度发达了，但全球性问题还很多，如能源问题、粮食问题、环境和气候问题、贫富分化问题、可持续发展问题、和平与安全问题等。这些问题本身凸显出的文明和文化背后的价值观，还需要进行深刻的反思和检讨。

在这种新的形势下，民族国家的主权消解危机更突出、更明显地体现在文化领域。文化争锋和文明冲突已经越来越危及一国的国家安全。西方国家借助强大的经济实力和军事力量，在全球范围内推广其价值理念和文化信仰，给非西方国家带来了巨大的文化冲击。文化价值观上的独立与自觉，是一个民族、国家自信、自立、自强的根本。构建文化自主权越来越起到维护国家安全的作用。在国际文化交流中，中国必须要保持自身的文化自主权和话语权。中国作为一个在国际舞台日益发挥重要作用的发展中国家，文化软实力在同世界互动中的作用更直接、更现实。当前，中国还面临着敌对势力通过价值观和文化"西化"、"分化"的威胁。在这样的背景下，加快提升中国国家文化软实力，已经成为事关党和国家发展全局的重大而紧迫的课题。通过价值观和文化建设，繁荣和发展中国特色社会主义文化，增强中国的软实力、塑造一个良好的国家文化形象，是中国特色社会主义建设面临的紧迫任务，也是实现中国"和平崛起"战略的基础和关键。

（二）构建中国主流价值文化体现了对文化地位和作用的自觉体认

针对上述复杂的时代和国际背景，结合本国的国情和特殊的问题，国际国内出现了很多主张和见解。有对知识经济和信息时代的未来展望，有维护国际公平正义的呼声，有环境主义者的热情努力，有女性主义的主张，有后现代主义对现代性弊病的诊断，有第三条道路的探寻等等。那么，在这种新的时代背景下，究竟应该以什么样的视角认识文化，以什么样的态度对待文化，以什么样的思路发展文化？简言之，今天的中国文化应该向何处去？

中国作为世界大家庭中的一员，中国的发展离不开世界，世界的发展更离不开中国。中国曾经以自己独特的文明和文化贡献给世界以经验和智慧，包括四大发明为代表的科学技术成果，包括系统有效的国家和政府的作用所发挥的集体效能，包括打造稳定的社会秩序的经验，包括文明的包容性和同化力导致的文化持续延续，包括和平主义的价值观对世界和平的贡献等等。但在面对西方现代性文明，尤其是科学和民主两大先生背后所浓缩的西方文化成果的冲击下，中国人发现了自己的不足和缺陷。在近代，这些冲突表现为宗教的冲突，表现为对机械化和学习科学技术的持续争论，表现为对发展商业的不同看法，表现为对发展现代企业和民办与官办的不同思考，表现为维护君主体制和采取君主立宪体制或民主共和制度的痛苦抉择，表现为对文化背后的思维方法和精神意蕴的追问，表现为对国民性的痛苦反思。

中国向何处去，中国选择什么样的发展道路？这一问题现实地摆在国人面前。其中宏观的问题是中西问题，是古今问题。为解决这些问题，近代思想家和政治家尝试了中体西用，道器合一等各式各样的解决方案。中国向何处去的问题也是中国文化向何处去的问题。中国自近代以来，一直面临着重建中国文化的课题，面临着公民思想道德建设的课题，面临着重塑国民性的课题。在历史交汇点上，机遇和挑战并存，知识分子需要认真履行起时代赋予的使命和责任。当然，这一工作是艰难的，复杂的，但却是不能回避的。人们喜欢借用文人的语言说，当今这个时代是一个喜剧的时代，也是一个悲剧的时代。不过，我们不会忘记悲喜交加的感受。我们或许需要批判地借用一点胡适的乐观，中西文化的交流冲突或许意味着一个新的文化融合时代的来临。我们或许需要一点冷静的悲观，就像牟宗三的某种感受。"凡是一个时代，一个国家，民族生命与文化生命不能得到谐和的统一，这时代一定是恶劣的时代，悲剧的时代。"[①]知识分子需要走出悲喜，勇于担当，面对问题，研究问题，给出"药方"，给出希望。中国文化道路问题是中国人的精神家园建设问题，是中国人的人文世界的建构问题，是中国文化的复兴、繁荣与发展问题。

改革开放以来，对于中国文化的发展、中国文化地位和作用的定位，经历了一个不断深化、逐步清晰的过程。随着中国特色社会主义实践的深入，党和政府越来越认识到文化是民族凝聚力和创造力的重要源泉，是综合国力竞争的重要因素，是经济社会发展的重要支撑。中国应当立足时代和实践新发展，以新的视角认识文化的重要地位和作用。对于这种地位和作用，云杉在《文化自觉 文化自信 文化自

---

① 牟宗三：《中西哲学之会通十四讲》，上海古籍出版社1997年版，第20页。

强——对繁荣发展中国特色社会主义文化的思考》一文中作出了深刻的阐述：首先，文化是推动社会发展的重要手段，也是社会文明进步的重要目标。一个文明进步的社会必然是物质财富和精神文化共同进步的社会，一个现代化的强国必定是经济、政治、文化、社会协同发展的国家。随着中国经济建设的推进、物质文明的发展，人们越来越感到，GDP的增长、物质财富的增加，并不是社会发展的唯一目标、终极目标。其次，文化是凝聚人心的精神纽带，也直接关系民生幸福，文化具有教育教化功能，但对民生幸福具有重要意义。文化是维系一个社会团结和睦的精神力量，具有教育人、引导人的重要作用，同时对于人类而言，文化是一种精神上的内在需求、普遍需求，也是终生相伴的需求。再次，文化直接贡献于经济增长，也对提升经济发展质量发挥着重要作用。经济发展既要靠改革、科技，也要靠文化。经济文化已成为不可阻挡的新趋势，文化与经济相融合产生的竞争力成为一个国家最根本、最持久、最难替代的竞争优势。①

十六大之后，我们党确定了经济、政治、文化、社会建设四位一体的现代化建设总体布局，更加明确地把文化作为经济社会发展的重要内容和重要目标。这标志着我们党在文化认识上的新飞跃，反映了我们党在文化建设上的战略眼光。今天，我们党提出繁荣和发展中国特色社会主义文化是中华民族和中国共产党的文化自觉、文化自信和文化自强的表现，反映了我们党对文化建设的认识达到了新高度，对文化发展规律的把握达到了新高度。其中包含着对文化在历史进步中地位作用的深刻认识，对文化发展规律的正确把握，对发展文化历史责任的主动担当；包含着国家、民族、政党对自身文化价值的充分肯定，对自身文化生命力的坚定信念；也包含着立足自己的实际，依靠自己的力量，突出自己的特色，走自己的文化发展道路的要求。中国主流价值文化课题的提出就是在这一背景下发生的，构建中国主流价值文化是文化自觉、文化自信和文化自强的表现和要求。

（三）构建中国主流价值文化需要解决的三个核心问题

文化的核心是它的价值观念或价值观，文化的深层结构是它的核心价值体系。价值体系是价值观的具体化。价值观和价值体系一起构成了一种文化的价值层面，可以说是一种文化体系的价值文化层面。对于文化的结构人们有不同的看法。按照著名文化学家冯天瑜先生的看法，文化可粗略地分为技术体系和价值体系两极。技术体系指人类加工自然造成的技术的、器物的、非人格的、客观的东西；价值体系指人类在加工自然、塑造自我的过程中形成的规范的、精神的、人格的、主观的东西；而技术体系和价值体系又经由语言和社会结构组成文化统一体，这个统一体就

---

① 云杉：《文化自觉 文化自信 文化自强——对繁荣发展中国特色社会主义文化的思考》（上），《红旗文稿》，2010年第15期。

是广义文化。文化的实质是"人类化",是人类价值观念在社会实践过程中的对象化。因此,价值观是文化的灵魂、精髓,而价值体系是文化的深层结构,价值文化是文化的内核和本质。今天,要繁荣发展中国特色社会主义文化,首先必须重视中国特色社会主义价值观和价值体系的构建,必须重视中国特色社会主义价值文化构建。

今天的时代是价值文化多元化的时代。繁荣发展中国特色社会主义文化的重要任务之一,就是要使中国特色社会主义文化成为当代中国的主流文化。与此相应,构建中国特色社会主义价值文化也存在着如何使中国特色社会主义价值文化成为当代中国的主流价值文化的问题。在当代,任何一个社会都存在着多种文化,特别是存在着多种价值文化,这是不争的事实。在这种情况下,必须自觉构建主流价值文化,使主流文化真正成为社会文化中占主导地位的文化。否则,社会的价值文化就是杂乱的,就是无特色、无核心、无内在结构的价值文化大杂烩。价值文化是杂乱的,文化也必将是杂乱的,整个社会也必将是杂乱的。今天,我们要构建中国特色社会主义价值文化就是要构建当代中国的主流价值文化,通过这种构建,实现作为主流文化的中国特色社会主义文化的繁荣发展,实现中国特色社会主义事业的繁荣发展。

构建社会主流价值文化不是要实行文化专制主义,保留一种价值文化而扼杀其他的价值文化,而是要在多种价值文化并存的情况下通过自觉的构建凸显主流价值文化,巩固和加强主流文化的主导地位,在共存共荣的前提下引导其他价值文化的健康发展。同时,构建主流价值文化的过程,也是一个吸收其他价值文化的合理内容,抵制不良价值文化的过程。正是要通过这个相互影响、相互作用的良性互动过程,使社会价值文化成为一个"主旋律"与"多样化"协调和谐共存和发展的有机整体。构建主流价值文化的根本目的就是要带动和引领整个社会文化的繁荣和发展,使主流文化与非主流文化相辅相成,相得益彰,交映生辉,共同繁荣,实现中华民族的文化繁荣和发展。

中国正走在一个新的起点上,我们不得不面对社会结构的变化导致的阶层分化以及由此带来的价值观变化;我们不得不面对市场经济在形成人的价值观过程中所发挥的作用;我们不得不面对信息技术的发展和网络空间对于价值观多元化起着明显的推波助澜作用(在互联网环境中,抱怨、发泄、恶搞、低俗确已对国人的价值观产生了巨大冲击);我们不得不面对文化软实力在国际竞争和改变国际关系格局中的地位和作用。市场、阶层变化、网络空间、经济全球化作为重要的推手,给中国主流价值文化的构建提出了三个核心的问题:

第一,如何整合多种价值文化资源,创建中国特色的社会主义核心价值文化。在全球化背景下,一个民族、国家,特别是像中国这样历史悠久、拥有独特文化的社会主义大国,是不可能简单照搬世界上任何一种现成的发展模式的,我们必须自主探索自己的发展道路。这要求思想理论界有强烈的自主创新意识，形成中国特色的发展理念，提出自己的发展理论，建立自身的评价标准。即在现代化、市场经济、民主政治条件下，必须建设一种与西方价值观相对应、与中国价值观相结合、以普遍价值（全球伦理）为基础、以马克思主义为指导、适应社会转型时期的中国特色社会主义文化价值观。

第二，如何使得社会主义核心价值体系成为人民群众的文化习惯，使得主流价值成为一种流传久远的有生命力的传统，深入到人民的心灵和行为习惯之中，还有很多的工作要做。主流价值文化自身还要更有时代感、实效性和亲和力，要做到能够和大众文化对话交流，关怀民生，理解民心，吸引大众，并让大众认同。主流文化自身还要避免僵化、形式化和高高在上，同时也要避免投入"低俗"的怀抱。主流价值深入到文化活动之中是解决这一问题的好思路之一。规范伦理向美德伦理转化要"落实"，要"对接"，要把规则化为"入脑"、"入心"的美德和变成实际的"德行"，进而凝结为道德人格。

第三，随着我国国家实力的增强，把更多的精力投入到价值文化的建设上来，是提升国家综合国力的大势所趋。约瑟夫·奈认为，一个国家的综合国力既包括由经济、科技、军事实力等表现出来的"硬实力"，也包括以文化、意识形态等吸引力体现出来的"软实力"。软实力是利用非强迫手段让人们服从你的意志、做你想让他们做的事的特殊力量。约瑟夫·奈说："一个国家可以在国际政治中得到所希望的结果，因为他国想追随他，欣赏其价值观，效仿其模式，渴望达到其繁荣水平和开放程度。从这个意义上说，在国际政治中通过制定议程来吸引他人，与通过威胁或使用军事或经济手段来强迫他人改变立场同等重要。我把实力的这一方面称为软实力"。[①]文化的吸引力，意识形态和思想观念的感召力，制定国际规则和建立国际机制的能力，合理价值观指导下的外交政策都能够提升一个国家的软实力。

（四）构建中国主流价值文化要处理好的四对关系

今天，中国主流价值文化建构是在复杂的社会文化背景下进行的，涉及传统文化与现代文化、本土文化与外来文化、先进文化与落后文化、一元文化与多元文化等棘手问题。这种复杂的社会文化背景以及面临的诸多棘手难题，更强化了构建中国主流价值文化研究的必要性和难度。

其一，传统与现代问题。古今问题对当今的中国依然很重要。传统文化曾经被打翻在地，今天或者未来还有希望吗？需要让她扮演什么样的角色？我们以什么样的态度和方法对待传统文化？有的人把中国传统文化当成主流价值文化，而对传统

---

① ［美］约瑟夫·奈：《美国霸权的困惑——为什么美国不能独断专行》，门洪华译，世界知识出版社2002年版，第9页。

的主流价值文化的认识也有差异，或者认为是儒家，或者认为是道家，有儒家主干说和道家主干说。以中国传统文化为核心和主流来构建中国的主流价值文化，显然已经成为一种不能实现的梦想。虽然传统文化不是汉学家所说的那样成了博物馆中的东西，成了没有灵魂的亡灵。他还活在人们的心中，活在当代中国人的情感中、思考中，活在中国人的交往中，活在经济、政治和文化生活中，活在各种组织的构成和组织运行体系中，活在不同民族和不同年龄和性别的中国人中。国学热，孔子舆论化虽然也有来自传统爱护者批评的声音，不过这种批评不过是希望解释和传播的更加理性，更加合理一些而已。一部分思考希望以同情的理解，以研究的态度来对待传统文化。是怀疑，是复古，是释古？人们有不同的回答。但近代以来，以儒家为主流的传统文化遭受了前所未有的挑战，并逐步退出主流文化的舞台是一个基本的历史事实。以儒家文化为主流的渴望，自然有护短的文化心理发生，传统文化的优点容易被夸大，被美化。与此同时也有继承了怀疑古代精神的批判主义者。在批判主义者的心目中，当代发生的造假风、裙带风、浪费风、吃喝风无不与传统思维和价值观有着密切的关联，中国要想更文明，更进步，就要把传统的丑陋面貌进行更为深刻系统地揭露和批判，来一次新的启蒙。传统是资源，传统也是包袱。这是我们这个时代构建中国主流价值文化必须面对的一项特殊任务。古今问题对当代中国非常重要。

构建中国主流文化，不能丢掉传统。任何一个国家的文化，都有其既有的传统、固有的根本。抛弃传统、丢掉根本，就等于割断了自己的精神命脉，就会丧失文化的特质。对于当今中国来说，中华优秀传统文化是我们文化发展的母体，应当礼敬自豪地对待；马克思主义指导思想是我们文化发展的根本，应当始终不渝地坚持；党领导人民创造的革命文化是我们文化发展的优势，应当倍加珍惜。深厚的民族传统文化、科学的马克思主义指导思想、丰富的革命文化，就是我们文化安身立命的根基，是我们在世界文化激荡中站稳脚跟的"定海神针"，必须始终不渝地坚持、千方百计地弘扬，使其惠及当代、恩泽后人。

其二，本土与外来问题。中西问题对当代中国非常重要。对于西方，我们要什么，不要什么，其中的界限和尺度在哪里？自"五四"运动以来，就有分歧。一种思路是把西方看成是帝国主义和殖民主义的。但是哪些因素是和帝国主义殖民主义、资本主义有紧密关系呢？科学技术是不是？能否和西方做生意？西方的哲学流派要不要讲，要不要学习和面对？市场经济要不要？西方的制度要不要挪到中国？西方的价值观中国如何对待？科技、市场等成了可以学习的东西？制度的界限是不容质疑的，我们绝不能照搬西方的三权分立制度。西方的正义概念、权利概念已经为中国国家所接受。显然对西方价值观和文化要有一个宏观的研究。如有的把西方文化尤其是西方启蒙运动以来的文化当成是真理，希望中国以西方启蒙价值文化为灵魂，来一次启蒙。就今天的中国而言，有借鉴西方近代启蒙运动经验的任务，有借鉴西方马克思主义和后现代主义对现代性弊病的诊断、避免现代性问题的任务，有避免后现代主义的局限性的任务，有避免西方文明的整体局限性的任务。

中国特色社会主义是以马克思主义为核心价值并融汇中西价值文化的典范。西方文化作为一种外来文化，有一个在中国生根发芽和中国化的问题。加上西方文化流派众多，一时间也难以成为核心的主流文化。时代的变迁凸显了中国传统文化指导现代社会生活的困境，同时中国传统文化的优长和中国特殊的国情和国民品格也反射出西方文化不能原封不动地照搬到中国。中西文化的碰撞在"五四"新文化运动时期达到了一个高潮，正是在这一时代背景下，中国共产党诞生了。中国共产党人一开始就积极地面对中西文化这一课题。经过革命经验的积累和深沉的思考，毛泽东同志在《在延安文艺座谈会上的讲话》中，对中国共产党人的文化价值观进行了充分的说明。在古为今用、洋为中用，批判继承、综合创新的大原则下，以民族的、大众的、科学的三个基点，构建社会主义的新文化。党的第一代领导集体以马克思主义为指导，在吸收中西文化优长的基础上进行中国文化综合创新的努力具有重要的历史意义。在革命的背景下，文化建设工作取得了很大的成效，诞生了延安精神等核心价值文化；其价值观是追求民族独立、国家统一，是密切联系人民群众，是自力更生、艰苦创业，是勤俭奋斗闹革命；是批评和自我批评，不断革新自我的人格。建国以后，艰巨的建设任务，诞生了集体主义价值为核心的价值文化，其中的核心价值观是全心全意为人民服务，个人利益要服从集体的利益。

历史的车轮依旧滚滚向前，历史的问题变成了今日的现实的问题，旧的问题没有完全解决，或者变换了存在的形式，时代又提出了新的课题，在这样的背景下，依然需要理性的思考和审慎的选择，给出历史和民族发展的方向指导。我们今天就站在这样一个历史发展的大开大合的文化转折时期，承担着重要的历史重任。构建中国主流价值文化，要批判地吸收外来文化。任何一种文化都不可能与世隔绝，都需要从其他文化中汲取养分。对待外来文化，要有开放包容的胸怀，要有辩证取舍的态度，要有转化再造的能力。以什么样的态度对待外来文化，考验着一个国家的文化自信。越是自信，就越能够以积极的态度对待外来文化，越能够在同外来文化的互动交流中得到丰富发展。广泛吸纳、融汇一切外来优秀文化成果，是推动中华文化繁荣兴盛的必然要求。

其三，先进与落后问题。对于中国的发展和文化建设来说，还有一个根本性的问题，这就是要严肃地面对社会主义和资本主义，马克思主义和非马克思主义的问题。马克思主义自身也有不同的理论取向，如西方马克思主义，前苏联的马克思主义，中国的马克思主义等等；马克思主义自身也有一个发展的过程，有一个与时俱进的过程，需要体现民族的特征，需要体现时代精神的精华，尤其是社会主义的实践一度面临挫折，出现了曲折。中西、古今、社会主义和资本主义三大问题的交织，在价值文化上体现为中国主流价值文化的构建问题，体现为中国人的精神家园的构建问题，体现为中国人的人文世界的内涵问题。认真研究和回答何谓当代中国和未来中国的主流价值文化就显得非常必要。三大问题的解决密不可分，社会主义核心价值体系的确立离不开认真对待中西古今问题，而中西古今问题的解决离不开马克思主义。马克思主义来自西方，是西方学术传统的产物，马克思主义又超越了西方，在东方国家生根发芽，并产生了融贯中西古今的当代中国的马克思主义——中国特色的社会主义。马克思主义的中国化，中国特色社会主义理论从根本上代表了当代中国先进文化，代表着中国主流文化发展的未来方向，充满着生机和活力。

构建中国主流文化就是要着眼于未来发展，在马克思主义和中国特色社会主义理论的指导下放眼世界、审视自己、展望未来，从世界发展大势中把握中国文化发展前景，从中国特色社会主义伟大实践中把握中国文化发展前景，从文化建设自身的良好局面中把握中国文化发展前景，从网络化、信息化的潮流趋势中把握中国文化发展前景。我们的文化自信，不仅来自于历史的辉煌，更来自于我们的核心价值观和文化的先进性，来自于当今中国文化的蓬勃生机和未来发展的光明前景。世界的变化、中国的进步、人民的伟大创造为我们文化的繁荣兴盛提供了历史性机遇和广阔舞台，通过构建，我们能创造出无愧于时代的具有中国特色的社会主义价值文化。

其四，一元与多样问题。任何一个时期的文化都是多元一体、多样共生的，推进文化建设必须强化主导、壮大主流。文化总是以丰富多样的内容形式来展现的，但其中总有一种占据主导地位、起着支配作用。特别是在阶级社会，占据主导的总是统治阶级的思想文化。在中国封建社会，尽管儒、释、道等多种思想文化长期并存，但长期居于正统地位的是儒家文化。近代以来的西方国家，虽然各种各样的文化表达和文化思潮不断涌现，但以个人主义为核心的资产阶级思想文化始终占据主导。当今世界，许多国家对建设自己的主流文化更加重视、更加自觉。美国就始终把反映垄断资产阶级利益的思想文化作为根本内容，以此来打造"美国梦"、强化"美国精神"。新加坡为团结国民共同致力于本国发展，以国会法案的形式，确定了以国家至上、社会为先、家庭为根、社会为本等为主要内容的共同价值观，在全社会加以推行。可见，培育和壮大主流文化，是古今中外的通行做法。推进中国文化建设，必须坚持弘扬主旋律与提倡多样化相统一，不断巩固和壮大社会主义主流文化，努力在多元中立主导、在多样中谋共识。

构建中国主流价值文化，要强化主导，壮大主流，实现弘扬主旋律与提倡多样化的有机统一，不断巩固和壮大社会主义主流文化努力在多元中立主导、在多样中谋共识。对待多元文化，要坚持以马克思主义为指导，辨析主流和支流、区分先进与落后、划清积极与消极，有效引领各种社会思潮、抵御腐朽文化影响，努力营造"百花齐放，百家争鸣"的文化繁荣发展局面。

（五）构建中国主流价值文化的意义

中国主流价值文化问题正是在国际竞争从注重经济实力转向注重文化实力、党中央根据中国特色社会主义建设的实践要求提出繁荣发展中国特色社会主义文化的新的历史条件下提出来的。其主旨在于阐明中国主流文化构建在繁荣发展中国特色社会主义文化中的地位和作用，揭示在中国特色社会主义建设深化过程中构建中国主流价值文化是的历史必然性，明确构建中国主流价值文化的根据、目标和任务，探讨如何形成中国主流价值文化的核心理念并使之得到全社会的认同，研究如何确立与贯彻落实中国主流价值文化的基本价值原则，探讨如何巩固与增强中国主流价值文化的主导地位、规导作用和标识意义，以为党和国家构建中国主流价值文化提供理论参考和智力支持。因此，研究中国主流价值文化具有重要的理论意义和实际价值。

首先，有助于全党和全社会在社会主义核心价值观是中国特色社会主义文化之魂、作为全社会的共同理念和信念的支柱的问题上形成共识。社会主义文化建设面临着多层次、多方面的任务，包括价值体系层次的技术体系层次文化建设，也包括心态文化、物态文化、制度文化、行为文化等不同方面的文化建设。构建中国主流价值文化的根本任务就是要在全社会塑造社会主义核心价值观，确立社会主义核心价值体系。社会主义核心价值观和社会主义核心价值体系是社会主义文化的价值体系层次和心态文化和制度文化层面。其中社会主义核心价值观又是社会主义核心价值体系乃至整个社会主义文化的灵魂、精髓。本课题研究就是要揭示社会主义核心价值观作为中国特色社会主义文化之魂、作为全社会的共同理念和信念的支柱的重要地位，从而引起全党、全社会对社会主义核心价值观的高度重视和自觉构建。

其次，可以为党和政府确立中国特色社会主义价值文化的核心理念提供可供选择的方案。塑造社会主义核心价值观，重要的是体现时代感、突出大众化、富有独创性。时代感，就是把握时代主题、反映时代精神、引领时代潮流。价值观是时代的产物，只有反映时代的要求，才能引领社会进步。我们现在倡导的"以人为本"、"科学发展"、"公平正义"、"和谐和睦"等理念，所以在国内外引起强烈反响和广泛共鸣，就是因为具有强烈的时代感召力。大众化，就是关注大众诉求，融入大众生活，具有强大的道义力量和广泛的社会认同。价值观只有走进心灵、走进大众，才能有广泛的亲和力、感召力。独创性，就是要有特点、有特色，能够为人类文明发展有所贡献。不同价值观的碰撞，是大浪淘沙的过程，是不断筛选的过程。只有那些原创性强、普遍意义大的价值观念，才能经得起历史的检验、实践的淬炼。越是民族的，越是世界的。本课题研究就是要总结我国的实践，提炼中国人民在长期奋斗中形成的精神内核；要面向世界，关注人类文明进步的趋势，阐明自己的核心理念和价值主张，敢于在超越他人中引领潮流；同时也要经过精心的概括和提炼使社会主义价值文化的核心理念尽可能鲜明、简洁、凝练，让人们易懂、易记、易表达。研究的成果可以为党和政府确立中国特色社会主义核心价值理念提供可供选择的方案。

第三，可以为党和政府坚持和完善中国色社会主义价值文化的基本原则提供理论辩护和论证。确立社会主义核心价值观和价值体系，必须使之渗透于文化建设的各个方面，融入到精神文明建设全过程。要使社会主义核心价值观和价值体系在全社会得到贯彻落实，必须使核心价值观和核心价值体系的要求具体化、明确化，使之成为中国特色社会主义文化的基本原则。只有将核心价值观和核心价值体系的要求转变成价值原则，才具有可实践性、可操作性，才可以作为标准检验我们的一切工作。伴随着我国社会主义建设实践的发展，特别是改革开放以来中国特色社会主义实践的深化，我国根据社会主义核心价值观和核心价值体系的要求，已经形成了一系列价值原则，如社会主义原则、爱国主义原则、改革开放原则、公平正义原则、共产党领导原则等。在价值多元化的今天，国内外不少人和组织对我国已经确立的基本价值原则提出质疑甚至进行攻击。在这种情况下，构建中国主流价值文化面临着为这些原则的合理性进行辩护和根据新形势、新要求对这些原则进行再论证的任务，也面临着要根据中国特色社会主义实践要求进一步完善社会主义基本价值原则，使之更为合理，更有针对性，更能体现中国特色社会主义核心价值观和价值体系的要求。这也正是本课题的现实意义的重要体现。

第四，可以为如何巩固与增强中国主流价值文化的主导地位、规导作用和标识意义提供决策咨询。我国解放以来，特别是改革开放以来，经过长期的文化建设，我国的主流价值文化已经在我国社会文化占据了主导地位。但是在当今价值和文化多元化、各种文化相互交融、相互渗透的新的历史背景下，中国主流价值文化面临着来自外部和内部的各种挑战。在这种情况下，一方面我们要通过自觉的主流价值文化的构建来进一步巩固我国主流文化的主导地位，增强其生机活力和竞争力，另一方面要通过自觉的主流价值文化的构建来增强其凝聚力、渗透力、影响力，规范和引导非主流价值文化的发展和繁荣。同时，也要通过自觉的主流文化的构建，彰扬中国特色社会主义文化的特色和优秀，使之自立于世界民族之林，成为中华民族的旗帜和象征。

第五，有助于人们理清中国特色社会主义价值文化与中国特色社会主义价值观、中国特色社会主义核心价值体系、中国特色社会主义文化之间的关系，形成对中国特色社会主义文化的更完整认识。改革开放以来，面对复杂多变的国内国际形势，适应改革开放和社会主义市场经济的发展的需要，党中央对中国特色社会主义的价值观进行了一定的概括，包括民族振兴与爱国主义价值观；以人为本的民生价值观；改革开放创新的价值观；和谐稳定价值观；劳动价值论与尊重知识尊重人才的价值观；科学和可持续发展的价值观等。党的十七大又进一步明确提出构建社主义核心价值体系，并对其内容作出了规定。十七大以后，适应中国特色社会主义建设深入发展的需要，党中央又进一步提出了繁荣发展中国特色社会主义文化的战略任务。所有这一切确定了社会主义核心价值观和核心价值体系在中国特色社会主义文化中的地位和作用，指明了构建中国主流价值文化的发展方向。本课题研究就是要根据党中央关于我国文化建设的一系列战略部署探讨和阐明中国特色社会主义价值文化与中国特色社会主义价值观、中国特色社会主义核心价值体系、中国特色社会主义文化之间的根本一致性和内在的有机联系。这一研究的成果无疑有助于深入领会党中央关于我国文化建设的精神，理清不同层次文化建设的关系，形成对中国特色社会主义文化更完整、更清晰的认识。

二、构建主流价值文化具有现实紧迫性

正确认识世情和国情，是我们研究和解决文化发展方向问题的出发点和主要依据。我国人口众多，正处于社会大转型时期，又恰逢全球化浪潮汹涌而至，由此带来的社会和经济结构的深刻变化以及价值多元化，形成了对当代社会主流价值观的冲击。建构主流价值文化，是维系超级人口共同体和破解转型时期社会失序问题的必然要求，有利于强化民族共同价值观，加强中华民族的凝聚力和向心力，也有利于参与世界价值观竞争，维护世界和平，促进共同发展。

（一）维系超级人口共同体的必然要求

一个社会的主流价值观集中地反映了该社会主体人群的利益诉求，并渗透到其所有文化形态之中，从而强烈地影响着社会关系和人的行为。在一个社会中，主流价值观的形成是一个渐进的过程，需要该社会多数成员的认同和践行。显而易见，一个社会成员人数越多，达成价值观的共识所需要的时间就越长，难度也就越大。

我国是世界上人口最多的国家，且自古以来都是一个超级人口共同体，人口数量始终位居世界前列。

早在西周宣王三十九年（公元前789年），"宣王既丧南国之师，乃料民于太原"[①]，即为了增加赋税和兵源而统计人口，清理民户。据《周礼》记载，周朝专设司民一职，"掌登万民之数，自生齿以上，皆书于版，辨其国中与其都鄙及其郊野，异其男女，岁登下其死生。及三年大比，以万民之数诏司寇。司寇及孟冬祀司民之日献其数于王，王拜受之，登于天府。内史、司会、冢宰贰之，以赞王治。"[②]湖北云梦出土秦简法律文书《傅律》规定，男子在成年后得向官府申报个人信息，并登

[①] 徐元诰：《国语集解·周语上》，中华书局2002年版，第23～24页。
[②] 孙诒让：《周礼正义·秋官司寇·司民》，中华书局1987年版，第2833页。

记在户籍名册之中，作为官府征收赋税徭役的依据。如果胆敢隐匿不报，或者申报不实，不仅当事人要收到处罚，还会连累邻里及乡村负责人。汉代户籍管理严格程度有过之而无不及，当时每年的八月民户全家出动，前往县府，由主管官员查验每人的姓名、性别、年龄和体貌等信息，登记造册，逐级上报，直至朝廷。此后历代沿袭这种户口清查制度，称为"算民""上计"。上报结果要进行评比，对官吏进行奖惩。而直到近代之前，欧洲和世界其他地区都没有可与中国古代上计资料相提并论的人口统计资料。1086年，诺曼底征服者威廉一世下令英格兰编制《末日判决簿》，只统计到150万人，还不及中国汉代一个大郡的人口数量。过了近5个世纪，直到1522年，英国才又编出第二份《末日判决簿》。1800年，英国进行了第一次真正覆盖全国的人口普查，但主要目的还只是清查人口总数，并没有详细调查和统计相关数据信息。到1841年，英国、法国等欧洲国家才正式把"年龄"这个关键项列入人口统计的内容当中。因此，全世界只有我国保存有2000多年持续不断、信息丰富且可信的人口统计数据。

总体上来说，自春秋战国以来，我国人口呈现为台阶式增长。春秋战国时期的人口处于第一阶梯，总人数大约在2000万至3000万之间。从汉朝到唐朝，人口跃上第二级台阶，约为4000万到6000万之间。如根据《汉书·地理志》的记载，西汉平帝元始二年（公元2年），有民户12 233 062；总人口数位59 594 978。而《旧唐书·玄宗纪》的记载，唐玄宗天宝十三载（754年），全国人口总数为52 880 488。两宋时期，我国人口增长到1亿左右，明代人口高峰期大约为1.5亿，有人估计最高接近2亿①，这是第三级台阶。在清代康乾时期，由于政局稳定，国家推行"滋生人丁，永不加赋"和摊丁入亩的赋役政策，再加上从美洲引进了土豆、玉米和红薯等高产耐旱农作物，从乾隆六年（1741年）到道光三十年（1850年），我国人口由1.4亿猛增到4.4亿，平均每年增加278万人，年均增长率为10.5%，这是第四级台阶。此后100多年间，虽然不断经历内外变乱和天灾人祸，但中国人口总量仍然保持了4亿人以上的规模。新中国成立后，全国人口从5.4亿激增到目前接近14亿人的规模，可以说我国人口已经跃迁到第五级台阶。

根据国家统计局发布的《2015年全国1%人口抽样调查主要数据公报》，以2015年11月1日零时为标准时点，全国大陆31个省、自治区、直辖市和现役军人的人口为137 349万人。与第六次全国人口普查2010年11月1日零时的133 972万人相比，5年来一共增加3377万人，增长率为2.52%，年平均增长率为0.50%。②而根据2010年第六次全国人口普查的数据，省级行政单位人口数排在前五位的分

---

① 曹树基：《明时期》，葛剑雄主编：《中国人口史》第4卷，复旦大学出版社2000年版，第832页。
② 国家统计局网站：《2015年全国1%人口抽样调查主要数据公报》，http://www.stats.gov.cn/tjsj/zxfb/201604/t20160420_1346151.html。

别是广东省、山东省、河南省、四川省和江苏省。① 其中任何一个省份的人口都超过了欧洲除了俄罗斯和德国之外的任何一个国家的总人口。

历史上，中国的人口占世界总人口比例最多时可能接近三分之一，目前也有约21%，是当之无愧的世界人口第一大国。中国人口是美国的4倍多、整个欧盟的3倍、拉美国家的2倍多、非洲的近2倍。众多的人口对于中华文明的发展，既是一种宝贵的资源，也带来了巨大的压力。这样一个人口众多的超级人口共同体，要作为一个统一的整体存在和发展下去，需要该共同体大多数成员形成一种共识，即什么是正确，什么是错误，什么是真善美，什么是假恶丑等要形成基本一致的认识。人们在这个共识的基础上作出不同的判断，采取不同的行动才能协调、和谐。而如果没有这种共识，这个超级人口共同体很快就会在价值观念的纷争中走向分裂、动乱，甚至崩溃、解体。

任何一个社会要达成价值观的共识，都不是一件轻而易举的事情。人口越多，达成共识的难度就越大。在14亿生灵组成的社会中构建主流价值文化的难度，比之1.4亿人岂止大10倍，比之1400万人岂止大100倍？就社会中的原子式的个体而言，由于其生存条件、社会环境不可能完全相同，因此，每一个人或小集团都会具有或多或少区别于其他人和其他集团的利益需求。即使是同样的利益需求，在个体之间的表现方式也可能有所不同。也就是说，人们个体的利益需求是千差万别的，个人之间、各个社会集团之间不可避免地存在着利益的矛盾与冲突。当然，人类是一种社会化的动物，为了维护整个社会基本的团结和一致，个体与社会集团也存在相互妥协的可能性。实际上，纵观人类文明发展史，正是在不断冲突和协调的过程中，人类社会逐渐产生了体现最大多数人利益的价值观念和伦理道德。它不可能与每个个体和社会集团的利益都完全一致，但一定是维护社会生存与发展所必须的选择。

例如，在传统农耕社会中，比较容易形成乐土重迁、尊敬老人、尊重权威、勤劳简朴、天人和谐等价值观念。资本主义生产关系消除了封建等级压迫和奴隶制度，产生了"自由、平等、博爱"的理念，也培育了物质主义、消费主义和个人主义等价值观。这些价值观无不打上了民族和时代的烙印，适应了特定社会政治和经济发展的要求。

由于我国地域辽阔，地理条件复杂多样，人口众多，各地人们的生产与生活方式也各有不同，这种个体与集团利益需求的差异更加显著，因而呈现了各地区、各民族文化发展的多样性特征。同时，由于我国各地区之间的交通往来的地理阻隔相对而言比较少，东西流向的大江大河联系着东西部的民众，南北民众之间的接触

---

① 马建堂：《第六次全国人口普查主要数据发布》，国家统计局网站"第六次人口普查要闻"栏目，http：//www.stats.gov.cn/ztjc/zdtjgz/zgrkpc/dlcrkpc/dcrkpcyw/201104/t20110428_69407.htm。

和迁徙也十分频繁。因此，各地区经济文化发展的差异性和多样性并没有成为促成分离的因素，反而正好形成不同的社会分工，从而推动了各地区之间的经济和文化交流。尤其是我国北方游牧区与中原农耕区之间的接触和交往密切而又频繁。在这个过程中，先进发达的汉族文化对边缘各区的发展具有向心性。"随着这个中心地区在历史上的逐步扩大与力量的逐渐加强，周边地带各民族的文化逐步加入到这个中心区来，并且融合在原来的汉族文化中，使它越来越丰富，越来越带有新的特色……而这些倾注了新鲜血液的汉族文化又继续广被于更边远的地区和民族，对它们的影响也越来越大，终于使得整个'东亚大陆'的文化越来越具有共同性和统一性。"①

从历史上看，中华文明早在萌芽阶段就呈现多元一体的特点。1927年，蒙文通将中国古代民族分为江汉、河洛和海岱三大系统。1941年，徐旭生则把中国古代民族概括为华夏族、东夷族和苗蛮族等三大部族。北京大学苏秉琦教授将新石器时代时期中华文化分为六大区系：陕豫晋邻近地区、山东及邻省部分地区、湖北和邻近地区（包括汉水中游区、鄂西区、鄂东区）、长江下游地区、以鄱阳湖—珠江三角洲为中轴的南方地区、以长城地带为重心的北方地区。近年来众多的考古发现，以及学术界关于考古学文化区系类型的研究成果都已表明："中华文明起源有多个中心，长江、黄河、辽河、海河、淮河、珠江流域等都是中华文明的发祥地。"②

古代中华文明以农耕为主业，大体上可以分成以粟作为主的黄河流域旱地农业和以稻作为主的长江流域水田农业。在农耕区之外，还存在着面积辽阔的游牧区，二者大体以长城为分界。在长城以南、甘青以东地区是农业区，长城以北则是"风吹草低见牛羊"的游牧区。农牧矛盾的运动，对立与协调、冲突与互补融汇，贯穿着古代历史，从而使中国古代文明发展演化不同于世界其他文明区。

如果我们仔细分辨三大区域内部文化的不同点，还可以再细分出更多的区域文化类型。如游牧文化区又可分为新疆、西藏、青海、内蒙古等比较单一的游牧文化区和东北、宁夏、甘肃等半牧半农文化区。黄河流域农业文化区中的秦陇、三晋、中原、燕赵和山东与西北游牧文化区毗邻，黄河把这些区域连成一体，构成中华文明发展的核心地带。吴越、荆楚、巴蜀、湖湘、江西则是长江流域稻作农业文明的核心地区，长期以来与北方黄河流域旱作农业区有着很不相同的面貌。黄河流域文化、长江流域文化和游牧文化在漫长的历史长河中不断汇聚交融，构成中华文化的主体，并向周边地区辐射。

在这种条件下，正如习近平总书记2014年五四青年节在北京大学考察时所强调指出的那样："国无德不兴，人无德不立。如果一个民族、一个国家没有共同的

---

① 宁可：《古代中国历史发展的地理环境》，《平准学刊》第三辑，中国商业出版社1986年版。
② 陈连开：《中华民族研究初探》，知识出版社1994年版，第93~96页。

核心价值观,莫衷一是,行无依归,那这个民族、这个国家就无法前进。这样的情形,在我国历史上,在当今世界上,都屡见不鲜。我国是一个有着13亿多人口、56个民族的大国,确立反映全国各族人民共同认同的价值观'最大公约数',使全体人民同心同德、团结奋进,关乎国家前途命运,关乎人民幸福安康。"①主流价值文化正是凝结着无数个中国人共同偏好的价值追求,而这种共识之所以能够形成,源于我们对于国家前途命运和幸福安康生活的共同追求。

在主流价值文化的指引下,不仅使我们能够洞察到对于维系人口共同体必不可少的重要价值观念,而且也能使我们认识到这些至关重要的价值目标单靠个人的努力是无法实现的。为了达成这些目标,有时应作出让步和妥协,通过适应他人和社会的要求,最终实现互惠互利和共同发展。中华民族文明发展史表明,如果没有主流价值文化这个最核心的因素,文化就立不起来、强不起来,国家和社会就不可能实现稳定和繁荣,实现长治久安。

(二)破解转型时期社会失序问题的必然要求

良好的社会秩序是推进我国社会主义现代化建设事业发展的重要前提,也是国家长治久安的重要标志之一。特别是在社会结构大变动、社会阶层大分化、思想观念大变革的特殊历史时期,构建并维持良好的社会秩序,尤为重要。对于群众而言,社会平安有序、人民安居乐业,既是检验政府执政水平最直观的标准,也是体现幸福感的最重要指标。

我国正处于一个空前的社会转型发展时期。一方面,社会主义市场经济的日益发达和完善使得人们交际的范围不断扩大,理性意识和主体性逐渐增强,传统价值观念和集体主义理念呈现不断弱化和碎片化的趋势;另一方面,近代以来引入的西方价值观系统在中国又存在着水土不服,甚至南橘北枳的难题,这就造成传统与现代断裂,理想与现实割裂,多元价值纷繁复杂,在社会各领域中普遍存在着价值冲突,将人们引向深刻的价值困境,使社会大众往往无所适从。

我国传统主流价值文化大致上形成于春秋战国时期,这是一种家国同构的宗法价值观,其终极目标是实现皇朝统治的长治久安,其核心内容是"三纲五常"。

三纲、五常这两个词,来源于西汉儒者董仲舒的《春秋繁露》。但作为一种道德原则和价值规范,则渊源于先秦时代的孔孟。孔子曾提出了君君臣臣、父父子子和仁义礼智等伦理道德观念。孟子则提出:"人之有道也,饱食、暖衣、逸居而无教,则近于禽兽。圣人有忧之,使契为司徒,教以人伦:父子有亲,君臣有义,夫妇有别,长幼有序,朋友有信。"②这就是"五伦"道德规范,即父子之间有血缘亲

---

① 习近平:《青年要自觉践行社会主义核心价值观——在北京大学师生座谈会上的讲话》,新华网高层动态栏目,http://news.xinhuanet.com/politics/2014-05/05/c_1110528066_2.htm。

② 焦循:《孟子正义》卷十一《滕文公上·四章》,中华书局1987年版,第386页。

情,君臣之间有忠义恩德,夫妻之间有举案齐眉,兄弟之间有长幼尊卑,朋友之间有诚实守信,这是处理人际关系最基本的准则。

西汉大儒董仲舒在孔孟之道的基础上揉杂了儒、法、阴阳家的理论,对三纲原理和五常之道进行了发挥。他认为,在各种人伦关系中,最重要的是君臣、父子、夫妻等三对关系。《春秋繁露·基义》云:"君臣父子夫妇之义,皆取诸阴阳之道。君为阳,臣为阴;父为阳,子为阴;夫为阳,妻为阴。……王道之三纲,可求于天。"[①]就是说,这三对关系是天定的、永恒不变的主从关系:君为主、臣为从;父为主,子为从;夫为主,妻为从。由此确立了君权、父权、夫权的统治地位,把等级尊卑制度和皇朝政治秩序神圣化。"五常"则是对"三纲"的具体化,即仁、义、礼、智、信。当然,三纲之间实际上也蕴含着双向的权利和义务关系。在董仲舒看来,只要坚持五常之道,就能维持社会的稳定和人际关系的和谐。

此后,历代帝王和儒士都强调"三纲五常",宋儒称其为"天理",王阳明称之为"良知"。"三纲五常"价值文化指导和制约了中国传统社会两千余年的道德实践,人们安土重迁,注重亲情伦理,讲求重义轻利,追求集体主义。一方面,三纲五常对中国古代社会秩序和政治秩序起到了稳定作用,在一定程度上维持了社会的安定和谐;另一方面它也束缚了人们的思想和行动,压抑了先民们的自然天性和合理欲望,不利于社会发展。

这种价值观在近代鸦片战争以后受到了五次毁灭性的冲击。

第一次是鸦片战争至庚子之变的外在冲击或器物冲击。几十年间,西方列强的坚船利炮轰破国门,老大中国面临沦为殖民地、半殖民地的悲惨命运,从器物到制度,从精神到文化,传统价值文化体系都显得极不适应外力的挑战。

第二次是辛亥革命的制度冲击。革命推翻了清朝的统治,建立了中华民国。由于传统价值观所维护的政治目标已不复存在,从而对以往政治是非产生了根本性的颠覆。

第三次是新文化运动的思想文化冲击。激进的反儒思想成了社会的主流意识,文化精英提出了"三纲革命"、"孔丘革命"、"打破礼教"、"祖先革命"等口号,并展开了尖锐的国民性批判,"打倒孔家店"成了时代的最强音。正如新文化运动领军人物陈独秀在《吾人最后之觉悟》一文所言:"伦理思想,影响于政治,各国皆然,吾华尤甚。儒者三纲之说,为吾伦理政治之大原,共贯同条,莫可偏废。三纲之根本义,阶级制度是也。所谓名教,所谓礼教,皆以拥护此别尊卑、明贵贱之制度者也。近世西洋之道德政治,乃以自由、平等、独立之说为大原,与阶级制度极端相反。此东西文明之一大分水岭也……自西洋文明输入吾国,最初促吾人之觉悟者为学术,相形见拙,举国所知矣;其次为政治,年来政象所证明,已有不克守缺

[①] 苏舆:《春秋繁露义证·基义第五十三》,中华书局2002年版,第349页。

抱残之势。继今以往，国人所怀疑莫决者，当为伦理问题。此而不能觉悟，则前之所谓觉悟者，非彻底之觉悟，盖犹在惝恍迷离之境。吾敢断言曰，伦理的觉悟，为吾人最后觉悟之最后觉悟。"全盘西化的主张一度十分流行。

第四次是中华人民共和国成立的制度冲击。人民当家作主，社会主义基本制度确立，从而完全瓦解了"三纲五常"价值观的物质和精神基础，历史翻开了崭新的一页。

第五次是"文化大革命"的观念冲击。十年浩劫不仅搞乱了人民生活及社会秩序，而且扫荡和摧残了传统文化和伦理道德，破坏性的影响十分深远。

经历这五次冲击，中国传统价值观除了在观念和制度的深层次文化之外，表层和显性的文化因素几乎荡然无存且难以恢复。"实行改革开放之后，一方面我们对世界打开了国门，另一方面也打开了传统文化之门。西方强势价值文化汹涌而至，一些僵死的传统价值文化死灰复燃，并且得到了广泛的传播。于是，在中国大地上至少有了社会主义价值文化、西方价值文化和传统价值文化三种价值文化。由于在社会主义市场经济条件下中国社会出现了一些过去从未出现过的问题，传统的社会主义价值文化又不能很好地解决这些问题，一些人就求助于西方价值文化或传统价值文化，这些非社会主义的价值文化都比较活跃。在这种情况下，党和政府一直在努力使传统社会主义价值文化转变为现代社会主义价值文化，其重要体现就是力图使马克思主义进一步中国化，同时努力使之时代化和大众化，创立中国特色社会主义理论。但马克思主义中国化、时代化和大众化有一个过程，这就为非马克思主义价值文化的传播和流行留下了余地。因此，时至今日，西方价值文化和传统价值文化在中国仍然具有强大的影响力。"①

进入21世纪，我国在取得巨大经济成就的同时，许多社会道德伦理问题也日益凸显，如诚信缺失、商业欺诈、偷逃税款等。更为严重的是，人们对市场经济的认识十分片面，有不少人甚至认为市场经济就是追求经济利益最大化，最基本的道德底线轻易就被突破。新加坡学者郑永年认为："今天的中国社会不再存在一个精神领域的意识形态，所有的一切都被货币化，物质利益成为唯一的社会乃至政治准则。没有了超越于物质利益之上的意识形态，社会整体道德急剧衰落。加上法制的不健全，各个社会政治角色之间（如社会成员之间和社会成员和政府之间）的信任度几乎不复存在。政府官员之间、各级政府之间也有类似的情况。"②美国哈佛大学桑德尔教授则指出："现时中国面临的挑战是在市场的浪潮下，如何保护好非市场的道德观、价值观，也就是伦理道德。在中国经济继续增长的背景下，发展和强化道德责任感以及社会凝聚力是很重要的。"③

---

① 参见江畅：《中国主流价值文化构建的三个问题》，《光明日报》，2013年6月21日。
② 郑永年：《社会转型要求中国重建意识形态》，《联合早报》（新加坡），2007年1月24日。
③ [美]迈克尔·桑德尔：《公正——该如何做是好？》，中信出版社2011年版，第47、313～314页。

面对当前中国社会变迁而引起的主流价值及其重建问题，国内学界理所当然地给予了高度的重视，学者们通常用"道德滑坡"、"意义危机"或"价值迷失"等概念来描述当前的价值无序和价值混乱状态。2014年8月，《人民论坛》问卷调查中心的一项调查显示，当前我国存在十大社会病症：信仰缺失、看客心态、社会焦虑症、习惯性怀疑、炫富心态、审丑心理、娱乐至死、暴戾狂躁症、网络依赖症、自虐心态。此外，鸵鸟心态、未老先衰的初老症、思考依赖症的问题也有突出表现。①南京大学朱力教授也指出："社会转型不仅仅只是经济制度的转变，也是整个社会结构的转型和社会运行机制的转换。"②在此过程中，存在三种社会失范，即权力型失范（政治市场化）、财富型失范（市场贪婪化）和道德型失范（交往工具化）。尤其是财富型失范和道德型失范交织在一起，诱发市场主体为了自己的经济利益不择手段，罔顾自己的社会责任。

在这种情况下，如果我们不能及时、有效地构建起主流价值文化，社会经济的发展就可能偏离正常的轨道，形成劣币逐良币效应，不仅共同富裕的发展目的无法达到，金钱至上的观念会导致风气败坏、贪腐横行，整个社会成为弱肉强食的危险丛林。正如王涛在《哈耶克市场道德思想及其局限》一文中指出的那样："人们在权衡物质利益与道德孰重孰轻时，会对道德弃如敝屣。"③

2014年2月24日，习近平总书记在主持中共中央政治局第十三次集体学习时指出："培育和弘扬核心价值观，有效整合社会意识，是社会系统得以正常运转、社会秩序得以有效维护的重要途径，也是国家治理体系和治理能力的重要方面。历史和现实都表明，构建具有强大感召力的核心价值观，关系社会和谐稳定，关系国家长治久安。"他还强调："要切实把社会主义核心价值观贯穿于社会生活方方面面。要通过教育引导、舆论宣传、文化熏陶、实践养成、制度保障等，使社会主义核心价值观内化为人们的精神追求，外化为人们的自觉行动……要发挥政策导向作用，使经济、政治、文化、社会等方方面面政策都有利于社会主义核心价值观的培育。要用法律来推动核心价值观建设。各种社会管理要承担起倡导社会主义核心价值观的责任，注重在日常管理中体现价值导向，使符合核心价值观的行为得到鼓励、违背核心价值观的行为受到制约。"④

因此，构建主流价值文化，是破解转型时期社会失序问题的必然要求，且具有"时不我与"的紧迫性。

---

① 徐艳红、袁静、谭峰：《当前社会病态调查分析报告》，《人民论坛》，2014年9月上旬刊。
② 朱力：《变迁之痛——转型期的社会失范研究》，社会科学文献出版社2006年版，第1页。
③ 王涛：《哈耶克市场道德思想及其局限》，《中共济南市委党校学报》，2010年第1期。
④ 《习近平：使社会主义核心价值观的影响像空气一样无所不在》，新华网，http://news.xinhuanet.com/politics/2014-02/25/c_119499523.htm，2014年2月25日。

（三）参与世界价值观竞争的必然要求

当今世界处于一个秩序深刻调整的时期，以西方现行的政治、经济制度为归宿的直线式历史观和发展观宣告破产，世界各国、各地区都在积极尝试探索适合本国、本地区的发展之路。中国经过建国以后60多年的艰苦奋斗，已成为全球第二大经济体，在国际事务中的影响力越来越大。但与国家的综合实力相比较，我国文化软实力及其国际影响力则明显偏弱。实事求是地说，中国的主流价值文化不仅还没有真正走出去，即使在国内的感召力和影响力也存在较大问题。

江畅教授领衔的国家重大招标项目"构建中国主流价值文化研究（11＆ZD021）"课题组所做相关社会调查也证明了这一点。自2012年以来，课题组在湖北、河南、湖南、广东、云南、青海、北京等省市范围内进行了以发放问卷、访谈等方式为主的实地调研。其中在湖北省的调研涉及五市（荆门市、宜昌市、武汉市、黄石市、襄阳市）十县（利川县、罗田县、蕲春县、长阳县、秭归县、兴山县、五峰县、南漳县、保康县、谷城县），调研对象近一万人，回收有效问卷8156份。此次调查的结果显示，总体上公众对中国主流价值文化的了解是不充分的。问卷中的"您对中国特色社会主义文化是否了解"问题的数据（有效数据8130，缺失数据26）是：选择"非常了解"为718人，占8.8%；"了解一些"为5368人，占65.8%；"不了解和不关注"为2044人，占25.1%。关于"您认为当今中国主流价值文化是否有亲和力"的问题，其结果数据（有效8091，缺失65）是：认为有的3022人，占37.1%；认为无的1244人，占15.1%；认为差的1493人，占18.3%；表示说不清的2332人，占28.6%。认为无的、差的和说不清楚的消极评价，一共占了72.9%。由此可见，我国社会公众大多数认为中国主流价值文化亲和力差。关于"您认为当今中国主流价值文化的感召力如何"的问题，其结果数据（有效8087，缺失69）是：认为很强的有1640人，占20.1%；认为一般的有3758人，占46.1%；认为很差的有1450人，占17.8%；选择说不清的有239人，占15.2%。对此问题倾向于积极评价的调研对象还不到被调查者总数的一半，为46.1%。①

2013年9月至10月，中国外文局对外传播研究中心与察哈尔学会、华通明略合作开展了第二次中国国家形象全球调查。调查共覆盖了不同地理区域和经济发展水平的七个国家，访问样本为3017人。"历史悠久的文明古国"是中国最受国际民众认可的属性，具有62%的国际认可度。其次是"大国"：58%认可中国是经济崛起的大国、47%认可中国已经成为世界大国。国际民众认为中国存在着一些问题，

---

① 江畅：《"构建中国主流价值文化研究"系列笔谈》，《华中科技大学学报》（社会科学版），2013年第5期。

如贫富差距大（41%）、封闭守旧（33%）、社会冲突剧烈（26%）等。约 1/4 的国际民众认为中国具有一定威胁性；更多的民众认为中国对国际事务负责任（15%），认为贡献不大的有 12%。①

由中国传媒大学副校长胡正荣教授主编的《国际传播蓝皮书：中国国际传播发展报告（2014）》（社会科学文献出版社，2014 年）则显示，国际社会对中国文化的认知还停留在中国的传统文明、经济实力上，相比较而言，对传媒、高等教育等现代文明、理念、品牌和文化等认可度低。因此，传播好当代中国，特别是当代中国价值，强化中国学术研究的影响力，应成为提升中国国际传播能力乃至整个国际传播的最为重要的任务和核心目标。

总之，实地调研的数据和理论分析的结果都表明，当前中国主流价值文化的感召力和对国内外民众的影响力是不强的。

导致这种情况出现的原因很多。既有近代历史发展惯性的影响，也有现实国际政治的因素。冷战结束之后至 2008 年之前，中国一直是个区域性的发展中国家，虽然人口世界第一、经济发展速度最快，但没有真正在世界上扮演一个主导性的国际领导型国家的角色。无论从战略视野和自我形象定位来讲，当时的中国都远远没有做好心理准备。当时在国际上影响最大的是以弗朗西斯·福山为代表的"历史终结论"。1989 年，日裔美籍学者弗朗西斯·福山发表了《历史的终结》一文，将欧美的自由民主制度视为"人类意识形态发展的终点"和"人类最后一种统治形式"。

2009 年以后，伴随着全球金融危机和经济衰退的阵痛，中国突然"被大国化"。所谓大国，就是在国际事务上有主导意识、领导视野和全球性影响的国家。而这种角色长期以来是欧、美国家扮演的，中国从来没有扮演过。2015 年 11 月 23 日，国务委员杨洁篪在《人民日报》撰文指出："中国越来越接近世界舞台的中心，国际社会对我国发挥更大作用的期待也明显增强，越来越多的国家希望中国能够为事关人类发展与安全重大问题的解决投入更多力量，贡献更多智慧。事实上，国际政治、经济、安全等各领域诸多问题的解决也越来越离不开中国的参与，这些问题的解决也越来越关系到中国的切身利益和前途命运。"② 为此，《中华人民共和国国民经济和社会发展第十三个五年规划纲要》第十一篇"构建全方位开放新格局"提出了具体要求，即健全对外开放新体制、推进"一带一路"建设、积极参与全球经济治理、积极承担国际责任和义务。

构建全方位开放新格局，提升文化软实力是重中之重。一个国家的文化软实力，是指能够反映该国文化创造水平，体现该国文化影响力的思想观念和文化要素，其核心是这个国家的核心价值观。显然，并不是所有的文化要素都是软实力，

---

① 《中国国家形象调查报告 2013》，中国网，http：//news.china.com.cn/node_7200186.htm，2014 年 2 月 21 日。

② 杨洁篪：《积极承担国际责任和义务》，《人民日报》，2015 年 11 月 23 日第 6 版。

只有那些根植于全民族共同核心价值观基础上的文化因子，才可能成为反映该国文化创造力、体现文化影响力的文化软实力要素。例如，多姿多彩、优雅高贵的瓷器是中国古代的伟大发明之一，"瓷器"（china）与"中国"（China）在英文中同为一词，充分说明中国古代瓷器的精美绝伦完全可以作为中国传统文化软实力的代表。中国瓷器纹饰多样，线条优美，造型丰富，将实用性与艺术性、趣味性与审美性完美地结合在一起，反映出了中华民族的聪明才智和文化旋律。

当代世界各种思想文化交融与交锋日益频繁和激烈，各种价值观都在争夺人心，扩大其影响。西方国家凭借其经济、科技优势以及对大众传媒和互联网的垄断经营，企图用西方社会的意识形态和价值观西化、分化异己。这方面，苏联解体为我们提供了反面教材。在社会主义建设实践中，苏联党和政府对主流价值观缺乏阐述和提炼，更没有将其上升到国家战略层面进行建设和培育。由于缺乏核心价值文化的引领，民众对社会主义信念逐渐动摇，最终导致苏联解体，红旗落地。

进入21世纪以来，在普京总统领导下的俄罗斯针对美国价值观的冲击，也致力于俄罗斯价值观的重塑。"《千年之交的俄罗斯》、《致选民的公开信》和2000年国情咨文这三份政治文献标志着俄罗斯新思想的初步形成。其主要内容包括：肯定民主原则和市场经济是全人类的共同价值观，是人类发展的康庄大道；同时强调以俄罗斯传统的价值观作为社会团结的思想基础，即爱国主义、强国意识、国家权威、社会互助精神。"①普京总统在2013年12月19日召开的年度新闻记者会上回答美国记者提问"为何要批评西方的价值观"时说，他无意批评西方价值观，只是想保护俄罗斯免受一些社会团体的"伪价值观"侵害。普京指出，在从前的俄罗斯，"道德"的概念就像《圣经》一样没有争议，人人信仰，但目前俄罗斯已经陷入道德真空。如果俄罗斯要继续前行，就必须先回归传统。他说："这虽然保守，但是能够让我们不堕落，不犯错。"普京总统还表示，俄罗斯拥有极其丰富的传统文化，同时也需要在传统的基础上进一步前进。②

面对全球范围思想文化交流、交融、交锋形势下价值观较量的新形势，我们也要全力打造有竞争力、影响力、吸引力和凝聚力的中国价值观。与其他民族相比，中华民族经历过太多的兴衰荣辱，悠久的历史赋予中华文化无比深厚的底蕴。中国理应也一定能够为构筑人类共同价值观作出更多的贡献。

（四）维护世界和平，促进共同发展的必然要求

尽管"和平与发展"已经成为当代世界的主题，但国家与民族之间的冲突和战

---

① 郭丽双：《俄罗斯主流社会价值观的重建及其困境》，《马克思主义与现实》，2015年第1期。
② 《普京称无意批评西方价值观 希望俄罗斯回归传统》，中国新闻网，http://www.chinanews.com/gj/2013/12-19/5640928.shtml，2013年12月19日。

争冲突从未停止过,从战火纷飞的叙利亚到马里的动荡不安,全世界目前依然有 30 余处战区,无数无辜平民成为这些战争和冲突的最大受害者。而自 2007～2009 年金融危机以来,全球经济复苏乏力,以至于国际货币基金组织(IMF)总裁克里斯蒂娜·拉加德用"太慢、太脆弱、太不均衡"来形容本轮经济复苏。2015 年世界经济达沃斯论坛期间,路透社对全球 1300 位公司首席执行官的调查结果显示,仅有 1/3 左右的企业高管认为世界经济会在可见的未来内改善。"并且他们对发达经济体和新兴市场国家的信心均在下降。路透社的另一项调查还表明,世界上大多数国家公众对企业及政府的信任度都在下降。"① 2016 年 3 月,国家统计局也在其网站发布世界经济 2016 年展望的文章指出,2016 年,世界经济运行中的不利因素和不确定性因素增多,继续低速运行的可能性较大,政策措施的有效性下降,新的增长动能尚未确立,仍会维持"低利率、低通胀、低增长、高负债"的"三低一高"态势,复苏将依然疲弱乏力。②

在人类生活日益物质化、浅表化,各种矛盾冲突、恐怖活动和战乱频发的形势下,中国传统文化不失为当代人类走出和平与发展困境可资借鉴的、不可替代的宝贵资源。而这种资源也需要以强大的中国文化和核心价值观作为载体,传送到世界各地。正如习近平主席 2014 年 3 月在巴黎出席中法建交 50 周年纪念大会讲话中所指出的那样:"天下太平、共享大同是中华民族绵延数千年的理想。历经苦难,中国人民珍惜和平,希望同世界各国一道共谋和平、共护和平、共享和平。历史将证明,实现中国梦给世界带来的是机遇不是威胁,是和平不是动荡,是进步不是倒退。拿破仑说过,中国是一头沉睡的狮子,当这头睡狮醒来时,世界都会为之发抖。中国这头狮子已经醒了,但这是一只和平的、可亲的、文明的狮子。"③

中国崛起是一个具有世界历史意义的重大事件,它深刻改变了国际政治格局,甚至在某种程度上改变着世界历史进程。"按照我国扶贫标准,1978～2010 年累计减少了 2.5 亿贫困人口,参考国际扶贫标准,我国共减少了 6.6 亿贫困人口,全球贫困人口数量减少的成就 93.3% 来自中国。"④ 中国的发展成就是对人类社会的重要贡献,必将对仍在积极探索中的其他发展中国家产生积极的影响。

苏东剧变后,西方国家对中国的发展态势先后抛出"中国威胁论"和"中国崩溃论"。关于"中国威胁论"方面的论点以 20 世纪 90 年代美国费城外交政策研究所亚洲项目主任芒罗和伯恩斯坦合著的《即将到来的美中冲突》为代表。芒罗还发

---

① 陈季冰:《2016 年的全球经济形势将复杂和严峻》,《经济观察报》,2016 年 2 月 15 日。
② 《世界经济增长乏力 外部环境更趋复杂——2015 年世界经济回顾及 2016 年展望》,国家统计局网站,http://www.stats.gov.cn/tjsj/sjjd/201603/t20160307_1327685.html,2016 年 3 月 7 日。
③ 《习近平在法国讲话:中国这头狮子已经醒了》,新华网,http://sc.people.com.cn/n/2014/0328/c345454-20876372.html,2014 年 3 月 28 日。
④ 柴逸扉、彭训文:《全球脱贫成果九成属中国 新设"扶贫日"专啃"硬骨头"》,《人民日报(海外版)》,2014 年 10 月 15 日。

表了《正在觉醒的巨龙：亚洲真正的威胁来自中国》。近年来，中国计算机黑客威胁论、食品安全威胁论和环境威胁论等先后粉墨登场，在西方受众中具有一定的影响。

"中国崩溃论"始于1984年美国世界经济研究所布朗提出的"谁来养活中国"一说，继而引起全球性的争论。自2001年以来，针对中国经济的新的论调又在国外盛行，美国匹兹堡大学经济学教授托马斯·罗斯基在2000年发表了《中国GDP统计发生了什么？》。2002年1月，美国《中国经济》季刊的主编斯塔德维尔在其出版的《中国梦》一书中把中国经济比喻为"一座建立在沙滩上的大厦"。他预言中国将出现大规模的政治和经济危机，并警告投资者"不要轻易把亿万美元的投资扔进中国这个无底洞。"在《中国即将崩溃》一书中，作者——美国华裔律师章家敦则干脆预言："与其说21世纪是中国的世纪，还不如说中国正在崩溃。"接下来的十几年中，章家敦每年一次，甚至一年数次预言中国即将崩溃。

中国的稳定和发展使得上述言论不攻自破，也使得各国政府和学术界不得不重新审视中国的发展战略和发展模式。美国《纽约时报》专栏作家托马斯·弗里德曼的《世界又热又平又挤》书中第16章的标题就是"做一天中国（仅仅是一天）"。在这章里，弗里德曼谈到他和通用公司董事长兼首席执行官伊梅尔特的一次谈话。伊梅尔特谈了许多关于下一任美国总统应该推动哪些立法，以及采取哪些措施，来引导美国社会节能减碳以及摆脱对进口石油的倚赖。弗里德曼听他讲完这些理想的方案后，很坦白地对伊梅尔特说：你的这些构想我都很赞成，但这些东西在美国现有的政治体制下都做不到，因为美国的利益团体的游说政治一定会否决你这些政策。弗里德曼在书中写道："那天晚上，我一直思索着我们的谈话，它们在脑海中不停地重复，最后脑中闪出一个古怪的想法：要是……要是美国能做一天中国有多好！——只是一天！仅仅一天！"①

而在经历大变革和大调整的国际格局中，中国独特的外交战略定位、中国特色的外交政策和中国友善的外交方式，给世界外交注入了崭新的中国元素。1953年12月31日，周恩来总理在中南海会见印度政府代表团时第一次完整地提出了和平共处五项基本原则，如今该原则已成为国际社会普遍接受的基本准则。1964年10月16日，中国第一颗原子弹在新疆罗布泊爆炸成功后不到7个小时，中央人民广播电台就播送了《中华人民共和国政府声明》。《政府声明》强调指出："中国政府郑重宣布，中国在任何时候、任何情况下，都不会首先使用核武器。"②半个世纪以来，中国与广大第三世界国家站在一起，坚决反对霸权主义和强权政治。近年来，中国推动战略伙伴关系和区域合作进程，逐步形成全球权力结构的平衡与稳定的战略理论。党的十八大以来，以习近平同志为总书记的党中央注重从正面奋力唱响中

---

① ［美］托马斯·弗里德曼：《世界又热又平又挤》，王玮沁等译，湖南科学技术出版社2009年版，第355页。

② 滕建群等：《核，来到中国50年》，《世界知识》，2014年第20期。

国梦、中国道路、中国精神和中国力量等中国声音,使中国梦、中国道路、中国精神、中国力量在世界范围内发挥作用并产生积极影响,从而彰显中国元素,树立中国形象,坚定中国自信。在国际关系方面,我国"强调既韬光养晦又积极作为,坚定不移地走和平发展道路,积极建立以合作共赢为核心理念的新型国际关系及外交新格局:围绕和平发展理念,建构好中美、中俄新型大国关系这两个重点;围绕合作共赢理念,实施一带一路合作倡议,搭建丝绸之路经济带和21世纪海上丝绸之路这两条线;围绕文明互鉴理念,通过丝绸之路经济带和互联互通,打通欧亚大陆桥这两个面;围绕亲诚惠容理念,建设好周边外交这个局。"①

2015年9月28日,习近平主席出席第70届联大一般性辩论,发表题为《携手构建合作共赢新伙伴 同心打造人类命运共同体》的重要讲话,强调"继承和弘扬联合国宪章宗旨和原则,构建以合作共赢为核心的新型国际关系,打造人类命运共同体。他还代表中国政府提出了打造人类命运共同体的具体途径:建立平等相待、互商互谅的伙伴关系;营造公道正义、共建共享的安全格局;谋求开放创新、包容互惠的发展前景;促进和而不同、兼收并蓄的文明交流;构筑尊崇自然、绿色发展的生态体系。"②习近平主席的发言得到了与会各国首脑和政府代表的共鸣与强烈反响。在习主席大约20分钟的讲话过程中,先后响起了多达15次的热烈掌声。③

中国率先提出建立新型大国关系的新倡议,这无疑是当前国际关系中最具创意的中国方案。2012年5月3日,在北京召开的中美战略与经济对话以构建中美"新型大国关系"作为主题。根据不完全统计,从2012年至今,习近平主席在不同场合先后32次提及"新型大国关系"。2016年6月6日,在北京举行的第八轮中美战略与经济对话和第七轮中美人文交流高层磋商机制联合开幕式上,习近平主席发表题为《为构建中美新型大国关系而不懈努力》的重要讲话。他强调指出,现在世界多极化、经济全球化、社会信息化深入推进,各国利益紧密相连。零和博弈、冲突对抗早已不合时宜,同舟共济、合作共赢成为时代要求。"中美合作成果给我们最根本的启示就是,双方要坚持不冲突不对抗、相互尊重、合作共赢的原则,坚定不移推进中美新型大国关系建设。"④

现当代世界历史的经验告诉我们,当一个国家在经济上迈向世界巅峰的时候,它的价值文化也应随之发展,这个国家才会更加强大,才会为更多的国家所认同,才会在国际事务中拥有更大的话语权。西班牙、葡萄牙、荷兰、法国、德国、英

---

① 韩庆祥:《习近平治国理政的经验和智慧》,《光明日报》,2016年2月18日。
② 参见习近平:《携手构建合作共赢新伙伴 同心打造人类命运共同体》,人民网,http://politics.people.com.cn/n/2015/0929/c1024-27644905.html.2015年9月27日。
③ 田帆、郝亚琳:《习近平联大讲话 掌声因何响起》,新华网,http://news.xinhuanet.com/politics/2015-09/29/c_128279894.htm,2015年9月29日。
④ 杨飞:《互利共赢,中美携手共建新型大国关系》,新华网,http://news.xinhuanet.com/comments/2016-06/08/c_1119012208.htm,2016年6月8日。

国、美国等西方列强等发展史无不证明了这一点。社会主义中国爱好和平，永远不称霸，但在世界经济政治文化竞争日益激烈的今天，特别是在某些超级大国总是力图将其价值观强加给各国的情况下，日益崛起的社会主义中国有责任承担起构建与之相抗衡并能在竞争中取胜的主流价值文化。唯有如此，中国才能给世界和平和人类文明的发展繁荣作出更大的贡献。

三、传统价值文化需要创造性转化与创新性发展

主流价值文化是一个民族和国家在长期的生存与发展过程中形成的，反映着这个民族和国家发展历史中全体成员共同探索、共同追求和共同奋斗的理想和信念，是一套植根于人们思想意识深处，为全社会所普遍认同并接受的道德准则，调节着社会关系和人们行为的基本规范。中共中央《关于培育和践行社会主义核心价值观的意见》指出："中华优秀传统文化积淀着中华民族最深沉的精神追求，包含着中华民族最根本的精神基因，代表着中华民族独特的精神标识，是中华民族生生不息、发展壮大的丰厚滋养。"

中国是世界文明发达最早的国家之一。中华民族不但以刻苦耐劳、酷爱自由、富于革命传统著称于世，而且创造了源远流长、博大精深的灿烂文化，长期处于世界领先地位。2014年9月24日，习近平总书记在纪念孔子诞辰2565周年大会上发表重要讲话。他指出："中国优秀传统思想文化体现着中华民族世世代代在生产生活中形成和传承的世界观、人生观、价值观、审美观等，其中最核心的内容已经成为中华民族最基本的文化基因，是中华民族和中国人民在修齐治平、尊时守位、知常达变、开物成务、建功立业过程中逐渐形成的有别于其他民族的独特标识。中国人民的理想和奋斗，中国人民的价值观和精神世界，是始终深深植根于中国优秀传统文化沃土之中的，同时又是随着历史和时代前进而不断与日俱新、与时俱进的。"[①]

构建中国主流价值文化根植于无比深厚的历史积淀。伟大的中华民族精神是构建主流价值文化的精神根基；璀璨的传统文化是构建主流价值文化的宝贵资源；深刻的中华历史智慧是构建主流价值文化的向导镜鉴。

（一）伟大的中华民族精神是构建主流价值文化的精神根基

主流价值文化只有深深扎根于中华民族和中国博大精深文化的沃土，从中获得充分的滋养，才能在古老的中华大地和亿万炎黄子孙心中生根开花结果，成为当代

---

① 《习近平在纪念孔子诞辰2565周年国际学术研讨会讲话》，中央政府门户网站要闻栏目，http://www.gov.cn/xinwen/2014-09/24/content_2755592.htm，2014年9月24日。

中华民族和中国人民的共同信念和精神家园，从而使当代中国国家富强、民族振兴、人民幸福，使中国永远告别遭侵略、受蹂躏的屈辱历史，实现中华民族的伟大复兴。构建主流价值文化必须基于一定的根基，没有文化根本的价值观是立不住的。从这一点来说，伟大的中华民族精神无疑是构建主流价值文化的精神根基和不竭的动力源泉。

民族精神是"反映在长期的历史进程和积淀中形成的民族意识、民族文化、民族习俗、民族性格、民族信仰、民族宗教，民族价值观念和价值追求等共同特质，是指民族传统文化中维系、协调、指导、推动民族生存和发展的精粹思想，是一个民族生命力、创造力和凝聚力的集中体现，是一个民族赖以生存、共同生活、共同发展的核心和灵魂。人类社会发展的历史表明，对一个民族、一个国家来说，最持久、最深层的力量是全社会共同认可的民族精神。民族精神，承载着一个民族、一个国家的精神追求，体现着一个社会评判是非曲直的价值标准。"①

有没有高昂的民族精神，是衡量一个国家综合国力强弱的重要尺度。所以当今世界各国都非常重视培育民族精神。美国通过宗教活动、政党活动、大众传媒、社区社团、学校教育和家庭教育等渠道强化"美国精神"为公民教育的重点。2001年俄罗斯颁布了首个爱国主义教育"五年计划"，加强爱国主义教育已成为俄政府施政规划的重要组成部分。2016年1月，总理梅德韦杰夫签署决议，批准了2016—2020年爱国主义教育国家计划，这个五年计划在保持对青少年进行爱国主义教育优先方向的同时，着重强调了爱国主义教育应面向所有社会阶层和年龄群体。"在俄各联邦主体行政机构里设立7000多个青少年教育机构，专门负责公民教育和爱国主义教育。此外，俄约有2000个组织与青年军事爱国主义教育直接相关，比如苏沃洛夫军事学校、支援陆海空军志愿协会、军事爱国主义俱乐部等。"②韩国的爱国主义教育以政府为主导，推崇"身土不二"，培育"韩国精神"。

在东亚大陆上诞生的中华文明是世界所有古典文明中唯一没有中断的文明，经历了数千年的发展和辉煌，逐渐形成了一整套优秀文化传统。共同的历史记忆、共同的文化认可、共同的政治归属把我们的祖先紧紧联系在一起，其中共同的文化认同就是源远流长、一脉相承的中华民族精神。它是中华各族人民社会生产、生活的反映，是中华文化最本质、最集中的体现，是各民族生产与生活方式、理想与信仰、世界观与价值观的高度浓缩，是中华民族赖以生存和发展的精神纽带、支撑和动力，是构建主流价值文化的精神根基和灵魂。党的十六大报告指出："在五千多年的发展中，中华民族形成了以爱国主义为核心的团结统一、爱好和平、勤劳勇敢、自强不息的伟大民族精神。"这是对中华民族精神核心内容和基本思想的高度

---

① 韩震：《民族精神：实现中国梦的强大力量》，《中国教育报》，2014年7月11日第6版。
② 林雪丹、陈效卫：《俄罗斯强化爱国主义教育》，《人民日报》，2016年1月4日第3版。

凝炼和概括。

2013年3月，习近平总书记在十二届全国人大一次会议闭幕会上发表重要讲话。他指出："中华民族具有5000多年连绵不断的文明历史，创造了博大精深的中华文化，为人类文明进步作出了不可磨灭的贡献。经过几千年的沧桑岁月，把我国56个民族、13亿多人紧紧凝聚在一起的，是我们共同经历的非凡奋斗，是我们共同创造的美好家园，是我们共同培育的民族精神，而贯穿其中的、最重要的是我们共同坚守的理想信念。实现中国梦必须弘扬中国精神。这就是以爱国主义为核心的民族精神，以改革创新为核心的时代精神。"①

在中华民族精神诸要素中，爱国主义始终是核心精神，始终是把各族人民坚强团结在一起的精神力量。不管是民族危亡关头的同仇敌忾，还是抵御重大自然灾害千钧一发时刻的众志成城，团结在爱国主义的旗帜下，个人命运才能与民族命运紧密相连，才能汇聚成无坚不摧的磅礴力量。

爱国主义包括骨肉之爱、乡土之爱、民族之爱、祖国之爱和世界之爱等五个层次，它是中华民族生生不息、凝聚一体的精神动力，深深植根于中国悠久的历史与文化传统之中。"有国才有家"，这种集体主义的家国观念构成了当代爱国主义的真正源泉。在"天下兴亡，匹夫有责"的感召下，无数民族英雄脱颖而出，创造了惊天地泣鬼神的业绩，并将这种爱国深情升华为崇高的道德责任。屈原、岳飞、辛弃疾、文天祥、郑成功、施琅、林则徐、邓世昌等在历史上做出了惊天地泣鬼神的壮举。中华民族数千年来形成的这种爱国主义传统在中国共产党身上及其实践中得到了集中的体现，将其发展到了新的境界。

作为中华文化的主体精神之一，"天人合一"思想在几千年的历史流变中，不但塑造了中国人普遍持久的和平文化心理，而且对于今天人类追求和平与发展以及社会和谐仍具有重要启迪。"天人合一"的观念说明，人类只是天地万物中的一个部分，天地自然按一定的规律运动，人也必须遵照天地规律去认识和改造自身，才能适应天地规律。当今世界，"天人合一"思想为人类与自然界的和谐相处指明了方向。

中国传统文化倡行群体本位的价值观与和合精神。中华民族在历史上形成了兼爱互利、扶贫济困、凝聚和合、团结互助的优良传统，构成了源远流长的中华和合文化。墨家提出"兼相爱，交相利"，主张"视人之国若视其国，视人之家若视其家，视人之身若视其身。"②孔子则提出"礼之用，和为贵"③，主张以和谐为贵。西周末年史伯提出"夫和则生物，同则不继"，认为不同事物、因素的调和、共处，

---

① 《习近平在十二届全国人大一次会议闭幕会上发表重要讲话》，新华网，http://news.xinhuanet.com/2013lh/2013-03/17/c_115052635.htm，2013年3月17日。
② 吴毓江：《墨子校注》卷4《兼爱中》，中华书局1993年版，第159页。
③ 杨伯峻译注：《论语译注》，中华书局1980年版，第8页。

实现多样性的统一，事物才有发展；而同类事物的拼凑，就不可能发展，故"声一无听，色一无文"。①孔子将此思想运用到社会领域中，提出"小人同而不和，君子和而不同"的命题，追求"和合"的君子境界，主张社会中的人际关系要和谐。荀子在讲到为什么单个的人力比不上牛马却能驾驭它们时说，这是因为人能结群，"人能群，彼不能群也……分则和，和则一，一则多力，多力则强，强则胜物"。②只有讲求和谐，注重和合，团结互助，才能提高家庭和社会组织的向心力和凝聚力，才能形成和谐有序的人际关系。

中华民族传统文化具有鲜明的包容性特征。从中国历史发展进程来看，中华民族多元一体格局的形成过程就是一个不断兼容并包的过程。由许许多多分散孤立存在的民族单位，经过接触、联合和融合，最终形成极具包容性的多元统一体，拥有强大的文明同化力和顽强的生命力。中国人常用"海纳百川"或"有容乃大"来形容一个人的气度胸襟，这四个字也可以用来形容中华文明的包容品格。正是这种强大的包容性，使得中华文化遭遇各种外来文化的冲击，不仅没有消亡，而且一次又一次地在挑战中进行文化更新，创造出一个又一个灿烂的中华文明历史新阶段。

中华传统文化以劳动为荣，中华民族是一个崇尚劳动、刻苦耐劳、勤劳勇敢的民族。相传在远古时代，神农氏就教导人民进行农业生产，他说："丈夫丁壮而不耕，天下有受其饥者；妇人当年而不织，天下有受其寒者。"神农氏还"身自耕，妻亲织，以为天下先。"③中国古代流传最广的家训——明末清初学者朱柏庐所作《朱子家训》要求子孙："一粥一饭，当思来处不易；半丝半缕，恒念物力维艰。宜未雨而绸缪，毋临渴而掘井。自奉必须俭约，宴客切勿流连。"

2015年4月28日，习近平总书记在庆祝"五一"国际劳动节暨表彰全国劳动模范和先进工作者大会上发表重要讲话。他指出，"劳动是人类的本质活动，劳动光荣、创造伟大是对人类文明进步规律的重要诠释。'民生在勤，勤则不匮。'中华民族是勤于劳动、善于创造的民族。正是因为劳动创造，我们拥有了历史的辉煌；也正是因为劳动创造，我们拥有了今天的成就。"他还强调："我们一定要在全社会大力弘扬劳模精神、劳动精神，大力宣传劳动模范和其他典型的先进事迹，引导广大人民群众树立辛勤劳动、诚实劳动、创造性劳动的理念，让劳动光荣、创造伟大成为铿锵的时代强音，让劳动最光荣、劳动最崇高、劳动最伟大、劳动最美丽蔚然成风。要教育孩子们从小热爱劳动、热爱创造，通过劳动和创造播种希望、收获果实，也通过劳动和创造磨炼意志、提高自己。"④习总书记的重要讲话意义重大而深

---

① 徐元诰:《国语集解》卷16《郑语》，中华书局2002年版，第470、472页。
② 王先谦:《荀子集解》卷5《王制篇》，中华书局1988年版，第164页。
③ 刘康德:《淮南子直解》卷11《齐俗训》，复旦大学出版社2001年版，第563页。
④ 《习近平在庆祝"五一"国际劳动节大会上的讲话》，新华网，http://news.xinhuanet.com/politics/2015-04/28/c_1115120734.htm，2015年4月28日。

远，为重塑社会劳动价值，进而实现中华民族伟大复兴指明了正确的道路和方向。

综上所述，伟大的中华民族精神是构建主流价值文化的精神根基。中华民族精神是中华优秀传统文化的核心和基础，一直以来都起着凝聚和维系中华各民族精神生命和力量的作用，是中华民族不断成长壮大，历经磨难而又能奋起振兴的最强大的精神动力。可以说，这是我们构建主流价值文化最可靠的基础，是一切优势之中最突出的优势。

（二）璀璨的传统文化是构建主流价值文化的宝贵资源

悠远深厚的传统文化内涵是中华文化发展的优势和灵魂所在，是构建主流价值文化不可替代的宝贵资源。我们先民勇于进取，以开阔的胸怀包容四海，开拓疆域，在不同的历史时期涌现出多民族融合的壮观景象，汉族与众多少数民族共同推动了社会的进步。与此同时，在对外交往活动中，中华民族一方面积极吸取其他国家和民族之所长，另一方面更尽自己之所能，无私地将自己取得的卓越成果推向世界。在整个人类生活日益物质化、低俗化、浅表化，整个世界充满着各种矛盾、冲突、恐怖活动、政变、战乱频发的今天，中国传统文化更不失为当代人类走出困境可资借鉴的不可替代的宝贵资源。这种资源也需要以今天中国文化的强大、中国价值观作为载体传送到世界各地。

2013年3月1日，习近平总书记在中央党校80年校庆大会讲话中总结了中国传统文化中的思想精华。他说："中国传统文化博大精深，学习和掌握其中的各种思想精华，对树立正确的世界观、人生观、价值观很有益处。古人所说的'先天下之忧而忧，后天下之乐而乐'的政治抱负，'位卑未敢忘忧国'、'苟利国家生死以，岂因祸福避趋之'的报国情怀，'富贵不能淫，贫贱不能移，威武不能屈'的浩然正气，'人生自古谁无死，留取丹心照汗青'、'鞠躬尽瘁，死而后已'的献身精神等，都体现了中华民族的优秀传统文化和民族精神，我们都应该继承和发扬。领导干部还应该了解一些文学知识，通过提高文学鉴赏能力和审美能力，陶冶情操，培养高尚的生活情趣。许多老一辈革命家都有很深厚的文学素养，在诗词歌赋方面有很高的造诣。总之，学史可以看成败、鉴得失、知兴替；学诗可以情飞扬、志高昂、人灵秀；学伦理可以知廉耻、懂荣辱、辨是非。"[①]

2014年4月1日，习近平总书记在比利时欧洲学院谈中华文明时又指出："中国是有着悠久文明的国家。在世界几大古代文明中，中华文明是没有中断、延续发展至今的文明，已经有5000多年历史了。我们的祖先在几千年前创造的文字至今仍在使用。2000多年前，中国就出现了诸子百家的盛况，老子、孔子、墨子等思

---

① 《习近平在中央党校建校80周年庆祝大会暨2013年春季学期开学典礼上的讲话》，人民网，http：//politics.people.com.cn/n/2013/0303/c1024-20655810.html，2013年3月3日。

想家上究天文、下穷地理，广泛探讨人与人、人与社会、人与自然关系的真谛，提出了博大精深的思想体系。他们提出的很多理念，如孝悌忠信、礼义廉耻、仁者爱人、与人为善、天人合一、道法自然、自强不息等，至今仍然深深影响着中国人的生活。中国人看待世界、看待社会、看待人生，有自己独特的价值体系。中国人独特而悠久的精神世界，让中国人具有很强的民族自信心，也培育了以爱国主义为核心的民族精神。"①

2014年五四青年节时，习近平在北京大学与青年学生座谈时畅言青年的责任和担当，他强调："每个时代都有每个时代的精神，每个时代都有每个时代的价值观念。一个民族、一个国家的核心价值观必须同这个民族、这个国家的历史文化相契合，同这个民族、这个国家的人民正在进行的奋斗相结合，同这个民族、这个国家需要解决的时代问题相适应……中华文明绵延数千年，有其独特的价值体系，我们提倡和弘扬社会主义核心价值观，必须从中汲取丰富营养，否则就不会有生命力和影响力。中华优秀传统文化已经成为中华民族的基因，植根在中国人内心，潜移默化影响着中国人的思想方式和行为方式。"②

我们的核心价值观不可能凭空而来，也不应该完全是从外引进的"舶来品"，只有根深方能枝繁叶茂，只有基于我们的文化本体，才可能持续开拓致远。在数千年的古代历史上，中华民族以不屈不挠的顽强意志和勇于探索的聪明才智，谱写了波澜壮阔的历史画卷，创造了同期世界历史上极其灿烂的物质文化、制度文化和精神文化。物质文化是指先民们创造的各种物质成果，包括交通工具、服饰、日常用品等，是一种可见的显性文化；精神文化是指思维方式、宗教信仰、审美情趣等，属于不可见的隐性文化；制度文化是物质文化与精神文化的中介，是指人们为适应人类生存、社会发展的需要而主动创制出来的有组织的规范体系。

从物质文化方面来说，中国是一个历史悠久的文明古国，在漫长的历史发展过程中，我们的先民们创造了灿烂的物质文化。无论在农业、手工业、商业还是科技发明等方面都对人类文明进程做出了杰出的贡献。古代中国以先进的农业文明闻名于世。精耕细作的小农经济是中国古代农业经济的基本形态，形成于春秋战国，始终在封建社会占据主导地位。它以土地私有为前提，以家庭个体经营为基本单位，农业和家庭手工业相结合，以男耕女织为生产的基本模式，以满足自家基本生活需要和缴纳赋税为主要目的。封建政府的土地制度和赋税制度对农业发展起到制约作用。生产工具的不断改进、水利设施的完善对农业生产起到促进作用。作为小农经济补充的手工业和商业高度发达，手工业产品和商品经济曾长期居世界领先地位。

---

① 《习近平在欧洲学院发表重要演讲》，人民网，http://politics.people.com.cn/n/2014/0402/c1024-24798823.html，2014年4月2日。

② 《习近平在北大考察：青年要自觉践行社会主义核心价值观》，新华网，http://news.xinhuanet.com/politics/2014-05/04/c_126460590.htm，2014年5月4日。

手工业生产地域分布广泛，生产规模大，分工细密，种类多，生产技术先进领先于世界，产品远销亚欧非地区。唐宋时期商业全面繁荣，不仅商品种类繁多，而且国内贸易、边境贸易和对外贸易都很繁华，还出现了纸币与信用经济。唐代柜坊专营货币的存放和借贷，是中国最早的银行雏形，比欧洲地中海沿岸出现金融机构要早六七百年。

古代中国的科学技术则长期处于世界领先地位，在天文学、数学、农学、医药学等领域，取得过许多卓越成就。据上海人民出版社1975年出版的《自然科学大事年表》统计，明代以前，世界上重要的创造发明和重大的科学成就大约300项，其中中国大约175项，占总数的57%以上，其他各国占42%左右。四大发明更是中华民族奉献给人类的杰出科技成果。这些发明经由各种途径传至西方，对世界文明发展史也产生了很大的影响。马克思在《机械、自然力和科学的运用》中写道："火药、指南针、印刷术——这是预告资产阶级社会到来的三大发明。火药把骑士阶层炸得粉碎，指南针打开了世界市场并建立了殖民地，而印刷术则变成了新教的工具，总的来说变成了科学复兴的手段，变成对精神发展创造必要前提的最强大的杠杆。"

直到封建社会中期，在古代物质文化的几乎所有方面，中国都居于世界领先地位。法国汉学家谢和耐曾经指出：两宋时期，"中华文明在许多方面都处于它的辉煌顶峰。13世纪的中国在近代化方面进展显著。比如其独特的货币经济、纸币、流通证券，其高度发达的茶叶和盐业企业，其对于外贸（丝制品和瓷器）的倚重，以及各地区产品的专门化等等。在社会生活、艺术、娱乐、制度和技术诸领域，中国无疑是当时最先进的国家。它具有一切理由把世界上的其他地方仅仅看作蛮夷之邦。"① 德国学者贡德·弗兰克也指出：1400年到1800年，中国在整个世界经济中即使不是中心，也占据支配地位。"它的这种更为核心的地位是基于它在工业、农业、运输和贸易方面所拥有的绝对与相对的更大的生产力。表明中国在世界经济中的这种位置和角色的现象之一是，它吸引和吞噬了大约世界生产的白银货币的一半，以平衡中国几乎永远保持着的出口顺差。至少直到1800年为止，亚洲，尤其是中国一直在世界经济中居于支配地位。"② 物质文化生产既是精神世界的源头，又是精神文明的参与者，由此形成兼具物质与精神双重特性的文化现象。

从精神文化层面来说，仁，是中华文化伦理思想中最基本、最重要的核心价值理念，体现了中国人的道德思维特点和行为规范的基本要求，是中华传统文化价值观的首要核心理念。这种理念高度重视个人内心修养和协调人伦关系、社会关系，它提倡的人与人相爱，同情人，帮助人，尊重人的价值，标志着"人"的德性本质

---

① ［法］谢和耐：《蒙元入侵前夜的中国日常生活》，刘东译，江苏人民出版社1995年版，第5页。
② ［德］贡德·弗兰克：《白银资本——重视经济全球化中的东方》，刘北辰译，中央编译出版社2000年版，第182页。

的发现，体现了我国古代的人本主义与人道主义两者合一的精神。

义，则是中华文化传统核心价值观和道德精神的精蕴，是传统核心价值观对人的价值和品质问题的伦理思考与本质揭示，其基本的含义是判断是非、辨别善恶的标准，是人之为人的根据。

礼，是中华民族传统价值观的另一个核心规范要求。中国人自称"礼仪之邦"。礼的核心价值观念实际上体现的是先民们对社会秩序的意义和价值地位的认识和强调。

智，是中华民族传统核心价值观的基本价值理念之一。道德本身既是最高智慧，也是人们进行智慧思考所达到的认识境界，对是非、善恶、美丑的理性把握，对人的内在价值本性和道德本性的观照。智，体现了中华民族重视理性、追求真理的民族性格。

信，是中华民族传统价值观中的核心美德之一。信，是指对信念、原则和承诺出自内心的忠诚，不欺骗、不失言、不失信，努力尽到对他人、社会和国家的责任和义务，表里如一，言行一致。

由于伦理道德观念在中国文化系统中居于中心地位，而中国传统价值观所概括的主要是世俗社会人际关系的规范，并没有与宗教意识相混淆。这使中国文化与欧洲、印度、中东等地区的文化风格迥异。以欧洲为例，宗教一直在这个大陆的文化中占据举足轻重的地位。古希腊人确信：现世之上，有一个以奥林匹斯山为中心的神的世界。神间冲突、神人冲突构成希腊神话传说和悲剧的基本风格。后来，当希腊文化和罗马文化走向衰落之际，来自中东的基督教风靡欧洲，成为欧洲文化的主干。基督教通过天堂与地狱、原罪与赎罪、末日审判等故事，将人世的苦难、短暂，与天堂的幸福、永恒形成一种强烈的对照，从而引导人们超脱现世的苦难，去求得天堂的解脱。在漫长的中世纪里，整个欧洲的社会结构、绘画、音乐、建筑、民族性格以及生活方式的各个细节中都带上了基督教的色彩。随着教堂和修道院的大量修建，追求知识转变为研究彼岸的学问。

中国在殷商时期宗教意识也一度占据统治地位，但当时尚未出现统一的、有系统教义的宗教。从周代开始，"重民轻神"的民本思潮抬头，宗教意识受到一定程度的抑制。"周人尊礼尚施，事鬼敬神而远之，近人而忠焉。"周礼这种传统在春秋得到发展，"子不语怪、力、乱、神"，便是这种非宗教倾向的表现。如《论语·先进篇》记载："季路问事鬼神。子曰：'未能事人，焉能事鬼？'曰：'敢问死。'曰：'未知生，焉知死？'"[①]而"天道远，人道迩，非所及也"、"错人而思天，则失万物之情"一类明智的箴言在中国家喻户晓，传诵千古。《四书》经过宋儒朱熹的阐扬，成为中国封建社会后期的圣经，却没有创世纪的传说，没有对彼岸世界（天

---

① 杨伯峻译注：《论语译注》，中华书局1980年版，第113页。

堂和地狱）的描述，这正体现了中国文化的非宗教特质和强烈的现世关怀。

入世思想构成社会的主导心理，避免了全社会的宗教迷狂。有别于其他重自然（如希腊）或轻自然（如印度、希伯莱）的文化类型，中国文化自成一种"敬鬼神而远之"的重人生、讲入世的人文传统，人被推尊到很高地位。所谓"人为万物之灵"、"人与天地参"，将人与天地等量齐观，这使中国避免陷入欧洲中世纪那样的宗教迷狂，而发展出一种平实的经验理性。在中国繁衍的各种宗教也熏染上厚重的人文色彩。

18世纪，欧洲启蒙运动中的许多思想家不约而同地从中国文化中寻找理论武器。天人合一、以人为本、修身齐家、和谐有序等观念深刻地影响了伏尔泰、莱布尼兹、坦布尔等人。当然，中国文化系统的"重人"意识，并非尊重个人价值和个人的自由发展，而是将个体融入群体，强调人对宗教和国家的义务，构成一种宗法集体主义的人学，与文艺复兴开始在欧洲勃兴的以个性解放为旗帜的人文主义分属不同范畴。

制度文化是人类为了生存和发展而创制出来的有组织的规范体系。中国古代是一个农耕社会，从国家行政制度、法律制度、教育考试制度到民间礼仪俗规，中华传统制度文化无不具有农业社会的文化特性。这些制度规范在中国传统文化的发展中起到了互相补充、互相促进的作用，是保障先民们物质、精神生活的重要力量。正如北京外国语大学党委书记韩震所指出的那样：建立在中国历史传统之中的社会制度必定带有中国文化的根源。"首先，'以民为本'的传统在我们的制度中仍然起作用。中国历史上就有'民为贵'的理念，所以，中国特色社会主义在制度设计上特别关注人民群众的参与，特别重视人民群众的意见，特别强调民生，不仅致力于改善人民生活，而且处处贯彻人民当家作主的理念。其次，'天下为公'的传统也与中国特色社会主义制度有基因的延续。所以，我们的制度强调公平正义，坚持走共同富裕的道路。再次，'以德治国、德主刑辅'传统对我们的制度仍然有很大的影响力。当然，我们国家治理的现代化要走向法治中国，但是我们不能因此忽视道德的功能。德与法在现实中是相互促进、相辅相成的。最后，很多具体制度的设计也有历史传统在起作用。譬如，古代郡县制在地方治理方面的影响，以及御史监察制度、中央对地方的巡视制度，等等。"[①]

值得强调指出的是，中华优秀传统文化包括中华各民族的文化，自然也包括少数民族的优秀传统文化。各民族在历史发展中形成了其民族文化及其价值观、道德观，有着丰富的精神信仰生活，并共聚其对中华民族的历史认同和文化认同。各民族文化包括少数民族的语言文化，都是中华民族文化的有机构成，共聚起中华文化精神的丰富遗产。

---

① 《我们的制度植根于中华文化沃土》，《北京日报》，2014年11月17日第17版。

综上所述，中华传统文化在数千年的发展历程中积累了大量的物质成果和思想精华，是国家富强与民族振兴的力量源泉，为中华民族的现代化提供了智力支持，给人们提供了评判是非曲直的价值标准。主流价值文化以马克思主义为指导，植根于中华传统文化的沃土之中，从传统文化中吸取思想精华，既是对中国传统文化的传承与升华，也使核心价值观具有更深厚的传统文化底蕴。

（三）深邃的中华历史智慧是构建主流价值文化的向导镜鉴

博大精深的中华文化，从孕育发生到雄壮强大，经历了一个漫长而曲折的发展历程。这一历程是物质文化、精神文化日臻丰富的历程，也是人不断解放自身、走向文明演进高峰的历程。中国是一个重史的国度，中国人有很强的历史感，对史学知识的掌握与运用，是对传统文化的基本要求。善于借鉴历史、继承传统，是中华民族的优秀品格。浩如烟海的中华传统文化，蕴涵着丰富的中华智慧，是中华民族的先民们馈赠给后世子孙的无价之宝。正所谓"以古为镜，可以知兴替"[1]，温故知新、鉴往观今，深邃的中华历史智慧是构建主流价值文化的向导镜鉴。

以毛泽东为代表的中国共产党人，在领导革命、建设和改革的征途中，始终倡导全党学习历史知识、运用历史智慧总结和借鉴历史经验。1920年12月，毛泽东指出："读历史是智慧的事。"1938年10月，他又强调："今天的中国是历史的中国的一个发展；我们是马克思主义的历史主义者，我们不应当割断历史。从孔夫子到孙中山，我们应当给以总结，承继这一份珍贵的遗产。这对于指导当前的伟大运动，是有重要帮助的。"邓小平在改革开放新时期继续坚持上述主张，他说："我们要总结经验，对历史问题作出实事求是的恰如其分的分析……评价人物和历史，都要提倡全面和科学的观点，防止片面性和感情用事，这才符合马克思主义，也才符合全国人民的利益和愿望。"江泽民则强调："学习理论要同了解历史事件，总结历史经验结合起来。"中国博大精深的实践"蕴含着丰富的治国安邦的历史经验，也记载了先人们在追求社会进步中遭遇的种种曲折和苦痛。对这个历史宝库，我们应该运用历史唯物主义的观点不断加以发掘，在前人研究的基础上不断作出新的总结。这对我们推进今天祖国的建设事业，更好地迈向未来，具有重要的意义。胡锦涛也强调："浩瀚而宝贵的历史知识既是人类总结昨天的记录，又是人类把握今天、创造明天的向导……回顾历史，总结经验，是为了加深对客观事物规律性的认识，是为了更好地面对现实，立足现实，指导现实。"[2]总之，中华民族发展历史进程的任何成败得失、经验教训，都是后人的财富，都值得我们借鉴。

2014年2月17日，习近平总书记在省部级主要领导干部学习贯彻十八届三中

---

[1] 刘昫：《旧唐书》卷71《魏征传》，中华书局1975年版，第2561页。
[2]《进一步认识把握社会历史发展规律增强推进改革发展的自觉性主动性》，《人民日报》，2003年11月26日第1版。

全会精神全面深化改革专题研讨班开班式上讲话中指出:"要大力培育和弘扬社会主义核心价值体系和核心价值观,加快构建充分反映中国特色、民族特性、时代特征的价值体系。坚守我们的价值体系,坚守我们的核心价值观,必须发挥文化的作用。民族文化是一个民族区别于其他民族的独特标识。要加强对中华优秀传统文化的挖掘和阐发,努力实现中华传统美德的创造性转化、创新性发展,把跨越时空、超越国度、富有永恒魅力、具有当代价值的文化精神弘扬起来,把继承优秀传统文化又弘扬时代精神、立足本国又面向世界的当代中国文化创新成果传播出去。只要中华民族一代接着一代追求美好崇高的道德境界,我们的民族就永远充满希望。"①

2014年10月13日,中共中央政治局专门就我国历史上的国家治理进行第十八次集体学习。习近平总书记在主持学习时指出:"历史是人民创造的,文明也是人民创造的。对绵延5000多年的中华文明,我们应该多一份尊重,多一份思考。对古代的成功经验,我们要本着择其善者而从之、其不善者而去之的科学态度,牢记历史经验、牢记历史教训、牢记历史警示,为推进国家治理体系和治理能力现代化提供有益借鉴。"他还强调:"历史是最好的老师。在漫长的历史进程中,中华民族创造了独树一帜的灿烂文化,积累了丰富的治国理政经验,其中既包括升平之世社会发展进步的成功经验,也有衰乱之世社会动荡的深刻教训。我国古代主张民惟邦本、政得其民、礼法合治、德主刑辅,为政之要莫先于得人、治国先治吏,为政以德、正己修身、居安思危、改易更化,等等,这些都能给人们以重要启示。治理国家和社会,今天遇到的很多事情都可以在历史上找到影子,历史上发生过的很多事情也都可以作为今天的镜鉴。中国的今天是从中国的昨天和前天发展而来的。要治理好今天的中国,需要对我国历史和传统文化有深入了解,也需要对我国古代治国理政的探索和智慧进行积极总结。"②

实践证明,历史知识人人都可以学,人人都能学到手。尤其在中国,更有得天独厚的学习条件:中国悠久的历史和尊史、治史、用史的传统,为国人营造了领先世界、取用不尽的历史知识宝库。如梁启超在《中国历史研究法》中所说:"中国于各种学问中,惟史学为最发达;史学在世界各国中,惟中国为最发达。"生活在这样国度的人,只要勤奋好学、博闻强记,就能获得丰富的历史知识。然而,实践也证明,掌握历史知识的人,未必都能总结出历史经验,特别是经得起实践检验的历史经验。这是由于总结历史经验必要要以历史智慧即科学的历史观和方法论为指导。如果不具备历史智慧,就会被历史知识反映的历史表象和过程所困扰,无法认识历史的本质和发展规律。只有具备历史智慧的人,才能透过现象看本质,从纷纭

---

① 《习近平在省部级主要领导干部学习贯彻十八届三中全会精神全面深化改革专题研讨班开班式上发表重要讲话》,新华网,http://news.xinhuanet.com/photo/2014-02/17/c_119374303.htm,2014年2月17日。
② 《牢记历史经验历史教训历史警示 为国家治理能力现代化提供有益借鉴》,人民网,http://politics.people.com.cn/n/2014/1014/c1001-25826596.html,2014年10月14日。

复杂的历史事件中总结出历史经验,才能得到真知灼见。

当今时代出类拔萃的历史智慧,当属马克思主义的历史观和方法论。它涵盖了诸多科学阐释历史的基本原理,如社会的物质生产与生产方式、社会形态从低级向高级发展、经济基础与上层建筑、社会存在与社会意识、阶级矛盾与阶级斗争,以及历史发展的普遍性与特殊性、必然性与偶然性、连续性与阶段性、历史发展动力、人民群众与杰出人物的历史作用等。

综上所述,中国文化及其中国价值观源远流长,在几千年的漫长历史过程中,中国价值观经历过从兴旺到衰退再到兴旺、从统一到分裂再到统一、从开放到封闭再到开放的复杂的历史演进过程。自鸦片战争以后,中国传统价值观受到严重冲击,辛亥革命特别是中国共产党成立后,标志着中国价值观开始发生革命性变革。中华人民共和国成立后,特别是实行改革开放后,中国共产党领导中国人民自觉构建社会主义核心价值观,中国价值观正在发生着从传统到当代的转换。中国价值观的不同历史形态有其独特的内容和个性特征,它们对中国价值观和中国文化都作出了特定的贡献。中国价值观的历史演进有其自身的规律,正是在这种历史演进中积累了丰富的中国价值观历史资源,它们为当代核心价值观提供了深厚的文化滋养。

四、构建主流价值文化拥有坚强的保障和坚实的基础

在人类历史的长河中,中华民族拥有着五千年璀璨文明,曾遥遥领先于西方,但在近代一个多世纪里,中国任人宰割、饱受屈辱。1921年至今,中国共产党人带领全国各族人民艰难探索、不畏险阻、前赴后继、不懈奋斗,重新找回了民族自信和尊严。在这个过程中,中国共产党也从幼小到壮大,党员人数由建党初期的50多人发展到新中国成立时的450万人,再到现在的8000多万人,早已成长为一个有着广泛群众基础,思想上、政治上、组织上完全成熟的马克思主义政党。

2014年9月5日,在庆祝全国人民代表大会成立60周年大会上的讲话中,习近平总书记提出了一个崭新论断:中国共产党的领导是中国特色社会主义的最本质特征。这是对邓小平社会主义本质论的丰富与发展,也是对中国特色社会主义实践发展的新概括。党发挥总揽全局、协调各方的作用,体现着中国特色社会主义政治制度的优势和特点。

党的十八大以来,以习近平同志为总书记的党中央把全面从严治党摆到战略布局的高度,不断加强和改善党的领导,注重改进党的领导方式和执政方式,充分发挥党的领导核心作用,推进了国家治理体系和治理能力现代化。因此,中国共产党的坚强领导是构建主流价值文化的组织保障,是当代中国文化建设与文化发展独有的政治优势。

（一）中国共产党是团结和领导亿万人民走向民族复兴的核心力量

在一个人口比欧盟、美国、日本、俄罗斯加起来还要多的国家，进行一场广泛、深刻的工业革命、技术革命、社会革命，让 13 亿人民走向现代化、走向民族复兴，这是人类历史上前所未有的挑战。应对这一挑战，实现中国梦想，起着引领作用的政治领导至关重要，团结亿万人民的核心力量不可或缺。我国社会主义革命、建设、改革的实践告诉我们，办好中国事，实现中国梦，关键在党。只有在中国共产党的领导下，既不走封闭僵化的老路，又不走改旗易帜的邪路，坚定不移地走中国特色社会主义道路，才能迎来国家富强、民族振兴、人民幸福的光明前景。

中国共产党把以人为本，执政为民作为一切工作的出发点和落脚点，作为指引、评价、检验党的一切行动的最高标准，使党的执政活动与全国各族人民的根本利益紧密相连，将党的建设发展与全国人民荣辱紧密相连，将党的前途命运与中华民族伟大复兴的历史进程紧密相连，从而成为带领中国人民为实现中国梦而奋斗的主心骨和领路人。

中国共产党自成立之日起，就举起了一面旗帜，即全心全意为人民服务，这就是中国共产党的根本宗旨。中国共产党始终代表着中国最广大人民的根本利益，而不是哪一个或哪几个利益集团的特殊利益。这一点从社会主义革命到社会主义建设再到改革开放，一路走来从未有过改变。

2013 年 3 月 17 日，习近平主席在十二届全国人大一次会议闭幕会上发表重要讲话。他指出：中国共产党是领导和团结全国各族人民建设中国特色社会主义伟大事业的核心力量，肩负着历史重任，经受着时代考验，必须坚持立党为公、执政为民，坚持党要管党、从严治党，全面加强党的建设，不断提高党的领导水平和执政水平、提高拒腐防变和抵御风险能力。他强调："全体共产党员特别是党的领导干部，要坚定理想信念，始终把人民放在心中最高的位置，弘扬党的光荣传统和优良作风，坚决反对形式主义、官僚主义，坚决反对享乐主义、奢靡之风，坚决同一切消极腐败现象作斗争，永葆共产党人政治本色，矢志不移为党和人民事业奋斗。"[①] 党的十八大以来，中国共产党反腐败斗争的决心、规模和力度前所未有，极大地改变着中国的政治生态，在国内外产生了深远的影响。据中纪委统计，截至 2015 年底，被查处的官员仅省部级以上干部超过 120 人。"中央八项规定出台三年来，全国已累计查处违反八项规定精神问题 10 万余起，处理人数 13 万余人。2015 年以来，包括 4 名省部级干部、283 名地厅级干部在内的 23951 人受到党纪政纪处分。"[②]

---

① 习近平：《全体党员特别是领导干部要始终把人民放在心中最高的位置》，新华网，http：//news.xinhuanet.com/politics/2013-03/17/c_115053419.htm，2013 年 3 月 17 日。
② 《2015 中国反腐八大亮点》，中共中央纪律检查委员会网站，http：//www.ccdi.gov.cn/yw/201512/t20151216_71212.html，2015 年 12 月 15 日。

2014年3月9日,习近平总书记参加十二届全国人大二次会议安徽代表团审议时,在关于推进作风建设的讲话中提出"既严以修身、严以用权、严以律己,又谋事要实、创业要实、做人要实"的重要论述。① "三严三实"是新的历史阶段中国共产党对全心全意为人民服务理念的新要求,也是新时期以人民为中心的党建理论的重要发展,是马克思主义群众史观的时代体现。同时,"三严三实"为广大党员尤其是领导干部树立了全新标杆,是对每一位共产党员的理想信念、道德情操、工作作风的价值指引与行为规范,也是落实全面从严治党的具体要求。"三严三实"为中国经济社会发展提供了坚强的政治保证,更是全面建成小康社会、全面深化改革、全面依法治国、全面从严治党并最终实现中国梦的重要依托和可靠保障。

2014年年底,习近平总书记在江苏调研时提出,要协调推进"全面建成小康社会、全面深化改革、全面推进依法治国、全面从严治党"。"四个全面"的战略布局,集中体现了以习近平同志为总书记的党中央治国理政、开创事业发展新局面的战略思想和战略部署。实现全面建成小康社会的战略目标以及全面深化改革和全面推进依法治国,都要靠中国共产党来把握方向、引领前进。只有全面从严治党,确保中国共产党始终成为坚强的领导核心,才能使全面深化改革和全面推进依法治国这两个轮子有效地转动起来,推动全面建成小康社会战略目标的顺利实现。因此,切实推进全面从严治党是最关键的战略举措。多措并举,多管齐下,中国特色社会主义事业领导核心更加坚强有力,国家治理体系和治理能力进一步提升,政治更有朝气,民主更具活力。

人民群众的诉求就是党的各项工作的依据。尽管中共现在还存在这样那样的不足,但总的来说仍得到绝大多数中国老百姓的拥护。2013年,美国著名民意调查机构皮尤研究中心所做的"皮尤全球态度调查"(Pew Survey of Global Attitudes)显示,85%的中国人对本国发展方向"十分满意",而在美国这一数字仅为31%。②2014年6月,皮尤研究中心发布的最新调查结果显示,只有28%的受访者认为美国是全球最伟大的国家,58%的受访者认为美国只是最伟大的国家之一,另有12%的受访者认为一些国家比美国伟大。调查结果显示,只有56%的受访者经常为自己是一名美国人而感到自豪,75%的受访者表示,从来没有、或者仅仅是有些时候信任联邦政府,只有24%的受访者表示一直信任联邦政府。在被问及对政府的评价时,19%的受访者表示"愤怒",62%的受访者感到"挫败",低至17%的受访者对联邦政府表示"满意"。③

---

① 《习近平参加安徽代表团审议时强调:作风建设永远在路上》,新华网,http://www.ah.xinhuanet.com/2014-03/10/c_119682548.htm,2014年3月10日。
② 张维为:《西方的制度反思与中国的道路自信》,《求是》,2014年第9期。
③ 《民调:仅28%美国人认同美国是全球最伟大国家》,中国新闻网国际新闻栏目,http://www.chinanews.com/gj/2014/06-28/6329309.shtml,2014年6月28日。

党的十八大以来,党中央对已经建立 70 年的党组制度首次立规,对实施近 20 年的地方党委工作条例首次修订,对党组和地方党委工作作出全面规范。适应国有企业改革大势,出台了《关于在深化国有企业改革中坚持党的领导加强党的建设的若干意见》;面对社会组织蓬勃发展新形势,出台了《关于加强社会组织党的建设工作的意见(试行)》;面向工会、共青团、妇联等,出台了关于加强和改进党的群团工作的意见并召开相关工作会议。一系列举措使党组织的社会影响力更加广泛,使党执政治国的组织制度基础更完备,使各级党组织领导核心作用得到更好发挥。8000 多万党员代表着中国社会的中坚力量,是最稳固的执政基础。截至 2014 年底,中国共产党党员总数为 8779.3 万名,其中,女党员 2167.2 万名,占总数的 24.7%;大专及以上学历党员 3775.5 万名,占总数的 43.0%。157.9 万个非公有制企业已建立党组织,占非公有制企业总数的 53.1%。[①]

中国共产党具有极强的实践性思维,注重在实践中探索、在挫折中反思、在思想上提升、在理论上创新,从而在理论和实践之间形成了一种较为有效的互动。中国共产党还具有出色的学习、吸纳能力。改革开放必须要面对新情况、新问题、新挑战,而要熟悉新情况、解决新问题、应对新挑战就必须善于学习,不断提高自身执政能力和领导水平。针对这个问题,2010 年 2 月中共中央办公厅印发了《关于推进学习型党组织建设的意见》通知,党的十八大更是提出了建设学习型、服务型、创新型马克思主义执政党的重大任务,并把建设学习型政党放到了首位。改革开放的实践也表明执政党十分善于学习,不断改进各方面工作。

此外,改革开放以来,共产党作为执政党对于现实问题与民众需求体现出了较为迅速而有效的回应能力。而这种迅速有效的回应能力恰恰是中国共产党成功的一个重要条件。著名学者郑永年对此做过对比分析:"从理论上讲,在多党制国家,政策变迁的阻力应当小于一党制国家,这是因为政策可以在执政党的更替过程中得以变化。当一个新的政党掌握政权后,它可以终止上一任执政党的政策。然而,现实却常常事与愿违。在许多民主国家,无论西方发达国家还是发展中国家,反对党并不发挥其建设性的作用,常常是为了反对而反对。在这样的环境中,真正的政策变迁通常十分困难。在中国,却是另外一种情况。如果说西方民主更多的是一种政权更替,那么中国的政治体系,则更多的是一种政策更迭……从 20 世纪 80 年代一直到 21 世纪,中国已经实现了几次重大的政策变革。面对不同的局势,以合理的政策变迁加以回应,如果无视执政党的这一巨大能力,那么我们就无法理解近几十年来中国发生的巨大变迁。"[②] 总之,密切联系群众是中国共产党执政的最大政治优势,脱离群众是党执政后的最大危险。正是中国共产党顺应了历史发展的潮流和

---

① 《中国共产党党员总数达 8779.3 万名》,人民网,http://politics.people.com.cn/n/2015/0629/c1001-27226368.html,2015 年 6 月 29 日。

② 郑永年:《新时期的中国共产党:挑战与机遇》,《武汉大学学报》(哲学社会科学版),2013 年第 3 期。

民众的要求，一直密切联系群众，才能带领人民群众推翻了旧政权，获得了执政地位；也正因为中国共产党代表了人民的利益，才能受到人民群众长时间的拥护。

中国共产党坚持做先进文化的继承者和引领者。20世纪40年代，在"中国本位文化"论与"全盘西化"论争论不休时，毛泽东主席就在《新民主主义论》、《在延安文艺座谈会上的讲话》中系统阐述中国共产党人对于文化发展方向的思考。

毛泽东的《新民主主义论》是新中国文化战略的思想之源与精神指南。它以辩证唯物主义认识论的基本观点，科学地阐述了文化同政治、经济的辩证统一关系，第一次完整地制定了新民主主义的政治、经济和文化纲领，开创性地提出了建立新民主主义共和国的战略方案，明确地指出"民族的科学的大众的文化，就是人民大众反帝反封建的文化，就是新民主主义的文化，就是中华民族的新文化。"

《在延安文艺座谈会上的讲话》则提出了文化为了人民，不仅为文艺工作者找到了永葆艺术青春的法宝，更为中国文化的发展指明了前进道路。后来，毛泽东还在《唯心历史观的破产》一文中指出："自从中国人学会了马克思列宁主义以后，中国人在精神上就由被动转入主动。从这时起，近代世界历史上那种看不起中国人，看不起中国文化的时代应当完结了。伟大的胜利的中国人民解放战争和人民大革命，已经复兴了并正在复兴着伟大的中国人民的文化。这种中国人民的文化，就其精神方面来说，已经超过了整个资本主义的世界。"

90多年来，中国共产党领导全国各族人民在进行革命、建设和改革的历史实践中，创造了鲜明独特、奋发向上的革命文化。从井冈山精神、长征精神、延安精神、西柏坡精神，到雷锋精神、大庆精神、两弹一星精神，再到载人航天精神、北京奥运精神、抗震救灾精神，这些富有时代特征、民族特色的宝贵财富，不断实现着中华文化的再生再造，为我们在新的历史条件下推进文化建设奠定了坚实基础。中国共产党确定了中国文化发展的康庄大道。这是一条着重发展面向现代化、面向世界、面向未来的"民族的科学的大众的社会主义文化"之路；是一条把文化建设纳入中国特色社会主义五位一体的总体格局当中通盘考虑的科学发展之路；是一条以人为本之路，坚持"二为"方向，坚持"双百"方针，坚持"三贴近"原则，发展依靠人民群众，发展的成果由人民共享的正确道路。

十八大以来，以习近平同志为总书记的党中央把文化建设摆上更加突出的位置，提出了一系列符合时代要求的新的文化发展理念，作出了一系列关系文化建设全局的重大部署，从体制创新、政策扶持、经费投入、基本建设等方面，给予强有力的领导和全方位的推动。各个地方在文化建设上更加自觉、更加主动，纷纷提出文化强省、文化强市战略目标，社会各方面对文化发展的关注度、参与度空前提高，一股强劲的"文化热"正在形成，加快文化发展的氛围越来越浓厚。

中华传统文化提倡的讲仁义、守诚信、崇正义等，与中国共产党提出的社会主义核心价值观是一致的；中华传统文化以民为本的理念，与中国共产党"为人民服务"的宗旨是相通的；中华传统文化提倡的讲和合、求大同等思想，也体现在中国共产党的执政理念之中。党推进马克思主义中国化，实际上就是坚持马克思主义与中华传统文化的有机融合。

富民强国，实现中华民族的复兴，一直是中国共产党和全体中国人民的共同心愿。新中国成立以来，虽然历经曲折，但是这个心愿从未改变，今后也不会改变。我们所做的一切都是为了实现这个心愿。正像邓小平所讲的，改革开放前，我们对于什么是社会主义，怎样建设社会主义，认识得并不清楚，只是在改革开放之后，我们找到了建设有中国特色的社会主义道路，这才使我们的社会主义建设步入了正轨。党的十八大报告首次提出"全面建成小康社会"的战略目标，并确定了时间表，即到2020年实现全面建成小康社会的宏伟目标。中国古籍上就有"小康"的说法，古代思想家孟子提出"民之为道也，有恒产者有恒心，无恒产者无恒心"。中共提出"全面建成小康社会"，是在吸收传统治国理政智慧的基础上，对中国未来社会长治久安的重要战略考量。

2014年6月11日，中共中央政治局常委、中央书记处书记刘云山在哥本哈根出席"欧洲学者眼中的中国共产党"国际研讨会并发表了题为《认识中国共产党的几个维度》的讲话。在讲话中，他谈到了如何从文化的维度来观察和研究中国共产党："中华民族拥有5000多年的悠久文明，中国共产党之所以能在中国扎根、成长、发展、执政，离不中华优秀传统文化的滋养。中国共产党倡导的价值观、秉持的执政理念，与中华优秀传统文化的内涵是一脉相承的。比如，中华传统文化提倡的讲仁义、守诚信、崇正义等，与中国共产党提出的社会主义核心价值观是一致的；中华传统文化以民为本的理念，与中国共产党'为人民服务'的宗旨是相通的；中华传统文化提倡的讲和合、求大同等思想，也体现在中国共产党的执政理念之中。我们党推进马克思主义中国化，实际上就是坚持马克思主义与中华传统文化的有机融合。所以，观察和研究中国共产党，应当有文化的关照，把中华民族特有的文化传统与中国共产党倡导的社会主义核心价值观联系起来、结合起来。"①

把优秀传统文化看作是中华民族的精神命脉，这种说法是在中国共产党近百年的奋斗历程与五千年的灿烂文化之间建起了一座联系的桥梁。从此以后，中国共产党人所做的一切，它的价值取向、它的强国梦想，都是中国伟大历史的一部分，都是中华民族优秀文化传统的继承和发扬。当然，优秀传统文化的产生有其特定的时空，需要融入中国特色社会主义建设事业的时代内涵，实现时空转化，才能实现中华优秀传统文化的古为今用和推陈出新。只有合理继承和发展、创新和转化，中华优秀传统文化才会焕发出强大生命力，源源不断地为中国主流价值文化的形成与发

---

① 刘云山：《认识中国共产党的几个维度》，人民网，http://cpc.people.com.cn/n/2014/0710/c64094-25263821.html，2014年7月10日。

展提供动力和资源,最终发展成为一种与传统相对接、与社会主义相符合,与现代文明相融汇的新型民族文化。

(二)中国特色社会主义制度是构建中国主流价值文化的根本保障

中华人民共和国宪法总纲第一条规定:"中华人民共和国是工人阶级领导的、以工农联盟为基础的人民民主专政的社会主义国家。社会主义制度是中华人民共和国的根本制度。禁止任何组织或者个人破坏社会主义制度。"2014年2月17日,习近平总书记在省部级主要领导干部学习贯彻十八届三中全会精神全面深化改革专题研讨班开班式上发表的重要讲话中指出:中国特色社会主义制度不但彻底改变了旧中国积贫积弱状态,近30多年来,中国发展所取得的成就更是举世瞩目,在全世界人口最多的国家,保障十几亿人民日渐幸福的生活,中国从没有像今天这样国泰民安、丰衣足食,并且正逐步缩小与发达国家的差距。事实胜于雄辩。习近平总书记要求:"全党同志必须牢记,我们要建设的是中国特色社会主义,而不是其他什么主义。"① 中国特色社会主义制度是构建中国主流价值文化的根本保障,在任何时候都不能动摇。

中国特色社会主义制度不是抽象的、笼统的,而是具体的、清晰的,是在经济、政治、文化、社会等各个领域形成的一整套相互衔接、相互联系的制度体系,由中国特色社会主义根本政治制度、基本政治制度、法律体系、基本经济制度以及在此基础上的经济体制、政治体制、文化体制、社会体制等各项具体制度组成。

在政治领域,社会主义协商民主是中国社会主义民主政治的特有形式和独特优势,是中国共产党的群众路线在政治领域的重要体现。

20世纪80年代,中共中央就提出要"建立社会协商对话制度",强调"必须使社会协商对话形成制度,及时地、畅通地、准确地做到下情上达,上情下达,彼此沟通,互相理解",其基本原则就是发扬"从群众中来、到群众中去"的优良传统,"提高领导机关活动的开放程度,重大情况让人民知道,重大问题经人民讨论。"②

党的十八大报告要求坚持走中国特色社会主义政治发展道路和推进政治体制改革,并首次明确指出:"社会主义协商民主是我国人民民主的重要形式。要完善协商民主制度和工作机制,推进协商民主广泛、多层、制度化发展。通过国家政权机关、政协组织、党派团体等渠道,就经济社会发展重大问题和涉及群众切身利益的

---

① 杨丽:《习近平告诉你 为什么中华民族最有理由自信》,人民网,http://politics.people.com.cn/n1/2016/0703/c1001-28519587-2.html,2016年7月3日。
② 《沿着有中国特色的社会主义道路前进》,载中共中央文献研究室编:《十三大以来重要文献选编》(上),中央文献出版社2011年版,第37页。

实际问题广泛协商，广纳群言，广集民智，增进共识，增强合力。"① 这一论述，标志着我们党自觉把协商民主作为推进中国特色社会主义民主政治发展的重要方向。十八届三中全会《决定》进一步将协商民主定性为"我国社会主义民主政治的特有形式和独特优势"，并且特别指出协商民主"是党的群众路线在政治领域的重要体现"。这对于加深理解协商民主与人民群众的关系、促进中国特色社会主义民主政治的发展，具有十分重要的意义。

2014年9月21日，习近平总书记在庆祝中国人民政治协商会议成立65周年大会发表的重要讲话中指出，社会主义协商民主，是中国社会主义民主政治的特有形式和独特优势，找到全社会意愿和要求的最大公约数，是人民民主的真谛。回顾人民政协65年的发展历程，我们更加深刻地认识到，人民政协植根于中国历史文化，产生于近代以后中国人民革命的伟大斗争，发展于中国特色社会主义光辉实践，具有鲜明的中国特色，是实现国家富强、民族振兴、人民幸福的重要力量。他强调："人民政协65年的丰富实践积累了宝贵经验，为我们做好人民政协工作确立了重要原则。做好人民政协工作，必须坚持中国共产党的领导，必须坚持人民政协的性质定位，必须坚持大团结大联合，必须坚持发扬社会主义民主。我们的目标越伟大，我们的愿景越光明，我们的使命越艰巨，我们的责任越重大，就越需要汇聚起全民族智慧和力量，就越需要广泛凝聚共识、不断增进团结。希望人民政协坚持紧扣改革发展献计出力，努力为改革发展出实招、谋良策；坚持发挥人民政协在发展协商民主中的重要作用，把协商民主贯穿履行职能全过程；坚持广泛凝聚实现中华民族伟大复兴的正能量，坚持和完善中国共产党领导的多党合作和政治协商制度，全面贯彻党的民族政策和宗教政策，加强同海外侨胞、归侨侨眷的联系，加强同各国人民、政治组织、媒体智库等友好往来；坚持推进履职能力建设，提高调查研究能力、联系群众能力、合作共事能力。"②

前文已述，广泛凝聚共识、不断增进团结，是构建主流价值文化的必由之路。涉及全国各族人民利益的大事，就要在全社会和全体人民群众中广泛商量；涉及一个地方人民群众利益的事情，要在这个地方的人民群众中广泛商量；涉及一部分群众利益的事情，要在这部分群众中广泛商量；涉及基层群众的事情，要在基层群众中广泛商量。在人民内部各方面广泛商量的过程，就是发扬民主、集思广益的过程，就是统一思想、凝聚共识的过程，就是各级党委和政府科学决策、民主决策的过程，就是真正实现人民当家作主的过程。

协商民主不仅是我国政治文明进步的一大标志，也是践行党的群众路线的具体

---

① 胡锦涛：《坚定不移沿着中国特色社会主义道路前进，为全面建成小康社会而奋斗——在中国共产党第十八次全国代表大会上的报告》，人民出版社2012年版，第26页。
② 习近平：《找到全社会意愿和要求的最大公约数是人民民主的真谛》，新华网，http://news.xinhuanet.com/politics/2014-09/21/c_1112564410.htm，2014年9月21日。

体现，还是构建中国主流价值文化的重要手段。一个国家的强盛，离不开民主的支撑；一个社会的和谐，靠的是民主的氛围；一个民族的进步，有赖于民主的成长。因此可以说，培育和践行社会主义核心价值观，与推进协商民主及其制度建设之间显然能够互相促进，相得益彰。

共产党领导的协商民主制度是中国民主政治发展的重要方向，是有着巨大发展潜能的民主形式。中国共产党作为执政党就国家的大政方针等重大问题、国家重要领导人人选等，在决策前和决策执行过程中与各民主党派进行协商，充分听取他们的意见。各民主党派采取民主协商会、小范围谈心会、座谈会等形式形成的意见，成为制定政策和法律以及作出重大决定的基础。同时，各民主党派、无党派人士通过参加国家政权，参与国家大政方针和国家领导人选的协商，参与国家事务的管理，参与国家方针、政策、法律、法规的制定执行，在国家政治和社会生活中发挥作用。参政议政的协商成果以政协决议和提案等形式，向中国共产党和国家机关提出，成为执政党和国家制定政策和法律的重要依据。

各级人大代表、政协委员认真围绕国家宪法和法律、法规的实施情况，执政党和国家的重要方针、政策的制定和落实，党的领导干部、国家机关以及工作人员履行职能、遵纪守法、廉洁勤政方面的情况实施切实有效的监督；对执政党的大政方针、对外政策以及发展经济、社会各项事业的决策进行协商讨论，提出中肯的意见和建议，在贯彻实施过程中提出建设性的修改意见，促进决策的民主化、科学化。并就人们普遍关心的问题，开展调查研究，反映社情民意，进行协商讨论，通过调研报告、提案、建议案或其他形式，向中国共产党和国家机关提出意见和建议。一些涉及国计民生的公共政策出台以前，政府有关部门也采取公开听证、协商对话、决策咨询、媒体讨论等形式，特别是就关涉群众切身利益的问题进行协商，以实现利益表达、协调和整合，避免决策的随意性，提高管理水平、管理效率。

2013年10月22日，全国政协第一次双周协商座谈会在政协礼堂金厅举行。会议的开法十分接地气，不设主席台的椭圆形会议桌，在场十几位专家学者人人畅所欲言，参会的中央领导同志不时插话、询问，与大家一起热烈探讨问题。截至2016年1月，双周协商座谈会已举行46次，先后有900多位委员和专家参与其中。这一中断了近半个世纪的做法，在新的历史条件下得以接续和创新，凸显出中国共产党领导下的多党合作和政治协商制度的生机与活力。

目前，全国直接参与基层群众自治的农村人口达到6亿，城镇居民超过3亿，各地普遍建立了以村（居）民会议和村（居）民代表会议为主要载体的民主决策的组织形式，涉及村（居）民利益的重大事项，基本由村（居）民协商决定。同时，结合参与主体的情况和协商的具体事项，各地还探索了民情恳谈会、乡村论坛、社区议事会和民主听证会等多种协商形式，搭建起城乡居民参与公共事务和公益决策的平台，为人民群众表达利益诉求提供了渠道。通过广泛、平等的协商激发了基层社会的民主意识，激发了人们促进和维护社会公平正义的强大信心，促进了国家和公民社会之间的相互信任和良好合作。2015年7月，中共中央办公厅、国务院办公厅联合印发了《关于加强城乡社区协商的意见》，首次就城乡社区协商工作做出系统性部署，进一步明确了城乡社区协商的重要地位和作用，为稳步推进城乡社区协商指明了方向，提出了具体的要求。

《意见》明确了基层党组织在协商内容、协商程序上的领导地位；强调城乡社区协商是基层群众自治的生动实践，是基层群众自治框架内的制度安排，在协商中，要坚持基层群众自治制度，通过民主协商实现基层群众的自我管理、自我教育、自我服务；要坚持依法协商，保证协商活动有序进行，协商结果合法有效。

《意见》中将协商主体确定为基层政府及其派出机关、村（社区）党组织、村（居）民委员会、村（居）务监督委员会、村（居）民小组、驻村（社区）单位、社区社会组织、业主委员会、农村集体经济组织、农民合作组织、物业服务企业和当地居民、非户籍居民代表以及其他利益相关方。同时，还可以根据协商的事项及内容，邀请相关专家学者、专业技术人员、第三方机构等，吸纳威望高办事公道的老党员、老干部、群众代表、党代表、人大代表、政协委员，以及基层群团组织负责人、社会工作者参与，从而实现最广泛的协商，保障各方面利益相关者的协商权利。

此外，为使协商成果得到更有效的落实，《意见》明确了要建立协商成果的采纳、落实和反馈机制，保障协商成果的有效落实。对于通过协商无法解决或存在较大争议的问题或事项，提交村（居）民会议或村（居）民代表会议决定，实现发扬民主与讲求效率的有机统一。

随着全面深化改革蓝图次第展开，作为政治体制改革的重要一环，协商民主的制度化创新不断加速。从召开中央统战工作会议，对协商民主提出更高要求，到中央陆续发出有关加强社会主义协商民主建设的意见等文件，协商民主从操作机制上落到实处。协商民主广泛、多层、制度化发展水平不断提高，各民主党派、人民团体、社会阶层参政议政的能力、水平和效果都将达到新的高度，从而加速主流价值文化的发育与发展。

在经济领域，我国实行了以公有制为主体、多种所有制经济共同发展的基本经济制度，确立了按劳分配为主体、多种分配方式并存的收入分配制度。同时，为有效发挥社会主义经济制度的优越性，我国还不断改革完善社会主义经济体制，建立了社会主义市场经济体制，这些都为解放和发展社会生产力，增强综合国力，维护和促进社会公平正义，实现全体人民共同富裕，提供了坚实的经济制度支撑体系。

党的十八届三中通过的《决定》规定："公有制为主体、多种所有制经济共同发展的基本经济制度，是中国特色社会主义制度的重要支柱，也是社会主义市场经济体制的根基。"2015年11月23日，习近平总书记在中共中央政治局第28次集体学习中强调:"要坚持和完善社会主义基本经济制度,毫不动摇巩固和发展公有制经济,毫不动摇鼓励、支持、引导非公有制经济发展,推动各种所有制取长补短、相互促进、共同发展,同时公有制主体地位不能动摇,国有经济主导作用不能动摇,这是保证我国各族人民共享发展成果的制度性保证,也是巩固党的执政地位、坚持我国社会主义制度的重要保证。要坚持和完善社会主义基本分配制度,努力推动居民收入增长和经济增长同步、劳动报酬提高和劳动生产率提高同步,不断健全体制机制和具体政策,调整国民收入分配格局,持续增加城乡居民收入,不断缩小收入差距。"①

公有制主体地位主要体现在公有资产在社会总资产中占优势地位,国有经济控制国民经济命脉并对经济发展起主导作用。由于公有制经济涉及的经济成分、针对的财产所有权、涉及的资产范围非常广,包括国有经济、集体经济、混合所有制经济中的国有成分和集体成分,因此目前关于公有资产的数量还没有一个准确数据。此外,自然资源资产产权制度改革仍然处于探索阶段,大量公有资产尚未纳入统计范围。"如果把能产生直接、间接、潜在经济效益的公有资产都纳入资产统计范围,公有制经济在社会总资产的量上占优势是毫无疑问的。此外,国有经济的主导作用主要体现在对国民经济的控制力、带动力、影响力上,而不是简单体现为数量比例关系。国有经济比例近年出现持续下降,一个很重要的原因是由于统计口径没有及时调整。事实上,在关系国家安全、国民经济命脉的重要行业和关键领域,国有经济依然占支配地位……2014年,国有及国有控股规模以上工业企业占全部规模以上工业企业总数的4.98%,拥有的资产量却占到38.81%。国有企业不仅在石油化工、工程机械、交通运输、电子信息、冶金、有色金属、建材等重要产业占比较高,拥有大量的优质资产和先进技术;而且在相当部分新兴产业和战略性产业具有领先优势,形成了较强的国际竞争力,发展潜力巨大。"②从实践中看,只要坚持公有制为主体,国有经济控制国民经济命脉,国有经济控制力和竞争力得到增强,在这个前提下,国有经济比重减少一些,不会影响我国的社会主义性质。当前必须真正理解和积极落实党中央关于推进国有企业改革的"三个有利于",即"有利于国有资本保值增值,有利于提高国有经济竞争力,有利于放大国有资本功能",坚持社会主义初级阶段基本经济制度,做强、做优、做大国有经济。

在文化产业领域,国有文化企业,特别是中央文化企业立足宣传思想文化主阵地,坚持正确的文化立场和舆论导向,在宣传党的大政方针、弘扬社会主旋律等方面发挥了重要作用。部分企业加强品牌建设,推出了一批思想性、艺术性和观赏性俱佳的文化精品,产生了良好的社会影响,增强了文化整体实力和竞争力。部分企

---

① 习近平:《立足我国国情和我国发展实践 发展当代中国马克思主义政治经济学》,新华网,http://news.xinhuanet.com/politics/2015-11/24/c_1117247999.htm,2015年11月24日。

② 邓玲:《正确看待和坚持公有制为主体》,《人民日报》,2016年4月29日第7版。

业引领文化风尚，立足中国特色，演绎中国故事，搭建国际文化交流传播平台，推动中华文化"走出去"，增强中国文化传播力和影响力。部分企业践行社会责任，积极开展走基层、三下乡、高雅艺术进校园等文化惠民工程，为社会公众提供高品位的文化产品和服务。据财政部文资办的数据，"十二五"期间中央文化企业资产营运稳定，偿债能力增强，发展后劲较足。截至2014年底，纳入财务决算范围的中央文化企业共计103户，资产总额716.3亿元，所有者权益457.5亿元，营业总收入297.2亿元，同比增长分别为21.5%、23%、2.2%；利润总额则达到了37.9亿元。[①]

非公有制经济是社会主义市场经济的重要组成部分，对于充分调动社会各方面的积极性、加快生产力发展具有重要作用。2016年3月4日，习近平总书记在参加全国政协十二届四次会议民建、工商联界委员联组会时发表了重要讲话。他强调："我国非公有制经济，是改革开放以来在中国共产党的方针政策指引下发展起来的，是在中国共产党领导下开辟出来的一条道路。我之所以在这里点一点这些重要政策原则，是要说明，我们党在坚持基本经济制度上的观点是明确的、一贯的，而且是不断深化的，从来没有动摇。中国共产党党章都写明了这一点，这是不会变的，也是不能变的。我在这里重申，非公有制经济在我国经济社会发展中的地位和作用没有变，我们毫不动摇鼓励、支持、引导非公有制经济发展的方针政策没有变，我们致力于为非公有制经济发展营造良好环境和提供更多机会的方针政策没有变。"[②]

总之，以公有制为主体、多种所有制经济共同发展的基本经济制度，是中国特色社会主义制度的重要支柱，也是社会主义市场经济体制的根基。公有制经济和非公有制经济都是社会主义市场经济的重要组成部分，都是我国经济社会发展的重要基础。要按照市场在资源配置中起决定性作用和更好发挥政府作用的要求，加快形成统一开放、竞争有序的市场体系，保证各种所有制经济依法平等使用生产要素、公开公平公正参与市场竞争、同等受到法律保护，依法监管各种所有制经济。

（三）构建主流价值文化具备坚实的物质基础

经济基础决定上层建筑，这是马克思主义最核心的观点。一个国家要实现奋斗目标，既要不断地丰富物质财富，也要不断地丰富精神财富。一个民族要实现复兴，既需要强大的物质力量，也需要强大的精神力量。习近平总书记形象地指出："当高楼大厦在我国大地上遍地林立时，中华民族精神的大厦也应该巍然耸立。"[③] 构

---

① 《2014 年中央文化企业发展报告》，财政部网站，http://wzb.mof.gov.cn/pdlb/gzdt/201512/P020151225353840565345.pdf，2015 年 12 月 25 日。
② 《习近平联组会讲话全文首公开 "非公经济" 成关键词》，中国共产党新闻网，http://cpc.people.com.cn/xuexi/n1/2016/0310/c385475-28188107.html，2016 年 3 月 10 日。
③ 《习近平总书记在文艺工作座谈会上的重要讲话公开发表》，人民网，http://culture.people.com.cn/n/2015/1015/c87423-27699235.html，2015 年 10 月 15 日。

建主流价值文化，要不变成纸上谈兵或空中楼阁，就必须夯实坚实的物质基础。

改革开放之初，党创造性地提出了建设社会主义精神文明的战略任务，确立了"两手抓、两手都要硬"的战略方针。30多年来，我国亿万人民不仅创造了物质文明发展的世界奇迹，也创造了精神文明发展的丰硕成果。在进入新的历史发展阶段以后，不断强大的综合国力已然成为构建主流价值文化的物质依托；持续向好的经济发展形势是构建主流价值文化的坚实保障；迅猛发展的现代传媒是构建主流价值文化的助推力量。

首先，不断强大的综合国力是构建主流价值文化的物质依托。

在当今的国际竞争中，一个国家的强弱不单取决于其军事力量、经济力量，更取决于综合国力。综合国力是指一个主权国家赖以生存与发展所拥有的全部实力及国际影响力的合力，是研究主权国家总体力量的一个复杂概念。综合国力的定量研究基本上是从20世纪60年代的"国力方程"开始的，其中以美国乔治敦大学战略与国际研究中心主任克莱因提出的克莱因方程最为有名。克莱因曾任美国中央情报局副局长和国务院情报与研究局局长，后来的种种综合国力计算方法基本上都是在克莱因方程的基础上发展而来的。克莱因把决定综合国力的因素分为物质要素和精神要素两部分，后来的硬实力、软实力之说便由此而来。总体来看，以资源、经济、科技、军事为主的硬实力是有形的国力，是基础，而国家发展战略、民族凝聚力、国家动员能力、政治社会体系、教育、外交影响力等软实力则决定了硬实力的有效发挥程度。

综合国力的内涵非常丰富，其构成要素既包含自然的，也包含社会的；既包含物质的，也包含精神的；既包含实力，也包含潜力以及由潜力转化为实力的机制。它是一个国家的政治、经济、科技、文化、教育、国防、外交、资源、民族意志、凝聚力等要素有机关联、相互作用的综合体。

中国社会科学院发布的《2006年：全球政治与安全报告》具体测评了各国国力资源、经济力、政府调控力、外交力和军事力，并且考虑了各类力量比例的协调性，对美国、英国、法国、德国、俄罗斯、中国、日本、加拿大、印度，以及韩国10个主要国家进行了综合国力实测。国力资源由5个部分构成：科技力、人力资本、信息力各占25%的比重，自然资源和资本资源分别占12.5%的比重。经济力则由GDP（国内生产总值）、人均GDP、GDP增长率综合决定。政府调控力的评分中，政府绩效占80分，政府提供公共产品的水平占20分。评价军事力时，考虑的方面有军费投入、核弹头数量、军队人数、武器出口占世界军火市场的比重。在外交力方面，评价的项目包括外交倡议力、有无盟国、在联合国的地位、周边关系、经济军事援助力和外交独立性。《2006年：全球政治与安全报告》认为：中国的综合国力已超过日本（第七位），居世界第六位，整体实力远低于美国，仍属于国力次强国家，英国、俄罗斯、法国和德国分列第二至第五。

在具体的各项评价中，中国的 GDP 增长率无疑是最突出的，其带来的 GDP 总量提高也相当显著。根据国家统计局数据显示，2015 年中国国内生产总值为 676 708 亿元，按可比价格计算比上年增长 6.9%，增长的绝对值超过 1994 年全年经济总量，也大于土耳其 2015 年的经济总量。①

从 GDP 各分项数据来看，中国经济结构调整优化取得进展。经济增长主要得益于强劲的服务业和消费业的发展。分产业看，第一产业增加值 60 863 亿元，比上年增长 3.9%；第二产业增加值 274 278 亿元，增长 6.0%；第三产业增加值 341 567 亿元，增长 8.3%。

2015 年全年，第三产业增加值占国内生产总值的比重为 50.5%，比上年提高 2.4 个百分点，高于第二产业 10.0 个百分点。需求结构进一步改善。全年最终消费支出对国内生产总值增长的贡献率为 66.4%，比上年提高 15.4 个百分点。消费贡献了增长的近 60%。

社会主义经济建设的目标是促进社会主义生产力发展，提高人民生活水平，增强社会主义国家综合国力，全面建成小康社会，进一步解决人民群众日益增长的物质文化需要同落后的社会生产之间的矛盾。构建主流价值文化不仅需要文化底蕴、智力支持和精神资源，还需要各种物质资源和人力、财力的投入。社会物质财富的增长无疑能够促进文化的发展和人们价值观念的积极变化。"仓廪实而知礼节，衣食足而知荣辱"，经济的发展衍生文明的进步，文明的进步依仗经济的发展，这在当代社会依然是一个不容否定的规律。

改革开放以来，我国经济实现了跨越式发展，综合国力不断增强，为人民群众提供了丰富的生活、生产资料，人们在工作之余能够有更多的时间参与文化生活，投身文化创造。他们在殷实的生活中，在充实的工作中，在愉悦的环境中有更多的时间思考"什么是社会主义，怎么建设社会主义"、"个人和国家实现什么样的发展，怎么发展"、"个人的人生价值与国家、社会价值的关系"等有关国家、社会、个人价值观的问题。

此外，我国发展经济与主流价值文化建设的最终目标是一致的，都是最终实现人的全面而自由的发展。社会主义市场经济体制是适应我国当前经济发展的基本方式，以公有制和按劳分配为基础，在法律范围内规范、有序的发展不仅可以加快经济发展、壮大经济实力，还能在规范中实现共同的价值追求，增强人们对主流价值观的认同。

其次，持续向好的经济发展形势是构建主流价值文化的坚实保障。

主流价值文化让人们接受的主要理由就是要符合人们的根本利益，特别是经济

---

① 《2015 年国民经济和社会发展统计公报》，国家统计局网站，http://www.stats.gov.cn/tjsj/zxfb/201602/t20160229_1323991.html，2016 年 2 月 29 日。

利益。当主流价值文化所蕴含的各种理念贯彻落实到各项社会实践活动中，能够给人们带来实际的物质和精神利益时，就会产生极大的示范效应。而如果主流价值文化不能满足社会成员的心理期望，肯定不会引起人们的共鸣。

2014年5月10日，习近平总书记在河南考察时首次明确提出新常态。他指出："我国发展仍处于重要战略机遇期，我们要增强信心，从当前我国经济发展的阶段性特征出发，适应新常态，保持战略上的平常心态。"①此后，习近平多次强调，要认识新常态，适应新常态，引领新常态。习近平明确阐述了新常态的三个特点：一是从高速增长转为中高速增长；二是经济结构不断优化升级，第三产业消费需求逐步成为新的经济主体；三是从要素驱动、投资驱动转向创新驱动。我国经济发展进入新常态，是党的十八大以来以习近平同志为总书记的党中央在科学分析国内外经济发展形势、准确把握我国基本国情的基础上，针对我国经济发展的阶段性特征所作出的重大战略判断，是对我国迈向更高级发展阶段的理论指南。

中国人民大学重阳金融研究院王文提出：自1989年以来，西方社会先后出现4轮唱衰中国的热潮。第一轮唱衰源于1989年后，可称为"中国政治崩溃论"；第二轮唱衰源于1997年亚洲金融危机后，即所谓的"中国经济崩溃论"；第三轮唱衰源于2008年国际金融危机后，逻辑重心是"中国社会崩溃论"；第四轮唱衰则源于2012年以来中国经济增长放缓，风险累积，尤其是以房地产市场低迷、地方债难题和系统性金融危机的担忧为主要逻辑的"中国金融崩溃论"。这几轮崩溃论都恰与中国经济几次下行周期相重合，特别是在中国经济最为困难、改革最为艰巨的时候，唱衰中国的论调也抬得越高。"唱衰中国的言论与中国经济暂时滑坡、风险累积等因素有一定的关联，这导致部分国内外人士对中国产生悲观预期。但这可能只是很小的一方面，更主要的是某些外部势力想借中国经济陷于危险境地之际，否定中国前景，打击国际国内社会的信心，加剧对中国的恐慌心理，进而达到'预期自我实现'的目的。"②

然而，事实胜于雄辩，中国用35年的增长与发展的实践，否定了上述三轮的崩溃论调。随着我国社会主义市场经济体制的建立和完善，国民经济运行充满活力，并于2010年超过日本成为世界第二大经济体。③2014年4月，世界银行发布2011年"国际比较项目"报告，报告通过购买力评价计算法（简称PPP）做出预

---

① 《习近平在河南考察时强调：深化改革发挥优势创新思路统筹兼顾 确保经济持续健康发展社会和谐稳定》，人民网，http://cpc.people.com.cn/n/2014/0511/c64094-25001070.html，2014年5月11日。

② 王文：《"中国崩溃论"的崩溃》，观察者网站王文专栏，http://www.guancha.cn/wang-wen/2014_08_21_258939.shtml?XGYD。

③ 《2010年中国GDP超过日本成为世界第二大经济体》，人民网时政栏目，http://politics.people.com.cn/GB/1026/13594169.html。

测：中国今年可能超越美国，成为全球头号经济体。①

宏观经济学理论认为，看一个经济体宏观经济形势的好坏，关键要看其基本面表现，即通过对经济增长率、通货膨胀率、就业率和国际收支平衡状况这四大指标来综合判断。当前，我国经济增长筑底企稳、通货膨胀率稳步降低、就业形势保持稳定、国际收支基本平衡，宏观经济基本面依然向好，国民经济继续有望保持平稳较快增长的势头。从我国经济发展的历史来看，经过 30 多年的改革开放和 30 多年平均近两位数的增长，前期支持我国经济增长的一些因素、从供求关系上对经济增长的制约因素在逐步显现，使得我国经济进入转型期后受到了潜在生产率下降的影响。当前，经济运行中存在一些不平衡、不可持续、不稳定的因素，特别是资源消耗方面，以往靠资源消耗、靠大量廉价劳动力投入来支撑经济的做法已经难以为继。在这种背景下，较低的经济增长速度有利于实现速度、质量和效益之间新的平衡，有利于中国经济的长远健康发展。

当前我国最突出的阶段性特征就是工业化、城镇化、市场化、国际化进展迅速。首先，我国仍处于工业化的中期阶段，今后的路还很长。其次，党的十八大以来，党中央提出了"新型城镇化"的理念，强调要走中国特色新型城镇化道路。中国特色新型城镇化道路，核心是以人为本，关键是提升质量，坚持"四化同步"的城镇化、以城市群为主体形态的城镇化，也是体现生态文明理念和凸显文化传承的城镇化。新型城镇化蕴藏着巨大的经济潜力，是我国内需的最大潜力，是经济发展的重要引擎，有助于推动经济结构调整和发展方式转变，进一步推动经济发展质量和效益的提高。城镇化未来潜力依然十分巨大。再次，社会主义市场经济体制确立已经 20 年，今后还将进一步改革和完善，这将为我国经济发展提供源源不竭的动力。在今后较长一段时期内，这"四化"将使中国宏观经济基本面持续向好，继续保持充足的动力和充沛的活力。

党的十八届五中全会审议通过的《中共中央关于制定国民经济和社会发展第十三个五年规划的建议》提出了创新、协调、绿色、开放、共享五大发展新理念。"实现'十三五'时期发展目标，破解发展难题，厚植发展优势，必须牢固树立创新、协调、绿色、开放、共享的发展理念。"五个新理念主要是：一是坚持创新发展，着力提高发展质量和效益；二是坚持协调发展，着力形成平衡发展结构；三是坚持绿色发展，着力改善生态环境，绿水青山就是金山银山；四是坚持开放发展，着力实现合作共赢。以共建"一带一路"为统领，深入推进国际产能和装备制造合作，深度参与全球分工；五是坚持共享发展，着力增进人民福祉。确保到 2020 年实现全体人民共同迈入全面小康社会。

---

① 《2011 国际比较项目发布汇总结果比较世界各经济体真实规模》，世界银行中文官网新闻栏目，http://www.shihang.org/zh/news/press-release/2014/04/29/2011-international-comparison-program-results-compare-real-size-world-economies。

五大发展新理念是以习近平同志为总书记的党中央在总结我国30多年改革发展经验、科学分析国内国外经济社会发展规律基础上提出的面向未来的发展理念，是对中国及世界发展规律的新认识。这是"十三五"乃至更长时期中国发展思路、发展方向、发展着力点的集中体现，必须贯穿经济社会发展的各领域各环节。

从国际范围来看，虽然今后一段时间内世界经济仍将延续疲弱复苏态势，不确定性、不稳定性较大，出现突然性事件的可能性也比较大，但一些发达国家的宽松货币政策转向正常化，一些新兴市场国家加快经济发展转变、推进结构性改革，全球大宗商品价格从泡沫化状态回归常态，为今后一个时期世界经济复苏奠定了基础；我国经济增速换挡、结构调整阵痛、动能转换困难相互交织，有效需求乏力和有效供给不足并存，经济下行压力还在加大，但我经济总体运行平稳，经济发展长期向好的基本面没有变，经济韧性好、潜力足、回旋余地大的基本特征没有变，经济持续增长的良好支撑基础和条件没有变，经济结构调整优化的前进态势没有变。可以说，我们面临的国际国内环境复杂多变，既充满机遇更富有挑战，只要我们准确把握战略机遇期内涵的深刻变化，保持战略定力、增强发展自信，牢固树立创新、协调、绿色、开放、共享发展的新理念，坚持变中求新、变中求进、变中突破，把原有的基础优势利用发挥好，把改革发展中形成的新生优势抓住释放好，把未来可能迸发出来的潜在优势对接准备好，就一定会为中国社会经济的可持续发展赢得更大的机遇、更广阔的空间，为构建主流价值文化持续提供坚实的保障。

再次，迅猛发展的现代传媒是构建主流价值文化的重要助推力量。

互联网是20世纪人类最伟大的发明之一，它对世界的影响堪与工业革命相提并论。互联网让世界真正变成了"地球村"，世界因互联网而更丰富多彩，生活因互联网而更便捷舒适。互联网几乎对人类社会的所有领域都产生了革命性影响，它深刻地改变着人类社会的生产方式、生活方式甚至于思维方式，电子商务、互联网汽车、网上娱乐、互联网金融等新生业态发展迅猛，"互联网+"以及更深一步的大数据革命、物联网革命等，所有这一切都无不与互联网有关，互联网正在成为21世纪人类社会的主导性生活方式。

随着互联网尤其是移动互联网的普及，信息传播方式也呈现革命性的变化。多种新媒体形态应运而生，不仅对传统媒体的技术平台、组织结构和经济来源等产生重要影响，也对我国经济、政治、社会、文化产生着重要作用。互联网已经成为当前舆论斗争的主战场。各种现代传媒有效传播主流价值文化，既是构建中国主流价值文化的前提和基础，又符合国家重视运用新闻媒体加强社会主义核心价值观宣传教育的目标要求。因为媒体具有传播、引导以及教育公众的思想政治功能，而且具有明显的非线性、双重性以及潜隐性的特点。

根据中国互联网络信息中心（CNNIC）于2016年1月22日发布的第37次《中国互联网络发展状况统计报告》，截至2015年12月，中国网民规模达到6.88

亿，互联网普及率达到50.3%，中国居民上网人数已过半。其中，2015年新增网民3951万人，增长率为6.1%，较2014年提升1.1个百分点，网民规模增速有所提升。《报告》同时显示，网民的上网设备正在向手机端集中，手机成为拉动网民规模增长的主要因素。截至2015年12月，我国手机网民规模达6.20亿，有90.1%的网民通过手机上网。只使用手机上网的网民达到1.27亿人，占整体网民规模的18.5%。毫不夸张地说，移动互联网塑造了全新的社会生活形态，"互联网+"行动计划不断助力企业发展，互联网对于整体社会的影响已进入到新的阶段。[①]以微博、微信为代表的新媒体网络化发展态势更为强劲，日益成为文化传播的重要渠道，为中国主流价值文化的发展和巩固拓宽了道路。

2013年8月19日，习近平总书记在全面宣传思想工作会议上发表重要讲话。他指出："根据形势发展需要，我看要把网上舆论工作作为宣传思想工作的重中之重来抓。宣传思想工作是做人的工作，人在哪儿重点就在哪儿。我国网民有近六亿人，手机网民有四亿六千多万人，其中微博用户达到三亿多人。……必须正视这个事实，加大力量投入，尽快掌握这个舆论场上的主动权，不能被边缘化了……要依法加强网络社会管理，加强网络新技术新应用的管理，确保互联网客观可控，使我们的网络空间清朗起来。做这项工作不容易，但再难也要做。"

2014年8月18日，习近平总书记主持召开中央全面深化改革小组第四次会议并发表重要讲话。他指出："推动传统媒体和新兴媒体融合发展，要遵循新闻传播规律和新兴媒体发展规律，强化互联网思维，坚持传统媒体和新兴媒体优势互补、一体发展，坚持先进技术为支撑、内容建设为根本，推动传统媒体和新兴媒体在内容、渠道、平台、经营、管理等方面的深度融合，着力打造一批形态多样、手段先进、具有竞争力的新型主流媒体，建成几家拥有强大实力和传播力、公信力、影响力的新型媒体集团，形成立体多样、融合发展的现代传播体系。要一手抓融合，一手抓管理，确保融合发展沿着正确方向推进。"

2015年12月16日，第二届世界互联网大会在浙江乌镇召开，这是由中国政府主办的全球互联网界最大规模、最高等级的国际盛会，有来自全球的2000多名代表出席了大会，国家主席习近平出席大会开幕式并发表主旨演讲。在主旨演讲中，习近平全面阐述了中国的"网络观"，对当前互联网时代面对的主要挑战、推进全球互联网治理体系变革以及中国对共同构建网络空间命运共同体等问题作出了系统回答，指出了中国建设网络强国、维护网络主权、开展国际合作的路线图，是中国从网络大国向网络强国进步的宣言，必将对世界互联网的发展和全球网络秩序产生重大而深远的影响。

---

① 中国互联网络信息中心网站：《第37次中国互联网络发展状况统计报告》，http://www.cnnic.cn/hlwfzyj/hlwxzbg/hlwtjbg/201601/t20160122_53271.htm。

总之，在信息网络全球化的背景下，加强主流价值文化传播能力建设具有重要的战略意义，势在必行、时不我待。这既是世情、党情、国情的必然要求，是建设社会主义强国，实现中华民族伟大复兴的重要支撑；也是建设社会主义核心价值体系，妥善应对各种挑战的可靠保障，是正确引导社会舆论、切实解决社会问题、科学把握应对方法的科学抉择。在这个过程中，我们应遵循传播规律，适应信息传播全球化趋势，"讲好中国故事"、"传播好中国声音"。

毋庸讳言，当代中国商业资本的无孔不入，境外意识形态的渗透，都对公众的思想状态产生深刻影响，大量使用社交媒体的青年一代尤其如此。公众一方面承受着各种舆论有意无意的牵引和控制，另一方面也以传播主体的身份介入传播活动，参与舆论格局的重构。加之新兴媒体和自媒体的兴起，加速了信息流动，丰富了公众表达，但也带来了信息碎片化、表达情绪化等问题。海量的信息如果不能及时清除泡沫，其结果就是鱼龙混杂、真伪难辨；喧杂的表达如果不经过理性沉淀，就会变成人云亦云。

因此，在这一复杂的背景下，主流媒体必须承担起引领导向，凝心聚力，澄清谬误、明辨是非的社会责任，坚持正确的政治方向，牢牢坚持党性原则，积极寻找变革之路，尊重新闻传播规律，丰富媒体传播形态，提高舆论传播力、引导力、影响力、公信力。近年来，主流媒体的一些努力已经初见成效。传统主流媒体依然以其专业性和权威性对用户产生强大影响力。在媒体融合的背景下，传统主流媒体议程设置者和把关人的身份并未消解，其通过积极投入融媒体传播，开办官方微博和微信公众号，议程设置和引导舆论的能力在一定程度上得到了增强。例如，全国劳模代表郭明义的微博，已拥有"粉丝"2000多万人，影响网民上亿人，已经成为传播真善美的平台，成为传播社会主义核心价值观的网上热力源、"红色大V"。郭明义微博的成功表明了社会对核心价值观的强烈需求，彰显了社会对道德责任感的强烈支持，在民间舆论场里传播着主流价值观。

总之，现代传媒应该也能够成为构建主流价值文化的助推力量。通过增强吸引力、感染力，扩大传播力、影响力，实现价值观的有效传播，实现正确舆论的有效引导，提高主流价值观的"落地率"。

第二章　中国主流价值文化构建的总体架构

党的十八届三中全会指出，改革要"加强顶层设计和摸着石头过河相结合，整体推进和重点突破相促进，提高改革决策科学性"①。就我们的理解，其中的"顶层设计"是指从一开始就要有胸怀全局的意识，要有总体的构想和方案；"摸着石头过河"则是在将构想和方案付诸实践的过程中，面对新情况、新问题敢于创新，根据具体情况调整预想。如果说后者强调实践的意义，那么前者就是强调理论的指导作用。对于构建中国主流价值文化来说，顶层设计意味着必须在把握我国价值文化总体方向的基础上，结合对我国文化发展的时代背景与现实条件的思考，提出当代中国价值文化发展的大致思路和方案。只有基于这样的文化自觉，通过付诸实践并不断调整，才能逐步树立文化自信，实现文化自强。进一步说，顶层设计应该是构建中国主流价值文化的理论起点，否则我们的构建工作就会陷入混乱，难以有效地展开。本章试就中国主流价值文化构建的总体架构提出一些想法，以下各章再具体展开。

一、中国主流价值文化构建的历史方位

对中国主流价值文化进行"顶层设计"，首先必须分析当代中国主流文化及其发展的背景条件，形成对自身发展状态的恰当定位，从而明确中国主流价值文化构建的基本方向。由此才能对症下药，找到切入现实的着力点，正确地确定我国价值文化构建的目标、任务和路径。

（一）文化的现代性与中国主流价值文化的现代方向②

认清当代中国文化发展所处的时代背景，是构建中国主流价值文化的前提。时代背景其实是个笼统的说法，要切实说明其中蕴含的问题及其对于文化发展的要求，必须作进一步的分析，特别是必须对文化的现代性有自觉的认识。

1. 观念文化的现代性："现代"意味着什么

现代文化意义上的"现代"，与其说是个表示时间的概念，不如说是与价值判断相关的概念，其中的价值判断应该是基于现代社会生活的特点而做出的。当代社会学中关于"现代性"的探讨，已经形成了一个极其复杂的问题域。这一问题域的

---

① 《中共中央关于全面深化改革若干重大问题的决定》，2013年11月12日。
② 本节的第1、2要点是本课题阶段性成果的基础上，略有修改和补充而形成的。（参见阮航：《现代意味着什么：略论中国文化的现代性》，江畅主编：《文化发展论丛》（中国卷）2015，社会科学文献出版社，2016年）。

形成,直接针对的是现代与传统之间的关系,进而说明现代生活在各方面的特质。也正是基于对现代与传统之间异同的认识,我们才能理解"现代"意味着什么。

第一,现代文化意义上的"现代",是相对于传统文化而言的。这首先意味着两者之间有区别。这种区别,从大的方面说可以有两种理解。一种是"断裂式"的,也就是说现代文化之现代,意味着与传统文化的告别、决裂。这种断裂,当然不是时间意义上的,我们很难明确指出现代与传统在某个具体时间相分别或发生断裂;而是指现代文化根本上是与传统文化异质的,两者的价值系统有着根本的区别。另一种是"融贯式"的,也就是说现代文化与传统文化仍然方向一致,前者无非是后者自然而然的展开。在展开的过程中孕育了新的文化因素,但这种因素与传统文化的价值系统并非不相容,并且与传统价值之间有着不可分割的价值关联[①]。可以说,这两种理解各有所见,而着眼点不同;前者着眼于现代与传统之异,以求变求新,后者着眼于其同,以求相通相联。

但以上只是为了理解的方便而推向极端的说法。诚如庄子所言:"自其异者视之,肝胆楚越也;自其同者视之,万物皆一也。"(《庄子·德充符》)关于现代与传统关系的实际观点并非如此,而总是表现为介于这两种理解之间的某种组合,但偏重不同。中国文化传统注重相通相联,不大注重分界。但从深层次的思考方法来看,中国文化是持中的,讲究随时而中("时中"),讲求中庸之道。那么,要理解"现代"意味着什么,我们不妨先注重现代与传统之别,再看两者相通的可能性。这也是一种时中的思考方法,是顺应时代特点、针对中国文化惯性的一种纠偏。以上交代的是我们对于中国文化之现代性的思考方法。其中的现代性是指,现代文化表现出哪些不同于传统文化的特点;弄清这一点,也就明确了现代文化之"现代"意味着什么。以下将分别予以说明。

第二,从文化精神的根基看,"现代"意味着宗教从公共生活的退隐,亦即韦伯所谓"除魅"。在传统社会,宗教信仰在公共生活的各个领域发挥着至关重要的作用,它们与政治权力相结合或保持着某种结盟的关系,在传统的文化价值系统中往往是最终诉诸的依据。而在现代社会,宗教信仰至少在直接的意义上是不能干预公共生活的。参照西方现代文化的兴起历程,可以更清楚地看出这一点。

宗教改革运动无疑是影响现代西方文化兴起的一个具有划时代意义的历史事件[②]。改革的发起者马丁·路德主张"因信称义",每个人都可以直接与上帝沟通,

---

[①] 无论"断裂式"还是"融贯式",在学理上都还有诸多不同的具体表现形式,但总体上说它们只是程度上的不同。或许更恰当的说法是,现代与传统之间的"断裂式"理解与"融贯式"理解,代表的是对现代文化价值系统与传统文化价值系统之间关系的认识立场与态度。它们又各自是由具体表现形式不同的观点形成的认识谱系。如"融贯式"理解可以表现为:把传统与现代文化价值的关系理解为对话式的、自然生成式的、道不变而器有别式的,等等。

[②] 李平晔:《人的发现》,四川人民出版社1984年版。

并主张教徒也可以结婚生子。这样,教会作为宗教信仰中介机构的作用将大大削弱,而教徒在世俗生活中亦可修行。宗教改革运动极有力地推动了现代西方政教分离的进程,使宗教与政治势力不互相干涉。如果说宗教改革是推动宗教势力退出公共权力的领域,那么启蒙运动就是推动宗教信仰退出公共学术的领域。从启蒙思想家对理性的推崇、休谟对哲学独断论的反驳、韦伯明确提出学术研究应秉持价值中立(value free)的立场、直到当代西方哲学主流拒斥形而上学的趋向,可以清晰地看出从传统学术向现代学术转变的发展历程。

当然,这并不是说现代的文化生活反对或完全拒斥宗教信仰,而是意味着现代社会安置宗教信仰的方式与传统社会有着根本的区别。在传统社会,宗教信仰渗透到社会生活的各个层面。它们往往享有一定的公共权力,是左右公共决策的一个重要因素;在传统学问的探讨中,也往往扮演着终极检验标准的角色。在现代社会,宗教信仰逐渐退出公共生活领域,不再直接发挥其影响。在此意义上,现代公共生活的发展是一个理性化的过程。在现代的个人生活中,对宗教信仰的选择则是自由的,交由个人决策,而公共权力不得干预。当然,这里的前提是个人的宗教选择亦不得对公共领域带来不好的影响,如邪教等之所以应受打击,正是因为它们对公共生活造成损害。在现代西方公共学术亦即学科范围的讨论中,价值中立的立场也基本成为共识。所谓价值中立,并非指研究者不应持有任何宗教信仰或价值预设,这既非应该也无必要;而是指应该在研究中自觉地悬置个人持有的信仰或预设,不能将之作为说服他人的理据。[1]

可以说,至少自 20 世纪初开始,不少中国文化的研究者已经意识到,宗教在现代社会应该有着不同于传统的定位,并在理论和实践上做出了诸多努力。但现在看来,其效果不如人意,其中的一个重要原因在于,对于宗教在现代的定位与作用之认识不够深刻,尚未形成恰当的规划。毋庸置疑,他们的认识受到了西方文化的现代性转变之影响。但其时对西方现代性转变过程之认识,仍停留于浮面,未深入胺理。如 20 世纪 20 年代发生的"科玄论战",即是围绕在学术讨论中宗教信仰、价值预设应该如何予以定位并发挥作用而展开的,它关系到中国现代的主流学术应该呈现为何种样态。应该说,论战双方都已充分意识到了这个问题的重要性,但似乎都将之视为一种非此即彼的简单认定[2]。后来的反宗教、反迷信的运动亦如此。

究其实,宗教尤其是历史悠久的宗教传统,其本身一般都有其独特的价值。它们是人类精神生活的结晶,蕴含着激励人们向善、追求健全生活方式的力量。现代性启动期"反宗教"的思潮,并非反对宗教精神本身,而更多地是反对它们对公共生活的直接干预,反对教会等宗教机构中的宣教派对个人自由选择的压抑。换言

---

[1] 阮航:《论韦伯的经济伦理概念及其对中国经济伦理研究的影响》,《伦理学研究》,2011 年第 3 期。
[2] 参见张君劢等:《科学与人生观》,中国致公出版社 2009 年版。

之，现代文化生活仍然支持宗教信仰发挥作用，只不过对其性质与作用给予了不同于传统的重新定位。这些定位意味着，对于宗教应该在哪些范围、以何种方式发挥作用，一种能适应现时代的文化应该给予合理而有系统性的安排。其中如何处理宗教与社会公共生活的关系，尤为关键。在此，韦伯有个比喻可资借鉴：随着现代的理性化进程，宗教在现代西方公共生活中已成为枯萎的根蒂①。究极来看，当代的世界各大文化无不有其宗教的根源，是在宗教之根上开花结果的。"根蒂"蕴含着，随着传统向现代的转变，宗教在公共生活中不再起直接的作用，但可能发挥作为思想"背景"或"远景"的作用。

第三，在看待文化价值的来源上，"现代"思想一般蕴含着根本区别于传统的态度。传统思想往往把文化的核心价值看作是既定的，来自有待人们去发现的宇宙秩序，如柏拉图的理念、斯多亚学派的自然法，上帝预定的秩序；儒家所谓的"天命"、"天道"等。或者说，传统文化价值的终极来源是外在于人的某种力量。随着现代生活的民主化，对价值来源的解释更多地是诉诸人们的生活世界以及历史经验的积淀。进一步说，文化价值是来自人类的创造，是人类智慧的结晶。这体现了现代人对自身力量的自信，文化价值的终极决定问题不再寄托于某种外在于人的超越性存在。

与上一问题紧密相关的是，现代人思考文化价值问题的方式发生了根本的转变。如在解释西方古今道德哲学之间的差异时，罗尔斯讲道，"古代人问询达到真正幸福或至善的最合理途径，探讨合乎德性的行为、诸美德……如何与至善发生关联……现代人首先问的是，他们视为有正当理由的权威规定是什么，以及这些有理由的规定所引出的权利、义务与职责。只有在此之后，他们的注意力才转向这些规定允许我们去追求和珍视的善"②。道德价值是文化价值的核心之一，罗尔斯的解释揭示出古今思考文化价值问题的方式的一个重要区别。可以说，在思考文化价值问题的方式上，古代哲学家关心的主要问题是个人性的，是个人如何与既定的文化价值秩序（至善）保持一致，并实现某种好的生活。社会秩序的终极理念并非出自人为设计，而是寄托于某种形而上观念，因而并非人们理论思考的重点。由于根本上并不承认存在外在于人的权威或预定的理想秩序，现代哲学家首先关注的则是社会秩序的建构问题，是要如何建立一个在一般意义上有利于所有人实现其生活规划的社会；以此为背景，个人对好生活的追求问题才有依托。这也是"正当优先于善"这一现代命题的涵义之一。

以上关于文化现代性的考察，虽然在一定程度上参照了西方走入现代社会的历史经验，但不可否认，这也是近一百多年来中国思想家一直纠结的一些问题，是基

---

① 参见顾忠华：《韦伯学说》，广西师范大学出版社 2004 年版，第 182 页。

② John Rawls, *Lectures on History of Moral Philosophy*, Barbara Herman（ed.），Harvard University Press, 2000, p. 2. 本章凡出自英文引注的译文，均由笔者译出。

于中国近现代的经验得失而做出的判断。从文化观念上认清"现代"的意涵，对于我们实现基本定向与现实条件的结合无疑很重要，而同样重要的是要把握当代在制度文化和物质文化层面的特点。

2. 制度文化的现代性：现代与传统的制度之别

当代社会相对于传统社会的制度变迁，表现于当代生活的方方面面，以潜默移化的方式对于文化生活产生着重要的影响，在一定程度上形塑着人们的文化价值观。

第一，民族国家与国家军事力量的发展。与现代性的发展相伴随的是现代民族国家的形成。从地理上说，现代民族国家一般有着人为划定的明确边界；而传统帝国或王国的边界往往是模糊的，包含更多的自然形成的因素。如春秋战国时期讲究"夷夏之辨"。而所谓夷狄，并非远在边境，而是大多散落分布于各华夏诸侯国之间，其中一些游牧民族更是难以确定其地理位置[①]。"夷夏之辨"更多地是从服饰、语言、生活习惯等方面来判断的。现代民族国家的边界明确化，有利于现代国民的国家认同与民族意识的塑造，也使国家防务力量更有针对性。从政治上说，现代民族国家是独立自主的政治实体，倡导民族自决自治的观念及实践。在传统帝国或王国，国民效忠的对象往往是帝王或王室。现代民族国家成员效忠的对象则是有着同一国家认同的"同胞"及其国家体制。民族国家的形成，可以说是在最宏观制度层面上的现代性，对于现代文化观念的塑造有着重要而深刻的影响。现代的民族主义、民粹主义、世界主义等思潮，现代民族主义运动、现代的国家战争，在相当程度上都是以民族国家的观念为背景的。与此相关的是，现代的国家安全观念与军事力量发生了根本的变化。

现代国家不仅在明确的边界内成功地垄断了军事力量，而且由于战争的工业化根本上改变了战争的性质[②]。在传统时代，虽然军事力量也占有举足轻重的地位，但政治中心难以长久获得军方的稳固支持。而现代国家在其边界内对军事力量的垄断，意味着在国家树立其作为公民社会的权威方面军事已成为一种间接支撑，国家的治安、法典的维系、监督控制等都需要军事力量作为后盾。在这方面，传统与现代社会的区别是明显的。如英国哲学家罗素上世纪初到中国时发现，当时中国竟然没有警察等体制性的专门机构来维持城市的治安，因而感叹中国实为一文化体而非国家[③]。梁漱溟先生更以"疏于国防"、"户籍地籍一切国势调查，中国自己通统说不清"、"重文轻武，民不习兵，几于为'无兵之国'"这三点为据，说明"中国对内

---

① 参见钱穆：《国史大纲》，商务印书馆2005年版，第55～58页。
② 参见吉登斯：《现代性的后果》，田禾译，译林出版社2000年版，第51～53页。
③ 转引自梁漱溟：《中国文化要义》，上海世纪出版集团2003年版，第29页。

松弛，对外亦不紧张"①，因而并非典型的国家。梁漱溟先生认之为中国文化的一大特点，但现在看来，这里所体现的与其说是中国文化的特点或中西之别，不如说是传统与现代社会之别，在西方封建社会也在一定程度上表现出上述特点②。另一方面，现代国家的军事力量主要是"对外的"，针对他国。如果说传统社会的军事力量主要集中于保护带有私人性的政权（如皇城、地方割据政权等），那么现代的军事力量主要针对边境，由此军事组织的方式发生了根本的变化。所有这些都与现代工业主义的迅猛发展息息相关。正是由于工业主义的发展，现代军事力量不仅在常规装备方面从"冷兵器"时代进入"热兵器"时代，而且发展出大规模摧毁性的非常规武器如核武器等。军事力量的极端表现形式则是战争，现代战争的性质也有着不同于传统战争的特点，如作为外交手段、威慑手段等。

现代国家的上述特点，对于现代人的文化价值观有着深刻的影响，或者说我们对于文化价值观的思考离不开这一至为宏观的制度背景。我们谈论国际正义、世界和平、民族自治、人权等，其实都是在这一背景中展开的。

第二，经济的市场化。现代经济主要以市场作为资源配置手段，市场经济制度是现代经济的一大特点。当然，传统社会也有市场经济，但不占主导，也远没有发展成熟，没有现代市场经济那么完善。经济的市场化随着现代社会的发展而不断加深，它不仅是现代经济的特点，而且其本身就成为塑造现代性的一个基本要素，渗透到人们社会文化生活的各个方面，对现代人的文化价值观产生了重要的影响。

现代市场经济之所以产生如此影响，并冲击和变革传统价值观，是因为经济生活本身就是社会生活的一大组成部分，而现代市场经济也包含着其特定的价值观。此即"经济人"假设，现代经济学也是基于这一价值预设而产生和发展的。简单地说，这一假设的意思是，经济活动者总是以追求自身利益最大化为目标。在此基础上，各种以理性计算为特点的经济模型得以产生。从价值的角度看，经济人假设就是把经济活动者之间的关系理解为相互的利益计算，是把对方及其活动的价值看做是工具理性的。这种价值预设不仅使现代经济学的发展有了相对确定的理论根据，而且它随着现代市场经济的高效运作，往往溢出经济活动的领域而有扩大化的趋势，进而把人际关系简单地理解为工具性的利害关系。可以说，它已经不仅仅是一种作为学科前提的价值预设，而且其本身就是一种形塑力量，改造着人们的价值观。这在当代各学科的研究中有进一步的体现。如从制度经济学角度提出的市场经济的"匿名机制"；从一般社会学角度提出的"陌生人"社会与"熟人"社会之分，以对应于现代社会与传统社会之分；当代经济伦理学指出的社会生活"经济化"的趋势。不可否认，"经济人"假设对于解释和指导现代经济生活是相当有意义的，

---

① 梁漱溟：《中国文化要义》，上海世纪出版集团2003年版，第186～187页。
② 可参看马克思、恩格斯在《共产党宣言》中关于资产阶级破坏封建制度的论述。

也在一定程度上描绘了人际关系的一个侧面（尽管从伦理文化的角度看这个侧面的权重或许应该是较小的），但这种经济价值观扩大化无疑对文化价值观的健康发展带来了消极影响。我们的文化价值观建设，不能忽视经济市场化的影响。如何因势利导，去其弊端，当是必须深入思考的一个重要问题。

值得一提的是，21世纪以来经济全球化的趋势日益明显。这是经济市场化发展到一定程度的产物。马克思曾提出"世界市场"的概念，以批判随着贸易扩大而展开的资本主义全球扩张。应该说，经济全球化即标志着世界市场的形成，是经济市场化范围的扩大。这要求我们具有更宏观而开放的视野，不仅要看到经济活动蕴含价值负载，而且要看到，我们的经济活动需要自觉地以自身的文化价值观为指导，以应对随经济全球化而来的全球文化交往。

第三，工业化与环保意识。工业化是从经济的构成来说的，这在现代经济发展初期表现得尤为明显；而随着现代化进程的深入和工业化程度的提高，第三产业往往比工业发展得更快。换言之，从传统经济向现代经济的过渡，都要经历一个工业化的过程。其表现是在整个经济的构成中，农业经济的比重相对减少，工业经济的比重不断增大。

工业化渗透到现代社会发展的方方面面，促进了各种现代文化价值观的产生与发展，在相当程度上已成为现代文化的一个重要组成部分。其中不少价值观对现代人的生活有着不同程度的积极影响，但不可否认，人们的环保意识却是由于现代社会工业化的负面后果而产生的。不加控制的工业化会带来巨大的环境代价。可以说，环保意识所针对的正是工业化给人类乃至生物生存环境带来的破坏，所关注的是如何削弱或抵消这种代价、在发展经济的同时尽量减小环境成本。这要求从国家、各社会组织以至每个人都要对自身的决策或行动做出相应的约束，要求相应的机制来保障如此约束的普遍实施和合理安排。而根本上说，现代人应当具备的环保意识，是这些要求的基础，也应该是我们在当代中国文化价值观体系的构建中予以关注的。

第四，信息、监督控制与社会治理的范围。随着现代物质技术条件的发展，现代国家的社会控制力量也得到了大幅度的提升，与传统国家相比可以说是质的飞跃。

这对于现代民主法治文化的发展具有重要意义。作为一种社会治理方式，民主法治的成本很高，乃至孟德斯鸠在《论法的精神》中认为，民主法治只适合小国，在大国则不可行。但在现代，"民族国家所发展出的行政调节水平，是任何一个前现代国家都无法达到的，甚至连接近都不可能"。"如此的行政集中化，转而依赖监督能力的发展；这远远超出传统文明的那些特征"[1]。可以说，民主法治的价值观能够为现代国家所普遍接受，也是与现代性在这方面的特征紧密相关的。

---

[1] Anthony Giddens, *The Consequences of Modernity*, Polity Press, 1990, p. 57.

3. 物质文化的现代性：现代技术与现实的文化生活

现代科技的加速发展，对现实的文化生活产生了直接而深刻的影响，使现代人的生活方式与文化交往方式表现出不同于传统的特点。

第一，从社会学的角度看，传统社会与现代社会按照其各自特点分别可称作熟人社会与陌生人社会。在其《乡土中国》中，费孝通先生提出了熟人社会这个概念，用以描述传统中国乡村生活的特点。在这种熟人社会中，人际交往局限于较狭窄的范围，日常生活主要以面对面的方式进行；办事讲究人情，依关系亲疏、感情深浅、熟悉程度而有不同的处理方式①。熟人社会为中国传统社会生活提供了一种解释模式。与之相对的是，典型的现代社会是陌生人社会：人们的日常生活主要与陌生人打交道，依照程序和规则办事，表现出理性化的特点。这种划分只是从大体上说的，带有理论模型的意思，但为我们观察和分析物质文化层面的现代性提供了一种思路。在相当程度上，从传统到现代的社会变迁就是一个社会交往方式的"陌生化"过程。

从物质条件上说，这一陌生化过程的发生，其主要推动因素是从传统到现代的社会生活中时间与空间及其关系的改变②，吉登斯称之为脱域（disembeding），亦即"社会关系从互动的当地情境中'摆脱出来（lifting out）'，并跨越不确定的时空间隔而重组"③。简单地说，脱域意味着，就理解和解释社会事件而言时间与空间分离而后重组的可能性。而正是由于技术媒介的飞速发展，象征标志和专家系统这两种脱域机制才得以产生与发展。

第二，现代科技与物质条件的发展，使现代人对于外部世界的认知及其自我价值认同发生了深刻的变化。价值虚无与失落、抑郁症乃至自杀，通常被称为现代人的社会病。但如果深一层分析，这些所谓社会病之症结在于自我对外部的认知及自我价值认同问题。这些问题关涉人之存在的本质，是每个人在其心智成长的过程中都要面对的，无论他身处传统社会还是现代社会都是如此。但由于条件的变化，现代人有着不同以往的解决途径。用存在主义的方式来说，这些问题可能呈现为这样的形式：我确实存在吗？其他人真的存在吗？我在过去、现在乃至未来都是作为同一个人存在吗？这个世界是真实可信的吗？如此等等。个人要展开正常的社会生活，就必须克服这些存在的焦虑（existential anxieties），建立对世界的基本信任，达成自我本体层面的安全（ontological security）。

对于基本信任与本体层面安全的建立，传统时代的解决方式一般是诉诸宗教信仰等形而上的因素或社群、亲缘等情感依托，这些因素基本是外在于个人的，无需

---

① 参见费孝通：《乡土中国》，北京出版社2005年版，第6～8页。
② 关于时空关系的改变与现代性的关系，参见 Anthony Giddens, *The Consequences of Modernity*, Polity Press, 1990, pp. 17～21. 其中关键的解释概念是"虚化时间"与"虚化空间"（"在场"与"缺场"）。
③ Anthony Giddens, *The Consequences of Modernity*, Polity Press, 1990, p. 21.

自主的人为设计。现代社会的解决方式则一方面就个人信仰而言要求自我抉择，发挥其理性的作用[①]；另一方面就外部条件而言主要依托现代的亲密关系，以及技术理性所塑造的抽象体系（象征标志与专家系统等）。可以说，正是由于现代物质技术条件的快速发展以及思想领域的深刻变化，现代人采取了根本有别于传统的解决思路，从而造成了传统与现代在信任与风险环境上的差异（见表1-1），进而使两者占主导的解决方式及其解决失败后的表现都有较明显的区别。

表1-1　前现代与现代文化中的信任与风险环境[②]

	前现代	现代
	总情境：地域化信任的头等重要性	总情境：在经过脱域的抽象体系中赋予的信任关系
信任环境	1. 作为组织方法的亲缘关系：使跨越时空的社会纽带得以稳定。 2. 作为地点的地方社区：提供熟悉的周边环境。 3. 作为信仰和礼仪实践之模式的宗教宇宙观：提供对于人类生活和自然的神意诠释。 4. 作为联系现在与未来之手段的传统；可逆时间中的过去取向。	1. 友谊或两性亲密的个人关系作为使社会纽带稳定的手段。 2. 抽象体系：使跨越不确定的时空间隔的关系得以稳定的手段。 3. 未来取向的、反事实的（counter-factual）思维作为连接过去与现在的模式。
风险环境	1. 来自自然的威胁和危险，诸如传染病的流行、气候的变化难测、洪水和其他自然灾害。 2. 来自如掠夺的军队、地方军阀、土匪和强盗等人类暴力的威胁。 3. 来自失去宗教恩宠或受邪术影响的风险。	1. 来自现代性的自反性（reflexivity）的威胁和危险。 2. 来自战争工业化的人类暴力的威胁。 3. 个人无意义的威胁，它源自作用于自我的、现代性的自反性。

第三，广播电视、互联网等电子媒介的出现以及交通工具的迅速发展，使现代人的生活方式尤其是交往方式发生着日益深刻的变化。随着现代性的展开，现代人的生活不再受限于狭小的地域，社会流动性有了根本的提高，信息交流越来越便利，其方式也越来越多样。而且这样的发展呈加速之势，乃至20世纪60年代起，相继出现了"后工业社会"、"地球村"、"信息时代"、"虚拟时代"、"知识经济时代"等

[①] Charles Taylor, *Sources of the Self: the Making of the Modern Identity*, Harvard University Press, 1989, pp. 309～314.

[②] Anthony Giddens, *The Consequences of Modernity*, Polity Press, 1990, p. 102.

各种提法①。对这些提法可以有多种解读②，但无疑都承认，生活与交往方式的这种改变，对人们的文化价值观的影响是复杂的，往往是正面与负面影响交织在一起。

正面地看，这种改变意味着各种社会信息的公开透明，促使社会生活不断地走向民主化。恒常的社会交往不再是面对面的熟人关系，而更多地是与陌生人打交道。这种交往方式的文明与否，根本上说是以理性而非情感的尺度来衡量的。换句话说，社会行为的文明程度表现为，个人在社会交往中对自己的理性控制，对行为后果的责任意识。正如吉登斯所分析的，"在现代社会活动的匿名背景中，构成日常生活的各种相遇首先是由霍夫曼（Goffman）所谓'有礼貌的不经意（civil inattention）'来支持的……'不经意'所展示的不是冷淡；毋宁说是经过小心监控的演示，或许可称之为有礼貌的疏远"③。这些对于促进个人行为的自主性、交往方式的理性化、提高社会交往的效率，以及适应高节奏的现代社会生活都具有积极意义。

如果现代性对文化价值观的积极作用主要表现在理性控制方面，那么其消极作用就主要表现在情感缺失方面。首先是宗教情感方面的问题。在现代文化的冲击之下，宗教的影响日趋式微。这不仅导致现代人更容易陷入孤独和无意义的心理状态，而且现代社会不能再像传统社会那样依靠宗教信仰来凝聚社会的价值共识，因而更容易出现由于文化因素而导致的社会或族群分裂问题。另一方面，交往方式的理性化，使现代社会生活中的人际关系较为淡漠，更容易由于缺乏情感生活而产生各种个人问题，如精神分裂、抑郁症、自杀等。

总之，从文化的角度看，从传统走向现代，意味着随着人类物质力量的提升，从观念文化、制度文化和物质文化等各个方面都发生了深刻的变化。根本上说，这些变化所反映的是，现代人基于对自身力量的确信，要求摆脱外在力量的束缚而成为自身命运的主宰，从而无论是个人生活还是社会生活都逐渐趋于理性化。

（二）在价值文化多元化格局中构建主流价值文化

中国主流价值文化是在当代价值文化多元的新格局中进行的，我们主流价值的构建必须面对、尊重和回应这一事实，特别是要在壮大主流价值文化上下功夫。同时，应该恰当处理非主流价值文化与主流价值文化之间的关系，应当鼓励前者在接受后者规导的前提下健康发展，由此实现两者的共存共荣。

---

① 参见孙伟平：《信息时代的社会历史观》，江苏人民出版社 2010 年版。
② 总体上说有两种解读。一种是以哈贝马斯、吉登斯等思想家的观点。他们认为，现代性是一个尚未完成的工程，现代性的后果目前已充分呈现，但我们仍处于现代性的规划之中；"尚未完成"意味着我们还没有完全驾驭现代性或控制其负面效应。另一种是以鲍曼、詹姆斯等后现代哲学家的观点。他们认为，现代性的规划在伦理、文化价值观的层面已然失败；我们实际上已进入现代性终结的后现代，必须在现代性的废墟上重建文化价值观。
③ Anthony Giddens, *The Consequences of Modernity*, Polity Press, 1990, pp. 80～81.

1. 多元一体、多样共生是文化的基本生态

文化总是以丰富多样的内容形式来展现的，但其中总有一种占据主导地位、起着支配作用。在阶级社会，占据主导的总是统治阶级的思想文化。如在我国封建社会，尽管儒、释、道等多种思想文化长期并存，但长期居于正统地位的是儒家文化。近代以来的西方国家，虽然各种各样的文化表达和文化思潮不断涌现，但以个人主义为核心的资产阶级思想文化始终占据主导。培育和壮大主流文化，是古今中外的通行做法。任何一个时期的文化都是多元一体、多样共生的，因而借鉴多种文化资源是构建主流价值文化所需要的。

推进文化建设必须强化主导、壮大主流。当今世界，许多国家对建设自己的主流文化更加重视、更加自觉。美国就始终把反映垄断资产阶级利益的思想文化作为根本内容，以此来打造"美国梦"、强化"美国精神"。新加坡为团结国民共同致力于本国发展，以国会法案的形式，确定了以国家至上、社会为先，家庭为根、社会为本等为主要内容的共同价值观，在全社会加以推行。可见，培育和壮大主流文化，是古今中外的通行做法。推进我国文化建设，必须坚持弘扬主旋律与提倡多样化相统一，不断巩固和壮大社会主义主流文化，努力在多元中立主导、在多样中谋共识。

对于主流与非主流价值文化的关系，江畅教授提出了三种样态。其中第一种样态是：主流价值文化一统天下，非主流价值文化完全被压制；第二种样态是：主流文化唯我独尊，非主流文化被排斥、被否定、被边缘化，二者不断对立和斗争；第三种样态是：主流文化兼收并蓄，主流文化吸收非主流文化的合理成分，非主流文化的存在有助于社会的稳定和繁荣。江畅教授强调未来完全可以建设"兼收并蓄"的主流文化。兼收并蓄的文化发展样态应该是最优的文化发展样态。

尊重差异，包容多样，利用多种资源是构建中国主流价值文化的共识。中国主流价值文化的研究现在比较多，很多学者都是从马克思主义、共产主义理想的角度入手来谈我国在当代需要什么样的价值文化；另外部分学者从传统中国文化的角度来谈如何构建当代社会的主流价值文化；还有部分学者从西方的价值观念入手，来探讨如何在当代中国借鉴西方的优秀思想来改善主流价值文化。马克思主义从来就是在同各种思想观念的相互激荡和斗争中发展的，尊重差异，包容多样，是坚持和发展马克思主义的题中应有之义。

2. "中、西、马"并存是中国价值文化的基本格局

中国曾经以自己独特的文明和文化贡献给世界以经验和智慧，包括以四大发明为代表的科学技术成果，以系统有效的国家和政府作用所发挥的集体效能，以打造稳定的社会秩序的经验，以文明的包容性和同化力导致的文化持续延续，以和平主义的价值观对世界和平的贡献，等等。中国古代文化虽然有不同的文化层面，但价

值观总体上是一个体系，不同的文化层面同质性比较高。西方文化则是一个不同质的文化体系。在面对西方的现代性文明的冲击，尤其是科学和民主两大先生背后所浓缩的西方文化成果的冲击下，中国人发现了自己的不足和缺陷。在近代，这些冲突表现为宗教的冲突，表现为对机械化和学习科学技术的持续争论，表现为对发展商业的不同看法，表现为对发展现代企业和民办与官办的不同思考，表现为维护君主体制和采取君主立宪体制或民主共和制度的痛苦抉择，表现为对文化背后的思维方法和精神意蕴的追问，表现为对国民性的痛苦反思。自马克思主义传入中国并指导中国共产党取得社会主义革命和建设胜利以来，中国文化领域就存在着马克思主义、中国传统文化、西方文化三个主要的文化价值体系。也就是大家所说的"中、西、马"。

　　认识到主流文化建设之必要和必需，就要了解中国文化的历史。中国传统文化曾经和政治、经济高度结合为一体，以至于不需要区分民族、国家和政府、人民。人民、民族、政府和国家都打上了统一的文化标签，都在相对统一的文化逻辑中运作。但自近代以来，这种情况发生了分化，一些领域慢慢地染上了西方文化的色彩。文化、人民、民族、政府、国家之间逐步发生着裂变，"保种"、"保教"、"保国"成了不同的历史任务。新文化运动以后，慢慢出现了一种新的文化发展趋势，这就是以文化的标签重新整合人民、民族、政府、国家，以形成统一的文化。这一历史任务还在进行之中。主流文化建设包含了一种浓厚的历史责任感，民族使命感，以文化的生命力保持民族生命力的长久不衰。如冯友兰先生创造新理学的初衷就是国可亡、文化不可亡。国运的兴衰，也系于文化。中华主流文化始终一以贯之，保持了社会的稳定，构建中华主流文化是中国社会长治久安的需要。

　　当代中国的主流文化是中国特色的社会主义文化。中国特色社会主义文化本身就是马克思主义中国化的产物，其中蕴含了中国传统文化和西方文化的因子，也屏蔽了西方文化中的帝国性因素、腐朽性因素，吸收了西方的科学技术的优长，肯定了市场的意义。中国特色的社会主义正在形成中国特色的市场经济文化，这是中国特色社会主义中的西方文化因子中国化的产物。马克思主义中国化的一个重要内容就是与中国传统文化相结合。中国特色社会主义文化中的中国不仅仅突出了中华民族和中华人民共和国的主体性，还凸显了中国传统文化的地位。中国特色社会主义其实是马克思主义、优秀的中国传统文化和优秀的西方文化的结合体。当代中国主流文化的构建需要依此结构和实质前进，这规定了中国文化未来发展的基本路径。

　　当代中国之主流文化作为一种价值系统，涵盖了中西文化的优点，并且还需要继续吸收中西文化的优长。人们所习以为自然的市场精神和科技精神自是西方化的，而挥之不去的亲情纽带、乡土人情往往被打上传统文化的标签，观察历史和社会的许多方法和角度自然是马克思主义的。中国主流价值文化的构建，就是要让各种文化价值体系各安其位，在不同的层次发挥作用；所要做的就是要让彼此协调，而不是彼此撕裂而感到不适；所要做的就是充分吸收中西文化，从而让马克思主义文化能够规范、指导文化的发展的总体方向和性质。

3. 构建主流价值文化是应对文化多元格局的唯一出路

今天的时代是价值文化多元化的时代。繁荣发展中国特色社会主义文化的重要任务之一，就是要使中国特色社会主义文化成为当代中国的主流文化。与此相应，构建中国特色社会主义价值文化也存在着如何使中国特色社会主义价值文化成为当代中国的主流价值文化的问题。在当代，任何一个社会都存在着多种文化，特别是存在着多种价值文化，这是不争的事实。在这种情况下，必须自觉构建主流价值文化，使主流文化真正成为社会文化中占主导地位的文化。否则，社会的价值文化就是杂乱的，就是无特色、无核心、无内在结构的价值文化大杂烩。价值文化是杂乱的，文化也必将是杂乱的，整个社会也必将是杂乱的。今天，我们要构建中国特色社会主义价值文化就是要构建当代中国的主流价值文化，通过这种构建实现作为主流文化的中国特色社会主义文化的繁荣发展，实现中国特色社会主义事业的繁荣发展。

在当代中国是否有主流文化？是否还需要主流文化？是否需要进一步建设主流文化？客观地、科学地回答这些问题是进一步讨论主流文化的前提。在相关调查中，受访者普遍认为中国主流价值文化构建非常重要、亟待加强。当我们问及"您认为有必要构建当代中国的主流价值观吗"这一问题时，56.7%的受访者认为有必要；而认为无必要的占16.3%；认为不确定的占24%；持其他态度的占3%。[1] 大部分人对这个问题给出了肯定的回答，认为有必要构建当代中国的主流价值观。从受访者对问卷中"您相信文化可以强国吗"这个问题的回答情况亦可以折射出，大部分人认识到文化建设和主流价值文化构建对国家发展的重要意义。从是否相信文化可以强国问题的数据看，63.3%的受访者相信文化可以强国，不相信文化强国的占18.5%，说不清的占18.2%。[2] 数据表明大多数人是认识到文化作为一种软实力在国家建设与发展中的重要地位和作用，也表明人们对于文化强国理念和构建中国主流价值文化必要性的高度认同。每个时代都有自己的主流文化，当代中国有自己的主流文化是不言自明的。不过也要看到社会上也有不同的看法出现。"文化多元论"观点认为，当代中国社会是一个价值多元化的社会，各种各样的文化都有其存在的理由，应该以自然的态度对待文化的发展，而不应该过分干预和规范。还有一种"文化虚无主义"和"文化相对主义"，或者否定文化的价值，或者强调文化价

---

[1] 戴茂堂、周海春、江畅等：《中国主流价值文化及其构建调查》（调查报告集），人民出版社2014年版，第321页。

[2] 戴茂堂、周海春、江畅等：《中国主流价值文化及其构建调查》（调查报告集），人民出版社2014年版，第336页。

值的相对性，从而否定"主流文化"这一说法。"文化多元论"、"文化虚无主义"、"文化相对主义"不是什么新鲜的事物，在此没有必要去反驳。就一定时代和一定的社会而言，其实没有真正意义上的"多元文化"，多元之间其实是互相影响、互相吸收总是会形成一种主流文化。

在当代中国，存在着主流文化确定无疑。接下来的问题是：我们是否需要这种主流文化，是否需要使之发展壮大，还是寻求改变？这种主流文化是否还需要建设？答案是肯定的。我们需要当代主流文化，需要发展壮大主流文化，需要建设主流文化。关于需要的理由，多元化是理由之一。多元价值的存在是一个基本的文化事实。基于此事实可以否认主流文化，也可以肯定主流文化。多元价值的存在使得主流文化建设显得很必要。加之网络空间对于价值观多元化和多种文化的传播起着明显的推波助澜作用，更使得主流文化建设迫在眉睫。立足于多元，所以要建设主流，但其中的"所以"是什么样的"所以"呢？一种思路是：价值的多元，所以会对多元中的某种价值元起到威胁的作用，所以基于维护某种单一的价值元的需要，所以需要建设主流文化。这种思路不错，不过却不够全面。之所以说不全面，就是因为忽略了另外一个层面的问题：维护多元中的某个价值元的主体地位和主流地位，其实是维护多元价值之间的整体性、层次性和有机性，避免使得多元之间缺乏有机性，无主流和方向。从这个层面来看，多元化和主流之间的关系，其实是多元和谐有机的问题，是避免多元渐行渐远的问题。以此来看，多元化之前提导致主流文化建设之必要的理由在于：单一的、纯粹价值体系的追求会伤害当代中国的主流文化。今日中国之文化主流，已由多个支流汇合而成，其中已经没有泾渭分明的分界线。我们需要的是继续壮大这一文化之流，而不是堵塞其中的支流，从而让主流亦渐渐枯萎干涸。我们所要避免的是防止社会的价值文化变成各自为政的、杂乱的，变成无特色、无核心、无内在结构的价值文化大杂烩。

如果说，多元化主要是着眼于中国文化内部来说的话，全球化则是相对于外部的一个视角。全球化与主流文化的关系极为复杂，从大的方面说，有积极肯定的关系，也有对立冲突的一面。全球化列为当代中国主流文化的困境之一。交往的普遍化提出了在世界不同文化相互碰撞、相互交融、相互竞争中本国、本民族文化的核心竞争力和文化软实力的课题。世界正在依照价值文化而进行划分。"文化霸权"、"文化渗透"、"普适价值"、"价值观外交"、"文明冲突"、"为价值观而战"、"文化边界"、"文化版图"、"文化主权"等用语越来越被广泛地使用。在这种新的形势下，民族国家的主权消解危机更突出、更明显地体现在文化领域。文化争锋和文明冲突已经越来越危及一国的国家安全。在国际文化交流中，中国必须要保持自身的文化自主权和话语权。这是建设主流文化的理由之一。

全球化与主流文化之间也有积极的关系，改革开放以来，中国社会精神发展同时是一个受到全球化影响的历史进程。其中大部分篇幅肯定了全球化对中国改革开放以来精神生活的积极影响。面对全球化的机遇和挑战，正确的选择只能是主动融入、自觉对接，只能是从世界发展大势中来定位和把握我国主流文化的发展前景，主动地与包括西方在内的世界各价值主体进行平等的对话。

4. 构建"兼收并蓄"的主流价值文化[①]

从历史和现实看，主流文化与非主流文化的关系存在着三种样态：其一，主流价值文化一统天下，非主流文化完全被压制，以致被湮灭，社会看起来只存在着清一色的文化；其二，主流文化唯我独尊，非主流文化被否定、被排斥、被边缘化，社会存在着主流文化与非主流文化的对立、争斗；其三，主流文化兼收并蓄，主流文化吸收现实和可能存在的非主流文化中的合理成分，使自己真正强大，非主流文化虽然存在，但不能与主流文化相抗衡，其存在有助于社会的稳定和繁荣。今天，第三种样态正在为世界上越来越多的国家选择，因为这种主流文化代表了大多数社会成员甚至全体社会成员的利益，而不只是代表统治者的利益，反映了社会成员的普遍愿望，而且这种主流文化是开放的，能不断地从非主流文化中吸收合理的成分，使自己的实力不断强大，以至于非主流文化不足以与之相抗衡。

中华人民共和国从成立到今天，不过六十多年的历史，近几年中共中央提出要建立文化强国，深刻地表明了我国的文化尚处于建设之中。文化强国的文化无疑首要是主流文化，加强文化强国建设，当然首要是加强主流文化建设。那么，我们就面临着究竟要建设什么样的主流文化的问题。虽然我们进行文化建设已有几十年，这个问题并没有完全解决，而且走了一些弯路。在经过了三十多年的改革开放的今天，特别是在中共中央提出了社会主义文化大繁荣大发展的当前，我们很有必要对我国过去走过的文化建设之路进行反思，对我国文化特别是主流文化发展的路径重新作出选择或进行必要的调整。

新中国成立之后，我国建立了社会主义制度，人民成为社会的主人，社会致力于建设代表广大人民群众根本利益的社会主义文化，并取得了巨大的成就。社会主义文化无疑是当代人类最先进的文化。但是在改革开放以前的建设过程中，我们一直认为建设社会主义文化就是要使社会主义文化不仅成为社会主流文化，而且要使其成为我国社会的唯一文化。在这种指导思想之下，我国运用政治的力量在全力推行社会主义文化的同时力图消灭一切非社会主义文化，特别是传统文化和资本主义文化。经过近三十年的努力，在封闭的社会条件下，我们达到了目的，形成了文化一统的局面。但是，由于这种文化是一种全新的文化，本身并不成熟，而且由于其他文化都被否定而不能从其中吸收有价值的内容，因而我国所致力于建设的文化内容越来越贫乏，严重地影响了我国经济社会的发展和人民群众利益的实现。为此，

---

① 本部分的内容曾作为阶段性成果在《湖北大学学报》（哲学社会科学版）2014年第1期上发表，题目为《主流文化存在的三种样态及我们的战略选择》。

我国实行了改革开放。伴随着改革开放的深入，过去文化一统的局面逐渐改变，无论我们的主观意愿如何，社会主义文化以外的各种文化竞相登场。在这种新的形势下，我们虽认可了文化多元的社会现实，并且对主流文化之外的文化采取了容忍的态度。同时，我们也不断地丰富和发展社会主义文化，于是有了中国特色社会主义的理论与实践。客观地说，改革开放以来，我国的主流文化已经吸收了许多非主流文化的内容，正因为如此，我国的主流文化正日益强大。但是，不可忽视的是，我们一直以来对一切非主流文化仍然持一种排斥、打压的态度，不能正确处理主流文化与非主流文化的关系。从某种意义上说，我们对非主流文化的宽容态度并非出于自愿，而是因为我们要实行改革开放，而这是当代中国经济社会发展的唯一选择。由于对主流文化与非主流文化的关系在认识和处理上还存在一些问题，所以当前我国主流文化与非主流文化处于对峙甚至尖锐冲突的状态。

那么，我国应当如何走出这种主流文化与非主流文化对峙、冲突的局面呢？笔者认为，我国需要调整对待非主流文化的战略，使我国的主流文化从"唯我独尊"的样态走向"兼收并蓄"的样态。这就是要改变对非主流文化（无论是西方文化、传统文化，或是其他文化）排斥、打压的做法，在允许其存在和发展的前提下，充分地吸取其中的合理的、有价值的内容，为我所用，使我国主流文化成为包含当今人类一切文化中优秀内容的真正最先进的主流文化。具体地说，这种战略主要包括以下两方面的具体内容：第一，建构我国主流文化吸收、借鉴其他任何文化有价值内容的开放动态机制，使我国主流文化成为一种文化的"熔炉"。任何其他文化在与我国主流文化相接触的过程中，通过这种机制的过滤，其中有价值的内容都能融入我国的主流价值文化，我国主流文化的力量因而能日益强大，任何其他文化都不能与之相抗衡。主流文化不仅有宽宏的气度，而且有巨大的消化吸收能力。第二，对于那些在我国有一定市场的非主流文化不仅允许其存在，而且支持其发展，同时将其纳入主流文化引导和控制的范围，使其为主流文化服务，对主流文化作有益的补充，满足部分人群的文化需求和利益需求。这种控制包括两个方面：一是使非主流文化的存在和发展始终有利于主流文化乃至整个社会文化的发展繁荣；二是将这些文化的存在和发展限定于特定的人群。在这方面，西方近现代对待基督教文化以及我国唐代对待佛教文化的做法可以借鉴。

当代中国经过六十多年的社会主义建设和三十多年的改革发展而日益强大，完全有可能构建当今人类最先进的"兼收并蓄"的主流文化。首先，我国的社会主义制度为这种文化的建立奠定了坚实的社会政治基础。我国建立的社会主义制度是人类最先进的社会制度，在这种制度下，社会成员真正成为了社会的主人。社会主义制度和人民当家作主，为构建全体社会成员共建共享的社会主义文化提供了社会政治基础。同时，这种社会政治基础客观上也要求有代表全体社会成员根本利益和绝大多数社会成员共同利益的文化与之相适应。其次，中国特色社会主义事业建设取得的巨大成就为这种文化的建立提供了物质保障。中国特色社会主义建设取得的举世瞩目的成就，既证明了中国特色社会主义文化的强大力量，同时也为我国构建一种有竞争力、影响力和控制力的主流文化提供了物质条件。最后，近些年来，我国高度重视社会主义核心价值观和核心价值体系以及社会主义文化的研究，其成果将为我们构建人类最先进的主流文化提供理论论证和顶层设计。在各种文化并存并相互竞争、冲突、交融的当代，构建一种先进的主流文化，理论的支持是前提。没有理论上的系统深入研究，即使其他条件具备，也不可能有理论的依据和辩护。改革开放以来，特别是近年来，党和政府以越来越具有高度的理论自觉，组织理论界和学术界从不同角度和不同层次对我国的主流价值观和文化展开了研究，已经取得了并将不断取得许多理论的和具有实践操作意义的学术成果。这些成果不仅会为我们构建最先进的主流文化的必要性和可能性提供论证，而且会提供各种构建的方案供党和政府选择。此外，我国还具有构建"兼收并蓄"主流文化的传统和先例。比如，佛教的中国化、马克思主义的中国化、列宁主义的中国化，以及历史上一些入主中原的少数民族对汉文化的吸纳、认同和弘扬，等等。

以上所述表明，我国在构建先进的主流文化方面具备了各种必要条件，而且正在进行着伟大实践。我们相信，只要我们坚定不移地坚持下去，构建一种具有中国特色同时又是世界上最先进的主流价值文化指日可待。这种主流文化构建起来之日，也就是中国特色社会主义文化大发展大繁荣、社会主义文化强国建成之时。那时中国的文化和价值观，将不仅具有中国特色、中国气派、中国风格，形成"大中华及其共荣圈"[①]，而且将对整个世界都具有影响力、辐射力和穿透力。

二、中国主流价值文化构建的基本定向和思路

构建主流价值文化必须明确方向，有清晰的思路，否则就会南辕北辙，陷入混乱。给中国主流价值文化构建定向并理清发展思路，是我们在顶层设计过程中需要高度重视的问题。

（一）中国主流价值文化构建的基本定向

当代中国主流价值文化的总体取向，是随着中国近现代史的展开而逐步奠定的。在此意义上，中国主流价值文化的构建自上世纪初即已起步，但颇多曲折，未能由此扩展为令人满意的价值文化体系。

一般认为，1905年清帝谕令取消科举制，标志着儒家文化主导地位的丧失，中

---

① 参见［美］亨廷顿：《文明的冲突与世界秩序的重建》（修订版），周琪等译，新华出版社2010年版，第146页。

国文化的格局必须重新构建。中国文化向何处去，自此就不仅是困扰近代知识分子的理论问题，而且是中国社会所要面临的现实选择。它与当时的政治问题纠结在一起，并且随着中国社会与世界形势的变迁，政治问题的重要性与急迫性日益突出。新文化运动以后，整个中国的变局表现为政治运动与文化运动的双重变奏，但后者无疑日益退居次要和幕后的位置，并附随于前者[①]。也正是在政治任务与文化选择交互作用的过程中，逐步形成了中国主流价值文化的基本定向。可以说，这一基本定向自其发端就不可避免地是与政治考量交集在一起的，它随着新中国的成立而得以明确，并在其后的中国社会主义实践中不断充实。

1. 坚持中国特色社会主义的文化发展道路

坚持走社会主义道路，是中国共产党人经过艰苦卓绝的革命斗争和冷静思考而做出的正确选择，也是顺应中国现代史发展的必然结果。社会主义道路是中国走向现代之路，是超越传统的努力，是中国塑造现代国家的振兴之路。

在中国传统社会，皇权是至高无上的政治权力。皇权被认作天命所予，皇帝是真命天子；而王朝的交替兴废，构成了传统社会历史发展的主轴。汉武以后，儒家被树立为正统的政治意识形态。这种官方的儒家逐步被尊崇为"国教"，其中政治意义上的天命观，是解释皇权合法和现实政治秩序合理的终极观念。不可否认，传统政治与儒家文化的结合，对于政权的稳定以及中国文化的发展都起到了一定的积极作用。尤其是至宋代臻于完备的文官制度，彰显出这种政治意识形态在传统社会内部治理方面的活力。但是，这一切并没有突破传统社会的框架，难以适应现代民主社会的要求。究其实，一种真正民主的社会，其终极权力的观念基础不可能直接建立在带有宗教色彩的天命观之上。严格说来，中国传统社会不能称之为国家，也没有现代意义上的国家观念。它是一种"政教合一"的社会共同体。当然，不成为现代国家，这本身无所谓对错；其关键在于，由此建立的社会共同体不能适应现时代的发展，也不可能成就真正的人道。

第一，它不可能实现真正意义上的人人平等观念。儒家的主流观点是人性本善，每个人在天赋道德能力上是平等的，"人皆可以为尧舜"；但这只是就可能性而言的，每个人都充分发挥天赋的道德能力，也只是在理想意义上说的。现实的一套建制，表面看合乎"礼"，是根据"惟齐非齐"（《荀子·王制》）的平等观念设计的，并发展为一套较完备的官僚体制。但实际上，最高权力来自天命所赋而非公共授权，并且权位也被解释为与个人特有的能力相结合，因而在传统社会政治的现实中，社会地位不仅有高下贵贱之分，公共权力也易被认作私人所有。因此，如此设计的制度，即使能够有效地保持儒家理想中的职位开放，也难免在人们心中滋生社

---

① 参见罗志田：《激变时代的文化与政治》，北京大学出版社2006年版，第5～8页。

会分层上的贵贱观念①，也现实地产生着各种制度化的不平等。儒家的道德平等观念，不足以落实为现实的社会平等观念。

第二，它不利于人的自由全面发展，更不可能由此实现自由人的联合体。人的自由，可以说是关涉现代人自我理解的基本观念。当然，它不必定要采取西方个人主义的方式。更宽泛地说，它是随着人类控制物质力量的提高，对自身、社会进而人类生存环境的重新认识，是对人类自身的重新定位，是对宗教等不可知力量直接干预人类生活的拒绝。这是一个世俗化的"除魅（disenchanted）"过程②。对于现代的国家观念而言，其关键在于，对终极权力来源的解释不再寄托于宗教等各种神秘力量，而是来自人自身组建社会生活、维持社会生活秩序的自觉自愿。因而人民民主的观念和制度，是现代国家观念的根本之一，它是与传统的王权观念相排斥的。

辛亥革命的胜利，标志着中国传统王权政治的结束，也是中国组建现代民主国家的开端。其后中国共产党人经过几十年的革命实践与观念交战，才成功地走上社会主义道路③。中华人民共和国的建立，标志着中国告别传统社会走向现代国家，是中国社会主义发展成功的第一步。其中酝酿的社会主义文化，在国家观念上根本有别于中国传统文化，也有别于以个人主义为基础的现代西方文化。中国的社会主义文化是"民族的、科学的、大众的文化"。毛主席的这一表述，指出了中国社会主义文化发展的基本方向。当然，其中的具体内容和发展思路，是需要结合中国社会主义建设的实践不断丰富和充实的。就中国当前文化的发展看，有两方面的问题需要重视：一是如何凝炼社会主义核心价值观，二是如何重新安置包括宗教在内的各种传统信仰。前一方面的问题容后再谈，这里就后一方面的问题略加说明。

一般地说，现代社会生活的发展，是一个拒绝宗教、信仰等神秘力量支配的"除魅"进程，是一个平民化、民主化的过程。但这并不代表不容宗教信仰发挥作用，更不应该强力打击合理的传统宗教信仰。人类传统社会生活中形成的核心信仰，对于塑造人类文明发挥了重要作用。这是就其历史意义而言的。就其现代意义来说，其中引人向善的各种价值观念，对于现代人营造合理健康的个人生活仍然可以发挥指导作用，对于现代社会秩序的塑造也可以发挥一定的观念引导作用。这里的关键在于，这些传统信仰，不应该像传统社会那样直接介入社会公共生活尤其是政治权力的安排和设计，以免妨碍民主社会的形成。也就是说，应该对其发挥作用的范围和方式有所限制，在此前提下，传统信仰中的一些核心观念，不仅有助于个人形成健康的信仰，也有益于现代伦理秩序的塑造。就中国的公共生活而言，与中国社会主义相应的观念是马克思主义。坚持马克思主义的指导地位，是坚持中国特

---

① 参见何怀宏：《问题意识》，山东友谊出版社 2005 年版，第 182～184 页。
② ［德］马克斯·韦伯：《学术与政治》，冯克利译，生活·读书·新知三联书店 2005 年版，第 29 页。
③ 参见陈峰：《民国史学的转折——中国社会史论战研究（1927～1937）》，山东大学出版社 2010 年版，第 44～77 页。

色社会主义的文化发展道路的必然选择。

2. 坚持马克思主义的指导地位

要坚持中国特色社会主义的文化发展道路，就必然要坚持马克思主义的指导地位。因此，问题不在于我们是否要坚持马克思主义，而在于应该坚持其中的哪些方面，以及应该如何坚持。

前一个问题是认识到，马克思主义传统发展到今天，已经形成了一个庞大的思想体系，开展了一系列的政治实践。就思想方面来说，马克思主义的思想传统不仅包含马克思本人的思想，还包括一代代马克思主义思想家的思想、当代国外马克思主义思想，以及中国的马克思主义传统，等等。马克思主义思想家们的思想，是对马克思本人思想的发展或某些具体方面的商榷；它们以多种方式与马克思主义思想相关联：或是针对马克思本人的观点、理论做进一步讨论和深化，或是结合现实问题，尝试各种创造性的运用。但作为其思想体系的一部分，无论是马克思主义还是马克思本人的思想，都既包含了认识和改造人类社会的根本立场和方法，也有针对各个时期问题的具体结论和实施方式。这些立场和方法，可以说体现了马克思主义的精神实质和根本的哲学思考方式；具体结论和实施方式，则是应该随着时代问题的转换而不断修正，有些甚至不再适用而应予以扬弃。有鉴于此，我们认为，坚持马克思主义的指导地位，不是将马克思主义作为教条，将其中的具体表述和结论认作亘古不变的真理，认作判断一切是非对错的标准；而是要把握马克思主义的精神实质和思考问题的方法，然后面对时代问题做创造性的发挥。这是一个态度问题。只有摒弃教条主义的态度，马克思主义才可能有真正的发展，才可能发挥活力。

与之相对的另一方面问题是，我们如何才能把握马克思主义的精神实质？那些与时代背景相关的具体结论是否可以置之不理？这需要对其精神实质与具体结论之间的关系有个恰当的理解。对我们来说，或许可将这两者比作"源"与"流"的关系。马克思主义的精神实质是"源"，具体结论是面向其时代问题发出的"流"。我们只有透过其"流"，同情地理解马克思主义的具体结论，才能把握其"源"。也就是说，必须用具体历史的方法，理解马克思主义的具体结论，才能把握其精神实质。而一旦做到了这一点，我们就可以超出马克思主义经典作家的那些具体观点和结论，根据马克思主义的精神实质和思考方法，对当代的各种问题做出新的解答，得出各种契合时代气息的新观点、新结论，由此切实发挥马克思主义的指导作用。

如何坚持马克思主义的指导地位，这第二个问题是前一个问题的延伸。把握了马克思主义的精神实质，并不代表就能充分发挥其指导作用，这还要看对当代各种问题能够有多大的解释力度，在何种程度上能够发挥行动指南的作用。必须看到，对于当代的重大问题，有多种具有解释力的互竞理论。当代的马克思主义理论要保持其吸引力，增强竞争力，就必须考虑接受质疑的可能性，要能够以理服人。这就必须发展出具有较强解释力的理论，能提出解决当代问题的有效途径。例如，平等是马克思主义诉求的一个重要价值理念，仅当代西方就已发展出好几种具有广泛影响的平等理论；马克思主义的平等观能否于其中保持其吸引力和竞争力，显然需要做多方面的理论努力。实际上，国内外不少学者都就此问题做了深入的研究，但就目前的情况看，马克思主义的平等观仍然只是众多理论中的一种，还没有取得理论上的优势。其他诸如马克思主义的自由观、社会历史观等，情况亦是如此。可以说，要坚持马克思主义的指导地位，就必须加强能切入当代问题、与各方能有效对话的马克思主义理论研究，发展具有理论活力的当代理论。当然，对这个问题的思考还必须结合对马克思主义政治实践的反思，就其成败得失，总结经验教训，以充分发挥其实践指导作用。

3. 坚持社会主义先进文化方向

坚持社会主义先进文化方向，是坚持社会主义道路与马克思主义指导地位在文化领域的落实和具体化。要做到这一点，我们认为，关键是要在前两者的基础上注意两方面的问题：一是要顺应文化本身的发展规律，二是如何理解其中的先进性。先谈第一方面。

要顺应文化本身的发展规律，必须先把握文化本身的发展方向。对于中华文化来说尤其如此。中华文化源远流长，要把握其方向，就必须弄清其来龙去脉。既要通过观察其历史兴衰，把握文化生命的脉动及其基本精神，也要寻根溯源，把握其根据与源头所在。要把握其脉动，需要历史长时段的眼光，不蔽于一隅之得失，不拘于一时之短长。这种历史长时段的眼光，是纵向的，是通过探求其历史兴衰，把握其文化生命的流向；进而承接其生命脉动，结合当代中国的文化现实，思考重焕生机的可能性。

要尊重并继承中华文化的优良传统，使之成为社会主义先进文化的组成部分，还必须切实感受中华文化生命之强度，进而在当代中国生活中恰当地发挥其文化活力。文化生命之源在于其核心价值观，其明确表达主要以语言文字为载体。中华文化的核心典籍，先秦时期即已确立。它们承载着中华文化的核心价值，而经过历代注疏，这些核心价值的内容得到了不断的丰富和发展。由此延续着中华文化的精神，也指导着传统中国人的文化生活。如此蔚然大观的中华文化传统之所以能够历代流传而不衰，其中的一个关键在于对核心价值观的文化解释。采取什么样的文化解释，不仅在于典籍文本的内容，也取决于解释者各方面的主观因素。典籍文本本身是价值观的载体，有其客观内容，理论上说是确定的，可以通过科学的方法予以明确。但这些客观内容可以容纳多种解释，具体选择哪一种，取决于解释者对文本的理解。展开说，它取决于解释者的前见：站在何种解释立场，对文本承载的价值观之当下意义做出的预判，采取什么样的解释策略，等等。也就是说，文本本身是死的，文本容纳的价值观才是其活力所在；而能否鲜活，能否在当代重焕活力，其关键在于解释者的前见是否妥当。说到底，人，才是文化的创造者，是文化活力之源。文化解释者，首先是文化评价者。只有基于妥当的前见，做出平心静气的评价，才能形成恰当的解释，产生具有现实活力的文化效果。

在当代中国所处的文化背景下，思考解释前见是否妥当这个问题，尤为必要。前见的形成，与解释者所处的时代大背景和文化格局密切相关。近代以来，西方文化逐渐占据主导，在世界文化格局中居于强势。近一百多年来，中国学者对自身文化传统价值观的解释，也在很大程度上受到了西方文化强势之影响。这种影响不可避免，也无可厚非。毕竟，文化解释者不可能脱离其时代环境而存在，其所做出的价值判断进而形成的价值立场，离不开同时代文化大格局带来的影响。这是文化在共时性维度产生的效果。这种效果，渗透于人们的日常生活，为人们所感同身受。落实到文化解释来说，文化解释者往往自觉不自觉地将这种西方文化强势的判断，融入其解释立场，对中国传统的文化价值观采取弱势的解释策略，难免会不恰当地减损中国传统文化的价值。这种现象，在近百年来批判传统文化的激进主义者那里表现得尤为明显，其影响至今仍广泛存在。与此相对的另一个极端是，面对西方文化的强势冲击，一些文化保守主义者出于各种民族主义因素的考虑，抱残守缺，转而宣扬中国文化无比优越，采取一味美化的文化解释。如鲁迅先生所言，"红肿之处，艳若桃李。溃烂之时，美如乳酪"（《随感录·三十九》）。应该说，这两种状况，都是由文化解释者的不当前见引起的。其不当在于，他们主要出于对西方文化的冲击而做出的下意识反应，其文化解释方式为外部因素所主导，而不能先立足于文本蕴含的中国传统文化价值观。有见于此，有些早期的国外汉学家，将近现代中国文化的发展概括为"冲击—反应"模式。进一步说，这两种文化解释之前见的不当还在于，它们无助于正面地挖掘中国文化的价值，发挥其内在活力。为外部因素所主导的文化解释，受制于当下现实的考虑，不可能接引文化本身的精神，当然也无从发挥文化传统蕴含的活力。这样的前见，为横向的比较视野所左右，缺乏纵向的历史眼光。

那么，如何形成妥当的前见？我们认为，其关键在于实现历时性与共时性这两个维度的恰当结合：一是对于解释对象所蕴含的价值观，文化解释者要恰当地把握其发展脉络，于历史情境中感受其内在活力。二是文化解释者要对自身所处的时代环境和文化格局有充分的自觉。前者是历时性的纵向视角，后者是共时性的横向视角；前者在感受历史文化生命之中建立文化自信，后者在回应现时代文化发展的问题之中走向文化自强；前者是基础，是尊重文化发展规律的具体体现，后者是在前者基础上的发展。妥当的前见，既是对这种立足于纵横交错的视角之自觉，也是在这两方面的发展中逐步完善的。

进一步说，上述两个方面虽然是结合在一起的，但就我们要探讨的问题来说又有轻重之别。前一方面重在突出尊重文化本身的发展规律，而社会主义先进文化方向之中的"先进性"如何，则重在后一方面的表现。也就是说，要坚持社会主义先进文化方向，就必须对我们所处的时代环境和文化格局有充分的自觉，就必须能够对现时代文化发展的问题做出有力的回应。分开说，至少应注重对两个重要问题的思考。第一，必须明确对自身文化的定位，处理好与文化他者之间的关系。第二，如何在文化交往与互动的过程中形成既立足于自身、又具有普遍意义的文化价值观。应该说，党的十八大报告提出的社会主义核心价值观，即"富强、民主、文明；和谐、自由、平等；公正、法治、爱国；敬业、诚信、友善"，蕴含着对这两个问题的回应，也是走向社会主义先进文化的体现。

（二）构建当代中国主流价值文化所要处理的主要问题

前两部分主要着力于分析相关背景以及我们自身的文化传统，以定向和定位当代中国文化的发展。要构建具有生命力的当代主流价值文化，还必须在此基础上考察当代文化发展的总体格局，进而把握和处理其中的关键问题。只有这样，我们所构建的主流价值文化才能更有针对性，才更容易落地生根。

1. 当代文化发展的基本格局及其相关的文化观念

当代文化呈多元发展的基本格局。这首先是一个事实判断，罗尔斯称之为合情理的多元论的事实（fact of reasonable pluralism）。其基本含义是指现代民主社会存在着多种合情理而具有统合性的（comprehensive）宗教、哲学和道德学说，这不是某种不久就会消失的历史条件，而是民主公共文化的持久特征。这是就一个文化多元的社会来看的。在国际的层面看，当代世界存在着多种不同的伦理学传统和宗教传统，其各自解释系统的完备程度不一，彼此不可公度而有着一定的竞争关系；但都对其各自的持有者具有说服力，并对人类的心灵产生着持久的影响。这是由人类文明发展史而来的一个显见事实[①]。当代世界的各大文明都是由轴心时代奠定的宗教与伦理传统发展而来。

对于构建当代中国主流价值文化来说，上述意义上的文化多元是我们所处的当下背景。如何理解并面对这一背景，进而采取相应的文化战略？先回顾近代中国思想界的观点，大体有三种。其一是文化冲击论。面对西方文化的强势冲击，中国文化在与外来文化的交锋中首度呈现弱势。洋务派的代表张之洞由此认为，此为中国三千年来未有之变局，其应对之法是"中学为体，西学为用"。这是要以坚守中国文化的核心价值为根本，在器物、制度的层面借鉴西方文化的成果。其二是文化互竞论。在其《东西文化及其哲学》中，梁漱溟先生通过比较中国、西方与印度

---

① 参见廖申白：《原则模式的应用伦理学的两个优点以及对两种质疑的回应》，中国社会科学院应用伦理研究中心、香港浸会大学应用伦理学研究中心编：《中国应用伦理学》（2002），中央编译出版社2004年版，第3页。

文化，认为它们代表了三种不同意欲的文化，分别体现出持中、向前和向后的文化精神，各有其独特价值。梁先生进而提出世界文化三期重现说，认为当前西方文化正适其时，随后当为中国文化之复兴，继之以印度文化之复兴①。梁先生的观点在当时独树一帜，在思想界产生了广泛影响。如果说此前占主导的文化冲击论者所持的是一种坚守中国文化本位的防御姿态，那么梁先生关于世界各大文化各领风骚的观点，则蕴含文化互竞的意思。其后以雷海宗、林同济等为代表的战国策派，提出了更明确的文化互竞论；指出他们所处的时代正如战国之时列国纷争、诸子蜂起的"大争之世"，而二战后必出现大国主导世界秩序、某种文化一枝独秀的"大一统"之局面。中国文化要在未来取得一席之地，必须奋发图强，建设各种学问，做好文化综合的工作，确立具有自身生命力的文化体系②。其三是文化差异论。梁启超、陈序经等认为，中西文化根本上是异质的，这主要是由于地域环境的不同而长期发展的结果。陈序经进一步提出，西方文化才是适应现时代的文化，中国文化的出路在于全盘西化。由此他还批评前两种观点，认为第一种观点即"中体西用"是走老路，可归为复古派；第二种观点模棱两可，可归为折衷派；它们无法解决中国文化的出路问题，都是行不通的③。

上述三种理解和文化发展策略，是对中国文化发展背景的初步认识，其理解包含着对世界文化发展格局的判断。其中有不少观点仍值得我们借鉴和思考。它们明确认识到，相对于西方文化近现代以来的迅速发展，中国文化在其历史进程中首度处于弱势地位；要复兴中国文化，就必须有所创新，以适应时代之大势。否则难以改变中国文化近代以来的颓势，甚至可能丧失自身的文化身份。它们也在一定程度上意识到这一任务的艰巨性，需要做出多方面的努力。尤其是文化互竞论关于文化综合创新的主张，对于我们思考中国文化发展问题仍然颇具启发。

但必须看到，这些观点是在中国内忧外患的特定背景下提出的，难免带有急于求成的心态，也不乏出于民族情感的偏激主张，学理层面的思考则不足。因此，从现在的眼光看，这些观点都有所偏失，有些观点在学理上讲不通。如"中体西用"说要能够成立，其前提必须是文化的核心价值与它们在制度、器物方面的表现是可以分开的，并且还可以嫁接的方式予以重组。这种文化观显然过于简单化。而全盘西化论则蔽于一时之得失，按此方式来发展我们的文化，最终必然丧失中国文化的身份，其发展也是无源之水无本之木。文化互竞论未充分考虑古今之别，难以得出行之有效的实践方案；而各大文化之间虽然存在着竞争关系，但单考虑这一面则有失偏颇。

---

① 参见梁漱溟：《东西文化及其哲学》，商务印书馆 2006 年版，第 61、202～204 页。

② 参见雷海宗、林同济：《文化形态史观·中国文化与中国的兵》，吉林出版集团 2010 年版，第 33～48、65～67 页。

③ 参见陈序经：《中国文化的出路》，中国人民大学出版社 2004 年版，第 5～11、85～108 页。

相比之下，近现代西方文化对于文化多元的事实也存在多种理解。这里仅指出几种具有代表性的观点。二战之前西方的主导观点是"西方中心论"。这种观点认为，西方文化具有无与伦比的优越性，代表了人类文化与世界历史的发展方向。它以现代西方的价值为标准来衡量人类文化，实际上是一种否定文化多元的理论。二战后，基于对二战的反思以及对"西方中心论"的批判，占主导的观点逐步转变为正视文化多元的事实，承认彼此差异的各大文化各有其价值；由此各大文化之间应当相互尊重、通过文化交流与合作而和谐共存。但落在实践层面来说，仍然有不少难题需要解决，其中的关键在于如何处理文化多样性与普适性之间的张力[1]。

各大文化之间和谐共存的主张本身包含着维护文化多样性的意思。但一方面从理论上看，一味强调文化多样性以及文化价值的独特性，很可能陷入文化相对主义乃至价值虚无主义[2]。另一方面从实践上说，在全球化趋势日益明显的背景下，许多全球性问题都需要文化间的对话协调来达成共识，由此形成统一的或至少不相互抵触的解决方案。因此，必须承认人类普适价值的存在，这样才能有各方认可的一些基本价值作为对话的立足点，才能由此逐步推进而达成共识。当然也不能因此走向另一个极端，迫于实践的压力而将某种强势文化的价值作为普适标准，这样很可能会过于强调文化间竞争的一面而导致文化冲突论。究竟说来，普适价值的内容必须经过人类或各大文化共同认可，也许在较高的抽象层次才能形成。这需要一个长期整合的过程，而我们要在这一过程中拥有话语权，贡献具有普遍意义的中国价值，就必须搞好自身的文化建设，发展富有感召力的当代中国文化。

2. 一元与多元及其关系：当代中国价值观的构成

在现代社会中，同样存在着多元文化的事实。当代中国社会亦如此。自20世纪80年代以来，我国社会的价值文化发展呈日益多元化的趋势：首先是80年代兴起的新启蒙思潮，主要有人道主义、自由民主派、科学主义、西学热、寻根文化热、新权威主义等多种形式；至90年代的社会文化思潮开始分化且价值观多元的现象愈益明显，其主要表现有新启蒙思潮及其转化、实用主义与功利主义、文化保守主义与民族主义、新自由主义、新左派、后现代主义和虚无主义等；21世纪以来各种社会文化思潮则进一步深化与扩展，其主要表现是文化保守主义与民族主义的发展、第三次思想解放运动、民生思潮、对中国模式的关注与研讨、民主法治思潮、网络民粹主义等[3]。

可以看出，30多年来，当代中国社会的价值文化多元，其表现日益明显，其影

---

[1] 参见［英］沃特森：《多元文化主义》，叶兴艺译，吉林人民出版社2005年版，第68~76页。
[2] 参见卢坡尔：《伦理学是什么》，陈燕译，中国人民大学出版社2014年版，第62~66页。
[3] 参见邹诗鹏：《三十年社会与文化思潮》，复旦大学出版社2012年版。

响日益深化。20世纪80年代的中国社会文化虽然表现出多种价值主张,但从价值观的角度看各主张缺乏明确的价值理论支撑,只是共享着"中国需要改革转型"的问题意识。正是在此意义上,它们可融汇于新启蒙思潮之中。而到了90年代,这些价值主张显然已具备其自身的基本理论,逐步扩展为相对独立的价值观。21世纪以来,这些价值观的理论与实践逐步整合,往往针对中国重大现实问题来发挥影响。总体上说,当代中国社会的价值文化多元,是在价值理论与实践的互动中逐步呈现而得以明确的。可以从三个层面对此作进一步分析。

其一,文化表现层面。80年代是改革开放初期,这是新中国从相对封闭走向开放、在各方面开出新格局的时期,是一个要求人们精神振奋、洗去平庸的时代。因此,新启蒙思潮表现出一种理想主义的气质;但其中的各种价值诉求,其取向不一,大都仍停留于表象的层次。90年代是中国社会主义市场经济的高速发展期,也是与西方现代价值观全面接触的时期。其间呈现的各种价值观点,大多相关于西方价值观的影响、及其与中国本土价值观的交锋,如西方功利主义、个人主义、自由主义等在中国的流行,科学与人文的对话等。这可以说是新启蒙思潮中的各种价值观点在理论上的全面展开[①]。21世纪各种社会文化价值观则针对中国问题展开研讨和争鸣。这从一个侧面表明,各种价值观已具备其自身的基本理论,因而能够开展有理有据的研讨;另一方面,这在一定程度上也正标志着中国社会价值文化多元格局的形成。与此前的主要讨论方式不同的是,它们或有意或无意地回避直接就各自价值理论的核心问题进行论争,而只是就具体问题提出各自的观点。后现代主义和虚无主义的兴起,则是价值文化多元背景下所选择的一种价值立场。

其二,从理论来源看,这些多元的价值文化虽然仍不出中国传统文化价值观、西方现代价值观和马克思主义的文化价值观这三者的范围,但这三者在当代中国社会文化价值观中的权重以及构成发生了明显的变化。首先,传统文化价值观已逐步摆脱此前受批判的地位和负面形象,从而回归中国当代价值理论与实践的视野。文化寻根热、文化保守主义和民族主义等,都有中国传统文化的价值立场在发挥作用。也正是在这些社会文化价值观的推动下,中国传统文化的传承与现代转化,已成为构建当代中国主流价值文化中必须予以正视的一个重要问题。其次,西方现代价值观虽然在20世纪前半叶在中国有所传播和影响,但现在看来即使是当时的西化派对之的了解仍较为浮面。它们为时局所限,主要关注其中的若干结论,很难深入检讨其中的理论问题和发展脉络。新中国成立到改革开放以前,我国对于西方价值观基本上是采取排斥和批判的态度。改革开放以来,我们对西方现代价值观的了解以及它们对中国社会文化的影响,可以说进入了一个新阶段。一方面,随着相关西方著作的大量译介,以及中西学术之间的交流互动,我们对西方现代价值观的了

---

① 参见邹诗鹏:《三十年社会与文化思潮》,复旦大学出版社2012年版,第79~84页。

解已逐步全面深入；另一方面，这些价值观在当代西方有了新的发展，已走向全面成熟乃至有走出现代进入后现代的提法，在此意义上，西方现代价值观已全幅展现出来。就此而论，我们虽然对之的深入把握还需要一个过程，但毕竟可一窥全貌，有了一个全面考察、欣赏、借鉴或评价的机会。最后，马克思主义文化价值观在中国的地位也有显著的变化，已逐步摆脱此前绝对化、教条化的倾向。新左派、新权威主义等虽然坚守马克思主义的价值立场，但无论是理论方法还是讨论问题的思路，都有了根本的改变。马克思主义文化价值观在当代中国的变化，也可以从两方面看。一方面，这适应了中国社会生活民主化的需要，也是中国现代转型的合理要求。另一方面，这也意味着，中国马克思主义价值观此前的绝对一元主导地位趋于弱化。

其三，从理论与实践互动中产生的问题看，可以从世界历史逻辑的重述、中国文化传统的现当代转化、全球化时代的中国现实和中国特色社会主义实践这四个维度来反思当代中国的社会文化价值观①。世界历史逻辑的重述是从一般理论的角度考量古今之别，是要参考西方的现代化经验来选择中国自身的现代化道路，进而自觉地构建当代中国的文化价值观。中国文化传统的现当代转化，则是文化寻根，是要在新的时代背景下接续并重建中国的文化价值传统。这两个维度都是纵向的。全球化时代的中国现实和中国特色社会主义实践则横向或者说立足于现实的维度，前者是国际层面，后者是国内的层面。

总之，经过30多年的发展，当代中国价值文化多元的格局已基本形成，这是改革开放以来中国社会生活走向民主化的必然结果。但这一事实并不意味着应该如此。从应然的角度看，一个国家社会价值文化的合理格局应当是一元主导下的价值文化多元。在我国目前的价值文化领域，一元价值观的主导地位不够明确，其作用未能充分发挥。一个社会如果缺乏主流文化价值观的一元主导，就很难产生凝聚力，甚至会导致各种社会分裂现象、发生精神缺失等社会问题。21世纪以来在中国不乏影响的后现代主义和虚无主义，一定程度上可以说是这种文化状态的体现。

对照上一部分国际层面关于价值文化多元的处理，可以进一步明确目前构建中国主流价值文化、确立其一元主导地位的重要性。对于国际层面的价值文化多元事实，其关键在于处理好文化多样性与普适性之间的张力。其中文化普适性的要求，对于处理国际事务和共同应对人类面临的发展难题是极为必要的。这种要求，其实是要达成价值共识，由此面对问题，寻求统一的一元价值观指导。在一个社会、一个国家内部，一元价值观的主导地位更为必要，这样的要求也更合理而迫切，因为与国际层面各种松散联合的国际组织相比，国家应该是一个统一的政治体，有着各种统一规划的社会组织，以及共同遵循的行政体制。文化的统一性程度、文化精

---

① 参见邹诗鹏：《三十年社会与文化思潮》，复旦大学出版社2012年版，第88～103页。

神的强度，直接关系到国家能否长治久安，能否健康稳定地向前发展。《论语·颜渊》中记载了孔子与其弟子子贡的一段对话。"子贡问政。子曰：'足食，足兵，民信之矣'。子贡曰：'必不得已而去，于斯三者何先？'曰：'去兵'子贡曰：'必不得已而去，于斯二者何先？'曰：'去食。自古皆有死，民无信不立'"。"政"、"食"、"兵"、"民信"所代表的领域，分别可理解为一个国家的政治、经济、军事、文化。与现代相比，在孔子所处的春秋时代，政治是个更宽泛的观念，可涵盖后三者。"兵"，关系到国家作为政治体的安全；"食"，关系到国民是否富足；"民信"，则是指能凝聚民心的文化向心力。"民无信不立"，正是把文化精神所产生的凝聚力、一个社会所形成的价值共识，视为立国之本，视为国家能否持存的根基。

那么，如何确立一元主导下的多元价值文化格局，如何得"民信"，如何形成当代中国文化的凝聚力？就以上分析看，其关键在于重建当代中国的主流价值文化。之所以说"重建"，是因为我们以前是有的。中国传统社会的主流价值文化是儒家，改革开放以前是某种形式的马克思主义；但由于前文所述的各种原因，我们必须予以重新整理，重新构建。整理和重建，并不是要否定和全盘推翻此前的主流价值文化；而是认为，在目前形势下一味拘守原来的一元价值体系，其包容力不够，活力不强，难以适应和引领当代多元文化的格局，难以凝聚新时代的"民信"。

新时代下中国主流价值文化的构建，其关键在于要有包容力与活力。可以通过一个反例的衬托来说明。亨廷顿的文化冲突论提出，当代的国际政治冲突，更可能是由于文化动因，而不是传统的地缘性质。战争更可能发生在"文明的断层线"。这种观点当然较为极端，其出发点也值得商榷，有可能造成自我实现的预言之不良后果。但其中的洞察发人深省：国际社会、一个国家的分裂，其深层次的原因往往在于文化。在价值文化多元的事实这一背景下，当代中国的主流价值文化，首先应该具有包容力，能够缓和多元价值观之间的"断层线"，将之化解为"融合带"；其次应该具有文化活力，能够由"融合"走向"贯通"，整合出具有普遍性的价值意涵。最后，应该将这样的思路分层有序地落实。这些都需要我们在重建思路中予以具体展开。

（三）中国主流价值文化构建的基本思路

基于以上论述，当代中国主流价值文化的重建，应该是一个综合各方面考虑的系统性工程。在我们看来，至少应该依次考虑两个方面：一是中国主流价值文化的总体建构；二是理清价值文化各个层面的关系，并做出相应的安排。

1. 中国主流价值文化的总体建构

党的十八大以来，我国极为重视文化建设，将之提升到了文化强国的战略高度。党的十八大报告提出了"富强、民主、文明、和谐，自由、平等、公正、法治、爱国、敬业、诚信、友善"的社会主义核心价值观,分别涵盖了国家、社会和个人这三个层面应予倡导的价值。习总书记对于建设社会主义文化强国也提出了一系列构想,如"中国梦"的表述,"坚守我们的核心价值体系和核心价值观"、"弘扬主旋律,传播正能量"、"中华文化是我们民族的'根'和'魂'"、"提高国家文化软实力"、"牢牢掌握意识形态工作领导权和话语权"[①]等重要指导思想。对于中国主流价值文化的总体建构来说,这些指示具有重要的指导意义。就我们的理解,其中传达了三个方面的精神:一是应大力弘扬中国优秀传统文化,二是对中国文化的历史与现实具备自觉的认识,三是应与时俱进,体现时代精神[②]。作为理论工作者,我们应当在上述精神的指导下,从文化发展规律的角度展开研讨。建构当代中国主流价值文化的理论来源,大体不出中国传统文化传统、西方价值文化与中国的马克思主义传统这三者的范围。在此拟重点讨论的是总体建构的理论方法,先检讨此前方法上的一些缺失。

首先考察20世纪以来最具影响的"中西体用"说。20世纪初流行的是"中体西用"说,至90年代有李泽厚的"西体中用"说。方法上看,"体"与"用"是儒家思想中的一对观念,用来描述生命及其活动。其中"体"是生命体,"用"指其功能表现。如果略去生命体的生命性质或有机性,"中体西用"、"西体中用"的提法或可成立。问题在于,儒家强调的是"即体即用"、"体用不二"。生命之所以为生命,正在于生命及其活动是不可分割的,否则即丧失生命活力,成为死物。

王夫之说,"天下唯无性之物,人所造作者(如弓剑笔砚等),便方其有体,用故不成,待乎用之而后用者"[③]。也就是说,只有无生命物,才有"用"无"体";对之讲体用,无以贯通,也没有意义。儒家主要关注生命的道理,"体"与"用"是就某一生命整体而言的。"仁义,性之德也。性之德者,天德也,其有可析言之体用乎?当其有体,用已现;及其用之,无非体。盖用者用其体,而即以此体为用也。故曰'天地絪缊,万物化生',天地之絪缊,而万物之化生即于此也。学者须如此穷理,乃可于性命道德上体认本色风光,一切俗情妄见,将作比拟不得"[④]。这是从性之德的体用来谈仁义,两者是即体即用而不可分离的。要之,传统儒家的体用是就整体生命之中某一对互动要素而言的,这是一种有机的观点,不是脱离生命背景的纯理论思辨。生命有多重面相,因而体用本无定数,依具体人事而定,从不同的角度去看就有不同的说法。如王夫之说:"缘仁制礼,则仁体也,礼用也;仁以行礼,则礼体也,仁用也"[⑤]。

[①] 中共中央宣传部:《习近平总书记系列重要讲话读本》,学习出版社/人民出版社2014年版。
[②] 参见江畅、张媛媛:《中国梦与中国价值》,武汉出版社2016年版,第2~11页。
[③] [清]王夫之:《读四书大全说》,中华书局1975年版,第503页。
[④] [清]王夫之:《读四书大全说》,中华书局1975年版,第503~504页。
[⑤] [清]王夫之:《礼记章句》,岳麓书社2011年版,第9页。

有见于此，列文森敏锐地指出，近代"中体西用"的提法，实际上已偏离了儒家对体用关系的传统理解①。如果使用中国传统体用观念的原意，那么我们就首先是把中国文化与西方文化都看作具有生命活力者，其各自的体用都不可分割，更无法相互嫁接。就此而论，"中体西用"或"西体中用"的提法要得以成立，必不能用中国传统体用针对生命体的原意，而只能在较抽象的理论或者说无机的意义上讲。在中国传统中，有"道"与"器"这样一对观念。《易·系辞上》说："形而上者谓之道，形而下者谓之器"。传统哲学虽然也讲"道不离器"，但"器"应该因时而变。或者说，时代不同，则当有新"器"来载"道"。在此意义上，原有的"道"与"器"是可分离的，而离"器"之"道"必须寻新"器"作为载体才能发挥作用。在此意义上，"中体西用"、"西体中用"，其中的"体"与"用"如果置换为"道"与"器"，从方法上说可以讲得通。但是，"中体西用"最初的提出者与倡导者无不成长于中国文化传统，浸染于传统教育；把文化理解为活的生命，否则对之传承与革新将没有意义，可以说是他们深层的文化意识。如果换用"道"与"器"来说明中国文化的传承与革新，依传统思维来看，就蕴含着中国文化活力不足乃至视之为死物的意思。这可能并不符合提出者的初衷。

就以上分析来看，中西文化体用说不能不陷入理论方法上的纠结及其内在悖论。从建构当代中国主流价值文化的角度看，我们认为，之所以出现这样的方法问题，其主要原因有二：一是偏蔽于中西之辨的思维框架来重建中国文化，而缺乏关于古今之别的思考。在一定意义上，这种观点虽然是就如何重建中国文化立论，但实际上只是就如何借鉴西方现代价值观来考虑问题，没有充分考虑时代精神的变化。二是即使就如何借鉴西方现代价值观来说，这种观点也有待商榷。文化间的借鉴不可能通过简单的嫁接来实现，要真正把文化看作鲜活的生命，看作人的生命创造在多个层面的展开，那么借鉴必然要有一个"消化"的过程，而不可能局限于单纯的抽象理论层面：当是有活力的两种文化通过各个层面的对话，相互理解、接受认同，并最终融通为各自的文化滋养。

当代中国还有另一种颇为盛行的中国文化发展观，即认为应该先解决中国人的信仰问题，重建中国文化传统的根基，然后在传统的根基上开花结果。一个具有代表性的说法是，应该"接着宋明讲下去"。应该说，这种观点对于问题的观察以及提出的任务都是合理的。但对于当代中国主流价值文化的构建来说，其解决问题的先后次序及其理论重心，大有进一步探讨的余地。在我们看来，这种方式未能充分考虑当代价值文化发展之大势，且有头痛医头脚痛医脚之疑。

首先，宋明理学的问题意识与当代截然有别。宋代新儒学的兴起，主要是应对佛教的挑战，力图重建儒家"道统"，确立儒家在个人生活信仰方面的主导地位。

---

① 参见［美］列文森：《儒教中国及其现代命运》，郑大华、任菁译，中国社会科学出版社2000年版。

这是其时儒家精英所面临的时代问题，其解决方式是确立儒家的道德形而上学。应该说，宋明理学对其时代问题做出了有力的回应，使儒家文化走向全面的复兴。这种形而上学，其实是孟子一系的进路，是宗教的面向，发展至王学末流已然与宗教相距不远。但现代社会生活的主要趋势是民主化，是开放式的；现时代的主要问题不是如何发展宗教，而是聚焦于非宗教的领域。当然，这并不是说，宗教的路向没有意义，而是说其探讨是封闭式的，不在主流的学术领域；而其发挥作用的方式是隐性的，虽然每个人都应该具备某种信仰，但并不强求一律，只要其所持的信仰是健全的。从价值的角度看，人类社会发展出来的健全信仰有多种，因而个人在生活信仰的问题上有选择的余地。按照中国文化"顺取"的思维模式，"接着宋明讲下去"，更可能意味着这样的理解：当代中国主流价值文化的构建尤其是其中儒家文化的传承与创新，也应当以道德形而上学乃至宗教信仰为主要面向。这与现时代的主要问题显然不相应。

上述观点可能遭到这样的质疑：若非如此，则背离了儒家道统，进而是反对中国传统文化的主流。这一质疑似是而非。从长时段的眼光看，儒家作为中国传统文化的主流，其主要面向并不一定是形而上的，而是依时代问题的变化不断调整。孔子所在的春秋时期，可以说是中国文化宗教人文化的成熟期，是淡化宗教面向的时代。如徐复观先生说，西周是"礼"的世纪。作为儒家乃至中国此后文化方向的奠基者，孔子是"从周"的。《论语》中孔子不否认他持有信仰，但从未将其信仰作为说服他人的理由，也没有表露任何明确的形而上思辨。可以说，孔子的文化旨趣是搁置信仰，对之持"存而不论"的态度。汉唐儒学的主要面向也不是道德形而上学。而宋明之后的清代学术主流，恰恰是对儒家形而上面向的反拨，讲经世致用的"实学"，学术则以"小学"为主。这样看，我们出于对现时代问题的回应，在理论探讨中以非形而上学的领域为主，并不会背离传统。进一步说，这样的研究取径，正是融入现代性学术主流的合理选择。

当然，对于"接着宋明讲下去"，还可以取另一种理解，虽然这与儒家传统的思维方式不相应。亦即，宋明开出的儒家道德形而上学既已成熟，那么我们现在的主要任务应该是如何运用，如何面向当代社会生活发挥其作用。如当代新儒家的代表人物牟宗三先生，虽然其主要的学术贡献集中于道德形而上学，但仍然认为儒学第三期的发展当在于开出科学民主，如何从内圣开出新外王。当然，在笔者看来，关于如何开出的思路，牟宗三先生前后不尽一致，有进一步探讨的余地。这一点容后再论。

先重建中国传统文化的根基，还可能陷入另一个误区。也就是把根基的重建与其现实的发用看作两截，因而把前者看作优先考虑，后者则是下一步的事情。我们认为，这样的思路不可行，难以发展出具有现实生命力的中国文化。文化是人的创造。其中"文"是静态的，是人类生活的凝结，是人活动的结果。"化"是动态的，

"文""化""人"是已有的文明成果对人们活动产生的影响,"人""化""文"即是人们自觉活动创造出有价值的成果。一种健康的文化应该被理解为生命性的存在。"根"和"枝叶"正是以"树"这一生命体为隐喻。它们的成长应该是一体,相持而长的。枝叶不茂盛,根也无活力。孔子的弟子子贡在回答时人质疑时讲得明白:"棘子成曰:'君子质而已矣,何以文为?'子贡曰:'惜乎夫子之说君子也!驷不及。文犹质也,质犹文也,虎豹之鞟犹犬羊之鞟。"(《论语·颜渊》)展开来说,文化的根基是"质",文化的发用是"文",是其表现。要把文化看作活生生的生命,两者就应该是一体的。

基于以上检讨,我们的观点是,当代中国主流价值文化的总体建构,应该是一种综合创新的工作,其方法是各个层面同时展开,并理清彼此的关联和层次。借用儒家的说法是"缘时而制礼",其重心在文化实践。这种理路是根植于儒家传统的。《论语》首篇首节说明了孔子的学问规模,同时也可视为孔子对其文化旨趣的自述。"学而时习之,不亦说乎?有朋自远方来,不亦乐乎?人不知而不愠,不亦君子乎?"结合《史记》关于孔子的生平看,"学"与"习"的对象当是"礼"。"学"是观"礼",借鉴前人具有典范意义的行为模式;"习"是践"礼",在行为中效仿这些典范模式,根据自身情况与具体情境来不断调整和演习。通过自觉的行为实践与内心体验,内化为自身修养,因而感到内心的愉悦。志同道合者前来交流"学""习""礼"的心得,则为同乐之事。"学"与"习"的旨归不是要做给他人看,而是做君子,也可以说是经营一种有修养的文明生活,挺立健全的人格。在此,孔子的两个核心观念"仁"与"礼"是交融的。其中"礼"是显见的;"仁"则是隐含的,是在内心体验中形成的价值自觉,是在"悦"与"乐"的情感认同中逐步内化积淀的。孔子的仁者人格正是在这样的文化实践中逐渐显露而挺立的。

这里之所以不繁具引并详加分析,是因为孔子所在的春秋时代乃至随后的战国时代,在价值文化格局方面与当代有若干类似之处。如前所述的战国策派对此颇有见地。先秦时期天下分裂,诸子蜂起,由官学分为各家学术。就其性质而言,其所形成的是一种价值文化多元的格局。这与宋明理学单单应对佛教这一种外来宗教的挑战迥然有别。当代中国文化所面临的挑战,其实也是在价值文化多元的国际背景下重建中国的文化传统,树立健全而富有感召力的文化形象。20世纪前半叶我们重点放在中西之辨的框架下思考文化重建问题,其局限性亦在于此。在一定意义上,我们最初是比照佛教冲击来考虑问题的。但现在看来,问题的关键在于古今之别。在当代还有多种合理的历史文化传统,同样也处于现代价值文化的格局之中。而且即使西方的现代价值观也并非铁板一块,毋宁说是由多种西方传统因应其现代变革发展而来的价值拼图,最多可理解为围绕若干核心价值而组成的连续性谱系。也就是说,我们所要应对的文化挑战、互动或交往,不仅仅是双方的,而是多方的。"周虽旧邦，其命维新"。这是挑战，也是机遇，是中国文化丰富充实自身、产生更广泛影响和焕发活力的机遇。要抓住这样的机遇，塑造中国梦，其前提是认清我们所处的时代背景，所要面对的时代问题。

那么，从理论工作者的角度看，如何算是综合创新呢？战国策派对此曾有初步的构想，即大力发展各门现代学科，形成各学科的规范。他们主要从史学的角度着眼。如何能理清各学科的关联、有序地进行，可能还需要从哲学的角度作进一步的探讨。在21世纪，张岱年及其弟子程宜山也主张综合创造，提出了相应的构想[①]。不过，他们主要从大文化的角度探讨，其具体思路可能还有必要进一步讨论。这里拟从哲学的角度来分层说明总体建构的思路。

2. 文化价值各层面的安排及其关系

从哲学的角度来思考价值文化，主要关注观念文化。在我们看来，至少应该考虑宗教与信仰、哲学伦理观念，并分清彼此的层次及其相互关系。先看宗教与信仰问题，可分两点。

其一，在现代价值文化领域，个人容有多种信仰，更确切地说，是在不同的领域持有不同形式的信仰。信仰本质上是排他的，也就是说要保持信仰的纯粹性，就不应该在同一领域持有多种信仰。但这并不意味着，不能容许我们在不同领域持有不同的信仰。大的方面说，我们可能同时持有个人的政治信仰、生活信仰，在现代社会这两者可以并行不悖。在政治信仰方面，中国有深厚的马克思主义传统；目前应当与时俱进，在有所创新的基础上充分发挥这一传统，并与社会主义核心价值观建立恰当的关联。

在个人生活层面发挥作用的信仰往往具有浓厚的宗教性质。在中国传统文化中，主要有儒、道、释三教，文化精英与大众的宗教信仰方式也迥然有别。宋明的文化精英最初是强调信仰的纯粹性的，宋儒尤其排佛、道。但其后三教有相互融通之势，渐趋合流。清代乃至民国时期的文化精英，大多不再坚持彼此的判别，而认为可相融。但无论如何，传统文化精英在生活领域所追求的是一种理性的宗教信仰；而传统大众对于宗教的信奉，往往偏重于情感的认同，实用的需要，因而不大注重信仰的唯一性和纯粹性。现代社会中的个人，基本都接受过不同程度的文化教育。因此，现代人持有的宗教信仰，一般都是趋向于理性的。

其二，对于不同领域的信仰，应当有不同的处理方式。政治信仰属于文化意识形态的范畴，是关于葛兰西所讲的文化领导权问题，因而我们应予以积极倡导。对于个人生活的信仰，我们的主流价值文化应该予以包容。这种包容一方面意味着政治信仰不应直接干涉更不应压制个人健康的宗教信仰，但可以采取引导的方式，即

[①] 参见张岱年、程宜山：《中国文化论争》，中国人民大学出版社2006年版，第326～328页。

提供各种健康的宗教资源，给予个人从中自由选择的机会。另一方面这样的包容并非无条件的。也就是说，个人的宗教信仰必须大体是健康的，不能反社会、反伦理。不能反社会，是不对社会秩序及他人造成伤害或强制；不能反伦理，则是不违反人类文明所珍视的基本价值。对于人类基本价值，不同文明的理解可能有差异，如儒家的理解可能是基本的人性、人文精神，西方文化的理解可能更强调人道主义；但其中的一些底线要求，可能是各大文化都会认可的。按照道德常识，反伦理，可以理解为违反人类基本的道德自觉。

再看哲学伦理观念的层面，分三点看。

其一，对于构建当代中国主流价值文化来说，首先要关注如何处理形而上层面的价值，如何发挥传统的中国文化精神。如第二节所述，当代哲学伦理研究的主流是非形而上学的，这是由于现代社会生活民主化等古今背景不同所致。在传统哲学中，形而上学往往处于较高的层次，被赋予根本重要的地位。但如前所述，传统形而上学的讲法在现代社会公共领域行不通，与现代社会生活的民主化以及人自身主体性的确立都是相抵牾的。这并非说形而上学不重要，恰恰相反，对于现代的主流价值文化来说，形而上层面的价值仍是处于最深层次、最为根本的地位。但从现代思想的眼光看，虽然可以说它们属于价值的真理，但并非源自某种超越的存在或宇宙秩序，而是来自人的文化创造、人类文明史的积淀；这样的真理也并非唯一，或绝对如此的，而是有多种可能的真理。不同的人类文明由于其历史文化传统的路径不同，生活经验不一，观察问题的角度有别，因而发展出各自有别的文化精神。

在其内圣开新外王的观点之中，牟宗三提出了一种在公共领域处理儒家道德形而上学的思路。简要考察其得失，可以进一步明确这里要讨论的问题。在牟宗三看来，在当代中国要由内圣开外王只能"曲通"，不能"直通"。传统的"直通"讲法是先发展出一套带有形而上色彩的理想价值，然后直接以此为据，仍以道德的思路来说明政治社会文化等各方面的安排，如《大学》"八条目"的讲法。如何能够"曲通"呢？牟宗三提出一种解释，即知性的"辨证的开显"，又称"良知自我坎陷说"："（一）外部地说，人既是人而圣，圣而人，则科学知识原则上是必要的，亦是可能的，否则人义有缺；（二）内部地说，要成就外部地说的必然，知体明觉不能永停于明觉之感应中，而必须自觉地自我否定（自我坎陷）转而为知性。此知性与物为对，始能使物成为对象，从而究知其曲折之相。必须经由这步自我坎陷，知体明觉（良知）始能充分认识自己。质言之，知性层次的认知主体，乃是德性层次的良知，基于道德心愿自觉地要求'下落而陷于执'（坎陷）。此种执不是无始无明的执，而是自觉地要执。由是，转出了认知的了别活动，即思解活动"[①]。按照牟宗

[①] 牟宗三：《现象与物自身》，郑家栋编：《道德理想主义的重建——牟宗三新儒学论著辑要》，中国广播电视出版社1992年版，第503页。

三的说法,"良知自我坎陷",是力图间接地通过即"曲通""内圣"而达"新外王",即现代民主与科学。其关键则是由"理性的运用表现"自觉地转出"理性的架构表现";前者是德性或价值之知,有形而上的面向;后者则是经验知识,属于形而下的层面。这一精心设计的理路蕴含两点要义:一是对于人来说,道德理想、道德信念都是应该拥有的,即使身在科学研究与政治生活领域也不能放弃。二是在科学与政治领域,有德者当自觉地以经验知识能力的发挥为主,德性或价值知识的能力则退居其后;当然,这两种能力都是人的理性表现,只不过面向不同。应该说,这一由中国传统思维转向现代思维的理论努力颇富创造性,大体上似乎讲得通;其中强调以经验知识或认识能力为主来思解科学与政治问题,也符合现代学术思想的特点。但是,人的理性能力如何"坎陷"而突出其认识能力的一面,退居其次的德性能力之一面又当如何与认识能力的一面发生关联,进而在这些领域发挥何种作用,这些都缺乏清楚的交代。这也是我们接下来要讨论的第二点。

其二,对于当代中国主流价值文化的建构来说,哲学伦理层面的主要工作当在于对各种文化价值做出充分的检讨,展开非形而上的论证。之所以如此,是因为当代中国的主流价值文化是面向世界的,其理论探讨应该是开放性的。如上牟宗三所述的儒家"内圣"之学或道德形而上学,其实是求"道"的,其指向虽然是文化精神的深层,但其研究趣向则属于理性宗教的范围。这样的探究方向是封闭性的,由此来凝聚人心,塑造价值共识。在共享悠久历史文化的中国传统社会,以此为占主导的价值文化研究方式或许适宜。但我们的文化要有时代的开放精神,要面对世界价值文化多元的格局,就必须有文化交往对话的意识,从而应该暂时搁置自身的形而上信念,不以之作为说服对方的理由。

宋明理学沿着孟学的方向来确立儒家"道统",其所凝练的儒家文化精神影响深远。但其理论方法颇有个人体验的性质,追求服人之心,而轻看服人之口。这在近现代的儒学思想家都可以找到深刻的印记。如20世纪的国学大师章太炎先生说:"西洋哲学,文字虽精,仍是想象如此,未能证之于心,一无根据,还不能到宋学的地步,所以彼此立论,竟可各走极端的。这有理论无事实的学问,讲习而外,一无可用了!""那心像是在吾人的精神界,自己应该觉得的。所以,不能直观自得,并非真正的哲理,治哲学不能直观自得便不能进步。"[①]这个观点颇有见地,却是站在儒家的价值立场上说话。从特定的价值立场来看待学术,不可能就问题展开开放的讨论,也难以欣赏和借鉴现代西方主流的哲学理论。

从价值文化的角度看,服人之心当然更理想。但在价值文化多元的格局下,我们必须自觉到文化他者的存在而予以相互尊重,若不能先通过说理来服人之口,则不可能服人之心。甚至可以说,不先自觉地搁置自身的价值立场去说理,那么对方

---

① 章太炎:《国学概论》,上海古籍出版社2003年版,第69页。

可能连了解我们价值观的兴趣都没有。如果换位思考，这个道理应该是很清楚的。比如，学界以前有个流行的看法，即认为欧洲中世纪的神学时代乏善可陈。其中一个重要原因在于，那一套宗教理论与我们的历史文化不相应，对我们来说是隔膜的。对于西方宗教的价值观，当代中国的大多数哲学工作者也大多是先透过对问题的哲学讨论，然后产生了解其价值文化背景的兴趣。可以说，价值文化多元的时代往往是辩者的时代，如中国历史上的战国时代。当代中国主流价值文化的建构在哲学伦理的层面也应该以说理为重点，简单的宣教不仅效果不佳，甚至可能引起其他文化的反感。

其三，基于以上两点讨论，我们可以把哲学伦理层面的价值文化建构分成两方面来处理，各自的处理方法、面向以及相对的权重应有明确的区分。对于形而上中国文化精神的探讨，可能更适合在持有同种信仰的理论工作者之间开展，进而可以在相互尊重的基础上进行宗教之间的对话。就目前的情况看，这个方面对于当代中国主流价值文化的建构所发挥的作用可能是间接的：一是通过文化精神承载者的文化实践，塑造健全而富有感染力的个体人格。如杜维明提出"体证"的说法，应该蕴含着这样的意思。二是收束为尽量弱化的价值预设，由此展开某一种与之相应的价值文化理论。

这个层面的重点应该在学术，而不是学"道"的方向，也就是对我们所持的文化价值做出各种非形而上的论说。这里的"非形而上"，并不是说学者不应持有某种信仰。相反，文化工作者一般应持有某种信仰，这样有利于产生更深刻的价值体验。但论说要是开放的，就必须意识到我们要说服的对象可能来自不同的文化，持有不同的信仰。因此，在论说的过程中应该具有搁置自身特定信仰的方法自觉，这既是对文化他者的尊重，也是论说具有充分说服力的需要。这方面的理论工作要充分展开，需要社会科学各学科的协同努力，面向问题和应用来展开研讨。

三、中国主流价值文化构建的目标和任务[①]

前文的总体建构思路要得以落实，就必须确立明确的目标和任务，亦即弄清楚我们需要做些什么以及如何去做。可以从理论与实践两方面来看，或者说需要解决这两方面的问题，即如何成功构建主流价值文化的理论体系与实践体系。

（一）构建中国主流价值文化的理论任务

总体上说，要构建中国主流价值文化的理论体系，必须思考三大问题：一是这

[①] 本节内容是在本课题阶段性成果（《中国主流价值文化及其构建研究》，人民出版社2013年版，第118～138页）相关部分的基础上经过较大修改和调整而形成的。

种理论体系应呈现出何种性质？二是这一理论体系应如何构成？三是对该理论体系中的基本组成部分作必要的检讨。

1. 中国主流价值文化理论体系的性质

从政治的角度看，我国文化理论体系的基本性质已经明确："社会主义核心价值体系是兴国之魂，是社会主义先进文化的精髓，决定着中国特色社会主义发展方向。""要坚持马克思主义指导地位，坚定中国特色社会主义共同理想，弘扬以爱国主义为核心的民族精神和以改革创新为核心的时代精神，树立和践行社会主义荣辱观。"[①]但应该注意到，文化发展有其自身的特点和规律，因而有必要结合中国文化发展的历史和现状，从社会和文化的角度进一步思考中国主流价值文化理论体系的性质。

首先，这种理论体系应当为当代中国人提供共同信念，在我国社会主义价值系统中发挥价值核心的作用。这种共同信念的性质应该是伦理的，这是基于中国文化的历史、现状而做出的判断。

历史地看，中华民族的价值文化传统在先秦时期奠基，自汉武帝倡导"罢黜百家，独尊儒术"的文化政策，儒家文化成为主流。自此下迄清末，中国文化的基本格局就是以儒家为主流，儒、道、释三家共存。它们渗透于传统中国人生活的方方面面，形成了中国文化的基本性格。

一般认为，中国传统文化的基本性格是以伦理为主要面向。如梁漱溟先生指出，中国传统文化的一个重要特点是伦理本位，以伦理代宗教之用。这是比照着一般意义上的西方主流价值文化而言的。西方主流的价值文化或者说对于民众的文化生活有主要影响的，是以基督教为主的各种宗教传统。近代以来，其宗教传统的影响已趋式微，但其或强或弱的价值支撑作用仍不可否认。而在传统中国社会，其价值文化之中宗教不占主流，而主要是通过伦理价值来发挥核心作用。其主流价值文化的重心在于人伦事理，在信念层次缺乏宗教的形式，而是把宗教意识融入伦理精神，起到信念支持的作用。构建当代中国主流价值文化的理论体系，如果要立足于自身的历史文化传统，就必须注重凝练和弘扬蕴含于中国优秀传统文化之中的伦理价值。

就现状来看，当代中国社会的特点和走势，应当结合我国的现代化进程来理解。据郑永年先生的观察，"从清末改革运动到孙中山再到毛泽东，在改革开放之前，中国人一直处于持续的革命之中，探索的重点在于建立一个什么样的国家。尽管毛泽东领导的共产党人最终建立了人民共和国，但对于共和国应当是怎样的一个国家，一直处于艰难的探索之中，对很多问题的理解只能在实践中进行。'继续革命'可以说是改革开放前三十年的共和国的主要特点。""前三十年为一个主权独立

---

① 《中国共产党第十七届中央委员会第六次全体会议公报》，2011年10月18日。

国家奠定了基础结构，而对如何建设这个新国家，只能说为后人留下了很多宝贵而代价极高的教训与经验。"①可以说，近现代中国主要着力于经济现代化与政治现代化，亦即，寻求国家富强与维护民族的独立与尊严。对于中国文化的现代化，虽然不乏讨论，但究竟该如何选择、如何构建，始终不够明确，悬而未决。

文化现代化直接关系到中国现代文明秩序的建立，是中国社会现代性转型之中的一个深层次问题。不可否认，西方由启蒙运动建构的新文明形态是现代性的最早个案。中国现代文明秩序的建立，自觉不自觉地都是以西方现代文明为参照系统②。但我们对西方文明的关注，集中于政治经济的层面，尚未深入了解其价值文化，也没有明确认识其中的利弊得失。

西方的现代化进程伴随着社会领域的不断分化，政治、宗教、经济等领域日益相分离而表现其独立性，由此也带来了其伦理生活的日益分化。因此，明确有效的规范主要以各领域的职业伦理的形式来发挥作用。这种仅在局部领域有效的价值规范，不足以凝聚人心，势必引向各领域之间价值的冲突与分裂，由此造成人们的价值失落问题。当代中国正处在现代化进程之中，随之而来的价值失落问题已现端倪。要解决目前中国现代化进程中的这一问题，就必须从伦理的层面展开深入的探讨，构建合理的伦理观念体系，为中国特色社会主义文化在各领域的表现提供统一的方向和基本的支撑，构筑中华民族的精神家园。

其次，这种理论体系必须应基于自身的文化传统，表现中国特色。要表现中国特色，说到底就是要处理好文化的民族性与世界性之间的关系，这并不等同于民族文化与世界文化的关系问题。有必要先予以澄清。

世界文化的提法始于西方的启蒙运动，严格地说并不成立。不少启蒙思想家如孔多尔塞、伏尔泰等持有一种"世界主义"的观点，即全人类都应当在一些普世皆准的观念指引下，不断实现科学与技术的进步、理性的进步，从而共趋一种世界文明，实现一个人间的天堂。它是西方启蒙运动产生的一种乌托邦观念。由此发展至今，对于世界文化，大概有两种理解：一种是视之为人类各种文化进步的共同目标；另一种认为它是从人类各种文化中抽出一些共同的因素，予以组合而成。但稍加追究就可以看出，这两种理解都是空洞而不切实际的。因此，不少现代思想家指出，世界文化的概念极为贫乏粗疏③。文化是实实在在的，简单地说就应该是人们的一种生活方式，一种活法，并表现于思想、制度及其物质生活的方方面面。

可以说，世界文化在提出之时只是作为一种文化理想，尚有其积极意义。而随

---

① 郑永年：《中国模式：经验与困局》，浙江人民出版社2011年版，第3页。
② 参见金耀基：《现代性与中国社会转型丛书总序》，转引自丁学良：《辩论"中国模式"》，社会科学文献出版社2011年版，第3页。
③ [法]莱维-斯特劳斯：《种族与历史》，转引自河清：《破解进步论》，云南人民出版社2004年版，第64～66页。

着西方物质文明的发展及其文化趋于强势，这些普世皆准的观念已逐步被世界主义者明确为西方价值，其西方中心论的色彩愈益鲜明，往往成为推行西方价值观的工具。对此必须有清醒的认识。就此而论，讨论民族文化与世界文化的关系，并不恰当。因为"现实上世界政府是不存在的，文化的问题亦然。只有不同民族的文化来参与，通过其间的交流而创立世界文化，除了这一应有的世界文化形态之外，实体性的世界文化是不存在的。"①

由此来看文化的民族性与世界性，其实应该是指自身文化的发展及其与其他文化的交流问题，而不是与某种实际存在的世界文化之间的关系。鲁迅先生曾指出，"只有民族的，才是世界的"。先要发展自身文化，发展好了才能对其他文化的人们产生吸引力，产生世界性的影响。文化的民族性是根本，世界性应该是民族文化充分发展而产生的效果。这与中国传统儒家文化的思路是一致的。孔子说："远人不服，则修文德以来之。既来之，则安之。"（《论语·季氏》）其中包含两层意思：一是重视自身文化力的培育，以此为基础对其他文化中的人们产生影响；二是自身的文化力要产生这样的影响，其适当的方式不是宣教，更不是强制推行，而是靠"怀柔"，让他人觉得有吸引力，主动来学习。唐代以降，儒家文化在东亚国家的传播，发挥重要影响，在相当程度上也是以这种方式实现的。《礼记》说："礼闻取于人，不闻取人。礼闻来取，不闻往教。"（《礼记·曲礼》）这道出了"怀柔"的文化传播方式的特点。"礼"是儒家文化的代表，它发挥作用、产生影响的方式，是靠他人主动来取经，而不是靠强势推行来让他人接受的"往教"。相较之下，近现代西方基督教在世界范围的传播方式主要就是"往教"。当然，文化间的交流应该是双向的，文化的世界性还表现在对其他文化中有益成果的吸取。

再次，这种理论体系应侧重于建设而不是批判。建设是要肯定具有积极意义的观念，批判则是否定消极负面的观念。如前所述，改革开放前的近百年，我们注重的是消除传统观念和西方观念的消极影响，在如何营建健全的价值观念方面则着力不够。应该说，这一文化方向在革命时期有其合理性，对于破除不良观念的影响、迎接新中国的诞生起到了积极作用。但要看到，在此过程中一些优良的观念也难免被解构和误解，乃至作为负面的东西加以否定。这样执着于批判的后果，往往是将孩子和洗澡水一并倒掉。

随着社会主义建设的展开，这种文化方向应有所改变。汉儒陆贾曾指出，"得天下"与"治天下"需要不同的思路②。与此类似，"立国"与"治国"所需的文化理论也应有所区别。尤其是我们面临的主要任务是实现中华民族的伟大复兴，在文化方面则是建设社会主义核心价值体系，那么继承和吸收各方面的优秀传统观念，

---

① ［日］竹内好：《近代的超克》，李冬木等译，读书·生活·新知三联书店2005年版，第280页。
② 参见《史记·郦生陆贾列传》：陆生时时前说称《诗》《书》。高帝骂之曰："乃公居马上而得之，安事《诗》《书》！"陆生曰："居马上得之，宁可以马上治之乎？"

就是目前的当务之急。这就要求我们发展文化的重点，应该是建设而非批判，是要有所"立"而非"破"：选择和论证优秀的观念，并通过适当的疏导，接续到当代中国的社会生活，为解决当代问题发挥积极作用。

最后，这种理论体系必须兼收并蓄，其内容不应是单一的，而应以某种价值系统为主导，吸取其他价值系统中的有益因素。这是适应当代文化发展趋势的合理选择。

如前所述，价值合理多元更是现代民主社会的特性之一。在当今的全球化时代，随着文化交往的日益密切，在一个社会之中存在着多元价值观，这一事实更为明显。但"从伦理意识的历史的或民族的差异这一事实，不能推导出一种'伦理相对主义'"①。缺乏主流价值文化的社会，势必导致社会生活各层次上的分裂，难以建立稳定而优良的社会文化秩序。这样看，价值多元的事实毋宁说突显了构建主流价值文化的迫切性与必要性。其中的关键在于，主流价值文化该如何发挥引导作用，怎样对待与之共存非主流的多元价值。

"引导"，不能靠压服或强制其他价值；而应该是以理服人，以情感人，彰显自己在价值理论与实践上的优势。《中庸》说："万物并育而不相害，道并行而不相悖。小德川流，大德敦化。"构建主流价值文化所要达成的理想社会文化状态，不是仅存单一的价值系统或思想体系，而是在无根本的、原则性冲突的情况下容许其他的价值观存在，并且在一定的情况下还应鼓励其发挥积极作用。这就要求发挥引导作用的主流价值要具有包容性，自身首先是能包容"小德"的"大德"，是能为"小道"提供大方向的"大道"；同时也应有一种开放而宽容的胸怀，要能容许作为"小道"、"小德"的多元价值文化的存在，鼓励它们在不与大方向相悖的情况下发挥积极作用。当然，这些都应基于主流价值文化自身的理论有较为充分的发展、实践上能产生良好的效果。

终上所述，从其一般性质来看，我们所要构建的主流价值文化的理论体系，大致可概括出如下四点：其所提供的共同信念应当是伦理性质的，即表现为伦理精神；应基于自身的文化传统，表现中国特色，处理好文化的民族性与世界性的关系；应侧重于建设而不是批判；其理论内容必须兼容并蓄，是以某种价值系统为主导、吸取其他价值系统中的有益因素而成。

2. 中国主流价值文化的理论来源

可以从两个相互关联的角度来看主流价值文化的理论来源：一是从其组成看，构成理论资源的观念所来自的价值系统；二是从文化的层次看，构成理论的观念所来自的主要社会阶层。从第一个角度看，中国主流价值文化的理论应来自三方面的价值系统，即马克思主义、中国传统文化，以及近现代西方的价值文化。这是由中

---

① ［德］舍勒：《价值的颠覆·编者导言》，读书·生活·新知三联书店1997年版，第2页。

国文化发展的历史和现实决定的，当然，这只是个大概的说法，其中纠结了不少复杂的问题，容后再论。这里主要从第二个角度做些说明。

价值文化与人们的生活方式紧密相关。同一种价值文化，其表现形式依人们所处的阶层不同而有别。这是我们在做出观念选择时必须注意的问题，以下以儒家文化为例从历史与现实两方面来说明。

历史地看，儒家文化至少可分为三类：知识精英的儒学、作为官方意识形态的儒家，以及日常百姓身上表现出的儒家生活观念。它们都有对儒家的价值认同，但其实质内容和表现有很大的差别。

知识精英的儒学留存于历代流传的儒家典籍，包含着极为丰富的理论内容。它们注重把握和厘清儒家精神，发挥儒家的文化理想，凝聚着历代思想家对宇宙、社会与人生的思考。其中的价值观念较为明确，具有深刻的理论内涵，但要践行相应的生活方式需要较高的精神境界，或许只有极少数大儒才能真正做到。作为官方意识形态的儒家则夹杂不少政治实用的考量，往往断章取义，简单借用儒家的某些观念。日常百姓身上表现出的儒家生活观念，则是以不自觉的形式留存于习俗之中。

就价值文化的理论来源来说，如果我们要对儒家文化去粗取精，就必须对这三种不同的表现形式有所鉴别。知识精英的儒学理论性较强，思考的是人类带有普遍性的问题，其中不少价值观具有超时代的意义。它应当成为我们价值文化理论体系的一个重要组成部分。作为官方意识形态的儒家，其价值文化难免带有对其时政治现实问题的考虑，较多受时代所限的因素。如传统的"三纲"观念，显然其主旨在于维护传统的政治结构。历代大儒也多有批判。对于官方形态的儒家文化，我们必须注意辨别其中的消极因素，结合历史背景来理解将儒家文化运用于政治实践的方法，其中有些有益的思路仍有启发。对于生活观念形态的儒家，同样也应看到古今社会的背景差异。《三字经》、《幼学琼林》等传统启蒙读物之中包含不少有价值的儒家生活观念。但必须看到，传统社会的家族形式和当代中国的家庭有很大的差异。简单套用可能其效果适得其反。只有在充分考虑这些社会结构差异的基础上做适当的转化，才能真正发挥其生命力。

现实地看，随着近现代中国社会与思想的发展，儒家文化已被"边缘化"，对于当代中国社会生活的影响力相当微弱[①]。要着手梳理儒家文化价值观以作为我们构建主流价值文化的理论来源，需先认清儒家文化的这一现状及其肇因，否则难免产生各种混乱和误判。首先，儒家的边缘化是在与近现代西方文化的碰撞中发生的。这既是由于儒家自身含有一时难以适应时代发展的因素，也与西方近现代文化的强势扩张相关。西方近现代文化所孕育的科学与民主，不仅促成了西方国家的迅猛发展与日益强盛，也使西方文化逐步占据了世界舞台的中心。其次，儒家的边缘化与

---

① 参见蒋国保：《儒学普世化的基本路向》，《中国哲学史》，2003年第3期。

清朝统治及其相关制度（尤其是科举制）的解体有莫大的关联，由此儒家文化不再拥有可确保其中心地位的制度保障①。最后一点与前两点相关，同时也与构建主流价值文化理论体系这一问题直接相关的是：针对儒家价值观的批判直接导致儒家价值文化由中心走向边缘，并逐步衰落。这一反儒家传统的批判思潮始于20世纪初、滥觞于五四运动、到文化大革命而趋于极端，其余响至今未绝。当代不少学者在谈论文化自信与文化自觉问题之时，无不谈及这一反传统的思潮及其影响。要从以儒家文化为主体的传统文化中吸取营养，也应该进一步反省和检讨近现代以来中国的反传统进程。

总之，从历史和现实两方面看，将不同形态的儒家价值文化予以区别对待，对于我们梳理价值文化理论体系的来源问题来说是极有必要的。在如何对待马克思主义价值传统与西方价值传统的问题上，也存在类似的问题。将在下一部分详论。

3. 构建中国主流价值文化必须解决的基本理论问题

构建中国主流价值文化，必须对一些重大的理论问题有所思考，具备一定的理论自觉。就目前的情况看，至少必须弄清三个方面的基本理论问题：一是传统与现代的关系问题，二是中国文化的传统根基问题，三是中国化的马克思主义与马克思主义的中国化问题。前两个问题在本章第二节已有较详细的讨论，不赘述。这里主要讨论第三个问题。

中国化的马克思主义与马克思主义的中国化，进一步说是有别而又有着内在关联的两个问题。中国化的马克思主义是在中国已发展出来的马克思主义理论及其实践。总结其经验和教训，当是我们把握马克思主义的理论资源、进一步发展马克思主义，以及完善我党自我纠错机制的基础。马克思主义中国化，则是选择和运用马克思主义的各种理论资源，将之与中国国情相结合，以创造性地指导和运用于中国特色社会主义的理论和实践。

就前一问题来说，中国共产党在百年来的理论和实践探索中，形成了不少富有成效的社会主义理论，如毛泽东思想、邓小平理论、"三个代表"重要思想、和谐社会思想、科学发展观、社会主义核心价值观、中国梦等，取得了举世瞩目的社会主义成就。同时也难免会有失误。如"大跃进"对国民经济的损害、文化大革命的"左倾"错误对文化和经济发展的负面影响。这些经验和教训，都应通过总结和反思化为宝贵的财富，为我党和中国特色社会主义的发展，以及主流价值文化的构建提供参考和借鉴。

就后一问题而言，先要有一个较开放的态度。必须看到，相对于中国文化传统和西方现代文化传统，马克思主义传统的发展历史不长，而且其重点是对于资本主

---

① 参见干春松：《制度化儒家及其解体》，中国人民大学出版社2003年版。

义制度的政治与社会批判，并由此提出相应的社会方案。因此，马克思主义的文化价值观是需要我们吸取理论与实践的滋养，不断丰富和充实的。同时，马克思主义注重实践，要求我们与时俱进，结合现实状况与时代精神的需要，有所创新，这样才能充分发挥其生命力。

那么如何与时俱进，予以丰富和充实呢？我们如果放宽视野，就会发现在这方面的理论资源并不少。马克思的思想经过100多年的梳理和诠释，在当代已形成了多种马克思主义的理论形态和观点。在与马克思的根本价值观不相悖的基础上，这些理论资源应该进入我们构建价值文化的理论视野，通过恰当选择并与中国国情相结合，推进马克思主义中国化的发展。曾有一段时间，我们以苏联意识形态化的马克思主义为标准，来着手马克思主义中国化的工作，其结果是将马克思主义教条化、绝对化，对我们的价值文化和思想发展带来了不利影响。通过马克思主义的中国化，马克思主义的文化价值系统应当成为随时代发展而发展的开放体系，随中国社会主义实践的不断丰富而发展出新的内容。其次，马克思主义中国化的新成果应适当而及时地反映于我们的教科书之中，这样才能更好地满足文化理论和实践的需要。最后还应发展中国马克思主义的对话能力。这既是开放态度的延续，也是适应当代价值文化发展的需要。由此我们就应注重对其中基本价值的合理论证和充分说明。

（二）构建主流价值文化面临的实践任务

所谓实践任务，是指所构建的主流价值文化要为当代中国人提供精神家园、为实现中华民族的伟大复兴提供文化支持，就必须面对当前中国特色社会主义实践中的重大现实问题。

1. 国内政治经济稳定发展所面临的挑战

我们所构建的主流价值文化，首先应服务于国内秩序的稳定，为我国政治经济的稳定发展创造良好的文化环境。改革开放取得巨大成就的同时也给人们的思想观念带来了冲击。这是一个社会在转型期通常会面临的挑战，其主要表现如下。

其一，工业化和城市化的挑战。我国原来一直是一个农业人口占绝大多数、农业占国民经济比重极大的农业大国。农业经济的低流动性、以乡土为根本等特点，孕育的是以熟人伦理为特征的生活观念。改革开放以来，我国的工业化和城市化迅速发展，由此出现了"民工潮"、大量征用农业用地搞房地产开发等现象。以熟人伦理为特征的生活观念难以适应这样的变化。工业化和城市化意味着流动性的提高，人们在日常生活中经常要与陌生人打交道，私人空间与公共空间有了明显的区隔。如果不通过适当的文化引导来改变原来的生活观念，就会引发各种社会问题。如农民工问题、富士康跳楼事件、拆迁难题等。这些问题如果任其发展，终将危及社会稳定。从文化的角度看，这些社会不安定因素的消除，需要人们改变就业观念以及与他人交往的思维定势和交往方式，以新的生活观念为指导，这就需要相应的文化价值观和制度设计来支持。

其二，市场化的挑战。改革开放以来，我国逐步从计划经济向社会主义市场经济转型。作为一种经济体制，市场经济以前被视为区别资本主义与社会主义的标志之一。我国社会主义市场经济体制，是把市场经济作为发展经济的一种手段来使用。这是一个人类前所未有的新尝试，取得了丰硕的成果。但仍存在一些需要进一步探索的问题，必需构建相应的文化价值观来引导：第一，我国的社会主义市场经济体制是通过学习和借鉴西方资本主义市场经济来启动的，如何消除资本主义市场经济的某些不良观念的影响，对原来市场经济的文化观念做创造性诠释和发挥，是我们确立社会主义市场经济的文化基础之中必须予以解决的。如市场原教旨主义对"理性经济人"的解释，就需要我们在反思和探索中予以修正。第二，发展与社会主义市场经济体制相配套的政治体制和文化体制，都是没有先例可循的系统工程，需要我们集思广益、运用自身智慧在有中国特色社会主义实践中不断探索和完善。第三，作为一种高效率的资源配置手段，市场经济本身难免带来贫富分化、经济生活与伦理生活相脱节乃至社会生活"经济化"的现象。这一方面需要辅之以恰当的调控手段，另一方面也需要文化价值观尤其是伦理规范的引导才能解决。20世纪80年代以来兴起的经济伦理学，对这些问题做了较为系统的说明，提出了不少有益的解决思路。

可以说，如果没有优良的文化价值观的支持，就难以确立健康的社会主义经济秩序，难以克服市场经济本身带来的社会不稳定因素。

其三，世界化的挑战。随着中国日益融入世界，其他国家的文化价值观对中国人的观念也产生了重要影响，其中以目前仍占强势的西方文化价值观的影响最著。这种影响是复杂的，传递来的价值观也良莠不齐。从文化的角度来谈"世界化"，其实是一个中国人如何理解、欣赏和接纳他国文化，进而与他国人顺利展开文化对话和交往的问题。而世界化的挑战，意味着应通过确立自身主流价值观来引导这一过程，让包括西方文化价值观在内的他国文化价值观发挥正面影响而消除其负面影响。如果这个问题解决不好，就可能出现两个极端化的现象：要么由于仇外而自我封闭，要么由于媚外而出现文化及身份认同危机，如近年来出现的"富豪移民"、送子女到国外接受中学教育等现象，其中一部分可归因于文化认同危机。可以说，不加强自身的主流文化价值观建设，就难以应对"世界化"的挑战，难以根本解决中国人的文化身份认同问题，终将危及国内秩序的稳定。

2. 为塑造良好稳定的国际环境提供文化支持

邓小平同志曾指出，和平与发展是当今世界的两大主题。中国要通过和平崛起而成为强国，实现中华民族的伟大复兴，需要有良好稳定的国际环境。但近20年来，国际政治经济领域并不太平。政治上，苏东剧变、巴以冲突、阿拉伯之春，以美国为首的西方国家发动的伊拉克战争、阿富汗战争和利比亚战争，国家分裂主义组织和国际恐怖主义组织猖獗；经济上，先是有1997年的亚洲金融危机，2008年爆发了席卷世界的金融危机，随后又发生了欧债危机等。这些都说明，国际政治经济领域存在不少不安定的因素。虽然自改革开放以来，中国享有和平稳定的发展条件，我们自身拥有的国际环境相对稳定而友好。但不可否认，其中潜在的不安定因素并未完全消除，而近年来有浮出水面之势。这些不安定因素是我们进一步发展过程中必须正视的，必需文化力的支持才能根本消除。

其一，大国和平崛起的思路必须有自身的文化价值观支持。从世界近代史看，大国崛起总是伴随着征服和战争。从近代西方大国的大规模海外殖民[1]到二次世界大战，无不见证了这一点。但要看到，这与西方资本主义的文化逻辑有着内在关联。我们现在讲中国要走和平发展、和平崛起之路，仅靠展示我们如何做，不足以打消他国尤其是西方大国的疑虑。近年来美国将战略中心转向太平洋，除了按照其文化逻辑来思考维护自身国家利益的问题之外，在深层次上不能不说含有对中国崛起是否和平的疑虑和担忧。

在此问题上，依靠民族主义情绪来回应是不行的，其结果将适得其反，也有悖于和平崛起的国家战略[2]。根本上说，必须建立一套与西方有差异的、属于自身的解释体系，其核心就是自身的主流价值观。这样才能提供令人信服的解释，说明我们这样而不是那样做的理由，树立健康积极的国家形象。

其二，塑造良好的周边政治经济环境需要文化软实力的支撑。中国的边境线较长，邻国最多。与其中绝大多数国家的边境纠纷问题都已解决，这是一项了不起的成就。但近年来与日本的钓鱼岛纠纷、与菲律宾等国的南海岛屿纠纷，有趋于激烈之势。其中有大国推波助澜的因素，但不可否认，也有对中国和平崛起的不信任感在起作用。如菲律宾向国际社会申诉的理由就是中国以大欺小，担心这是中国扩张的表现。日本除历史认识问题外，还混有由于近年国内政治不稳、经济不景气而带来的失落感，不甘心失去以前亚洲经济老大的地位。但从深层次上说都表现出对中国崛起的某种不信任感，认为对他们造成了威胁。

要从根本上解决问题，塑造良好的周边环境，就必须重建信任。信任的建立，仅靠物质力或硬实力是不行的，最多治标，不能治本，必须依托我们的文化力才能奏效。这就必须确立我们自身主流价值文化的理论体系，增强我们的理论说服力和文化影响力。历史上看，东亚大多数国家都受到了儒家文化的深刻影响，这正是我们由于拥有自身主流价值文化而发挥文化力的成功范例。

其三，树立健康而积极的中国人形象需要属于自身的文化底蕴。改革开放以

---

[1] 参见［美］彭慕兰：《大分流》，史建云译，江苏人民出版社2003年版，第250～251页。
[2] 参见马立诚：《当代中国八种社会思潮》，社会科学文献出版社2012年版，第154～155页。

来，中国与其他国家经济和文化交往日益频繁和深入，走出国门的中国人也越来越多。树立健康而积极的中国人形象，既是增强自身文化认同、民族凝聚力的需要，也是塑造和传播中国文化力的一个重要环节。这方面我们还做得不够，由近年突出的两个问题可见一斑：一是有些到海外旅游的中国人给当地人的观感不佳，对中国人的形象产生了负面影响。旅游可以拉动经济，他国对中国游客的总体态度是欢迎的，但有些游客不文明的举止和炫耀式消费，给人以暴发户的形象。二是有些在国外经营的企业与当地人发生暴力冲突，甚至出现伤亡事件。这两个问题值得从文化的角度加以反思：为什么有益于他国经济发展的行为得不到尊重，乃至引起反感？缺乏文化底蕴是其中的一个因素。尊重是相互的。中国自古就有"入乡问俗，入国问境"的说法，这是一种尊重他者文化的态度，也是文化交往的前提。在此基础上如何展示自己的文化修养，则关系到我们自身主流价值文化的建构及其实现问题。只有确立了富有成效的主流价值文化，才能真正塑造中国人自身的文化认同，才能增强这些走出国门者代表中国人形象的意识。而这一形象是否健康与积极，也有赖于我们主流价值文化自身的健康与生命力。

总之，从国家形象、理论形象和个人形象三方面看，要塑造良好的国际环境，就必须构建好我们自身的主流价值文化，为我国的持久健康发展提供文化支持。

3. 为有中国特色社会主义的发展模式提供价值根据

改革开放以来，中国特色社会主义取得了举世瞩目的成就。这引起了其他国家尤其是原来的第三世界国家来学习成功经验的兴趣，也引发了不少专家学者的讨论。但总的说来，这些成功经验并没有得到很好的总结，更缺乏从价值文化等较深理论层次的反思。可以通过简略回顾两个相关提法来说明。

其一，"北京共识"。在概括中国特色社会主义成功经验的概念中，"北京共识"最早引起国内学者的兴趣和讨论，但它却是由一位美国学者雷默于2004年针对"华盛顿共识"而提出的。但雷默几乎没有赋予"北京共识"以确定的内涵，而是承认它有足够的灵活性，几乎不能成为一种理论，只能概括出几条带"不"字的观点：不搞全面的企业私有化；不搞快速的金融业自由化；不听从以美国为首的西方国家的建议，坚持走自己的政治经济发展道路[①]。可以说，"北京共识"的提法是以否定"华盛顿共识"的形式出现的，带有明显的西方意识形态色彩和"对比"意识。就其内容而言，对于解释中国特色社会主义模式几乎没有实质意义，也不符合中国的实际。其意义在于，从一个西方学者的视角，承认除以美国为首的西方成功模式之外，尚有另一种成功的发展模式存在，并且对其他国家产生了吸引力。因此，尽管其理论内涵模糊不清，但"北京共识"提法指示出一个论题的存在，此即后来讨论更多的"中国模式"。

---

① 参见丁学良：《辩论"中国模式"》，社会科学文献出版社2011年版，第4页。

其二,"中国模式"。"中国模式"的提法显然更宽泛,但也因此难以给予明确的定义和归类。西方世界有许多试图描述"中国模式"的术语,如国家资本主义、新威权主义、儒家资本主义、市场列宁主义等①,但都不恰当。在我们看来,这一方面是由于中国模式有着不同于西方的独特体制和经验,很难以沿用的西方术语简单拼接来概括。另一方面是由于我们的文化体制改革和文化建设滞后于政治经济改革,因而很难让西方学者明确了解与中国特色社会主义相应的主流价值观是什么。也因此,对于中国模式的讨论,较明确的结论主要集中于政治与经济模式方面。据郑永年的概括,中国模式的主要特征是复合经济模式、渐进式民主、鼓励公民政治参与和非政府组织的成长等;对文化模式的讨论则较开放:以人为本的社会主义、五四精神的继承与修正、民族主义与自由主义的存在等②。

从对以上两个提法的讨论看,对中国特色社会主义的发展模式或者说中国模式的成功经验总结,主要集中于政治与经济方面,文化价值方面只能说有些尚未确定的开放性观点,不够系统。那么能否为中国特色社会主义的发展模式找到价值根据呢?这应该是构建我国的主流价值文化中必须着力解决的问题,它首先必须基于对中国特色社会主义实践中文化建设得失的总结和反思。

仅就改革开放以来的经验看,至少应该从三个角度做细致的研究:第一,通过研究和分析我党的重大理论成果,如邓小平理论、三个代表重要思想、科学发展观、社会主义核心价值观等,梳理其中关于文化发展的基本精神和重要指导方针。第二,从问题的角度梳理改革开放以来学术理论界关注的热点问题,如关于人道主义和异化问题的讨论、对集体主义的认识问题、市场经济的伦理效应问题、制度伦理问题、儒家伦理的现代化问题、社会公正问题等,分析其中的理论得失和文化价值观,当能为我们构建主流价值文化的理论体系提供启迪。第三,分析改革开放以来中国的主要社会思潮如有学者指出的八种社会思潮:中国特色社会主义思想、老左派思潮、新左派思潮、民主社会主义思潮、自由主义思潮、民族主义思潮、民粹主义思潮和新儒家思潮③,理清各种思潮的来龙去脉,由此来了解当代中国社会的思想状况,并为我们的理论选择提供参考。

要构建我国的主流价值文化理论体系,只有从上述不同的侧面对中国特色社会主义的发展模式做深入的理解,我们的理论探讨和反思才能富有针对性,才能符合中国的实际。由此才能顺利完成为中国特色社会主义发展模式提供价值根据的理论任务,才能为中国特色社会主义实践的进一步开展提供文化动力。

---

① 参见丁学良:《辩论"中国模式"》,社会科学文献出版社2011年版,第41页。
② 郑永年:《中国模式:经验与困局》,浙江人民出版社2011年版。
③ 参见马立诚:《当代中国八种社会思潮》,社会科学文献出版社2012年版,第210~223页。

四、中国主流价值文化构建的基本原则和方法

所谓主流价值文化构建的路径方法，是一个文化实践方法的问题，是要在明确其目标和任务的基础上，考虑以何种方法去着手建设，以何种方式使理论落实到实践领域。这里拟从两个方面展开探讨：一是在构建中国主流价值文化的实践中应该坚持的基本方法，必须秉持的基本原则；二是如何采取恰当的方式，使理论顺利地进入实践并产生良性的互动。

（一）中国主流价值文化构建的基本原则

中国主流价值文化是在社会主义制度下、以马克思主义为主导、人民当家作主的历史条件构建具有中国特色社会主义价值文化，其目的是社会主义文化大繁荣大发展和中华民族伟大复兴的中国梦的实现。因此，我国构建主流价值文化必须坚持一些基本原则。这些原则为我们构建的主流价值文化既是社会主义的、具有中国特色的，也是人类最先进的提供根本保证。

1. 以中国化的马克思主义为指导[①]

以中国化的马克思主义为指导，在构建主流价值文化的理论与实践中都应该是我们必须始终坚持的基本原则。党的十八大报告明确提出，要加强社会主义核心价值体系建设，要"推进马克思主义中国化时代化大众化，坚持不懈用中国特色社会主义理论体系武装全党、教育人民"[②]。

中国共产党领导作用的发挥、中国的社会主义建设，一直是坚持以马克思主义思想为指导的。这一过程也是推进马克思主义中国化、时代化和大众化的进程。它大致可分为三个重要的历史阶段。第一个阶段是从中国共产党成立到中华人民共和国成立。在这一阶段，中国共产党以马克思主义为指导思想，与中国工人运动相结合，领导中国人民夺取了新民主主义革命和社会主义革命胜利，建立了新中国，带领中国人民走上了社会主义道路，同时使马克思主义成为国家的主导意识形态。第二个阶段是中华人民共和国成立到实行改革开放国策。在这一阶段，中华人民共和国确立了社会主义价值观在意识形态领域的统治地位。但由于种种历史原因，这种社会主义价值观主要以苏联模式的社会主义价值观为榜样，不完全符合马克思主义的本意，逐渐脱离了马克思主义文化价值观的精神。其计划经济模式以及以阶级斗争为纲的政策，最终导致了"文化大革命"的空前浩劫。第三个阶段是从改革开放至今的中国特色社会主义建设时期。在这个时期，我们基于对"文化大革命"的深

[①] 本部分的主要观点和论述参考了本课题的阶段性成果江畅、张景：《当代中国价值观源流探析》，《山东社会科学》，2015年第5期。

[②] 胡锦涛：《坚定不移走中国特色社会主义道路 夺取中国特色社会主义新胜利》，《人民日报》，2012年11月18日第1版。

刻反思，创造性地运用马克思主义，发挥其指导作用，从理论到实践开展对中国特色社会主义建设的探索。这是全面展开马克思主义中国化时代化大众化的新时期。

目前我们构建当代中国的主流价值文化，也必须始终坚持和发展马克思主义。这就要求我们立足于中国特色社会主义理论和实践，推进马克思主义在当代的中国化时代化大众化。在这方面我们最新的重要成果是社会主义核心价值观。中共中央印发的《关于培育和践行社会主义核心价值观的意见》明确指出，要把高举中国特色社会主义伟大旗帜作为培育和践行社会主义核心价值观的指导思想①。习近平同志也指出："核心价值观是文化软实力的灵魂、文化软实力建设的重点。这是决定文化性质和方向的最深层次要素。一个国家的文化软实力，从根本上说，取决于其核心价值观的生命力、凝聚力、感召力。"②构建当代中国的主流价值文化应该是与培育和践行社会主义核心价值观相配合的，这不仅是目前中国文化发展的现实要求，也是马克思主义中国化时代化大众化的要求。

总之，在新的形势下，我们只有坚持以中国化的马克思主义为指导，用发展着的马克思主义引领文化建设，才能在纷繁复杂的社会价值观和文化生态中，辨析主流和支流、区分先进与落后、划清积极与消极，有效引领各种社会思潮、抵御不良的文化影响，不断巩固全党全国人民团结奋斗的共同思想基础。

2. 确立人民群众的文化主体地位

我们要构建的主流价值文化是中国特色社会主义的价值文化，其主要面向是人民群众，是要建设当代中国人的精神家园，为实现中国梦提供价值引导，最终要带领中国人民实现中华民族的伟大复兴。这就要求我们必须依靠人民群众，同时充分调动广大文化工作者的积极性。人民大众的广泛参与、文化工作者的热情创造，是中国特色社会主义价值文化兴盛的可靠保证。人民大众是推动历史进步的主体，不仅是物质财富的创造者，也是精神文化的创造者。因此，我国的主流价值文化作为一种社会主义文化，必然是人民大众的文化，人民群众共建共享是一个根本特征，也是中国社会主义民主的基本要求。

中国主流价值文化的构建，必须落细、落小、落实，体现其人民性，服务于人民群众的文化需求。因此，在价值文化建设上，应牢固树立群众观点，摒弃"小众"意识，充分尊重人民群众的主体地位和首创精神，紧紧依靠人民群众，依靠全社会的共同努力。要开辟渠道、搭建平台、创造条件，大力支持人民群众的文化创造，及时总结提炼和积极推广源于群众、生动鲜活的文化样式、文化载体，把蕴藏于人民群众之中的智慧和力量进一步挖掘出来、释放出来。因此，强调人民群众的

---

① 《关于培育和践行社会主义核心价值观的意见》，《人民日报》，2013年12月24日第1版。
② 习近平：《把培育和弘扬社会主义核心价值观作为凝魂聚气强基固本的基础工程》，2014年2月24日，http://news.163.com/14/0225/21/9LV77RMC00014AED.html#from=relevant#xwwzy_35_bottomnewskwd。

主体地位，并不否认专门人才的作用和贡献。无论是文化元素的升华提炼，文化潮流的引领带动，还是文化艺术的再创造再发展，都离不开专门的文化人才。人才强文化才能强，一个人才辈出的时代，必然是一个文化兴盛的时代。要实现文化强国的宏伟蓝图，必须努力造就一批有影响的文化名家、文化大师和各领域领军人物，培养一支宏大的、适应时代要求、富有开拓精神、善于创新创造的文化人才队伍。

3. 坚定不移地走科学发展的道路

胡锦涛同志在党的十七大报告中指出，"科学发展观第一要义是发展，核心是以人为本，基本要求是全面协调可持续性，根本方法是统筹兼顾"[①]。其主要内容可概括为四个方面，即以人为本的发展观、全面发展观、协调发展观、可持续发展观。这反映了我们党对当今文化发展趋势和我国文化建设规律的科学把握，对于中国主流价值文化的构建如何贯彻落实具有重要的指导意义。

我们所构建的主流价值文化要真正落实，就必须具有其科学性，不断提高文化建设的科学化水平。既要构建科学合理的文化发展格局，又要转变发展方式、提高文化发展的质量和效益，如此才能实现文化大发展大繁荣的文化强国战略。科学精神，是现时代精神的一个重要方面。对于如何看待和处理科学精神与人文精神之间的关系，无论是西方文化还是中国文化，在其现代化初期都不够明确甚至不乏误解。一种颇有影响的观点认为，科学精神与人文精神代表着不同的思想面向，两者的关系即使不是对立的也应该截然分开来看。现代化的进程表明，这种观点无论在理论还是实践上都是站不住脚的。科学精神与人文精神虽然就其作用而言各有偏重，但应该是一体之两面，相辅相成的，无论是对于个人还是社会发展来说都是如此。仅就个人来说，做事与做人是人生的两个方面。做事要讲究方法技巧，重在体现科学精神；做人要注重修养，塑造人格，重在彰显人文精神。但两者实际上是形影不离的：做事是人在做，没有相应的人格来指导，诸事之间呈现不出统一的意义，只是盲目机械地完成任务；做人也必须在事上表现，必须恰当地处理人生事务，才能显出做人的品味，否则只是空说。

构建中国主流价值文化，重在人文的一面，但要落实，必须讲究科学精神与方法的运用。首先要坚持以人为本，以满足人民群众精神文化需求为出发点和落脚点。这就要求对人民群众的精神文化需求做实证的调查，进行实事求是的科学考察与分析。其次要考察我们各方面的现实发展条件，这样才能符合我国国情，协调好文化建设与政治经济发展之间的关系。最后，必须考虑我们的自然条件，将生态文明的观念融入构建主流价值文化的具体举措之中，实现人的文化活动与自然生态之间的和谐发展。

[①] 胡锦涛：《高举中国特色社会主义伟大旗帜 为夺取全面建设小康社会新胜利而奋斗》，2007 年 10 月 15 日。

主流价值文化发展的科学性，还要求我们紧跟时代步伐，锐意改革、创新。不满足于现状、力求改变现实以趋于理想，是科学发展的动力，也是科学精神的应有之义。主流价值文化繁荣发展的动力也来源于改革和创新。只有不断深化改革，破除阻碍文化发展的体制性障碍，文化才能焕发出勃勃生机。因此，要着力构建充满活力、富有效率、更加开放、有利于文化科学发展的体制机制。创新是文化繁荣发展的制胜之道。创新是文化的本质特征。在当代中国，无论是适应建设创新型国家的战略需要，还是更好地满足人民群众多样化多层次多方面的精神文化需求；无论是在激烈的国际文化竞争中赢得主动，还是为人类文明进步做出新的贡献，都需要大力推进文化创新。应当把创新作为一种信念、一种追求，对我国丰富的文化资源和各国优秀文化成果进行创造性的开掘和利用，提高创意含量和竞争优势。要大力营造鼓励创新的社会环境，使一切创新举措得到支持、一切创新才能得到发挥、一切创新成果得到肯定，使创新成为文化领域的主旋律、最强音。

4. 既充分运用科技和市场的力量，又有效防范其问题和负面效应

构建中国主流价值文化，还必须充分运用科技和市场的力量。在当今时代，科技和市场在文化繁荣发展中的作用越来越明显。科技与文化历来如影随形，科学技术的每一次重大进步，都会给文化的传播方式、表现形式、发展样式带来革命性变化。构建社会主义价值文化，必须增强科技意识。要适应当代科技发展的新趋势，加快高新技术在文化领域的运用，推动文化与科技的融合，加快构建覆盖广泛、技术先进的文化传播体系，不断为文化注入新的内容、构建新的平台、创造新的形式，努力用先进技术建设和传播先进文化。在社会主义市场经济条件下，文化产品的生产和传播越来越离不开市场，市场越来越成为扩大文化消费、满足文化需求的重要途径。运用好市场机制，有利于提高资源的使用效率。从国内外的文化发展情况看，凡是市场发育较好、市场体系现代化程度较高的地方，文化发展的活力和竞争力也比较强。要切实履行政府职能，一手抓繁荣、一手抓管理，加强改进宏观调控，加强对市场的日常监管，加强对市场秩序的规范，保证中国特色社会主义文化持续发展、快速发展、健康发展。

市场经济和科学技术，是现代经济的两根支柱。这两根支柱有一个共同特点：它们都是"双刃剑"，既能给人类带来福祉，也可以给人类带来灾难。怎样尽可能充分利用市场经济的"利"，尽可能减少市场经济的"弊"，这是构建中国主流价值文化必须着重研究解决的问题。

一般认为，市场经济是指以市场作为资源配置的基础性方式的经济。这一规定主要是从形式上作出的，并没有揭示出市场经济的实质。从实质上看，市场经济是市场主体（主要是企业）通过市场机制（价格机制、竞争机制、供求机制、风险机制、利率机制、工资机制等）追求利益（表现为利润）最大化的经济。也可以说得更直白一点，市场经济是一种惟利是图、只要可能就会不择手段的经济。市场经济

的最大优势和好处就在于,通过利益驱动和竞争压力促使人们拼命向内挖掘潜力,向外征服世界,从而使社会经济持续繁荣,物质财富迅速增长。但是,市场经济也有一些不可克服的弊端和负面效应,如导致周期性经济危机、"两极分化"、人性异化以及使社会生活市场化、资本化等。

科学技术的产生和发展是人类能动性最典型的体现,也是人类能动性发挥的结果,同时又大大地提高了人类能动性的程度。如果说市场经济是现代文明发展的根本动力,那么可以说科学技术是现代文明发展的主要手段。现代文明的巨大繁荣就是在利益最大化的推动下通过科技发展特别是科技革命的手段实现的。现代文明是有突出成就同时又有严重问题的文明,毫无疑问,现代文明的成就和问题都与科技发展相关。就问题而言,如环境污染、生态破坏、高科技术犯罪、现代战争等都是借助现代科学技术发生的。而且只要实行市场经济,科学技术就有可能被恶用和滥用,其后果就会对人类生存产生威胁。因此,如何使市场经济得到有效调控,使之不过分刺激人们的欲望,更不导致人们的贪欲恶性膨胀,这是解决当代科学技术问题的根本途径。[1]

因此,在构建中国主流价值文化的过程中,一方面要运用市场经济和现代科技的力量为中国主流价值文化构建提供雄厚的经济技术基础和强大的物质文明支撑,另一方面则要运用正在构建的中国特色社会主义价值文化及其体现的法律制度,加强对市场经济和现代科技发展的引导和控制,有效克服和防范市场经济和现代科技本身的问题和可以导致的负面效应,严防社会生活的市场化、资本化。

(二)中国主流价值文化构建的路径[2]

我们所构建的主流价值文化要真正深入人心,具有现实的生命力,那么无论理论还是实践上都应当是一个与时俱进、随着中国特色社会主义实践的不断丰富而不断发展的开放体系。要做到这一点,就必须考虑两个问题:一是主流价值文化的理论实现问题,也就是如何使之融入中国特色社会主义的伟大实践之中,现实地发挥指导作用。二是理论的不断修正问题,即要通过实践考察其效果,同时根据实践效果,以及实践内容的不断丰富来调整、补充和修正我们的理论体系。前一个方面是用理论来指导实践,体现理论的现实生命力;后一个方面是通过实践的检验作用,将实践的要求反映到理论。

1. 主流价值文化的理论实现问题

主流价值文化的理论实现,需要以恰当的方式、合理的实现机制来进行。对

---

[1] 参见江畅:《幸福与和谐》,人民出版社 2005 年版,第 527～535 页。
[2] 本部分是在本课题阶段性成果的基础上经过较大修改和调整而形成的。(参见江畅等:《中国主流价值文化及其构建研究》,人民出版社 2013 年版,第 139～148 页)

此，本书已有专门的章节来讨论。这里拟从问题的角度来说明，集中讨论理论实现过程中通常会出现的问题。

其一，主流价值文化的理论与实践之间的脱节问题。理论应高于现实，但不能脱离实际，同时还要注重理论如何才能通过过渡来切合实际。要解决这一问题，价值文化理论的实现必须注意如下几点。

首先是理论的层次。一般地说，价值文化理论首先必须展现值得人们向往和追求的核心价值，然后说明这些价值能否实现的问题，最后提出如何实现的方式。从伦理学的角度来看，它们大体可对应于信念或信仰、伦理和行为规范这三个层次。如果层次不清或相互混淆，就会产生理论与实践的脱节：理论上能服人之口却不能服人之心，让人能"知善"却不足以引导人"行善"，最终给人以唱高调或华而不实的印象。优秀的价值文化理论由于人们对其理论层次的误解而让人望而却步，思想史上这样的例子并不鲜见。

如孟子的弟子公孙丑就对孟子之道提出疑问，认为陈义过高，可望不可及，建议降低要求以便切实可行。孟子的回应有两层意思：一是基本价值立场不可改变；二是教法重在引导，能不能做到则在于受教者自己的能力[①]。稍作分析可以看出，师徒两人其实是在不同的层次上谈论问题。公孙丑关注的是可行性，是伦理层次上理论如何实现的问题；孟子关心的是价值信念或道德理想的纯粹性。康德的道德哲学曾遭到类似的质疑，他在《论一个习语：理论上不错，实践中行不通》中的一个基本回应是：虽然现实生活中人们很难完全出于其道德法则去履行义务，但道德法则的揭示，对于强化人们的道德动机，以自觉并努力趋向于一种纯粹的道德，对于维护道德基础的纯洁性，具有根本重要的意义[②]。这里康德同样是在信念的层次上讨论问题，强调道德理想和实践信念的重要性。

就主流价值文化理论而言，价值信念的层次不可或缺，而且应当有理论高度。但必须注意，价值信念所起的作用主要是指示出理想状态，提供理论根基，不能混同于对人们的现实要求和评价即规范和伦理的层次。尤其是我们的主流价值文化理论不是仅停留于理论探讨，而是最终是要得到大众的接受和认同，那就必须层次分明，明确各层次的内容、适用范围和对象，这样才能有效地指导实践。否则难免流于空洞的形式，甚至造就压抑人们性情的虚伪道德。

我们的文化建设总体上不错，提出的规范要求大多注重人们力所能及且易于实行。如我们所倡导的"五讲四美"等，都是很好的文化建设举措。但不可否认，我

[①] 见《孟子·尽心上》。原文如下：公孙丑曰："道则高矣美矣，宜若登天然，似不可及也。何不使彼为可几及而日孳孳也？"孟子曰："大匠不为拙工改废绳墨，羿不为拙射变其彀率。君子引而不发，跃如也。中道而立，能者从之。"

[②] Immanuel Kant, *On the Common Saying*: '*This Way Be True in Theory, But It does not Apply in Practice*'. See Kant Political Writings. Edited by H. S. Reiss, Cambridge University Press, 1991, p. 69.

们在某些时期也犯了类似的失误。如文革时讲"狠斗私字一闪念",其本意或是强调行为动机的纯洁,但往往成为评价人们现实行为的标准,其结果是造成不少捕风捉影的冤假错案。

其次应与现实的政治经济条件相配合。价值文化理论要切实可行,就必须考虑现实的政治经济发展状况,否则其生命力必然有限。从大的方面说,中、西、马的价值文化之中包含了具有理论活力的资源,但都存在如何与当代中国的政治经济发展状况相配合的问题。这种配合应该是相互的,一方面,我们所选择的合理而正当的价值资源应面向现实社会生活的问题做创造性的解释和转化;另一方面,我们应当创造有利于这些文化价值实现的制度环境和社会环境。

就前一方面说,不考虑政治经济生活的变化而简单套用以前成功的观念和做法,难免造成理论与实践的脱节。例如对雷锋精神的倡导。改革开放之前,我们学雷锋的效果不错,对社会生活风气产生了积极而健康的影响。我们现在也不时开展学雷锋活动,其影响却有限。这并不是雷锋精神本身有问题,而是我们在理论和现实两方面的转化工作都做得不够,往往只是沿用或简单改装以前的做法。学雷锋的具体做法无疑带有时代的印记,不乏其时较左的政治经济环境的影响,但其中蕴含的"与人为善"的精神,"从小事做起"的思路,无疑仍有生命力。若能结合当前社会状况发展出新的实现途径,应该仍可以有效发挥其积极作用。

从后一方面看,一种健全的文化价值,必须有相应的政治经济制度保障才能实现,才能成为社会主流价值。康德提出了一个假定,即"我们如果被要求应当做某事,那就能做某事。"① 这被现代西方伦理学概括为"应当蕴含能够"(ought implies can)。反过来说,超出人们能力范围的"应当"要求就是不合理的。在规范的层次上,文化价值观也会对人们提出"应当以某种方式做事"的要求,但如果缺乏相应的制度保障,缺乏实现这类行为的社会环境,人们也就难以按照这种要求去做。这样的价值文化即使具备再强的精神感染力,也难以成为该社会的主流,难免流为空洞的形式。

最后,主流价值文化体系的规范要求应该有针对性,因不同的对象和领域而有所区别。这是就现代社会的特点而言的。随着现代社会分工的发展以及人们交往范围的扩大,社会生活趋于职业化和民主化,公共领域与私人领域也有了较明显的区隔。我们的主流价值文化体系应针对这些特点,在规范要求方面做适当的考虑和安排。

主流价值文化体系的规范要求应根据公私领域的不同而有所区别。公共领域的价值文化建设,属于社会公德的范围;对私人领域的规范,则属于道德教育、个体

---

① Immanuel Kant, *Kant's Theory of Ethics*. Trans by Thomas Abbott. Longmans, Green and Co, 1923, p. 119.

人格培育的范围。对待这两个领域的价值文化建设,需要有不同的处理方式。公共领域的规范要求是要维护基本社会秩序。其规范应该是一种带有强制性的要求,一种对所有公民都同等的底线要求,因而可以采取教导、外部规范的方式,其内容亦多是禁止性的规范。个体人格方面则需要个体的内心认同,也应该是个人的一种自主自愿的选择,因而不宜采取教导、外部规范的方式,而只能是各种积极意义上的引导。大体说,我们主流价值文化的理论体系在此所能提供的,一是培养公民的择善能力,二是提供多种具有感染力或说服力的善生活之可能性,以拓展合理选择的空间①。当然,这只是相对的区分,两者背后的伦理精神均应得到主流价值文化的信念支持。

主流价值文化体系的规范要求还应根据各职业的特点而进一步具体化。在此可以吸收国内外应用伦理学的有益成果,如企业伦理、科技伦理、生态伦理、医学伦理、网络伦理等等,使之与主流价值文化体系的伦理精神相贯通,这样不仅可以丰富和发展我们的理论,也会因规范的有针对性而更具现实活力。

其二,对主流价值文化建设本身的逆反心理问题。这里所讲的"逆反心理",大概有两种情况:一是由于我们以前在此问题上的某些失误如重视不够或流于形式等,而产生抵触情绪;二是从根本上反对确立主流价值文化,以为这是对个人自由的压制和干涉,因而坚持价值多元或价值相对主义。对于第一种情况,我们如果能避免第一点所讨论的理论与实践相脱节的问题,发展出具有现实活力的主流价值文化,那么这种"逆反心理"当能随之克服。第二种情况则与西方近现代以来的自由主义思潮相关,其中不少来自大众对自由主义的误解。

要克服第二情况,首先应消除大众对自由主义的误解。作为西方自由主义的核心概念,"自由"(liberty/freedom)一词在最初译介为中文之时就伴随着理解上的分歧和混乱②。在不少人眼里,西方的"自由"与庄子的"逍遥游"是同一家族,成了个人的"随心所欲"和社会政治上的"无政府主义"。这种浪漫主义的理解在当代大众文化中并不鲜见。由此观点来看,"自由"似乎是我们即使在社会生活中也无需任何约束和代价而必得的好东西,因而无论我们倡导的主流价值文化如何,他们都难免产生逆反心理。这种情况应该通过厘清"自由"的含义来消除。

其次必须看到,西方的自由主义也是其近现代的一种主流价值观,是经过宗教改革,从其宗教传统之中衍生而出的。现代西方的自由观就其产生看,离不开对上帝与人之间关系的思考,有其特定的宗教意识③。而这种现代的个人主义自由观在孕育出独立自主的现代个人的同时,也意味着个人必须自我选择和决策,并为自己的

---

① 参见阮航:《楚文化的伦理精神与湖北的道德文明建设》,《湖北大学学报》(哲学社会科学版),2009年第6期。
② 参见许纪霖、宋宏:《现代中国思想的核心观念》,上海人民出版社2011年版,第420～421页。
③ 参见[美]弗洛姆:《逃避自由》,陈学明译,工人出版社1998年版,第133～135页。

选择负责。就此而论,自由对应于责任。

再次,我们构建主流价值文化的理论资源是可以与自由主义相容的。前已说明,我们的理论资源主要来自中、西、马三大价值系统。马克思主义本身就是在西方自由主义的基础上的进一步发展,追求"人的自由全面发展",实现作为"自由人的联合体"的共产主义社会。而中国的传统价值文化,其基本思想资源即使不能与自由主义相通,也至少是可以相容共存的。

最后,确立主流价值文化并不意味着对个人自由的压制,而是对个人作为社会合作者的价值引导,以及为了不妨害他人自由而进行必要的约束。当代西方的自由主义并不否认对社会生活中的个人进行约束的必要性,只不过强调尽量减少不必要的约束,而且这本身就是西方的一种主流价值观点。

由以上辨析看,对于第二种情况的逆反心理问题,我们一方面需要澄清误解以消除任性的自由观和无政府主义,另一方面需要通过对话和合理的理论说明来疏导。

其三,主流价值文化建设的效益问题。主流价值文化建设应该说是一个艰巨而长期的任务,这是由文化本身的发展规律决定的。但这不意味着不考虑效益问题,即我们的文化投入如何能取得最佳的效果。投入很大而收效甚微,这在理论宣传中并不鲜见。以下略述其中应注意的几个问题。

首先是文化工作者必须具备相应的理论素养。文化工作有其特殊性,在一定意义上是个"传心"的工作,要能让人信服进而心服。那么文化工作者自己就得先把自己所要说明的观点理解透彻,不能流于浮面。

孤立地看,所要说明的观点无非几点结论,难免"断章取义"。但这个"义"取得是否恰当,光看那"断章"是不够的,必须将观点的来龙去脉都了解清楚。这正如我们写文章的引用。字面上,引用都是"断章取义",但恰当的引用肯定是要将这"断章"的上下文乃至原作者的整个思想都把握好。当然,如果要求文化工作者对主流价值文化的理论全都像这样理解透彻,那恐怕不合实际,精力和时间不允许。但要求将其所要说明的那一部分充分领会,应该不难做到,也只有这样才算是真正负责。另外还可以通过专门的培训来提高。国外许多大企业都设有伦理官员,大部分伦理官员并不是什么专业学者,但通过培训,他们对其所负责的那一部分极为熟练。我们在文化建设中可以借鉴类似的做法。

其次文化工作应针对不同的对象而采取相应的方式,千篇一律的宣传难以收到好效果。文化工作不仅是要"传心",也要和对方"交心"。要真正说服人,就必须站在对方的位置去思考;要让人心服,还必须在尊重对方的基础上体会其情感和需求。《中庸》说:"君子以人治人,改而止。忠恕违道不远,施诸己而不愿,亦勿施于人。"(《中庸·第十三章》)这段话,曾有人望文生义将之理解为专制式的"人治",其实讲的是要换位思考,将心比心:是要站在对方的位置去考虑,理解对方，以忠恕之道来交往。做个简单的类比。我们的街道办事处在年终时一般都会给孤寡老人送温暖，赠送钱物。这当然不错，体现了对老人的关心。但试想一下两种做法：一是千篇一律每年给每位老人送一样的钱物；二是事先了解每位老人各自的需求，然后用同样的投入按照老人各自的需求分别送上不同的礼物。显然第二种做法效果会更好，它与第一种做法的区别在于先有个理解对方的过程。我们的文化建设在具体实施之时如果也能换位思考，效益应该会有很大的提高。

最后还有个时机的问题。价值文化建设说到底是要引领人们的价值追求，是个启发人的工作。时机得当则事半功倍。孔子曾讲其教授弟子的"启发"方法："不愤不启，不悱不发。"（《论语·述而》）"愤"、"悱"都是一种未想通问题而寻求解答或者说思维遇到瓶颈的状态，这时候予以"启"、"发"，加以点拨，收效最佳。我们的价值文化建设也可以借用孔子的"启发"方法：在人们遇到价值选择的难题时，根据我们的主流价值观予以及时的解答。比起我们不管对方有无兴趣就拿出自己的观点来解释，"启发"的效果肯定要好得多。尤其是现在中国互联网已经普及，这样的时机应该不少。如果我们能抓住其中的热点、焦点问题，有理有据地及时加以说明，应该会取得不错的效果。

2. 主流价值文化的实践检验问题

主流价值文化要展现出持久的生命力，就必须接受实践的检验；要有活力，就必须与时俱进，将不断丰富的新的实践内容及时反映到理论中去。由此我们就应该充分发挥实践的检验作用，推动理论的自我修正和更新。可以分如下三个方面来思考这个问题。

其一，注重收集民意。这是检验理论的一个基础性工作，也是古今中外的一贯做法。当代的实践形式日益多样化，收集渠道也应多元化，并保证每个渠道的畅通和良性运转。

首先学术界可以就主流价值文化的理论和观点开展充分的讨论。这既是一个检验理论的过程，看能否与其他观点抗衡，能否容纳其他观点，进而发现理论上的不足以求改进；其实也是一个理论进入实践的过程：把主流价值充分展现给持不同价值观者，力求说服他们，争取他们的理解和认同。这种探讨不应局限于国内，也应注重与国外学者的研讨。这样，不仅可以从不同的观点中得到启发，也可以加强我们的主流价值文化的影响。只有在与不同观点的交锋中，我们的理论活力和潜力才能充分展现出来。

其次可以有针对性地进行民意测验和问卷调查，设计出合理的问卷并收集反馈意见。民意测验既可以了解特定人群的思想状况，从而有利于调整文化建设的具体措施；也可以考察理论的适用性和说服力，以便通过调整而更切合实际。

再次可以通过信访办及相关部门，接纳相关建议，将民间的文化要求反映上来。

最后应注重网络意见的收集。网络有匿名、反馈迅速、信息范围和信息量大等特点，但同时容易出现信息混乱、观点片面极端等现象。因此，在收集的时候应注意分门别类，加以鉴别，以此为根据进行适当的疏导和沟通，以便更好地传递文化信息。

其二，考察文化制度的效果，根据实际情况做适当调整。文化制度的范围较广，既包括基本的教育制度、新闻制度，也可以涵盖大量的非正式制度，如各地的风俗习惯等等。因此，考察文化制度的效果，也就是一个极为繁重的工作，对不同的文化制度需要采取不同的考察和调整方式。一般地说，越是重要、正式的制度如教育制度等，越是需要加大考察的力度，仔细分析各个层次和环节。但对于根据考察得出的修正意见也更需谨慎对待，必须经过反复论证、检验和试验才能付诸实施。非正式的文化制度建设也不容忽视。它们往往与基层和民间的文化活动相关，不仅关系到一般民众对主流价值文化的认同问题，而且是整个文化秩序稳定的基础。对基层文化制度的考察，应注意发现其中与正式制度和主流价值文化不一致的做法，以及一些具有创新意义的举措。对不一致的部分需认真分析其原因，发现问题所在，然后对症下药：要么纠正基层制度，要么调整其上一层的制度，层层追溯，乃至作为我们调整文化建设思路的参考。对于具有创新意义的举措，则可视为我们文化实践的新内容，分析其中的意义以备借鉴之用。

其三，以科学的方法进行实地调研。实地调研是我们发挥实践检验作用的一个基本环节，可以让我们获得关于主流价值文化建设的第一手反馈材料。但调研要取得预期的材料，产生良好的效果，则必须注重科学的方法。

首先应根据调研目的来选择恰当的调研对象。这是调研前必须的准备工作。先得明确调研目的，即我们的调研想要了解什么，想要考察主流价值文化哪一方面、哪一层次的内容。由此再有针对性确定调研对象，调研对象必须具有典型性，能集中反映我们想要考察的内容。其次，组建配置适当的调研团队。根据调研的各个环节，确定相应的具有专业素养的调研者，由此组成分工合作的调研团队。再次，采取恰当的调研手段。调研手段应根据调研目的以及调研对象的特点来确定，并根据实际调研的情况做适当调整。最后是对调研结果的分析。

总之，发挥实践对理论的检验作用，关键是要落实为各种具有可操作性的机制。在相当程度上，这些机制并不是仅凭理论说明去推导的，而是要靠我们在实践中摸索、发展出来。随着这些机制发展成熟，我们的主流价值文化理论也就有了自我纠错和更新的实践机制。

第三章　中国主流价值文化的思想文化来源

如何估计当代中国主流价值文化，这是一个非常严肃的问题。对当代中国主流价值文化的估计不同，提出的任务和目标就会不同。中国进入近代以来，中华文化发生了重大的变革，中国特色社会主义新文化是当代中国的主流文化，这是一个基本的估计。中国特色社会主义新文化是以马克思主义为指导，以中国优秀传统文化为基因，面向世界优秀文化的新文化。

一、马克思主义是中国主流价值文化的根本

近现代以来，在中西、古今文化冲突的大背景下，中国就面临着向何处去的问题。而中国向何处去的问题也是中国文化向何处去的问题。在"您认为主导中国主流价值文化的应是什么"调查时，30.5%的受访者选择了中国传统文化，16.5%的选择了马克思主义文化，16%的选择了中国传统文化和马克思主义文化，14.5%的选择了西方价值文化，9.4%的受访者选择了不应有主导，还有13.1%的人做出了其他的组合选择。[①] 可以看出，在当前多元价值文化相互交流碰撞，融合并存的今天，社会公众对是什么主导中国主流价值文化看法和理解并不一致。而在关于中国主流价值文化的研究中，有的学者主张以马克思主义为指导来解决我国在当代需要什么样的价值文化的问题；另一部分学者则诉求于中国传统文化来构建当代中国的主流价值文化；还有部分学者则试图通过借鉴西方价值文化的中的优秀精神来探讨当代中国主流价值文化构建问题。价值多元的事实进一步凸显了当前构建主流价值文化的迫切性与必要性。中国自近代以来，一直面临着重建中国文化的课题，面临着公民思想道德建设的课题，面临着重塑国民性的课题。以儒家为主流的传统文化遭受了前所未有的挑战，并逐步退出主流文化的舞台，而西方文化作为一种外来文化对中国本土文化产生重大冲击。时代的变迁凸显了中国传统文化指导现代社会生活的困境，同时中国传统文化的优长和中国特殊的国情和国民品格也反射出西方文化不能照搬到中国。当代中国正致力于构建的主流文化价值观即中国特色社会主义价值观的真正源头在哪里？答案应是不言而喻的，其真正的源头是马克思恩格斯创立马克思主义。经过历史的选择，马克思主义被中国人所理解和接受，并指导中国革命取得了成功。当代中国主流文化的构建要依靠马克思主义的指导。

---

① 戴茂堂、周海春、江畅等：《中国主流价值文化及其构建调查》（调查报告集），人民出版社2014年版，第322页。

（一）马克思主义对西方文化传统的继承和超越

建设主流价值文化，是马克思主义中国化的需要。马克思主义从在中国传播到成为国家主导意识形态的过程，是马克思主义与中国实际相结合的过程，是马克思主义中国化、时代化、大众化的过程，也是马克思主义在中国逐渐取得胜利的过程。中国社会主义革命和建设之所以能取得胜利，从思想理论的角度看，是因为我们找到了并根据不同历史阶段实际运用和发展了马克思主义。马克思主义在中国社会主义建设事业中的指导思想地位得到了全社会乃至全世界的普遍公认，而且它是我们中国人找到的能使中华民族实现伟大复兴和实现现代化的唯一正确思想理论。建设社会主义核心价值体系，是中国特色社会主义理论建设的有机组成部分，是创造"中国特色、中国风格、中国气派的马克思主义"新形态的新课题。建设社会主义核心价值体系，是中国特色社会主义文化建设的根本，是和谐文化建设的根本，也是精神文明建设的根本。今天构建当代中国主流文化的过程，就是把马克思主义与中国实际进一步结合起来的过程，也是马克思主义进一步中国化、时代化和大众化的过程。

马克思主义为中国主流价值文化构建提供了方法论和价值观的指导。马克思主义也追求自由、平等、正义等价值，不过马克思主义的价值观是和方法论紧密结合在一起的。马克思主义坚持历史的观点看待价值观，认为价值观有其时代的内容，具有历史性。马克思主义坚持社会的观点看待价值观，认为价值观反映社会生活的内容。马克思主义坚持辩证的观点看待价值观，认为价值观和生活实践之间的关系具有辩证性。

坚持马克思主义基本原则和方法论对于当代我国主流文化构建具有重要的方法论意义。一是有助于我们在物质和意识的基本关系层面解决为什么要构建主流价值文化的问题，厘清主流价值文化建设与经济社会发展之间的关系，使当前主流价值文化构建的必要性和紧迫性更加凸显；二是有助于我们认清构建主流价值文化的主体问题，即依靠谁、为了谁的问题；三是有助于我们在构建主流价值文化时具体怎么做的问题。只有通过马克思主义的实践方法论，认真分析文化发展的一般规律和当前价值观的现状，才能真正实现科学的主流价值观构建。马克思主义是一个完整的思想体系，其正确性和独特魅力突出地表现在：它深刻揭露了以市场经济为基础的资本主义所不可克服的生产社会化与生产资料私人占有之间的内在矛盾，以及由此必然导致的社会两极分化和周期性经济危机；科学揭示了资本主义由于其不可克服的矛盾而必然为社会主义所取代的历史规律；大胆预示了替代资本主义社会的社会主义社会不再是以资本增殖为终极目标的社会，而是以社会成员全面而自由发展的社会。把马克思主义与中国实际结合起来建设的中国特色社会主义，已经显示出并将进一步日益显示出资本主义所无可比拟的优越性。

马克思主义有着丰富的价值观，包括马克思青年时期对人类幸福的追求，到后来对人的全面而自由发展的热切渴望，到劳动价值论的发现，到人民群众在历史中的价值尊严的理论论证。马克思主义对共产主义理想的不懈追求无处不包含着自己的价值观。这些对中国主流价值文化的构建是有着重要的指导意义的。

马克思主义的普遍意义何在？这既是一个理论问题，也是一个现实问题。而回答这个问题不可避免地涉及到马克思主义的起源问题，涉及到马克思主义和西方文化传统的关系问题。关于马克思的思想和西方文化传统的关系问题，存在二种主要的解释倾向。

其中一种解释倾向认为，马克思主义在起源过程中脱离了西方基本的、正统的文化传统，对于西方文化而言，不具有正统的代表性。这样的理解会否定马克思主义的普遍意义，因为从起源上来看，马克思的思想已经不能够体现西方文化一般的价值取向。马克思主义是欧洲革命传统的延续，而这一传统并不是欧洲的主流文化。伯尔基在《马克思主义的起源》一书中反对这一看法，该书介绍了这种看法的基本思路："马克思思想本质的东西，恰恰在于其激进和新颖，在于其彻底的'革命'特质，它们反对并驳斥着欧洲主流传统的那些基础价值和组织概念。"①

另一种解释倾向是把马克思主义看成是西方主流文化的延续。伯尔基就持有这种看法，他认为："马克思主义根本上属于欧洲政治和社会理论的主流传统。"②在伯尔基看来，马克思思想具有内在统一性，将欧洲传统各主要视角、进路进行了成功的综合。"马克思主义是革命的，因为它是传统的，而我们伟大的历史遗产，它之所以能在现时代产生出像马克思主义学说、运动这样的东西，是因为它内里总是携带着革命的种子（或许我应该说'精子'）。"③这种综合除了是英国政治经济学、法国激进主义和德国唯心主义哲学的综合以外，还与基督教传统有某种关联。"一些马克思的研究者认为他们已经在马克思的拉比家统中找到了理解整个马克思思想体系的钥匙。"④这一说法是值得商榷的，不过恩格斯分析了二者的关系。恩格斯认为基督教同任何大的革命运动一样，也是群众创造的。"原始基督教的历史与现代工人运动有些值得注意的共同点。基督教和后者一样，在产生时也是被压迫者的运动……基督教和工人的社会主义都宣传将来会从奴役和贫困中得救；基督教是在死后的彼岸生活中，在天国里寻求这种得救，而社会主义则是在现世里，在社会改造中寻求。"⑤恩格斯强调了马克思主义和基督教的本质区别，同时也肯定了二者的联

---

① ［英］伯尔基：《马克思主义的起源》，伍庆、王文扬译，华东师范大学出版社2007年版，第3～4页。
② ［英］伯尔基：《马克思主义的起源》，伍庆、王文扬译，华东师范大学出版社2007年版，第3页。
③ ［英］伯尔基：《马克思主义的起源》，伍庆、王文扬译，华东师范大学出版社2007年版，第4页。
④ ［英］戴维·麦克莱伦：《马克思传》，王珍译，中国人民大学出版社2008年版，第6页。
⑤ ［德］恩格斯：《论原始基督教的历史》，《马克思恩格斯选集》第4卷，人民出版社1995年版，第457页。

系。麦卡锡则分析了马克思的思想与古希腊价值观的关系。"事实上，本书认为对马克思的价值理论、他的经济危机理论及其政治经济学批判的正确理解，最终都离不开其基于希腊城邦典范的关于社会公正的设想。"①马克思与欧洲启蒙运动倡导的人道主义之间也有着千丝万缕的关系，在此不必论述。

可以说马克思主义在产生之初，既继承了西方传统，又超越了西方传统，把西方一些价值观的传统提到了一个新的水平。

马克思主义或社会主义的伦理道德观问题，马克思主义和社会主义所追求的价值问题也是近年来国内学者关注的问题之一。"分析马克思主义"探讨了马克思主义中的道德价值问题。其基本观点包括如下几种：一是认为马克思主义把道德价值看作是一种受社会经济结构制约的社会历史现象，因而在马克思对资本主义的解释和对社会主义理想的描述中都拒绝任何道德原则和道德价值；二是认为在马克思主义的著作中充满着或明或暗的道德评判；三是认为马克思主义是那种"价值无涉"或伦理中立的社会理论。这一问题涉及马克思主义处理和解决历史价值论的基本思维和方法论的问题；也涉及对马克思主义思想的整体理解的问题。

马克思主义既是一种科学的社会历史理论，又是政治观，是社会主义的一种科学的形式，又是一种道德价值观。马克思主义不是一种与价值无涉的社会历史学说，不是一种道德怀疑论和反道德主义的学说；马克思主义也不是一种伦理观，一种抽象的、永恒的适用于一切时代和一切情况的道德伦理学说；马克思主义也不是一种纯粹的政治理想和政治学说；马克思主义是三者的有机结合体。自由、权利、正义和平等等价值是马克思比较关注的，马克思主义及其价值观对我国主流文化的构建具有指导的意义。

（二）马克思主义指导中国文化建设取得初步的成果

中国特色社会主义是以马克思主义为核心价值并融汇了中西价值文化的典范。中西文化的碰撞在"五四"新文化运动时期达到了一个高潮，正是在这一时代背景下，中国共产党诞生了。中国共产党人一开始就积极地面对中西文化这一课题。经过革命经验的积累和深沉的思考，毛泽东在《在延安文艺座谈会上的讲话》中，对中国共产党人的文化价值观进行了充分的说明。在古为今用、洋为中用，批判继承、综合创新的大原则下面，以民族的、大众的、科学的三个基点，构建社会主义的新文化。以民族性来说，一切文化要有利于民族的复兴，要在爱国主义的精神前提下面对中西文化，同时也要把马克思主义中国化，构建中国特色的社会主义；以人民性来说，要清醒地认识中国传统文化中的封建性因素，挖掘其人民性的内容，

---

① ［美］麦卡锡：《马克思与古人：古典伦理学、社会正义和10世纪政治经济学》，华东师范大学出版社2011年版，第1页。

要时刻警醒西方文化中的资产阶级价值，而吸收其人民性的因素；以科学性来说，要坚持马克思主义的唯物论和辩证法，按照科学理性的标准对待中西文化。

党的第一代领导集体以马克思主义为指导，在吸收中西文化优长的基础上进行中国文化综合创新的努力具有重要的历史意义。在革命的背景下，文化建设工作取得了很大的成效，诞生了延安精神等核心价值文化。其价值观是追求民族独立、国家统一；是密切联系人民群众；是自力更生、艰苦创业；是勤俭奋斗闹革命；是批评和自我批评，不断革新自我的人格。建国以后，艰巨的建设任务，诞生了集体主义价值为核心的价值文化，其中的核心价值观是全心全意为人民服务，个人利益要服从集体的利益。

（三）中国特色社会主义重申文化的独立价值

改革开放以来，对于我国文化的发展、我国文化地位和作用的定位，经历了一个不断深化、逐步清晰的过程。随着中国特色社会主义实践的深入，党和政府越来越认识到文化是民族凝聚力和创造力的重要源泉，是综合国力竞争的重要因素，是经济社会发展的重要支撑。我国应当立足时代和实践新发展，以新的视角认识文化的重要地位和作用。对于这种地位和作用，云杉在《文化自觉、文化自信、文化自强——对繁荣发展中国特色社会主义文化的思考》（上）一文中作出了深刻的阐述：首先，文化是推动社会发展的重要手段，也是社会文明进步的重要目标。一个文明进步的社会必然是物质财富和精神文化共同进步的社会，一个现代化的强国必定是经济、政治、文化、社会协同发展的国家。随着我国经济建设的推进、物质文明的发展，人们越来越感到，GDP 的增长、物质财富的增加，并不是社会发展的唯一目标、终极目标。其次，文化是凝聚人心的精神纽带，也直接关系民生幸福，文化具有教育教化功能，对于民生幸福具有重要意义的文化是维系一个社会团结和睦的精神力量，具有教育人、引导人的重要作用，同时对于人类而言，文化是一种精神上的内在需求、普遍需求，也是终生相伴的需求。再次，文化直接贡献于经济增长，也对提升经济发展质量发挥着重要作用。经济发展既要靠改革、科技，也要靠文化。经济文化已成为不可阻挡的新趋势，文化与经济相融合产生的竞争力成为一个国家最根本、最持久、最难替代的竞争优势。①

党的十六大之后，我们党逐步确定了经济、政治、文化、社会、生态文明建设五位一体的现代化建设总体布局，更加明确地把文化作为经济社会发展的重要内容和重要目标。这标志着我们党在文化认识上的新飞跃，反映了我们党在文化建设上

---

① 参见云杉：《文化自觉、文化自信、文化自强——对繁荣发展中国特色社会主义文化的思考》（上），《红旗文稿》2010 年第 15 期。

的战略眼光。今天，我们党提出繁荣和发展中国特色社会主义文化是中华民族和中国共产党的文化自觉、文化自信和文化自强的表现，反映了我们党对文化建设的认识达到了新高度，对文化发展规律的把握达到了新高度。其中包含着对文化在历史进步中地位作用的深刻认识，对文化发展规律的正确把握，对发展文化历史责任的主动担当；包含着国家、民族、政党对自身文化价值的充分肯定，对自身文化生命力的坚定信念；也包含着立足自己的实际，依靠自己的力量，突出自己的特色，走自己的文化发展道路的要求。

可以说，在中国特色社会主义建设过程中，我们已逐步认识到文化的一般性及其渗透性和基础性，以及由此引申出来的先导性、独立性问题。这是思考文化思路的很大调整，除了继续坚持具体的文化观，坚持经济基础对文化的决定性作用以外，更为看重文化的渗透性、基础性、独立性、普遍性和先导性。这一认识思路是由"科学技术是第一生产力"逐步发端，逐步认识到人文社会科学也是生产力，进而思考信息社会和知识经济时代文化的地位这一命题。直到提出先进文化、社会主义核心价值体系和社会主义核心价值观等命题，文化问题已成为解决今日中国各种问题不可回避的方面。

我们今天就站在这样一个历史发展的大开大合的文化转折时期，承担着重要的历史重任。我们担负着创建体现社会主义核心价值体系，融汇中西文化精髓的先进文化的历史任务，这一文化必将成为社会主义软实力的中枢和动力源。正是对文化建设的重要历史意义的体认，中国共产党人在新的时代背景下，提出了社会主义核心价值体系的命题。2001年9月20日中共中央颁布了《公民道德建设实施纲要》，胡锦涛2002年发表了《发扬艰苦奋斗的优良作风，努力实现全面建设小康社会奋斗目标》的重要讲话，2004年出台了《中共中央、国务院关于进一步加强和改进未成年人思想道德建设的若干意见》，2006年胡锦涛发表了关于树立社会主义荣辱观的讲话。在这一系列的论述和政策的基础上，胡锦涛总书记于2006年10月在党的十六届六中全会上通过的《中共中央关于构建社会主义和谐社会若干重大问题的决定》中，明确提出了"建设社会主义核心价值体系"这个重大命题。

改革开放以来，面对复杂多变的国内国际形势，适应改革开放和社会主义市场经济的发展的需要，党中央对中国特色社会主义的价值原则进行了一系列的概括，总体来讲包括如下基本内容：民族振兴与爱国主义价值原则；以人为本的价值原则；改革开放的价值原则；和谐稳定的价值原则；劳动价值论与尊重知识尊重人才的价值原则；科学和可持续发展的价值原则等。这些价值文化描绘了中国主流价值文化发展的宏观方向。①

---

① 以上内容参考了江畅、周海春：《中国主流价值文化研究新探》，《中原文化研究》，2013年第6期。

社会主义和谐社会理论包含着明显的道德价值内涵：民主、公正、诚信友爱、和谐稳定等等。如何理解这些价值内涵是关系到社会主义和谐社会构建的一个带有根本性的问题。社会主义和谐社会理论中所包含的道德价值内涵引起学者们广泛的研究兴趣。从和谐社会的伦理维度的视角，学者们着重研究了和谐社会的道德基础和道德要求等理论。但这种研究整体上是在抽象的道德范畴和道德原则的路向上前进的，追索的是道德论上的和谐社会所需要的公平和正义，缺乏以历史价值论的视角，对社会公平和和谐稳定等价值的社会经济内容的历史主义阐发。

如何才能把握好前进的方向和道路？就是要正确估计近现代以来我国文化变革的基本态势。这个文化变革的结果就是诞生了中国特色社会主义制度，而新制度的诞生又促进了新的文化变革。中国特色社会主义的制度、理论和实践体现了中国特色社会主义的价值观。我国主流的价值文化的建构就是要建立在中国特色社会主义的制度、理论和实践的社会基础之上。构建中国主流价值文化是中国特色社会主义实践的必然要求。中国特色社会主义核心价值观是中国特色社会主义文化的内核和中国特色社会主义文化强国的灵魂；构建中国主流价值文化是繁荣发展中国特色社会主义文化、建设社会主义文化强国的基本前提。

（四）保持我国主流文化的先进性离不开马克思主义的指导

马克思主义虽然是 19 世纪自由资本主义时代矛盾激化这一特殊历史阶段的产物，但其思想具有历史的超前性。当今全球化的过程依然是马克思所预料的人的"普遍性"发展的历史进程的一个部分。市场化的发展依然给共产主义提供着必要的历史前提。当代资本主义的总体发展方向并没有根本偏离马克思恩格斯所预示的社会发展轨道。它的发展方向，乃至整个人类社会的发展方向，都是马克思所预示的以人的全面而自由发展为原则的自由人联合体。今天我国构建主流价值观文化之所以要坚持马克思主义的指导地位，就是要使中国避免资本主义社会的严重后果，走出一条不同于资本主义的社会主义道路，从而达到马克思恩格斯所设想的人类理想境界。对于已经走向社会主义道路的中国而言，不可能也不应该像苏俄那样回头再走资本主义之路。

对于中国的发展和文化建设来说，一个根本性的问题是要严肃地面对社会主义和资本主义，马克思主义和非马克思主义的问题。马克思主义自身也有不同的理论取向，如西方马克思主义、苏联的马克思主义、中国的马克思主义，等等；马克思主义自身也有一个发展的过程，有一个与时俱进的过程，需要体现民族的特征，需要体现时代精神的精华。如何掌握马克思主义的核心价值观对于理解马克思主义非常重要，掌握马克思主义基本的世界观的根本问题还是价值观问题，方法论问题。马克思主义，中国特色社会主义价值观之间既有继承的关系，也有发展的关系。共产党的价值观和马克思主义,中国特色社会主义价值观之间既有一致之处,也有一定的差异性。从价值观入手说明世界观和方法论,有利于从一个高度上给出标准和界限,同时给出兼容的可能性和道路。中西古今、社会主义和资本主义三大问题的交织在价值文化上体现为中国主流价值文化该如何构建的问题,体现在中国人的精神家园该如何构建的问题。认真研究和回答何谓当代中国和未来中国的主流价值文化就显得非常必要。三大问题的解决密不可分,社会主义核心价值体系的确立离不开认真对待中西古今问题,而中西古今问题的解决离不开马克思主义。马克思主义来自西方,是西方学术传统的产物,马克思主义又超越了西方,在东方国家生根发芽,并产生了融贯中西古今的当代中国的马克思主义——中国特色的社会主义。马克思主义的中国化,中国特色社会主义理论从根本上代表了当代中国先进文化,代表着中国主流文化发展的未来方向,充满着生机和活力。

构建我国主流文化就是要着眼于未来发展,在马克思主义和中国特色社会主义理论的指导下放眼世界、审视自己、展望未来,从世界发展大势中把握我国文化发展前景,从中国特色社会主义伟大实践中把握我国文化发展前景,从文化建设自身的良好局面中把握我国文化发展前景,从网络化、信息化的潮流趋势中把握我国文化发展前景。我们的文化自信,不仅来自于历史的辉煌,更来自于我们的核心价值观和文化的先进性,来自于当今中国文化的蓬勃生机和未来发展的光明前景。①

马克思主义必须在丰富和发展中坚持。构建当代中国主流文化的过程也就是丰富和发展马克思主义的过程。在当代中国发展马克思主义面临着双重的任务:其一,要坚持马克思主义与时俱进的实践品质和以人为本的现实情怀来解决中国问题。在"您认为当前中国主流价值文化存在什么问题"这一调查中,有24.1%的人是认为没有体现大众的价值诉求;13.1%的人认为是缺乏现实关怀;认为是没有与时俱进的人占7.6%。②一般而言,大众的价值追求和现实需要都是随着时代变化而不断调整,特别是在社会转型期人们的物质和文化需要的变化更加复杂深刻。以马克思主义为指导探索我国现代化建设过程面临的各种新的问题,就是要使马克思主义与中国实践对接、结合,在有效解决当代中国问题的过程中使之成为中国最先进的主流文化,成为价值观多元时代的中国主流价值观。其二,要坚持马克思主义的世界视野。马克思主义的提出并不是在少数国家的社会发展基础上,而是始终在全世界范围内对人类生存发展的深层思考。在"中国主流价值文化及其构建"调查中,有32.5%的受访者认为"缺乏当代世界视野"是当前中

---

① 以上内容参考了江畅、周海春:《中国主流价值文化研究新探》,《中原文化研究》2013年第6期;戴茂堂、周海春、江畅等:《中国主流价值文化及其构建调查》(调查报告集),人民出版社2014年版。

② 戴茂堂、周海春、江畅等:《中国主流价值文化及其构建调查》(调查报告集),人民出版社2014年版,第326页。

国主流价值文化存在的首要问题。超过73%的受访者认为当前中国主流价值文化的国际影响力和竞争力"一般"或"没有",只有26.8%的人认为"影响力很大"。① 这表明在当前软实力竞争激烈的国际环境中,我国的主流文化实力与真正的大国地位仍有距离,尚不能在全球化进程中彰显中国的力量和地位。与此相应,有28.3%的人认为,中国主流价值文化应该顺应全球一体化浪潮,自觉与国际接轨,更有47.7%的人认为,中国主流价值文化应该与国际接轨,只要保持自己的特色就好,把后两者累计在一起,主张中国主流价值文化应该与国际接轨的人达到了76%。② 可见,就像支持中国主流价值文化应该具有包容力、开放性的人占据绝大多数一样,主张中国主流价值文化应该与国际接轨的人也占据了绝大多数。坚持马克思主义为构建主流文化的指导思想,就是要以马克思主义为指导探索当代世界面临的各种新的问题,使马克思主义与当代世界实践对接、结合,在有效解决当代世界问题的过程中使之成为世界最先进的主流文化,成为价值观多元时代的世界主流价值观。用马克思主义指导解决"中国问题"和"世界问题"这两个方面不是分离的,而是紧密联系在一起的。一方面,在全球化的新格局下,中国问题与世界问题始终交织在一起,特别是我国市场经济兴起以来暴露的许多问题与其他所有市场经济国家相似。这种新的情况要求当代中国价值观和主流文化构建必须将中国问题与世界问题联系起来考虑和研究解决,缺乏世界视野,中国问题不可能得到真正的解决,当代中国主流文化也不可能真正构建起来。另一方面,马克思主义是一种世界性思潮,是近代产生的、在今天世界最有影响力的两大思潮之一。中国是信奉马克思主义的国家,而中国是世界上人口最多的国家,也是社会主义事业最兴旺发达的国家。因此,当代中国不仅有解决本国的社会主义现代化问题的责任,而且也肩负着研究解决现代人类面临的世界性问题的重大使命。从这种意义上看,我们要把当代中国主流文化作为具有世界意义、全人类意义的主流文化来构建,使之成为当代人类最先进的主流文化。这种主流文化以其先进性可以与西方自由主义价值观相抗衡、相竞争,不仅不被自由主义价值观战胜,相反要通过超越它而最终战胜它。只有这样,我们才真正在当代弘扬和发展了马克思主义。③

当代中国主流文化并未建成,尚处于构建的过程中,还必须坚持和发展马克思主义。构建当代中国主流文化首先必须进一步坚持马克思主义的基本立场、基本观

---

① 戴茂堂、周海春、江畅等:《中国主流价值文化及其构建调查》(调查报告集),人民出版社2014年版,第326页。

② 戴茂堂、周海春、江畅等:《中国主流价值文化及其构建调查》(调查报告集),人民出版社2014年版,第326、332页。

③ 戴茂堂、周海春、江畅等:《中国主流价值文化及其构建调查》(调查报告集),人民出版社2014年版。

点、基本原则，使我国构建的主流价值观真正是马克思主义，是科学社会主义的。世界的变化、中国的进步、人民的伟大创造为我们文化的繁荣兴盛提供了历史性机遇和广阔舞台，通过构建，我们能创造出无愧于时代的具有中国特色的社会主义价值文化。

二、优秀传统文化是中国主流价值文化的母体

　　古今问题对当今的中国依然很重要。传统文化曾经被打翻在地，今天或者未来还有希望吗？需要让她扮演什么样的角色？我们以什么样的态度和方法对待传统文化？有的人把中国传统文化当成主流价值文化，但对传统的主流价值文化的认识也有差异，或者认为是儒家，或者认为是道家，有儒家主干说和道家主干说之分。以中国传统文化为核心和主流来构建我国当代的主流价值文化，显然已经成为一种不能实现的梦想。虽然传统文化不是汉学家所说的那样成了博物馆中的东西，成了没有灵魂的亡灵，但她还活在人们的心中，活在当代中国人的情感中、思考中，活在中国人的交往中，活在经济、政治和文化生活中，活在各种组织的构成和组织运行体系中，活在不同民族、不同年龄和性别的中国人中。国学热、孔子舆论化虽然也有来自传统爱护者批评的声音，但这种批评不过是希望解释和传播的更加理性，更加合理一些而已。

　　一部分思考希望以同情的理解，以研究的态度来对待传统文化。是怀疑，是复古，是释古？人们有不同的回答。但近代以来，以儒家为主流的传统文化遭受了前所未有的挑战，并逐步退出主流文化的舞台是一个基本的历史事实。以儒家文化为主流的渴望，自然有护短的文化心理发生，传统文化的优点容易被夸大，被美化。与此同时也有继承了怀疑古代精神的批判主义者。在批判主义者的心目中，当代发生的造假风、裙带风、浪费风、吃喝风无不与传统思维和价值观有着密切的关联，中国要想更文明，更进步，就要把传统的丑陋面貌进行更为深刻系统的揭露和批判，这是启蒙的任务。但启蒙不是终点，只是新的起点，还有建设和创新的任务。传统是资源，传统也是包袱。这是我们这个时代构建中国主流价值文化必须面对的一项特殊任务。自改革开放以来，我国不仅对国外价值文化打开了大门，而且也对中国传统文化打开了大门。近几十年来在中国大地上出现了"新儒学热"和"国学热"。人们越来越清醒地意识到，马克思主义中国化不只是要与中国社会现实相结合，而且也必须与中国文化传统相结合。在"您认为主导中国主流价值文化的应是什么"问题的回答中，有30.5%的受访者选择了中国传统文化，16%的选择了中国传统文化和马克思主义文化，认同接受中国传统文化的总计达到46.5%。在"阻碍当代中国主流价值文化认同的因素"问题调查中，各个受访的年龄群体均认为"忽

视了文化传统"是最主要的因素。①实际上，无论我们是否承认，中国社会现实都是中国文化传统的延续，当代中国现实也在创造着中国文化传统。中国现代生活中处处都依然渗透着中国传统文化的精神和因素。显然，试图将当代中国现实与中国文化传统割裂开来，既不可能，也会使马克思主义丧失民族文化的根基和血脉，从而没有了活力源泉。

正是基于这种认识，改革开放以来，特别是实行社会主义市场经济以来，党中央高度重视弘扬中国优秀传统文化对于当代中国主流价值文化构建的重要意义。中共中央印发的《关于培育和践行社会主义核心价值观的意见》指出："中华优秀传统文化积淀着中华民族最深沉的精神追求，包含着中华民族最根本的精神基因，代表着中华民族独特的精神标识，是中华民族生生不息、发展壮大的丰厚滋养。"②习近平同志也明确指出："中华文明绵延数千年，有其独特的价值体系。中华优秀传统文化已经成为中华民族的基因，植根在中国人内心，潜移默化影响着中国人的思想方式和行为方式。今天，我们提倡和弘扬社会主义核心价值观，必须从中汲取丰富营养，否则就不会有生命力和影响力。"③"中国人民的理想和奋斗，中国人民的价值观和精神世界，是始终深深植根于中国优秀传统文化沃土之中的，同时又是随着历史和时代前进而不断与日俱新、与时俱进的。"④当代中国主流文化与传统社会主义价值文化的重要区别之一，就在于社会主义是融入中国文化传统的。当前我国主流文化的构建必须着力弘扬中国传统优秀文化，使当代中国价值观真正植根于中国传统文化的沃土之中，使它在其中生根、开花、结果。努力将当代中国主流文化融入到中国悠久的文化传统之中，使之实现伟大的复兴。⑤

（一）中国文化的传统根基：以儒家为代表

任何一个民族的文化，必有其来自文化传统的特定内容，否则无根，也无法确立自身的文化身份。在此意义上，"文化是传统的、生命的，有个性，像有一个种，其内里必附带有一番精神"⑥。习近平总书记也指出，"中华文明绵延数千年，有其独特的价值体系。中华优秀传统文化已经成为中华民族的基因，植根在中国人内心，潜移默化影响着中国人的思想方式和行为方式。今天，我们提倡和弘扬社会主义核

---

① 戴茂堂、周海春、江畅等：《中国主流价值文化及其构建调查》（调查报告集），人民出版社2014年版，第322页。

② 《关于培育和践行社会主义核心价值观的意见》，《人民日报》，2013年12月24日第1版。

③ 习近平：《青年要自觉践行社会主义核心价值观——在北京师生座谈会上的讲话》，《人民日报》，2014年5月5日第2版。

④ 《习近平在纪念孔子诞辰2565周年国际学术研讨会暨国际儒学联合会第五届会员大会开幕会上的讲话》，《人民日报》，2014年9月25日2版。

⑤ 以上内容参考了戴茂堂、周海春、江畅等：《中国主流价值文化及其构建调查》（调查报告集），人民出版社2014年版。

⑥ 钱穆：《中国文化精神》，九州出版社2012年版，第10页。

心价值观，必须从中吸取丰富营养，否则就不会有生命力和影响力"①。要构建当代中国主流价值文化，固然必须建立一种现时代的文化，照察现代性的走向；但也必须找到着力点，从自身文化的根上着力。

1. 儒家文化精神的基本方向

中国文化的根在何处？须求之于中国文化的发展历程。对此柳诒徵先生曾有三问：今之中国广土众民，"试问前人所以开拓此天下，抟结此天下者，果何术乎？"中国民族众多，"试问吾国所以容纳此诸族，沟通此诸族者，果何道乎？""试问吾国所以开化甚早，历久犹存者，果何故乎？"②也就是说，中华民族几千年来能一直表现出泱泱大国的风范、维持由众多民族组成的社会之稳定有序，在社会组织、政治制度和生命安顿上必有其活力源泉，有能维系其历久犹存的文化血脉。中国传统文化以儒家为主流，这种根基或血脉首先应该从儒家文化中寻找。那么，儒家文化之中历久不变的精神何在？董仲舒说："道之大原出于天。天不变，道亦不变"（《汉书·董仲舒传》）。近代以来，董仲舒的这句名言颇受诟病，但未必是建基于对其原意的恰当解读。董仲舒在《春秋繁露》首章辨析"新王必改制"时，其实对其所谓"不变之道"做出了明确的解释：

> 今所谓新王必改制者，非改其道，非变其理，受命于天，易姓更王，非继前王而王也。若一因前制，修故业，而无有所改，是与继前王而王者无以别。受命之君，天之所大显也。事父者承意，事君者仪志。事天亦然。今天大显己，物袭所代而率与同，则不显不明，非天志。故必徙居处、更称号、改正朔、易服色者，无他焉，不敢不顺天志而明自显也。若夫大纲、人伦、道理、政治、教化、习俗、文义尽如故，亦何改哉？故王者有改制之名，无易道之实。孔子曰：'无为而治者，其舜乎！'言其主尧之道而已。此非不易之效与？③

由此可见，董仲舒所谓"道"，指的是"大纲、人伦、道理、政治、教化、习俗、文义"，是中国文化的基本精神或基本格局。强调"道"之不变，毋宁说是主张，"伦理与文化有其应该沿承下来的基本精神，改朝换代在政治制度的变更，应当以尊重伦理与文化精神为前提"④。同时，这种不易之"道"要发挥其现实活力，就必须与时代因素相结合，发展出各种适应社会政治生活的具体内容。此即其"新王必改制作乐"的精神实质。

在儒家看来，承载着中国文化精神的"道"有其应当历代延续而不易的内容。

---

① 习近平：《青年要自觉践行社会主义核心价值观——在北京大学师生座谈会上的讲话》，《人民日报》，2014年5月5日第2版。
② 柳诒徵：《中国文化史·绪论》，上海三联书店2007年版，第5、7、8页。
③ 清苏舆：《春秋繁露义证·楚庄王·第一》，中华书局2002年版，第18～19页。
④ 周海春、姚才刚、阮航：《中国哲学原著导读》，湖北人民出版社2010年版，第134页。

它们是中华民族文化的血脉，不仅关系到中国人的生命安顿，而且也包含对如何安排社会秩序的社会建制精神。各个时代的思想家所面临的主要问题不同，往往侧重发挥"道"的某一个方面，但他们所主张的核心价值则根于同一血脉而相承相因。

春秋战国为乱世，诸子百家的思想乃针对周文疲敝而发。孔子说："周监于二代，郁郁乎文哉！吾从周"（《论语·八佾》）。周代的礼乐文化为此前中国文化的集大成者，孔子以传承和倡导周代礼乐文化自任，提点出"仁"与"礼"，以作为礼乐文化的价值核心。"人能弘道，非道弘人"（《论语·卫灵公》）。从文化的角度说，"道"虽为人之所共由，为文化血脉所在，但却有待于人来发挥；必须依靠传"道"者的发挥，才能激发文化传统的活力，生长出因应时代的具体内容。孔子的这一立场是人文主义的。这里的"人文"，当联系"天文"（天的活动）、"帝令"（天帝的指令）来理解。夏商文化可以说是围绕"天文"、"帝令"展开的，带有浓厚的宗教色彩，文化创造的核心落在人之外的因素。"人文"则是西周以来的文化转折，是鉴于殷商灭亡而发"天命靡常"之论，转而将重心投向人为努力，通往现世伦理的方向。据《史记》记载，孔子曾"删《诗》、《书》，订《礼》、《乐》，述《周易》，笔《春秋》"，这虽不一定符合史实，但说这些工作是由孔子率领的儒家群体完成的，则无疑是成立的①。可以说，西周以来的人文主义在孔子这里得到了系统的整理和发挥，由此明确为中国文化传统的主要方向，人文主义精神也成为中国传统文化精神的主脉。

孟子发挥了孔子"仁"的观念。他以性善为根据，强调人之道德能力的发挥，力主一种合乎人道的政治，即"仁政"。这是在孔子思想的基础上进一步内转的方向，要求明确人文主义的根源，从而先挺立道德主体，再求社会治理之法。荀子则发挥了孔子"礼"的观念。他以性恶为据，强调道德的社会功用，主张"礼治"。这是一个外转的方向，要求发挥"人文"之用，合伦理地安排社会秩序，通过相应的社会建制来实现一种稳定有序的政治文明。孟荀思想是对孔子的继承与发挥，也是各自从一个方面对中国文化精神的提炼与发展。孟子强调道德精神，由此首重道德人格之塑造，见之于人伦日用，扩展为一种人性化的社会。荀子强调礼法精神，讲求经世致用，由此首重社会秩序，见之于制度建设，要求建立一种稳定有序的政治社群。其后的中国传统文化，发展出了蔚为大观的丰富内容，但就其文化精神来说，仍以孔孟荀的方向为代表。

汉唐儒家重制度建设，专注于齐家、治国、平天下的"外王"路线，其重心在荀学的方向。这一荀学的方向在两汉较为兴盛，如此虽然使儒家思想在现实政治中产生重要影响，发挥其经世致用的功能，但于收拾人心方面却鲜有建树。以教化为务的儒家名教虽可有淳化民风之用，却难以满足知识精英阶层的智识兴趣以及对精

---

① 参见刘师培：《经学教科书》，上海古籍出版社2006年版，第19～27页。

神归宿的追求。在相当程度上，汉代儒家的发展已逐渐收缩在"术"的层次，"道"的一面则趋于没落。自魏晋起，政治大一统的局面不再，门阀士族势力兴起，荀学的方向连同儒家的地位一并走向衰落。钱穆先生说，魏晋时期的风流人物主要在佛道方面表现。虽然由于早期教育之故，大多数学者仍认同儒家名教，甚至如何晏、王弼这样的大玄学家名义上也自认为儒家，但大多认定儒家之长在社会政治治理而不在思想①。可以说，自此儒家的影响逐步局限于政治实践与社会规范的范围，对于价值理念、人生理想的影响日趋式微。发展至唐代，价值理念与人生理想的领域基本为佛道所主导。

宋明新儒学重建儒家信仰，以全方位地确立儒家在思想领域的主导地位。因此，其兴起之时力主"排佛"，要求承接儒家道统，其终则吸收佛道，由此中国文化在价值信念层面呈三教合流之势。而宋明儒学所确立的道统，实际上是承接孟学的路数，由孟子之性善论向上扩展，构建为一个以"心"、"性"、"理"、"天"为核心的道德形上学体系。这一体系带有浓厚的宗教性质，足以为儒家精英阶层提供一种道德信仰，可与佛道相抗衡。与佛道不同的是，儒家的这种宗教性是内在的，指向人自身，贯通于天地宇宙，而非诉诸外在的因素。在此意义上，这样的宗教毋宁说是信仰人自己，相信由"小我"可修养扩充为感通宇宙的"大我"，由"为己之学"可成就现实生活中的圣贤人格。可以说，宋明儒学沿着孟子的方向，明确了儒家的宗教维度。发展至阳明后学龙溪一派那里，儒学已近乎典型的宗教。

而自明中叶起，儒家经世致用的方向即有复兴之势。明末清初三大家王夫之、顾炎武、黄宗羲，有感于明亡之教训，反思宋明新儒学空疏的流弊，并力图从思想的各个方面补救其偏失。这种流弊和偏失，从学理上说其实是偏重于形而上或宗教的维度。祛除这种偏向，可以说清代儒学发展的总体特征。其具体走向则是复杂的，大体可辨识出三个主要方向：一是"小学"或"汉学"的路线。它力图重建汉代经学，以考据训诂为基础重释儒家经典，发明古义②。二是史学的路线。它要求从历史中寻求儒家道术，其代表人物章学诚更是提出"六经皆史"说。三是经世致用派，以龚自珍、魏源等为代表。它继承明代实学的路线，以今文经学的精神，力求发挥儒学经世的功用。从文化精神的角度看，清代儒学一方面反对空谈性命，祛除儒家学术上的宗教色彩；至于学者个人生活中持何种宗教信仰，则不坚守儒、道、佛之别③。这虽然直接是针对宋明新儒学形上化的反动，却暗合现代性学术思想的运势。不少学者认为，明末清初的儒学发展带有启蒙色彩。就此而论，这一观点不无道理。另一方面则是重拾荀学的精神，以经世致用为务。

总之，作为中国文化的主流，儒家文化的精神整体上说是人文主义的，分而言

---

① 参见钱穆：《国史大纲》（修订本），商务印书馆2005年版，第222～225、364～365页。
② 参见江藩：《国朝汉学师承记》，中华书局2008年版，第1～2页。
③ 参见梁启超：《清代学术概论》，江苏文艺出版社2007年版，第183～184页。

之则有孟学与荀学这两个基本方向。前者是由个人的安身立命,达于道德的政治、社会文化的实现,乃至促进整个宇宙的生命成长。后者则是由理想的社会秩序设计来安排社群,为人类社会生活创造和谐有序的环境。

2. 儒家文化精神的基本内容

儒家文化历经两千多年而绵延不绝,发展出丰富多彩的文化内容,展现出鲜活而丰满的文化生命。儒家文化精神则是其命脉,或者说是其文化基因。分述如下。

第一,"天人合一"的世界图式。"天人合一"的本意是指天道与人道相符合,人道或者说人的生活方式在本然和应然的意义上都是与天道一致的。故《中庸》说:"诚者,天之道也。诚之者,人之道也。"内容上说,"诚"是"实有"(王夫之的解释),是生命价值实现的本有能力。形式上说,"诚"是"真实无妄"(朱熹的解释);鸢飞鱼跃、逝者如斯,在儒家看来都是天道之流行,无时无刻不实实在在地在我们身边发生;人实实在在地仿此而行动,可成就人道,实现符合生命本源的有意义的人生。为何如此?则必须追溯到中国文化主流传统蕴含的世界图式,其中人与天地万物是同源共生的。《易·乾卦·彖辞》对此讲得分明:

> 大哉乾元,万物资始,乃统天。云行雨施,品物流行。大明终始,六位时成,时乘六龙以御天。乾道变化,各正性命,保合太和,乃利贞。首出庶物,万国咸宁。

这一段描述了世界如何生成的过程。生命的根源被称作"乾元",其生成方式则是"乾道"亦即天道,由此天、地、人、物各得其所,各安其位。这是一个由同一生机之源而展开的世界。"庶"即"众",是"普遍"的意思。"首出庶物"提点出,这一充满生机的世界根本上同出一源。也因此,天道与人道是相通相合的。这种世界图式不只是儒家所独有,大多数先秦学派如道家的老子等所设想的宇宙生成图景[①]也是与此一致的。在此意义上,它是中国传统文化的主流世界观。在这个方面,儒道之别在于:老子的"道"是"无",无规定性,无定向,是离散而随机的,由此"无情"地生成天地人物;儒家则赋予"乾元"、"乾道"以道德蕴含,由此天道是"有",有瞰向性,是有情意、关切众生的。这一点在宋代新儒学那里讲得更明确:

> 诚者,圣人之本。大哉乾元,万物资始,诚之源也。乾道变化,各正性命,诚斯立焉。故曰:一阴一阳之谓道,继之者善也,成之者性也。元亨,诚之通;利贞,诚之复。大哉《易》也,性命之源乎!(周敦颐:《周子通书·诚上·第一》)

---

① 老子《道德经》第一章所描述的世界图式与《易》相合的,可参看王弼《老子道德经注》以及当代新儒家代表人物牟宗三《中国哲学十九讲》中的诠释。

在儒家理解的"天人合一"图景中,"诚"为善之实有,来自纯善的生命之源。人具有继善成性的道德能力。天道流行、人赞化育是世界之本然而应然的状态。由此产生的纯然道德的世界之中,天地人物一体,生机勃勃,满是情意而和谐有序。

如何在儒家文化价值系统中给予"天人合一"观念以恰当的定位,是个颇费思量的问题。从世界文化的发展来看,各大文化价值系统的核心往往是由宗教来提供的。在儒家文化的价值系统中,"天人合一"可以说是一种终极的人文信念。这种信念,不好说就是严格的宗教信仰,因为它缺乏明确的恩宠救赎或超脱人世苦难观念,也没有相应的宗教机构来推行贯彻。但对于中国人的文化心理来说,它确乎发挥着某种宗教的功能,或者说产生了类似于宗教伦理的效果。参照韦伯的宗教社会学分析,可以更清楚地看出这一点。

在韦伯看来,能产生实践伦理的宗教价值观,其理念特征是它们"所表示的是一个有系统且合理化的'世界图像',并且代表一种面对世界的态度"①。这样的"世界图像"能为个人解答诸如此类的问题:"人们希望'自何处'被拯救出来、希望被拯救到'何处去'",以及"'要如何'才能被拯救"②。而它一旦被个人接受,就会对其行为取向产生重要影响。

> 直接支配人类行为的是物质上与精神上的利益,而不是理念。但是由"理念"所创造出来的"世界图像",常如铁道上的转辙器,决定了轨道的方向,在这轨道上,利益的动力推动着人类的行为③。

凡此种种可能(按:指通过内化宗教理念而形成的个人"世界图像"而提供的可能)背后,总有一面对现实世界——特别让人感觉到"无意义"的——的态度;相应于此所隐含的要求则是:世界秩序整体无论如何会是、可能是、也应该是个有意义的"秩序界"④。

人总要面对现实生活,先须有一种包含利益考量的现实态度。但一个行为者如果接受了宗教价值观的"世界图像",就会在此基础上附加这样一种要求,即"世界秩序整体无论如何会是、可能是、也应该是个有意义的'秩序界'"。这是一种价值的态度。"这两种态度都是行为动机结构中的构成因素,但它们作用的方式和产生的效果不同。现实的态度意味着让利益直接支配行为,形成行为的具体目的。在

---

① [德]马克斯·韦伯:《韦伯作品集Ⅴ·中国的宗教·宗教与世界》,康乐、简惠美译,广西师范大学出版社2004年版,第477页。
② [德]马克斯·韦伯:《韦伯作品集Ⅴ·中国的宗教·宗教与世界》,康乐、简惠美译,广西师范大学出版社2004年版,第477页。
③ [德]马克斯·韦伯:《韦伯作品集Ⅴ·中国的宗教·宗教与世界》,康乐、简惠美译,广西师范大学出版社2004年版,第477页。
④ [德]马克斯·韦伯:《韦伯作品集Ⅴ·中国的宗教·宗教与世界》,康乐、简惠美译,广西师范大学出版社2004年版,第478页。

此意义上，它是显见的。价值的态度则是隐含的，其作用是定向。韦伯比之为'铁道上的转辙器'：它作为一种隐含的文化心态，引导行为归于'有意义'的方向[①]。在相当程度上，人的生活样式就是由一系列行为来表现的。宗教价值观的指导作用在于，各行为之间如果按照其世界图像的安排而串联起来，就会表现出一定的"有意义的秩序"，从而信仰者的行为方式将依从特定的方向，其生活样式会透出特定的风格或者说精神气质。

"天人合一"的图式蕴含了一种理想的世界图景，对于传统中国人的文化心理产生了深刻的影响，往往潜移默化为学者文人向往的理想意境。如李商隐的《夜雨寄北》："君问归期未有期，巴山夜雨涨秋池。何当共剪西窗烛，却话巴山夜雨时"。诗人的思念之情，经过天、地、人和谐交融的情景之衬托而变得丰满而有感染力。这在一定程度上是由于触动了传统中国人的文化心理进而引起情感共鸣，在深层次上离不开"天人合一"这一世界图式之影响。

进一步说，"天人合一"蕴含的世界图式就是儒家文化的世界观。这是一种"有机"的世界观，这里的"有机"借用了怀特海的说法，乃相对于"无机"而言。儒家的"有机"世界观是从生命的观点看世界，天、地、人、物同源而血脉相通，当是一体不分、和谐共生的，由此生成一个充满活力的生命共同体。在此世界中，人生的最高境界是圆融的，可以感通天地万物而觉解其人生意义。从这样的观点看待世间万象，注重的是事物之间的关联，而不是分别；追求的是彼此的贯通，而不是区隔。从方法上讲，它注重具体综合，而不是抽象分析。讲分别、区隔、抽象分析，是"无机"世界观的特点，是解剖来看，由此清晰明白地说明外在的世界，形成明确的理论[②]。基于"天人合一"的世界观，儒家文化也有着相应的思维方式，进而形成其特有的论说模式。

第二，根本上说，儒家文化采取的是一种"意象"思维。"意"与"象"本来各有其义，两者有着紧密的内在关联而可相互说明。"象"的基本含义见于《易》对"卦象"的论述。"象也者，像此者也"（《易传·系辞下》）；"拟诸其形容，象其物宜，是故谓之象"（《易传·系辞上》）。其特征是"拟诸其形容"，即在存在者的"时"与"位"之中理解生命性的存在；注重对存在者的整体性把握，力求得其"物宜"即完整的存在状况[③]。"象"的功能在于尽"意"。"圣人立象以尽意"（《易传·系辞上》），"夫象者，出意者也……象生于意，故可寻象以观意"（王弼：《周易略例》）。"象"可视为儒家进而中国文化中表"意"的符号；"意"是思想者想要表达的意义，体悟到的价值意涵。

---

① 阮航：《儒家经济伦理研究》，中国社会科学出版社 2013 年版，第 37 页。
② 这是西方启蒙运动以来的主流观点，但也是与西方宗教价值观相一致的。参见［德］卡西尔：《启蒙哲学》，顾伟铭等译，山东人民出版社 2007 年版。
③ 参见贡华南：《论象》，朱贻庭主编：《与孔子对话》，学林出版社 2005 年版，第 262～263 页。

联系思想者展开来看儒家的思维过程，可以更清晰地理解这种"意象"思维。首先，"天人合一"的世界观，意味着儒家的思想者总是从生命或价值的角度看世界，是从事物有着内在关联的观点看世界。因此，其所要表达的"意"，往往是触景生情、有感而发。其"意"总是以"境"（包括"心境"和"物境"）、"情"等为中介而展开①。意义或价值是在情境中生成的，与情境中的各种存在有着生命性的关联。在此意义上，"意"在情境中才能充分表现其活力。以"象"表"意"（亦称"取象"）则是与之相应的表达方法，它"把最熟悉的事物典型化，使之具有普遍的意义"②。或可将之比作全息照相。所取之"象"是可见的照片，思想者所要表达的"意"，则是照片中的焦点或主题；而它只有在这样的背景中才能得到丰满而鲜活的表达。这样的思维是生命性的，聚焦于意义和价值。由此而来的"意象"，则是具体而典型的符号化表达。对于理想的表达方式，儒家有个说法叫做"具体而微"，这是"意象"的现身说法。"具体"即具备全体，是整体性的，不把事物或价值分割来看，不损害其中的意义关联；"微"则指此"具体"蕴含深刻的义理，留有启发出意义的广阔空间。

理论上看，"意象"思维与儒家惯于从价值角度观察人事分不开，以逻辑严密为特征的"事实性"表达则非其优长③。其优长当在于亲切自然，富有感染力。它使用生命化（生活化）的语言，追求言近旨远，以启发人心。在此意义上，它是一种适合于交流价值体验与道德直觉的思维方式。就其具体的思维模式而言，还可区分出四种"意象"结构，即隐喻、提喻、讽喻和历史意象。

第三，基于"情—理"结构的伦理精神。儒家文化的基本精神是伦理的，力图实现一种贯通人伦日用的现世伦理。儒家思想乃基于对生命的伦理反思，从伦理的角度来观察各种社会政治问题，其文化理想亦归于伦理。而儒家伦理有其独特的理论思路，与现代西方的主要伦理流派有着根本的区别。这首先表现在两者的理论基点是不一样的。当然，这并不是说儒家思想主要是一种伦理学。因为我们现在所谓"学"，其本身就蕴含着现代学科划分的思路与前提，是以分门别类、明确界定研究对象为基础的。儒家思想虽然也有层次、有条理，但其所着意的却不是区分，而是相互贯通。也因此，儒家思想包罗万象，现代的各种学科似乎都可以从中找到其所需的资源，却需要相当的理论努力予以转化，才可能发展出某一现代的儒家学科。

---

① 胡伟希：《意象理论与中国思维方式之变迁》，《复旦学报》（社会科学版）编辑部：《断裂与继承》，上海人民出版社1987年版，第269页。
② 胡伟希：《意象理论与中国思维方式之变迁》，《复旦学报》（社会科学版）编辑部：《断裂与继承》，上海人民出版社1987年版，第267页。
③ 如朱子对《中庸》"忠恕违道不远"之"违"字的解读，前后六百余字反复申言，只为说明一点，即将"违"字理解为事实上的"距离"之义而不带价值判断。若以西方哲学的思维看，则只须交代它为事实判断即可，没有必要反复论说。参见朱熹：《四书或问》，上海古籍出版社、安徽教育出版社2001年版，第70～71页。

不过，这并不妨碍我们从现代伦理学的角度去考察和整理儒家的思想资源，以便把握儒家的伦理精神。

在现代西方伦理理论的奠基期，道德是源于情感还是理性，是伦理学的一个根本问题。由此产生了情感主义伦理学和理性主义伦理学两大流派，分别以休谟和康德为代表。这里想要关注的不是两派的基本主张，而是它们共享的理论前提，即就个人与道德相关的因素或能力而言，可以对情感与理性做出明确的分界，两者对于道德的作用即使不是对立的也有着主次之别。儒家伦理则不着意于区别两者，而是要把作为道德行为者的人理解为身心一体、情理交融的。这在其伦理思想的各个层次都有表现。

首先，从义理的层次看，儒家认为，在道德的根源处，"情"与"理"一体不分。孟子说："恻隐之心，仁之端也；羞恶之心，义之端也；辞让之心，礼之端也；是非之心，智之端也。"（《孟子·公孙丑上》）"四心"、"四端"是人之道德能力的根源，是道德之"情"，也是道德之"理"。从内容讲，是"情"，从形式讲，是"理"。《中庸》说："喜、怒、哀、乐之未发，谓之中；发而皆中节，谓之和。"（《中庸·第一章》）这里的"情"与"理"也是一体不分的。"未发"侧重讲纯粹的道德之"理"；"发而中节"侧重讲纯粹的道德之"情"，亦是"理"之表现。以上的"情"、"理"不分，其实是在形上与形下、"天"与"人"交接处说的。为了进一步说明两者的内在关联，我们可以分别往上讲、往下讲，往上讲指向形上的层次，往下讲指向人伦日用的层次。

其次，往形上的方向讲上去，道德的"情"与"理"，当联系"心"与"性"来理解。张载说"心统性情"。朱熹颇为看重张载的这一说法，又提出"性即理"的根本主张。朱熹说："心以性为体，心将性做馅子模样。盖心之所以具是理者，以有性故也。"① 结合这些说法来看，"性"可理解为或至少可对应于理性，"心"则是理性与情感的统一体。就人的道德能力而言，"性"是"心"中之"性"，"心"是有"性"之"心"；道德的"心"，就是充分发挥"性"之作用的"心"。在"心"中，理性就是情感的"馅子"。无情感，理性无从挂搭，无以发挥，无以见之于行为；无理性，情感则无序，其所发动的行为也透不出道德品味。理性（"性"）与情感（"情"）水乳交融，共同构成人的道德生命（"心"）。

再次，往形下的方向讲到人伦日用，"情"与"理"也是一体不分的。在人伦日用方面，"仁"是儒家伦理的核心价值，其践行则是从家族生活入手。孔子的弟子有若说，"孝悌也者，其为仁之本"（《论语·学而》）。家族或家庭生活是我们道德成长的最初场域，也是培养道德感的基本环境。孝悌，是仁者在如此环境中表现出来的德性，而其中最引人注目的就是"情"与"理"的关系。因此，朱熹在此评

---

① 黎靖德：《朱子语类·卷五·性理二》，中华书局2007年版，第89页。

注道:"仁者,爱之理,心之德也"。"爱"是关爱、关切。这里的"爱"特指"亲情"。"理"是理性（reason），更确切地说是合情理性（reasonableness），是在具体情境、条件中表现出来的理性。"仁"是"爱之理",意味着在儒家看来,道德是在包括亲情在内的情感上表现的,首先是一个如何恰当地处理和表达情感的问题；其中如何算是恰当,则是个方式与次序条理的问题,即是"理"。在这样的理解中,"情"与"理"是交融一贯,互为体用的。从根源处说,"理"是体,"情"是用；从实践看,"情"是体,"理"是用①。当然,孝悌只是我们践行"仁"或者说成为仁者的起点,远非终点。就整个过程来说,"事亲而孝从兄而弟,乃爱之先见而尤切……若君子以此为务而力行之,至于行成而德立,则自亲亲而仁民,自仁民而爱物,其爱有差等,其施有渐次,而为仁之道,生生而不穷矣"②。在这一实现"仁"的过程中,"情"与"理"始终是一体不分的。在作为实践基点的家庭生活中,如何表现"爱之理"的问题尤为突出,而就"仁"的最终境界来说则是"理"的全幅展现,而归为"心之德"。

最后,从文化心理的角度看,儒家讲究合情合理。这种文化心态是综合性的,在认识、行为、审美、文学等各方面都有所表现③。其所表现的伦理精神是现实生活中的某种"情-理"结构,或可称作合情合理。其中的"情",就人际关系来说是"人情","合情"首先有不背离人之常情的意思,进一步说是合乎人的道德感、道德直觉；就事而言,也蕴含合乎具体情境的意思,要与现实条件相结合,合乎实际情况。如《大学》中的一段:"子曰:'听讼,吾犹人也。必也使无讼乎！'无情者不得尽其辞。大畏民志,此谓知本"。为何孔子能够使民无讼？《大学》在此的解释是,由于敬畏孔子的道德人格,民众不敢不讲实话。由此民无侥幸之心而事实清楚,民事纠纷就不会发生。其中的"情"即是实际情况的意思。与西方文化中讲究理论上的普遍理性相较,这一结构中的"理"是一种具体的理性④,它是与"情"交融的,是一个人的情感表现是否恰当的问题,也是一个能否契合具体情境的问题。

第四,上述伦理精神,从实践方法上看是中庸,与实践效果合起来说则是中和。中庸之"中"是"时中",是随时而中。技艺高超的射手总是能够射中靶心,达到道德完美的人亦如此：无论是对待何种人际关系、处于何种实践情境,他们的行为总能切中肯綮,能表现得恰到好处,无过无不及。中庸之"庸"首先是平常的意思,儒家认为道德追求是不离日用的,就表现于平常生活的一点一滴之中。

---

① 传统儒家的体用是就整体生命之中某一对互动要素而言的,这是一种有机的观点,不是脱离生命背景的纯理论思辨。因此,体用本无定数,依具体人事而定,从不同的角度去看就有不同的说法。如王夫之说:"缘仁制礼,则仁体也,礼用也；仁以行礼,则礼体也,仁用也"。王夫之:《礼记章句》,岳麓书社2011年版,第9页。
② 朱熹:《四书或问》,上海古籍出版社、安徽教育出版社2001年版,第109页。
③ 参见李泽厚:《历史本体论》,生活·读书·新知三联书店2002年版,第125页。
④ 牟宗三称之为具体的普遍性,李泽厚则称之为实用理性,应该说都描述了它在一个方面的特点。

外在地看，中庸似乎是一种实践的技艺，但儒家所提出的中庸是由内而发。如何做到中庸，根本上说不在于实践的技巧，而在于实践者，在于人对行为的把握。人，才是这种实践方法的动力源，是能恰当地因时应事的活力所在。若作进一步的探析，可以说中庸包含"变者"与"不变者"两个方面，"庸"也蕴含着"不易、不变"的意思。我们所面对的人际关系、实践场景是不断变化的。因此合乎中庸的行为，其表现是且应当是随关系与情境的变化而变化的，是"变者"。应当怎样去变，则需要一个作为主宰、把握的"不变者"，也就是作为行为者的人。要做到时中，做到无论如何变化都能恰当，根本上说在于充分发挥行为者本有的道德能力，即所谓"运用之妙，存乎一心"。因此，一味调和、与任何人都交好的和事佬，不可能做到中庸，而是孔孟都深恶痛绝的"乡愿"。因为他们以假乱真，为"和"而"和"，是以各种关系和条件等外在因素做主宰，依照外在标准来判断人事。如果说"乡愿"是一种实践的技艺，那么这种技艺也是外在于人的道德生命的，其焦点在于行为表现，乃脱离"仁"的"智"之表现。中庸则与之相反，其焦点总是指向行为者，是其道德生命的发挥，是由内而外的自然延伸。因此，中庸是合外内之道。要做到中庸，关键在于行为者的道德觉解。要把握这种实践方法，其关键在于行为者的道德修养。

这样看，要理解进而做到中庸是很难的。孔子曾感叹"民鲜能久矣"，《中庸》也借孔子之口讲道："人莫不饮食也，鲜能知味也。"（《中庸·第三章》）人每天都要饮食，中庸也不离人伦日用，是要在人伦日用之中体验到真正的道德品味。根本上说，中庸之难在于要依从由内而外的进路，需要行为者道德生命的全幅投入，要找到自身内在的道德根源才能立得住。用儒家的话来说是要立足于"诚"。"诚"是生命的价值之源，是人之道德能力的火种。无"诚"则无道德根本。落到生活实践来说，"诚"也是要求人实实在在地去做，内外一致，表里如一，也就是为人要实在，要忠信。因此，"子以四教：文，行、忠、信"（《论语·学而》）。要培养道德能力，充分发挥"诚"作为道德根源的作用，就不能虚饰，而要表现自己真实的性情。孔子的"忠"、"信"之教就蕴含着这样的意思。要把握"诚"进而中庸在这方面的特质，与"休谟式的存在（the Humean Being）"[①]做个比较或许是有益的。

休谟说："理性是并且应当仅仅是情感的奴隶。"这主要是从道德心理的角度提出的。在休谟看来，其中"理性"所起的作用在于事前提供信念，事后提供解释。我们的行为是由情感直接驱动的；理性事前提供的信念可能有助于我们做出审慎的判断，事后提供解释可以使我们的情感动机合理化，让他人能够接受从而其动机得到辩护。这也就意味着，理性对动机的合理化解释很可能与我们实际的行为动机不一致，是对后者的修补乃至掩饰，从而产生了一个行为者的动机是否透明或是否

---

① 参见卢坡尔：《伦理学是什么》，陈燕译，中国人民大学出版社2014年版，第34～37、44～45页。

可识破的（translucent）问题。在儒家看来，合乎中庸或道德的行为不存在这样的问题，因为它是"诚于中，形于外"（《大学章句·第六章》）的，其行为者必具忠信之德。"诚"为"性之德"，其所通之"理"本身就具有纯善的道德内容。休谟提出的理性为动机辩护的作用，则为儒家所不取，认为只是无益于道德的"口舌之辩"。

联系实践效果来看，中庸的实践方法表现为"中和"。"中和"可视为中庸的发用，可以从各个层次来说明。从"中和"所展现的理想世界或境界说，"致中和，天地位焉，万物育焉"（《中庸·第一章》）。这样的世界井然有序，其中天地万物各得其所，各自生机得以充分显发而不相害。从"中和"所体现的人格说，"君子和而不流……中立而不倚"（《中庸·第十章》）；"君子之道：淡而不厌，简而文，温而理"（《中庸·第三十三章》）。这是一种中正平和的人格，外柔内刚，既有内心坚定不移的节操，又让人如沐春风而极具亲和力。从用事来说，"中和"表现为"文理密察，足以有别"（《中庸·第三十一章》）；"隐恶而扬善，执其两端，用其中于民"（《中庸·第六章》）。这是基于道德感的充分显发来辨别人事，同时综合考虑各方面的因素来处理应对。在儒家看来，"中和"是至德者呈现出的生活样式，其指向是一个理想的道德世界。其中体现了儒家关于如何安身立命的智慧。

总之，儒家文化的精神是一贯的，是一种关于生命的智慧。它基于对生命价值的沉思，以生命之间具有内在关联的眼光看待世界的生成与发展，从整体上把握各种有机关联，由此来安排现实的社会与人生。

（二）当代价值文化发展需要弘扬传统文化基因

构建我国主流文化，不能丢掉传统。任何一个国家的文化，都有其既有的传统、固有的根本。抛弃传统、丢掉根本，就等于割断了自己的精神命脉，就会丧失文化的特质。中华优秀传统文化是我们文化发展的母体，应当礼敬自豪地对待，我们要更加自觉地承担起传承民族优秀文化的责任。中华民族的优秀文化哺育了我们党，我们党也一直是民族优秀文化的传承者、弘扬者。中国价值观形成于商周，璀璨于春秋战国，定型于汉宋。汉武帝"罢黜百家，独尊儒术"，厘清了那个时代文化的主杆和叶脉的关系，形成了以"儒学"为主干的主流文化。后经儒、释、道三家学说的竞争，到宋代又重新整合形成了宋明理学的价值观系统。在几千年里面，统治阶级通过国家机器，如科举考试、法律等形式，对儒学进行大力的提倡和弘扬，形成了以儒学为主干的传统主流价值文化。这种主流价值文化对于社会稳定和民族的延续发挥了重要的作用，虽几经其它民族的入侵，多次的朝代更迭，但中国社会还是保持了高度的稳定性、包容性和持续性。这种历史经验值得当代学习。从中华文化与其他文化的关系来看，虽然我们也有过封闭时期，有过闭关锁国、抱残守缺的教训，但在漫长的历史上，开放包容始终是中华文化发展的主流。这是重要的经验。

中国古人强调大一统，强调道统对于稳定法统的价值和意义，发展出了系统的构建主流价值文化的方法，形成了传统的主流价值观。其中有丰富的经验，如使用官箴加强对官员的约束，以及对"官德"作用的强调，如发展出了培养和挖掘道德典范的系统方法和思想，再比如发挥蒙学和乡校、家规等在主流价值观形成中的重要作用等等。中国构建主流价值文化的历史经验非常丰富，但也有一些教训。如思想僵化导致对外部价值观变迁反应不够，对现实问题研究不足等等，再比如典范的工具化使得典范模式功能弱化等。因为典范选拔、推选、宣传的过程本身就具有工具性，所以社会推崇的模范既要在个人生活领域，又要在公共生活领域发挥引领作用。通常人们认为，存在着个人生活领域和公共生活领域的差别。个人的生活和作为社会公民的生活之间有一定的差别。但如果一个人在个人的琐碎的日常生活中就是不断完善道德的人，就很容易在公共生活中成为一个好公民。现代意义上的完美的典范就在于能够在个人生活领域和公共生活领域都能起到相对完美的典范作用。换言之，典范的道德只有在现实生活中才能真正地体现，同时，日常生活对典范的道德性也起着检验的作用。

中华民族创造了源远流长、博大精深的中华文化，同时，中华民族也能够在弘扬中华优秀传统文化的基础上创造出中华文化新的辉煌。中华文化提供了东亚价值观的核心观念，对东亚的经济发展和社会稳定，甚至对世界文明的发展都有着十分重要的贡献。传统价值观的优点是构建中国主流价值文化可以依凭的重要的文化资源。伴随着我国综合国力和国际地位的提升，世界更加关注中国，也更加关注中国文化，这为扩大中国文化的影响提供了重要契机。

中国是一个具有灿烂文明的古国，有一套高度成熟、独具特色的价值文化体系。尽管这些价值文化体系赖以存在的社会条件（如传统农业社会之架构，等等）已经消失，但这并不意味着传统价值文化、价值观念已经完全过时。构建当前我国的主流价值文化，需要对传统价值文化加以批判地继承和创造性地转化。

我国古代不同的思想流派均发展出了各自不同的价值文化学说。大体而言，儒家极力倡导仁、义、礼、智、信、忠、孝、诚、恕等价值观；道家把返璞归真、敦厚朴实、"与道为一"作为终极的价值目标；墨家学者大多是平民出身，他们倡导的"兼爱"、"尚贤"、"节用"、"非乐"、勤劳等价值文化学说也带有较强的平民主义色彩；法家则倡导"务实功利"等价值观。

对中国传统价值文化进行完整把握，不仅要关注大传统，而且也不能忽视小传统。社会心理或风俗习惯是一种感性直觉的"潜意识"或"集体无意识"，它补充着、丰富着中国古代价值文化的大传统。大传统与小传统在某些时候虽然难免产生冲突，但两者之间的互动关系仍然是明显的。大传统与小传统不仅享有一些共同的价值空间，而且还存在着一片广阔的"对流域"：一方面是大传统对小传统的认同，另一方面是小传统对大传统的敬仰。对于中国传统价值文化，我们应采取马克思主义辩证分析的态度，即立足于当前我国构建主流价值文化的伟大实践，对中国传统价值文化加以扬弃，又要剔除其历史负面性影响，又要提炼、活化其合理因素。

中国传统文化和当代文化建设是什么关系？一种看法是启蒙论。在启蒙论看来，中国传统文化应该成为启蒙的对象，如新批判主义就持有这样的观点。"中国人不受儒家的影响几乎是不可能的，但问题是要能够意识到这一点并加以反思，进行一番自我批判。"① 在新批判主义看来，"中国当代仍然迫切需要启蒙，其对象就是中国传统文化中那些蒙人的东西，应该用理性之光驱散之。"② 在新批判主义看来，即便是传统中的优秀精华也要实现启蒙的初步原则，才有恢复和弘扬的基础。也就说需要用"理性"来对抗"天理"，以"人权"重建"自由"，揭露"天理"是如何扼杀人性的。"但回归传统绝对不是当代中国社会的'出路'，而只能是一条死路。"③

新批判主义也承认中国传统文化中有精华，不过从整体上看，认为中国文化有结构性的伪善问题，而且把现实生活中的造假行为归结为中国传统文化。"应当反过来说，除了极少数坚持原则的人之外，我们每一个中国人其实都有一种制造假象以解决某些实际问题的倾向，只不过有的还没有做出来，有的做出来了，但危害还没有这么大而已。我们在现实生活中往往看到，只要有某种需要，中国人通常不在乎做假。"④ 为什么中国人在造假的时候没有任何道德上的良心谴责？"这个更深层次的原因，就是我们的文化，确切地说，是我们几千年流传下来的文化心理模式。"⑤ 中国古代文化典籍虽然没有公开鼓吹造假，但从文化心理模式来看，会形成这个结果。在新批判主义看来，一味弘扬传统文化无补于世道人心，而且可能起到相反的结果。

王海明教授以"义务论"、"利他主义"和"专制主义"三个核心词语把握儒家伦理。王海明教授认为儒家伦理是一种义务论，"于是，说到底，增减每个人的品德完善程度——而不是增减每个人利益——总量，便是衡量一切行为是否道德的道德终极标准，说到底，增减道义——而不是功利——的总量，便是衡量一切行为是否道德的道德终极标准。"⑥ 这是一种道德起源的目的自律论。按照王教授的理解，这样的义务论显然不利于社会利益总量的成长。"鸡鸣而起，孳孳为善者，舜之徒也；鸡鸣而起，孳孳为利者，跖之徒也。"（《孟子·尽心章句上》）他这样解释孟

---

① 邓晓芒：《儒家伦理新批判》，重庆大学出版社2010年版，第10页。
② 邓晓芒：《儒家伦理新批判》，重庆大学出版社2010年版，第308页。
③ 邓晓芒：《儒家伦理新批判》，重庆大学出版社2010年版，第311页。
④ 邓晓芒：《儒家伦理新批判》，重庆大学出版社2010年版，第258页。
⑤ 邓晓芒：《儒家伦理新批判》，重庆大学出版社2010年版，第259页。
⑥ 王海明：《儒家道德之我见》，《人文杂志》，2007年第4期，第2页。

子的话："所以儒家所主张的决不仅仅是仁爱利他，而是地地道道的仁爱利他主义：利他主义就是否定目的利己而把无私利他奉为道德总原则的理论，就是把无私利他奉为衡量行为善恶唯一准则的道德总原则的理论。"①在王海明教授看来，仁爱利他主义把利己的目的看成了有害他人和社会的恶的源头，忽略了他有利于社会和他人的善的方面。就这一问题而言，孟子的确有所否定，侧重于看到单纯为了小体的利益，就会导致人与人之间彼此的争斗，对于其积极意义缺乏肯定的理解。

启蒙论的思路是比较清楚的。这种思路把当代中国文化建设的立足点定位在西方文化上面，用西方文化批评中国传统文化，而且基本上从整体上否定了中国传统文化，把中国传统文化看成是中国社会进步的障碍。蒋庆说："在我看来，这种'以西研中批中'的传统很成问题，因为追随这种传统的人不可能真正理解中国文化的真精神与真生命，相反，只能误解和歪曲中国文化。我们知道，在这种传统中，研究者与批判者总是站在中国文化之外，用自己一套既定的西方思想模式或观念体系来解析、评判、规范甚至硬套中国文化，凡是不符合自己思想模式或观念体系的就一概批判否定，凡是符合自己思想模式或观念体系的就一概颂扬推崇。结果往往下笔千百万言，说来说去只是在说自家，与中国文化的真精神与真生命毫不相干。"②启蒙论对中国古代经典的理解是否有问题属于学术争论，仁者见仁，智者见智，在这里不进行讨论。但有一点是需要澄清的，传统经典和现实生活中的种种不尽人意的地方之间是否有关联，需要有详细的实证的研究，不能简单下结论。以启蒙论的思路来思考当代中国主流文化建设的问题是不可行的。正如习近平同志所说："如果我们的人民不能坚持在我国大地上形成和发展起来的道德价值，而不加区分、盲目地成为西方道德价值的应声虫，那就真正要提出我们的国家和民族会不会失去自己的精神独立性的问题了。如果没有自己的精神独立性，那政治、思想、文化、制度等方面的独立性就会被釜底抽薪。"③

另外一种是比较极端的文化保守主义倾向。"所谓文化保守主义或道德保守主义与文化激进主义的分歧并不在要不要社会改革，要不要吸收西方近代文明。而是，文化激进主义和自由主义要求彻底摒弃传统以拥抱市场工商业、城市文明、个人主义、自由、民主、资本主义竞争性、功利主义等为内容的现代性。而所谓保守主义则始终认为科学、民主、市场经济、民主政治都不能自发产生公民道德或导致共同体的伦理秩序，不能满足人生价值的需要，并认为近代社会抑制不力的个人主义和功利主义适足以危害群体生活和社会道德。"④文化保守主义本身可以有不同的取向，比较极端的取向是要求复兴中国传统文化并以之为主流文化或者单一的文

---

① 王海明：《儒家道德之我见》，《人文杂志》，2007 年第 4 期，第 4 页。
② 蒋庆：《儒学的时代价值》，四川出版集团 / 四川人民出版社 2009 年版，第 179 页。
③ 中共中央文献研究室：《习近平关于全面深化改革论述摘编》，中央文献出版社 2014 年版，第 88 页。
④ 陈来：《孔夫子与现代世界》，北京大学出版社 2011 年 3 月版，第 151 页。

化。根据一项调查显示，当被问及"您认为主导中国主流价值文化的应是什么"这一问题的时候，"中国传统文化"这一选项受到了很大的关注。另外，"马克思主义、中国传统文化"这一选项也受到了较多的关注。从性别结构来看，"马克思主义、中国传统文化"这一选项男性略高于女性。从职业分布来看，除了中国传统文化被普遍关注以外，学生和商人对西方文化的选择略高于其他职业。在中小城市和小城镇选择"马克思主义、中国传统文化"这一选项的略高于其他地区。而在大城市，"西方价值观"关注度略高于其他地区。①从以上调查结果可以看出，相当一部分民众认为主流价值文化应该由中国传统文化来主导，或者是由中国传统文化和马克思主义来主导。认为不应该有主导的也占有一定的比例，但人数相对较少。可以说，对于中国广大民众来说，很多人对传统文化还抱有一定的梦想，也就是主导梦或者主流梦。上述说法有一定的欠缺，它们或者是忽略了中国近现代以来所发生的文化变革，或者是忽略了中国当代大众文化的特殊性，而把自己和其他亚洲国家等同于一个类别的文化。要解释当代中国文化的特殊性就要正确把握历史和现实文化的关系以及当代中国大众文化和其他国家大众文化的区别。"这是一个新旧过渡的交错时代。在这个时代，并不是旧的去了而新的没有来，而是旧的还没有来得及去掉而新的大量涌到。"②殷海光说的是知识分子的情况，这一情况也适用普通百姓。不过，也要看到，中国传统文化对百姓日常生活的影响力，尤其是潜移默化的影响。

  相比较而言，基因论是恰当的说法。习近平同志指出："我们决不可抛弃中华民族的优秀文化传统，恰恰相反，我们要很好传承和弘扬，因为这是我们民族的'根'和'魂'，丢了这个'根'和'魂'，就没有根基了。"③中国传统文化蕴含着中华民族最基本的文化基因，"要使中华民族最基本的文化基因与当代文化相适应、与现代社会相协调。"④中国传统文化包含中华文化的最基本的基因，是中华文化发展的母体。"中华优秀传统文化是我们文化发展的母体，应当礼敬自豪地对待。源远流长、博大精深的中华文化，积淀着中华民族最深层的精神追求，包含着中华民族最根本的精神基因，代表着中华民族独特的精神标识，不仅为中华民族生生不息、发展壮大提供了丰厚滋养，也为人类文明进步做出了独特贡献；不仅铸就了历史的辉煌，而且在今天仍然闪耀着时代的光芒。"⑤

  基因说和母体论是合理的，理由之一是这一看法符合公众主流心理和认知。根

---

  ① 相关数据及其分析见：戴茂堂、周海春、江畅等：《中国主流价值文化研究报告集》（调查报告集），人民出版社2014年版，第322页。

  ② 殷海光：《中国文化的展望》，商务印书馆2011年版，第208页。

  ③ 中共中央文献研究室：《习近平关于实现中华民族伟大复兴的中国梦论述摘编》，中央文献出版社2013年版，第33页。

  ④ 中共中央文献研究室：《习近平关于全面深化改革论述摘编》，中央文献出版社2014年版，第87页。

  ⑤ 云杉：《文化自觉、文化自信、文化自强——对繁荣发展中国特色社会主义文化的思考》（中），《红旗文稿》，2010年第16期，第4～5页。

据一项调查显示，在回答当代中国人价值观的误区的问题时，"对传统价值体系的一味否定"占了很大的比重。与此相关，不同区域和职业的受访者大多数认为要加强传统文化教育。相当大一部分民众认为忽视了文化传统是阻碍当代中国主流价值文化认同的因素。当被问及"阻碍当代中国主流价值文化认同的因素"这一问题的时候不同年龄的受访者中选择"忽视了文化传统"是最多的。① 这项调查显示，尽管西方文化也可以在中国生根发芽，但就文化习惯和文化记忆而言，传统文化依然是最能唤起中国人文化和民族认同感和自豪感的文化。在今日的中国，日常人伦生活面临着很多的挑战，朴实无华的人伦情感日渐消失，中国传统文化注重人伦亲情容易引起很多民众的兴趣。对于广大民众而言，改革开放以来光怪陆离的社会现象，让他们单一的价值观系统应接不暇，很多民众自然渴望从传统中获取精神资源，获得精神上的支持，获得观察问题的价值参考，他们自觉不自觉地想到了中国传统文化。民众对传统文化表现出来的热情是传统文化得以延续发展的民众基础，是文化命脉得以保存和发展的精神支持，事关传统文化的现代命运，值得重视。

理由之二是这一看法符合学者的认识，有较高的学理依据。中国优秀传统文化是我们文化发展的母体可以从历史和现实两个维度来看。从历史和理论的维度来看，中国传统文化是世界上起源早，并得到持续发展的文化，是有自身特色的文化。我国主流文化的构建就是要承续中国传统文化的优秀思想，延续中国传统文化的生命力和精神命脉。从现实和实践的角度来看，中国传统文化也有自身的缺点，并且在近代受到了较大的冲击，中国传统文化在当代中国的现实存在情况还有待评估。以传统文化为本位来观察，这个文化近代以来遇到了很大的危机。如贺麟说："儒家思想之正式被中国青年们猛烈地反对，虽说是起于新文化运动，但儒家思想的消沉、僵化、无生气，失掉孔孟的真精神和应付新文化需要的无能，却早腐蚀在五四运动以前。儒家思想在中国文化生活上失掉了自主权，丧失了新生命，才是中华民族的最大危机。"② 陈来则说："辛亥革命及其后短短几年，儒学已整体上退出了政治、教育领域，儒学典籍不再是意识形态和国家制度的基础，新文化运动正是把辛亥革命前后放逐儒学的运动进一步推展到伦理和精神的领域。从废止科举到新文化运动不过十数年时间，儒学在现代中国文化的格局中遭到全面的放逐，从中心退缩到边缘。经过本世纪初的二十余年，儒教文化已全面解体。"③ 这种退出，形成了民族的生命和儒家为主干的文化系统之间的不协调。关于这一点列文森也进行了说明。他认为"中国民族主义的起因及其实质是知识分子在感情上与中国传统文化的

---

① 相关数据及其分析见：戴茂堂、周海春、江畅等：《中国主流价值文化研究报告集》（调查报告集），人民出版社 2014 年版，第 302 页。
② 贺麟：《儒家思想的新展开》，载：《文化与人生》，商务印书馆 1988 年版，第 5 页。
③ 陈来：《孔夫子与现代世界》，北京大学出版社 2011 年版，第 255 页。

疏离。"① 在他看来，民族主义在情感上为背离传统提供了依据。陈来说："在接近21世纪的时候，我们仍然不能拒绝这一事实，即20世纪是在前现代作为整体的儒家文化经历解体、离散、飘零的历史。"② 在这些学者看来，儒家的真精神在近现代丧失了。但"儒学并未死亡，它在离散之后作为文化心理的传统仍不自觉地以隐性的方式寓于文化和人的行为之中。但也正是因为它是支离的、隐性的，其表现便不能整全和健康，当前中国世态与文化的病症悉由于此。"③ 易中天认为："今天的'道德沙尘暴'，恰恰源于积重难返的'国民性问题'。"④ 母体说和基因说就是肯定了中国传统文化包含着"真精神"，肯定了传统文化的弘扬有助于现实很多问题的解决，肯定在中国传统文化遇到危机之后，需要更多地以肯定的态度面对传统文化。

中国传统文化虽然遇到了危机，但是从另外一个角度来看，儒家文化依然构成了当代中国人生活的文化基因。如李泽厚说："由孔子创立的这一套文化思想，已无孔不入地渗透在广大人们的观念、行为、习俗、信仰、思维方式、情感状态……之中，自觉或不自觉地成为人们处理各种事务、关系和生活的指导原则和基本方针，亦即构成了这个民族的某种共同的心理状态和性格特征。值得重视的是，它的思想理论已转化为一种文化—心理结构，不管你喜欢或不喜欢，这已经是一种历史和现实的存在。"⑤ 陈来曾经有"实质的传统"的说法。"然而实质性传统还继续存在，这倒不是因为它们是仍未灭绝的习惯和迷信的外部表现，而是因为，大多数人天生就需要它们，缺少了它们便不能生存下去。"⑥ 波士顿大学的著名社会学家彼得·柏格（Peter Berger）提出了"庸俗化的儒家伦理"。这是一套儒家思想渗透到普通人日常生活所表现出来的一套道德规范。"他把儒家思想体现在普通百姓的日常伦理称为'庸俗儒家伦理'（或译'世俗化的儒家伦理'）。"⑦ 陈来认为"亚洲价值是亚洲传统性与现代性的视界融合中所发展出来的价值态度和原则。"⑧ 孙隆基称之为一个深层结构，一个良知结构。"既然中国历史上任何'表层结构'意义的变动都是使'深层结构'越来越没有变化的因素，因此，由中国整个历史发展过程呈现出来的'深层结构'遂表现为一个'超稳定体系'的形态。"⑨

母体说并不否定中国近现代以来所发生的文化变革，要解释当代中国文化的特殊性就要正确把握历史和现实文化的关系以及当代中国大众文化和其他国家大众文

---

① 约瑟夫·列文森：《儒教中国及其现代命运》，郑大华译，广西师范大学出版社2009年版，第77页。
② 陈来：《孔夫子与现代世界》，北京大学出版社2011年版，第139页。
③ 陈来：《孔夫子与现代世界》，北京大学出版社2011年版，第153页。
④ 摩罗、杨帆：《人性的复苏—国民性批判的起源与反思》，复旦大学出版社2011年版，第316页。
⑤ 李泽厚：《中国古代思想史论》，人民出版社1985年版，第34页。
⑥ [美]希尔斯：《论传统》，傅铿、吕乐译，上海人民出版社1991年版，第406页。
⑦ 陈来：《孔夫子与现代世界》，北京大学出版社2011年3月版，第122页。
⑧ 陈来：《孔夫子与现代世界》，北京大学出版社2011年3月版，第19页。
⑨ 孙隆基：《中国文化的深层结构》，广西师范大学出版社2011年版，第25页。

化的区别。当代中国文化是一个多种文化要素的混合体。这一混合体包括如下几个公认的部分：传统文化与现代文化、本土文化与外来文化、先进文化与落后文化、一元文化与多元文化等。这是一个多样文化要素融合成的一个过渡形态的文化状态。接触过程中会形成一个过渡的文化型态，"我认为那许多慢慢的、但是自动的变化，正好构成一个可以算是民主而又可取的文化变动的型态，——一个长期曝露，自动吸收的型态。"① "这是一个新旧过渡的交错时代。在这个时代，并不是旧的去了而新的没有来，而是旧的还没有来得及去掉而新的大量涌到。"② "在这个阶段，旧的观念继续发生作用，或者变个形状继续发挥作用，至少沉淀到潜意识界继续发生作用；可是新的思想却要闯进来。"③ 殷海光说的是知识分子的情况，这一情况也是适用普通老百姓的。

（三）保护好中国传统文化的基因

不论从历史，还是从现实来看，中国传统文化都是当代中国主流文化构建的母体。这就要保护好中国传统文化的基因，并适当地加以现代转化。纵观全球文化和学术发展，中国传统文化无论从视角、思维方法，还是从核心价值观的角度来看，都有自己的独特之处，不仅相比于西方古代文化有自己的优长，即便相比于当代西方文化，相比于最新的学术发展，也有可以肯定之处。这些优长需要一定的理论阐释，需要一定的理论转换，需要利用现代学术发展更好地把握中国传统文化的基因图谱。这个工作可以称之为传统文化的合理化的问题。"产出危机表现为合理性危机"④。儒家文化的任务是产出应对西方文化的观念，产出应对现实生活的观念，产出中国传统文化提供给人类文明的那些特别的东西。

产出依赖投入，"投入危机则表现为合法性危机"⑤。"合法性危机是一种直接的认同危机"⑥。儒家文化基因的保护，需要人为的力量自觉的投入。中国传统文化是文化自信的重要源泉，因为中国传统文化有过自身的辉煌。文化自信来源于文化的归属感和自豪感。当文化的归属感和自豪感丧失的时候，自然就丧失了文化的自信。对待中国传统文化既不能妄自菲薄，也不能夜郎自大，盲目自信。中国传统文化作为当代文化发展的基因，需要有不同层面的投入。就学术层面而言，需要有更多的学者和资金投入于中国传统文化的研究，需要在学科建设等制度层面充分考虑国学的地位，保持中国文化传统学科分类体系的完整性和传统的延续。这个工作可以看成是通过构建一套学院式的理论学说来实现中国传统文化的现代价值。中国

---

① 胡适：《中国传统与将来》，《胡适学术文集•哲学与文化》，中华书局2001年版，第360页。
② 殷海光：《中国文化的展望》，商务印书馆2011年版，第208页。
③ 殷海光：《中国文化的展望》，商务印书馆2011年版，第208页。
④ ［德］尤尔根•哈贝马斯：《合法化危机》，刘北成、曹卫东译，上海人民出版社2000年版，第65页。
⑤ ［德］尤尔根•哈贝马斯：《合法化危机》，刘北成、曹卫东译，上海人民出版社2000年版，第65页。
⑥ ［德］尤尔根•哈贝马斯：《合法化危机》，刘北成、曹卫东译，上海人民出版社2000年版，第65页。

传统文化的基因以传统的形式保存于中国人的性格、思维方法和行为中，也就是存在于"人伦日用"中。这个"人伦日用"中的中国传统文化如何巩固优点，淘汰不合时宜的部分，是巩固和发展中国传统文化基因的一项很重要也是很艰难的工作。这个话题曾经以国民性改造的形式被提出来。梁启超的国民性概念是和奴隶性相对的。这是一个有特定内涵的国民性概念。是针对只知道有家庭有朝廷而不知道有国家来说的，针对不是国民来说的。梁是要呼吁拥有国民性。革命派也是这种思路。"脱奴隶就国民如何？曰革命。"①后来国民性的概念就泛化了。国民性就是一个国家和一个民族中绝大多数人通过心理、思想和行为表现出来的人格特质。冯骥才在《鲁迅的功与"过"——国民性批判之批判》中说："就是他那独特的文化的视角，即国民性批判。"②"这个'文化人'是指特有的文化铸成的特有的文化性格。这种性格放在小说人物身上是一种个性，放在小说之外是一种集体性格。当一种文化进入某地域的集体的性格心理中，就具有顽固和不可逆的性质。倘若逆转，极其缓慢。它属于一种根性。当然，任何民族的文化性格都是两面的，一面是优根性，一面是劣根性。"③国民性的追问包括三个核心问题。许寿裳在《亡友鲁迅印象记》中说："鲁迅在宏文学院的时候，常常和我讨论下列三个相关的大问题：一、怎样才是最理想的人性？二、中国国民性中最缺乏的是什么？三、它的病根何在？"④鲁迅的问题或许可以补充提出：中国国民性中优秀文化基因是什么？如何保持并发展这种文化的基因？国民性的存在说明中国传统文化在人伦日用方面发挥着一定的规范作用，并适应了工业化、城市化、商业化带来的变化。传统文化面对高度的组织化要能够为个性化的意义创造活动提供资源。哈贝马斯指出，对意义和符号进行商业生产和行政计划，会消耗掉虚拟的有效性的规范力量。"如果文化传统是以客观主义形式提供出来的，并被当作策略加以使用，那么，它就会丧失这种力量。"⑤传统文化要发挥人格追求的力量和教养的力量，在创造邻人间的亲和性方面发挥作用。

具体来看，中国优秀传统文化中蕴含着很多对构建中国特色社会主义主流文化有重要启示作用的合理性内容。比如：关于天下为公、大同世界的思想；关于以民为本、安民富民乐民的思想；关于为政以德、政者正也的思想；关于仁者爱人、以德立人的思想；关于中和、泰和、求同存异、和而不同、和谐相处的思想，等等。⑥中国优秀传统文化的丰富内容为人们认识和改造世界提供了有益启迪，为治国理政

---

① 章士钊：《读〈革命军〉》，张枬、王忍之编：《辛亥革命前十年间时论选集》第1卷（下），三联书店1960年版，第684页。
② 摩罗、杨帆：《人性的复苏——国民性批判的起源与反思》，复旦大学出版社2011年版，第262页。
③ 摩罗、杨帆：《人性的复苏——国民性批判的起源与反思》，复旦大学出版社2011年版，第262页。
④ 许寿裳：《亡友鲁迅印象记》，峨眉出版社1947年版，第23页。
⑤ [德]尤尔根·哈贝马斯：《合法化危机》，刘北成、曹卫东译，上海人民出版社2000年版，第93页。
⑥ 关于中国优秀传统文化的内容，习近平同志列举了十五个方面。参见《习近平在纪念孔子诞辰2565周年国际学术研讨会暨国际儒学联合会第五届会员大会开幕会上的讲话》，《人民日报》，2014年9月25日2版。

提供了有益思路，同时也为当代中国主流文化构建提供了重要的思想理论资源。当代中国主流文化要吸收、融入中国文化传统，要弘扬优秀传统文化，这是当前人们的普遍共识。不过，在如何借鉴传统文化资源来构建当代主流文化的问题上，古今关系问题仍然需要我们加以注意和明确：

第一，当代中国主流文化要吸收中国传统文化，是借鉴和利用传统文化中的有益资源来丰富发展当代文化体系并转化为新的中国文化传统，而不是要使当代主流文化湮没在文化传统中。几千年来形成的中国文化传统，其内容虽然极其丰富、深刻，但是我们也应该看到，近代以前的中国文化传统就其主体而言是建立在落后的自然经济基础上的宗法皇权主义文化传统，是马克思所言"人与人相互依赖"阶段的人身依附和服从关系的文化传统，这与现代市场经济和民主政治所强调的自由、民主、平等、法治、权利等现代社会的基本价值观念格格不入，也与马克思主义对未来社会设想的"人的自由全面发展"目标背道而驰。江畅教授认为，当代中国主流文化不能简单地融入这种传统，而要根据现代市场经济和民主政治对这种专制主义文化进行进一步的革故鼎新，并在此基础上形成中国特色社会主义新文化传统。因此，当代中国主流文化对中国文化传统的融入不是与已有的专制主义文化传统的混合，不是在它已经被打碎后再接续起来，而是革命性的、创新性的在新的时代、新的经济基础之上对其重新构建并与现代世界文明接轨。这种情形类似于西方近现代价值观与西方古代（古希腊罗马和中世纪）价值观的关系。西方近现代主流价值观虽然从西方古代价值观中吸收了许多有价值的内容，但它不是西方古代主导价值观的自然延续，而是根据市场经济兴起和发展的需要构建起来的，具有了不同于古代价值观的新的内涵和时代特征。

第二，当代中国主流文化弘扬和传承中国优秀传统文化，并不是要回归到中国传统文化，也不是要把传统文化嫁接到现代文明上，而是要在弘扬传统的过程中利用优秀传统文化资源。自改革开放以来，我国社会转型时期出现了不少社会问题，在这种情况下，一些学者认为马克思主义已经过时，社会主义价值观已经失效，而且西方文化也已经衰落且不适用于中国，因而主张用传统文化特别是传统儒家思想来解决当代社会问题。香港学者胡国亨先生就认为，西方文化已经衰败，在这种情况下仿效西方的现代化未必有前途。那么未来的中国应该何去何从？他提出复兴孔子学说是唯一出路："孔子思想（不是儒家学说）的复兴，可能会为中国未来文化建设提供一个最健康、最扎实及最平衡的基础。"[①] 他实际上是主张用所谓"大孔子学说"取代马克思主义作为当代中国价值观的理论基础。在这种情况下，我们必须清醒地意识到，在当代中国弘扬和传承传统优秀文化，从根本上说，是要利用传统文化的资源为当代中国主流文化构建服务，使当代中国主流文化不仅是社会主义

---

① 胡国亨：《独共南山守中国——戳破西方文化优越的神话》，中文大学出版社1995年版，XIV。

的，而且是有中国特色的，是接地气的，具有民族认同感和亲和力，人们喜闻乐见。如果以为构建当代中国价值观就是要使社会主义价值观回到传统价值观（无论是诸子百家的和后来的思想家的，还是占主导地位的专制主义的）或在新的历史条件下复兴传统价值观，那我们就会犯致命性的错误，其实践后果不仅仅会是人们的思想混乱，更会将中国引入灾难的渊薮。

第三，当代中国主流文化要利用的中国传统文化资源，不只是儒家思想，更不只是以儒家价值观为依据构建的宗法专制主义的传统文化，而是中国进入文明社会以来逐渐形成的传统文化。中国传统文化资源极其丰富，包括西周及以前的文化、春秋战国时期诸子百家的文化，后来佛教与中国文化融合后形成的文化、宋明程朱理学和陆王心学文化，以及鸦片战争开始形成的"新文化"等思想文化，也包括极其丰富的制度文化、行为文化等。利用中国传统文化，不只是要利用思想文化，更不只是要利用儒家思想文化，而是要利用各种文化资源；不仅要直接利用传统文化的有益内容，而且要总结其经验教训，将历史经验教训作为今天的重要历史借鉴。这里有一点需要指出，我们通常说要弘扬和传承优秀中国传统文化，这是对的，但我们在利用传统文化资源时，就不只是利用优秀的，也需要利用那些糟粕的，从中总结历史经验教训，并引以为鉴，这即是所谓"以史为镜，可以知兴替"。实际上，历史文化资源本身也通常是良莠兼俱的，并没有绝对优秀的或绝对糟粕的，只是优秀或糟粕的程度差异而已。因此，我们不能指望从历史文化资源中挑出纯粹优秀的内容来继承，而只能以批判的态度吸取其精华剔除其糟粕，以达到"古为今用"的目的。

总之，当代中国主流文化构建是一种对中国文化传统和价值观传统的开新，是在这种开新过程中对中国文化传统的融入和延展。

三、吸收西方文化的优长是我国文化自强的途径

历史的车轮依旧滚滚向前，历史的问题变成了今日的现实的问题，旧的问题没有完全解决，或者变换了存在的形式，时代又提出了新的课题，在这样的背景下，依然需要理性的思考和审慎的选择，给出历史和民族发展的方向指导。我们今天就站在这样一个历史发展的大开大合的文化转折时期，承担着重要的历史重任。构建中国主流价值文化，要批判地吸收外来文化。任何一种文化都不可能与世隔绝，都需要从其他文化中汲取养分。对待外来文化，要有开放包容的胸怀，要有辩证取舍的态度，要有转化再造的能力。以什么样的态度对待外来文化，考验着一个国家的文化自信。越是自信，就越能够以积极的态度对待外来文化，越能够在同外来文化的互动交流中得到丰富发展。广泛吸纳、融汇一切外来优秀文化成果，是推动中华文化繁荣兴盛的必然要求。

（一）西方文化的起源

什么是西方？"然而，西方传统并不局限于我们今天所定义的欧洲。一些生活在当今欧洲疆域以外的民族之贡献也包括在西方文化之内，因为这些民族有的是西方的先祖，如那些最早创造了美索不达米亚和埃及文明的民族；有的则在某些时期是西方的组成部分，如在古罗马和早期基督教时代生活在地中海沿岸之北非和近东地区的民族。西方文化从形成于这些地区的理念中汲取了丰富的营养，这与地理范围无关。"①

西方文化的起源之一可以追溯到古埃及人文思想的生发。公元前6000年到公元前3100年为埃及的新石器和王朝时代。公元前3100年左右，美尼斯（Menes）宣布自己为国王并统一了上下埃及。到公元前525年以后，埃及失去独立地位。古埃及人文精神的核心就是追求永恒。这种追求体现在宗教、建筑、文学等不同的方面。在宗教方面，"埃及的臣民崇拜法老，但法老又能崇拜他所喜欢的任何神灵。"②"埃及宗教最突出的标志是宣扬永生——这一信条激发了比美索不达米亚信念更乐观的人生态度。"③在文学方面也是如此。《一个人与其灵魂的争执》（*The Dispute of a Man with His Soul*）描写了一个沮丧万分的人最终宁可选择死亡，也不愿意生活在一个物欲横流、充满暴力的世界上。《阿腾赞美诗》（*Hymn to Aten*）赞美了宇宙日轮之神阿腾。"埃及的绘画和雕塑不是为了艺术而艺术，而是作为一种手段服务于宗教目的，尤其是用来容纳'卡'[ka]，即人或神的灵魂。"④著名的斯芬克斯狮身人面像位于埃及的开罗市西侧的吉萨区。

人们一提到西方文化总是会提到古希腊罗马文明。在克里特岛还兴起了另一种文化。克里特岛横列爱琴海南端，在北非和希腊之间。这就是公元前3000年到公元前1100年的米诺斯文明（Minoan Civilization）。希腊人的观念系统与米诺斯文明有着密切的关系。亚里士多德曾说过米诺斯是远古的立法者，斯巴达的法制从其遗制而来。"克里特岛历来是宙斯[Zeus]神的出生地。米诺斯人崇拜的宙斯降生在一个洞穴里，长大成人后就死去了。他们供奉宙斯出生的地方，把他当作一个孩童来敬拜。但是，后来的希腊人却认为宙斯永生不死，是奥林匹亚[Olympian]诸神的父亲和统治者，他们对米诺斯人认为宙斯神死掉的想法很恼火。我们或许能从这个

---

① [美]罗伊·T.马修斯、德维特·普拉特：《西方人文读本》，卢明华、计秋枫、郑安光译，东方出版社2007年版，第2页。
② [美]罗伊·T.马修斯、德维特·普拉特：《西方人文读本》，卢明华、计秋枫、郑安光译，东方出版社2007年版，第47页。
③ [美]罗伊·T.马修斯、德维特·普拉特：《西方人文读本》，卢明华、计秋枫、郑安光译，东方出版社2007年版，第48页。
④ [美]罗伊·T.马修斯、德维特·普拉特：《西方人文读本》，卢明华、计秋枫、郑安光译，东方出版社2007年版，第51页。

故事中解析出以下的事实：虽然希腊人最终在外在的意义上控制了克里特岛，但米诺斯宗教的成分却伺机渗入了后来希腊人的信念；因此，从某种意义上来说，奥林匹亚诸神是在克里特岛诞生的。也许我们还可以从语言、社会结构和经济事务等方面找出克里特对希腊的影响，虽然亚该亚时代的希腊人并不把往昔的米诺斯看作自己遗产的组成部分。"①

迈锡尼在伯罗奔尼撒东北部，居民是公元前 2000 年左右部落大迁移中从巴尔干北部南下的印欧语族阿卡亚人。公元前 1400 年左右，迈锡尼人征服克里特岛，所以公元前 1400 年到公元前 1100 年被称为后期米诺斯克里特，是两种文化的混合。迈锡尼文明和亚该亚时代的希腊人文化的关系更为密切，甚至是不分你我。"正如荷马史诗描述的那样，迈锡尼人将他们的许多理想传给了希腊人。荷马继承了三百年来关于迈锡尼人的口头传统，进而创造了'英雄时代'[the Age Heroes]他向希腊人吟诵一段光辉灿烂的往事，这既令他们振奋，也使他们清醒。在《伊利亚特》和《奥德赛》中，希腊人发现了一个包含基本道德秩序的天地和一个拥有独特气质（也即种族标记）的民族。荷马使他笔下的迈锡尼英雄们拥有了追求美德的特性，这种追求成了过去时代希腊的一种理想。许多贵族甚至追认自己的先祖就是荷马笔下的勇士，进而追溯到男女众神为他们的始祖。荷马创造的世界是如此丰富多彩，以至于在整个希腊历史上，文学艺术都把它当作创作题材，从它那里汲取灵感。迈锡尼人通过荷马把他们的神话、宗教、伦理、世界观和对人性的透视传给了希腊人。"②

公元前 11 世纪到公元前 8 世纪被西方史学家称为黑暗时期。这一时期又称荷马时代，因为传说中的盲诗人荷马在公元前 9 世纪融合历史与神话传说创作的史诗《伊利亚特》、《奥德赛》(《伊利昂记》、《奥德修记》) 中，描述了迈锡尼文明末期的故事。公元前 8 世纪赫西俄（奥）德写了两部长诗《工作与时日》、《神谱》。约在公元前 1200～前 1170 年间，爆发了荷马史诗《伊利亚特》所写的特洛伊战争。荷马史诗体现了怎样的人文思想和人文精神？大致可以用两个命题来说明。第一个命题就是追寻美德。第二个命题就是追寻正义。

亚该亚（Archaic）时代是公元前 800 年到公元前 479 年。这一时期希腊人有了共同的民族认同，他们宣称有一个共同的始祖赫楞（Hellen），自称自己为赫楞人（Hellens），也就是希腊人。他们把自己的国土叫做赫拉斯（Hellas），进入了城邦社会状态。首届奥运会于公元前 776 年举行，四年一届，成为各城邦共同的节庆和纪年。德斐尔神庙供奉的阿波罗神于公元前 700 年成为全希腊崇拜的神，是统一的希

---

① [美]罗伊·T. 马修斯、德维特·普拉特：《西方人文读本》，卢明华、计秋枫、郑安光译，东方出版社 2007 年版，第 64 页。
② [美]罗伊·T. 马修斯、德维特·普拉特：《西方人文读本》，卢明华、计秋枫、郑安光译，东方出版社 2007 年版，第 66 页。

腊民族的象征。

宗教思想方面出现了系统的神灵系统，奥林匹亚诸神和大地诸神，并透过这个神灵系统塑造了一个统一的道德秩序的世界。宙斯是主神，秩序的维护者；赫拉是母神，妇女的保护者；波赛冬，水域的主宰；哈得斯是地底世界的看护者；赫斯提亚是炉灶的保护者；阿波罗是智慧和调节之神；阿耳忒弥斯是帮助妇女的处女神；阿瑞斯是缺德的暴力和战乱之神；阿佛洛狄忒是欲望、爱情与美丽女神；赫淮斯托斯是匠人的保护者；雅典娜是智慧与战争女神；赫耳墨斯是商人和窃贼之神。希腊建筑主要是柱梁三角结构。"亚该亚时代［Archaic］青年男女塑像与埃及和美索不达米亚艺术泾渭分明的因素是希腊人对人体美感到愉悦。希腊人在表现人体时摒弃了埃及人和美索不达米亚人强调常规姿态和刻板姿势的神圣方法。相反，希腊雕塑家创作了矫健、威武的男子形象和活泼健美的少女形象。在希腊人看来，雕塑对象的健康美丽与塑像的宗教目的一样重要。"①希腊人表现裸体男子和穿衣女性的传统贯穿于整个亚该亚时代。

古代希腊文明指的是公元前479年（或公元前461年）到公元前323年马其顿亚历山大大帝去世这一时期的文明。古希腊文明的一个重要特征是高度重视均衡生活和取之有度，在人性的两个极端之间寻找平衡。在《悲剧的诞生》中，尼采运用了酒神－日神精神，他以醉境和梦境分别形容酒神状态和日神状态。阿波罗是太阳神，日神精神象征的是美的外观引起的幻觉，日神精神象征的是形式主义和古典主义、视觉艺术，强调节制。

狄奥尼索斯是酒神，即酿酒和种植葡萄之神，酒神迷狂的状态是对人生日常界线和规则的破坏，期间，包含着一种恍惚的成分，个人过去所经历的一切都淹没在其中了。这些体现在悲剧和喜剧之中，如阿里斯托芬（Aristophanes）的喜剧，埃斯库罗斯（约公元前524～前456年）的悲剧。音乐基本遵循毕达哥拉斯创立的全音阶总乐谱表（diatonic system）。历史学方面则是以希罗多德（约公元前484～前430年）的《历史》和修昔底德（Thucydides）的《伯罗奔尼撒战争史》为代表。古典希腊文明有很高的人文成就。如苏格拉底的"人的哲学"。苏格拉底（Socrates，公元前470～前399年）。《卡尔米德篇》被认为是建立"人的哲学"的宣言。

文艺复兴是一场发生在14世纪至17世纪的文化运动。这一阶段的研究中心是人和自然，形成了人文主义和自然哲学两股互相联系又有一定区别的思潮。主要代表人物和成就如但丁之《神曲》，彼特拉克之《歌集》，乔万尼·薄伽丘之《十日谈》，列奥纳多·达·芬奇之《蒙娜丽莎》，米开朗基罗·博那罗蒂之《大卫》，

---

① ［美］罗伊·T. 马修斯、德维特·普拉特：《西方人文读本》，卢明华、计秋枫、郑安光译，东方出版社2007年版，第81页。

马基雅维利之《君主论》，拉伯雷之《巨人传》，哥白尼之《天体运行论》，韦达之《分析方法入门》，维萨留斯之《人体结构》等。17世纪初至18世纪末形成了培根和洛克为代表的经验论和斯宾诺莎和莱布尼茨等为代表的唯理论两个哲学思想派别。伏尔泰、卢梭、孟德斯鸠等是启蒙运动的代表人物。18世纪末康德哲学兴起，德国哲学独领风骚，出现了费希特、谢林、黑格尔和费尔巴哈等哲学大师。

19世纪中期在德国诞生了马克思主义，康德和黑格尔的思想得以继续发展。新康德主义以马堡学派和弗莱堡学派为代表。实证主义创始人法国哲学家孔德和英国哲学家穆勒早在19世纪30～40年代即已开始活动，19世纪40年代后实证主义哲学得以兴盛，而后马赫主义与实证主义一脉相承。在19世纪70～80年代以后的德国哲学中，尼采的权力意志论取代了叔本华的生活意志论而占有突出地位。德国哲学家狄尔泰的理论成了后来的释义学的主要理论来源之一。法国哲学家柏格森对非理性主义和直觉主义作了最为系统和典型的论证。以詹姆士为代表的实用主义于19世纪70年代发轫于美国，19世纪末20世纪初发展成为在美国占主导地位的哲学流派。

在20世纪上半期，美国实用主义的主要代表人物是杜威。20世纪初英国哲学家罗素和摩尔对黑格尔主义的公开驳斥标志着20世纪西方哲学中广泛和持久流行的分析哲学运动由此正式形成。20世纪上半期形成并广为流行的分析哲学在50年代以来仍是西方最主要的哲学思潮。同时也逐步出现了很多新的流派，如结构主义和后结构主义等。20世纪50年代以来宗教哲学依然是西方哲学中最有影响的思潮之一，其中新托马斯主义等各种形态的基督教哲学仍居主导地位。如"新马克思主义"、"西方马克思主义"等思潮有很大影响，再比如与弗洛伊德主义有密切思想联系的法兰克福学派，以萨特为主要代表的存在主义的马克思主义，以阿尔图塞为代表的结构主义的马克思主义，等等。后现代主义是20世纪后半叶西方社会的流行哲学和文化思潮，其影响面非常广泛。后现代主义思潮首先是在欧洲大陆产生的，福科的《词与物》，德里达的《言语与现象》，利奥塔的《后现代状态：关于知识的报告》等标志法国后现代主义思潮的形成和发展。杰姆逊、罗蒂是美国后现代主义思想的主要代表人物。人们一般把后现代主义的特征概括为：反逻各斯中心主义、反语言中心主义，反基础主义、反本质还原主义，否认整体性、同一性，反对中心，寻找差异性和不确定性，反对理性，消解现代性，消解主体性等。尽管后现代主义对现代性问题有所批评，但就西方近现代以来的人文精神而言，依然可以按照现代性的成果来加以把握。

（二）"西学东渐"是近现代一个基本的文化事实

西方学术思想传入中国发端于明末清初西方基督教的传入，这个时候已经发生了东西方文化指向间的冲突和交流，比如基督教和佛教的冲突。传教士是这样说和尚的:"这里有很多和尚。没有任何地方的魔鬼能比这里更善于模仿人们在天主教里赞美上帝时所使用的方式。"①"他们表面慈悲,其实他们五花八门的宗教体系里充满了荒谬,而且其中多半是放荡堕落之徒。"②在传教士看来,中国人的贫穷并没有唤起他们寻求解脱的动力。"他们可通过贫寒、艰辛、勤勉的尘世生活而在天国获得永福,从而教他们圣化自己的困难呢?"③在他们看来,中国人对于财富很难放下,内心中不够纯洁。"然而当我在教导他的过程中涉及他人财产的问题,谈到归还不义之财的必要性时,他那些美好的愿望顷刻之间荡然无存。他开始动摇,最后他对我说他下不了信教的决心。"④"中国人内心深处的腐化堕落是和基督教教义格格不入的。中国人只要能在外表上维持体面,就可以在暗地里放纵自己干出一些羞于启齿的罪恶勾当。"⑤

西学东渐的第二个时期是近代以后。在鸦片战争的冲击下,西方文化输入中国的过程加快了。魏源主张学习西方的科学技术,太平天国运动则打起了西方基督教的旗帜。曾国藩、李鸿章等为代表的洋务派基本观念是坚持中国的伦理纲常的基础上,学习西方的机械化、商业和现代军事等现代经济因素。活跃在洋务大员身边的幕僚和其他一些知识分子,比较全面地介绍了西方文化,并对中西文化进行了对比。如王韬、容闳、何启、胡礼垣、唐景星、伍廷芳、郑观应、马建忠、马良、冯桂芬、郭嵩焘、薛福成、黄遵宪、陈炽、汤震、陈虬、宋恕等人。

他们发现中国人文精神的最大缺陷是务虚,西方人文精神的长处是务实。认为秦汉以后,中国"循空文而空谈性理,于是我堕于虚,彼证诸实。"⑥"彼西人笑我士大夫不识时务,凡创办一事属新法者,虽有利于国,往往阻于泥古之士似是而非之说,务虚名而不求实效。"⑦另外,他们还发现了中国人文精神的缺陷是守旧,而西方的人文精神的优点是创新。薛福成认为:"吾闻西人之言曰,华人尚旧,西人尚新。盖自意其能创一切新法而致富强,而微讽中国不知变计也。讵知不忘旧,然后能自新。"⑧他们发现了西方人文精神中充满了科技理性,所以,中国富强需要学习西方的科技理性。"今诚取西人器数之学,以卫吾尧、舜、禹、汤、文、武、周、孔之道,俾西人不敢蔑视中华。"⑨

在人伦方面,他们也有很多的思考,尤其是关于利益在人伦关系中的地位问

---

① [法]杜赫德:《耶稣会士中国书简集——中国回忆录》上卷,大象出版社2005年版,第140页。
② [法]杜赫德:《耶稣会士中国书简集——中国回忆录》上卷,大象出版社2005年版,第140页。
③ [法]杜赫德:《耶稣会士中国书简集——中国回忆录》上卷,大象出版社2005年版,第151页。
④ [法]杜赫德:《耶稣会士中国书简集——中国回忆录》上卷,大象出版社2005年版,第244页。
⑤ [法]杜赫德:《耶稣会士中国书简集——中国回忆录》上卷,大象出版社2005年版,第244页。
⑥ 郑观应:《盛世危言》,王贻梁评注,中州古籍出版社1998年版,第57页。
⑦ 郑观应:《盛世危言》,王贻梁评注,中州古籍出版社1998年版,第53页。
⑧ 徐素华选注:《筹洋刍议——薛福成集》,辽宁人民出版社1994年版,第162页。
⑨ 徐素华选注:《筹洋刍议——薛福成集》,辽宁人民出版社1994年版,第90页。

题。"西洋言利,却自有义在。"① 他认为,西方国家的人们并不讳言求利,他们言利但不轻义,义中有利、利中有义,义与利二者并重。这种义利观鼓励人们求利的正当要求,促进了社会的发展和人民生活水平的提高。因而,这种义利观远远胜于中国。私利的重视为西方国家科学技术、商业、政治等的发展奠定了基础。马建忠认识到:"西人以利为先,首曰开富源,二曰厚民生,三曰裕国用。"② 西方伦理的合理性在于利和道德的统一关系。外洋以厚资为重,西方明注在富人,其弊亦寡。"西俗用人,以富为贤。其道有相反者。"③

《翼教丛编》时期,保守派的某些观点已经非常开明了,出现了形式上的理性化趋向,出现了内容上"中西兼采"趋向。维新运动则把重点放在了学习西方的政治制度上面。到严复这里,方法论问题是他关心的重点。到王国维这里,出现了一种追求纯粹学术的思想倾向。

"五四"新文化运动以后西方人文精神在中国的传播和发展进入了一个新的阶段。中国共产党人接受马克思主义以后,看到了西方文化的殖民性和侵略性,确立文化的民族独立性和社会主义性质的立场。在后来社会主义建设的过程中,中国对待西方文化经过了一个不断调整并逐步开放的过程。在这个过程中首先被解绑的是机械化和科学技术。科学技术被看成是无"国界"的,任何社会制度都可以使用的东西,从而剥离了科学技术与资本主义之间的必然联系。而后,市场经济也被剥离了政治的属性。这个过程也逐步深入到思想文化领域。西方的哲学思潮和"自由化"之间有着一定的亲缘关系,但单纯的学术研究逐步被允许并倡导。四项基本原则是处理文化关系要坚持的基本准则。在当代,自觉吸收西方文化体现了对自身制度和文化的自信,对当代文化的发展具有重要的意义。

(三)西方文化的精神特征

关于东西方文化的差别及其实质,梁漱溟(1893～1988)认为,东方文明是静的文明,西方文明是征服自然、科学方法、自由民主和个性伸展的动的文明,西方文明是积极的、创造的、物质的、理智的、空想的、科学的等说法是一种平列的开示。他认为人类文化解决问题的方法有三种,西方化是以意欲向前要求为其根本精神的。两眼向前看,这是西方的态度。西方着眼研究外界物质,其所用的是理智。唐君毅则把西方文化精神说成是古希腊的观照凌虚境、中世纪的一神境、文艺复兴以后的万物散殊境。④ 唐力权则以场外观说明西方文化。"西方哲学家总是要站在宇宙之外来看宇宙,好象他自己就是上帝似的;总爱把他自己从他所在的世界

---

① 《郭嵩焘日记》(第4卷),湖南人民出版社1983年版,第297～298页。
② 郑大华点校:《采西学议——冯桂芬马建忠集》,辽宁人民出版社1994年版,第159页。
③ 徐素华选注:《筹洋刍议——薛福成集》,辽宁人民出版社1994年版,第145页。
④ 唐君毅:《中国现代学术经典·唐君毅卷》,河北教育出版社1996年版,第903页。

和自然环境抽离出来，好象他不属于这个世界或自然似的。"①张世英则以主客二分把握西方文化，认为西方人文精神是建立在主客体思维的基础上的。

从思想基础上看，西方价值观念是个人主义的。个人和其他个人间的主客体关系的思考方式形成了西方近现代文化两个核心的精神传统：人本主义和科学主义精神。这两种精神可谓殊途同归。西方文化是由意欲向前要求的精神产生"赛恩斯"与"德谟克拉西"两大异彩的文化。科学主义也是源于个体的自我，不过发展了人的理智的层面，我成了理智的我。梁漱溟认为西方文化先着眼研究者在外界物质，其所用的是理智。关于这一点梁漱溟有明确的说明西方物质生活方面出现的征服自然的异彩是由于对于自然的向前的奋斗、要求改造环境的结果；科学方法要求变更现状、打碎、分析来观察也是要求克服对面的东西的态度，科学精神对于观念信仰的怀疑扫荡也是如此。在伦理道德方面也是如此，在梁漱溟看来，自由也是因为人们要求向前的态度才能抵抗权势。在这种理论看来，每个个体都是有需要的，都是强大的，这样一来就既要承认自己也要承认他人。"民主是一种精神或倾向。"②起于我、承认我，包括感情要求的直觉我和思想意见的理智我。这样一来必然承认别人，这样就有了平等的观念。

个人主义当然包括个人是目的的思想。在西方价值观念中，个人主义是一种价值体系，一种有关人性的理论，是对某种政治、经济、社会和宗教体制的态度或信念，核心内容是：所有价值观都是以人为中心的；个人是目的本身，具有最高的价值，社会只是个人目的的手段，而不是相反；所有的人在道德上都是平等的，这种平等性的表述正如康德所说，是任何人都不能被当作其他人福利的手段。其中核心的逻辑思维方式是：个人具有逻辑的优先性。首先是个人，然后才是社会。即便是马克思这样的西方人，比较强调人是社会关系的总和，不过他的出发点依然是个人。而且其最终的成就也是个人的完成。马克思指出："只有当现实的个人把抽象的公民复归于自身，并且作为个人，在自己的经验生活、自己的个体劳动、自己的个体关系中间，成为类存在物的时候，只有当人认识到自身'固有的力量'是社会力量，并把这种力量组织起来因而不再把社会力量以政治力量的形式同自身分离的时候，只有到了那个时候，人的解放才能完成。"③马克思认为哲学应该从现实的、有生命的个人本身出发。

西方思考个人最主要的假设就是"经济人理性"的假设。所谓"经济人"也就是设法使自己的利益得到最大满足的人，也就是追求效用最大化的人。人还是"社会人"，归属感、良好的人际关系、人际沟通对于人力资源管理也是很重要的。人还是自我实现人，自我指导和自我控制也很重要。经济人除了他自己的利益追求，

---

① 唐力权：《周易与怀德海之间：场有哲学序论》，辽宁大学出版社1997年版，第7页。
② 梁漱溟：《中国文化要义》，学林出版社1987年版，第251页。
③ [德] 马克思：《论犹太人问题》，《马克思恩格斯全集》第3卷，人民出版社2002年版，第189页。

他并不关心他人的利益，他人的处境等。"经济人"的生活和生存与他人的关系是靠着私人利益的必然性联系在一块的。个人是自私自利的、孤立的、维护个人自由和权利的人。在他眼中的他人只有能够给自己带来私人利益时才是值得关注的。在他的心目中，每个人都是自私自利的人，没有一个人会超出这个逻辑。经济人把任何社会性合作活动，都视为满足自己的需要的手段。他们按照理性算计的方式来安排自己的生活，包括人际关系、快乐和痛苦都要算计一番。经济人所追求的是自我利益的最大化，因此为了达到自己的目的，他就需要算计的能力，这也就是工具理性。

西方主流经济学家亚当·斯密说："我们期待的晚餐，并不来自于屠夫、酿酒家或面包师的仁慈，而是来自于他们对自身利益的考虑。我们不要诉诸他们的仁慈，而要诉诸他们的自爱，我们从不跟他们谈及我们的需要，而只是谈及他们的利益。"① 斯密说："他通常既不打算促进公共利益，也不知道他自己是在什么程度上促进那种利益。由于宁愿投资支持国内产业而不支持国外产业，他只是盘算他自己的安全，由于他管理产业的方式的目的在于使其生产物的价值能达到最大程度，他所盘算的也只是他自己的利益。在这场合，同在其他许多场合一样，他受到一只看不见的手的指导，去尽力达到一个并非他本意想要达到的目的，也并非出于本意，就对社会有害。他追求自己的利益，往往使他能比在真正出于本意的情况下更有效地促进社会的利益。"② 斯密在他强调道德感、同情心的重要伦理著作中，同样明确阐述了这一思想。他说：富人"尽管他们的天性是自私和贪婪的，虽然他们只图自己的方便，虽然他们雇佣千百人来为自己劳动的唯一目的是满足自己无聊而又贪得无厌的欲望，但是他们还是同穷人一样分享他们所做的一切改良的成果。一只看不见的手引导他们对生活必需品作出几乎同土地在平均分配给全体居民的情况下所能作出的一样的分配，从而不知不觉地增进了社会利益，并为不断增多的人口提供生活资料。"③

西方文化尊重感官或者理性思考的事实，在信仰和理想方面则提出应当的问题。事实与价值二分是西方人文精神的典型表现。这就是所谓的"休谟问题"。休谟在《人性论》一书第三卷有一章是《德与恶总论》探讨了道德的问题，其中提出了所谓的"是"与"应当"、"事实"与"价值"的关系问题。"在我所遇到的每一个道德学体系中，我一向注意到，作者在一个时期中是照平常的推理方式进行的，确定了上帝的存在，或是对人事作了一番议论；可是突然之间，我却大吃一惊地发

---

① [英]亚当·斯密：《国民财富的性质和原因研究》（上卷），郭大力、王亚南译，商务印书馆1972年版，第14页。

② [英]亚当·斯密：《国民财富的性质和原因的研究》（下卷），郭大力、王亚南译，商务印书馆，1974年版，第27页。

③ [英]亚当·斯密：《道德情操论》，蒋自强、钦北愚等译，商务印书馆，1997年版，第229～230页。

现，我所遇到的不再是命题中通常的'是'与'不是'等连系词，而是没有一个命题不是由一个'应该'或一个'不应该'联系起来的。这个变化虽是不知不觉的，却是有极其重大的关系的。因为这个应该或不应该既然表示一种新的关系或肯定，所以就必需加以论述和说明；同时对于这种似乎完全不可思议的事情，即这个新关系如何能由完全不同的另外一些关系推出来的，也应当举出理由加以说明。"[1]

在西方价值观念的发展过程中，自由、平等、权利、正义和幸福构成了西方价值体系中最核心的理念。这些基本的价值理念对于我们构建社会主义主流价值文化具有重要的参考和借鉴意义。

（四）构建主流文化需要处理好中西问题

中西问题对当代中国非常重要。对西方，我们要什么，不要什么，其中的界限和尺度在哪里？自"五四"运动以来，就有分歧。一种思路是把西方看成是帝国主义和殖民主义的。但是哪些因素是和帝国主义殖民主义、资本主义有紧密关系的呢？科学技术是不是？能否和西方做生意？西方的哲学流派要不要讲，要不要学习和面对？市场经济要不要？西方的制度要不要挪到中国？西方的价值观中国如何对待？科技、市场等成了可以学习的东西？制度的界限是不容质疑的，我们绝不能照搬西方的三权分立制度。西方的正义概念、权利概念已经为中国国家所接受。显然对西方价值观和文化要有一个宏观的研究。如有的把西方文化尤其是西方启蒙运动以来的文化当成是真理，希望中国以西方启蒙价值文化为灵魂，来一次启蒙。就今天的中国而言，有借鉴西方近代启蒙运动经验的任务，有借鉴西方马克思主义和后现代主义对现代性弊病的诊断、避免现代性问题的任务，有避免后现代主义的局限性的任务，有避免西方文明的整体局限性的任务。

在今天经济全球化和我国对外开放不断扩大的情况下，应该以开阔的视野、博大的胸怀对待外来文化，积极参与世界文化的对话与交流，大胆吸收借鉴一切有利于我国文化建设的有益经验和优秀成果。

新型的中国特色价值观不是与世隔绝、自我封闭的价值观，不是拒绝和排斥人类普遍、基本价值的价值观，而是全球化时代中国适应和创造现代文明的价值理念，是中国以传统文化价值观为基础、探索现代文明的共同价值理想、价值取向。它也不否定全球业以取得的价值实践成果，而要主动纳入全球化的进程之中，在与世界的充分联系、交往互动中，吸取全球基本价值（科学、民主、人权、法治等）并以之作为中国价值观的基础。同时，它坚决地拒绝全盘西化，反对任何形式的西方中心主义和霸权主义，旗帜鲜明地保持中国传统文化价值观的个性与特色。它旨

---

[1] ［英］休谟：《人性论》（下册），关文云译，商务印书馆1980年版，第509～510页。

在全球化与中国化、全球基本价值与中国特色价值观之间，保持必要的张力。①

我们不能成为西方价值观的"应声虫"，要看到西方价值观在运行中存在的弊端。西方的核心价值观尽管一直强调民主、自由、博爱，但这一价值观不是一成不变的。演变到当代，这一价值观日益走向自己的反面，其消极意义越来越明显。思考这一演变的逻辑具有十分重要的意义。

西方价值观讲究是非分明，比如《工作与时日》强调对正义者的爱，而应该不爱不正义者，黑铁种族的人不爱信守诺言者、主持正义者和行善者，而是赞美和崇拜作恶者以及他的蛮横行为。西方对自己的核心价值观的自信正是建立在这一价值传统上的。正如布什宣示的："我们的历史责任已经清楚：回击那些进攻，在全世界铲除邪恶。"②强调价值观上的是非分别本无可厚非。尽管这和中国的价值观传统不同。中国的价值观更讲究对其它价值观持有"和"的态度，尽量要超越是非的分别。这种精神贯彻在儒释道三家的精神追求之中。孔子坚持中庸的方法，要求综合是非两端。"吾有知乎哉？无知也。有鄙夫问于我，空空如也；我叩其两端而竭焉。"（《论语·子罕》）孟子则把"是非之心"摆在了"恻隐之心"之后。庄子则劝告"欲是其所非而非其所是，则莫若以明"（《庄子·齐物论》）。慧能说："若见他人非，自非却是左。他非我不非，我非自有过。但自却非心，打除烦恼破。憎爱不关心，长伸两脚卧。"（《坛经》）从中国传统价值观来看，美国的核心价值观还缺少一点慈悲的精神。在自由、平等、博爱的三者关系中，博爱应该是优先的，其次才是自由、平等。因为自由、平等的前提是人与人之间的是非的分别，以及由此构成的等级关系的调试。

强调是非的分别有助于发展出科学理性的精神和正义的精神，因为是非在科学上就是研究事物与事物间的界限，研究二者的关系；在伦理上就是要肯定个体的自由，进而承认个体的差异性，这就带来了正义的课题。过于强调价值上的是非会走向自身的反面。正义的是，反倒成就了不正义的结果。这不仅仅是因为每个事物都有自身的是非曲直的内在规定性，还是因为对"是"的执着变成了中国文化所说的"有我"、"我执"，就是通俗所说的"自以为是"，从而发展出来一种自我放纵、自大傲慢和好战黩武的倾向，形成自大狂的人格和国格。

权力的来源是多元的，品德、气质、文化、价值观、制度、武力等等都可以获得对他人或者他国的影响力。如美国的约瑟夫·奈所说，经济和军事实力是典型的硬力量。"软力量堪称日常民主政治的主要手段。"③权力的获得和使用是需要约束的，

---

① 以上内容参考了江畅、周海春：《中国主流价值文化研究新探》，《中原文化研究》，2013年第6期；戴茂堂、周海春、江畅等：《中国主流价值文化及其构建调查》（调查报告集），人民出版社2014年版。

② [美]克莱·G.瑞恩：《道德自负的美国：民主的危机与霸权的图谋》，程农译，上海人民出版社2008年版，第8页。

③ [美]约瑟夫·奈：《软力量——世界政坛成功之道》，吴晓辉、钱程译，东方出版社2005年版，第6页。

权力不会因为宣称是为了人类的福祉自然就获得了道德的属性,从而成为不需要有内在约束的事物。"在美国,一种特定的人格类型已经具有强大的影响,其特征是口口声声致力于世界人民的福祉,但根本上的动力却是意图统治他人。"① 美国发展出了民主至上论,"要求全世界都实行'民主'、'自由'、'平等'和'资本主义'。"② 这一价值观导致了干涉主义的对外政策和意识形态帝国的追求。美国自认自己是全人类共有价值的代表,是人类政治和道德的领头人,具有解救其他国家的责任和使命。中国传统价值观讲究内求,讲究自我完善,"个人、社群或民族的主要任务是尽可能地自我完善,这样他们也就间接地促进了他人的福祉。"③

当今美国核心价值观的另一个局限是道德价值的抽象化,民主、自由、平等越来越离开人民的日常生活过程。对外干涉伴随着对国内民众日常生活改善的关注度的下降。人民统治越来越变成了将决定权让渡给领袖们,越来越变成了服从那些在远离他们生活和工作场所的地方作出的决定。所谓的民主国家的持续扩张加剧了个人切身责任的瓦解和摒弃。人们为了个人职业的升迁放弃了自己的信念和坚持,而把权势人物的偏好当成了自己的判断和决定的根据。多数人意愿的尊重还发展出了单一化的思维模式和价值观模式。民众和管理者的自我约束的价值观,私人性群体的和地方的价值独立性变得越来越小。忽略了民意需要通过辩论和讨论来达成,而不是民众多数的简单的意愿表达。"立宪式民主意味着人民的统治被置于自我施加的约束之下,被置于代议的、权力分散的制度之下。"④ "直接投票式民主则要按照民众任一时刻的多数意愿来统治。为了确保多数意愿得到尽可能的贯彻,直接投票式民主想要扫除代议的、分权的诸种实践和结构,因为它们限制一时的多数的权力。"⑤ 正如瑞恩所说:"现代社会以一种多愁善感的、抽象的对全人类的爱取代了个人的品质,将道德责任的负担从个人、小群体和地方社区身上移走了。人们不再认为大多数人的主要责任是针对每个人日常生活里的具体他人的。相反,道德的焦点应该是在更广大的世界里。西方人越把美德追求与超出地方和日常生活的各种伟大事业挂钩,相应地他们也就越来越少致力于在此时此地作最好的改进。比起要为那些等待

---

① [美]克莱·G.瑞恩:《道德自负的美国:民主的危机与霸权的图谋》,程农译,上海人民出版社 2008年版,第9页。
② [美]克莱·G.瑞恩:《道德自负的美国:民主的危机与霸权的图谋》,程农译,上海人民出版社 2008年版,第14页。
③ [美]克莱·G.瑞恩:《道德自负的美国:民主的危机与霸权的图谋》,程农译,上海人民出版社 2008年版,第11页。
④ [美]克莱·G.瑞恩:《道德自负的美国:民主的危机与霸权的图谋》,程农译,上海人民出版社 2008年版,第50页。
⑤ [美]克莱·G.瑞恩:《道德自负的美国:民主的危机与霸权的图谋》,程农译,上海人民出版社 2008年版,第50页。

帮助的'人民'、'穷人'等大型集体所做的事情来，个人对'邻人'的行为如何似乎就算不了什么了。因为美德概念的改变，责任被从在家庭和社群里活动的个人那里转移到政府头上，以致政府大幅度地扩张，高度地集权化。现在人们普遍相信，一个人只有希望按照所谓善意的政治规划来安排他人的生活，才证明他有道德。那种希望越强烈，抱负越巨大，展示其有美德的证明就越确定。在国内事务上，这种道德把人们置于政府的行政监管之下。在国际上，这种道德等于授权对其他国家指手画脚，告诉他们什么是对他们是好的。"①

当前我国主流文化的构建必须具有包容性和开放性，积极吸收融合西方文化的精华有助于形成更加具有国际视野和世界情怀的中国主流文化，切实提升中国主流文化的感召力、影响力和国际竞争力。大多数中国人支持中国主流价值文化应该具有包容力和开放性，但对中国主流文化的国际影响力和竞争力的认知比较理性。调查结果显示，15%的人认为，中国主流价值文化避免受到他国的影响，不应该与国际接轨，6%的人认为，是否与国际接轨是无所谓的。而28.3%的人认为，中国主流价值文化应该顺应全球一体化浪潮，自觉与国际接轨，更有47.7%的人认为，中国主流价值文化应该与国际接轨，只要保持自己的特色就好，把后两者累计在一起，主张中国主流价值文化应该与国际接轨的人达到了76%。② 可见，就像支持中国主流价值文化应该具有包容力、开放性的人占据绝大多数一样，主张中国主流价值文化应该与国际接轨的人也占据了绝大多数。西方近现代价值观对于我国当代主流文化提升国际影响力、竞争力和感召力具有多方面的意义。首先，它给我们提供了许多现代价值观的思想资源。随着大量西方学术著作的译介和日益广泛深入的文化教育交流，在中国大地上掀起了一次又一次的西方文化冲击波，市场经济、民主政治、现代法治、科学技术等内生的自由、民主、平等、法治、权利等价值观念在中国进一步深入人心。我们不能否认西方近现代价值文化的资本主义性质，也不能否认其中有很多糟粕，但是我们也必须肯定其中有不少与现代社会发展相契合的东西。这些东西为当代中国主流文化构建提供了丰富的可供选择和借鉴的内容，也在很大程度上真正能被民众所接受而体现出主流文化的感召力。其次，西方近现代价值观及其构建也给我们提供了构建主流文化的经验教训。西方近现代价值观和文化是西方资产阶级自觉构建的结果。西方近代以来的思想家提供了各种可供选择的价值观理论方案，西方近现代政治家则从这些方案中选择了自由主义理论作为主流价值观，并将其付诸实践，使之现实化。西方近现代价值观的构建使我们意识到在现代文明条件下自觉构建主流价

---

① [美]克莱·G. 瑞恩：《道德自负的美国：民主的危机与霸权的图谋》，程农译，上海人民出版社2008年版，第55～56页。
② 戴茂堂、周海春、江畅等：《中国主流价值文化及其构建调查》（调查报告集），人民出版社2014年版，第332页。

值观的必要性和重要意义，意识到与计划经济相适应的价值观不适应市场经济，市场经济需要与之相应的价值观；另一方面西方近现代价值观及其构建的局限性和难以克服的各种难题，也使我们力图避免西方近现代价值观建设走过的弯路和已经显现的偏颇。正是鉴于这种经验教训，我们意识到我国不能走西方近代构建价值观的老路，不能搞"全盘西化"，而必须坚持走有中国特色的社会主义道路。

改革开放以来，在对待西方近现代价值观的问题上我国虽然走过一些弯路，但总体上看基本思路是正确的，而且是卓有成效的，当代中国文化的国际化水平和认可度也显著提升。构建当代中国主流文化必须要坚持国际视野和世界情怀，要始终按照党的十八大报告提出的八项"必须坚持"中的"必须坚持改革开放"。随着中国特色社会主义事业的迅猛发展，特别是当代中国正处在以市场化、全球化、信息化为核心的深刻社会转型期，国际国内新的问题不断涌现，人们的文化价值观也日趋复杂。江畅教授认为，我们在构建主流文化的过程中，还需要进一步理清思路，调整策略来正确对待西方文化价值观。

第一，我们需要进一步在学习借鉴西方近现代价值观的基础上致力于超越。西方近现代价值观是西方资产阶级经过几百年的艰苦探索和奋斗构建起来并使之现实化的。它不仅是人类历史上第一个自觉构建的最完整系统的价值观，而且至少在近代它也是人类最先进的价值观。这种价值观以其独有的实力和魅力彻底战胜了在西方占统治地位一千多年的基督教教会的统治和世俗的封建主义、专制主义，并且造就了繁荣发达的西方现代文明。马克思恩格斯曾充分肯定资产阶级在人类历史上所发挥的重要作用："资产阶级在历史上曾经起过非常革命的作用"；"资产阶级在它的不到一百年的阶级统治中所创造的生产力，比过去一切世代创造的全部生产力还要多，还要大"。[①] 在马克思、恩格斯作出上述判断一百多年后的今天，西方资产阶级又解决了不少面临的新问题，并使近代确立的资本主义价值观进一步得到完善。我国是致力于市场经济和现代化建设的发展中国家，西方近代几百年来通过理论和实践不懈探索形成的价值观，其中肯定有不少内容是值得我们去批判地学习和借鉴的。应该承认，改革开放以来我国已经从中吸收了不少有益的内容，但是我们不能以为这种学习借鉴已经完结，相反，我们还要以更博大的襟怀学习借鉴其中一切有价值的能为我所用的东西。当然，我们今天的学习借鉴应该更自觉更主动，更要着眼于超越它来学习借鉴。要明确，我们学习借鉴的目的不仅在于解决当代中国由市场经济引起的问题和现代化过程中出现的问题，也许更在于构建比西方资本主义价值观更先进的当代人类最先进的价值观，使社会主义战胜或代替自由主义而成为当代世界的最强势思想体系和文化体系。

---

① ［德］马克思、恩格斯：《共产党宣言》，《马克思恩格斯文集》(2)，人民出版社2009年版，第33、36页。

第二，我们需要调整以前的做法，从学习吸收为主，借鉴比照为辅转向以借鉴比照为主，以学习吸收为辅。经过三十多年的对西方开放，西方文化和价值观中的不少内容已经为我们所了解和吸收。在这种情况下，我国主流价值观构建在对待西方文化和价值观的策略方面应作相应的调整，要从以前以学习吸收为主转向以借鉴比照为主。学习吸收主要是一个"拿来"的过程，使其为我所用，其对象是西方已经取得的成果；借鉴比照则主要是一个"参照"的过程，将其作为对手，其对象是西方当代怎么做。中国的崛起已经使西方国家将中国看作是它们的对手，同样，我们也必须有意识地将西方世界作为我们构建价值观和新世界的对手，了解对手，研究对手，在博弈和合作中超越它。这即是所谓"知己知彼，百战不殆"。

第三，我们要超越西方价值观，还需要进一步改进对待西方文化的态度。经过三十多年的改革开放，我们已经有了对待西方文化的正常心态和博大胸怀，但也不同程度地存在着某些值得注意的问题。其中一个特别突出的问题是，我国有不少人将西方近现代价值观在中国的传播与西方某些反华势力的"西化"和"分化"图谋混为一谈。我国对西方文化以及其他国家文化实行开放政策，以及西方文化在当代世界的强势地位，使得西方价值观在中国大陆得到较广泛的传播，西方价值观至今仍然在中国相当有影响力。出现这种情况原本是自然而然的。但是，我们有一些人却简单地将这种情况看作是西方反华势力的"西化"、"分化"图谋，并因而反对对西方文化的学习和借鉴。的确，西方有些反华势力试图分裂中国、使中国全盘西化，我们也应该粉碎这种图谋，但我们不能因此否认学习借鉴西方的必要性。实际上，问题很简单，西方反华势力用来分裂中国的东西一定不是西方优秀的文化，而只能是西方用来对付别人而自己不用的东西。我们向西方学习借鉴的不是这样的对付中国的东西，而是西方人自己用的且对我们有用的东西。因此，我们要将西方近现代价值观及其构建的有益内容和经验与西方反华势力的"西化"、"分化"图谋区分开来。

吸收借鉴外来文化，要着眼于转化再造、丰富发展我们自己的文化。吸收外来文化，贵在以我为主、为我所用，重在实现中国化、本土化。要把优秀的外来文化同我国的传统文化结合起来，融入中国文化的元素，打上中华文化的烙印；要同中国的现实需要结合起来，解决中国的实际问题，服务人们的生产生活实践；要同中国人民的接受习惯结合起来，创造适合中国人民思维方式、审美情趣的表现形式，为中国人民喜闻乐见。只有通过转化再造，形成中国气派、中国风格，才能在中国的土地上生根发芽、开花结果。

第四章 中国主流价值文化的终极目标、核心理念和基本原则

终极目标、核心理念和基本原则规定了主流价值文化的本质，规定了主流价值文化的属性，并对主流价值文化的建设具有指导意义。准确把握中国主流价值文化的终极目标、核心理念和基本原则具有重要的意义。

一、中国主流价值文化的实质和结构

中国主流价值文化是中国特色社会主义价值文化，其深层结构是社会主义核心价值体系，包括马克思主义指导思想、中国特色社会主义共同理想、以爱国主义为核心的民族精神和以改革创新为核心的时代精神、社会主义荣辱观等基本内容，社会主义核心价值观则这种核心价值体系的根本目标和要求的集中体现。

（一）中国主流价值文化的实质

如何定义主流文化和主流价值文化，这既是对现实文化发展态势的估计，也是对文化建设方向的把握。

关于主流文化或主流价值文化可以从不同的角度来定义。如强调主流价值文化在社会生活中的主导性和流行性，主流文化就是在社会生活中占据主导地位的、普遍流行的或者为公众普遍接受的文化；如强调执政主体在主流价值文化中的倡导地位，主流文化就是在一个社会、一个时代被执政主体所倡导和宣扬的、对国家和社会起着重要影响的文化。

在各种各样的主流文化定义中，着眼点有着细微的差异。如果着眼于主流文化在文化体系中的地位，那么，有的定义则强调主流文化在文化体系中占主导地位或起支配作用；或者是强调主流文化一定是在社会中占据主导地位，起主要的影响，强调公众接受的普遍性和流行的普遍性，强调认同的普遍性，强调整合力和引导力、主导力；或者是强调时代性，强调主流文化一定是在一定时代有影响力的文化；或者是强调主流文化是执政文化，是统治者推行的、代表国家意志的文化，主流文化的特征是具有意识形态性、权威性和强制性。

上述意见各有侧重，焦点在于如何认证主流文化。而认证主流文化首先需要确定主体。在上述意见中，有两个主体，一个是所谓的"官"，一个是所谓的"民"。主流价值文化当然是占主导地位的以意识形态为核心的文化，从这一意义上说，主

流价值文化就是国家的文化、政府的文化、政党的文化，是"官文化"。但是，也不能仅仅局限在这一角度来理解。因为如果占主导地位的文化不能反映和代表民众的文化取向，那么就成了"孤家寡人"的文化，失去了民众基础的文化，很难再说是"主导"，也就不能称之为"主流"。"官文化"集中了民众文化的精华和发展方向，才能成为主流价值文化。

另外，民间也有单纯强调民众的文化才是当代中国主流价值文化的看法。这种看法更为强调一种文化为人们所信奉和践行人数上的比例。这种看法有一定的合理性，但也要看到，任何民众的文化都不是单纯的自发形成的，总是受到上层文化的引导，并且需要从文化精英的思想创造中汲取营养。

再者，进入现代以来，文化发展态势发生了很大的改变。市场机制使得不同地区的联系更为紧密，民间文化日益变成政府的文化，政府的文化日益变成民间的文化。政府要从民间文化中汲取文化的营养，进行概括、提炼和升华，民间文化要从精英文化中汲取智慧，创造自身发展的活力，我国的主流价值文化一定是官民相得益彰的文化。

从价值体系和文化现实化的角度来看，推行的文化不一定就是主流文化。江畅教授认为，如果官方大力推行的价值文化不能与其他价值文化共存共荣，不能对其他价值文化起到引导作用，那么其他价值文化与这种推行的价值文化就处在对立的地位，甚至会千方百计地攻击、削弱主流价值文化，力图争夺主流价值文化的地位，这种推行的价值文化就面临着挑战、威胁、甚至危机，它就难以为社会公众所接受而成为主流价值文化。只有当一种价值观变成了社会现实，成为了社会的价值体系，它才变成了严格意义上的文化。主流文化面临着双重任务，一个是理论构建的任务，一个是现实化的任务。而每个任务都包含两个层面：一个层面是认清现实，区分优劣高下；一个层面是批判现实，提出理想和应然。提出理论的应然需要进行创新，提出现实的应然需要"武器的批判"。应然应当内蕴在现实中，是现实的发展趋势，如此主流文化的建设才能有效完成。

对于文化，人们有不同的看法。文化的实质是"人类化"，是人类价值观念在社会实践过程中的对象化。因此，价值观是文化的灵魂、精髓，而价值体系是文化的深层结构，价值文化是文化的内核和本质。文化的核心是它的价值观念或价值观，文化的深层结构是它的核心价值体系。价值体系是价值观的具体化。价值观和价值体系一起构成了一种文化的价值层面，可以说是一种文化体系的价值文化层面。江畅教授认为，所谓价值文化，就是一定群体所认同的价值观得到了现实化所形成的那种文化。因此，价值文化与其他文化不同，它是一定群体价值观的直接体现。如果说价值观是一种文化的精髓和灵魂，那么价值文化就是一定文化的本质内涵，它决定着一种文化的性质，也因而成为一种文化区别于其他文化的主要标志。

今天，要繁荣发展中国特色社会主义文化，首先必须重视中国特色社会主义价值观和价值体系的构建，必须重视中国特色社会主义价值文化构建。

"文化的灵魂是什么，就是凝结在文化之中、决定着文化质的规定和方向的最深层的要素，就是核心价值观。有什么样的价值观，就有什么样的文化立场、文化取向、文化选择。讲软实力、文化力，从根本上取决于核心价值观的生命力、凝聚力。"①

什么是价值观？前文说过，价值观实际上是一种价值观念，是那种根本的总体的价值观念。这里所说的观念可以是观念的各种形式。它可以是感觉，如道德感。休谟说："我们并非因为一个品格令人愉快，才推断那个品格是善良的；而是在感觉到它在某种特殊方式下令人愉快时，我们实际上就感到它是善良的。"②价值感可以称之为"适意"。"适意"是对事实的价值感受。"适意"不同于一般的感觉，对糖的"适意"不同于舌头上的感性舒适感受。"'对某物'的意欲都已经预设了对这个'某物'的（肯定的或否定的）价值的感受。"③价值观也可以是直觉，比如一个人对某人的价值观念可以是直觉他或她对自己有价值，而不一定感觉那个人带给自己快乐，更无充分的理由说明他对自己有价值。价值观还可以是理性的判断，从而形成价值规范和价值标准，价值评价。在评价的过程中"人成为价值之源，而被评价的对象就成为价值之物。与评价的三种结果相应，被称'好'的对象属'正价值之物'，被称'坏'的对象属'负价值之物'，无所谓'好坏'的对象则属'中性价值之物'或'无价值之物'。"④

价值观虽然可以以感觉、直觉、判断、评价等形式表现出来，这些形式只有被主体自我意识意识到才成为价值体系中的观念。"欲望一般是指人对它的冲动有了自觉而言，所以欲望可以界说为我们意识着的冲动。"⑤价值观中的核心部分是"意愿目的"，是合目的性。合目的性首先是一个主观的概念，是理性的概念。马克斯·舍勒说："'目的'与那个在追求本身中、在它的方向中被给予的单纯'目标'的区别就在于，某个这样的目标内容（即一个已经作为一个追求的目标而被给予的内容）在一个特殊的行为中被表象。只有在从追求意识中'回退'出来的现象中，并且在对那个在追求中被给予目标内容的表象把握中，目的意识才实现自身。因此，所有叫做意愿目的的东西，都已经预设了对一个目标的表象！没有什么东西能够在不先已是目标的情况下就成为一个目的。目的是奠基在目标上的！目标可以在

---

① 云杉：《文化自觉、文化自信、文化自强——对繁荣发展中国特色社会主义文化的思考》，《红旗文稿》2010年第17期，第4～5页。
② ［英］休谟：《人性论》（下），关文云译，商务印书馆1997年版，第511页。
③ ［德］马克斯·舍勒：《伦理学中的形式主义与质料的价值伦理学》（上册），倪梁康译，生活·读书·新知三联书店2004年版，第162页。
④ 王玉樑等：《中日价值哲学新探》，陕西人民出版社2004年版，第76页。
⑤ ［荷］斯宾诺莎：《伦理学》，贺麟译，商务印书馆1983年版，第171页。

没有目的的情况下被给予,但目的却永远不能在没有先行目标的情况下被给予。"①进入价值观系统的客体是"善业",是价值事物。"善业就其本质而言是价值事物(Wertdinge)。"②善业或者价值事物可以是具体的现实的事物,也可以不是现实的事物,某个具体的事物可以被人认为是有价值的,就构成了"善业",如果不被认为是有价值的,就不成为"善业"。价值事物和某一具体的事物事实上对主体价值大小可以不一致,某一具体事物事实上对某个主体价值大,但这一主体可以认为其价值小。善业可以是具体的事实,也可以不是事实,而是某种信念和理想。

家庭、社团、国家、民族、文化都可以是价值事物。在价值事物中,不同的价值观都会有优先意欲的价值事物。如人本身的价值与人的德行的价值优先于物质和科学文化的价值。在个体的价值和全体的价值中也会有先后轻重的选择。在志向、行动和结果中也可以有不同的价值考量。因为价值观中的观念系统的运作状况的不同以及对价值事物的追求不同,自然就形成了不同的价值观。核心价值观就是在一个既定的文化系统中生活的人对关于什么是最为重要的价值事物的看法所构成的心灵系统。

价值观一定是以体系的形式表现出来的,因为重要的事物不是一个,彼此之间有一个价值的排序,自然导致观念系统之间有一个序列。并且价值观本身还有感觉、直觉、理想信念等不同的形式,体系性是价值观的基本规定性。什么是价值体系?有学者指出,价值体系即主体以其需求系统为基础,对主客体之间的价值关系进行整合而形成的观念形态,集中体现主体的愿望、要求、理想、需要、利益等。任何一个社会都会出于自己的需要,提出自己的核心价值体系。价值体系不是由价值物构成的,而是由价值观念构成的,但任何价值观念都离开价值物,构成价值体系的价值观念既有观念层次上的,也有心理层次上的;既可以表现在文化典籍中,也可以表现在日常行为中。而且在许多时候心理层次的价值观念发挥的作用更为强大和持久。价值体系属于社会意识范畴,是社会意识的本质体现。它受一定社会基本制度的制约,是由一定社会崇尚和倡导的思想理论、理想信念、道德准则、精神风尚等因素构成的社会价值认同体系。由于社会意识具有相对独立性,一定社会的意识形态领域是复杂多元的,会呈现出多元价值体系并存的态势。但是,任何社会的存在和发展,都需要有一定的社会核心价值体系或主导价值体系的强力支撑。核心价值观是成簇的价值观,是对当代中国最有价值的事物,也就是"善业"构成的体系结构。核心价值体系就是各种核心价值观构成的整体结构。

历史发展到今天,我们担负着创建体现社会主义核心价值体系,融汇中西文化

---

① [德]马克斯·舍勒:《伦理学中的形式主义与质料的价值伦理学》上册,倪梁康译,生活·读书·新知三联书店 2004 年版,第 46 页。

② [德]马克斯·舍勒:《伦理学中的形式主义与质料的价值伦理学》上册,倪梁康译,生活·读书·新知三联书店 2004 年版,第 8 页。

精髓的先进文化的历史任务，这一文化必将成为社会主义软实力的中枢和动力源。如何才能把握好前进的方向和道路？就是要正确估计近现代以来我国文化变革的基本态势。这个文化变革的结果是诞生了中国特色社会主义制度，而新制度的诞生又促进了新的文化变革。中国特色社会主义的制度、理论和实践体现了中国特色社会主义的价值观。构建我国主流的价值文化，要建立在中国特色社会主义的制度、理论和实践的社会基础之上。中国特色社会主义核心价值观是中国特色社会主义文化的内核和中国特色社会主义文化强国的灵魂；构建中国主流价值文化是繁荣发展中国特色社会主义文化、建设社会主义文化强国的基本前提。

中国的核心价值观不同于其他国家的核心价值观。这是由中国的特殊国情和历史文化传统所决定的。从文化传统来说，中国是东方文化的发祥地，是东方文化的典型代表，是亚洲价值观的代表。从现实来说，当今的中国是世界上社会主义唯一取得成功的大国，是世界社会主义运动的希望，是世界社会主义运动发展水平的代表。我们今天所说的社会主义核心价值观或核心价值体系就是当代中国价值观的核心结构或核心内容。社会主义核心价值观的根本性质是社会主义的，也是具有中国特色的，所以它是中国价值观区别于西方价值观、中国传统价值观，乃至传统社会主义价值观的基本标志。党的十八大提出要培育和践行社会主义核心价值观实际上也就是要构建当代中国价值观，反过来说，要构建当代中国价值观，就要培育和践行社会主义核心价值观。

社会主义核心价值体系是一个由马克思主义指导思想、中国特色社会主义共同理想、以爱国主义为核心的民族精神和以改革创新为核心的时代精神、社会主义荣辱观等多方面内容所构成的科学价值体系，而社会主义核心价值观则是集中体现这种核心价值体系的根本目标和要求，即"富强、民主、文明、和谐、公平"等社会最高价值追求。

2006年10月，党的十六届六中全会通过的《中共中央关于构建社会主义和谐社会若干重大问题的决定》明确提出了"建设社会主义核心价值体系"这个重大命题。《决定》指出："建设和谐文化，是构建社会主义和谐社会的重要任务。社会主义核心价值体系是建设和谐文化的根本。"《决定》还指出，马克思主义指导思想，中国特色社会主义共同理想，以爱国主义为核心的民族精神和以改革创新为核心的时代精神，社会主义荣辱观，构成了社会主义核心价值体系的基本内容。党的十八大报告要求推进马克思主义中国化、时代化、大众化，坚持不懈用中国特色社会主义理论体系武装全党、教育人民。广泛开展理想信念教育，把广大人民团结凝聚在中国特色社会主义伟大旗帜之下，大力弘扬民族精神和时代精神，深入开展爱国主义、集体主义、社会主义教育。

社会主义核心价值体系是一个有机的整体，对于当代中国社会，对于当代中国人来说，最有价值、意义最大的价值事物是什么呢？

其一，马克思主义理论。在迄今为止人类思想家所创造的所有理论体系中，可以毫不夸张地说，唯有马克思主义理论提出了系统的、科学的历史观，勾勒了人类社会由原始社会经由奴隶社会、封建社会、资本主义社会、社会主义社会，最终达到共产主义社会的历史发展图景；也唯有马克思主义才告诉我们资本主义不是人类社会发展的最后状态，并宣告了资本主义必然灭亡的历史命运。在理论体系这一价值事物之中，无疑马克思主义是对中国最为重要的理论"善业"。

其二，中国特色社会主义道路。国家走什么路，关系每个人的前途和命运。中国走什么路的问题，关系到什么样的理论对于中华民族来说是最为重要的理论的问题。中国走的是中国特色的社会主义道路。构建我国主流的价值文化，要建立在中国特色社会主义的制度、理论和实践的社会基础之上。这一道路蕴含着民族的前途和目标。中国未来社会发展的理想是共产主义，共产主义是中华民族的远大理想。

其三，集体主义。集体和个人哪个是更为重要的"善业"？显然是集体。国家的命运与每个人的命运息息相关，因此要弘扬爱国主义精神、集体主义精神。但集体不是抽象的，是以民族、国家、企业、单位、家庭等不同的集体形式表现出来的。另外，集体是个人生活的结果，是个人生活的环境和场景，是个人实现自我的舞台。集体的价值不是抽象的道德价值，这个价值离不开人民的日常生活过程。尊重集体的价值与尊重人民的价值是一致的。中国传统价值观讲究内求，讲究自我完善，"个人、社群或民族的主要任务是尽可能地自我完善，这样他们也就间接地促进了他人的福祉。"①集体主义与传统价值观是一脉相承的，但又赋予新的时代内涵和社会主义性质。中国传统价值观强调人首先要谦卑，要完善自我，然后才是关注家庭、同事和朋友，管理好自己的事情是道德的基本要求。集体主义强调个体的自我约束，强调人们在自己生活的群体中完善自我，也强调个体的独立性和自由而全面的发展，强调集体发展的最终目的在于其成员的完善和幸福。

集体的价值最终体现在个人的价值得到尊重之中。"八荣八耻"中的"以"后面是动词性词组：热爱祖国、热爱人民、团结友爱、遵纪守法、辛勤劳动、艰苦奋斗、崇尚科学、诚实守信。意动和使动用法是相通的，"八荣八耻"从使动用法的角度来理解，大致可以分成两个大的部分，一个是实体性的人类社会的基本组织，人群的共同体，主要是祖国、人民和人与人构成的社会；另一部分是人类社会的一些基本的价值观，如团结友爱、遵纪守法、辛勤劳动、艰苦奋斗、崇尚科学、诚实守信等。"八荣八耻"就是要求每一个社会个体不使祖国、人民、社会及其基本的价值观蒙受侮辱。从意动用法的角度来理解"八荣八耻"，就是要强调每一个社会成员都应当发自内心地实践和维护热爱祖国、热爱人民、团结友爱、遵纪守法、辛

---

① ［美］克莱·G. 瑞恩：《道德自负的美国：民主的危机与霸权的图谋》，程农译，上海人民出版社2008年版，第11页。

勤劳动、艰苦奋斗、崇尚科学、诚实守信八个基本的社会价值观。

在党中央已经明确提出了社会主义核心价值体系内容的今天，着力建设便成为社会主义核心价值体系构建的重点。从现实建设的角度看，建设社会主义核心价值体系需要着重做好四方面的工作，即使之现实化、主导化、大众化、国际化。现实化就是要使它从理论变为现实，特别是要使它渗透到我国的社会主义经济建设、政治建设、文化建设、社会建设以及生态文明建设之中，使它成为治国理政的观念和原则，对我国社会主义文化起指导和规范作用。主导化就是在现实化的过程中和前提下，使它能引领和指导其他各种非主流文化，通过它的引领和指导实现各种文化共存共荣，从而实现社会主义文化的大繁荣大发展。大众化就是在现实化、主导化的同时，通过对它准确而简明的阐释使它能为社会公众普遍接受和认可，并通过宣传教育使它成为具有凝聚力、向心力、渗透力的理想信念。国际化就是要将中国特色社会主义价值观打造成国际知名品牌，使其合理性得到世界的公认，并使它在当代世界多元文化格局中具有影响力和竞争力。①

（二）中国主流价值文化的结构

社会主义核心价值体系四个方面的基本内容是一个相互联系、相互制约的有机整体。社会主义核心价值体系是立足于社会主义经济基础之上的价值认同系统，它涉及经济、政治、文化、思想等社会生活的方方面面。社会主义核心价值体系具有广泛的适用性和包容性，是一个多层次的内涵丰富、有机统一的整体。

在社会主义核心价值体系中，马克思主义指导思想居于最高层面，建设社会主义核心价值体系必须以马克思主义为指导。社会主义核心价值的马克思主义指导思想中，"以人为本"的思想和"人的自由全面发展"的思想无疑包含极大的超越性。马克思从"人的解放"出发追求人的自由全面发展的思想，传承了自古希腊到文艺复兴以来的世界人文主义精神。同时，"以人为本"思想又蕴涵着发展为了人民、发展依靠人民、发展成果由人民共享的当代中国人文意识。人的自由全面发展和社会经济的发展是一个既相互促进又相互制约的历史互动过程。从本质上考察，人的自由全面发展的内在超越性并不由于任何外在制度因素限制而被磨灭被消解，恰恰会随着制度的历史曲折发展一再反复被提上人类精神生活的议事日程，并逐渐被人们所理解所接受，而成为人类进步的根本精神动力。

从中国特色社会主义核心价值体系的责任主体来看，国家、社会的核心价值体系建设需要党和政府这一最高责任主体发挥领导作用。一个国家、一个政党的价值观以及由之决定的核心价值体系只能是一元而不是多元的。建设社会主义核心价值

---

① 参见江畅：《中国主流价值文化构建的三个问题》，《光明日报》（理论·核心价值版），2012年6月21日。

体系涉及社会生活的方方面面，需要全社会每一个成员积极、共同参与，但党和政府要担负起引导责任、领导责任。

党的十七届六中会会提出要"推进社会主义核心价值体系建设，巩固全党全国各族人民团结奋斗的共同思想道德基础"。社会主义核心价值体系建设面临着两项基本任务：其一是怎样使核心价值体系的内容和精神得到全国各族人民普遍认同；其二是怎样使核心价值体系的要求和精神贯彻落实到党和国家的各项工作之中。要完成这两项任务，其重要前提就是要使核心价值体系的内容和精神便于为人们掌握。《中共中央关于构建社会主义和谐社会的若干重大问题的决定》明确指出，"马克思主义指导思想，中国特色社会主义共同理想，以爱国主义为核心的民族精神和以改革创新为核心的时代精神，社会主义荣辱观，构成社会主义核心价值体系的基本内容。"显然，社会主义核心价值体系内容十分丰富，人们不容易记住，也不容易把握，更不容易在生活和工作实践中加以运用。因此，需要对社会主义核心价值体系的内容和精神进一步提炼和概括。这种提炼和概括工作是社会主义核心价值体系建设的一项基础性、前提性工作，值得高度重视。

自从党的十六届六中全会提出建设社会主义核心价值体系以来，不少学者意识到提炼和概括核心价值体系的内容和精神的重要性，并且提出了一些方案。但目前主要局限于从核心价值理念提炼核心价值体系，而不注重提炼基本价值原则；注重从社会角度提出核心价值理念，而忽视了同时从个体角度提出核心价值理念；此外还忽视了社会主义核心价值体系的终极价值目标。江畅教授认为，要从终极目标、核心理念和基本原则三个层次解读社会主义核心价值体系，而且要从社会和个体两个角度考虑核心价值理念。可以将社会主义核心价值体的终极目标、核心理念和基本原则分别称为"中国特色社会主义终极价值目标"、"中国特色社会主义核心价值理念"、"中国特色社会主义基本价值原则"。①

作以上的解读就是以人们耳熟能详的简洁形式提炼概括社会主义核心价值体系的内容和精神。这种简洁形式便于社会公众熟记传诵，便于各级党政机关干部掌握和运用，从而有利于社会主义核心价值体系为社会公众接受、为党和国家在各项工作中贯彻落实。从以上三个层面进行解读突出了社会主义核心价值体系既兼顾了社会主义核心价值体系的完整性、系统性，又突出了重点，明确了目的与手段，可以防止发生目的与手段的异化。② 在社会主义核心价值体系中，中国特色社会主义终极价值目标是中国特色社会主义建设的终极价值追求，它是旗帜，是航标。中国特色社会主义核心价值理念是中国特色社会主义终极目标在现阶段的具体化，也是它的体现或简明精炼的表达。中国特色社会主义核心价值理念具

---

① 参见江畅：《论中国特色社会主义核心价值理念》，《社会科学战线》，2012年第10期。
② 参见江畅：《论中国特色社会主义核心价值理念》，《社会科学战线》，2012年第10期。

有形成共识、鼓舞人心、凝聚力量的重要作用。基本价值原则是实现中国特色社会主义终极价值目标及其核心价值理念所必须遵守、不可违背的基本要求，是党和国家各项工作必须遵循的准则，也是检验党和国家各项工作是否正确有效的尺度。

二、中国主流价值文化的终极价值目标[①]

任何一种社会价值体系中通常都包含着终极价值目标，只是有些是明确规定的，有些则并未被明确规定。终极价值目标在价值体系中具有根本的、中心的意义。就其根本意义而言，所有其他的目标都是派生的，最后又都归向它；就其中心意义而言，所有其他的目标都从属于服从于并服务于它，它规定着所有目的的选择和目标的确立，而且所有其他的目的和目标都最后指向它，并以它为最高追求。在价值体系中，终极目标是根本的、最高的价值理念，它规定着所有其他价值理念；它也是根本原则和最高原则，规定着所有其他价值原则；它是人们所有价值判断的最后标准和所有价值追求的最终目的，因而规定着人们的所有意识行为。

（一）我国终极价值目标的提出

马克思在青年时代就确立为人民谋幸福的价值目标。他在《青年在选择职业时的考虑》中说："在选择职业时，我们应该遵循的主要指针是人类的幸福和我们自身的完美。不应认为，这两种利益会彼此敌对、互相冲突，一种利益必定消灭另一种利益；相反，人的本性是这样的：人只有为同时代人的完美、为他们的幸福而工作，自己才能达到完美。"[②] 马克思不仅仅把人民幸福当成自己的终极价值目标，还看成是历史的终极价值。"因为，如果一个时代的风尚、自由和优秀品质受到损害或者完全衰落了，而贪婪、奢侈和放纵无度之风却充斥泛滥，那么这个时代就不能称为幸福时代。"[③] 马克思在这里衡量幸福的尺度是时代的风尚、人的品质和自由的发展程度。在《德法年鉴》时期，马克思在批判宗教的过程中"要求人民的现实幸福"[④]，要求人民的现实幸福使得马克思深入研究经济学和历史，发现了唯物史观。在马克思心目中，人民幸福的实现是一个历史过程，是一个涉及生产资料所有制和分配方式等多个层面的社会过程。无论从个人价值追求还是社会历史发展的价值目

---

① 本部分的部分内容曾在作为阶段性成果的《中国梦与中国价值》（武汉出版社）一书中作过阐述。
② ［德］马克思：《青年在选择职业时的考虑》，《马克思恩格斯全集》第1卷，人民出版社1995年版，第459页。
③ ［德］马克思：《奥古斯都的元首政治应不应当算是罗马国家较幸福的时代？》，《马克思恩格斯全集》第1卷，人民出版社1995年版，第463页。
④ ［德］马克思：《〈黑格尔法哲学批判〉导言》，《马克思恩格斯全集》第3卷，人民出版社2002年版，第200页。

标来看，人民幸福都可以说是马克思的价值目标。

就我们党领导的社会主义革命、社会主义建设和改革的整个历史过程来看，关于价值体系的终极价值目标的确立有一个变化演进的过程，这个过程也与我们党对终极价值目标的认识有关。在建党初期，我们党就确立了为共产主义而奋斗的最终目标。在共产主义的旗帜下，在新民主主义革命时期，我党确立的终极价值目标是推翻压在中国人民头上的帝国主义、封建主义和官僚资本主义三座大山，使中国人民翻身得解放。在社会主义革命和建设时期，我们党确立的终极价值目标是建立社会主义制度，解放生产力和发展生产力。党的十一届三中全会针对当时我国的社会历史条件，提出要以经济建设为中心，坚持改革开放，坚持四项基本原则，建设现代化的社会主义强国。党的十六大提出全面建设小康社会，加快实现社会主义现代化。党的十七大将全面建设小康社会作为党和国家到2020年的奋斗目标。我们党在不同历史阶段提出的奋斗目标虽然不同，但都指向民族的解放和振兴、国家的富强和人民的幸福。

江泽民在建党八十周年的讲话中指出，中国共产党的八十年，是为民族解放、国家富强和人民幸福而不断艰苦奋斗、发愤图强的八十年。党的十六届六中全会通过的《中共中央关于构建社会主义和谐社会若干重大问题的决定》也把和谐社会看作是国家富强、民族振兴、人民幸福的重要保证。由此看来，民族解放和振兴、国家富强、人民幸福是我们党领导中国人民进行社会主义革命和建设所追求的最终目标。在这三个奋斗目标中，人民幸福又具有更终极的意义，因为民族解放和振兴也好，国家富强也好，最终都是为了人民过上幸福生活，民族解放和振兴、国家富强是人民幸福的基本保障条件。从这种意义看，人民幸福是中国社会主义事业的终极奋斗目标。

从党的十八大报告的有关阐述和习近平同志系列讲话来看，社会主义核心价值观的终级价值目标就是党的十八大提出的"中华民族伟大复兴"，后来习近平将其概括为"中国梦"。其基本含义就是"国家富强、民族振兴和人民幸福"，其中人民幸福又具有更终极的意义。习近平总书记在2012年党的十八届中央委员会第一次全体会议新选出的中央政治局常委与中外记者见面会上说：人世间的一切幸福都是要靠辛勤的劳动来创造的。他指出人民对美好生活的向往，就是中国共产党的奋斗目标。"实现中华民族伟大复兴，是近代以来中国人民最伟大的梦想，我们称之为'中国梦'，基本内涵是实现国家富强、民族振兴、人民幸福。"[①] 习近平总书记还说："中国梦是一种形象的表达，是一个最大公约数，是一种为群众易于接受的表述，核心内涵是中华民族伟大复兴，可以适当拓展，但不能脱离中华民族伟大复兴

---

① 中共中央文献研究室：《习近平关于实现中华民族伟大复兴的中国梦论述摘编》，中央文献出版社2013年版，第5页。

这个主题，要紧紧扭住这个主题激活和传递正能量。"① 说人民幸福具有终极意义与中华民族复兴的主题并不矛盾，当中华民族复兴的历史任务完成以后，依然要追求人民幸福。以人民幸福为社会主义的终极奋斗目标也是与共产主义的奋斗目标相一致并且最终指向共产主义的。按照马克思的设想，共产主义社会是一种以每一个人全面而自由发展为原则的社会。自由而全面发展是幸福的基本内涵，当每一个人都能获得全面而自由发展的时候，社会就进入了普遍幸福生活的状态。在我国目前的条件下，尚不能完全达到这种社会状态，但正因为如此，我们要将达到这种社会状态作为我们的终极目标。我们应该以人民幸福作为中国特色社会主义事业的终极奋斗目标。人民幸福就是社会成员普遍幸福，将人民幸福作为中国特色主义的终极价值目标会得到全国人民的普遍拥护。②

（二）我国终极价值目标的内容

国家富强、民族振兴、人民幸福是中国价值的近期终极目标。这三个方面是相互联系、相互制约的。其中国家富强是最重要的前提。只有国家富强了，民族才能振兴，而只有国家富强、民族振兴了，人民才会幸福。国家富强是民族振兴和人民幸福的基础和前提条件。国家贫弱则民族衰微，当然也不可能有人民的幸福。同时，国家富强、民族振兴又归根到底是为全国人民过上幸福生活，人民幸福又更具有根本性、终极性。在这三个奋斗目标中，人民幸福又具有更终极的意义，因为民族解放和振兴也好，国家富强也好，最终都是为了作为国家主人的人民普遍过上幸福生活。从这个意义上讲，中国社会的终极价值目标也可以更简单地说就是人民幸福，或者说就是社会成员普遍幸福。因为这里的"人民"既是一个政治概念，又是一个社会概念，它是指以劳动群众为主体的绝大多数社会成员。

我们认为，中国共产党为现阶段中国特色社会主义确立的终极价值目标是中国社会所能确立的唯一正确的终极价值目标。它之所以是唯一正确的，是因为它体现了中国人民、中国国家、中华民族的根本利益，体现了社会主义的本质要求，体现了人类社会进步和人类文明发展的总趋势，同时它又具有实现的可靠保证。

人具有社会属性，人总是生活在社会中。而国家则是当代人类，甚至更早的人类的基本社会形式。国家的状态直接关系着其社会成员的生存状况，好的国家其成员才会有安全、发展和幸福；而坏的国家则是罪恶的渊薮，生活在其中的人们只会痛苦和不幸。国家的好坏有很多标准，其中最重要的标准就是富强与否。所谓富强，既指富有或富裕，又指强大。国家富强就是国家既富有又强大——经济技术发达，综合实力和竞争力强。不言而喻，国家富强不是自然而然形成的，而是通过国

---

① 中共中央文献研究室：《习近平关于实现中华民族伟大复兴的中国梦论述摘编》，中央文献出版社 2013 年版，第 10 页。
② 参见江畅：《论中国特色社会主义核心价值理念》，《社会科学战线》，2012 年第 10 期。

家和人民的不懈奋斗逐步实现的。而要实现国家富强，就必须在意识到国家富强的重要性的基础上自觉地追求，否则，所谓富和强都是空话。不过，这里必须指出的是，国家富并不等于人民富。这就涉及国富之后的分配问题。如果从绝对数讲，"过去30年中，至少已有超过美国人口总数的中国人实现了这样的梦"[1]。那么这是否标志着中国人民都富裕了呢？且不论这相当于美国人口总数（3亿多人）人是哪些人，他们是如何富的，即便肯定这3亿中国人是正常富裕的，那么另外10亿多人是否富裕了呢？很明显，我们应在国家富强的前提下实现全民即普通老百姓的富裕并将此确立为社会的终极价值目标之一，这才能体现中国国家的根本利益和最高利益，更重要的是体现中国人民的根本利益。

人类在进化的过程中，自发地形成了不同的民族。如果说个人是人类的终极个体，那么一个民族才是物种中的最大的种群，即所谓"族群"。早在国家出现之前，人类就生活在不同民族中，人与其所属的民族有着血缘的关系。在人类进化的过程中，有些民族衰落了，有的民族甚至消失了。中华民族是一个古老的民族，是世界四大古文明之一的民族群，中华民族有其独特的文化，曾经是世界上最繁荣发达的民族。自近代以来，中华民族落后了。正因为落后，所以长期被动挨打，甚至沦为他族的殖民地、半殖民地，面临着亡族灭种的危险。因此，中华民族在新的世界民族格局中能否振兴，直接关系到中华民族的存亡，关系到中华民族这个族群及其文明能否绵延不绝。

中华民族自古以来都是与国家关联着，民族振兴与国家富强紧密联系在一起，而且在当今世界已经国家化的情况下，民族振兴只有通过国家富强方能实现。而通过实现国家富强来实现民族振兴，归根到底还是为了中华民族这一具有悠久文明的族群永续地生存发展，为了炎黄子孙世代相传，繁荣兴旺。何况中华文化绵延不断，从未出现过断层，即便在近代屡遭外族强权侵淫，仍然屡仆屡继屡兴，因而从这个角度讲，将民族振兴作为中国社会的终极价值目标之一，体现了中华民族的根本利益，也体现了所有当代中国人以及中华民族世世代代的根本利益。

人的本性决定了人要谋求自己生存得更好，也就是要谋求自己的幸福。但是，个人的诸多局限又决定了人不可能仅仅通过个体努力实现自己的幸福，即使有，那也是在国家富强的前提下的结果。所以个体的人必须通过他人和社会共存方能共荣。从进化的角度看，人类之所以形成社会，不是为了让社会统治自己，而是为了实现自己的幸福。然而，在几千年的文明史上，人类社会在相当长的时期内处于异化状态之中，社会不仅没有为人们的幸福创造条件，相反成了人们不幸和痛苦的根源。之所以如此，其根本原因在于历史上从来没有统治者真正将人民的幸福作为终极的价值目标，更谈不上追求其实现。他们所追求的是他们自己家族或阶级的利

---

[1] 张维为：《美国梦的困境和中国梦的前景》，《红旗文稿》，2014年第5期。

益。中国共产党将人民幸福作为社会的终极价值目标，所代表的是中国广大人民的根本利益，而不是统治者或某部分人的利益。这是中国历史前所未有的。

将国家富强、民族振兴、人民幸福作为中国社会的终极价值目标，更体现了社会主义的本质要求。按照科学社会主义理论创始人马克思的设想，社会主义社会是一种其社会成员普遍获得全面而自由发展的社会。社会主义的核心内容就是人的全面而自由发展。这种自由不是随心所欲，而是每一个人的自由以他人的自由为前提，是法律范围内的自由。在现代社会条件下，人的全面发展就是每个人的潜能尽可能充分地得到开发，开发出来的能力尽可能地得到发挥，发挥的结果尽可能得到相应的社会回报。其主要体现就是各受其教，各尽所能，各得其所。显然，人的全面而自由发展状态就是人的幸福状态。因此，社会主义在本质上要求社会将社会成员的普遍幸福作为社会的终极价值目标，并且要为这一目标的实现创造一切可能的条件。将人民幸福作为社会的终极价值目标所体现的正是社会主义的这种本质要求。在当代人类社会，要为人民普遍幸福创造一切可能的条件，最重要的也是最基本的条件就是国家富强和民族振兴。因此，将国家富强、民族振兴作为社会的终极价值目标，也是人民普遍幸福的内在要求，体现了马克思主义中国化、时代化的突出特点。当然，在国家富强、民族振兴、人民幸福这三者之中，人民幸福才是社会主义的最本质要求和最根本特征，再说，其他社会或其他国家也可能将国家富强、民族振兴作为其终极价值目标，但社会主义的中国不是可能，而是必须。

人类社会进步和人类文明发展有一个总体的趋势，那就是人类从野蛮、愚昧、贫穷到文明、开化、繁荣，从一部分人奴役另一部分人的阶级社会到所有人都是自由平等的民主社会，从社会追求一部分人的利益到追求所有社会成员的幸福，从民族国家之间的分离、对立、战争到各国、各民族在人类世界的大家庭和平共处、合作共赢。尤其是伴随着全球化时代的到来，这一总体趋势越来越明显。在此背景下，中国共产党将国家富强、民族振兴和人民幸福作为社会的终极价值目标，反映了人类文明发展的趋势，代表了人类社会进步的方向。顺历史者昌。这一价值目标的实现，必定会使中国走在世界的前列，进而引领人类社会不断走向美好的未来。

正确的社会终极价值目标，必须是可以实现的终极价值目标。不能实现的终极价值目标，即便再美好，那也不过只是一种梦幻。中国共产党为我国社会确立的终极价值目标之所以正确，还因为当代中国已经为这一目标的实现准备了必要且充分的现实基础，并且找到了切实可行的现实途径，从而为其实现提供了可靠的保障。就现实基础而言，新中国的建立，在我国确立了社会主义制度，改革开放以来，中国特色社会主义事业更是得到了全面推进，社会主义中国正在走向强大，其制度优势日益体现出来。这一切为社会终极价值目标的实现提供了全面的社会基础。就现实途径而言，我国经过60多年的艰难探索，找到了中国社会发展的切实可行的中国特色社会主义道路。这条道路是一条以人为本，将经济建设、政治建设、文化建设、社会建设和生态文明建设全面、协调和可持续发展的科学发展道路。"中国特色社会主义是'圆梦'的唯一正确道路。"①坚定不移地沿着这条道路走下去,国家富强、民族振兴和人民幸福的伟大理想必将成为现实。因此,习近平强调:"实现中国梦必须走中国道路。这就是中国特色社会主义道路。"

既然国家富强、民族振兴、人民幸福是中国人民经过千百年来的努力才找到并确立的中国社会正确的终极价值目标,那么,它并不只是当代中国的终极价值目标,而是与中国社会同命运共始终的终极价值目标。中国只要树立于世界民族之林,就要坚持不懈地以此为终极价值目标,并努力地追求这一终极价值目标的实现。这里必然经历两个过程:一是从这一目标尚未实现到它初步实现的过程。二是当它初步实现后,还必须持续不断地朝着更完善的方向发展过程。这一终极价值目标实现了,并非一劳永逸,相反它还存在着不断再实现的过程。这是一个永续发展并不断完整完善完美的过程,也是中国社会不断走向更美好明天的过程。在这两个前后相继的过程中,初步实现的过程是中国从前现代化走向现代化、从发展中国家走向发达国家的跨越发展过程。这一质变的过程,是一个艰难的过程,必然面临着许多的困难和问题。因而在这一过程中,不仅需要确立正确的社会终极价值目标,还需要针对这一过程的实际和特点,以最佳的方式使这一终极价值目标得到全社会的认同,以致形成广泛的感召力和影响力,并成为广大各族人民的一种自觉行为。

(三) 追求人民幸福

在这三个奋斗目标中,人民幸福又具有更终极的意义,因为民族解放和振兴也好,国家富强也好,最终都是为了作为国家主人的人民普遍过上幸福生活。从这个意义讲,人民幸福是中国社会主义事业的终极奋斗目标。

以人民幸福为中国特色社会主义的终极奋斗目标也是与共产主义的奋斗目标相一致并且最终指向共产主义的。按照马克思的设想,共产主义社会是一种以每一个人全面而自由发展为原则的社会。全面而自由发展是幸福的基本内涵,当每一个人都能获得全面而自由发展的时候,社会就进入了普遍幸福的理想状态。不可否认,在我国目前的条件下,肯定不能达到这种理想状态,但正因为如此,我们要将实现这种理想作为中国特色社会主义事业的终极奋斗目标。人民幸福就是社会成员普遍幸福,将普遍幸福作为中国特色社会主义的终极价值目标,这是历史发展的必然。只要这一终极目标具有人民性,才会得到全国人民的热烈响应和衷心拥护。

幸福的内涵十分丰富,而且不同人对幸福有不同理解。"幸福是人们的一个根本目标,幸福本身就是一种目标。对于其他我们所需要的事物就不是这样的,如工

---

① 教育部中国特色社会主义理论体系研究中心:《用"中国梦"凝聚强大精神能量》,《人民日报》,2013年1月10日第7版。

作保障、地位、权力，特别是金钱（收入），我们并不因这些事物本身而需要它们，我们之所以需要它们是因为它们能够给我们提供一种使我们变得更幸福的可能性与机会。"①幸福的概念最能体现价值概念的基本逻辑关系。幸福是经验世界基本的价值原理，具有最大的公约数，不需要理论来说明，具有综合性和体系性，可以涵盖心灵生活的方方面面，可以涵盖一切价值事物。幸福感能够反映出什么？能够反映出人们对现实环境的适应度，以及在适应中的愉快感；反映出人们对社会的期望值；以及阶层之间的差距；反映人们理性处理变化事件的能力。幸福也能够体现效用的价值。"效用能够也应该在主观福祉的形式下从基数的角度予以衡量。"②主观的幸福往往是建立在客观的效用的基础上的，幸福价值可以体现效率的价值，收入增加确实能明显地在发展中国家提高幸福水平，幸福可以表现富强的价值。幸福还能够体现人们工作价值的实现程度，失业能使那些实际失去工作的人的幸福水平有所降低，它也能给那些有工作的人带来忧虑。幸福能够反映人们的家庭生活和健康的价值。幸福人士往往会有比较好的健康。尤其重要的是，幸福能够反映政治价值的好坏，好的政治制度能提高幸福水平。

幸福观是关于幸福的看法，而幸福感是当下的幸福感受。幸福观本身也包含了对未来幸福感的想象和期待，从某种意义上可以说是虚拟的幸福感。人们常用物价（含房价）、人情味、生活节奏、文化底蕴、旅游度假、医疗便利程度和质量、环境和污染程度、养老、教育、住房现状、交通状况、气候、购物便利性、治安、餐饮娱乐和文化体育设施、赚钱机会、个人发展空间、发展质量与速度、文明程度、执法规范程度、公共服务水平、对外来人的包容度等来评价幸福感。其中，"生活需求"包括物价（含房价）、人情味、生活节奏、文化底蕴；"保障需求"涵盖了医疗便利程度和质量、环境和污染程度、养老和教育；"宜居需求"包含了住房现状、交通状况、气候、购物便利性等；"发展需求"包括治安、餐饮娱乐和文化体育设施、赚钱机会、个人发展空间、质量与速度等方面；而"和谐需求"包含当地居民文明程度、城市执法规范程度、公共服务水平以及对外来人的包容度等。要注意的是每一个项目中都涉及到观念的因素，涉及到价值观的因素。工作保障、地位、权力，特别是金钱（收入），并不单纯是因这些事物本身而需要它们，之所以需要它们是因为它们能够提供一种使人的生活变得更幸福度的可能性与机会。

许多最有钱的人并不幸福，而许多只有中等财产的人却是幸福的。为什么会出现这种现象呢？除了因为影响幸福感的其他因素起作用以外，最为关键的是幸福感不仅仅受到客观财富多少的影响，更直接相关的是财富感，是财富价值观。最有钱

---

① ［瑞］布伦诺·S.弗雷、阿洛伊斯·斯塔特勒：《幸福与经济学：经济和制度对人类福祉的影响》，静也译，北京大学出版社2006年版，第192页。
② ［瑞］布伦诺·S.弗雷、阿洛伊斯·斯塔特勒：《幸福与经济学：经济和制度对人类福祉的影响》，静也译，北京大学出版社2006年版，第50页。

的人可能缺少富裕感,因为他们可能有更高的对富强的价值追求,而对财富期望值较低的人,财富更容易让其获得富强感。富强感,受制于价值观,而不是单纯的客观上富强与否。"收入增加确实能明显地在发展中国家提高幸福水平,但在富足国家的作用却是非常小的。"① 金钱并不能代替生活中的快乐,弥补生活中的悲伤。"伊斯特林(1974)揭示的一个悖论引起了这个领域研究者的极大关注,这个问题到现在仍没有解决。"② 这个悖论的基本内容是:平均的收入水平和平均的幸福感之间并不存在明确的关系。一般而言,在一个国家内部富有的个体会比贫穷的个体更幸福,但在富裕国家经济增长并没有为人民的幸福水平带来多大的提升,在收入水平较低的情况下,小额度的收入增加会带来幸福感的大幅度增长,但当收入处于较高水平上的时候,收入增加的影响就减弱了,另外,从不同国家来看,人均收入的增加和平均幸福感之间并不存在相关。"通过对许多国家大量的样本数据进行研究,发现收入和生活满意度之间相关度是 0.82。"③ 随着收入的增加和基本需求的满足,个体的渴望也随着上升了。"最近在拉丁美洲的研究结果发现,对于穷人而言,贫富不均会对幸福感产生负面的作用,而对于富人而言,贫富不均却会产生正向的作用。"④ 收入水平很高的人会将自己看成穷鬼,而穷人却不这么认为。另外,在收入对幸福感的影响方面,人们还关心与同伴进行比较。通货膨胀会影响幸福感。"通货膨胀确实会伤害人们,而不管它是可预期的还是不可预期的。"⑤ 失业对幸福的影响远远大于经济损失所预期的影响。"失业有两个概念上不同的效用:它能使那些实际失去工作的人的幸福水平有所降低,另外因为各种理由,它也能给那些有工作的人带来忧虑。"⑥ 工作和能力之间的关系决定幸福感。无休止的竞争会降低幸福感。福利高的国家民众幸福感高。

"那些生活在具有更广泛政治参与权地区的公民以及外国人具有更高水平的主观福祉。"⑦ 伯利克里认为:"要自由,才能有幸福。"⑧ 民众享有投票选举权会对幸福感产生推力。"公民们不仅对政府做什么感兴趣,而且还对谁来具体执行这些政策

---

① [瑞]布伦诺·S. 弗雷、阿洛伊斯·斯塔特勒:《幸福与经济学:经济和制度对人类福祉的影响》,静也译,北京大学出版社2006年版,第102页。
② [美]卡萝尔·格雷厄姆:《这个世界幸福吗》,施俊琦译,机械工业出版社2011年版,第6页。
③ [英]大卫·哈尔彭:《隐形的国民财富——幸福感、社会关系与权利共享》,旺晓波、裴鸿博译,电子工业出版社2012年版,第21页。
④ [美]卡萝尔·格雷厄姆:《这个世界幸福吗》,施俊琦译,机械工业出版社2011年版,第11页。
⑤ [瑞]布伦诺·S. 弗雷、阿洛伊斯·斯塔特勒:《幸福与经济学:经济和制度对人类福祉的影响》,静也译,北京大学出版社2006年版,第130页。
⑥ [瑞]布伦诺·S. 弗雷、阿洛伊斯·斯塔特勒:《幸福与经济学:经济和制度对人类福祉的影响》,静也译,北京大学出版社2006年版,第122页。
⑦ [瑞]布伦诺·S. 弗雷、阿洛伊斯·斯塔特勒:《幸福与经济学:经济和制度对人类福祉的影响》,静也译,北京大学出版社2006年版,第184页。
⑧ [古希腊]修昔底德:《伯罗奔尼撒战争史》,谢德风译,商务印书馆1978年版,第135页。

感兴趣。"①对国家制度的信任度越高,幸福感也越高。"好的政治制度确实能提高幸福水平。"②犯罪率高,尤其是不安全感高会对幸福感产生消极的影响。犯罪率高发地区幸福感会降低。恶劣的天气会对幸福感产生消极的影响。离婚的个体会比不离婚的个体不幸福。"幸福的人们更容易比那些不幸福的人们结婚。"③亲人的离世会对个体的幸福感长时间产生影响。信任和自由会对幸福感产生积极的影响。"如果你居住在这样一个地区,当地的大多数人都赞同'大多数的人能够互相信任'这样的观点,那么你的生活满意度就将会有所提升。"④幸福感和友谊之间存在着正向联系。幸福感会受到身边人的影响。"如果某人拥有一个居住在一英里(约1.6千米)范围内并且幸福快乐的朋友,那么这个人生活幸福的可能性将会提升25%"⑤。幸福观和健康之间存在一定的关联,生理健康提供幸福的保障,但心灵的健康更为重要。幸福是心灵的活动,心灵的健康能够保障心灵的快乐,而这构成了幸福生活的开始和目的。

国民幸福的最大化应该成为政府的执政目标。幸福而乐观的人会延年益寿;幸福的人拥有更融洽的人际关系;幸福的人最终会积累更多的财富;会提高工作效率。"最后,我们不禁要问,如果不是幸福,那么我们的社会追求的目标到底是什么。不同的人给出了不同的答案,比如自由、公平正义、价值等。然而,在莱亚德看来,当人们重视并强调这些替代性选项时,他们反过来会援引一些增强幸福感的概念,作为选取这些替代项的主要论据和理由,即便这不能还原幸福的真实原貌。"⑥

三、中国主流价值文化的核心价值理念

虽然对社会主义核心价值观的理解比较一致,但学者对于概括社会主义核心价值观的意见则不尽一致。有学者对学者们的概括进行了疏理,归结出了以下不同的表述方式,实际上远不止这些表述方式:"富强、民主、文明、和谐"与"人的自

---

① [瑞]布伦诺·S.弗雷、阿洛伊斯·斯塔特勒:《幸福与经济学:经济和制度对人类福祉的影响》,静也译,北京大学出版社2006年版,第144页。
② [瑞]布伦诺·S.弗雷、阿洛伊斯·斯塔特勒:《幸福与经济学:经济和制度对人类福祉的影响》,静也译,北京大学出版社2006年版,第166页。
③ [瑞]布伦诺·S.弗雷、阿洛伊斯·斯塔特勒:《幸福与经济学:经济和制度对人类福祉的影响》,静也译,北京大学出版社2006年版,第75页。
④ [英]大卫·哈尔彭:《隐形的国民财富——幸福感、社会关系与权利共享》,旺晓波、裴鸿博译,电子工业出版社2012年版,第32～33页。
⑤ [英]大卫·哈尔彭:《隐形的国民财富——幸福感、社会关系与权利共享》,旺晓波、裴鸿博译,电子工业出版社2012年版,第36页。
⑥ [英]大卫·哈尔彭:《隐形的国民财富——幸福感、社会关系与权利共享》,旺晓波、裴鸿博译,电子工业出版社2012年版,第15～16页。

由全面发展";"富强、民主、文明、和谐、自由";"富强、民主、文明、和谐";"劳动优先、共同富裕、公平正义";"集体主义";"促进人的自由全面发展";"以人为本、共同富裕、公平正义";"共同富裕";"公平正义、民主自由、仁爱和谐、人本共享";"共享共建";"公平正义";"民主、平等、公正、互助";"共同富裕、公正民主、科学文明、人本和谐";"人本、和谐、尊重、民主、富强";"人本、公正、民主、和谐"。

关于中国特色社会主义核心价值理念（一些学者称之为核心价值观，准确地说应该是核心价值观念，它们属于核心价值观，是核心价值观的核心理念），国内有很多研究，提出过不少版本。相对较多的学者主张将"富强、民主、文明、和谐"作为核心价值理念或其中的主体部分。其主要依据这是党的十六届六中全会明确地把"建设富强、民主、文明、和谐的社会主义现代化国家"作为中国特色社会主义的奋斗目标。其中"富强"是社会主义经济的核心价值理念；"民主"是社会主义政治的核心价值理念；"文明"是社会主义文化的核心价值理念；"和谐"是社会主义社会和生态的核心价值理念。我们赞成这种看法，其理由主要是，这四大理念是实现人民幸福这一终极价值目标所必需的经济、政治、文化和社会以及生态条件。因此，它们就成为了中国特色社会主义的基本价值目标，也是中国特色社会主义建设所追求的奋斗目标。只有实现了这些目标，人民幸福才有保证。不过，"富强、民主、文明、和谐"这四大理念主要是从社会的角度提出来的，人们当然关心社会的现实状况和理想追求，但更关心个人自己在社会中的现实状况和理想追求。从历史上的核心价值理念看，更多地体现了社会个体的愿望和期许，我们提出的核心价值理念也要考虑个体的因素。因此，党的十八大报告提出倡导富强、民主、文明、和谐，倡导自由、平等、公正、法治，倡导爱国、敬业、诚信、友善，积极培育和践行社会主义核心价值观。这十二个理念兼顾了国家、社会和个人，因而更加完善系统。如表4-1所示：

表4-1

中国特色社会主义核心价值理念											
国家层面的价值目标				社会层面的价值取向				公民个人层面的价值准则			
富强	民主	文明	和谐	自由	平等	公正	法治	爱国	敬业	诚信	友善

社会主义核心价值体系要求"用中国特色社会主义共同理想凝聚力量"。中国特色社会主义共同理想是什么？建设中国特色社会主义，把我国建设成为富强、民主、文明、和谐的社会主义现代化国家，是我们党在现阶段的奋斗目标和行动纲领，也是我国各族人民在社会主义初级阶段的共同理想。富强、民主、文明、和

谐，倡导自由、平等、公正、法治，倡导爱国、敬业、诚信、友善这十二大核心价值观可以看作是中国特色社会主义的共同理想的具体表达。其中富强、民主、文明、和谐是国家和民族整体的价值追求；自由、平等、公正、法治是理想的社会状态体现的价值内涵，是实现普遍幸福的社会条件，而爱国、敬业、诚信、友善则是实现普遍幸福的个体条件。因此，这十二大价值理念应该成为中国特色社会主义的基本价值目标。只有实现了这些目标，人民的普遍幸福才有保证。①

（一）富强

何为富强？民富、国强两个方面不可偏废，硬实力和软实力要相得益彰，还要在继承中国传统文化相关内容的基础上，发展新时代的富强文化，塑造可持续的富强理性。新时代的富强文化的核心要义应该是依靠辛勤劳动和德性来达到富强，依靠务实创新来达到富强，依靠改革开放来达到富强。

其一，要把握强弱的辩证逻辑。近代思想家王韬作《中国自有常尊》称："中国天下之首也，尊无异尚，此古之通义，而非徒以口舌争者也。若夫盛衰之势，强弱之形，则自元黄剖判以来，原无一定，固不得借一时之盛，恃一日之强，而辄夜郎自大也。"②王韬认为强弱是互相转化的，德与力之间，力虽可以暂时获得优势，但最终是道和德左右事物的发展及其趋向；力只有在合德的情况下才会发挥积极的作用。强弱转化和道和力的辩证关系决定了中国只要守道就有机会兴盛。"子曰：'危者，安其位者也；亡者，保其存者也；乱者，有其治者也。是故，君子安而不忘危，存而不忘亡，治而不忘乱。是以身安而国家可保也。'"（《周易·系辞下》）富而不忘危，贫而能自强，是中国古代的治国和人生智慧。"故知中国有时而弱，然弱亦足久存；中国未尝无衰，然衰要有终极。盖彝伦所系，统纪所存，一旦圣君应运而兴，贤臣相辅为理，励精图治，上邀天眷，下顺舆情，则强者亦将失其强，而尊卑以明矣。势无陂而不平，道无往而不复，观诸上古之迹，验诸近今之事，当不河汉乎斯言。"③中国已经走在通向富强的道路上，需要有安而不忘危，需要有自强的精神。

其二，要把握民富和国强的辩证关系。国富主要是民富，国强是民强。民富才是国富，求强以致富为先，二者是辩证的关系。郭嵩焘从英国的税法制分析了中西"富国"与"富民"的区别及其原因。他认为西方各国懂得先富民，并制定了许多利民的政策和做法，这些政策和做法再好，中国也无法实行，因为中国不是民主之国。由此，郭嵩焘也深深感叹中国所谓求强、求富的洋务运动"与西洋情势相距绝

---

① 参见江畅：《论中国特色社会主义核心价值理念》，《社会科学战线》，2012年第10期。
② 王韬：《弢园文录外编》，陈恒、方银儿评注，中州古籍出版社1998年版，第220页。
③ 王韬：《弢园文录外编》，陈恒、方银儿评注，中州古籍出版社1998年版，第221页。

远","西洋汲汲以求便民，中国适与相反"。① 中国只知"富国"，是因为"今言富强者，一视为国家本计，与百姓无与"。② 加上百姓各怀私心，反对洋务的人加以阻挠，使得开矿等很难奏效。郭嵩焘批评"中国官民之气隔阂太甚。言富强者，视以为国家本计，与百姓无涉；百姓又各怀挟私意，觊觎其利而侵冒之。其持议论者，又各讼言其不利而阻挠之，一闻集股开办，远近闻风者皆得挟一说以起而与为难矣。数十年采举行矿务讫无成效，盖由此也。"③ 郭嵩焘还批评洋务派实践者的求富活动与民争利。他认为："天地自然之利，百姓皆能经营，不必官为督率。若经由官开采，则将强夺民业，烦扰百端，百姓岂能顺从，而在官者之烦费又不知所纪极，为利无几，而所损耗必愈多。若仍督民为之，则亦百姓之利而已，国家何恃以为富强之基乎？"④ 在西方"但有能开利源，国家必力助成之，委曲使人共喻，人亦不疑其专利也。获利既厚，输税国家亦常丰。中国不然。其初尽力阻挠，而官不问。及稍得利，群起而争为之，互相侵夺，官亦不问。"⑤ "强"是以"富"为先的："治国以富强为本，而求强以致富为先。"⑥ 二者是互相维系的，国力为商业财富提供保护，商业为国力提供财源，不富不能图强，不强不能保富。郭嵩焘的看法在今天依然是值得回味的。

其三，要通过自强达到富强，并兼顾软实力和硬实力。富强的内涵是多层次的。阿马蒂亚·森提出了动机的多元性问题，"真正的问题应该在于，是否存在着动机的多元性，或者说，自利是否能成为人类行为的唯一动机。"⑦ 恰如唐君毅先生所言："非人文的经济社会，乃从未存在，不自人文之动机，以改造经济社会之行为，亦从未存在者。"⑧

富强是多层次的，单纯的财富并不代表富强，还需要有影响力的价值观和道德品格、民族品格，这些共同构成了富强的内容，并能够保证富强的持续性。

（二）民主

富强与民主密切相连。真正的富强一定是奠定在民富、民强的基础上的，没有民主就无法实现富强。民主即人民当家作主。民主既是一种目标，也是一种手段。如何实现民主？要用民主的办法实现民主。民主是一种理想，但实现民主要结合国情的现实。就我国很长时间的历史阶段来讲，要把党内民主和党外民主、社会

---

① 杨坚点校：《与友人论仿行西法》，《郭嵩焘诗文集》卷十三，岳麓书社1984年版，第254页。
② 杨坚点校：《与友人论仿行西法》，《郭嵩焘文集》卷十三，岳麓书社1984年版，第255页。
③ 杨坚点校：《致李傅相》，《郭嵩焘诗文集》卷十三，岳麓书社1984年版，第239～240页。
④ 杨坚点校：《与友人论仿行西法》，《郭嵩焘诗文集》卷十三，岳麓书社1984年版，第253页。
⑤ 杨坚点校：《与友人论仿行西法》，《郭嵩焘诗文集》卷十三，岳麓书社1984年版，第254页。
⑥ 郑大华点校：《采西学议——冯桂芬马建忠集》，辽宁人民出版社1994年版，第125页。
⑦ ［印］阿马蒂亚·森：《伦理学与经济学》，王宇、王文玉译，商务印书馆2014年版，第24～25页。
⑧ 唐君毅：《文化意识与道德理性》，中国社会科学出版社2005年版，第94页。

民主与政治民主结合起来，要把精英民主和大众民主结合起来，要把民主和集中结合起来。

民主是政治和社会组织的一种形式。从字面上看，民主是权力属于人民。但如何实现这一点却有很多的途径。其中的一个层面是一般公民对领导有较大的影响力，官员的权力被广泛地分享。"如果公民控制着他们的领导人，就可以假定后者对（必须对）前者负责。"①集体领导或者多头统治也是一种选择。"多头统治是由于一般公民对领导有较大的控制权。"②

要结合目标和过程来理解民主。目标是通过民主程序和民主过程实现和确定的，民主是一个不断实现民主的过程。在这个过程中，过于激进和过于保守都不恰当，应当结合国情和实践的需要采取渐进的过程，激进的追求民主脱离实际会陷入民主的"乌托邦"，而完全停滞民主的进程更不恰当。"处置不当的现实主义和理想主义乃是一种复杂的错误。"③民主重要的是走在民主的道路上，而不是以某种既定的民主目标或者民主理想来看待民主现实。"民主是从它的理想和现实的相互作用中，从应然的推动力和实然的抗拒力的相互作用中产生和形成的。"④

民主并非只意味着政治民主，也包含非政治民主或者准政治民主，尤其是身份和风俗习惯上的平等也很重要。民主既应是一种政治形态，也应是一种社会状态。民主的理想状态是形成一种民族精神，一种生活方式，一种风气。民主应该从下到上，涵盖不同的社会层次，包括小社区和自愿组织，形成具有民主风气的家庭、单位、社区和团体。民主因为涵盖了社会不同的层面，所以平等和共同决定就比较重要。尤其是财富的平等，地位的平等，机会的平等和政治、法律上的平等同样的重要。民主既是宏观的也是微观的，就渐进的民主过程而言，微观的民主的意义是很大的，因为风气的养成一定是从微观开始，众多的微观形成宏观的景观，进而形成一种民族的风气。讨论民主不单纯是讨论一个政治的问题，同时是讨论一个民族精神的形成和社会风气的培育，而这一点是应该给予更多关注的。

民主是一种价值，但是实现民主的价值要考虑条件性和工具性的技术规范，二者之间还是有差别和距离的。盲目地追求民主的价值而忽略了条件性的研究和工具性技术规范的掌握，价值目标终究会落空而无法实现。

民主是人民的权力，但人民是由个人组成的，这些个人有不同的利益，有不同的诉求，有不同的价值观，有不同的善恶品性。民主总是要求尊重不同的，甚至是对立的个人或群体。但仅仅尊重还不够，有差异的个体或者群体如果出现严重的对立，最终只能牺牲民主。如果第三方用强制力的方式迫使争议双方平息争议，或者

---

① ［美］乔万尼·萨托利：《民主新论》，冯克利、阎克文译，上海人民出版社2009年版，第19页。
② ［美］乔万尼·萨托利：《民主新论》，冯克利、阎克文译，上海人民出版社2009年版，第19页。
③ ［美］乔万尼·萨托利：《民主新论》，冯克利、阎克文译，上海人民出版社2009年版，第25页。
④ ［美］乔万尼·萨托利：《民主新论》，冯克利、阎克文译，上海人民出版社2009年版，第20页。

某一方强迫对方被动接受自己的意见,其结果都与民主的精神相悖。一个理性的有民主素养的公民应该懂得放弃自己的部分利益和权力,懂得修养的重要性,懂得妥协。哪里有对话、沟通、协商,哪里就有民主的萌芽。

面对意见各异的个体,民主的原理既要尊重每一个个体,又不能一盘散沙,民主不是一盘散沙、各自为政,民主是把有差异的个体组织起来的过程和方式。公意和共识是民主的一种选择。每一种选择都不是完备的,公意和共识之外还有非共识的部分,民主要求予以有限的尊重,并用限制性的补充机制来考虑如何兼容非共识的部分。

多数原则对民主来说也是必要的。"假如民主竞争中最初的获胜者要求不受约束的(绝对的)权力,这个最初的获胜者就能够把自己定为永远的获胜者。这样一来,民主便不再有民主的前景了,民主开始之时,便是民主寿终正寝之日,因为民主前景取决于多数可以变成少数和少数能够变成多数。由此可见,有限多数统治才是民主制度中惟一的民主可行性原则。"①民主也包含了一种现实的精神,包含了对待对立面的一种艺术和技艺。

选举常常被看成民主实现的有代表性的方法。不过不可以过于夸大选举的意义。选举同样会造成绝对的统治者,因为被选举出来的领导者可以以民意的说辞从而置人民的权益于不顾。另外,从形式上来看,选举总是有三种结果,或者肯定,或者否定,或者弃权,而最终只有一个结果是被肯定的。这意味着选择另外两种答案的人的意愿最终是要被否定的。这就是说,选举最终肯定的也是有限多数的人的意志,而不可能是所有人的意志。有限多数原则强调受到少数权力限制的多数统治,在这种情况下,少数反倒能够对整体结果有决定性的作用。

(三)文明

文明是一个历史范畴,是用来描述一个国家或民族乃至个人在改造客观物质世界和主观精神世界的社会文化实践中所获得的物质或精神性成果的程度或综合素质的高下的概念。文明具有相对性,一个是相对自己民族的过去,要变得更完善,包括生活环境、社会制度和社会风气以及物质和精神生活。另一个是相对于其他民族而言,在各个方面具有公认的值得赞美的民族品格。弗洛伊德是这样定义文明的:"'文明'一词是指所有使我们的生活区别于我们动物祖先的生活的成就和规则的总和,它有两个目标,即保护人类抵御自然和调节人际关系。"②弗洛伊德关注人与自然的关系和人与人的关系的进步。福泽谕吉则从人情风俗的角度定位文明。"那么,究竟所谓文明的精神是什么呢?这就是人民的'风气',这个风气,既不能出售也

---

① [美]乔万尼·萨托利:《民主新论》,冯克利、阎克文译,上海人民出版社2009年版,第37页。
② [奥]西格蒙德·弗洛伊德:《论文明》,徐洋等译,国际文化出版公司2000年版,第84页。

不能购买,更不是人力所能一下子制造出来的,它虽然普遍渗透于全国人民之间、广泛表现于各种事物之上,但是既不能以目窥其形状,也就很难察知其所在。"①福泽谕吉着眼于文明的差异性来思考文明的问题,弗洛伊德更着眼于文明的一般性。"现在暂且把它称作国民的'风气',若就时间来说,可称作'时势';就人来说可称作'人心';就国家来说可称作'国情'或'国论'。这就是所谓文明的精神。使欧亚两洲的情况相差悬殊的就是这个文明的精神。因此,文明的精神,也可以称为一国的'人情风俗'。"②文明包括多个层面,单纯强调某个层面并不完备。

文明的初级表现形式是对自然界改造和利用达到的水平以及人与自然的和谐关系的可持续发展水平。"一切对人类有用的事物——都受到关注并得到有效贯彻,那么,这些国家的文明就达到了高水平。"③就现代文明暴露出来的问题来说,利用自然要与保护自然相结合,要实现人与自然之间的友好发展,实现可持续的发展。文明除了关注物体的有用价值以外,关注无用的价值更显得文明。"美、清洁和秩序在文明的要求中显然占有特殊的地位。"④这个层次就是福泽谕吉所说的以人力增加人类物质需要或增多衣食住的外表装饰。从这个层次来说,文明即衣食富足。

文明的进一步表现形式是知识和智慧的发展。弗洛伊德说:"然而,尊重并鼓励人类较高级的精神活动——智力的、科学的和艺术的成就,赋予思想在生活中的主导作用,对文明特征的描述,似乎没有比这更好的了。"⑤在福泽谕吉看来,文明的真谛在于使得天赋的身心才能得以发挥尽致,使得人民的智德自然发展,见解达到高尚的地步,人心有了改变,政令法律也有了改革,文明的基础才能建立起来,这个层次是磨砺智德以实现人类精神的进步。在福泽谕吉看来,一个国家的风气是全国人民智德的反映。"第三,探索事物的道理,而能顺应这个道理的才能,叫做私智。第四,分别事物的轻重缓急,轻缓的后办,重急的先办,观察其时间性和空间性的才能,叫做公智。因此,私智也可以叫做机灵的小智,公智也可以叫做聪明的大智。"⑥对东方文化来说,最为迫切的是公智的发展。

文明的第三个表现形式是德性的发展。这里所说的德性主要是着眼于个人修养而言的。德性主要是使得人与人之间更具有可依赖性。麦金太尔指出,对人的兴盛来说,"我们既需要使我们成为独立的、负责任的实践推理者的德性,也需要使我们承认依赖他人的本质及其程度的德性"⑦。这就要求对人的本能进行升华。弗洛伊德指出:"人类

---

① [日]福泽谕吉:《文明论概略》,北京编译社译,商务印书馆1960年版,第13页。
② [日]福泽谕吉:《文明论概略》,北京编译社译,商务印书馆1960年版,第13页。
③ [奥]西格蒙德·弗洛伊德:《论文明》,徐洋等译,国际文化出版公司2000年版,第86页。
④ [奥]西格蒙德·弗洛伊德:《论文明》,徐洋等译,国际文化出版公司2000年版,第88页。
⑤ [奥]西格蒙德·弗洛伊德:《论文明》,徐洋等译,国际文化出版公司2000年版,第133页。
⑥ [日]福泽谕吉:《文明论概略》,北京编译社译,商务印书馆1960年版,第77页。
⑦ [美]阿拉斯戴尔·麦金太尔:《依赖性的理性动物——人类为什么需要德性》,刘玮译,译林出版社2013年版,第156页。

命运问题在我看来是，其文化发展是否并在多大程度上成功地控制因人类进攻本能和自我破坏本能造成的全体生活的混乱。"①本能的升华是文化发展特别明显的特点，本能的升华使得科学、艺术、思想、道德在文明生活中起至关重要的作用。

文明的第四个重要表现是文明的社会关系和共同体善的发展。"文明特性的最后一点，但肯定不是最不重要的一点，有待于考虑，即调节人际关系及人的社会关系的方式。"②其中包括个人与社会的关系和人与人的关系，也包括形成人与人的关系的社会制度体系。"人类斗争的大部分是围绕着一项任务，即在个体要求和团体文化要求之间找一种有利的调节——一种能够带来幸福的调节。"③

（四）和谐

和谐就是在坚持民族成员的个体独立性和生活活力的基础上，社会成员之间能够和睦相处，构成一个有机的民族整体。和谐既建立在个体原则的基础上，在个体自律和个体自由的基础上实现，最终的落脚点是整体原则的实现。

中西方文化都重视和谐范畴，都追求和谐。和谐本身构成了一种价值诉求，但由于思维方式不同，和谐在思想体系中的地位不同，和谐追求背后还包含其他的价值诉求，或者与其他价值诉求密切相关。只有把和谐背后或者相关的价值诉求阐发清楚，才能确切地知道一个哲学家和谐价值诉求的丰富内涵，以及不同和谐观的异同。

关于中西方和谐观的差异，可以从动态和谐还是静态和谐，人与自然的和谐还是人与人的和谐或者人自身的和谐，积极和谐还是消极和谐，是多元和谐还是二元和谐，是建立在整体原则基础上的和谐还是建立在个体原则基础上的和谐，是本体和谐还是方法和谐抑或是价值和境界和谐，是有为和谐还是无为和谐等角度进行分析。总体上看，西方的和谐观虽然也触及价值问题，但和谐价值的肯定主要是从自然和谐的事实认定的基础上推导出来的。而中国和谐观主要是一种价值诉求。如"和为贵"（《论语·学而》）当然在论证这一价值诉求的时候，也会以例证的方式提到事物自然存在的和谐问题。不仅如此，但就和谐价值本身的追求来说，东西方既包含着共同的价值内容，也有一定的差异。我们为什么希望和谐呢？和谐的价值为什么显得那么重要呢？和谐价值的基础价值是什么呢？

仁爱是达成和谐的价值前提。西方博爱思想中的"博"当然包括对好和对坏，对善和对恶。中国哲人也常常要求超越是非，达成恻隐。就儒学而言，孔子坚持中庸的方法，要求综合是非两端。孟子则把是非之心摆在了恻隐之心之后。庄子则劝告"欲是其所非而非其所是，则莫若以明。"（《庄子·齐物论》）恻隐就是不管是和

---

① [奥]西格蒙德·弗洛伊德：《论文明》，徐洋等译，国际文化出版公司2000年版，第88页。
② [奥]西格蒙德·弗洛伊德：《论文明》，徐洋等译，国际文化出版公司2000年版，第89页。
③ [奥]西格蒙德·弗洛伊德：《论文明》，徐洋等译，国际文化出版公司2000年版，第90页。

非都去爱他，都包容，都照顾，管他是恶人还是善人，都一个慈悲的心。以恻隐作为一元的价值对待是非价值双方，自然容易达成和谐。

和谐是仁爱的价值趋势。仁爱的价值总是力求避免争斗，希冀和谐。尽管怀着爱心的双方或是因为理念的原因，或是因为个性的原因常常会发生争执，难以实现和谐，但仁爱的双方总是努力去趋向和谐。仁爱之情是恻隐之情，这是中国先秦时期的儒家亚圣孟子所强调的。这个情感或者叫做慈爱、善意、宽厚、同情、博爱。佛学那里，叫做慈悲心，在西方文化中叫做博爱，或者叫做同情。德国哲学家叔本华比较强调"同情"，他说："同情乃伦理学一大奥秘"。① "同情乃是仁爱的渊源"。②他还强调，同情是在另一个人内认出自我。在另一个人内认出自我，当然包括在所谓的坏人那里认出自我，觉得我不能像他那样，对他陷入这样的状况感到同情；在好人那里认出自我，觉得我应该向他学习。叔本华还强调同情有助于人认识自己的真实存在，在同情的时候，我们才会深入到自己的内心，接近自己的生命的本质，我们在他人那里，触及了自己的本质。人因为仁爱更能认识到自己和他人的本质，更富有"人情味"，从而不断超越自己，并因为对自我的不断超越，从而更能够和更善于与人相处，从而达成和谐。

仁爱是说要有爱心，是希望或准备行善避恶，把行善避恶当作当然义务。如何从爱的法则中导出公正，爱的法则如何提供在分配善恶的不同方式中提供选择的方法。爱的法则要求像爱我们自己一样去爱邻人。这正是平等的要求。爱要求对所有人仁慈，对所有人平等，从这其中可以推导出公平和正义。如果没有注入同情的动机，规则很难被执行，重新被遵守。③叔本华说："所以，无论何时，在特殊情况下，确定的规则有失灵的迹象时，那一个能够向其中注入新鲜的活力的动机（因为我们当然排除建立在利己主义的那些动机），便是从源头本身引出来的——同情。"④爱心、同情心同样有助于规则的维护。比如，当你想到破坏规则，会对他人，尤其是那些弱势的群体和个人造成很大的伤害的时候，你就会产生一种同情，那么这个同情就提供了一个动力，使得你可能会选择遵守规则。比如，当你想到如果你不遵守婚姻的契约，会伤害到你的家人的时候，并因此有了对家人的同情心的话，自然就加强了你遵守婚姻道德规则的动机和精神动力，从而维护了彼此之间的公理和公正。如果你只是想到了利己，那么破坏规则就是无所谓的事情了，自然公正就失去了精神和情感的保障。

为什么同情可以在源头上、在动机上保证公正的规则得到维护呢？就是因为同情想到了别人，而利己的动机只是想到自己，自然很容易和另外一个人发生冲突，

---

① ［德］叔本华：《伦理学的两个基本问题》，任立、孟庆时译，商务印书馆1996年版，第302页。
② ［德］叔本华：《伦理学的两个基本问题》，任立、孟庆时译，商务印书馆1996年版，第266页。
③ 周海春：《中西和谐观的价值诉求》，《湖北大学学报》（哲学社会科学版），2013年第6期。
④ ［德］叔本华：《伦理学的两个基本问题》，任立、孟庆时译，商务印书馆1996年版，第242页。

很难做到公正。在叔本华看来，同情能够产生一个规则，就是不要损害任何人。而不损害任何人本身就是公正的德行的基本原则。他觉得同情是公正德性的纯粹而又简单的德性根源，同情是公正和仁爱的真正的基础。只有发自于同情的行为才有其道德的价值。公正肯定"是"这个单一的价值，但不等于肯定单一的具体事物。公正要求由己达人，要求实现中国古人所说的"恕"道。没有"恕"道的前提，很难实现公正。

中国先秦时期有丰富的二元对立造成和谐的思想，其中很多强调发展和丰富二元性，强调保持每个部分的独立性的价值和意义。一个事物有肯定和否定两个方面；君可，是对肯定方面的说明；臣子说明否定的方面，这样对事物的认识就全面了；在此基础上成就一个新的包含肯定和否定两个方面的新的可，是否定之否定后达到的新的肯定。"夫和实生物，同则不继。"① "和"和"同"的价值追求不同，"和"中有"他者"的立场，强调"他者"独立价值。"以他平他谓之和，故能丰长而物归之；若以同裨同，尽乃弃矣。"②

公正不是"单极"的是，而是给"非"以"翻供"的空间，以合理的标准得到共识的"是"。和谐包含了一种尺度的要求，来保证避免"过"和"不及"两种情况，"过"和"不及"，都是"不均"，是与公正的原则相悖的。在和谐的基础上达成的"和"则是一种均衡，"多力"是对整体功能的价值追求。表面上一团和气，实则暗藏权威控制、不平衡、灰色博弈乃至危机，这是建立在不公正基础上的和谐。表面上平衡、有差异各方相安无事，但在庸俗的"和平"、"和合"以及无原则折中的局面下，各种不同意见都难以获得恰当的领会与表述，这也是一种不公正的和谐。

建立在个体自由价值基础上的和谐，需要肯定人的自由意志，肯定个体的价值追求，肯定彼此之间的相互性关系，肯定程序性。但程序性要建立在个体选择和个体责任的基础上，负责就成了伪程序。伪程序也是一种程序，有程序总比没有程序要好。伪程序虽然也能起到化解冲突，吸收不同意见和建议的作用，但最终还是把矛盾和冲突掩盖了下来，容易导致更根本的矛盾和冲突。另外，也要考虑程序的成本，虽然无个体充分参与的程序过程也会起到达成和谐的作用，但是这样达成的和谐花费了太多的成本。程序要在相互性的基础上进行，并最终有利于各个个体利益的优化和整体利益的优化，否则程序性就失去了价值方向。

在中西方思想史上，有的哲学家强调和谐是建立在多元事物的存在和发展基础上的，相应的，和谐的价值诉求就是万物都可以共同存在和发展，不同的理论也都可以得到相同的肯定。

---

① 《郑语·史伯为桓公论兴衰》，《国语》，[吴] 韦昭注，上海古籍出版社 2008 年版，第 240 页。
② 《郑语·史伯为桓公论兴衰》，《国语》，[吴] 韦昭注，上海古籍出版社 2008 年版，第 240 页。

毕达哥拉斯学派认为，一切都是和谐的。"和谐是杂多的统一，不协调因素的协调。"① 在强调和谐是杂多的统一的前提下，再讲和谐是美或者和谐是德性的时候，就等于赋予了杂多的统一是美或者是德性，这就肯定了事物多元性的价值地位。毕达哥拉斯学派对事物多元性的价值肯定是建立在对事物的杂多的统一的认识基础上的。

和谐是杂多的统一，前提是杂多，统一是建立在杂多基础上的。而统一的价值诉求最终还是为了创造更为丰富的杂多的世界图景。中国先秦哲人更着眼于万物的生成发展来说明和谐的价值和意义。"和者，阴阳调、日夜分而生万物。"（《春秋繁露》卷十六）董仲舒是客观地描述和谐才能生成万物的，同样荀子也大概是着眼于对和谐的价值进行一种客观描述。"和者，天地之所生成也。"（《荀子·天论》）而《中庸》则表达了更多的价值渴望"致中和，天地位焉，万物育焉。"（《中庸》）《中庸》希望"万物并育而不相害，道并齐而不相悖。"（《中庸》）先秦哲人还从实践创造新事物的角度来说明和谐的价值，"先王以土与金木水火杂，以成百物。"（《郑语·史伯为桓公论兴衰》）"夫和实生物，同则不继。"（《郑语·史伯论西周必然灭亡》）万物并育用现代的语言来说，相当于价值上的合作共赢。在这一意义上，和谐的价值诉求就是万物生生的诉求，就是发展和创新的诉求，和谐的价值就是要使得世界更为丰富多彩，使得大千世界的不同事物都获得更多的发展空间，在生生中实现动态的稳定。

和生万物，在和谐这一个"一"的基础上生出"二"和"三"，乃至"万"的价值是这种和谐观的价值诉求。在这种思路看来，只有肯定事物的多元性才能最大限度地让万物为人服务，从而达到最高的和谐境界。"是以和五味以调口，更四支以卫体，和六律以聪耳，正七体以役心，平八索以成人，建九纪以立纯德，合十数以训百体。出千品，具万方，计亿事，材兆物，收经入，行姟极。故王者居九畡之田，收经入以食兆民，周训而能用之，和乐如一。夫如是，和之至也。"（《郑语·史伯为桓公论兴衰》）

强调多元杂多的和谐，本身也包含着把多归结为二的可能性，也存在着进一步归结为一的可能性。不过，这种杂多归结为"一"可以是"一心一意"、"合力"的价值。"和则一，一则多力。"（《荀子·王制篇》）而不是肯定某种单一事物的价值至上性的价值一元论。

尽管如此，从逻辑进程来看，多元的世界本身包含着二元的对立和一元性的发展趋势。多元性可以进一步归结为二元性，而二元性则可以归结为一元性。"一"是受制于"多"的，"一"要通过"多"显现出来。如齐美尔指出，一个人的孤独感、个体感总是和另一个人或者群体有关。一个人单独存在的时候，有时没有孤独

---

① 北京大学哲学系美学教研室：《西方美学家论美和美感》，商务印书馆1980年版，第14页。

感和个体感,一旦进入某种群体关系,往往会增强这种个体感;一个人单独存在的时候有孤独感往往意味着个体存在着强烈的对群体的某种依赖和渴望认可的心理。一个领导者显现出是一个领导者,具有统一全局的能力或者权威,恰好是在诞生新的工作任务的时候。一个群体组织每增加一个新的要素,就会强化或者显现出领导的统一性功能。构成个人的个人性的东西,或者是与他人共有的带有整体性特征的东西,或者是和其他个体或者整体能够相区别的东西。"多"归结为"三",归结为"二",归结为"一",不仅是一种自然规律,还是一种社会规律。比如投票活动,尽管有很多人投票,但只有三种可能,或赞成,或否定,或弃权。而最终只有肯定或者否定才成立。而结果呢,又只有一个结果是被认可的。"二"是整体之"一"构成的法则。

追求和谐没有错,但同时还要区分追求和谐背后是追求何种的价值。多元价值和谐不是一盘散沙,二元价值的和谐也不是无休止的争斗,一元价值的和谐追求不是唯我独尊。

"一"如果是合力、是整体的利益,是凝聚力就是值得肯定的,如果"一"是对某一具体事物的价值肯定,则与价值包容相悖。"二"元的价值则是要肯定不同事物有自身的价值,都允许其存在和发展。"万"的价值追求的核心是包容性的万物生生繁荣,推动发展的多样化,让生活更加丰富多彩。"一"的价值实现是奠定在"多"的价值得以实现基础上的,整体和个体要有机结合,一元价值的实现要有利于个体价值实现的优化,个体价值的实现要能促进一元价值的优化健康发展,以达成动态的过程性和目标性一体的和谐。和谐的价值诉求不等同于那种否认个体及其价值的绝对整体主义,也不等同于那种单纯地强调个体价值和局部利益的分散主义和个体主义。

和谐固然重要,但和谐包含的其他价值追求更值得探讨。如果和谐实现的是万物生生不息的价值,实现的价值是凝聚力和合力,是万物的自由、平等和公正,实现的是恻隐的价值,这种和谐就是值得肯定的。相反,如果和谐实现的是僵化、无生息,是某个单一的价值,是不公,是不自由,这种和谐就不值得肯定。

(五)自由

富强、民主、文明、和谐是国家的价值观。从社会的角度来看,就是自由、平等、公正、法治的价值观。自由就是承认人的个体性,承认个人的选择自由,弘扬个人负责的精神,承认自律,承认个人通过努力奋斗改善个人的生活,承认个体之间的有序竞争。

马克思在《德法年鉴》时期就肯定了自由的价值。"当旧制度还是有史以来就存在的世界权力,自由反而是个人突然产生的想法的时候,简言之,当旧制度本身还相信而且也应当相信自己的合理性的时候，它的历史是悲剧性的。"①马克思渴望未来的历史出现更好的社会制度，在这一制度下，自由不再是个人突然产生的想法。在马克思心目中，历史已经发展到了这样一个阶段。这就是无产者担当起解放者的角色，并且从社会自由这一前提进行创造性的社会改造。马克思以法国为例进行了说明："解放者的角色在戏剧性运动中依次由法国人民的各个不同阶级担任，直到最后由这样一个阶级担任，这个阶级在实现社会自由时，已不再以在人之外的但仍然由人类社会造成的一定条件为前提，而是从社会自由这一前提出发，创造人类存在的一切条件。"②马克思也说劳动本质上是自由自觉的活动，这种自由从人的对象的方面表现出来，人劳动的能力越强，征服的对象越多，自己的生活领域越宽广，相比于动物、植物而言，人就越超过了自己肉体的限制，自由也就越大；从人自身来讲，人在劳动中发展了自己的多方面的潜质，因而在劳动中变成了一个自由而又全面发展的人。但马克思也承认，在现实生活中人的劳动活动基本上是为了生存而进行的，劳动变成了谋生的手段，变成了一种被动的、不自由的劳动。在马克思看来，要想达到自由劳动需要历史发展来逐步解决。

在弗洛伊德看来，"个体的自由不是文明的恩赐。在任何文明产生以前，自由程度最高，尽管那时事实上自由没有多大价值，因为个体几乎不能保护这种自由。文明的发展限制了自由，公正要求所有人都必须受到限制。"③自由需要和其它的价值相结合才能避免自身的不足。

自由需要和自律相结合。尊重自律，许多现代伦理学家都认为这是一项基本的原则。杰拉尔德·德沃尔金概括了自律包含的基本含义："道德自律最一般的公式是：当，而且仅当道德原则是他自己的道德原则时，他是道德自律的。"④自律有不同的含义，一种要求是自己为自己的道德原则立法，另一种含义是节制。能够自己给自己订立戒律并自行遵守。不是所有的人可以从智慧和节制中获得利益，过一种良好的生活，人们越是聪明和节制，就越幸福。

自由需要和德性相结合，自由更应该体现为表现和实现德性的自由。孔子讲的"从心所欲不逾矩"，就是讲具有良好品质的人才会自由行动而不会违反社会规则。奥古斯丁认为，自由的意志是为善的意志，而不是可以为善可以为恶的意志。一个真正自由的人是具有优良品质的人，这样的人才真正是自由的。自由之人即善良之人、德性之人。

---

① [德]马克思：《〈黑格尔法哲学批判〉导言》，《马克思恩格斯全集》第3卷，人民出版社2002年版，第203页。
② [德]马克思：《〈黑格尔法哲学批判〉导言》，《马克思恩格斯全集》第3卷，人民出版社，2002，第212页。
③ [奥]西格蒙德·弗洛伊德：《论文明》，徐洋等译，国际文化出版公司2000年版，第89页。
④ [美]汤姆·L.彼彻姆：《哲学的伦理学》，雷克勤等译，中国社会科学出版社1990年版，第200页。

自由要和责任相结合。责任包括哪些问题呢？"根据我们的一个道德判断，应把道德责任归结于特定的行为者。至少在三种情况下我们是这样做的：①在介绍 X 时，我们有时说他是负责的，或一个有责任感的人。这就是说，他具有道德上的良好品质；②假定 Y 是一个过去的行为或罪恶，我们又说 X 过去和现在对 Y 负有责任；③如果 Y 是某种将被采取的行为，我们说 X 对 Y 负有责任，则意味着 X 有责任去做 Y。"① 第二个方面和第三个方面可以归结为：过去、现在、未来的 Y 如果可以有一定的理由追溯到 X，那么 X 和 Y 之间有责任的关系，X 对 Y 负有责任，或者有责任去做 Y。未来 Y 可以是 X 将被采取的行为，也可以是未来的某个结果，这个结果可以以一种合理的方式追溯到与 X 相关。显然，责任本身从负责的、或者有责任感的 X 角度来看，责任是 X 的德性或者是 X 的道德上的良好品质；只不过这种良好的品质表现在第二个和第三个问题上面。X 和 Y 之间有责任的关系的理由大致可以分为两类：一类是有明显的为社会或者双方所共同认识的理由，如法律和权威性命令、职务或角色、契约和许诺等。在这些理由基础上形成的 X 和 Y 之间的责任关系，则是权利尺度下的责任概念，这是规范性的责任。X 的职务要求其做 Y；或者 X 以前有过做此事的承诺，所以 X 要做 Y；或者是基于规则了解的，规则要求 X 采取 Y，才是负有责任；就 Y 还没有被 X 做出而言，Y 是一种"应当"，"应该"做，"应该"实现那个结果；"应当"本身并不违背因果，因为在这里需要 X 现在成为未来的 Y 的原因；而且这个涉及到未来的"应该"和法律和权威性命令、职务或角色、契约和许诺等明显的理由相关。在这里也不和自愿、选择、自由相违背，因为 Y 还没有被做出，做出或者不做出由 X 自由决定，X 是自由的，有选择的，且在命令、职务或角色要求之内，也有很大的自我决定和自我认识、自我努力的空间。

自由需要和权利相结合。自由更应该表现为一种社会的权利而不是个人的权力。个人的权力需要受到社会权利的限制。权利的本性是什么？有资格、要求权、尺度等不同的说法。H.J.麦克洛斯盖对权利是资格的观点作了如下解释："对于我们，权利是去做，去要求，去享有，去据有，去完成的一种资格。权利就是有权行动，有权存在，有权享有，有权要求。我们讲权利说的正是拥有、实施和享有。从这方面说，我们谈论权利与谈论能力、权力和喜好是密不可分的，它的特征与谈论要求权恰好相反，因为我们提出要求权，但并不意味着拥有、实施或者享有它们……我们谈到我们的权利是'对……享有权利'（譬如生命的权利、自由的权利和幸福的权利），而不是如象常常错误地主张的那样，是'依赖于……而享有的权利'。"② 马克思指出："权利，就它的本性来讲，只在于使用同一尺度。"③ 权利就在于

---

① ［美］弗兰克纳：《伦理学》，关键译，生活·读书·新知三联书店 1987 年版，第 148 页。
② ［美］汤姆·L.彼彻姆：《哲学的伦理学》，中国社会科学出版社 1990 年版，第 292 页。
③ ［德］马克思：《哥达纲领批判》，《马克思恩格斯全集》第 25 卷，人民出版社 2001 年版，第 19 页。

对不同等的个人运用同一尺度,从同一角度,从一个特定的方面去对待人。弗洛伊德说:"大多数人聚集在一起,就比任何单独个体要强大,就会以团结对付各独立的个体。这时人类的共同生活才有可能。这种社会的权力就被作为'权利'来反对被谴责为'野蛮力量'的个人力量。个体力量被社会力量的这种代替构成了文明的决定性一步。"①

(六)平等

平等就其本来意义而言,是指人与人关系上的同等对待,不允许有身份、资格认定和性别等方面的歧视。

需要把结果平等和起点平等结合起来理解和实践平等。前者追求的是经济与社会的结果平等(属于平均主义的范畴),后者强调的是基本权利和竞争起点条件上的同等对待(自由主义的平等主义者)。平均主义者把平等当作社会正义的一种本质特征来强调,因此,他们不接受道德应得的概念。但自由主义的平等主义者则对这种强调结果平等的主张持相当的怀疑态度,他们一般主张机会平等。机会平等原则往往与能人主导论联系在一起,这一理论主张人的所得和社会名望应与其才能、业绩和贡献相对应。这一理论集中体现为"前程向人才开放",它要求消除为特定的阶级、种族或某种性别的人预设的、法律的、乃至其他无法证明的特权。因此,政府所要做的是消除一切人为制造的不平等因素,让每一个人都有一个相同的竞争起点。

实现平等需要结合生产方式和交换方式的改革。人们归根到底总是从他们所处的实际关系中——从他们进行生产和交换的经济关系中,获得自己的伦理观念的。但这个过程不仅仅有直接的关系,而且更多地是间接的关系。马克思指出:"作为纯粹观念,平等和自由仅仅是交换价值的交换的一种理想化的表现;作为在法律的、政治的、社会的关系上发展了的东西,平等与自由不过是另一次方的这种基础而已。"②

需要辩证理解平等和不平等。如平等存在于同不平等的对立中。马克思认为未来的共产主义社会权利不应该是平等的,指出:"要避免所有这些弊病,权利就不应当是平等的,而应当是不平等的。"③不可以以一种简单的方式理解平等。世界万物存在着层级和位阶的不同,不可以以同一尺度来抹平,那样反倒不是平等了。就像师生关系一样,教师是教师,学生是学生,各有自己职责,各有自己的份内事。不能在教学过程中把学生和教师放置在一个尺度上衡量。更不能把事物的位阶的差别颠倒过来,然而说这是平等。就像多劳多得,少劳少得,不管付出多少都得到一

---

① [奥]西格蒙德·弗洛伊德:《论文明》,徐洋等译,国际文化出版公司2000年版,第89页。
② [德]马克思:《资本论》,《马克思恩格斯全集》第46卷(上),人民出版社1979年版,第197页。
③ [德]马克思:《哥达纲领批判》,《马克思恩格斯全集》第25卷,人民出版社2001年版,第19页。

样的报酬或者少劳多得都不是平等。

（七）公正

马克思思想中包含公正和权利的价值。在马克思心目中，无产者登上历史舞台说明普遍公正的实现和"人的权利"的实现的时代已经来临了，"因为威胁着这个领域的不是特殊的不公正，而是一般的不公正，它不能再求助于历史的权利，而只能求助于人的权利。"①

需要把程序正义和实质正义结合起来。实质正义又被称为社会正义，主要指社会资源和要素分配的结果须符合正义原则。程序正义则是前述形式原则，一般不重视分配的结果，而是要求分配的程序符合正义的要求。

罗尔斯所说的正义（公正）的两个原则是有价值的。罗尔斯说："作为替代，我要坚持认为，处在原初状态中的人们将选择两个相当不同的原则：第一个原则要求平等地分配基本的权利和义务；第二个原则认为社会和经济的不平等（例如财富和权力的不平等）只有在其结果能给每一个人，尤其是那些最少受惠的社会成员带来补偿利益时，它们才是正义的。"②坚持这两个原则有利于实现社会利益的最大化。如果某一种变化有利于每一个人，那么对于这个社会来说它必定是一个好的变化。在这个原则下可以实现不使他人境况变坏的同时可以使自己的情况变得更好。

需要把优秀性正义和优胜性正义结合起来。优秀性正义所获得的福利是建立在优秀的付出基础上的。优秀性的正义观也会进一步考虑优秀的功绩与应得的关系。每一个人的实践之善（优秀），也会使得人拥有一些优胜必要的品质，尽管二者有区别，且有时候会互相对立，而优胜必要的品质会让人获得功绩，进而获得优秀的外部奖励的善（应得）。优秀性的正义承认自我完善的追求不同于能够得到相应的外部奖赏。如善考试和努力学习之间的区别。优秀性的正义，以优秀为出发点考虑问题，并努力追求自身的优秀。这种正义观具有一定的宽容性。比如优秀的差异性，有人会唱歌，有人会跳舞，这就要求以不同的尺度和方式来判断。正义就在于对一个人是否是优秀的判断要和其本人优秀的方面相当，以优秀的方面为尺度进行衡量。优秀性的善和有效性的成就是不同的，优胜性的正义着眼点在成功，着眼点在获得善物。优胜的正义要求公平规则保证优秀者会成为优胜者。优胜的正义伴随着奖赏，公开的荣耀、权力、财富、地位、声誉奖赏。优胜也有自己的优秀观，但优胜视野下的优秀是有局限的。追求善物获得优胜所要求的品质未必就是优秀的品质。优秀主要是追求这些善物所要求的品质。比如一个人具有赚钱的品质，这个品

---

① ［德］马克思：《〈黑格尔法哲学批判〉导言》，《马克思恩格斯全集》第3卷，人民出版社2002年版，第213页。

② ［美］约翰·罗尔斯：《正义论》，何怀宏、何包钢、廖申白译，中国社会科学出版社2009年版，第12页。

质可以说优秀。但这个优秀是和钱这种善物相联系的。"让我们把这些身体的、精神的和品格的品质叫做有效性的品质；而把那些给这些品质提供其目标和正当性证明的善物叫做有效性的善物。"① 对于优秀性的正义而言，存在着一个潜在的风险，就是有效性的品质可能始终无法获得有效性的善物，也就是所谓的"英雄无用武之地"，"潜龙"不能飞天，没有"伯乐"来认识"千里马"。现代生活中（这里指的是中国）经常看到不那么优秀的人获得优胜的情况，这造成了社会较为强烈的不公平感。在肯定优胜的同时，需要给优秀更多的培育和发展的空间。

现代意义上的公正可以从如下几个方面来把握：现代公正的核心围绕着付出和所得展开。如果所得和付出之间是匹配的，那么就是公正的，如果不匹配那么就是不公正的。其一是抽象掉人的一切自然和社会属性以后，应该平等地对待所有的人。这是基本的人权。也就是说，即便一个人是罪犯，一个人对社会没有贡献，但他是一个人，那么就应该保护他基本的生存权利等等，以给人生基本的照顾和安排。但是现实的人是有自然和社会属性的。这就要求公正还必须有第二层次的含义。

其二，代际公正。代际正义解决的是既定的社会体系分配给新出生儿童的权益的公正性问题。代际正义要求既定不平等的社会权益分配应当最大限度地不影响新生儿的权益获得。

其三，机会均等。对所有的人都平等的对待，保护人的基本人权只是一个理论的设定，社会制度的安排需要参考这个抽象的设定。但是现实的个人是出生在一个既定的社会关系之中的。每个家庭都隶属于社会分工体系中的一员，这样一来，人一出生就已经处于社会财富和权力分配体系的某个环节上，人天生就处于不平等的状态之中。作为人，从出生开始就已经有所得，但这个所得与自己的付出是没有关系的，所得的不平等就意味着一种不公正。在这样的人生和历史事实的情况下，弥补性的公正原则就是给人提供新的所得的机会，让先天所得处于弱势地位的人通过个人的努力奋斗能够拥有较多的所得。但是个人努力奋斗拥有对应的所得又是有条件的，因为机会均等还需要有能力去实现目标。

其四，是获得实质公正所需要的能力。这就需要教育的公平。教育公平在公正中具有举足轻重的地位。教育公正能够保证人具备实现公正的能力。

其五，规则和程序公正。具备了同等的获取所得的能力，不一定最终取得成功。这就要求有公正的规则和良好的程序，以确保优秀的人能够优胜。

公正的含义很丰富，但最一般的含义是相关者各得其应得，因而公正是一种有差异的平等。

---

① ［美］阿拉斯戴尔·麦金太尔：《谁之正义？何种合理性？》，万俊人、吴海针、王今一译，当代中国出版社1996年版，第47页。

（八）法治

全面推进依法治国，总目标是建设中国特色社会主义法治体系，建设社会主义法治国家。这就是，在中国共产党领导下，坚持中国特色社会主义制度，贯彻中国特色社会主义法治理论，形成完备的法律规范体系、高效的法治实施体系、严密的法治监督体系、有力的法治保障体系，形成完善的党内法规体系，坚持依法治国、依法执政、依法行政共同推进，坚持法治国家、法治政府、法治社会一体建设，实现科学立法、严格执法、公正司法、全民守法，促进国家治理体系和治理能力现代化。全面推进依法治国的重大任务是：完善以宪法为核心的中国特色社会主义法律体系，加强宪法实施；深入推进依法行政，加快建设法治政府；保证公正司法，提高司法公信力；增强全民法治观念，推进法治社会建设；加强法治工作队伍建设；加强和改进党对全面推进依法治国的领导。

要把党的领导贯彻到依法治国全过程和各方面，社会主义法治必须坚持党的领导，党的领导必须依靠社会主义法治。依法执政，既要求党依据宪法法律治国理政，也要求党依据党内法规管党治党。

要恪守以民为本、立法为民理念，使每一项立法都符合宪法精神、反映人民意志、得到人民拥护。要把公正、公平、公开原则贯穿立法全过程，完善立法体制机制，坚持立改废释并举，增强法律法规的及时性、系统性、针对性、有效性。坚持依法治国首先要坚持依宪治国，坚持依法执政首先要坚持依宪执政。健全宪法实施和监督制度，完善全国人大及其常委会宪法监督制度，健全宪法解释程序机制。完善立法体制，加强党对立法工作的领导，完善党对立法工作中重大问题决策的程序，健全有立法权的人大主导立法工作的体制机制，依法赋予设区的市地方立法权。深入推进科学立法、民主立法，完善立法项目征集和论证制度，健全立法机关主导、社会各方有序参与立法的途径和方式，拓宽公民有序参与立法途径。加强重点领域立法，加快完善体现权利公平、机会公平、规则公平的法律制度，保障公民人身权、财产权、基本政治权利等各项权利不受侵犯，保障公民经济、文化、社会等各方面权利得到落实。实现立法和改革决策相衔接，做到重大改革于法有据、立法主动适应改革和经济社会发展需要。

各级政府必须坚持在党的领导下、在法治轨道上开展工作，加快建设职能科学、权责法定、执法严明、公开公正、廉洁高效、守法诚信的法治政府。依法全面履行政府职能，推进机构、职能、权限、程序、责任法定化，推行政府权力清单制度。健全依法决策机制，把公众参与、专家论证、风险评估、合法性审查、集体讨论决定确定为重大行政决策法定程序，建立行政机关内部重大决策合法性审查机制，建立重大决策终身责任追究制度及责任倒查机制。深化行政执法体制改革，健全行政执法和刑事司法衔接机制。坚持严格规范公正文明执法，依法惩处各类违法行为,加大关系群众切身利益的重点领域执法力度,建立健全行政裁量权基准制度,全面落实行政执法责任制。强化对行政权力的制约和监督,完善纠错问责机制。全面推进政务公开,坚持以公开为常态、不公开为例外原则,推进决策公开、执行公开、管理公开、服务公开、结果公开。

司法公正对社会公正具有重要引领作用,司法不公对社会公正具有致命破坏作用。必须完善司法管理体制和司法权力运行机制,规范司法行为,加强对司法活动的监督,努力让人民群众在每一个司法案件中感受到公平正义。

人民权益要靠法律保障,法律权威要靠人民维护。必须弘扬社会主义法治精神,建设社会主义法治文化,增强全社会厉行法治的积极性和主动性,形成守法光荣、违法可耻的社会氛围,使全体人民都成为社会主义法治的忠实崇尚者、自觉遵守者、坚定捍卫者。推动全社会树立法治意识,深入开展法治宣传教育,把法治教育纳入国民教育体系和精神文明创建内容。推进多层次多领域依法治理,坚持系统治理、依法治理、综合治理、源头治理,深化基层组织和部门、行业依法治理,支持各类社会主体自我约束、自我管理,发挥市民公约、乡规民约、行业规章、团体章程等社会规范在社会治理中的积极作用。建设完备的法律服务体系,推进覆盖城乡居民的公共法律服务体系建设,完善法律援助制度,健全司法救助体系。健全依法维权和化解纠纷机制,建立健全社会矛盾预警机制、利益表达机制、协商沟通机制、救济救助机制,畅通群众利益协调、权益保障法律渠道。完善立体化社会治安防控体系,保障人民生命财产安全。

全面推进依法治国,必须大力提高法治工作队伍思想政治素质、业务工作能力、职业道德水准,着力建设一支忠于党、忠于国家、忠于人民、忠于法律的社会主义法治工作队伍。建设高素质法治专门队伍,把思想政治建设摆在首位,加强立法队伍、行政执法队伍、司法队伍建设,畅通立法、执法、司法部门干部和人才相互之间以及与其他部门具备条件的干部和人才交流渠道,推进法治专门队伍正规化、专业化、职业化,完善法律职业准入制度,建立从符合条件的律师、法学专家中招录立法工作者、法官、检察官制度,健全从政法专业毕业生中招录人才的规范便捷机制,完善职业保障体系。加强法律服务队伍建设,增强广大律师走中国特色社会主义法治道路的自觉性和坚定性,构建社会律师、公职律师、公司律师等优势互补、结构合理的律师队伍。创新法治人才培养机制,形成完善的中国特色社会主义法学理论体系、学科体系、课程体系,推动中国特色社会主义法治理论进教材进课堂进头脑,培养造就熟悉和坚持中国特色社会主义法治体系的法治人才及后备力量。①

---

① 《中共中央关于全面深化改革若干重大问题的决定》,http://news.xinhuanet.com/politics/2013-11/15/c_118164235.htm。

（九）爱国

马克思、恩格斯认为随着阶级的消灭，国家也随之消亡，人类社会这个时候开始进入共产主义社会。是一国革命还是同时革命，是一国胜利还是同时胜利？民族独立和无产阶级国际联合是什么关系？无产阶级运动中如何处理民族国家之间的关系？这些都是后来社会主义实践中遇到的很复杂的问题。《共产党宣言》对于回答这些问题是很有帮助的。

从过程的角度来看，先要经历社会内部的国内斗争，然后发生无产阶级反对资产阶级的斗争。无产阶级用暴力推翻资产阶级而建立自己的统治，进而成为统治阶级。无产阶级首先必须取得政治统治，上升为民族的阶级，把自身组织成为民族。然后无产阶级逐步消灭民族对立，实现无产阶级的国际联合。其中一个关节点就是无产阶级取得本国的统治权。这是不可跨越的关节点。爱国主义是马克思主义的题中之意。

但也要注意不要把爱国主义和极端民族主义等同起来。爱国需要是理性的、平和的。爱国需要落实到个人的身体力行，包括进行自我道德修养，勤奋工作等等。尼古拉·别尔嘉耶夫区分了民族和人民。"民族与人民是两码事。对自己人民的爱，显露人的善良情感；而民族主义则需要仇恨和鄙视其他的人民。民族主义是潜在的战争。"① 尼古拉·别尔嘉耶夫还区分了民族性和民族主义。"民族性可以成为个体人格的培养基，即可以成为一种促进个体人格拓展的环境。民族主义却是偶像崇拜的形式之一，它产自客体化和外化，爱欲关联于匮乏与贫瘠。"② 他还区分了民族主义和爱国主义。他认为"民族主义比国家主义更能诱惑人和奴役人。因为，在所有'超个体'的价值中，人极易隶属于民族主义价值，极易把自己许配给民族这个整体。民族似乎是人奉献激情冲动的永在的青春偶像，甚至一切党派都会毫不犹豫地将民族主义镌刻在自己的旗帜上。"③ 在别尔嘉耶夫看来，"民族主义不是爱国主义。爱国主义是对自己祖国、故乡和人民的爱。民族主义主要的不指涉爱，而指涉集体的自我中心主义、自命不凡、强力意志、暴力等。"④ 爱国的形式是多样的，不能过于单一地把某种形式理解成是爱国的，而把另一种爱国的形式说成是不爱国的。

---

① ［俄］尼古拉·别尔嘉耶夫：《人的奴役与自由——人格主义哲学的体认》，徐黎明译，贵州人民出版社2007年版，第120页。

② ［俄］尼古拉·别尔嘉耶夫：《人的奴役与自由——人格主义哲学的体认》，徐黎明译，贵州人民出版社2007年版，第120页。

③ ［俄］尼古拉·别尔嘉耶夫：《人的奴役与自由——人格主义哲学的体认》，徐黎明译，贵州人民出版社2007年版，第119页。

④ ［俄］尼古拉·别尔嘉耶夫：《人的奴役与自由——人格主义哲学的体认》，徐黎明译，贵州人民出版社2007年版，第121页。

（十）敬业

培养敬业精神关键的问题之一是坚持多劳多得、少劳少得的按劳分配原则。当劳动的价值得到肯定以后，自然而然地就培养起来了敬业的精神。劳动创造价值，工作换来金钱。福特认为，对于一个企业来说"顾客能持续购买的原因，就是在于员工的辛苦工作及不断的生产，如此反复，企业自然是他们的生活的财源，也便形成了一系列的传统习俗。"① 福特认为相对于竞争而言，生产更加重要。福特对社会上流行的一般的赚钱观念进行了批评："那时的经营方针就是以赚钱为基本的出发点，而后想到的才是如何工作。这便是那种惟利是图的、根植于人心的经营理念。尽管人们都说利益得源于生产，但几乎没有人能意识到金钱获得是以工作为依托的。其实工作便是达到这个目的的最快捷的途径，但人们似乎总在寻找另外一种快捷途径，而在刻意地躲避以工作来获利的手段。"② 西门子则从社会公益事业那里看到了金钱。"就我个人的经验来看，那些带有社会公益目的的事业，往往比那些纯粹为了赚钱而做的事具有更多、更长远的利润和收益。"③ 在西门子看来，我们的企业家还缺乏那种只愿意提供优质产品的值得骄傲的自觉精神，而我们的老百姓也缺乏那种出高价购买优质产品的价值观念。因此必须从二者的相互作用中才能培养出一种民族自豪感，才能形成对本国工业的最好保护。资本、知识和经验的积累需要一个长期持续的过程，而只有具有了义务感，才能保持这些资本、知识和经验，才能自觉地承担起寻找新的项目和新的商业道路的责任，如此才能保证财富的不断积累和公司规模的不断扩大。

以生产作为财富之道，必然要持续不断地工作，这就要求生产者具有"骆驼精神"。西门子没有良好的记忆力，也不具备严厉的精神，实干和持续的勤奋工作弥补了缺点。这就是"骆驼精神"。沙漠中的骆驼不能跑，跑得越快，越不能达到目标，反而会死亡；沙漠中的骆驼不能停止前进的脚步，要一步一个脚印地向理想的目标前进，才能最终抵达绿洲。

不要把工作和金钱直接等同起来，还要把工作和人格健全、精神满足和全面发展联系起来。西门子说："工作给人带来的满足不仅仅是金钱和物质上的，还有精神上的，有时后者甚至更加重要。否则，我们在工作上浪费的时间实在是太多了。"④ 洛克菲勒在工作中不断地告诫自己：工作一定是快乐和令人欣慰的事情，如果在从事工作的时候只会感到压抑和不快，即使可以获得金钱也是对支配金钱权力的亵渎。一切自己所喜爱的事业都得从那些琐碎得让人头晕的小事开始。

---

① ［美］亨利·福特：《向前进——亨利·福特自传》，张扬译，当代中国出版社2002年版，第86页。
② ［美］亨利·福特：《向前进——亨利·福特自传》，张扬译，当代中国出版社2002年版，第48页。
③ ［德］韦尔纳·冯·西门子：《西门子自传》，博达译，民主与建设出版社2004年版，第272页。
④ ［德］韦尔纳·冯·西门子：《西门子自传》，博达译，民主与建设出版社2004年版，第264页。

福特在自己的公司中也不重视头衔。他指出：工作，只有工作才能控制我们，这也是我们不搞职衔的原因之一。许多人工作得心应手，但他们却为头衔所累。人与人之间引发不满的最大原因，莫过于上级的能力名不符实。企业头衔之风盛行，因而导致业绩低下。糟糕的特征之一是按衔论责，此风盛行致使管理者责任感荡然无存，责任被分解。每个部门被一群漂亮的低一级头衔的人所包围，很难找到一个敢于承担责任的人。这种恶劣的游戏直接导致人人负责、人人没有责任。一个机构的健康存在有赖于每个成员，不论职责大小对企业利益的高度责任感和全身心投入的工作态度。

不能把敬业理解为放弃休息。"当我们工作时，就应该全力以赴。休息时，也应该真正放松自己。如果混淆了二者之间的关系，会给我们带来不可估量的损失。唯一的选择是，把工作做好，取得工作报酬。完成工作才能谈得上休息，本末不能倒置。因此，福特的工厂和企业均无组织，也没给任何职务附加特殊的职责，没有权力的继承和特权阶层，没有官衔和会议。我们只有精干的办事人员，因此也就没有任何繁文缛节。"①

（十一）诚信

关于诚信价值观，人们已经谈论了很多。诚信的实现涉及到很多的层面。其中一个层面是能力和实力层面。做能力所及范围内的事情，说能力所及范围内的话是诚信所要求的。很多不诚信的言行是因为能力不及，心有余而力不足，自然无法行诚信之事。

单纯有履行责任，担当社会事务的能力和实力并不能保证诚信。做力所能及之事，涉及到对实力和所做的事情之间的理性预期，以及对社会活动的可能的结果的因果分析。所以没有一定的理性能力是不能达成诚信的。另外，诚信还关联着道德的觉醒，诚信涉及到对自我的估计，适当的自我克制和自我约束能够最大限度地保证所行之事和所言之事可以顺利达成。

敬业和诚信互为表里。为了追求私利而有意为之的欺诈，这里的欺诈行为需要以法律或者制度体系来压制、打击和消除。但大量存在于生活之中的不诚信行为往往是不敬业导致的。尤其是缺乏对细节和完美的关注，缺乏耐心等等都导致了不诚信行为的发生。

不遵守规则或者"潜规则"流行往往被看成是诚信缺乏最典型的表现。不遵守规则是一件很复杂的事情。其中有的情况是因为规则规定得过于理想，完全超出了现实生活的实践过程，基本上没有实现的可能。在这种情况下，现实和规则、实践和规则之间有过大的张力，规则只能被束之高阁，流于形式。另外，在制定规则的

---

① ［美］亨利·福特：《向前进——亨利·福特自传》，张扬译，当代中国出版社2002年版，第112页。

过程中，缺乏必要的民意基础，缺乏必要的公意程序，规则至上而下，被硬性的要求执行，也会导致规则的被修改或者被摒弃。规则被遵守需要一定的内生力，有一种自发和自觉的维护规则的动力。制度和规范间的冲突性过高，所谓的"政出多门"，最终也会抵消规则的力量。规则变化过于频繁，使得人无所适从也会引起诚信问题。

公开透明是诚信所需要的。不诚信的发生往往与信息的不透明、不对称、不公开有关。暗箱操作，内部分享信息，对外则采取一定的隐瞒，甚至欺骗是诚信的障碍。公开透明与提高民众的知识水平和理性能力是相辅相成的。只有逐步提高民众的理性能力，才能更好地具备应用社会信息的能力。

信誉是诚信的良好担保。在无法确定他人是否可以信任的时候，根据些微小事可考察他人的信誉，这是一个较为可靠的办法。信誉包含着一组稳定的表现，信誉背后总是有高几率的诚信支撑。在与陌生人打交道的过程中，信誉总是较好的诚信担保。

人们在日常生活中常常可以预测出一个人是否会做出失信的事情，有的时候则不能。人们也需要通过他人的外表的信息来判断一个人是否诚信。诸如双臂交叉、身体后倾、触摸脸或触摸手等，都是测试对方是否诚信的方法。直觉或者预感有时比有意识的评价更可靠。相信自己的直觉，而验证也是需要的，不过，人不可能对他人的言行一一进行验证，这就需要直觉来补充。

诚信的人不会因为他人的不诚信行为而改变自己。诚信的人往往对他人的不诚信行为持一种宽容的态度。骗子可能因此会利用诚实进行欺骗，从而使得诚信者受到伤害。这种情况往往会引发诚信者发生机制性的自保行为，从而导致社会诚信程度下降。

诚信凸显了现代人生存的困惑和难题。想要诚信必须克服两大障碍：一是要不断自我反省，克服自欺。一个诚信的人有时也会是不诚信的。这就是自欺。一个自认为诚信的人可能因为看不到自己行为的真实面而在实际上做出不诚信的行为。同样，不道德的事情，有人做了，他会谴责其人，而自己做了，反而会为自己开脱，让自己免于内疚和自责。这就是我们常说的自欺欺人的行为。二是要克服私利的自我膨胀。人们对物质利益和资源具有较高的期待，甚至相信"有钱能使鬼推磨"。很多人不诚信在一定程度上是因为利益的诱惑。因而诚信的核心内容就涉及自我调控能力，即为了长远利益必须抑制眼前的欲望，必须扼制私利膨胀。

（十二）友善

友善要求以包容、宽容的心态对待他人，以平和的方式对待他人。不论是自己喜欢的还是不喜欢的人都以仁爱之心来对待。仁爱之情就是恻隐之情，这是中国先秦时期的儒家亚圣孟子所强调的。这个情感或者叫做慈爱、善意、宽厚、同情、博爱。佛学那里，叫做慈悲心，在西方文化中叫做博爱，或者叫做同情。德国哲学家叔本华比较强调"同情"，他认为："同情乃是仁爱的渊源。"[①]简单地就是说同情就是对别人的情况感同身受，在别人身上发生的事情，感觉就像在自己身上发生一样。叔本华还强调，同情是在另一个人内认出自我。在另一个人内认出自我，当然包括在所谓的坏人那里认出自我，觉得我不能像他那样，对他陷入这样的状况感到同情；在好人那里认出自我，觉得我应该向他学习。这也就是孔子的"择其善者而从之，择其不善者而改之"强调的意思。叔本华还强调同情有助于人认识自己的真实存在，在同情的时候，我们才会很深入到自己的内心，接近自己的生命的本质，我们在他人那里，触及了自己的本质。正因为在内心中能够对别人的错误感到怜惜，对别人的善能够真诚欣赏和赞美，所以可以友善地对待他人。友善虽然对包括善恶都会包容，但不意味着是非不分。友善包含了一种理智的作用，在区分善恶的基础上才能包容善恶，并择善而从之。

在自由、平等、公正、法治给个人完善自我提供了良好保障的前提下，个人的良心自由和道德选择得到了应有的尊重，同时对限制了不道德行为，诚实的个体和守信的个人就可以获得应有的尊重。个体就可以充分发挥自己的爱心，以友善的精神弥补法制的不足，使得社会更充满柔情和诗情画意，更富有道德的精神。人们就会焕发出更大的道德勇气去履行好自己的社会责任和民族责任，展现出爱国和敬业的德性。这样的社会就是一个普遍幸福的社会。

历史和现实反复表明，如果没有这个最核心的东西，一种文化就立不起来、强不起来，一个民族就没有赖以维系的精神纽带，一个国家就没有统一的意志和共同的行动。我国有56个民族、13亿人口，在国际形势风云变幻的情况下，要把广大人民的思想意志凝聚好，使中华民族更好地屹立于世界民族之林，就必须铸就能够有效发挥统摄、引领和整合作用的核心价值观。正是基于全局和战略的考量，我们党明确提出建设社会主义核心价值观是凝魂聚气、强基固本的基础工程。

社会主义核心价值观需要具有大众化的品格。大众化就是关注大众诉求，融入大众生活，具有强大的道义力量和广泛的社会认同。我国传统的"仁、义、礼、智、信"，为什么今天仍有很大影响，就是因为它们反映了人们处世、行世、立世的一些基本准则。价值观只有走进心灵、走进大众，才能有广泛的亲和力、感召力。

当前社会主流价值的迷失主要表现：一是精英缺乏文化的自信和认同。无论是在西方还是在古代中国，精英都是文化传承的载体。他们承载着对内教化民众、对外宣传本国文化的责任。然而，当前中国的精英却缺乏文化的自觉和自信，一部分

---

① ［德］叔本华：《伦理学的两个基本问题》，任立、孟庆时译，商务印书馆1996年版，第226页。

人持事不关己的犬儒态度，一部分人完全西化，对传统无法产生认同，原因何在？如何才能唤起他们的文化自觉和自信？二是中产阶层冷漠。历史经验证明，一个强大的中产阶级不仅是民主巩固的阶级基础，也是自由民主等现代性价值观的温床。在我国，中产阶层正在形成过程中，但就目前情况看，这一新兴阶层深受消费主义文化影响，社会主义主流文化尚没有找到一个有效的途径与他们发生深度关联。三是普通群众迷茫。由于主流价值的缺失，普通民众在文化境遇中不知何去何从，无法在急速流转的社会中找到安身立命之本。对社会主流价值迷失表现的分析表明，一种价值系统能否成为主流，关键在于社会各主要阶层能否真正参与到这一价值系统的构建之中，在其中找到价值归属和认同。我们需要具体探寻社会主要阶层在主流价值建构中的作用。精英在主流价值构建中扮演着主导作用，但当前的社会精英却缺乏文化自信、自省和自觉。需要探索唤起精英文化自觉和自信的方法，尤其要关注政治精英如何成为意识形态创新的传播者，并承担主流意识形态衍化为主流价值观的责任；经济精英如何在利润追逐和社会责任之间获得平衡；文化精英如何能够跳出专业视野，发挥知识分子认识世界和解释世界的独特作用，在纷乱的个别意识中去寻找并推动社会共识的形成。中产阶层在主流价值构建中扮演着关键的中介作用，既是主流文化的基本受众，也是传播者。从根本上说，他们的认同与否，决定着主流价值观能否成为主流。此课题旨在剖析当前中国中产阶层的文化观念和价值追求，探索唤起中产阶层文化认同的方法，尤其关注针对当代中国中产阶层思想现状的实证研究，考察中产阶层和当代政治经济环境之间的复杂关系。当代中国主流价值之所以缺失，在很大程度上是因为各种主流价值方案都是精英阶层提炼精英文化的结果，忽略甚至漠视底层文化，导致思想资源的匮乏与无力。实际上，精英文化、中产阶层文化以及底层文化，有社会阶层上的客观差异，但又存在着相互联系乃至相互转化的关系。精英文化影响塑造着下层文化，而又从下层文化汲取活力。上中下三种文化系统的基本要素才有可能整合进一个统一的主流价值体系，为全体社会成员所共享。此课题关注底层力量与精英立场的分殊，底层利益的表达，以及底层文化上升为社会主流文化的路径。在这之中，中国农民和工人的价值取向及其变化是重点关注的内容。

主流文化不是简单粗暴的抑制、消解多元化，而是运用大智慧，积极引导、协调、提升和规范多元文化，积极沟通、理解、对话和整合非主流文化，能包容和吸纳一切社会形态的优势思想文化和价值成果，进而提炼出核心价值理念。主流文化一旦被社会成员所接受就能成为一种巨大的物质力量，激发和动员整个社会成员战胜各种困难和风险，并坚定其为既定目标不懈奋斗的信心和决心，激发人们对生活的热情，唤起民族自信心和自豪感，提高社会凝聚力。

科学性与先进性是主流文化的最根本的特征。鲜明的阶级性是主流文化的内在表现和最本质的特征。主流文化之所以被称之为主流，它必然反映一个国家或执政党的政治要求、价值取向和经济利益，是一个国家或执政党的思想文化体系。主流文化不仅为人们提出了一定的价值理想和信仰选择，同时作为一定的判断标准和评价尺度，鼓励人们去为实现这一信仰和理想努力奋斗和实践。

以爱国主义为核心的民族精神和以改革创新为核心的时代精神，集中体现了主流文化的民族性和时代性。主流文化只有深深植根于中国五千年优秀传统文化的丰厚沃土之中，才能体现浓郁的民族特色；只有沐浴人类世界文明的阳光雨露，博采众长，充分吸收包括外来文化在内的多元文化的丰富营养，才能紧跟时代潮流，体现鲜明的时代特征。中国文化只有走出去，才能更好地保存自己；只有在与世界各种文化的交流激荡中，才能更好地发展自己，保持个性并增强话语权。这样的文化不仅是民族的，而且是世界的，不仅是自赏的，而且是共享的。提高国家软实力意味着提高中国文化的辐射力和竞争力。在国际文化交流中，中国必须要保持自身的文化自主权和话语权，同时又要与西方文化进行对话和对抗。国家软实力是维护国家形象的有效保障，在文化冲突和利益冲突越来越明显的大国博弈中，它不仅体现为文化上的自主，还体现在国家危机公关能力的强大。在全球化的背景下，民族国家的主权消解危机不仅仅是在经济领域、政治领域和军事领域，也表现在文化领域。西方国家借助强大的经济实力和军事力量，在全球范围内推广其价值理念和文化信仰，给非西方国家带来巨大的文化冲击。相较于传统的军事政治冲突，文化争锋和文明冲突已经越来越危及一个国家的安全战略。国家软实力构建是立足于民族性的文化自主权构建，它应当以抵制西方文化冲击、建设中国新文化、维护中国国家安全为最终目标。塑造一个良好的国家形象，减少误解和猜疑，是实现"和平崛起"大国战略的重要一环。在塑造一个健康的中国形象时，各种版本的"中国威胁论"固然需要反驳，那些不切实际的神化与美化也需要我们保持头脑清醒。此课题研究国家文化软实力战略中的国家形象管理和公关问题，尤其探讨国家形象的塑造与民间社会的关系，以及国家形象公关与突破西方话语权垄断的关系。

主流价值文化是动态的，总是能够追踪人的生存，关心人的情感，强调人的作用。主流价值文化是在传承中不断转化和创新的。塑造社会主义核心价值观，重要的是体现时代感、富有独创性。时代感，就是把握时代主题、反映时代精神、引领时代潮流。价值观是时代的产物，只有反映时代的要求，才能引领社会进步。我们现在倡导的"以人为本"、"科学发展"、"公平正义"、"和谐和睦"等理念，所以在国内外引起强烈反响和广泛共鸣，就是因为具有强烈的时代感召力。

独创性，就是要有特点、有特色，能够为人类文明发展有所贡献。不同价值观的碰撞，是大浪淘沙的过程，是不断筛选的过程。只有那些原创性强、普遍意义大的价值观念，才能经得起历史的检验、实践的淬炼。越是民族的，越是世界的。要善于总结自己的实践，提炼中国人民在长期奋斗中形成的精神内核。同时，面向世界，关注人类文明进步的趋势，阐明自己的核心理念和价值主张，敢于在超越他人中引领潮流。当然，塑造核心价值观还有表述形式的问题，要尽可能鲜明、简洁、凝练，让人们易懂、易记、易表达。

党的十八大提出倡导12个社会主义核心价值理念，这些理念既承载着5000年华夏文明的精粹，也凝结了全人类文化的辉煌；它们既体现了社会主义制度的根本目标，又满足了当前社会的迫切要求；它们既符合马克思主义哲学的基本原理，又贴合中国特色社会主义的实践。核心价值理念并非抽象僵死的，而是会在历史进程中不断发展，在此过程中，实践不断丰富理论，而理论又反过来指导实践。在我国进入全面建成小康社会新的历史时期，党的十八届五中全会强调，实现"十三五"时期发展目标，破解发展难题，厚植发展优势，必须牢固树立创新、协调、绿色、开放、共享的发展理念。发展理念是战略性、纲领性、引领性的东西，是发展思路、发展方向、发展着力点的集中体现。发展理念是否对头，从根本上决定着发展成效乃至成败。习近平指出："这五大发展理念不是凭空得来的，是我们在深刻总结国内外发展经验教训的基础上形成的，也是在深刻分析国内外发展大势的基础上形成的，集中反映了我们党对经济社会发展规律认识的深化，也是针对我国发展中的突出矛盾和问题提出来的。"[①]根据全面建成小康社会决胜阶段新的发展要求提出的这五大理念，就是对社会主义核心价值理论的丰富和发展。只要我们坚信"实践发展永无止境，解放思想永无止境，改革开放永无止境"，将实践探索与理论创新有机结合起来，那么，当代中国的价值理念体系就会不断得到完善并为中国特色社会主义事业提供有力价值支撑。[②]

四、社会主义主流价值文化的基本价值原则与价值信念

基本价值原则决定着社会价值观和价值体系的性质。在人类历史上从来就是如此，中国封建社会与欧洲封建社会的主导价值观在社会终极价值目标方面几乎没有多大差异，但它们的基本价值原则很不相同，因而它们是两种性质不完全相同的价值体系。中国特色社会主义价值文化的社会主义性质是由其基本价值原则决定的，因此必须坚持社会主义的基本价值原则，使之成为立党立国之本，成为我们一切行为的基本准则，并要努力使之转化为我们的内心信念，在任何情况下都坚守这些信念不动摇。

（一）基本价值原则

党的十八大报告指出："在新的历史条件下夺取中国特色社会主义新胜利，必

---

① 习近平：《在党的十八届五中全会第二次全体会议上的讲话》，新华网，2015年12月31日。
② 参见江畅、张媛媛：《中国梦与中国价值》，武汉出版社2016年版，第199页。

须牢牢把握以下基本要求，并使之成为全党全国各族人民的共同信念。必须坚持人民主体地位，必须坚持解放和发展社会生产力，必须坚持推进改革开放，必须坚持维护社会公平正义，必须坚持走共同富裕道路，必须坚持促进社会和谐，必须坚持和平发展，必须坚持中国共产党的领导。"① 这八条基本要求可以看作是当代中国价值观的基本价值原则。

江畅教授认为，要把社会主义终极价值目标和核心价值理念转化为人们的实践活动，需要根据它们的要求并结合社会现实，提炼概括社会主义基本价值原则，并通过法律的方式确定下来，使之成为国家的意志和人们的行为准则。中国特色社会主义基本价值原则是治国理政的基本要求，是立法、订立制度、制订政策以及从事各项党政工作的主要依据，也是对各项工作进行检查、督促、检验的基本标准。江畅教授在党的十八大提出八个"必须坚持"之前，依据党的基本路线，结合中国特色社会主义理论的新发展，将中国特色社会主义基本价值原则概括为以下十条：②

表4-2

中国特色社会主义基本价值原则									
马克思主义原则	社会主义原则	爱国主义原则	共产党领导原则	依法治国原则	以人为本原则	科学发展原则	改革创新原则	公平正义原则	明荣知耻原则

显然，这十条基本价值原则在精神实质上是与党的十八大报告中提出的八个"必须坚持"或八项"基本要求"一致的。其中，马克思主义、社会主义、共产党领导是中国特色社会主义信念层面的基本原则，具有前提性，它们既体现了社会主义的基本要求，也体现了中国特色的基本要求，同时也决定着当代中国价值观的根本性质。价值观是成体系的，因而也可以说是观念的价值体系。当这种观念的价值体系现实化为现实的价值体系，它就构成了一个国家或民族的文化。社会的价值观作为一种观念的价值体系，是由不同维度、不同层次的子系统构成的，如：经济价值观、政治价值观、文化价值观、社会价值观、生态价值观，或者目的价值观、手段价值观、规则价值观、控制机制价值观等。在观念价值体系的结构中，有其核心

---

① 胡锦涛：《坚定不移走中国特色社会主义道路 夺取中国特色社会主义新胜利》，《人民日报》，2012年11月18日。

② 参见江畅：《论中国特色社会主义核心价值理念》，《社会科学战线》，2012年第10期。

结构，这就是我们现在所说的核心价值体系或核心价值观。这其中，经济价值观、政治价值观和文化价值观是特定社会价值观体系的核心部分。特定社会的价值观是与一定社会的经济生产方式、政治组织形式和主导思想意识形态有着必然关联，这三者在观念上的体现即构成了价值观的核心内容，决定了特定社会价值观的基本面貌和性质。核心价值观与一种社会价值观中的其他价值观之间的不同在于，它是一种社会价值观的根本规定性，所体现的是这种价值的根本性质，是一种价值观与另一种价值观区别的基本标志。我们今天所说的社会主义核心价值观或核心价值体系就是当代中国价值观的核心结构或核心内容，它规定着当代中国价值观的根本性质。社会主义核心价值观的根本性质是社会主义的，也是具有中国特色的，所以它是中国价值观区别于西方价值观、中国传统价值观，乃至传统社会主义价值观的基本标志。这种不同社会价值观的质的差异主要是通过社会生产方式、政治组织形式和思想意识形态表现出来。坚持马克思主义理论在社会意识形态中的主导地位，可以确保当代中国的社会主义制度基本方向不动摇。

社会主义制度的确立和形成是近现代中国在内忧外患的艰难格局下人民作出的历史性抉择，事实也证明这一制度与中国社会发展的深度契合性，符合社会生产力的发展方向和人民根本利益诉求，必须始终牢固坚持和发展社会主义价值观。共产党的领导是中国特色社会主义事业和中华民族伟大复兴的坚定保证和组织保障，中国特色社会主义核心价值体系、中国特色社会主义文化以至整个中国特色社会主义事业内涵着对共产党领导的要求，共产党领导是中国特色社会主义价值体系的基本价值原则，也是中国特色社会主义事业不可动摇的政治原则。科学发展、改革创新是中国特色社会主义主体内容方面的基本原则，它们体现了社会主义最新发展和时代内容的要求。

科学发展原则的基本要求是全面协调可持续发展。全面发展，就是要以经济建设为中心，全面推进经济建设、政治建设、文化建设、社会建设和生态建设，实现经济发展和社会全面进步。协调发展，就是要努力做到"五个统筹"，即统筹城乡发展、统筹区域发展、统筹经济社会发展、统筹人与自然和谐发展、统筹国内发展和对外开放，推进生产力和生产关系、经济基础和上层建筑相协调，推进经济建设、政治建设、文化建设、社会建设的各个环节、各个方面相协调。可持续发展，就是要促进人与自然的和谐，实现经济发展和人口、资源、环境相协调，坚持走生产发展、生活富裕、生态良好的文明发展道路，保证一代接一代地永续发展。科学发展要求全面、协调和可持续发展，它是当代社会发展的必然要求，也是创造当代人类幸福生活条件和环境的基本方式。以科学发展为基本价值原则，才会有绿色的发展，才会有人与自然的和谐，也才会将中国建设成为最适合于人居的家园。

改革创新是中国特色社会主义建设的强大动力。改革开放是中国共产党在新的时代条件下带领全国各族人民进行的新的伟大革命，是当代中国最鲜明的特色。20世纪70年代末，正是基于对人民日益增长的物质文化需要同落后的社会生产之间的矛盾这一社会主要矛盾的科学把握，正是基于对传统计划经济体制已不再适应社会生产力发展要求的深刻认识，中国共产党才作出了把工作中心转移到经济建设上来、实行改革开放的历史性决策。30多年的改革开放最主要的成果，是开创和发展了中国特色社会主义，为社会主义现代化建设提供了强大动力和有力保障。事实证明，改革开放是决定当代中国命运的关键抉择，是党和人民事业大踏步赶上时代步伐的重要法宝。但是，我们也必须清醒地看到，当前制约我们发展的体制机制障碍依然很多，发展中不平衡、不协调、不可持续问题依然突出，城乡区域发展差距和居民收入分配差距依然较大，反腐败斗争形势依然严峻等等。而要解决这些问题就必须始终把改革创新精神贯彻到治国理政各个环节，坚持社会主义市场经济的改革方向，坚持对外开放的基本国策，不断推进理论创新、制度创新、科技创新、文化创新以及其他各方面创新，不断推进我国社会主义制度自我完善和发展。事实充分证明，改革开放是坚持和发展中国特色社会主义的根本动力和必由之路。改革创新要求突破陈规、大胆探索、勇于创造的思想观念，是不甘落后、奋勇争先、追求进步的责任感和使命感，是坚忍不拔、自强不息、锐意进取的精神状态。

以人为本、公平正义和依法治国是中国特色社会主义社会各个方面建设操作层面的基本原则，它们所要解决的是中国特色社会主义事业发展动力和社会环境的问题。以人为本原则在一定意义上也可以说是社会主义人道主义原则。它的基本内涵是以"人"为核心，以"人"为目的，保护人的基本权利，尊重人的尊严和价值，关心人，爱护人，帮助人，保障人的利益的实现。公平正义是社会和谐的基础，也是解决当代中国发展过程中出现的诸多社会问题的钥匙。真正意义的社会主义社会是消除了两极分化的公平正义社会，建设中国特色社会主义必须以公平正义为基本价值原则，努力追求全社会的共同富裕和普遍幸福。党的十七大政治报告明确将依法治国作为我国的治国基本方略。依法治国是社会主义民主政治的要求，也是实现社会成员普遍幸福的可靠保证，中国特色社会主义事业必须坚持依法治国的基本原则。依法治国以法律至上为前提，以将一切社会管理纳入法律之下为基本内涵，建设社会主义法治国家是当代中国面临的紧迫任务。以人为本和科学发展是科学发展观的基本要求，也是《中共中央关于构建社会主义和谐社会若干重大问题的重要决定》提出的构建社会主义和谐社会必须遵循的两条原则。以人为本是普遍幸福的基本前提，其基本要求就是尊重人，维护人的权利和尊严，促进人的全面而自由发展。社会主义社会作为最人性化、人道化和人情化的社会，以人为本原则必须贯穿于整个国家管理和人们日常生活的各个方面和全过程之中。以人为本和法治相辅相成，要靠法治来保护人的权益，法治要贯彻以人为本的原则。公正原则是一种调节人际间利益或个人与集体之间利益的标准和尺度。社会公正原则大体上包括四个方面的内容：权利平等，机会均等，制度公正，分配公平。

爱国主义和明荣知耻原则是社会的每个个体都要坚持的价值原则。爱国主义是千百年来积淀下来的人们对自己祖国的一种深厚的政治伦理情感，是一个国家存续和发展的精神动力。它表现为对自己祖国山河土地的眷恋，对自己同胞的热爱，对祖国历史文化的尊重，对国家的忠诚，对民族国家之前途命运的关切和民族的自尊心、自信心等等。爱国主义是中华民族的优秀文化传统和宝贵民族精神，对中华儿女团结奋斗最具有感召力，因而也应该成为中国特色社会主义的基本价值原则。爱国主义集中体现了中华民族和我国文化传统的精神。明荣知耻是社会主义荣辱观的根本要求，也是社会主义道德的根本要求。明荣知耻以坚持集体主义为前提，要求以热爱祖国、服务人民、崇尚科学、辛勤劳动、团结互助、诚实守信、遵纪守法、艰苦奋斗为荣，以危害祖国、背离人民、愚昧无知、好逸恶劳、损人利己、见利忘义、违法乱纪、骄奢淫逸为耻；要求自觉履行法定义务，承担社会和家庭责任，扬善抑恶、趋善避恶、从善去恶，做有德之人。

坚持这些原则可以使社会主义永葆活力，使社会主义社会有序、和谐和美好。上述所有基本价值原则从精神层面到操作层面，与更具体的价值原则一起，构成一个相互关联、相互支持的价值原则体系，共同对中国特色社会主义事业起到维护、支撑和推动作用。中国特色社会主义经济建设、政治建设、文化建设、社会建设和生态文明建设都要坚持这些基本价值原则。①

（二）中国主流价值文化信念的重要性及其形成

人是有精神追求的，人是靠信念活着的，人是不断地寻找生命的意义的。人如何获得活着的意义呢？靠他人，靠社会，靠古往今来人们给出的各种答案。信念依赖于文化，尽管人们有不同的信仰和信念。所以对我们主流文化有信仰，有信念就显得非常重要。

在当今这个时代，需要重建人类生活的信念。信念和文化是密切相关的，某种具体的信仰，比如信佛、信基督，都是某种文化的价值观的体现，也是对某种文化的信念。当对某种文化的信念丧失的时候，对某种文化中的价值符号的信仰就会弱化。而对某种文化中的价值符号的弱化同样会导致对某种文化的信心的减弱。文化与信念融成一体，就是文化信念。将信仰以文化的形式融于信念，信仰依托文化，信仰信念化，这是我们中国人信仰思想的根本特征。信念与信仰是并驾齐驱的，信念观乃是现代社会的一种先进信仰形式。

主流价值文化信念具有极大的包容性，可以在核心价值理念的基础上保持信仰的多样性和兼容性，同时又能保持彼此的和谐。

---

① 参见江畅：《论中国特色社会主义核心价值理念》，《社会科学战线》，2012年第10期。

信念不同于信仰，信念更多地是对某种价值的信念，对某种价值的信念依存于某种文化，从而变成了价值文化信念。而信仰往往直接认定了某种文化本身，直接认同了某种价值本身，而这种认同直接表现为对某种文化的典型价值符号的信仰。信仰能够调动人的精神动力，但信仰缺乏理性的反思，而且集中在某种价值符号上面，容易忘记价值追求本身，容易忘记文化反思，并具有一定的非理性色彩，容易引起文化冲突。信念不同于信仰，也关乎着信仰。信仰有仰望之意，把某种价值事物抬高到一个高不可攀的地位上。而信念总体上是理性的。但信念有信仰的价值，对某个价值事物有信念，有非理性的成分，而仅仅表现为一种信仰。信念对某种"善业"有信心，这种信心是理性的信心，有寄托，有渴望。信念不同于认同，但与认同有关。对某种"善业"有信念，未必就一定是完全的认同。信念包含着某种希望。信念是理性的，就可以在固定的价值体系下兼容不同的价值符号。

纵观社会思想发展史，社会提出的核心价值理念就是该社会认定的基本价值追求，而社会之所以要提出和推行核心价值理念，就是要使该社会的成员形成基本价值共识，并使这些价值共识转变成全社会的共同理想和信念，从而促使社会成员自觉的追求其实现。西方资产阶级提出的"自由、平等、博爱"理念成为了西方资产阶级团结"第三等级"反对封建主义和天主教教会势力的旗帜和号角，成为了西方资本主义社会的共同价值追求，因此我们可以判定这些理念获得并实现了信念的意义。

需要强调的是，信念意义的获得是历程性和长期性的。核心价值理念的信念意义并不是一经提出就具有的，而是通过时间的检验才能实现的，是在提出后得到公众认可的过程中获得其信念意义的。社会主义核心价值理念在开始提出时还只是一种社会期待或者说是一种社会口号，只有转化成了社会成员的内心信念，才具有了信念的意义，也才能真正成为全社会公认的核心价值理念。因此，作为社会口号的核心价值理念成为发生实际作用的（即社会公认的）真正意义上的价值理念，是与其获得信念的意义相一致的、同步的。

根据以上分析，中国主流价值文化信念的形成包括如下几个方面：其一，是文化的反思。要对自己所认同的文化进行反思，尤其是从价值的角度进行反思，这是认同主流价值文化的理性基础。对主流价值文化的认同并不是主观感情的任性独断，而是诉诸于自身的理性反思来确立对众多价值观的理性判断和抉择。因此，主流价值观的形成更依赖于理性反思，而不能仅仅依靠灌输说教式的口号轰炸。特别是随着广大人民群众文化素质的整体提高和互联网的无缝连接，人们的个体自觉意识和反思能力均有所提高，只有营造相对宽松的文化氛围，引导人们在价值观的比较和与现实的比照中通过自身的反思来体验感悟社会主义核心价值观的历史必然性、当下的迫切性和契合性，才能真正使社会主义核心价值观深入人心，超越众多价值观而成为社会的主流价值观，并因为这是人们理性反思的结果而更容易从理论走向实践。

其二，是价值选择和价值整合。选择有价值的文化，并进行价值整合是主流价值文化形成的必然环节。随着我国市场经济的发展导致社会利益阶层的不断分化，社会的价值也日益呈现出多元化的色彩，传统社会农耕文明时代的家族伦理观念和计划经济时代的集体主义价值观备受冲击，形成了价值观念的分化和断裂。同时，随着以互联网为主导的全球化浪潮的不断加快，外来价值观纷至沓来，特别是奠基于基督教伦理和资本主义生产方式基础上的西方价值观念也日益重塑着人们的精神世界，形成价值观的传统与现代、集体本位与个体本位、本土性与全球性的多元选择矛盾交织。在"您认为主导中国主流价值文化的应是什么"调查时，30.5%的受访者选择了中国传统文化，16.5%的选择了马克思主义文化，16%的选择了中国传统文化和马克思主义文化，14.5%的选择了西方价值文化，9.4%的受访者选择了不应有主导，还有13.1%的人做出了其他的组合选择。① 可以看出，在当前多元价值文化相互交流碰撞融合并存的今天，社会公众对待中国主流价值文化的思想倾向并不一致。价值观的分裂必然导致社会的撕裂，只有在价值选择和价值整合的基础上才能凝练出社会的主流价值观。因此，当代中国主流价值文化的形成要认真梳理当前价值观的整体现状，特别是要重点考察身处以市场化、信息化、全球化为核心维度的大变革时代人们价值观念的嬗变，以最合乎人们利益与情感需求为最终目的，对多元时空背景中的价值进行选择和整合，以凝练出社会的主流价值观。

其三，是确立主流价值文化的信念。信念是人们精神世界的核心层次，它往往主导着人们的价值选择与实践。从根本上说只有把主流价值文化信念化才能使主流价值文化在人的内心生根发芽、开花结果，才能使主流价值文化由理论形态上升为实践结果、由宣传口号落实为实际行动。社会主义核心价值理念是能够转化为人们的内心信念的。之所以如此，归根到底是由这些理念的科学性、合理性和价值性决定的。具体地说，立足国家层面的富强、民主、文明、和谐，是实现民族复兴、国家昌盛和人民幸福这一中国人民共同愿景的充分体现，反映了近代以来中国历史发展的根本要求，也是改革开放以来我们党的基本主张。这些价值理念昭示着中国特色社会主义伟大事业的美好前景。立足社会层面提出的自由、平等、公正、法治理念，是人能自由而全面发展这一马克思主义所追求的人类终极目标的充分体现，反映了社会主义社会的基本属性，也是我们党长期以来坚持不懈为之奋斗的崇高事业。这些价值理念显示着中国发展与当代世界文明接轨的未来走向。立足公民个人层面提出的爱国、敬业、诚信、友善理念，是社会主义道德的基本要求，反映了社会主义社会公民行为的正当属性。"这三个层次的理念相互联系、相互贯通，实现

---

① 戴茂堂、周海春、江畅等：《中国主流价值文化及其构建调查》（调查报告集），人民出版社2014年版，第322页。

了政治理想、社会导向、行为准则的统一，实现了国家、集体、个人在价值目标上的统一，兼顾了国家、社会、个人三者的价值愿望和追求。"① 正因为社会主义核心价值理念反映了当代中国社会发展的必然要求，顺应了当代世界文明的共同趋势，代表了中国人民的根本利益和普遍愿望，所以完全可以转化为当代中国人的内心信念，凝聚成当代中国的国家意志，并汇聚为建成全面小康社会的强大合力。

党的十八大提出社会主义核心价值观，就是要使全社会在理想和信念方面形成共鸣，发挥社会主义核心价值理念鼓舞人心、凝聚力量的重要作用。社会主义核心价值理念的信念意义正在于积极培育社会主义核心价值观使其转化为全体社会成员的内心信念，发挥引领和激励作用。"信念是人对某种现实或观念抱有深刻信任感的精神状态。"②也就是说，信念是在生活实践中实际的认识和体验到怎样想和做才有益、才有效的基础上所形成的活动定势。在我国当前历史条件下，提出社会主义核心价值理念的根本目的就是要使全体社会成员在生活实践中意识和体验到社会主义核心价值观对个人及社会价值实现的有益和有效，从而对社会主义核心价值观产生深刻的信任感和使命感。

构建我国主流的价值文化，是一项复杂的系统工程，是一项急迫而又需要付出长期努力的艰巨任务。首先要完成从理论向现实的转化。所谓理论化，一方面，必须对于主流价值文化体系中提出的各种核心价值，做出较为充分的理论解释和说明。另一方面，各种核心价值之间应该体现一定的关联性，表现出相统一的方向，由此才能形成相融贯而具有自洽性的理论体系。同时，构建主流价值文化并不是简单的自然线性历时过程，而是需要通过充分的顶层设计、制度安排和具体实施手段才能完成的系统工程。

其一，构建体现主流价值文化的公共管理。现代社会由于利益高度分化，社会组织和社会事务日益呈现出多元复杂局面，这无疑增大了公共管理的难度，也对现代社会的公共管理体制提出了更高的要求。可以说，绝大多数人们都直接处在公共管理决策的影响之下，公共管理决策的效果也就直接影响人们的价值观选择。在"您对社会主义核心价值体系是否认同"的调查中，全部调查对象的有效票是 8121 张，其中非常认同的是 1951 人，占 23.9%；有点认同的是 3663 人，占 44.9%；不认同的 988 人，占 12.2%；说不清的 1509 人，占 18.5%。③ 人们对主流价值观是否认同从根本上来说是看这些价值观是否真正得到落实，是否真正满足了人们的需要。如果公共管理只以主流价值观为口号，而在实际决策和运行中背离了主流价值

---

① 《社会主义核心价值体系的点睛之笔——中宣部副部长申维辰代表谈"培育社会主义核心价值观"》，《光明日报》，2012 年 11 月 22 日第 9 版。
② 李德顺：《价值论》（第 2 版），中国人民大学出版社 2007 年版，第 201 页。
③ 戴茂堂、周海春、江畅等：《中国主流价值文化及其构建调查》（调查报告集），人民出版社 2014 年版，第 300 页。

观，那只能使人们对这些价值观产生质疑甚至是走向反面。因此，要使社会逐步形成特定的主流价值文化，就必须在公共管理的全过程贯彻主流价值文化理念，特别是在细节上让主流价值真正落实，以"润物细无声"的方式让主流价值逐步渗透到人们的内心深处，成长为一种坚定而自然的心理习惯和信念。

其二，构建体现主流价值文化的法律体系。人类社会的历史表明，要使一个价值观成为社会倡导和推行的主流价值观，需要借助政治力量；而政治力量发挥作用的主要手段就是通过法律的手段把主流价值观变成社会公众普遍的信念和准则。现代社会是法治社会，日益扩大的社会化生产和复杂的社会交往关系都已经突破了传统宗法制度和伦理道德规范可控的范围，作为普遍性和强制性规范的法律是现代社会秩序的基本保证。法律制度的强制力一方面强制人们按照这些规则行动，另一方面告知人们只有将这些规则变成自己的行为准则才能获得自由。也就是说，法律制度在规范人们的过程中也在起着引导人们的作用。只有在确立了外在的社会规范的情况下，这些规范才能转变为个人的内在规范或行为准则；也只有在外在规范转变为个人行为准则的基础上，个人才能形成对社会规范和基本价值要求的内在认同和确信。人们是在被迫或自觉地遵守体现社会价值观要求的制度和法律规则过程中使价值观的基本要求转变成自己的基本价值信念和价值追求的。党的十八大以来，社会主义核心价值观虽然已经为全社会所认知，但是尚未得到普遍认同，更未普遍内化为人们的内心信念和行为准则。重要原因之一就是法制化不够。其突出的表现有三：一是法律制度的滞后性导致某些法律制度没有充分体现社会主义核心价值观。我国当前实行的许多法律制度是在实行市场经济体制以前甚至是在改革开放以前确立的，与现行经济社会发展相比具有滞后性，那些没有根据这种改革开放以来社会利益关系的调整而修订的法律制度就不可能体现当今时代价值观的要求。例如，我国现行的户籍制度就是与核心价值观中的自由要求相冲突的。其次，我国现行的法律制度体系还是不够健全、完整、自洽的，社会主义核心价值观的要求尚不能通过法律制度充分体现出来。例如，我们尚未出台遗产税制度，这从一个侧面反映了社会公正的要求还有待落实。最后，法律制度在社会生活中尚不具有最高权威。今天我国的一个突出问题就是权大于法，权力关不进制度的笼子。正是针对这种情况，习近平总书记指出："政府是执法主体，对执法领域存在的有法不依、执法不严、违法不究甚至以权压法、权钱交易、徇私枉法等突出问题，老百姓深恶痛绝，必须下大气力解决。"[①] 虽然核心价值观尚未法制化的原因很多很复杂，但它尚未完全法制化是客观事实。我们必须面对这一事实，并采取切实可行的措施加快法制化的进程。

[①] 习近平：《关于〈中共中央关于全面推进依法治国若干重大问题的决定〉的说明》，新华网，2014年10月28日。

其三，形成体现主流价值文化的舆论氛围。特定的价值文化只有在符合其生存和发展的舆论氛围中，才有可能得到广大群众的充分认知、普遍接受并内化为行动的准则、评价的标准，从而真正转化为社会的主流价值文化。这个转化是一个长期的过程，需要多方力量发挥各种功能，相互配合，共同作用以产生最大合力。总体上说，人们认为构建主流价值文化的主要依靠力量分别是思想教育（47.6%）、大众传媒（24.4%）、党和政府（22.6%），其他仅为5.4%。大众传媒对于主流价值文化的舆论氛围塑造具有重要作用，调查数据显示，超过40%的人是通过大众传媒来了解国家政策的，认为大众传媒对主流价值文化的积极影响大于消极影响的为38.9%，认为消极影响大于积极影响的为23.1%。[①]数据表明，总体上我国大众传媒对于积极传播党的方针政策、弘扬主流价值文化起到了较好的积极作用，但仍然存在不足。特别是消费文化本身的商品化、娱乐化的"解构"特质很大程度上消解了主流价值文化，造成了不利于主流价值文化传播和弘扬的舆论氛围。大众传媒是舆论氛围塑造的主力军，人们对大众传媒传播主流价值观也抱有很大的期待，必须加强对大众传媒的正确引导和规范约束，通过人们喜闻乐见，娱乐性、知识性和教育性并存的作品来塑造良好的主流价值观舆论氛围。

其四，进行体现主流价值文化的学校教育。在我国，学校教育一直是价值文化建设的重要阵地。长期以来，理论宣传和思想教育在民众认同和接受主流价值文化方面发挥着重要作用，而广大党员、青少年和知识分子一直是主导价值文化教育的重点对象。在这一传统模式之下，不管学校是否重视主流价值文化教育，人们都倾向于认为思想教育是构建主流价值文化的主要依靠力量。学校是对社会成员进行主流价值文化教育的主渠道、主阵地，公众是否认同主流价值文化在相当大的程度上取决于学校有关主流价值文化方面的教育。在"您认为当前学校是否重视主流价值文化教育"的调查结果中，非常重视的1289，占15.8%；比较重视的3602，占44.2%；不重视的2197，占26.7%；不清楚997，占12.2%。新中国成立以来我们一直都强调德育在学校教育中的首要地位，但是到今天，公众认为学校高度重视作为德育主要内容的主流价值观教育的，只占15.8%，更何况认为不重视的占26.7%，比认为高度重视的还多10.9个百分点。[②]由此可以断定，学校对主流价值文化教育重视不够是中国主流价值文化得不到广泛认同的重要原因之一。这意味着，在构建主流价值文化方面，教育（尤其是学校教育）还有很多可以改进的地方。在访谈中，有受访者表示，当前的思想教育以政治学习和理论说教为主，内容空洞、甚至教条，形式较为单一，缺乏吸引力，难以得到人们的普遍认同，"希望内容更加现

---

① 戴茂堂、周海春、江畅等：《中国主流价值文化及其构建调查》（调查报告集），人民出版社2014年版，第322～323页。

② 戴茂堂、周海春、江畅等：《中国主流价值文化及其构建调查》（调查报告集），人民出版社2014年版，第324页。

实、丰富，形式更加多样、生动"。因此，在主流价值文化的传播方面应当不断创新，更加"贴近现实、贴近生活、贴近群众"，以感性的语言、感性的形式表达感性的内容，以更加直观、生动、活泼的方式将理性化的社会主义核心价值体系和核心价值理念展示给受众，切实提高主流价值文化的有效性和社会认同率，使广大民众在熟悉、乐意的情形下了解、理解主流价值文化，为其进而认可和接受主流价值文化奠定基础。

主流价值文化能够在多元价值观中脱颖而出成为"主流"而被广大社会公众所接受，仅仅靠舆论宣传、思想教育、法律制度建设还是不够的，从根本上来讲，能否真正体现社会的发展规律和公众的需要从而得到人们内心自发的认同和接受才是特定价值文化能否成为"主流"的最关键因素。特定的价值文化必须实现其在多元价值观中的主导功能、范导功能，对社会公众的感召功能以及维护国家安全的功能才能真正被接受内化为主流价值文化。

（1）主导功能的实现。所谓"主流"，也就意味着这种价值文化应该占据主导，发挥引领价值方向之用。这就必须处理好主流价值与多元价值之间的关系。中国特色社会主义基本价值原则是主流价值文化构建的指导和规范，也是主流价值文化整合其他文化的基本价值原则和价值平台。现代化理论家认为，"现代化过程就是社会有机体不断复杂化的过程，社会进行不断的分化与整合，经过这个过程而形成经济多元化、宗教多元化、思想多元化、等级多元化、价值观念多元化的现代社会"。[①]在当今的全球化时代，随着文化交往的日益密切，在一个社会之中存在着多元价值观，已成为显见的事实。但"从伦理意识的历史的或民族的差异这一事实，不能推导出一种'伦理相对主义'"。[②]一种缺乏主流价值文化的社会必然带来社会生活各层次上的分裂，难以形成稳定而优良的社会文化秩序。这样看，价值多元的事实毋宁说突显了构建主流价值文化的迫切性与必要性。其中的关键在于，主流价值文化如何去发挥引导社会文化的作用，怎样对待与之共存的多元价值。

（2）范导功能的实现。面对多元价值的事实，现实中有两种认识与主张：一种认为价值多元化是目前社会上出现诸多混乱现象的罪魁祸首，主张重新加紧思想控制，恢复价值一元化局面。另一种则认为价值多元化是一种历史进步，有利于个人与社会发展，出现诸多混乱是必须付出的代价，主张自由放任，相信在磨合中自然会形成新的秩序。现实的方案是多样共存，一元多样。社会主导价值与价值共识是一个民族国家的凝聚力、黏合剂和导航器，它能够对现实存在的诸多价值形式及其价值冲突进行必要的统摄、抑制、平衡与协调，凝聚社会价值共识，熔铸社会精神支柱，起到价值定向与社会团结的作用。构建中国主流价值文化的必要性可以从

---

① 尹保云：《什么是现代化》，人民出版社2001年版，第102页。
② ［德］马克斯·舍勒：《价值的颠覆》，罗悌伦、林克、曹卫东译，读书·生活·新知三联书店1997年版，第2页。

中国主流价值文化构建的方法、机制和体制的角度来理解。建国以来，中国主流价值文化构建的主要依靠社会主义制度框架，主要采用行政的手段和思想政治教育的手段进行主流价值文化的构建。这一方式方法是必要的也是有效的。但这一构建的方式也需要适应时代的变化进行研究和加以调整。尤其是如何使得主流价值成为一种民众自觉的文化过程和文化选择是需要加以探讨和研究的。

（3）感召功能的实现。一个国家的主流价值文化是这个国家的主流价值观的直接体现，只有当这种价值观对于社会公众有亲和力和感召力才能说它是这个国家的主流价值观。调查我国公众对中国主流价值文化的亲和力和感召力的看法，也可以看出中国主流价值文化在公众心目中的地位。我们对这两个问题分别进行了直接调查。关于"您认为当今中国主流价值文化是否有亲和力"的问题，其结果数据（有效8091，缺失65）是：认为有的3022，占37.3%；认为无的1244，占15.4%；认为差的1493，占18.5%；说不清的2332，占28.9%。认为无的、差的和说不清楚的，占了62.7%。看来我国社会公众大多数认为中国主流价值文化亲和力差。[1] 关于"您认为当今中国主流价值文化的感召力如何"的问题，其结果数据（有效8087，缺失69）是：很强的1640，占20.1%；一般的3758，占46.1%；很差的1450，占17.8%；说不清的1239，占15.2%。认为很差和说不清的，占33%，正好占1/3。认为感召力一般的还有46.1%。[2] 这三项数据至少表明，当前中国主流价值文化的感召力不强。上述两个问题所显示的是中国主流价值文化对我国社会的影响力，调查数据表明中国主流价值文化在国内的影响力是不强的。

"引导"，不等于靠压服其他价值来主导，更不是强制；而应该是以理服人，以情感人，体现自己在价值理论与实践上的优势。《中庸》说："万物并育而不相害，道并行而不相悖。小德川流，大德敦化。"一种理想的社会文化状况，并不是仅存一种价值系统或单一的思想体系，而是在无根本的、原则性冲突的情况下容许其他的价值观存在，并且在一定的情况下还应鼓励其发挥积极作用。这就要求发挥引导作用的主流价值要具有包容性，自身首先是能包容"小德"的"大德"，是能为"小道"提供大方向的"大道"；同时也应有一种开放而宽容的胸怀，要能容许作为"小道"、"小德"的多元价值文化的存在，鼓励它们在不与大方向相悖的情况下发挥积极作用。当然，这些都应基于主流价值文化自身理论有较为充分的发展、实践上能产生良好的效果，从而能吸引民众，产生积极而深远的影响。导向作用主要是就主流价值文化的实践效果而言的。也就是说，它应该能够为社会大多数成员认同，内化为人们心中的价值规范，从而引导人们自觉地做出合伦理的行为，并成为

---

[1] 戴茂堂、周海春、江畅等：《中国主流价值文化及其构建调查》（调查报告集），人民出版社2014年版，第336页。

[2] 戴茂堂、周海春、江畅等：《中国主流价值文化及其构建调查》（调查报告集），人民出版社2014年版，第336页。

人们评价行为价值的标准。

（4）安全功能的实现。全球化不仅是商品和贸易在全球的生产、流通和消费过程，也带来了不同的价值话语体系在全球范围内的互相冲突。既然中国不能回到闭关锁国的时代，而只能在改革开放中拥抱全球化，那也就要面临中西价值文化冲突的严峻局面。特别是在国家利益互竞的全球化背景下，"价值观"以国家软实力的形式日益成为大国外交的重要手段，价值文化不仅仅是对内凝聚人心、提升民族凝聚力和创造力的核心要素，也是面对外国力量"渗透"而有效维护国家安全的必要手段。价值文化越来越成为民族凝聚力和创造力的重要源泉，越来越成为综合国力竞争的重要因素，文化争锋和价值冲突越来越危及一国的国家安全。在这种新形势下，构建中国主流价值文化，如何既坚守中国特色同时又强化国际视野，对内凝聚全国人民的意志，对外打造中国的良好形象，是摆在我们面前的一个重大而紧迫的课题。调查结果显示，人们普遍认为，当前中国主流价值文化的国际影响力和竞争力都不是特别强大，还有很大的提升空间。只有26.8%的人认为，当前中国主流价值文化的国际影响力很大，73.2%的人认为，当前中国主流价值文化的国际影响力一般和没有影响力。[①] 这一现状更加迫切地要求我们必须高度认识到价值观建设对于国家安全的极端重要性，要切实从价值理念、制度安排和实施途径等多方面推进价值观的安全功能的实现。

中国特色社会主义核心价值观要求面向现代化，面向世界，面向未来，这是加强其世界知名度的前提；包容西方文化是吸引西方的基础；而民族特色和民族文化的优势是根本动力；时代性和未来性是世界认可并成为世界性文化的条件。站在全人类的生存与发展立场上，以和谐的思路和办法，求同存异，兼顾各方，共存共荣——这是解决全球性问题的现实可行之策。社会主义核心价值体系既立足现实、继承传统，又符合时代、面向世界，彰显了中华文化的独特价值，有助于世界全面认识中华文化，从而提升中华文化在世界的吸引力、感召力。

要完善国内市场，还要关注国际市场，努力掌握国际文化贸易规则和营销策略，统筹国内国际两个市场两种资源，统筹对外文化交流与对外文化贸易，统筹扩大出口规模与调整出口结构，着力发展外向型文化企业，着力培育中华民族文化品牌，着力加强出口平台和营销渠道建设，进一步加快文化走出去步伐。

---

① 戴茂堂、周海春、江畅等：《中国主流价值文化及其构建调查》（调查报告集），人民出版社2014年版，第324页。

第五章　中国主流价值文化的作用及国际影响

能否对国内、国际产生强有力的影响是判断主流价值文化有无实际功效的重要标准之一。在国内，除了主流文化以外还存在着各种非主流文化，国际上更是存在着多元文化。这些都要求在社会主义事业建设中，主流价值文化要充分发挥对非主流文化的引导作用、对主流文化的范导作用、对公众的感召作用，并通过话语权的提升来扩大国际影响。

一、对非主流文化的主导作用

从文化本身来说，任何一个社会都有各种各样的文化，如民族文化、区域文化、人群文化、组织文化等①。从对社会影响的角度来说，当前我国社会上存在着三种主要文化：社会主义文化、西方文化、中国传统文化。从中国传统文化的角度来说，其主要指的是1919年"五四运动"之前的中国文化，儒家文化是其主流。儒家文化为春秋时孔丘（公元前551～前479年）所创，倡导血亲人伦、道德修养、入世治世，其主要理念是孝、悌、忠、信、礼、义、廉、耻，其核心思想是"仁"。儒家文化经历代统治者推崇以及孔子后学的发展和继承，最终成为传统中国的主流文化。在传统中国，除了儒家文化以外，还有道家、佛教两种主要的非主流文化（在某一时期也成为主流，但总体上属于非主流文化②）以及其他一些诸如杨朱学说等影响较小的非主流文化。在儒家文化的影响下，道家、佛教文化在不同朝代、不同程度上与儒家文化溶合，最终形成了"三教合一"的局面，"儒、道、佛"也成为某一历史时期的广义的主流文化③。从西方文化的角度来说，目前我国社会上存在的西方文化主要指1840年"鸦片战争"之后从西方传入我国的文化，主要包括古希腊罗马思想、中世纪宗教文化、"文艺复兴"及近现代西方思想，其中对我国社会影响较大的是功利主义和基督教思想。西方文化并不总是好的，很多腐朽思

---

① 江畅：《论价值观与价值文化》，科学出版社2014年版，第45页。
② 如西汉初年，有鉴于秦王朝残暴统治的覆灭以及国家凋敝、百姓穷困，汉王朝采取道家"无为而治"的思想以休养生息，这一段时期"黄老之学"成为主流文化。但到了汉武帝时期，依照董仲舒（公元前179～前104年）的建议，汉王朝采取了"罢黜百家，独尊儒术"的方略，儒家文化正式成为主流文化。之后虽然也短时期有统治者信奉道教，但道家文化再也没有成为主流文化。就佛教而言，作为外来文化（古印度传入），虽然有魏晋南北朝梁武帝这样的皇帝信佛，但也有北魏太武帝、北周武帝、唐武帝、后周世宗这样的"三武一宗灭佛事件"，所以从长期看也没有成为传统中国的主流文化。
③ 这仅仅是"广义上"的，因为即便是"三教合一"，儒家文化依旧占有主导地位。就三者的主要区别而言，大约可以简明地表述为"儒治世，道养生，释明死"（或"儒治世，道治身，佛治心"）。

想（如拜金主义、性自由、无政府主义等）对社会也产生了不良影响。从社会主义文化的角度说，党的十五大报告作了十分明确而简洁的概括："建设有中国特色社会主义的文化，就是以马克思主义为指导，以培育有理想、有道德、有文化、有纪律的公民为目标，发展面向现代化、面向世界、面向未来的，民族的科学的大众的社会主义文化。"①中国特色社会主义文化是反映先进生产力发展规律及其成果的文化，是源于人民大众实践又为人民大众服务的文化，是继承人类优秀精神成果的文化，是具有科学性、时代性和民族性的文化。在当前我国社会上存在的三种主要文化中，社会主义文化是主流文化，西方文化、中国传统文化（及其他未能详述的文化）是非主流文化。

（一）"主流—非主流"文化形态存在的合理性

1. 何为"非主流文化"

主流文化是指在一定的时代、范围内占主导地位的文化，并在政治、经济、哲学、法律、科学技术、文学艺术等方面表现出来。一般来说，主流文化往往带有官方色彩。除主流文化之外，还有一种文化形态存在于社会生活之中，也许并不带有强烈的官方色彩，甚至有时候并不以书面形式展现出来，但仍旧在社会中发挥着重要影响，影响着人们的行为举止和风俗习惯，这就是非主流文化。广义的非主流文化指与主流文化相区别的社会风俗习惯、民族宗教信仰、群体心理习性等，具体而言，非主流文化是相对主流文化而言有自己独特性质的，作为对主流文化或是补充、或是背离（甚至反叛）的主流文化之外或主流文化缺位时所有文化形态的总和。在非主流文化涉及内容中，社会风俗习惯包括婚丧习性、家族条规、民间约定等，民族宗教信仰包括少数民族特有的民族习性，信教群众的特有教义等，群体心理习性包括时下流行的各种"非主流"思想及行为等。

值得注意的是，我们所说的"主流文化"、"非主流文化"是有区分的，两者之间的区别从实质上看是价值观的区别，而不是某种风俗习惯、日常生活方式的区别：主流文化是其价值观占据主导地位并普遍流行的价值文化，而非主流文化则是其价值观不占主导地位并只为部分公众所接受的价值文化。从文化与价值的关系来说，在人们进行价值判断和形成价值观念的过程中，也会逐渐形成用以判断事物是否具有价值及其价值大小的总体性的、根本性的看法，这就是我们通常所说的价值观；文化本身具有物态文化、制度文化、行为文化、心态文化几个层次，以价值观为核心的价值文化就贯穿于文化的各个层次之中。②我们所说的主流价值文

---

① 江泽民：《高举邓小平理论伟大旗帜，把建设有中国特色社会主义事业全面推向二十一世纪》，《人民日报》，1997年9月13日。
② 江畅：《论价值观与价值文化》，科学出版社2014年版，第17～18页。

化即贯穿于主流文化之中，对主流文化起着范导、引领的作用，而我们所说的非主流文化，之所以是非主流的原因就在于其内在的价值观与主流价值观相异。

2. 非主流文化存在的现实基础

主流文化往往是官方推崇并在全社会宣传的文化，但未必是流行的文化，相反在很多时候非主流文化在社会上更为流行（流行指为大众普遍接受并践行，如相对于交响乐，人们更喜欢通俗歌曲），这说明非主流文化的存在有其现实合理性。

首先，非主流文化在道德要求上较低，容易被普通大众所接受。而主流文化，尤其是作为其核心的主流价值文化，对于大众则有较高的要求，这种要求往往是伦理道德上的要求。如作为传统中国主流文化的儒家文化强调"非礼勿视，非礼勿听，非礼勿言，非礼勿动"（《论语·颜渊》），即不符合道德礼仪的事不看、不听、不说、不做，这种要求就很高了，普通老百姓确实很难做到，所以孔子也叹息："吾未见好德如好色者也。"（《论语·子罕》）可见虽然传统中国（尤其是汉朝以后）官方推崇的是儒家文化，倡导的是君子人格，但是老百姓往往更倾向于"下里巴人"式的趣味，"君子喻于义，小人喻于利"（《论语·里仁》）就是客观事实，因此荀子（约公元前313～前238年）也说"性者，天之就也"（《荀子·性恶》），对于老百姓来说，"欲不可去，求可节也"，因为老百姓总是"喻于利"的，这种欲望是一种天性，是不可以去除的，只能节制欲望并加以合适引导。虽然传统中国赞赏并提倡"一箪食，一瓢饮，在陋巷，人不堪其忧，回也不改其乐"（《论语·雍也》）的颜回式榜样，但是统治者也明白"仓廪实而知礼节，衣食足而知荣辱"（《管子·牧民》）的道理，因为有"恒产"方有"恒德"，老百姓更关心的是衣食住行而不是君子人格的修养。可见，即便是在春秋时代人们的思想比较淳朴的时期，孔子也叹息说没见到爱好道德如同爱好美色那样的人，何况现代讲究个性自由的社会呢？所以主流（价值）文化中的一些伦理道德要求往往不容易被普通大众所接受和践行。相对于伦理道德要求较高的主流（价值）文化而言，非主流文化有着多元化的内涵，甚至完全和伦理道德无关，这样就使得普通大众接受起来更容易。比如在当前市场经济的社会中，每个人都希望多赚钱，害怕赚不到钱，这个时候主张个体权利的西方文化就很快流行起来了。西方文化主张每个人都有追求自身幸福的权利，这种权利往往表现为"私有财产神圣不可侵犯"，因为私有财产是个体人格在社会中的"定在"，是每个人自由权利的现实展现。在市场经济这个环境中，相对于提倡"奉献"的主流文化来说，主张合理利己主义的西方文化往往更容易被普通大众接受。所以总体而言，非主流文化相对主流（价值）文化较低的道德要求更容易在社会上传播和流行。当然，在这里我们承认非主流文化的现实合理性的同时，并不否认主流文化的正当性和应当性，因为正是客观上人们的道德素质有提高的需要，所以才有建设主流价值文化的需要。

其次，非主流文化是涉及范围更大、更具有人情味的文化。主流文化本身是具有人情味的，但相对来说，非主流文化不是主流文化那样具有一定的强制性（引导性），而是一种调和、中庸、尊重个人权益的文化。比如在主流文化的影响下，文体活动往往也围绕着"高、大、上"的格调展开，但是在非主流文化中，可能是"三俗"之风盛行，各种"庸俗、媚俗、低俗"的内容大行其道。由于主流文化的官方背景，所以其在社会中往往表现出某种强势与唯我独尊（这并非坏事，而是应当如此，否则就无法保证其影响力，当然保持强势与开拓创新本身并不矛盾），因而从某种意义上来说将导致其"人情味"不够。非主流文化恰恰相反，它深入到社会生活的方方面面，即使是与意识形态关联不紧的衣食住行、婚娶丧葬、宗族习俗等都关涉其中，比如在主流文化推动的"破四旧"的运动中，尽管很多地方破除了表面的各种陈旧祠堂、庙宇等建筑，但作为非主流文化的民间信仰却始终无法消除，只要环境稍微宽松（改革开放之后），很快就又流行起来。如果说主流文化主要涉及的是对人们伦理道德及相关领域的主导和引领的话，那么非主流文化涉及就是社会生活的方方面面，人们也更易于接受并深受其影响。

最后，非主流文化适应了个性发展的要求。社会为什么要尊重、保护甚至鼓励一些人异样的追求，而不强迫所有人遵循完全相同的标准呢？之所以如此，其根源在于人性。人有共同的本性，虽然学者们对人的共同本性是什么这一问题有种种不同看法，但也许不能否认生存得更好是人亘古不变的追求[①]。虽然在共同本性下，对生存更好的幸福生活的追求是每个人的希望，但是如何实现这种希望的途径却是多样化的，是千差万别的。每个人都是一个独立的具有自己独特个性的个体，而每个个体也都不是孤立的，而是普遍联系的，在各种错综复杂的思想观念的相互影响下，于是必然表现出各种各样的具体行为。于是主流（价值）文化相对同一的标准不能够充分满足个体的需要，而非主流文化却能适应个体个性发展的需要，甚至一些个体以违反主流价值文化要求的方式追求自我利益的实现，这些都导致了非主流文化在社会上往往更为流行。而从人性的根源来说，主流（价值）文化引导人们趋向高尚的道德追求，非主流文化更多地迎合人们物质利益的追求，由于并非每一个人都有成为无私奉献的雷锋式模范的自觉性，因此相对于这种高尚的利他同一性而言，更多的人处于的是一种追求物欲满足的利己的多样性追求的状态中，这也是非主流文化为什么相对流行的重要原因。

具体就当代我国社会现实来说，非主流文化是如何产生并开始流行的？其原因大致上可以分为三种。

一是改革开放带来的思想冲击。改革开放虽是必由之路，但是随着改革开放后科学技术的发展涌入国内的各种非主流文化（主要是西方文化），相对于改革开

---

① 参见江畅：《德性论》，人民出版社2011年版，第211～212页。

放前比较单一的文化氛围来说，突然涌入的各种思潮对社会产生了极大冲击，在解放思想的同时人们接受了大量的非主流价值观，从而客观上削弱了主流价值文化的影响。从具体措施来说，政府对外来文化的不恰当干预也起到了间接推动非主流文化的作用。因为现在是互联网的"地球村"时代，公众有接触外来文化的充分渠道，因此政府的干预有时候反而导致公众通过一些非正规渠道了解到国外的"潮流"文化，但是由于公众对国外文化了解不深（毕竟不是每个人都曾经长期生活在国外，或者对西方文化做过深入研究），从而往往错误地对外国（西方国家）和我国的现状进行了有失公允的对比，并由此导致对中国主流价值文化的误解以及对西方文化的片面推崇。

二是本民族文化的暂时空虚使得各种思潮乘虚而入。我国有五千年文明史，但自"五四运动"及"文化大革命"以后，由于完全彻底地抛弃了传统文化，从而导致我国在较长一段时间内失去了本民族文化的传承。在这种情况下，随着改革开放的深入和互联网时代的兴起，面对潮水般涌入的外来文化，人们往往就失去了明辨是非的能力，而由民族文化缺失的空虚各种思潮蜂拥而入，导致人们对外来文化的推崇。这一点在青少年中尤其突出，他们认为非主流就是个性，就是潮流，就是时尚，并对所谓的主流似乎天生存在一种反叛心理。这一现象的出现可以理解，因为青少年不像中老年人那样受着传统文化或者社会主义文化的深刻影响，在应试教育的背景下他们缺乏充分的道德素质教育。

三是中国传统文化的久远影响及逐步复苏。虽然"五四运动"后传统文化作为"封建糟粕"被中断，但在社会中（尤其是在农村），以"仁义礼智信"为主的传统价值观仍旧有较大影响，随着改革开放和市场经济的进一步发展，传统文化逐步复苏，且党中央也提出了继承中华传统美德的号召，因此传统文化复苏及发展很快。目前我国正在大力提倡中华传统美德的继承和发展，党和国家领导人经常在重要场合引用传统文化的经典名句。如 2013 年 3 月 1 日，习近平总书记在中共中央党校建校 80 周年庆祝大会暨 2013 年春季学期开学典礼上发表的重要讲话中先后引用了多处古典名句："苟利国家生死以，岂因祸福避趋之"（林则徐《赴戍登程口占示家人》），"博学之，审问之，慎思之，明辨之，笃行之"（《礼记·中庸》十九章），"先天下之忧而忧，后天下之乐而乐"（范仲淹《岳阳楼记》），"学者非必为仕，而仕者必为学"（《荀子·大略》），"盲人骑瞎马，夜半临深池"（《世说新语·排调》），"位卑未敢忘忧国"（陆游《病起书怀》），"知之者不如好之者，好之者不如乐之者"（《论语·雍也》），"学而不思则罔，思而不学则殆"（《论语·为政》），"鞠躬尽瘁，死而后已"（诸葛亮《后出师表》），"以其昏昏，使人昭昭"（《孟子·尽心下》）等。[①] 又

[①] 习近平：《在中央党校建校 80 周年庆祝大会暨 2013 年春季学期开学典礼上的讲话》，人民网，2013 年 3 月 1 日，http://politics.people.com.cn/n/2013/0303/c1024-20655810.html。

如 2003 年 3 月 20 日，温家宝同志在回答记者有关农村问题时说："中国古代《大学》一文说，生财有道，生之者众，食之者寡，为之者疾，用之者舒。现在在农村倒过来了，'食之者众，生之者寡'。"还有 2005 年两会温家宝同志答美国有线电视新闻网记者时说：记者先生，你可以翻开 1861 年贵国制定的两部反分裂法，不也是同样的内容吗？而且随后就发生了南北战争。我们不愿意出现这种情况。中国有句古话，"一尺布，尚可缝。一斗粟，尚可舂。"（司马迁《史记·淮南衡山列传》）同胞兄弟何不容？由上可见，党和国家领导人对古典文化的重视意味着中华传统美德在新时期的复兴。在面对传统文化的时候，我们要辩证地看待，要分清中国传统文化与中华传统美德之间的区别。党中央目前提倡的是中华传统美德，是传统文化中的积极的、正面的、精髓的东西，但是传统文化包罗万象，并非所有内容都是积极、正面的，比如在当前传统美德复兴的同时传统文化中一些消极的、迷信的思想也有日益蔓延之势。

整体而言，基于人们日益增长的多样化物质文化生活需求，我们认为"主流—非主流"这种文化形态具有现实合理性。主流文化主要是基于伦理道德及社会发展战略上的引领和规范，而在多元化的现代社会中，非主流文化的存在甚至在大众中更为流行是正常的。可以说，"主流—非主流"形态是近代开始出现的适应社会发展的一种新价值文化形态，它是对传统封建时期的"大一统"价值文化形态的辩证否定。这种形态的突出特点是社会存在着多种价值观，其中的一种占主导地位，其他的价值观服从于它、服务于它，且占主导地位的价值观允许和尊重其他的价值观，与他们共存共荣。可以说，在"主流—非主流"文化形态中需要特别强调的是：尽管我们认可这种模式的合理性，但更重要的是要加强主流文化的核心主导作用，在此基础上实现多元文化的共存共荣，从而为社会主义事业的持续稳定发展打牢根基。

3. 以主流价值文化为主导，实现多元文化共存共荣

"主流—非主流"文化形态具有现实合理性，其基础在于主流文化始终居于主导地位，尤其在社会主义建设的现阶段，我们需要的是主流文化主导下的文化共存共荣，而不是毫无主次或主次颠倒的文化混杂或文化冲突。这正如习近平总书记所说的那样："学史可以看成败、鉴得失、知兴替；学诗可以情飞扬、志高昂、人灵秀；学伦理可以知廉耻、懂荣辱、辨是非。我们不仅要了解中国的历史文化，还要睁眼看世界，了解世界上不同民族的历史文化，去其糟粕，取其精华，从中获得启发，为我所用。"[①]

之所以要强调主流文化的主导，如上所述，是因为非主流文化在社会上往往具

---

① 习近平：《在中央党校建校 80 周年庆祝大会暨 2013 年春季学期开学典礼上的讲话》，人民网，2013 年 3 月 1 日，http://politics.people.com.cn/n/2013/0303/c1024-20655810.html。

有更大影响。从人性本身来说，人既有物质利益的需求也有精神道德的追求，后者虽然高于前者，但是前者比后者更加迫切，毕竟对于大多数人来说只有先生存然后才有发展，这也是马克思所说的经济基础决定上层建筑的意思。在新民主主义革命和社会主义革命期间，由于人们心思淳朴，逐利的意识并没有激发出来，所以大多数人可以做到精神追求（道德修养）高于物质利益的追求。但到了现代多元文化并存的时代，各种思潮将人性的物质利益追求与精神道德追求之间的矛盾空前地凸显出来，尤其是基于市场经济的西方文化的影响，导致人们更多地将物质利益追求置于精神道德追求之上。正如德国思想家康德（Immanuel Kant，1724～1804年）所说："意志与道德律的完全的适合就是神圣性，是任何在感官世界中的有理性的存在者在其存有的任何时刻都不能做到的某种完善性。"[①]康德也承认，即使是最讲道德的人也很难做到一生都完美无瑕。所以说主流价值文化与非主流文化的冲突是始终存在的，这种冲突需要我们直面并加以解决。但是在目前的国内外环境中，我们显然不能（也无需）回到主流文化完全掌控一切的"大一统"社会中，主流价值文化也没有必要完全取代非主流文化，因为人们的物质文化生活的需求是多元的，强行寻求"大一统"只可能导致适得其反的结果。目前的国际局势是经济全球化、政治多极化的时代，多元文化同样包含了各种外来文化，这些外来文化意味着我国文化与世界的接轨，意味着我国经济与世界的接轨，因此，要想在全球经济一体化的浪潮中既保持自身的相对独立性，又能充分利用机遇与挑战实现快速发展，就必须使得主流价值文化与多元文化共存共荣。

以主流价值文化为主导实现多元文化共存共荣是保持社会和谐、长治久安的需要。"人之生固小人，无师、无法，则唯利之见耳"（《荀子·荣辱》）。可以说，"唯利是图"几乎是每个人的本能，强调崇高道德追求的主流价值文化必须面对人性的利己本能的侵蚀。当前，我国社会在西方文化影响下的市场经济空前地激发了人们的求利动机，导致物质利益与精神道德的矛盾日益激化，虽然我国经济得到了巨大发展，但诸如"毒奶粉"、"地沟油"等事件层出不穷，严重危害了人们群众的生命健康和社会稳定；而在改革开放过程中一些矛盾的激发和解决方式的不当也导致了各种极端事件时有发生。这一方面说明主流价值文化的相对弱化，另一方面也让我们认识到了多元文化存在的根深蒂固。因此，要保持社会和谐和政局稳定，就必须坚持主流价值文化的主导地位。针对人性的利己本能，正如荀子所说的"今人之性恶，必将待师法然后正，得礼义然后治"（《荀子·性恶》）。相对于荀子所说而言，主流价值文化的落实就是礼仪教化的核心。当前就是要毫不动摇地坚持主流价值文化的核心主导地位，通过对非主流文化的正确引导、合理利用、有效控制来使得多元文化在健康的道路上得到全面发展，从而使得非主流文化一方面作为主流价值文

---

① ［德］康德：《实践理性批判》，邓晓芒译，人民出版社2003年版，第167页。

化的有益补充，另一方面作为主流价值文化的更宽广的文化底蕴以满足人们的多样性需求，只有这样才能真正实现文化的共存共荣。

具体而言，以主流价值文化为主导实现多元文化共存共荣需要注意以下三方面：

一是要凸显中国主流价值文化的自身优势。从历史和实践的层面我们看到，主流价值文化的主导地位已被历史选择和现实实践所证明。中国主流价值文化的富裕、和谐、公正、法治、民主、自由、责任、德性、智慧等价值理念已经深入人心，这些理念既能发扬非主流文化的积极作用，也能纠正非主流文化之偏。中国主流价值文化的马克思主义、社会主义、爱国主义、共产党领导、依法治国、以人为本、科学发展、改革创新、公平正义、明荣知耻原则也是社会主义事业多年建设的历史和实践证明了的正确道路。因此，我们应当充分发挥中国主流价值文化的自身优势来对非主流文化进行正确引导。在这方面我们要反对"文化保守主义"和"文化虚无主义"。文化保守主义认为我们当前的（主流价值）文化是一成不变的，永远不需要与时俱进，永远不需要开放交流，这种看法只会把文化变成一种僵死的东西，就会陷入如毛泽东同志所说的"教条主义"、"本本主义"里面去。这方面习总书记说得好，"对待马克思主义，不能采取教条主义的态度，也不能采取实用主义的态度。把坚持马克思主义和发展马克思主义统一起来，结合新的实践不断作出新的理论创造，这是马克思主义永葆生机活力的奥妙所在。"① 任何保守主义都只会把一个鲜活的实践理论变成一个僵死的失去生命力的教条，对于马克思主义、毛泽东思想以及社会主义理论也是这样，任何理论都不会是一成不变的，都需要开拓创新、与时俱进。正如马克思主义在中国的"中国化"历程一样，我们无法想象一个生搬硬套的马克思主义将会对革命和建设起到什么样的作用！文化虚无主义则对我们当前的（主流价值）文化持一种否定的态度，甚至认为西方的月亮也比中国的圆，主张"全盘西化"，这种看法只会把我们前进的方向指引到一条错误的道路上去。西方的文化真的比中国的文化优秀吗？主张西方文化优秀的观点肇始于清末民初，当时西方帝国主义的坚船利炮打破了中华民族尘封的国门，给中国带来了深重灾难。值此亡国灭种之际，有觉悟的知识分子纷纷主张向西方学习，不仅要学习西方的科学技术，而且要学习西方的文化。在这种情况下，主张"全盘西化"的思想第一次强烈地出现了。客观地说，这种思想的出现尤其历史必然性，并非是完全正确的。事实上，从1840年"鸦片战争"到1949年新中国成立，经过了整整一百年的曲折奋斗，中华民族才真正站了起来，而且走的也并非一条"全盘西化"的道路。第二次提出"全盘西化"的观点是在改革开放初期，打开国门人们突然发现西方社会已经进入到一个经济非常发达的资本主义阶段。这时候一部分人认为，中国

---

① 习近平：《在哲学社会科学工作座谈会上的讲话》，新华网，2016年5月18日。http://news.xinhuanet.com/politics/2016-05/18/c_1118891128_2.htm.

之所以落后的原因就在于中国的经济、政治、文化、社会制度等都落后,各个方面都需要向西方学习,甚至要打倒一切,全部按照西方的模式重新建设。但是改革开放三十多年来我国取得的巨大发展证明了,"全盘西化"是错误的。因此,我们要充分凸显主流价值文化自身的优势,以坚定的信心、昂扬的斗志投入到文化建设中,正确引领多元文化,走一条和谐共荣的道路。

二是通过多元文化共存共荣促进中国主流价值文化走向世界、影响世界。世界文化多元化表现为三个典型的特点:首先是多元共存。多元共存是指各种文化都有平等的生存权利和发展空间,相互之间应该平等共处、和谐发展,它是文化多元化的价值追求和基本特征,也是文化发展的内在规律和内在要求。其次是"和而不同"。正如《论语·子路》中所说:"君子和而不同,小人同而不和。"早在2003年温家宝同志在哈佛大学的演讲中就谈到了这一点:"中华民族具有极其深厚的文化底蕴,'和而不同'是中国古代思想家提出的一个伟大思想。"① 习近平总书记在中国人民对外友好协会成立60周年纪念活动上的讲话上更是强调说:"中华文化崇尚和谐,中国'和'文化源远流长,蕴涵着天人合一的宇宙观、协和万邦的国际观、和而不同的社会观、人心和善的道德观。"② 在文化多元化的进程中,每一种民族文化都具有其他文化所没有的优势,因此,文化的多元共存为各种文化的相互交流、取长补短提供了条件,各种文化在彼此借鉴优势、共同发展和繁荣的过程中产生了互相依存的共生性。但是这并不意味着文化的差异性就会消失,恰恰相反,越是民族的才越是世界的。最后是融合创新。由于多元文化下的每种民族文化都有着自身的优势,有着鲜明的民族特色,所以,每种文化都能够取长补短,都能够借鉴其他文化的优秀因素来为己所用。不过,多元文化在融合的过程中也伴随着冲突,虽然说没有冲突就没有融合,而且融合本身就包含着冲突或矛盾,但是对于中国主流价值文化来说,处理冲突、面对融合的过程恰恰是与时俱进、开拓创新的过程。这个过程的底线就是坚持"以我为主",走一条具有中国特色的社会主义道路。在当代西方国家把持话语权的环境下,中国主流价值文化必须走向世界,吸收其他文化的合理成分,迎接一切挑战和冲突,扩大自身的国际影响力和号召力,只有这样才能保证我国社会主义事业的不断前进。

三是要充分认识到多元文化是主流价值文化必不可少的补充。以中国主流价值文化为主导绝不意味着同化、取消多元文化(非主流文化),百花齐放、百家争鸣的方针是促进艺术发展和科学进步的方针,是促进我国的社会主义文化繁荣的方针。人创造了文化,文化也在塑造着人,优秀文化能够丰富人的精神世界,是培养健全人格的重要途径。在主流价值文化引导下的多元文化是不可缺少的,这是社会

---

① 温家宝:《广泛开展文明对话和文化交流》,《人民日报》,2003年12月10日。
② 习近平:《在中国人民对外友好协会成立60周年纪念活动上的讲话》,新华网,2014年5月15日。

主义初级阶段适应不同阶层、不同文化层次、不同需求的各类人群的文化需要所决定的。改革开放以来我国的社会结构发生了重大变化，较以前单一的工农兵结构变得更加复杂，出现了很多新社会阶层，与阶层增多相对应的必然是文化多元化的需求。具体来说，改革开放后新出现的阶层主要有六种：一是民营科技企业的创业人员和技术人员。在改革开放以前民营企业比较少，除了行政机关就是国有企业，而且国有企业占据绝对统治地位，然而随着市场经济的发展，民营企业发展非常快速，与之相对应的各种适应民营企业发展的思想文化也得到了极大普及。二是受聘于外资企业的技术管理人员。这些人往往是西方文化的信奉者与传播者。三是个体户。四是私营企业主。五是中介组织的从业人员。六是自由职业人员。这六个阶层的人员有一个非常明显的特征，即不是公务员、没有财政编制。因而政府提倡的主流价值文化对于他们的影响力可能会减弱，相反，那些适合自己阶层特质的文化则更容易被接受。阶层的多元化是社会发展的必然阶段，而多元文化的存在也是随着经济社会发展必然出现的，是不以人的意志为转移的。所以我们应充分认识到多元文化是主流价值文化必不可少的补充，只有这样才不至于武断决策，造成适得其反的后果。主流价值文化的影响主要体现在意识形态上，多元文化则体现在社会生活的方方面面，只要主流价值文化保持主导与引领，让多元文化的发展有"红线"、有原则，那么就不必过多干涉，这样才更利于文化的共存共荣。

（二）对非主流文化引导、规范、控制的必要性

1. 非主流文化的两面性

之所以要对非主流文化进行引导、规范和控制的原因，在于非主流文化对社会既有积极影响，也有消极影响。

非主流文化对社会的积极影响主要体现在：一是适应了不同个体个性发展的需要。社会是多元的，人们的追求也是千差万别、多姿多彩的，在这个提倡个性的时代，个性的丰富是以往任何时代都无法比拟的。尤其是改革开放日益深入，互联网将世界联为一体的今天，无限多的信息充斥在社会的每一个角落，人们无时无刻不处在杂多信息的影响之中，在这种情况下，非主流文化的包容性、多元化很好地适应了人们的个性喜好，能够促进个体的个性发展。二是非主流文化能够拓展人们的视野。主流文化作为主导性文化往往具有官方背景，所以在较长时期内会保持相对稳定的形态，而社会是发展变化的，尤其是在科技、经济快速发展的"地球村"时代，虽然各种思潮风起云涌，各种新生事物层出不穷，而非主流文化却能很好地适应时代发展的需要，能够提供给人们更加开放的意识、更加开阔的视野和更多的创新意识。三是非主流文化可以让人们更好地适应社会变化，促进自身发展和社会进步。由于非主流文化的开放性和较弱的强制性，使得人们可以自由地接触各种价值观，感受不同思想之间的碰撞与交流，客观上促进了人们对社会的全面

认识，能够提升自身能力，促进社会全面发展，有利于社会的不断进步。

非主流文化对社会的消极影响主要体现在：

一是导致人们价值选择的矛盾。这种矛盾突出表现在个性自由与规则约束的矛盾、以自我利益为核心和为人民服务为核心的矛盾、强调个人主义与坚持集体主义的矛盾、个人发展与祖国需要的矛盾等方面。个性自由与制度约束的矛盾尤其体现在年轻人身上，因为改革开放之后，年轻人对于具有约束性的文化没有明确的观念，甚至对于传统文化提倡的"百善孝为先"、社会主义文化提倡的"爱国奉献"等缺乏基本认识。相反，他们接触到的大都是当代西方文化，例如在好莱坞大片中展现出来的国外生活则令他们羡慕不已，因此在西方思想潜移默化地影响下，其在行为上表现的就是非常强调个性自由，反对制度束缚，如崇洋媚外、"追星"、穿奇装异服、追求各种"非主流"等。由此带来的必然冲突就是年轻人之间的个性冲突、年轻人与中老年人之间的观念冲突等等。以自我利益为核心和为人民服务为核心的矛盾不仅仅表现在年轻人身上，甚至表现在社会各个阶层、各个年龄的人身上。2011年的"小悦悦事件"[1]就是一个典型代表，还有现在热议的"扶老"[2]问题，难道现在老人的道德品质也败坏了吗？如果我们遇到陌生老人跌倒不能起来的情况，我们会怎么办？当然更加牵动人心的是"腐败"问题，那些曾经"全心全意为人民服务"的官员们为什么一个个都贪污腐败了呢？当然这其中涉及的因素很多，

---

[1] "小悦悦事件"：2011年10月13日下午5时30分，广东佛山，年仅两岁的女童小悦悦被一辆面包车两次碾压，几分钟后又被一小货柜车碾过。让人难以理解的是，事件发生的前几分钟内在女童身边经过的十八个路人，都选择离开。最后，拾荒的阿姨陈贤妹把小悦悦抱到路边并找到她的妈妈。2011年10月21日，小悦悦经医院全力抢救无效，在22日零时32分离世。（http：//baike.baidu.com/link?url=MiMQLBx7KDLcg61-DnNkJLqLIZH8xZ9gajLHAhhGmvL5PsRXYYCBg2lBB0q21SMhw5SMz7yhb0800psJpcuwOq）

[2] 该不该扶老人？"南京徐老太事件"。事件经过：2006年11月20日上午，南京市民徐寿兰女士在某公交车站等车，据其称被正在下车的市民彭宇撞倒，而彭宇则称下车时候见老人摔倒，所以扶至旁边，并且在其亲属到来以后一起送该老人到医院，其中还垫付了200元的医药费。当好心的彭宇离开以后，却被告知要赔偿医药费用。2007年1月4日，徐老太将彭宇告上了法庭，9月3日，判决的结果是彭宇应该赔偿40%的损失费计45876.36元。在彭宇案一审判决结束之时，此案唯一的证人陈二春说过这样一句话："朋友们，以后还有谁敢做好事？"后续影响：2008年2月15日，一位92岁的老太太摔倒在南京解放南路。路人魏永玲从旁路过，只好拉住9名路人见证老人摔倒与她无关，然后打电话报警施救。一家网站关于这条新闻的2837条留言中，大部分意见认可魏永玲的谨慎。一位网友写道："这是典型的彭宇案后遗症。"2010年12月7日上午，一名六旬老人突然昏倒街头，众商户及行人不敢贸然施救，当民警和急救人员赶到时，老人已经身亡。据目击者介绍，上午10时许，一名年约六旬的爹爹走在武昌白沙洲长江村菜场路上，突然一头栽倒在地，俯躺地面一动不动。附近几家商户上前喊叫询问，但爹爹一言不发，没有任何反应。围观者越来越多，但人群中没人认识倒在地上的爹爹。其间，有人打算给老人翻身查看情况，但很快被人以"惹事上身难得说清楚"给劝止了。约两小时后，见老人仍旧没有动静，路人拨打电话报警。110民警及120急救人员赶到后，发现老人已经身亡。2010年12月29日，福州六一北路与湖东路交叉路口附近，一位8旬老依伯摔倒在人行道上。围观的五六人，没人出手。就在两名女子试图将其搀扶起来时，旁人的一句"善意提醒"，又让她们缩回了手。老人孤独地躺在冰冷的马路上，直到生命的终结。（http://baike.baidu.com/link?url=jLMmhXXFqwMpS5d0ktSrsc80AbG8VMEXy5zE8o_TsBMekvwGGNuItk6OsrVXrPlKCXFwtZC8ehILsAmh_azkb）

但是非主流文化中的一些腐朽思想对他们的影响是重要原因之一。总的来说,在非主流文化的影响下,当人们面临自我利益与他人(集体、社会)利益冲突的时候,往往会导致价值选择的困难,甚至促使人们走向主流价值文化的反面。究其原因,这种矛盾的产生主要是非主流文化不像主流价值文化那样具有非常清晰的价值观念的提倡、宣传和主导,而具有非常宽泛的内容和巨大的包容性,甚至各种完全相反的价值观也可以包含其中,这就直接导致了人们价值选择的矛盾。这种价值冲突与矛盾使得人们的思想很容易产生焦虑和迷茫,而焦虑与迷茫程度越深,人们的盲目性和冲动性就越强,也就更加容易导致对主流文化所代表的价值观的怀疑和反对。

二是导致人们价值取向的偏差。其主要表现是:非主流文化在引导人们张扬个性的同时,也会使人们陷入自我中心主义或极端个人主义的误区。比如非主流文化在促进人们社会化的同时,其消极面也会使人们在这个过程中陷入庸俗化、功利化的错误倾向。价值取向是人生观的核心要素,有正确的价值取向才会有正确的人生观,非主流文化不仅在一般事务上将价值取向导向多元,而且在社会伦理道德领域也将价值取向导向多元而失去统一标准。这样就使得人们的价值取向趋向于自身需求,诸如"人不为己,天诛地灭"这样的信条就死灰复燃了。弗洛姆(Erich Fromm,1900~1980年)曾经说:"生活在这样的社会里,我们的判断带有极大的偏见。捞取、占有和获利是生活在工业社会中的人不可转让的、天经地义的权利。"[①]对于我国来说,自改革开放以来,人们既得益于改革开放所带来的繁荣和发展,但也接触了解到了各种并不令人满意的不公正的社会现象,加上各种不良思潮(加上西方国家有意识的文化渗透、侵袭)的影响,导致人们在价值取向上越来越不注重整体的、公众的、社会的、国家的利益,而越来越注重甚至是仅仅注重自身的利益。这样就只会加剧社会动荡,不利于社会和谐稳定。

三是导致人们价值标准的模糊。所谓价值标准是指人们以什么样的价值观念来看待别人和自己的行为。相对于价值选择的矛盾、价值取向的偏差来说,价值标准的模糊更多地体现在具体事务处理上。比如"爱国主义"问题,这本来是一个没有什么可以争议的问题,但是在价值多元化的非主流文化氛围中,"爱国"与"不爱国"是一个相对性问题,正如广东人喜欢吃生鲜、四川人喜欢吃麻辣一样,有的人可以选择"爱国",也有的人可以选择"不爱国",只要不危害社会就行。显然这种看法是有害的,直接削弱了主流价值文化的社会影响。就当前市场经济社会来说,现在人们普遍是用要有奉献的精神去要求别人,而对自己却采取利己主义的态度。甚至很多人连孔子所说的"己所不欲,勿施于人"(《论语·卫灵公》)和"己欲立而立人,己欲达而达人"(《论语·雍也》)都做不到。在主流价值文化明确的价值标准面前,人们往往以非主流的模糊的价值标准来与之对立,并且在非主流文化中

---

① [美]弗洛姆:《占有还是生存》,关山译,读书·生活·新知三联书店1989年版,第75页。

寻找支撑自己行为的理论根据，这些都会导致主流价值文化影响力的下降，并进而导致社会的动荡。

非主流文化所具有社会消极作用的根源，可以从人性论与现实影响两方面加以剖析：

从人性论的方面来说，非主流文化对于社会的积极影响主要是增进了人们的认知能力，消极影响则是削弱了人们的道德意识，或者说激发了人们的求利动机从而将道德观念置于非优先的地位上。"今人之性，生而有好利焉，顺是，故争夺生而辞让亡焉；生而有疾恶焉，顺是，故残贼生而忠信亡焉；生而有耳目之欲，有好声色焉，顺是，故淫乱生而礼义文理亡焉。然则从人之性，顺人之情，必出于争夺，合于犯分乱理而归于暴。故必将有师法之化，礼义之道，然后出于辞让，合于文理，而归于治。用此观之，然则，人之性恶，明矣；其善者，伪也。"（《荀子·性恶》）这就是说：人的本性，一生下来就有喜欢财利之心，依顺这种人性，所以争抢掠夺就产生而推辞谦让就消失了；一生下来就有妒忌憎恨的心理，依顺这种人性，所以残杀陷害就产生而忠诚守信就消失了；一生下来就有耳朵、眼睛的贪欲，有喜欢音乐、美色的本能，依顺这种人性，所以淫荡混乱就产生而礼义法度就消失了。这样看来，放纵人的本性，依顺人的情欲，就一定会出现争抢掠夺，一定会和罪犯等级名分、扰乱礼义法度的行为合流，最终趋向于暴乱。所以一定要有师长和法度的教化、礼义的引导，人们才会从推辞谦让出发，从而遵守礼法，最终趋向于安定太平。由此看来，人的本性是邪恶的就很明显了，那些善良的行为则是人为的。对于人性中"求利的天性"，西方文化也是如此强调，甚至认为"人天生就是自私的"，"以占有为目标的人与人之间的关系充满着嫉妒和冲突，是压抑的和沉重的"①。如果顺从人的这种天性而发展就必然导致战争、暴乱，因而只有"隆礼重法"才能对人性好利的恶性加以约束教化，而这里的隆礼重法在当代就是要大力弘扬主流价值文化并使之充分现实化（同时辅之以宪政），因此，主流价值文化对非主流文化的正确引导、合理利用、有效控制是极端重要且必要的。

从现实影响的方面来说，非主流文化的消极社会作用源于三个方面：一是外来非主流文化的影响，形成享乐主义、利己主义的习惯。不仅是成年人，甚至在中小学生中，这种倾向也相当普遍。如果在对中小学生的教育影响上，中国主流价值文化不能战胜外来文化的影响，那么社会主义事业的持续前进是堪忧的。二是影视非主流文化的消极导向。近几年影片运作实行自负盈亏，票房价值制约了影片生产，每年从海外引进的一大批非主流影片中充斥着暴力和色情内容，这些内容对人们（尤其是青少年）造成了极大的负面影响。三是电视（网络）的非主流文化对大众造成了负面影响。虽说电视、网络已普及千家万户，但在黄金时间播出的影、视、

---

① ［美］弗洛姆：《占有还是生存》，关山译，读书·生活·新书三联书店1989年版，第120页。

歌中常出现非主流文化,有些节目格调比较低下、粗制滥造甚至出现不堪入目的画面,有的吸引观众,提高收视率,甚至不惜编造事实,严重削弱了主流价值文化的影响力。四是非主流文化书刊的影响。不论是在网络,或在出版物中,现在人们普遍不愿阅读道德及科普书籍,取而代之的是各种"娱乐化"的书刊,其内容往往不堪入目。不仅成年人,中小学生也深受其害,这些充满各种腐朽思想的书刊对人们尤其是青少年学生造成了极大毒害。

2. 对非主流文化的正确引导

"社会风气是社会文明程度的重要标志,是社会价值导向的集中体现。……在我们的社会主义社会里,是非、善恶、美丑的界限绝对不能混淆,坚持什么、反对什么,倡导什么、抵制什么,都必须旗帜鲜明。要在全社会大力弘扬爱国主义、集体主义、社会主义思想,倡导社会主义基本道德规范,促进良好社会风气的形成和发展"[①]。因此,加强主流价值文化对非主流文化的主导以树立良好的社会风气,这是关涉社会主义事业持续发展的刻不容缓的重大事情。

主流价值文化对非主流文化的正确引导主要包括以下两个方面:

一是要充分发挥主流价值文化的显性引导作用。中国主流价值文化作为在国家意识形态指导下、以国家的意识形态为内核建构、由政府推动的文化形式,表达的是国家意愿与根本利益,传达的是一个国家意识形态和社会道德的基本观念,是一种处于支配地位的主流价值观。我们要大张旗鼓、理直气壮地充分发挥主流价值文化的权威性,通过(公共管理、教育、传媒等领域的)各种显性的宣灌措施,使之在多元文化中处于主导和支配地位。这需要党员干部有文化自信起到先锋模范带头作用,要旗帜鲜明地反对一些观点。比如资产阶级的腐朽思想由来已久,并且随着市场经济的深入开展以及改革开放日益深入而变得日益泛滥。这种情况绝非现在才开始的,而是在无产阶级政党成立之初就一直存在着,其对党的纯洁性造成了巨大伤害。恩格斯曾经这样说:"所以会出现这一切乌七八糟的东西,我们大部分要归功于李卜克内西,他总是偏袒那些有教养的自命不凡的人和在资产阶级圈子里占有一定地位的人,因为可以拿这些人物在庸人面前炫耀。对于那些向社会主义献媚的文人和商人,他顶不住。但正是在德国,这是一些最危险的人物,所以马克思和我从1845年起就不断地同他们进行斗争。这些人既然进入党内,在党内到处钻营,那就应当不断地排挤他们,因为他们的小资产阶级观点,往往同无产阶级群众的观点不一致,或者他们企图歪曲这些观点。"[②]在当时的德国,之所以工人党出现各种乱七八糟的情况,就在于作为党的领导者之一的李卜克内西,总是偏袒那些受过"良好教育的"、"地位高的"有产者,因为他认为这些有产者"更优越"。但实际上

---

① 胡锦涛:《关于"八个为荣、八个为耻"的重要论述》,《人民日报》,2006年3月5日。
② 《马克思恩格斯全集》第36卷,中共中央编译局译,人民出版社1974年版,第332页。

影响工人党党性和战斗力的就是这些钻入党内的小资产阶级份子。时至如今，在我国社会难道不是这样吗？对我党、对公众影响最大的还是资产阶级腐朽思想，对主流价值文化构成最大威胁的还是资产阶级腐朽思想。而且，如果这些腐朽思想一旦被党内的一些领导干部接受，那么就将产生更大的恶劣影响。近年来中央持续的高压政策，深入进行反腐败斗争，正是说明中央高度重视以正确的价值观引领人的重要性。因此，面对非主流文化对主流价值文化的挑战、侵蚀、破坏，我们要立场鲜明、手段迅速，及时将这些腐朽思想加以控制、批判、消灭，对思想已经腐化的堕落份子（无论地位高低）都要严惩不贷。

二是要充分发挥主流价值文化的隐性默化作用。文化对人影响的特点是潜移默化的，需要长期的熏陶和培养。因此，要利用各种手段充分发挥中国主流价值文化的隐性默化原则，通过人们群众乐意接受的方式，将主流价值文化在社会各个阶层进行传播，通过持续的影响来改变人们的思想观念，将主流价值文化对非主流文化的影响融化到社会生活的各个方面，并将其作为一项长期的基本战略。如果说强调主流价值文化的显性影响意味着一种鲜明的态度，一种磅礴的气势的话，那么强调主流价值文化的隐性默化作用就是要求以合理的、能够为公众乐于接受的方式进行长期、持续的文化熏陶和教育。没有哪一种主流价值文化是在极短时间内建立并为人民心悦诚服地接受的，都需要经过一个长期的过程。尤其是在经过改革开放三十多年的发展，社会上各种非主流文化日益盛行的当下更是如此。因此，必须充分发挥主流价值文化的隐性默化作用，将其作为一个长期的重大战略来加以执行，并在实践中不断完善进步，只有这样才能达到以主流价值文化引领、规范非主流文化的目的。

3. 对非主流文化的合理规范

主流价值文化对非主流文化的合理规范主要体现在以下两个方面：

一是底线不可动摇。所谓底线不可动摇的意思就是规定一些基本的价值观是不容反对的，可以怀疑、商榷、交流、意见反馈等，但是不容许反对。"主流—非主流"文化形态存在的合理性绝对不能以取消主流文化的主导作用为代价，多元文化的共存共荣也不能以反对主流文化、影响社会稳定为代价。主流价值文化中的一些基本理念是必须接受和遵守的，如坚持马克思主义的引领、坚持社会主义发展方向、坚持共产党的领导、坚持改革开放等，这些是立国之本，是保证社会主义事业不断前进的基础，是不容反对的。对于诸如富强、民主、文明、和谐、自由、平等、公正、法治等理念，非主流文化对其可能有不同于主流文化的界定，表现在普通大众对于这些理念的认识也可能存在较大差别，但是公众的行为不得违反我们划定的基本"红线"，不得影响社会主义事业的健康发展。总的原则就是底线不容挑战，其他在法律、道德框架下可以共存。

二是对非主流文化社会作用的甄别。即以主流价值文化的核心理念为标准来甄别哪些非主流文化的社会作用是积极的，哪些是消极的，甚至是反动的。这是一件非常重要的工作，因为非主流文化（以西方文化、中国传统文化为代表）不同于主流价值文化，它可能并不表现为一些简明清晰的原则或理念，而是一个非常复杂的多样化的"大杂烩"。以西方文化为例，从社会影响来说，既有影响巨大的功利主义、实用主义、基督教信仰等思想，也有影响较大的民主、人权、自由等思想，还有影响较小的理性主义、经验主义、怀疑主义等思想，在不同人群中体现的影响也千差万别。从中国传统文化，"国学热"是目前非常典型的趋势，此外道教、佛教思想也日益流行，但是各种迷信思想也不断涌现。而且具体到每一个社会现象及其背后体现出来的文化支撑来说，都是复杂的、难以清晰说明的。比如在知识分子那里，可能受西方文化的影响，更容易接受自由、人权、上帝信仰等思想，尤其是在因接触西方社会较多的人群中，这种特征更为明显，表现在行为上可能就是对主流价值文化和中国传统文化持批判或否定态度。而在普通市民中，可能更容易接受的是私有财产神圣不可侵犯的西方权益观，更容易接受市场经济规则，表现在行为上可能就是利己主义盛行，对主流价值文化提倡的理念虽然不反对但持一种"严于律人，宽以待人"的态度。对于乡镇及农村的人来说，因受到传统文化的影响（不过在农村，尤其是北方农村，西方传入的基督教信仰发展甚快），更容易接受的是"仁义礼智信"以及封建迷信思想，在行为上可能表现出的就是相对淳朴而迷信的处事方式。从单个事务来说，比如基督教信仰，在知识分子那里往往表现为精英信徒式的内心原则，在小市民和农民那里往往表现为迷信式的虔信。从年龄上来看，老年人表现出对毛泽东时代颇为怀念，而年轻人则被各种时髦思想占据了头脑。正是非主流文化的复杂性，使得我们必须对其社会作用和影响加以甄别，进而对积极影响的加以鼓励，对消极影响的加以引导，对反动的加以控制和制止。

4. 对非主流文化的有效控制与利用

主流价值文化对非主流文化的控制与利用是维护社会稳定、促进社会发展的正常需要，其主要体现为如下两个方面：

一是以合法的方式对非主流文化进行有效控制。因为非主流文化的社会影响既有积极的、也有消极（甚至反动）的，所以对其有效控制是必不可少的社会调控方式。建设法治国家是大势所趋，对非主流文化有效控制需要合乎基本的价值原则，即以主流价值文化的基本规范去要求非主流文化，同时更需要合乎法律规范。以网络监控为例，随着网络的普及，人们每天花费在网上的时间越来越多，甚至衣食住行都离不开网络，但是网络也是非主流文化最为流行的地方，因为网络是开放的、是难以监管的。因此，网络上各种色情、暴力、反道德、反社会的言论日益泛滥，各种虚假报道、网络谣言满天飞，面对这种状况，主流价值文化必须对非主流文化加以有效控制，否则就会影响社会主义建设事业的根基。因此，相关部门对网络实施了监控，对带有"敏感内容"的帖子等进行审核，对网络谣言传播者及宣扬反社会、反道德的人进行监督和惩罚。所谓合法的有效控制是指对非主流文化采取的措施应当是合乎法律规定的，现在是法治社会，在对非主流文化进行控制的同时也不能矫枉过正甚至违反法律。同样以网络监控来说，网络上流行的非主流文化固然有消极的东西，但同时也是公众自由发表言论和见解的舞台，一些弱势群体在现实中得不到公正对待的时候往往会采取网络方式向社会求助，网络作为对政府公信力的监督以及保护公众的舆论自由也是重要的。因此，我们在对网络流行的非主流文化有效控制的同时需要遵循合理合法的原则。依法治国是社会主义法治建设的基础，在中国这样一个13亿人口的大国，法治建设推进得越持久、越深入，其成效就越大。因而在法律框架内对非主流文化进行有效控制，该保护的要予以保护，该限制的要予以限制，该取缔的必须取缔。

二是非主流文化应当成为宣扬主流价值文化的主阵地。对非主流文化的有效控制与合理利用是分不开的，客观地说，非主流文化在公众中更为流行，因此我们在主张文化多元化的同时，需要对非主流文化加以合理利用，使其成为宣扬主流价值文化的主阵地。所谓文化就是"文成教化"，《易传》云："刚柔交错，天文也。文明以止，人文也。观乎天文，以察时变；观乎人文，以化成天下。"比如对传统文化精髓的继承与发扬就是将非主流文化引导，以服务于主流价值文化建设。当前，党中央反复强调的中华传统美德的继承就是要通过群众喜闻乐见的各种通俗的方式将中华传统美德在国内外进行传播，从而扩大影响力和感召力。对于西方文化而言，自由、平等、法治等理念是值得提倡的，且已经被吸收到主流价值文化之中，但是对于西方文化中一些消极的东西还是要加以警惕的。比如"自由化"思想，这种非主流文化思想宣扬的是"绝对自由"，即放任社会上所有思潮的产生和发展，强调不能以政府主流文化的方式对非主流文化加以限制。这是典型的"资产阶级自由化"的思想，即便是在西方，言论自由也必须以法律为规范，如果放任自流，则主流价值文化的社会影响就会遭到极大消弱。因而在当前我国社会，对非主流文化的控制和利用以宣扬主流价值文化是保持社会主义事业持续发展之必需。

总的来说，"两个相互矛盾方面的共存、斗争以及融合成一个新范畴，就是辩证运动。谁要给自己提出消除坏的方面的问题，就是立即切断了辩证运动"①。一方面，我们并不主张（在当今全球化背景下的社会也不可能）形成以主流价值文化"大一统"的局面，因为非主流文化虽然没有主流价值文化这么强的意识形态因素，但是比主流价值文化涉及的面更宽、更广，影响也更大；另一方面，我们也绝对不能对非主流文化中的一些消极（甚至反动）因素视而不见，必须要以主流价值文化

---

① 《马克思恩格斯选集》第1卷，人民出版社1995年版，第144页。

对其加以正确地引导、合理地规范、有效地控制和利用，以达到为社会主义建设服务的目的。

（三）对非主流文化引导、规范、控制的现实路径

2001年中央颁布的《公民道德建设实施纲要》中这样说："一切思想文化阵地，一切精神文化产品，都要宣传科学理论，传播先进文化，塑造美好心灵，弘扬社会正气，倡导科学精神，大力宣扬现时代精神的道德行为和高尚品质，激励人们积极向上，追求真善美；坚决批评各种不道德行为和错误观念，帮助人们辨别是非，抵制假恶丑，为推进公民道德建设创造良好的舆论文化氛围。"可以说，主流价值文化对非主流文化的引导、规范与控制是非常必要的，在具体实施路径中，要特别强调公共管理领域、文化传媒领域、教育培训领域的贯彻落实。

1. 公共管理领域的现实路径

公共管理是实施主流价值文化对非主流价值文化引导、规范、控制的主阵地。公共管理的具体内容可分为公共资源、公共项目、社会问题等。公共资源主要指公共设施产品（即特定社区所有人们都有可能享用和受益的物质性存在，如能源、城市道路、路灯、桥梁、交通标志等）、公共信息资源（主要指一定社区的人们共同拥有和可能享用的各种精神产品，包括文化产品、科技成果、经济信息等）、人力资源（主要指一定社区的劳动力、人才方面所形成的社会资源，也是最活跃和最宝贵的财富）、自然资源（主要指一定社会赖以存在和发展的各种自然性物质条件，如矿产资源、水资源、土地资源、森林资源等）。公共项目主要指各种提供公共物品或公共服务的一次性和独特性的任务，是提供公共物品和公共服务的途径和载体，公共项目成果就是公共服务或公共物品；也指由国家政府事业机构从事的为社会大众提供便利的公共基础设施工程，如市民广场、水电暖气管道、公共给排水工程等。社会问题主要指属于公共管理机构职责范围内、与其公共目的相符合的情况下的各种问题，涉及文化、教育、福利、市政、公共卫生、交通、能源、住宅、生活方式等各个方面。

必须加强公共管理领域内主流价值文化的影响，因为公共管理领域是国家意志的主要体现领域，是维系社会安定的关键所在，因此在任何时候都不能放松管理，都必须大力加强主流价值文化对非主流文化的引导、规范和控制。在具体实施中应充分考虑公共管理的特点：其一，公共管理具有整体性。这是公共管理的基本属性，所谓公共的就是大家公有的、共同的，是一个整体，也就是说，公共管理的任何举措都涉及的不是局部、个别的范围，而是牵涉面极广的区域，这就要求我们一则要非常重视公共领域的管理，二则要在实施重大举措前要审慎评估。比如在公共管理领域，主流价值文化在不同场合、不同层次上对非主流文化在特定条件下，要么引导，要么控制，要么利用，这都需要全面考量才能够收到好的效果。其二，公共管理的非盈利性。和工商业等行为不同，在市场经济条件下，公共管理的目的并不是营利，其目的是为了维护社会的安定、和谐与发展，是为了人民幸福、国家富强、民族振兴。虽然在某些具体情况下，公共管理部门提供服务时也可能收取一定费用，但这种收费绝对不是以营利为目的的。在改革开放初期，一些公共管理部门曾因为"创收"等问题陷入到营利性行为之中，甚至因此导致权钱交易等腐败现象的发生，在社会上造成了极坏影响。因此为避免众多不良现象的发生更需要加强主流价值文化的影响，同时，对于那些与主流价值文化相背离的非主流文化要进行有效控制，必要时必须动用法律手段。其三，公共管理具有规模性。公共管理的范围十分庞大，建立一个公共管理体系需要大量的投入，而且公共管理的组织必须达到一定规模才能发挥其应有作用。正是这种庞大的规模，更使得主流价值文化的宣贯显得尤为重要，否则非主流文化一旦占据了这个阵地，整个社会都会受到严重影响。其四，公共管理具有垄断性。公共管理的主体是政府，它应该为维护人民群众的公共利益和国家安全提供必不可少的基础性服务，这些服务往往投资大而收效慢，因此私人大都不愿意也没有能力去经营。既然公共管理的主体是政府，那么由政府倡导的主流价值文化就应该在这个领域中占据主导地位，更应该对一切非主流文化予以引导和限制。其五，公共管理具有公益性。既然公共管理的主体是政府，而且以非营利性为目的，那么公共管理就必然带有公益性质；既然公共管理的收益对象是全体社会公众，那么公共管理提供的产品（或服务）应由全体公众享用。因为公共管理具有公益性，所以主流价值文化在其中的宣贯是顺理成章的，也是整个社会发展所必不可少，是为了促进公共整体利益实现而进行的。但是正因为其公益性质，导致除了违反法律底线的惩罚性措施意外，相对于非主流文化的流行，主流价值文化的宣贯缺乏强有力的途径让公众在心底里彻底接受。正是认识到了这一点，我们更要在公共管理领域大力加强主流价值文化对非主流文化的引领与规范，否则，公共领域价值标准的丧失将导致社会伦理道德丧失、社会秩序混乱。最后，还需要注意的一个问题是要提升政府美誉度。这可以通过政治观念、政治制度、政治行为的创新发展，通过管理者自身形象的塑造来实现，因为只有这样才能起到榜样模范作用，否则"上梁不正下梁歪"，再好的文化、再好的制度都可能成为一纸空文。这正如《论语·子路》所说："上好礼，则民莫敢不敬。上好义，则民莫敢不服。上好信，则民莫敢不用情。"在上位者（管理者）只要重视礼，老百姓就不敢不敬畏；在上位者只要重视义，老百姓就不敢不服从；在上位的人只要重视信，老百姓就不敢不用真心实情来对待你。这也是"公生明，廉生威"的意思。

2. 文化传媒领域的现实路径

文化传媒领域是除公共管理领域外对大众影响最广的重要领域，相对于公共管理领域而言，文化传媒领域的多元化程度更高，因此，这也是主流价值文化与非主流文化交锋最为激烈的领域。在这个领域中，我们要毫不动摇地始终坚持主流价值文化的发展方向，改进主流价值文化的传播方式以产生更大的影响。面对多元文化环境下多元价值激烈碰撞的现实，在文化传媒领域，一方面要始终不渝地坚持以马克思主义为指导的社会主义核心价值观的主体地位，坚持社会主义荣辱观的教育方针，坚决抵制非主流文化的种种错误价值观念对公众的不良影响，引导人们理性地进行文化选择和价值选择；另一方面要根据社会各个阶层的特点，有的放矢地改进主流价值文化的传播方式，采用人们喜闻乐见的方式，使人们更易于接受主流价值文化。

新闻媒体是党和人民的喉舌，是宣传主流价值文化、引导和规范非主流文化的重要阵地。新闻媒体要始终如一地做好主流价值文化的宣传诠释工作，因为先进的、积极向上的价值观念，只有植根于人们的心中才能转化为崇德向善的实际行动。新闻媒体要利用理论、评论、典型报道及其他宣传方式，陈情、论理、讲故事，引导人们提高觉悟，认识到个人命运与国家发展息息相关的联系，自觉践行社会主义核心价值观。在具体宣传上，新闻媒体不仅要找准宣传教育与人们道德情感的契合点，注重接地气、贴民心，使主流价值观真正成为人们的心灵罗盘和情感寄托，要始终不渝地弘扬正气，宣传"真善美"，抵制"假恶丑"，同时还要积极宣传先进典型，不断增强广大干部群众对主流文化的认同感和践行力。弘扬正气，就得压住邪气。既要抓建设，又要抓治理；既要加强正面宣传，又要加强舆论监督。对人们反映强烈的道德领域的突出问题，对那些伤风败俗的丑恶行为，对那些激起公愤的缺德现象，要充分运用舆论工具予以揭露，形成社会压力。对于影响较大的非主流价值观要予以批判、纠正甚至取缔，引导人们接受主流文化，自觉抵制低俗文化，从而促进民众道德水平的提升。同时要经常进行社会热点问题剖析，热点问题之所以"热"，是因为其涉及的就是主流价值观与非主流价值观的冲突。热点问题的讨论要引导群众参与其中，让社会大众来评判是非曲直、接受道德洗礼，从而形成良好的社会风尚。

文化传媒领域的另一个重要方面就是网络。在互联网时代，网络范围之广、影响之大、监管之难都是超乎想象的，也是非主流文化传播的主要阵地。只要是接触网络的任何人都必然受到或多或少的影响，因为网络的自由开放性导致各种非主流文化传播泛滥，涉及政治、军事、经济、社会、文化、娱乐等方方面面的信息随处可见，有些敏感信息对人们的思想造成了极大影响，甚至对人们的现实行为造成了改变，进而对整个社会造成了动荡。因此，必须在网络阵地上加强主流价值文化的影响，引导并规范非主流文化的发展：要适应互联网快速发展形势，善于运用网络传播规律，更好地传播主流文化。从具体的举措上来看，2014年4月，为依法严厉打击利用互联网制作传播淫秽色情信息行为，全国"扫黄打非"工作小组办公室、国家互联网信息办公室、工业和信息化部、公安部决定自2014年4月中旬至11月，在全国范围内统一开展打击网上淫秽色情信息"扫黄打非净网2014"专项行动,并取得了良好效果。不少互联网企业(包括一些知名的正规网站)仍然游走在"以色动人"、"政治红线"的边缘,此次净网行动在一定程度上抑制了这股不正之风。以网络传播谣言为例就很难监管,所以中央现在对相关法律条文进行了修订以适应网络时代的监管,2013《关于办理利用信息网络实施诽谤等刑事案件适用法律若干问题的解释》明确规定:利用信息网络诽谤他人,同一诽谤信息实际被点击、浏览次数达到 5000 次以上,或者被转发次数达到 500 次以上的,应当认定为刑法第 246 条第 1 款规定的"情节严重",可构成诽谤罪。[①]对于网络上盛行的各种"水军"骂人事件来说,《解释》也规定了:"利用信息网络辱骂、恐吓他人,情节恶劣,破坏社会秩序的,依照刑法第二百九十三条第一款第(二)项的规定,以寻衅滋事罪定罪处罚。"这些都极大地提高了网络环境的净化。网络"净网行动"要作为一个长期的系统工程来进行,因为网络情况之复杂,监管之困难远远甚于现实社会,主流价值文化对非主流文化的引导更是一个长期工程,需要坚持不懈的努力,任何时候都放松不得。

3. 学校教育领域的现实路径

除了公共管理领域与文化传媒领域外,学校教育领域是最为重要的领域,因为这关涉到接班人问题。而处在学习时期的年轻人的心理、生理都处在发育时期,缺乏社会经历,也没有稳定的人生观、价值观,面对各种诱惑(尤其是网络上的各种非主流文化),很容易受到影响而形成不好的思想看法和行为习惯。主流价值文化的核心是社会主义核心价值观,党中央也一再强调要把培育和践行社会主义核心价值观融入国民教育全过程。[②]具体来说,应当将主流价值文化的宣传融入到学校教育的各个环节。首先,要把主流价值文化的宣传融入各门课程的教学中。课堂教学是正确价值观教育的主渠道,要把各门课程蕴涵的正面教育素材和思想充分开发出来,把各门课程已有的正确价值观的育人功能充分地发挥出来,使学生在课堂学习的过程中受到教育,比如文学、历史、思品等课程的学习都可以成为宣传正能量的好途径。其次,要把价值观教育融入社会实践之中。除开教学活动之外,社会实践是学生活动的主要方式,也是进行社会主义核心价值观教育的生动形式。要根据各学科教学内容、综合实践活动课、研究性学习和专题教育要求,在教育教学活动中安排,就近就便地在各种类型的社会资源中进行。同时,教育部门要联合当地有关部门以及行业主管机构,建立各种社会实践基地,统筹安排和指导学校在社会资源中进行实践教育教学活动,从而保证教育效果。再次,要把价值观教育融

[①] 《关于办理利用信息网络实施诽谤等刑事案件适用法律若干问题的解释》,最高人民法院、最高人民检察院。2013 年 9 月 5 日最高人民法院审判委员会第 1589 次会议、2013 年 9 月 2 日最高人民检察院第十二届检察委员会第 9 次会议通过。法释〔2013〕21 号。

[②] 《中共中央办公厅印发〈关于培育和践行社会主义核心价值观的意见〉》,《人民日报》,2013 年 12 月 24 日。

入校园文化之中。校园是宣传主流价值文化,引导和规范非主流价值文化的重要场所,要以树立优良校风、教风、学风为核心,加强校风、教风、学风建设。同时要大力营造独特的育人氛围,使教育和引导体现在学校生活的细微之处,体现在师生、同学之间相互关怀和相互关心之中,体现在班级、团队组织的温暖和鼓励之中,体现在高年级同学对低年级同学的爱护和帮助之中。其中班主任工作是宣传核心价值观的重点之一,班主任无论是面对全体,还是针对个体都要体现关爱、理解、引导、教育,注重心理疏导,结合具体的场景进行价值观教育,并尽可能将其转化为学生的自我教育和自主管理。再次,还要把价值观教育融入学校管理工作之中。学校管理工作要体现核心价值观教育要求,既注重主题教育活动,更要注重日常教育教学行为。要狠抓学校德育工作,在教学管理中,要对实施课程的德育内容提出具体明确的要求,把体现德育作为完成教学任务的重要组成部分,及时交流、推广经验。而且,教育管理部门要为学校把社会主义核心价值观融入教育各个环节提供保障。教育部门要推动建立长期稳定的学校德育工作格局,着力解决学校实施教育过程中遇到的难题。要有统一的基本要求,把对教师、行政人员、学校德育情况的评价作为教师、学校负责人、学校考核和评优的重要内容。要制定政策、建立机制对教师、行政人员、学校积极主动地做好德育工作提供保证。要充分发挥德育科学研究部门和学术团体的作用,鼓励德育科研人员与学校教师根据核心价值观教育工作的发展和实际需求设立课题,密切合作开展研究,为从事德育科研活动的教师参加学术交流活动创造条件。要加强和改进未成年人校外活动场所建设和管理。加强校外活动与学校教育有效衔接,把实践活动的具体要求纳入学校的教育教学环节,构建校外教育与学校教育有效衔接的长效机制,并总结和推广适合不同地区、不同情况的校外活动场所运转的各种模式,充分发挥已有校外活动场所的综合效益。最后,要建立教师与家长、社区工作者,学校与家庭、社区建立密切沟通的渠道,明确教育目标,协调教育行为。因为学生的教育成长是一个复杂而漫长的过程,学校教育是一方面,家庭教育、社会教育是另外一个重要的方面,因此要学校与家庭紧密联系,政府则从社会管理层面积极为学生传授正确的价值观、抵制不正确的价值观,做好正确价值观的引导和规范,只有多方面的紧密配合才能培养社会主义的合格接班人。

二、对主流文化的规导作用

(一)加强主流价值文化对主流文化规导作用的必要性

1. 主流价值文化与主流文化

当前,中国社会主要存在三种文化,即社会主义文化、西方文化、中国传统文化，其中社会主义文化无疑是主流文化，西方文化、中国传统文化（及其他）是非主流文化。不过，主流文化涉及公共管理、文化传媒、学校教育乃至社会生活的各个方面，面对复杂多变的各种社会现象，主流文化需要一个核心的价值体系以起到规导作用，这个核心的价值体系就是主流价值文化。所谓规导，指的是作为模范的导向作用，因为主流价值文化本身是主流文化的一部分，而且是其中最核心的一部分，所以主流价值文化的导向对于主流文化具有非常强烈的方向导引和典型示范作用。

从社会现实层面来说，在主流文化中价值文化关涉整个社会的价值选择、价值标准、价值取向，因此价值文化居于核心地位。价值文化属于社会意识范畴，是社会意识的本质体现，但是任何一个民族、国家都会出于自己的需要，提出自己的主流价值文化来统治、引导、保障本社会经济、政治、文化制度的稳定和发展，以确保国家政局的稳定和社会的发展进步。在社会建设的过程中，主流文化作为政府支持、被社会较为广泛接受的意识形态实际上是一种较为松散的"软力量"，因为这毕竟是较为"柔性"的文化性力度而不是较为"刚性"的法律性力度。而且在当今世界的"主流—非主流"文化形态之中，文化多元化本身就是不可逆转的潮流。但是在这种引导性主流文化的背后我们需要大力加强主流价值文化的规导作用，以增强主流文化的凝聚力、感召力，同时应对各种非主流文化的挑战和攻击，为国家政策方针的制定提供理论支撑。否则一旦主流文化失去话语权，维持民族国家的精神支柱就会崩塌，这正如马克思所说："如果从观念上来考察，那么一定的意识形态的解体足以使整个时代覆灭。"①因而在当今，中国共产党领导的社会主义事业建设需要主流价值文化的引领和保障，而基于社会主义核心价值观的主流价值文化毫无疑问是主流文化的核心，没有以马克思主义、社会主义、爱国主义、共产党领导、依法治国、以人为本、科学发展、改革创新、公平正义、明荣知耻为基本价值原则的主流价值文化的引领和保障，社会主义事业就会迷失方向。

2. 大力加强主流价值文化对主流文化的规导作用

首先，社会主义建设实践需要主流价值文化体现软实力背后的意识形态硬要求。社会主义现代化建设的任务相当艰巨，是一项十分浩大的系统工程。必须要有正确的价值观作指导以把握社会主义现代化建设的本质，从而正确处理经济、政治、文化的关系，物质文明、政治文明、精神文明的关系，改革、发展、稳定的关系，这样才不至于偏离社会主义建设目标。文化是一种"软实力"，所谓"意识形态的硬要求"就是说尽管文化不具有法律那么刚性的强制性条规，但是"意识形态"问题是必须始终坚持、不容挑战和反对的，正如主流价值文化所坚持的马克思主义、社会主义道路、共产党领导一样，这些基本的底线原则是不容质疑的。在遇

---

① 《马克思恩格斯全集》第34卷，人民出版社1972年版，第137页。

到各种非主流文化挑战甚至攻击的时候,主流价值文化要起到规导作用,把握主流文化应对挑战和攻击的方向和目标,从而提高主流文化的凝聚力和社会感召力。

其次,体制改革及道德失范问题要求主流价值文化对主流文化的正确引领。当代中国正处于社会经济、政治、文化思想大变动的时期,存在体制的滞后和缺陷以及相当严重的道德失范现象,这就需要主流价值文化的引导乃至匡正。主流价值文化应当在体制改革等方面发挥更大的作用,通过主流价值文化所提供的理念和价值原则为政治体制改革制定大的发展方向,为经济建设和社会发展保驾护航。改革开放以来,以前适合于计划经济体制的伦理道德体系对社会的规范和引导作用急剧下降,而适应社会主义市场经济体制的新的较为完善的伦理道德体系在较长时间内尚未系统建构起来,从而不可避免地造成了社会道德失范。体制缺陷问题使得主流文化在面对社会上各种复杂现象(尤其是道德失范现象)时显得难以应对,比如道德理想丧失问题、教育不公正问题乃至具体的诸如"同性恋"问题、"包养"问题等等,尤其是遇到市场经济提倡的"逐利动机"与主流文化提倡的"爱国奉献"等原则产生明显或潜在、尖锐或摩擦性冲突时,在这些情况下主流文化如何面对就成了重要问题。从市场经济的发展过程来说,市场必然要求个体性价值的追求,从而导致人们在社会价值的追求上重利轻义和贬低精神价值,把功利和效果当作一切,与这种拜金主义和享乐主义相伴的是道德良知的丧失和道德精神的麻木。各种错误的思想观念一方面混淆了甚至颠倒了人们对善恶进行价值判断的界线,涣散和消解了人们的道德意识,动摇了人们的道德信念,破坏了正常的道德评价机制,使社会道德水平出现了明显的倒退;另一方面使得社会上的消极思想和丑恶现象得到了蔓延,带来了社会主义思想阵地的混乱,严重削弱精神文明建设的成效。"所谓精神文明,不但是指教育、科学、文化(这是完全必要的),而且是指共产主义的思想、理想、信念、道德,革命的立场和原则,人与人的同志式关系,等等。"[①]在人们的精神道德追求遭到削弱,市场经济的逐利动机导致人们越来越强烈的物欲化倾向的背景下,主流价值文化应当对主流文化进行正确引领,不仅要加强物质文明建设,更要将以意识形态为主的社会主义精神文明建设提高到一个更高的层面上来。因此,我们要不断加强主流价值文化对主流文化的规导,在具体解决问题的过程中始终将主流价值文化坚持的价值原则和理念坚持下去,不因为具体语境的改变而动摇我们的立场,始终坚持走有中国特色社会主义道路。只有这样才能不断完善体制改革,防止道德失范,建立适合社会主义发展的道德体系。

最后,社会阶层的复杂价值诉求要求主流价值文化去明确规范、整合和引导。改革开放30年来我国社会的最大变化就是社会结构的剧烈变迁。以前相对简单的以工农兵为主的社会阶层以及以"为人民服务"无私奉献精神为主的文化状态,现

---

① 《邓小平文选》第2卷,人民出版社1994年版,第367页。

在为各种阶层、各种价值诉求充斥社会的复杂现状所取代。面对这种极端复杂多变的社会现实以及不断涌现的各种社会新生事物及现象，主流文化往往难以有一个清晰的导向和目标以解释原因、应对挑战，这个时候就需要主流价值文化发挥规导作用。改革本身就是社会利益结构的调整，利益结构的调整必然会使一些集团或群体获得利益，同时导致另一些集团或群体的利益受损从而导致社会分化加剧。目前我国的社会阶层处于一种复杂的结构化过程中，社会利益结构变迁十分迅速，各个社会利益群体正在分化、解组，很多的社会阶层出现了明显的过渡性特性，贫富差距也有日益扩大的趋势，由此也导致了各个阶层的利益诉求和精神需求各不相同。在这种状况下，就迫切需要主流价值文化对各个社会阶层的价值（利益）诉求做出明确规范、整合和引导以协调整体性与个体性价值等各方面矛盾，从而保持社会稳定、和谐与发展。

（二）加强主流价值文化对主流文化规导作用的路径

1. 坚持主流价值文化对主流文化的规导作用，发展先进文化，支持有益文化，改造落后文化，抵制腐朽文化

在全球一体化进程中，各种文化的相互碰撞、冲击是不可避免的，也是我们必须面对的挑战和冲击。先进高尚的文化能够陶冶情操，昂扬斗志；腐朽庸俗的文化能够消磨意志，腐蚀心灵。主流价值文化作为主流文化的核心与主导，应当承担起引领整个社会风气的重任，大力发展社会主义先进的主流文化，有效改造、引导、控制各种腐朽、落后文化对社会的影响，最大限度地提升人民群众的精神道德水平。

大力发展先进文化，意味着对于符合主流价值文化的一切文化形态、社会思潮及现象加以扶持，这是增强主流文化社会影响力的重要途径。这方面需要注意的是，必须要理直气壮地宣传先进文化，不能因为与非主流文化的冲突而不敢宣传。因为现在人们的价值观比较颠倒，很多以丑为美、以恶为善的看法在社会上广为存在（比如现在很多人将艰苦朴素视为"土掉渣"的过时陋习，而将利用种种不法手段获取利益视为"有能耐"；还有的人将热爱祖国做奉献视为虚伪，而将自私自利不择手段视为应该），所以在宣传先进文化的时候要利用舆论、网络、政府宣传等各种途径，教导人们树立正确的价值观。这方面需要法律的强力支撑，当前在建设社会主义法治社会的背景下，用法律来保障文化宣贯是必需的手段。

支持有益文化意味着对那些对主流价值文化是有益补充的文化形态及社会思潮或现象加以支持，以价值文化为引领将主流文化的影响在社会中的各个方面渗透下去，加强其感召力。因为社会上充斥着各种各样的文化，而且还是不断发展变化的，所以在不同的时间、不同的地方、不同的环境下对于主流价值文化的作用是不同的。因此我们要有"统一战线"的战略思想，对于那些对主流价值文化是有益补

充的文化，就要大力支持。因为和主流价值文化相比，这些文化在某一方面、某一领域具有更加广泛的影响，更加深入人心，所以对这些文化的支持，实际上就是对主流价值文化的支持。比如对于中国传统文化来说，传统文化以"仁义礼智信"为核心的价值观，对于主流价值文化在很大程度上有支持作用。虽然在涉及四项基本原则等关键性问题上可能有一些冲突不和，但是在不涉及原则的很多领域，传统文化的优秀元素都可以作为主流价值文化的有益补充，所以就应该大力支持。

改造落后文化，对于哪些并不与主流文化产生直接冲突但也不符合主流文化的非主流文化，我们要充分发挥主流文化中核心价值观的引导、规范作用，将其改造为适合社会主义事业建设需要的文化。比如中国传统文化中一些具有一定积极意义但同时又带有封建迷信色彩或者可能产生消极社会作用的文化，我们就应当进行改造。对于那些与主流文化相反，严重影响主流文化的腐朽（反动）文化，我们要坚决抵制、控制、批判。比如西方文化中的无政府主义、泛自由倾向、极端利己主义等，就必须以主流价值文化加以规范限制，从而为主流文化在社会上的感召和影响发挥规导作用。改造落后文化，并不意味着对所有文化都需要进行核心价值观的改造，而且在主流价值文化的引领下，通过包括法律在内的各种手段，对于落后文化进行批判性改造，对于那些难以改造的需要控制、抵制甚至消灭。在这里，涉及到一个非常重要的问题，在当前社会相对和平的环境中，还存在敌我矛盾吗？如果不存在敌我矛盾，那么文化上的交锋就很难有抵制、批判、消灭之说。我们来看看国内外形势：国际上地区冲突绵延不断，恐怖袭击不断发生；国内社会矛盾时常爆发，民族冲突甚至暴力袭击事件偶有发生，而且我们与周边国家的摩擦也一直存在。更何况，西方反华势力时刻图谋的就是妄想利用经济制裁、文化腐朽等手段来阻挠社会主义中国的崛起。所以，我们认为，在当前形势下，敌我矛盾虽然不是主要矛盾，但是仍旧存在。因此，对于落后文化，我们必须坚持加以改造、抵制、批判甚至消灭。

2. 以主流价值文化为导向，开展积极、健康、有益的群众文化活动，占领文化阵地

文化必须为群众所接受才能发挥作用。党中央提出了"文化强国"战略，借此契机，我国文化建设更要从战略高度来大力推进。随着时代的发展，文化资源在经济建设中的地位和作用更加突出，已成为生产力的重要内容，主流文化的建设需要着力挖掘文化资源，以主流价值文化为导向，采取积极、健康、有益的群众文化活动潜移默化地影响人们群众的思想意识，将主流价值文化的价值理念和原则贯彻到各个阶层，为经济建设和社会发展提供精神动力。主流文化影响力的加强不是空泛的，需要在实践中进行，我们应当采取群众喜闻乐见及影响较大的方式进行主流文化的传播，将核心价值观的影响溶化到社会生活的方方面面。在实践工作中，要大力加强城市社区文化、广场文化、企业文化、校园文化、网络文化建设，尤其在遇

到价值冲突的时候，需要主流价值文化的明确价值标准，并依此做出准确评判与处理，从而为主流文化发挥规导作用。具体措施可以采用多种多样的方式，比如要大力加强农村文化建设，全面提高农村人口的思想文化素质，在广泛开展"三下乡"等文化扶贫活动的同时大力培养乡土文化队伍，加强农村文化阵地建设，满足农民文化需求，解决农村纠纷等。

3. 完善文化产业政策，以文化产业实体的形式大力提升主流文化的影响力

随着"文化强国"战略的进行，近年来各地大力发展的文化产业已经初见成效，这既是精神文明的进步也是物质文明的进步。我国对文化产业的界定是文化娱乐的集合，区别与国家具有意识形态性的文化事业。具体来说，文化产业基本上可以划分为三类：一是生产与销售以相对独立的物态形式呈现的文化产品的行业（如生产与销售图书、报刊、影视、音像制品等行业）；二是以劳务形式出现的文化服务行业（如戏剧舞蹈的演出、体育、娱乐、策划、经纪业等）；三是向其他商品和行业提供文化附加值的行业（如装潢、装饰、形象设计、文化旅游等）。文化产业在提供精神产品、影响人们思想观念上正在发挥着越来越大的作用，因此主流价值文化要利用好文化产业实体的宣传渠道，政府要加大扶持力度。在进一步迈开"经济文化一体化"新路子的过程中，我们要有意识地通过文化产业来宣传主流文化，有意识地将核心价值观的内容贯穿到文化活动的各个环节，从而提升主流文化的影响力和号召力。

三、对公众的感召作用

（一）主流价值文化对公众感召力的现状分析

1. 主流价值文化在公众中的影响力现状

党的十八大报告提出了"扎实推进社会主义文化强国建设"的任务和要求。要想达到这一目标，关键在于构造内在的精神支柱，即具有强力感召力的文化。

那么主流价值文化对公众的感召力究竟如何呢？这一点我们可以从改革开放以来我国社会越来越严重的道德失范现象来说明主流价值文化面对的困难与挑战。"目前我国公民道德建设方面还存在不少问题，社会的一些领域和一些地方道德失范，是非、善恶、美丑界限混淆，拜金主义、享乐主义、极端个人主义有所滋长，见利忘义、损公肥私行为时有发生，不讲信用、欺骗欺诈成为社会公害，以权谋私、腐化堕落现象严重存在。这些问题如果得不到及时有效解决，必然损害正常的经济和社会秩序，损害改革发展稳定的大局。"（《公民道德建设实施纲要》，2001年）一晃十多年过去了，社会道德水平仍然亟待提高，道德失范现象甚至有日益严重的趋

势：就食品行业而言。从曝光的新闻来看，奶粉里有三聚氰胺，猪肉里有瘦肉精，黄瓜有毒，海鲜里有抗生素，馒头里有染色剂，水果里有膨大剂，白酒里有塑化剂，食用油里有转基因原料，菜油里有地沟油，纯净水不如自来水……就医药行业而言，从曝光的新闻来看，药价暴利，药品制假，虚假广告，药品不达标，医疗器械不合格，医药诈骗，以及层出不穷的医疗事故……就教育行业而言，从曝光的新闻来看，海南万宁某小学校长带六名女生开房案，多地曝光的小学男教师奸污、猥亵女生案，清华大学、复旦大学投毒杀人案，西安音乐学院药某某杀人案，云南大学马某某杀人案，某某著名院士学术造假案……就传媒行业而言，从随处可见的网络、电视、报纸杂志所看到的是，各种猎奇的、黄色的、暴力的、宣扬错误思想的报道及图片充斥眼帘……还有文艺圈、演艺圈，各种丑闻满天飞，各种不以为耻、反以为荣的"出位"频频曝光……其他还有体育界的赌球案、某著名慈善机构被曝光挪用捐款等；官场腐败案曝光的就更多了，近年来政府严厉查处的大案要案都有不少。可以说，道德失范已经不是一个极少数、极个别的现象，而是一种普遍的社会现象了。

　　与道德失范现象紧密联系的是各种非主流文化的日益盛行。勤劳节俭是主流价值文化所提倡的，也是中华文明的优秀传统，但是现在社会上奢侈品消费却成了社会热点。媒体报道：继 2010 年"屈居"世界第二之后，中国的奢侈品消费在 2011 年坐上世界冠军的宝座。① 而且，社会上那些拥有千万豪车的富二代频频"炫富"，吸引大众眼球的同时也激起了各种"仇富"心理。这些都导致了人们对社会公平正义的怀疑，甚至导致一些激进者走向愤世嫉俗乃至危害社会的歧途。诚实正直也是主流价值文化所提倡的，但是现在很多人将老实肯干视为一种"弱智"，对各种"快速致富"趋之若鹜，且由于社会道德风气堕落，对于贪污受贿、卖淫嫖娼、包养情人之类不道德的、非法的事情缺乏严厉的舆论谴责，导致很多人认为"投机取巧、坑蒙拐骗"就是聪明，诚实守信就是愚蠢。古人有"粉身碎骨浑不怕，要留清白在人间"的气节，现在很多人却是为了权、钱、色可以出卖任何东西，包括肉体和灵魂。在以前，亲情、友情、爱情是值得珍惜的东西，而现在唯一值得珍惜的东西就是金钱以及与金钱相关的权势。曾经的"熟人社会"，人与人之间的温情不见了，取而代之的是"陌生人社会"，人与人之间变成了赤裸裸的利益关系。在以前，"文以载道"是一种美德，现在"以文坏道"成为了时尚，很多文人、写手毫无社会责任心和道德感（甚至某些著名作家所写内容"粗俗、低级、下流"，还自我标榜为"不俗不成文"），从整个社会来看，"庸俗、低俗、媚俗"之风盛行，极大地败坏了社会风气。更为严重地是，很多年轻人丧失了人生理想和信念，甚至走向自杀。据世界卫生组织统计，全球每年约 100 万人死于自杀，在我国每年约有 25 万

---

① 《中国奢侈品消费全球第一》，《北京日报》，2012 年 2 月 3 日。

人死于自杀、200万人自杀未遂,自杀已经成为15岁到34岁的青壮年人群的首位死因。①

客观地说,中国主流价值文化对公众的感召力还有所不够,有待进一步提高。其现状有点像"阳春白雪"与"下里巴人"的分野一样。《楚辞·宋玉答楚王问》这样记载:楚襄王问宋玉曰:"先生其有遗行与?何士民众庶不誉之甚也!"宋玉对曰:"唯然,有之!愿大王宽其罪,使得毕其辞。客有歌于郢中者,其始曰'下里巴人',国中属而和者数千人;其为'阳阿薤露',国中属而和者数百人;其为'阳春白雪',国中属而和者不过数十人;引商刻羽,杂以流徵,国中属而和者,不过数人而已。是其曲弥高,其和弥寡。"从中我们看到,当歌者起初吟唱大众喜欢但格调或许不高的"下里巴人",国中一起跟着唱的人有数千人,当歌者唱"阳阿薤露"时国中和者只有数百人,当歌者唱"阳春白雪"时国中和者不过数十人,当歌曲再增加一些高难度的技巧,即"引商刻羽,杂以流徵"时国中和者不过几个人而已。宋玉的结论是"是其曲弥高,其和弥寡。"当前中国主流价值文化对公众的感召力颇有点像宋玉所说的"阳春白雪"的意思,虽然宣传灌输的不少,但在公众中产生的影响并没有达到理想效果。相反,非主流文化却在公众中有着巨大影响力。毛泽东《在延安文艺座谈会上的讲话》曾这样说,如果文化不能转变为人民群众乐意接受的方式,那么文化就只能成为一种自命清高的空中楼阁。事实上也正是如此,目前社会上更加流行一些"俗文化",譬如在酒桌上,人们往往谈论更多的是一些庸俗的话题,甚至认为没有"荤段子"就没有气氛;而在农村,乡干部召集村民开会,村民屡屡不来,而打麻将、赌牌却不呼而至;即使在日常生活和工作中,人们更多地也是将利益、享受、娱乐、刺激等话题挂在嘴边。这一方面显示人们群众需要主流价值文化的正确引导和教育,但另一方面也显示出主流价值文化需要更加紧密地联系群众,以公众认可的方式广为传播以提高其感召力。

2. 主流价值文化在公众中感召力不够的原因分析

从主流价值文化自身来说,其传播方式需要进一步贴近现实,要加大力度通过各种途径扩大影响,以达到深入人心,让人们心悦臣服地接受。这项工作如果流于表面,或者不能长效坚持,那么就很难达到效果。目前政府也在大力加强这方面的宣传教育,相对于以前取得了良好的效果,但面对目前非主流文化泛滥的局面,还需要进一步努力。

从公众影响来说,非主流文化影响下的公众价值取向迷失是主流价值文化感召力不够的根源。主流价值文化对于公众的感召作用类似走入"阳春白雪"式的处境,除开自身的原因之外,另外一个重要原因就是非主流文化以对人们思想的腐蚀。非主流文化具有积极社会作用的同时也具有消极作用,甚至有的非主流文化与

---

① 《我国每年25万人死于自杀》,《新民晚报》,2013年9月11日。

主流价值文化是相违背的。尽管如此，相对于道德要求较高的主流价值文化来说，非主流文化适应了人们多样化的需求而更容易被人们所接受。非主流文化对于公众来说带有新鲜感，尤其是改革开放以来各种新思潮的大量出现，导致人们在短时期内接受了大量以前从未接触过的思想观念，从而直接导致对我国一直提倡的社会主义主流文化的怀疑和迷茫，甚至产生抵触和反对情绪。而传统文化中的封建迷信思想也沉渣泛起，卖淫嫖娼、吸毒赌博也有泛滥的趋势，再加上西方敌对势力利用经济、政治、宗教、民族及文化自身的各种途径有意识地影响我国社会，这也进一步加大了公众价值取向的混乱与迷失。

从人性上来说，克服极端利己的非道德倾向也需要一个长期的过程。为什么非主流文化能够对公众产生更大的影响呢？这也涉及到深层次的人性根源。市场经济空前地激发了人们对自身权益的要求，私有财产成为神圣不可侵犯的东西，在这种利己主义推动下，一旦涉及"个人利益"与"集体利益"（单位、集体、国家利益）相冲突的时候，人们很难将集体利益放在首位，而大多数人更加重视的是个人利益。非主流文化之所以受到广泛接受，一个重要原因就是迎合了每个人的不同利益诉求和利己动机。西方思想家康德曾经认为人性中有"恶的倾向"，并认为恶的倾向有三个层次："第一，人心在遵循已被接受的准则方面的一般软弱无力，或者说人的本性的脆弱；第二，把非道德的动机与道德的动机混为一谈的倾向（即使这可能是以善的意图并在善的准则之下发生的），即不纯正；第三，接受恶的准则的倾向，即人的本性或者人心的恶劣。"①这表明了人可能为恶的三个方面，一是本来人们应当廉洁奉公、爱岗敬业的，但是因为人性的脆弱，克制不了内心的欲望，尽管受到良心的谴责，但还是选择了同流合污、玩忽职守；二是虽然也在做好事，比如给灾区捐款，但是同时混杂了"想出名"、"想借此申请免税"等各种非道德的动机，结果好事打了折扣；三是人性的堕落，损人利己，不惜以身试法，甚至丧心病狂，危害社会。康德在具体分析人的本性中的这三种趋恶倾向之后说："在人这里，即使是在（就行动而言）最好的人这里，都提出了趋恶的倾向，也就是说，趋恶的倾向在人们中间是具有普遍性的。"②先秦思想家荀子干脆说："性恶，其善者伪也。"（《荀子·性恶》）在他看来人的天性就是恶的，之所以后天变得有道德是因为礼义教化的结果。虽然我们并不完全赞同康德与荀子关于人性的观点，因为正如马克思所认为的，任何脱离现实社会的所谓超社会、超阶级的抽象人性都是不现实的，"人的本质并不是单个人所固有的抽象物。在其现实性上，它是一切社会关系的总和。"③在马克思看来，人的本质并不是一种抽象的离开了经济、政治、文化、社会环境的存在物，而是与社会实践紧密联系的现实存在物。尽管康德和荀子都谈到了

---

① [德]康德：《单纯理性限度内的宗教》，李秋零译，中国人民大学出版社2003年版，第14页。
② [德]康德：《单纯理性限度内的宗教》，李秋零译，中国人民大学出版社2003年版，第15页。
③ 《马克思恩格斯全集》第3卷，人民出版社1972年版，第5页。

人性似乎有超阶级的一面，但是在马克思看来，更重要的是对现实"社会关系"的分析，因为人性在现实中表现出来的种种行为，正是和社会关系息息相关的。所以，从当前我国市场经济日益发达的背景下来说，由于市场经济的强力介入和西方腐朽思想的侵蚀，人们以自我为中心的求利动机确实被空前激发出来了，人们往往只对能带来物质利益的事物感兴趣，对一些抽象的价值文化、道德修养等不感兴趣甚至产生抵触、反感心理。正是这种根植于人性的（极端）利己主义思想使得很多人将个体性价值置于一切价值之上，以"自我"为中心衡量一切社会现象，只要触犯了或不满足自我利益的行为、观念乃至政治、经济制度都将其视为错误的、不公正的。所以在面对这些状况的时候，我们应当找到切实可行的方式，引导、奖赏、规范、惩戒并行，德法同治，以加强主流价值文化在公众中的公信度、认同度和凝聚力、渗透力，引导公众树立正确的价值取向及行为方式。

（二）民心向背：加强主流价值文化对公众感召力的核心

中国主流价值文化的感召力问题实质上关涉的就是民心向背问题，民心向背是一个政党、一个国家、一个民族生死存亡的根本。

我党60多年执政的成功经验可以凝聚为一句话，即"坚持立党为公、执政为民，始终保持党同人民群众的血肉联系"。中国共产党来自于人民、植根于人民、服务于人民，在领导人民群众夺取政权过程中获得了最广大人民群众的支持。可以说，执政党的执政能力建设过程实际上是如何持续不断地提高对人民群众的感召力、获得人民群众支持和认同的过程。执政能力越强，越容易得到人民群众的认同；相反，执政能力越弱，感召力和认同感也越低。一个政党要维持和增强人民的认同，巩固自身执掌政权的地位，就必须不断提高执政能力，并将这种执政理念通过主流价值文化向全社会宣传灌以形成上下一心的良好格局。

主流价值文化之所以在目前市场经济社会中没有充分发挥其感召力的原因就在于"为人民服务"的宗旨在某些方面、某些官员身上没有得到彻底落实，甚至就整体而言，在某些领域比改革开放以前可能还有所退步，从而严重损害了党和政府在人们群众中的威信。从整体上来看，中国共产党领导全国各族人民经过改革开放三十多年的发展，我国已经从一个贫穷落后的国家变成了一个综合国力得到大幅提升、人民生活水平有了巨大改善的国家。我党创立了丰功伟业是举世瞩目的。但是，在当前社会中影响公平正义的地方还有一些，社会矛盾也时有爆发。究其根本，就在于一些领导干部由于种种原因而贪赃枉法，人民群众的利益收到了损害。不患贫而患不均，当老百姓的利益得不到保证，贫富差距又日益扩大的时候，社会就很难保持和谐稳定。

从当前人们最为关心的重大问题来说，民心向背与反腐败紧密相联。中共中央总书记习近平同志在当选后的首次亮相中就以"打铁还需自身硬"来表露反腐决心，又以"物必先腐，而后虫生"之说警示官员，并强调"腐败问题越演越烈，最终必然会亡党亡国"。近年来，习近平总书记在不同场合反复强调："我们共产党人决不能搞封建社会那种'封妻荫子'、'一人得道，鸡犬升天'的腐败之道！否则，群众是要戳脊梁骨的！"① 唐人陆贽曾云："贿道一开，辗转滋甚，鞋靴不已，必及衣裘；衣裘不已，必及币帛；币帛不已，必及车舆；车舆不已，必及金璧。"反腐败事关国家兴亡，在中国五千年的历史中，因为统治阶级的腐败问题导致国家最终灭亡的惨痛的历史有很多，全世界由于统治阶级的腐化、自甘堕落导致国家丧亡的历史也有很多。惨痛的历史教训严肃地告诉我们，腐败问题关涉民心向背，关涉政治根基，腐败不除，任凭腐败滋生、蔓延，最终必将亡国亡党。新中国成立后的第一场大规模整风运动是1951年底发起的"三反五反"运动，"三反"指的是在党政机关中进行"反贪污、反浪费、反官僚主义"的斗争。"三反"历时近一年，共查出贪官120.3万人，其中县级以上干部4029人；与该运动同时开展的整党工作持续时间更长，共开除党员23.8万人，劝退9万人。1952年初，刘青山、张子善因贪污被处以死刑。毛泽东后来说，"我们杀了几个有功之臣也是万般无奈……杀他们两个，就是救两百个、两千个、两万个啊……问题若是成了堆，就是积重难返了啊。崇祯皇帝是个好皇帝，可他面对那样一个烂摊子，只好哭天抹泪去了呦。我们共产党不是明朝的崇祯，我们决不会腐败到那种程度。"习近平总书记在纪念毛泽东同志诞辰120周年座谈会上的讲话中也指出，"新形势下，我们要坚持和运用好毛泽东思想活的灵魂"。1963年11月毛泽东在接见阿尔巴尼亚总检察长时说："对付贪污浪费分子，单靠用行政的办法、法律的办法是不行的，要依靠群众的力量。检察院、法院和公安部门，同党的工作，同群众的工作要配合起来比较好些。比如讲，铺张浪费、贪污分子，他们就是怕群众，叫做上下夹攻，他们就无路可走了。"

得民心者得天下，失民心者失天下，人民群众的拥护和支持是党执政最牢固的根基。党的十八大以来，我党从严治党的深度、广度与力度前所未有，广大人们感觉到歪风邪气在不断消散、清风正气在不断上升、好传统好作风在不断回归。2015年国家统计局问卷调查结果显示，91.5%的群众对党风廉政建设和反腐败工作成效表示很满意或比较满意。中国社科院一个问卷调查显示，93.7%的领导干部、92.8%的普通干部、87.9%的企业人员、86.9%的城乡居民对中国反腐败表示有信心或比较有信心。② 这从侧面印证了党风廉政建设和反腐败斗争顺党心、合民意，赢得了全党全国人民的真心拥护和坚定支持。在当前经济发展取得巨大发展，但社会公正问题（腐败问题）仍旧较为严重的情况下，反腐败正是顺应民心的英明举

---

① 《习近平关于党风廉政建设和反腐败斗争论述摘编》，人民网，2013年1月22日。http://theory.people.com.cn/GB/68294/392503/.

② 人民日报评论员：《正风反腐顺党心合民意》，http://www.wenming.cn/wmpl_pd/zmgd/201601/t20160115_3090129.shtml.

措,赢得了人们群众的广泛支持和拥护。目前我党采取的发动人民群众共同参与反腐败的行动取得了良好效果,很多贪官污吏的下马都是人民群众的举报,相关部门对这些腐败分子的惩处也大快人心。可以说,目前中央不断推向深入的反腐败运动取得了巨大成效的同时也极大地振奋了人心,极高地提升了政府在民众中的威望,自然也极大地提高了主流价值文化的社会感召力。

"权为民所用,情为民所系,利为民所谋"已成为党和政府执政思路的核心,一系列亲民、利民、惠民的政策已经广为人民群众所拥护,中国主流价值文化要代表先进文化的前进方向,对于在改革发展过程中遇到的问题和矛盾要在充分考虑人民群众利益的基础上加以妥善解决,提高其在人民群众中的影响力和感召力,带领全国人民踏踏实实地沿着社会主义道路继续前行。

(三)加强主流价值文化对公众感召作用的途径

从制度设计的根本性层面来说,制度化和法律化是主流价值文化建设的关键。从近现代西方政治家在构建其主流价值文化的过程来看,采取的一个关键步骤就是使所设计的价值体系制度化、法律化,其重要体现就是实行宪政。[①] 从主流价值文化的建设角度来看,宪政就是讲所设计的价值体系方案通过一定的程序转变成具有最高权威的宪法,通过宪法的权威性使价值体系及其要求贯彻到政治生活以及社会生活的方方面面,任何人包括执政者都不能改变价值体系的内容,都不能违背价值体系的原则,这样就从制度和法律上保证了主流价值文化对公众的权威性,同时这些价值体系原则本身又是民主政治的体现,是民意的体现,所以又能保证其拥有对公众的感召力和影响力。

从大力提升主流价值文化感召力的具体途径来说,主流价值文化需要通过公共管理、文化传媒、学校教育等领域加强宣传和渗透以体现出来。其主要依靠的是党和政府、思想教育、大众传媒三方面的力量(如表5-1所示)。[②]

表5-1

您认为构建主流价值文化主要依靠				
	频率	比例%	有效比例%	累计比例%
党和政府	1746	21.4	22.6	22.6
思想教育	3675	45.1	47.6	70.3
大众传媒	1879	23.0	24.4	94.6
其他	416	5.1	5.4	100.0
合计	7716	94.6	100.0	

---

① 江畅:《论价值观与价值文化》,科学出版社2014年版,第268页。
② 江畅:《论价值观与价值文化》,科学出版社2014年版,第63页。

从路径建设来说,一方面,主流价值文化感召力的增强要通过各种群众喜闻乐见的方式表现出来,将主流价值文化的影响普及到社会的方方面面,在思想上让公众了解、理解、接受主流价值文化;另一方面要形成正确良好的社会风气,要下大功夫,要解决人民群众密切关注的问题。比如现在中央正在大力实施的"反腐败",自党的十八大以来(截止 2014 年 7 月),共有 39 名省部级(含)以上官员落马,其中包括前政治局常委周永康,副国级官员徐才厚、苏荣,正省部级官员蒋洁敏、李东生、李崇禧、申维辰等;还有中央对"见义勇为"者的重奖,对不法分子的严厉打击等。这些举措解决的问题正是人民群众所密切关注的,问题解决得越好,就越能提高政府的公信力,越能提高主流价值文化的感召力。"阳春白雪"固然要求比较高,因为主流价值文化要求每个人至少成为遵纪守法、诚实友爱、勤劳爱国的道德君子,在这个经济利益至上的社会中对很多人来说似乎显得感召力不够(毕竟社会上通过不法手段、不道德行为"生财"的反面例子不少),但是一旦将"阳春白雪"落到了实处,通过现实中的实践行为将主流价值文化真正贯彻下去了,那么主流价值文化就一样会成为人们拥护的流行文化。

1. 主流价值文化大众化,完全融入民众

加强主流价值文化的公众感召力需要将文化主动融入民众,使主流价值文化大众化、普遍化。主流价值文化是在大众的生活理想和生活方式选择中发挥实际支配作用和支配性影响力的文化,主流价值文化既要占领道德和舆论高地,引领社会主流价值观,又要主动融入大众,加强与大众的对话和沟通。主流文化要注意引导和善待各种类型的大众文化,主流只有"大众",才能真正成其为主流;只有以自身的权威和鲜明的价值导向,才能抵御低俗之风、引导规范非主流文化;只有让普通大众都接受,大俗大雅,雅俗共赏,才能更好地被大众所接受,才能走进大众,贴近民心,才能实现其功能和价值,才能成为国家和民族精神的支柱。人民群众是推动历史发展的决定力量,是历史发展的真正动力。正如毛泽东所指出的那样:"人民,只有人民,才是创造世界历史的动力。"[①]正是因为人民群众是人类社会发展的决定性力量,所以中国主流价值文化的发展离不开人民群众。文化来源于群众,最终又必须回到群众、融入群众。主流文化建设应坚持以人为本、服务群众的宗旨,以人民群众接受不接受、满意不满意为标准,努力创造贴近群众、贴近生活、贴近实际的各种形式,使主流价值文化走进千家万户,从而增强全社会的文化意识。

文化源自群众、回到群众首要的是转变政府职能,凸显政府的服务职能。主流价值文化是执政者所认同、支持、宣贯的文化,执政者自身作风的好坏对主流价值文化的公信力、认可度起着决定性的作用。共产党员以服务人民为宗旨,但是近几

[①] 《毛泽东选集》第 3 卷,人民出版社 1991 年版,第 1031 页。

年来发生的如"乌坎事件"①等严重群体性事件已经为我们敲响了警钟,党员干部沉不下去、不愿、甚至惧怕和群众面对面,导致想不到群众所思、听不进群众所讲、弄不清群众所盼、搞不懂群众所为,如果任其发展下去,主流价值文化对社会的引领就会成为空中楼阁。因此,提高主流价值文化的感召力首先表现在对党员干部的教育上,以主流价值文化为引领确立党员干部正确的人生观、价值观、世界观。

在具体宣传措施中,提高主流价值文化的感召力除了要更加注重主流文化在传统公共管理、文化传媒、学校教育等领域的传播外,对于深受群众喜爱的形式也要引起高度重视。比如作为社会主义先进文化重要组成部的"群众文化"的地位正在不断提高,它的功能和作用不断增强,在丰富和活跃人民群众的文化生活方面发挥着巨大的作用,主流价值文化的宣贯就应当把群众文化视为引领社会思潮的重要阵地。人们物质生活水平的提高必然带来提升精神生活的追求,老百姓已经不满足于作为观众去欣赏节目,而是要参与其中,表现自我,体现自我的价值,展示自我的风采,群众文化活动的广泛参与性正应和了人们的这种需求。比如风靡大江南北的"广场舞"就是这样,尽管不可避免地出现了一些疑似"扰民"的弊端,但总体而言,其流行程度是无可置疑的。群众文化来自于广大人民群众生活实践及其所创造的精神财富,满足了人民群众的精神文化需求,这是广大群众参与的前提,也是群众文化工作赖以生存的基础。群众文化工作来自于群众,其价值体现在为广大群众服务,群众文化工作的目的就是通过丰富多彩的活动使人民群众放松身心、得到愉悦,为社会稳定服务,为经济建设提供精神支持。因此,中国主流价值文化的建设更要充分利用群众文化这一途径,广泛开展社区文化、村镇文化、企业文化、校园文化、家庭文化等日常性群众文化活动以及各种主题性群众文化活动,激发人们的参与热情,使得广大群众在各种健康有益的文化活动中通过自编自演的文艺节目展示风采、提升道德素质;通过这种群众喜闻乐见的文化活动方式来增强中国主流价值文化在人民群众中的公信度、认同度和凝聚力、渗透力,努力使群众文化在先进文化引领下更好地发挥作用。

马克思曾说:"只有在集体中,个人才会获得全面发展自我才能的手段,也就

---

① 乌坎事件:2011年9月21日上午,乌坎村400多名村民因土地问题、财务问题、选举问题对村干部不满,到陆丰市政府非正常上访,当日下午,上访部分村民在村里及村周边企业聚集、打砸、毁坏他人公共财物和冲击围困村委会、公安边防派出所。9月22日上午,部分村民组织阻挠、打砸进村维持秩序民警和警车,六部警车被砸坏。汕尾派出工作组到陆丰督导,陆丰市、东海镇组成工作组进村做工作、回应诉求、维持秩序,9月22日晚平息事态,23日乌坎村内恢复了正常秩序。11月21日10时35分又有400名左右的乌坎村民聚集到陆丰市政府门口非正常上访,打出"打倒贪官","还我耕地"等标语。当天下午及第二天,在组织者策划下,发生几次数百人在村内聚集活动。事件发生后,汕尾和陆丰市两级党政开展全面进村入户做村民工作,部分村民的思想开始往好的方向转化。村民在罢市、罢渔3天后,于11月24日恢复正常生产生活秩序。至26日,村里的白布标语、大幅宣传画已自行拆除。事态得到平息,秩序正常。

是说，只有在集体中才可能有个人自由。"① 无论是提升人民群众的"幸福感"，还是处理好整体性价值与个体性价值的矛盾关系，中国主流价值文化始终要以人民群众为依托，从群众中来，到群众中去，始终不渝地坚持社会主义先进文化的前进方向，引导各族人民塑造崇高人格和民族精神品格，培育和谐的人际关系，凝聚起人民群众团结奋斗的共同意志，为建设和谐幸福的精神家园及中华民族的伟大复兴而奋斗。

2. 重点抓好四大人群的宣传教育

近日习近平总书记在沪考察期间就着力培育和践行社会主义核心价值观提出了明确要求，强调要面向社会做好这项工作，特别要抓好领导干部、公众人物、青少年、先进模范等重点人群。② 这四大重点人群，对培育和践行社会主义核心价值观至关重要，抓好这四大重点人群的工作就是加强主流价值文化公众感召力的关键。

其一，党员干部负有主体责任。

主流价值文化要求的首要对象就是共产党员和领导干部，如果党员和领导干部不能达到主流价值文化的要求，甚至与之相反，那么就会产生极坏的社会影响，动摇主流价值文化的群众根基。党员及领导干部是社会主义建设事业的骨干，是党和政府各级部门中的领导者和组织者，在践行主流价值文化方面负有非常重要的主体责任。总体来说，我们党的干部队伍中大多数是好的，也涌现了以焦裕禄、杨善洲为代表的一大批优秀领导干部，但是我们也要清醒地认识到，一些党员和领导干部在非主流文化中腐朽思想的影响下立场动摇、道德滑坡、行为失范，如近期曝光的"腐败门""艳照门""赌博门""风水门"等已不是个别现象。从近年来下马的官员来看，这些人在表面上都高扬社会主义核心价值观，背地里的行为却与此完全相反；表面上尊重群众、为群众服务，背地里却是疏远群众甚至压制、迫害群众，这些都产生了非常恶劣的社会影响，对主流价值文化在公众中的感召力形成了极坏的消极影响。要想加强主流文化的感召力，就必须大力加强党员和领导干部的核心价值观建设。要坚持从严管党、从严治党，特别是对于领导干部要建立完善的教育机制、监督和惩罚机制，严明党纪国法，尤其对于当前群众意见很大的"四风"问题要严格查处。对于"形式主义"来说，群众反映最突出的是领导干部追求形式、不重实效，图虚名、务虚功、工作不抓落实；对于"官僚主义"来说，群众最不满意的是办事推诿扯皮多，效率低下，不作为、不负责任；对于"享乐主义"来说，基层和群众反映最多的是一些领导干部安于现状、贪图安逸，缺乏忧患意识和创新精神；对于"奢靡之风"来说，群众最不满意的就是大手大脚、铺张浪费。党员和领导干部如果不能带头践行主流价值文化，不能刹住"四风"，那么就必然导致与群

---

① 《马克思恩格斯全集》第13卷，人民出版社1972年版，第34页。
② 刘靖北：《突出抓好四大重点人群——培育和践行社会主义核心价值观笔谈之十》，《文汇报》，2014年7月23日。

众关系的恶化,甚至导致矛盾激化,造成群众越级上访或过激行为。"四风"一方面使党脱离群众、丧失密切联系群众的最大政治优势,另一方面使群众同党若即若离乃至离心离德,长此以往,必将从根本上破坏党同人民群众的血肉联系。因此党员干部要继承和发扬党的优良传统,沉到基层,拜群众为师,与群众交友,了解民情、反映民意、集中民智、珍惜民力、符合民愿。只有党员干部以身作则,成为带头践行主流价值文化的先进和模范,一切为了人民、一切依靠人民、全心全意为人民服务,才能在广大人民群众中产生实际影响。对于主流价值文化的传播来说,需要每一名党员干部都要从严要求自己,以严格标准加强自律,坚定理想信念,坚守共产党人精神追求,以身作则、率先垂范、讲党性、重品行、作表率,自觉在培育和践行社会主义核心价值观方面带好头,以自己的模范行为和高尚人格感召群众、感染群众、带动群众,形成良好的社会风气,才能让人民群众从心底里接受主流价值文化,才能带领人民群众齐心协力建设社会主义美好家园。

从严治党是提高党和政府公信力,增加主流价值文化感召力的关键。2015年10月21日中共中央印发了新版《中国共产党纪律处分条例》。相对于旧版,很多条例对于共产党员先进性的要求更严,比如对"妄议中央"的严厉惩罚等。这些措施非常及时,因为"妄议中央"背后的实质是以各种非主流的(反主流的)文化思想来对抗社会主义文化,对抗核心价值观,削弱党和政府在群众中的威望,消解主流文化在群众中的影响力。从行动上似乎没有明显的违反法律法规,但是对人们的思想危害极大。2013年和2014年,习总书记两次在不同场合表示:"宗派主义必须处理,山头主义必须铲除"。而且,自党中央的"八项规定"执行以来,人民群众反响热烈,对严厉党风、保持党的纯洁性的做法交口称赞。党风廉政建设是政治清明、社会稳定、民风向善的关键,也是主流价值文化深入民心的根基。有全党上下齐心协力,有人民群众鼎力支持,我们一定能够打赢党风廉政建设和反腐败斗争这场攻坚战、持久战。

其二,"公众人物"应当宣传社会"正能量"。

相对于普通人群而言,公众人物具有更大影响,对于良好社会风气的塑造也负有更大责任。目前公共人物言行不端的曝光越来越多,也引起了人们越来越多的关注,因此对于公众人物的言行需要规范,要引导其成为道德卫士,即使不能成为道德楷模,但是绝对不能表现得低级趣味甚至无耻下流。以明星偶像为例,这种呼风唤雨的号召力是把双刃剑,当他们以自己的才艺美德成为"天使"时,带给社会的是真善美的正能量;当他们的思想行为变身"魔鬼"时,泼向公众的便是假恶丑的负能量。抓好重点人群,把包括娱乐明星在内的公众人物置于公众的监督之下,适时进行主流价值文化教育,是净化社会风气、倡导文明新风的必要手段之一。

公众人物的影响是一把双刃剑。这些年明星涉及"黄赌毒"等不端违法行为被曝光的很多,造成了极坏的社会影响。从一些明星对吸毒危害的漠然无知到染上毒瘾后的一犯再犯，表明在对待这个令当今所有国家头痛不已的社会问题上，明星们的道德修为和情感智商并不比普通人高，甚至由于所谓"职业的特性"，明星有时对毒品的依赖度更高（譬如有的艺人所谓"吸毒有助于找到灵感"等奇谈谬论），因而往往也更难从毒品的阴影中彻底走出来。另一方面，公众人物的特殊身份，又使他们不得不承担更多的公共责任。当人们把明星称之为大众偶像时，不仅是他们扮演的角色给社会带来了崇拜的心里寄托，同时无数的期待也把明星推向了社会价值评判的标杆性高地。明星脱颖而出成为公众偶像，意味着他们占有的社会资源非比寻常，拥有的话语权超越常规，具有的影响力成倍放大，面对那些动辄数百万上千万的粉丝，明星们的一言一行、一举一动被赋予了"国民形象"的示范意义。对于明星的这种强势地位既可以使他们成为公众仿效的榜样，但是一旦丑闻缠身，又可能遗祸社会、害人不浅。正是这样，不论是对娱乐圈公众人物还是其他领域的公众人物，必须加强管理，必须引导其成为道德模范，即便不能成为道德模范，至少也不能成为社会风气的祸害者。

从主流价值文化的宣传来说，公共人物负有宣传、弘扬社会正能量的道义责任。从积极的角度来说，公众人物具有较大的社会影响力，其一言一行如果都能够符合主流价值文化的基本要求，都能够宣扬"正能量"以激励公众共同效仿，那么对于改善社会风气，提升道德社会文明水平具有极大的好处。比如在震惊世界的2008年四川"汶川大地震"救灾活动中，5月12日地震爆发，著名影星成龙于5月16日就已经抵达成都，除了向灾情严重的德阳市捐赠价值百万的食品和饮料外还亲自前往重灾区绵竹等地看望医院中的受伤灾民。而且在这之前，对地震死难者沉痛默哀过后的成龙，还专程从香港赶到了北京并于13日从成龙和杨受成公益慈善基金中通过民政部向灾区捐赠了一千万元；为此他还与众多艺人录制了一首赈灾的歌曲，鼓励灾区人民战胜灾害。同样作为公众人物的李连杰，刚结束《功夫之王》的宣传活动就带领着"壹基金"的志愿者们共同运送灾区所需的物资，并亲自挽袖上阵，帮助搬运救灾物资。李连杰在搬运救灾物资的时候说："我现在不是李连杰，我是志愿者。"很多网友都被李连杰在赈灾活动中累得满嘴起泡的场面感动了。明星捐款不罕见，而当事人亲赴灾区、身体力行地参与灾区重建的确不多见。久负盛名的87岁老艺术家秦怡捐出了她全部的积蓄20万元，她说："去年患有严重糖尿病的儿子已经去世了，现在没有牵挂了，愿意把这20万元存款捐出，去帮助灾区那些更需要帮助的人。"这些公众人物的正面事例起到了积极的社会影响，而那些没有捐款甚至表示不愿意捐钱的公众人物则给社会造成了恶劣的负面影响。可以说，主流价值文化感召力的提升离不开公众人物宣传，在这方面各级政府要积极做好公众人物的工作，加强同公众人物的联系，引导他们在培育和践行主流价值观上发挥更加积极的作用，激励他们为实现中华民族伟大复兴贡献聪明才智。当然，公众人物本身并非完美，我们也并不要求公众人物一定成为"圣人",但是公众人物绝对不能自甘堕落,而是要自觉把培育和践行主流价值文化作为一种社会责任,加强思想道德自律,珍视自己的社会形象,给广大关注"他(她)"的公众带好头,发挥"正效应",增添"正能量"。

其三,应当充分发挥先进模范的带头作用。

先锋模范往往以自己的理想信念、价值取向、先进事迹等对社会产生广泛影响,是群众眼中的榜样和道德标杆,也是主流价值文化的良好教材。发挥先锋模范榜样作用,就意味着将主流价值文化通过他们的人格魅力和事迹去影响公众,形成蔚然成风的良好风貌。社会上从来就不缺乏先锋模范,比如全心全意为人民服务发扬"螺丝钉精神"的雷锋、与病魔顽强斗争鞠躬尽瘁的焦裕禄、甘当老黄牛具有"铁人精神"的王进喜、紧跟党走带领群众致富的史来贺、满腔热血奉献祖国航天事业的钱学森等,这些先锋模范对每一代人都起到了巨大影响,时至如今我们还在向他们学习。

不过,在关心、爱护先锋模范并为他们创造良好环境的同时,也要改进先锋模范人物的宣传方式。因为现在已经是市场经济下的各种非主流文化大肆流行的时代,在这个时代中对先锋模范的宣传要摈弃过去那种不食人间烟火的"高大全"形象,要将先锋模范人物的事迹与日常生活结合起来,将以前过于概念化的宣传模式转变为鲜活的具有真实人性的普通人物形象,这样才能让公众从心底里接受并认可他们,而不是怀疑其真实性。在这方面即使是一些看起来普通的(并非惊天动地的)品质也可以广为宣传,比如近年来时常见诸报端的丈夫(或妻子)因病成为植物人,妻子(或丈夫)几年甚至十几年如一日不离不弃的事迹就真实感人,《爱,让我们坚持——一位警察妻子写给"植物人"丈夫的600篇日记》[1]以及《警察丈夫追凶摔成植物人,结发妻子悉心照料终创奇迹》[2]就非常感人,这些平常人物的先进事迹就值得宣传。而中央媒体举行的"感动中国人物评选",以及中央文明办等单位举行的"全国道德模范评选"等节目都产生了良好的社会影响,那些"助人为乐"、"见义勇为"、"诚实守信"、"敬业奉献"、"孝老爱亲"的道德模范就是生活中活生生的主流价值文化的宣传者和践行者,是我们"眼前的人、真实的人"。

当然,在宣传先进模范的同时,对于那些负面典型的宣传必须严格管理。比如现实中各种媒体对于一些负面的、消极的东西的宣传(甚至涉及暴力、色情等内容)以吸引眼球、增加点击率,这些行为必须严格管理甚至予以法律制裁。即使是

---

[1] 2005年10月1日,罗金勇在与三名毒贩的英勇搏斗中,被犯罪分子用石块和木棍击中脑部。从那一天起,他再也没有醒过,唯有时而的痉挛还证明着他的生命。也是从那以后,罗映珍开始每天念日记来激发"植物人"丈夫的生存意志。这样的场景日复一日,一年多的时光悄然过去,罗映珍不知不觉写下了600多篇饱含着真情和热泪的日记。如今,年轻的妻子还在默默地坚持,她这样写道:"爱,是我们坚持的最大力量!"(http: //news. xinhuanet. com/politics/2007-05/11/content_6087579. htm)

[2] 2008年9月14日,铁路民警李伟进在追拿歹徒时不幸摔成植物人。此后的400多个昼夜里,妻子祝琴仙从没离开过昏迷不醒的丈夫。她每天都再三地亲吻丈夫,希望能将其唤醒。2009年11月15日,这一爱的奇迹终于出现。http: //news. 163. com/09/1124/06/5OS5U1M4000120GR. html。

对同一个事件的报道也要客观、真实并考虑社会影响，如2010年3月23日南平市延平区实验小学门口发生特大凶杀事件，死亡9人、4人受伤。当天红网就刊发了专题《南平杀人狂魔背后错谬的人生轨迹》；3月25日，《广州日报》以专版的形式花了二分之一的版面以《涉嫌故意杀人郑民生被批捕》为题，重点通分析了郑民生的许多细节；3月25日，《青岛新闻网》以《歹徒匕首捅入小学生胸口搅动数下》为题，渲染郑民生手段的残忍。这些报道的渲染、取向都存在不同问题，给受众造成了严重的心理恐慌甚至留下心理阴影。相反，有的媒体对于那些先进模范人物事迹的宣传报道却是很不够的，通篇报道的都是非主流的东西，这都需要严格管理与规范。

其四，必须大力加强青少年的价值观培育。

年轻人如早上八九点钟的太阳，是国家和社会的未来。不过青少年时期正是价值观形成的关键时期，其价值取向决定了未来整个社会的价值取向，因此抓好青少年的核心价值观教育，就抓住了未来，就管住了长远。但是现在社会上主流价值文化淡化，道德失范现象比比皆是；人们对于是非、善恶、美丑的认识不清，甚至颠倒黑白；不讲信用成为公害，腐化堕落现象严重存在。这些都对青少年的健康成长形成了严重的负面影响。青少年正处在价值观形成的关键时期，如果没有正确的价值观就会接受各种错误的价值观，甚至走上违法犯罪的歧途。客观来说，各种非主流文化的盛行导致青少年价值观的扭曲，为此，加强青少年社会主义正确的价值观教育，培养合格的社会主义建设者和接班人已经刻不容缓，这不仅仅是青少年团体和教育部门的责任，更需要全社会来共同关注。

加强青少年思想道德建设是一项功在当代、利在千秋的大事，我们要培养什么样的人这是教育必须回答的问题，而立德树人恰恰做出了最为诚恳的回答。在当前"应试教育"的大背景下，我们培养的人不是只会考试的做题机器、疲惫不堪的分数奴隶以及疲于奔命的就业机器，而是有着健全价值观能够明辨是非，能够担负社会责任的社会主义建设者和接班人。在具体的教育培养中，要让青少年在学习的过程中不仅仅学到做题技巧，还能够学习并树立正确的价值观念。还要通过主流文化教育让广大青少年自觉把个人的命运同祖国和民族的命运紧紧联系在一起，把个人的理想同全面建成小康社会的宏伟目标联系起来，自觉服务祖国，无私奉献社会，艰苦奋斗，不懈进取，在社会实践中成长为有理想、有道德、有文化、有纪律的建设者和接班人，成为主流价值文化的接受者和践行者。除此之外，学校周边环境的管理（如清理"黑网吧"，禁止未成年人上网等）、各个政府部门的配合（如提供红色教育基地、组织社会实践、参加公益活动等）、家庭文化社区的建设（如加强学校与家长联系、提高家长提高自身素质、协调邻里关系等）等各方面都要加强，给青少年一个良好的成长环境，才能从长远维护社会的和谐团结。

四、提升中国主流价值文化的国际影响力

提升中国主流价值文化的国际影响,从根本上来说,就是要增强主流价值文化的"国际话语权"。这不仅是我国立足于国际社会的基础,也是实现中华民族伟大复兴的根基。

(一)美国的启示:提升中国主流价值文化国际话语权的必要性

不可否认,当代国际社会,美国是最拥有发言权(国际话语权)的国家,美国文化也在世界上产生了广泛影响。但是美国自1776年《独立宣言》正式成立以来,也不过200多年的时间,相对于世界上很多历史悠久的国家来说文化传承也不多,但为什么美国文化在世界上产生了很大影响呢?一方面不可否认的是美国经济的强大,美国是世界上最大的经济实体,是世界上唯一的超级大国,但是另一方面美国文化自身的特点也是影响世界的重要因素,毕竟经济发展与文化(尤其是核心价值观)发展是密不可分的。

以移民为主的美国文化发祥于14～16世纪文艺复兴的"人文主义",人文主义把人看作世界的主人、个体命运的主人,肯定和赞扬人的创造精神和自由意识,崇尚理性,重视科学与教育,这是美国文化的出发点。在秉承欧洲文化并在美洲自我发展的同时,美国逐渐形成了清教主义的精神信仰、经验主义的生活方式、理性主义的人生哲学,这成为美国文化的主要内容,塑造了美国人的行为理念。

从经验主义的生活方式来说,美国文化天然地受惠于英国近代经验主义,特别是功利主义思想,但它不再试图寻求固定不变的规则,不再只追求可见的物质利益,而追求一种基于个体的价值实现。从理性主义的人生哲学来说,美国人的理性精神表现为对法律的极端重视以及对人所具有的普遍理性的尊重。对于个体与社会的关系,正如杜威(John Dewey,1859～1952年)所认为的:个人在本性之中离不开共同生活(社会);社会除了满足个人需要外,别无目的,社会的发展也离不开个人。杜威认为个体与社会二者是互为手段、互为目的的关系,是可以完全融合的。因此美国人在社会生活中,一方面非常强调自我价值的实现,但是另一方面也认为保护他人的权益同样是应尽的义务。对美国影响最大的是实用主义,实用主义的"皮尔士原则"这样表述:观念的全部意义就在于通过实践和试验,在人生行为上所发生的效果。詹姆斯(William James,1842～1910年)也认为:唯有实践才是判别观念真伪的可靠途径,要研究思想的正确与否,不能从思想本身来辩论,而要看依照这种思想来行动所产生的效果如何,真理即有用。[①]可以说,个人主义是

---

① 参见宋希仁:《西方伦理思想史》,中国人民大学出版社2004年版,第418～423页。

美国精神的特征：每个人都有权利和自由选择自己的生活，个人的尊严和价值应受到尊重，对自由的崇尚与对法律的理性遵从在美国人身上得到了统一。清教主义的精神则造就了美国人注重信仰、克勤克俭的生活方式。用一句话来概括清教徒的精神，就是"拼命地挣钱、拼命地省钱、拼命地捐钱。"拼命挣钱体现了世俗生活的上帝赋予的神圣性；拼命省钱为了过一种清教徒式的生活；拼命捐钱为了荣耀上帝。

正是美国人同时具有的实用主义、理性精神、清教主义，所以当经验主义（实用主义）可能导致社会不稳定的时候，理性精神强调了法律，清教主义引导人们向往克制欲望的神圣生活，这样就有效地发挥了实用主义的优点，限制或消除了实用主义的缺点。得益于美国文化的推动，美国得以在短短两百多年的时间里创造了发达的政治、经济、社会文明，并多次克服了世界性经济危机的影响，其有意识地利用经济、网络、传媒、政治、文化、军事等各种渠道向世界推广的美国文化也对全世界产生了巨大影响，而"苏东剧变"[①]就是其文化渗透及影响的典型例子。

美国从一个文化资源弱国（建国时间短，本身没有直接继承下来的悠久文化传承）到文化强国的历程告诉我们，任何国家在发展经济的同时都必须重视文化的发展，而"文化软实力"往往是保证社会进步的最持久根源。在当前国际竞争日益激烈、各种文化相互交流、交锋、融合、对抗的环境中，我国必须加强主流价值文化的国际影响力和竞争力：首先，作为世界上人口最多的国家，我国必须加强文化软实力建设。中国有13亿多人口，又是联合国常任理事国，但是长期以来，以美国为首的西方国家长期把持着话语权，经常以人权等问题指责我国，而我国往往也被迫予以回应而不是将话语权主动掌握在自己手里。我们这样一个大国应当在国际上拥有自己的影响力，我国的主流价值文化也应当在国际上产生更大影响。其次，我国是世界上唯一没有中断的文明古国[②]，拥有丰富的文化资源，没有理由不成为文化强国。中国有文字记载的历史超过5000年，中国有悠久的文化、灿烂的文明，中国主流价值文化中的很多理念也借鉴和吸收了传统文化的优秀内容，在当今世界上文化多元化日益发展的今天，我们有理由通过传统文化的宣扬将主流价值文化的影响进一步扩大。最后，我们已经是经济大国，应当具有与经济地位相匹配的文化影响力。2010年中国在GDP总量上超过日本，成为世界上除美国之外的第二大经济体，但是与经济发展不相匹配的是文化影响力不足，要想进一步将中国的经济发展

---

① 指从20世纪80年代末到90年代初，东欧各个社会主义国家的政治经济制度发生根本性的改变，是斯大林模式的社会主义制度最终演变为西方欧美资本主义制度的剧烈动荡。最先在波兰出现，后来扩展到东德、捷克斯洛伐克、匈牙利、保加利亚、罗马尼亚等前华沙条约组织国家，这个事件以苏联解体告终。"苏东剧变"产生的原因一方面有苏联及东欧社会主义国家内部经济、政治方面的自身矛盾问题，另一方面是以美国为首的西方国家长期对其进行文化渗透和宣传的结果。

② 国际上认可度较高的世界四大古代文明中，古巴比伦（亚洲西部）、古埃及（非洲东北部亚洲西部）、古印度（亚洲南部）的文化都曾经中断，只有中国（亚洲东部）的文明是一直延续的。

推向世界，价值观的支撑就是必不可少的，而这需要中国主流价值文化为之开辟道路、扩大影响。

（二）中国主流价值文化国际话语权的现状

1. 国际话语权的内容

改革开放数十年的发展成就在进入新世纪后产生了累积效应，表现为综合国力的快速提升，中国在国际上的影响力也随之扩大。但在一个以"和平与发展"为主题的时代，尽管国际政治的本质并没有发生根本的变化，但各国对权力和利益的诉求进行了更多的"话语包装"，"国际话语权"的竞争开始兴起。而对于崛起的中国来说，如何说明自己发展道路的正当性、如何回应国际社会的质疑和挑战、如何保障自己的合理利益，更概括地说，如何处理与外部世界的关系并扩大自己的影响，这些都依赖于国际话语权。

"话语权"概念直接来源于法国社会学家福柯（Michel Foucault，1926～1984年）关于话语与社会权力关系的理论，1970年12月，福柯在其演讲《话语的秩序》之中，提出了"话语即权力"的著名命题，他认为话语不仅仅是思维符号和交际工具，而且是人们斗争的字段和目的，人通过话语赋予自己权力。① 从当代国际影响角度来说，"国际话语权"指以国家利益为核心，就社会发展事务和国家事务等发表意见的权利，而这些事务是与国际环境密切相连的，并体现了知情、表达和参与权利的综合运用。就其内涵而言，这一话语权就是对国际事务、国际事件的定义权、对各种国际标准和游戏规则的制订权以及对是非曲直的评议权、裁判权。②

2. 主流价值文化面临的困境：我国国际话语权的弱势地位

加强中国主流价值文化的国际影响力面临的最大现实困境，就是我国的国际话语权处于弱势地位，之所以这样主要由以下三个原因造成：

一是我国综合国力的提升并没有带来相应的话语权提升。

通常来说，一个国家话语权的多少在很大程度上取决于其综合国力的强大（如美国）。可是自建国以来，尤其是改革开放30年来，虽然我国的综合国力持续上升，但是我国在国际上的话语权地位并没有得到大幅上升，甚至在某些方面处于相对退步的状况。比如在新中国成立之初，我国在国际上有着广泛而深刻的影响，如1953年周恩来总理在接见印度代表团时第一次提出的"和平共处五项原则"③ 就产生了广泛的国际影响，并成为处理国际关系的基本准则；1955年万隆会议上我国发挥国际影响力将"求同存异"作为国际准则写入会议公报；1974年毛泽东提出

---

① ［法］福柯：《权力的眼睛》，严锋译，上海人民出版社1997年版，第146页。
② 梁凯音：《论中国拓展国际话语权的新思路》，《国际论坛》，2009年第3期。
③ 和平共处五项原则：互相尊重主权和领土完整，互不侵犯，互不干涉内政，平等互利，和平共处。

的"三个世界的划分"①理论被广泛关注,甚至被写入西方国际政治教科书;毛泽东思想则在国际上有着重要影响,毛泽东著作甚至被美国总统肯尼迪摆上案头;同时期,我国"反殖、反帝、反霸"主张在第三世界得到普遍响应;中美建交以后,我国确立自己在"中美苏大三角"中的发言权,及至20世纪80年代前期(改革开放效果尚未凸显)我国在国际上都有较大发言权。20世纪90年代以后,中国的经济实力(综合国力)得到了迅速提升,"一国两制"②主张也产生了较大的国际影响,但与此同时,国际上"中国威胁论"也日益升级,西方动辄以人权、民主、知识产权等各种名义对我国进行所谓"制裁",整体上说,我国的国际话语权反而下降了。因此,尽管我国的综合国力确实得到了极大提升,但是在冷战结束后国际形式的变化使得作为最大社会主义国家的中国受到了西方的"集体围剿",再加上第三世界曾经的团结局面走向瓦解,使得我国得到的国际支持相对下降(以前我国是团结在一起的第三世界国家的代表),这也使得我国扩大国际影响面临着较大困难。

二是西方话语权强势地位和我国的弱势地位短时期难以根本改变。

冷战结束后的世界步入"和平与发展"时代,以前两大阵营相互对立的状态逐渐被交流、理解、和平、合作等方式取代,这一时期"合作共赢"成为国际话语权的主调。我国采取了"韬光养晦"、"求同存异"的国际交往战略,与西方国家的关系步入缓和。由于经济全球化带来的共同利益感的增强,我国也越来越多地介入到国际事务中,发挥着越来越大的影响。但是这并不意味着我国的国际话语权弱势地位得到了根本改变,相反,随着"苏东剧变"的产生,以美国为首的西方国家大肆宣扬冷战的结束就是西方政治、经济、文化制度在全球范围内的胜利,从而将西方价值观宣扬为一种唯一正确的、普世的观念,这个时期"人权高于主权"等各种"民主思潮"席卷全球。在这种情况下,中国及其他非西方国家几乎没有一种强有力的话语对其进行实质性反驳,因为国际话语权并不在我们这里,国际交往的几乎所有规则都是西方制定的。比如美国遭遇"9·11"恐怖袭击后,美国很轻易地

---

① 毛泽东在1974年2月22日会见赞比亚总统卡翁达时,提出了关于三个世界划分的理论,号召联合起来反对霸权主义。毛泽东说:"我看美国、苏联是第一世界。中间派,日本、欧洲、加拿大,是第二世界。咱们是第三世界","第三世界人口很多。亚洲除了日本都是第三世界。整个非洲都是第三世界,拉丁美洲是第三世界。"这个战略思想有着丰富的内容和重大的现实指导意义。同年4月,邓小平率中国代表团出席联合国大会第六届特别会议,并于10日在大会上发言,阐述了毛泽东关于三个世界划分的理论,说明我国对外政策,引起了世界各国广泛的关注。

② "一国两制"是"一个国家,两种制度"的简称。中国共产党为解决祖国内地和台湾和平统一的问题以及在香港、澳门恢复行使中国主权的问题而提出的基本国策。即在中华人民共和国内,内地坚持社会主义制度作为整个国家的主体,同时允许台湾、香港、澳门保留资本主义制度。

就将"反恐"演变为被世界各国所认同和支持的政治话语。① 在这种情况下，我国虽然取得了经济的发展、人权的改善、积极推动与国际接轨的事实，也先后提出了一些重要思想，如世界多极化、文化多元化、基于公正合理原则的世界新秩序等理论（当然这些思想很多也是应对西方的指责，并按照西方的话语规则做出的积极的但略显被动的反应）。但总体而言，这些有着远见卓识的思想往往被西方有意忽视，而第三世界国家不再团结也使得我国话语权的国际响应不多。所以从未来较长时期看，西方话语权强势、我国话语权弱势的格局难以从根本上得到立刻改变。

三是主动"与国际接轨"带来的话语权困局。

改革开放是我国的基本国策，主动"与国际接轨"是提高综合国力之必需。与国际接轨以来我国确实也从西方国家那里学到了先进的科学技术、经济发展模式、经营管理理念，但同时也在政治、经济、文化等各个方面受到了西方文化的强烈冲击。一方面我们需要西方的科学技术等先进的东西，另一方面我们必然要受到西方价值观的深刻影响，这就使得我国的话语权问题陷入到某种"困局"之中。因为与国际接轨就意味着按照西方的规则来办事，比如在经济领域，我国实行的市场经济几乎完全是向西方学习的，商品价值、自由竞争、股份制、按资本分配、私有财产权等概念都属于西方的话语体系；在政治领域，民主、自由、人权、法治、平等、公正等西方概念也被广泛接受；在外交领域，恐怖主义、反人类罪、人道主义灾难、共同利益等各种说法也纷纷进入我国的外交话语体系；在文化领域，软实力、普世价值、后现代主义、生态中心主义、气候正义等思潮也成为国内讨论的热门话题。可以说，通常是西方先出现或设定话题，然后我们跟着讨论或模仿，虽然这样我们也能学习到西方的某些先进成果，但我国话语权的弱势地位却无法改变。即使我们在批判西方的"中国威胁论"、人权指责论时，我们也不得不采用西方的话语或逻辑体系来进行辩驳，由于我们不得不采取大量西方话语，因此在国际话语权的竞争中当然会陷入到一种尴尬局面。

（三）提升中国主流价值文化国际话语权的途径

要想加强我国的国际话语权，除了自身经济实力（综合国力）提高之外，还需要大力加强我国主流文化的国际影响力。提高中国主流价值文化的国际影响力，进而提高我国的国际话语权需要从以下四个方面入手。

1. 继续坚持"求同存异"的战略，主动积极地介入国际事务

在目前西方话语权强势的环境下，我国经常受到西方的无端指责，国家形象也

---

① 在全球性反恐伊始，美国总统布什就声称：谁不是站在美国这一边，就是站在恐怖分子那一边，任何支持恐怖分子的国家"都将被美国认为是敌对政权"。美国要求全世界所有国家都围绕着反恐怖战争站队，以对美国的态度决定一国是敌是友。冷战结束以来，这是作为当今世界"唯一超级大国"的美国的"单边主义"的强烈体现。

遭到贬损。随着我国的快速发展，国际上对"中国威胁论"的渲染也有升温之势力。新时期的"中国威胁论"出现在冷战后，其背景是苏联威胁消失以后，中国经济、军事逐渐强大，导致美国、日本等国家开始宣扬中国对世界的威胁。"中国威胁论"第一次泛滥是在改革开放取得初步成果、国家综合实力得到不断增强之后。1992～1993年，鼓吹者从意识形态、社会制度乃至文明角度展开了对"中国威胁论"的具体论证。美国率先发表了《正在觉醒的巨龙：亚洲真正的威胁来自中国》，接着又出版了《文明的冲突与世界秩序的重建》。前者渲染中美军事冲突不可避免，后者断言儒家文化与伊斯兰教文明的结合将是西方文明的天敌。美国学者哈克特更是危言耸听："在苏联解体后，一个新的邪恶帝国正在出现，它的名字叫中国。"一时间"中国威胁论"风靡太平洋东岸。接着在1995～1996年，与李登辉访问美国后两岸关系紧张相关，中美围绕"台湾问题"发生了一定的军事对峙，这个时候中国威胁论再度兴起。之后在1998～1999年，在亚洲经济危机中中国经济却逆势崛起，经济影响力迅速扩大，这再次导致西方国家对中国的恐慌和丑化。进入21世纪后，"中国威胁论"卷土重来，并且内容更加扩大，不仅涉及到政治军事，连环境、网络、粮食等方面也涉及了。如军事威胁论，西方夸大我国军费的增长金额，渲染中国的核打击能力，甚至将中国视为潜在的头号威胁。还有粮食威胁论，2012年粮食进口的激增使得中国成为世界第二大大米和大麦进口国，玉米和小麦进口也分别进入全球前10名和前20名，因此国外担心中国的粮食需求将导致全球粮食供应短缺；还有网络威胁论，自2010年谷歌高调声称"受中国黑客攻击"以来，一些西方国家对中国"网络审查"、"黑客攻击"、"组建网络部队"等的炒作纷纭杂沓，不绝于耳；2011年美国国务卿希拉里发表题为《网络正确与错误：互联网世界的选择与挑战》的演讲，大谈"网络自由"，并对中国横加指责；同时希望还宣称中国已组建高达几十万人的"网络部队"，旨在入侵他国网络等。还有环境问题，20世纪90年代中期，时任美国总统的克林顿会见江泽民主席时甚至直接说"美国认为中国对美国最大的威胁不是在军事上，而是在环境问题上。"最后还有地缘政治威胁论：基于地缘政治的"中国威胁论"在国外媒体上也比比皆是，从美国担心中国威胁其在太平洋的利益到韩国担心中国威胁到美日韩同盟，害怕中国协助朝鲜入侵，还有俄罗斯担心中国移民占领西伯利亚的"人口威胁论"，以及印度、东南亚对中国争霸印度洋的担心等，似乎发展中的中国在别国眼里就是毫无规矩的粗鲁怪物。

西方敌对势力忘我中华之心不死，在这些事件的背后无一例外显示出西方对中国崛起的担忧和遏制中国的企图，在这种大趋势下，我国固然应当坚持"求同存异"的战略，正如我国宣传并成功实践的"一国两制"一样，但是在宣扬中国主流价值文化的同时必须旗帜鲜明，当然我们并不以贬损对方为前提而应当站在一个客观公正的立场上，这样就能逐渐赢得国际上的同情和理解。同时，我国应当积极介入国际事务,在加强与西方国家交往的同时继续加强与第三世界国家的传统友谊。2008年3月5日的《政府工作报告》中也这样说:"积极开展多边外交,推动重大热点问题和全球性问题的妥善解决。"只有积极介入国际事务,发表自身的看法而不是经常保持沉默或弃权,才能宣传我国的主流价值文化,才能引起国际关注,提高话语权。只有中国积极主动介入国际事务,同时通过这些事务将我国的主流价值观表现出来,才能提高我国的国际形象并逐渐在国际事务中增强说话份量,才能面对"中国威胁论"做出合理的应对解释,才能赢得更多的国际支持。

2. 继续提高综合国力,为文化软实力建设提供"硬支撑"

从充分必要的条件来说,综合国力的增强未必一定会增强话语权,但是综合国力的提升往往能促进文化软实力的提升,进而提升国际影响力。也就是说,综合国力的增强未必一定能增强国际话语权,但从长远来看,综合国力是提高国际话语权的重要因素。以美国为例,第二次世界大战结束后的快速发展使美国稳定地居于第一大国的地位,并且在相当长一段时间美国无疑将继续保有这方面的优势。正是在这样的超出其他国家的综合国力的基础上,美国才得以借助全球化潮流,强化了文化的意识形态和渗透功能,并且四面出击,希望将美国价值观作为世界价值观的唯一标准在全球范围内加以推行。当然,美国获得话语权除了在硬实力方面具有不可比拟的优势之外,其话语(美国价值观)本身也起到了关键作用,比如美国人自诩的民族精神"自由平等"还是有普遍价值的。但是归根到底,美国的综合国力是其话语权的支撑。

从我国目前的发展来说,国家已经成为世界上仅次于美国的第二大经济实体,我国的国防军事、科学技术等力量也在快速发展,整个国家的综合国力在改革开放以来得到了巨大提升。在这种情况下,与我国迅速增长的综合国力不相匹配的是国家话语权的提升。中央已经认识到了这个问题,一方面大力进行"文化强国"战略,大力推行主流价值文化建设;另一方面将综合国力和国家战略、价值观输出、提高国家话语权紧密结合起来,为文化软实力建设提供"硬支撑",从而在国际社会上将我国的核心价值观、主流文化的影响力加以扩大。事实上这样做也正在取得越来越好的效果,比如"孔子学院"在全球的建立、我国在国际事务上日益坚决强硬的表态,以及在处理与周边国家摩擦时更加从容冷静的态度等,这些都是我国国际话语权提高的显现。

3. 打造具有明确价值导向的国家文化形象

目前,我们在国际社会上的形象总体而言是爱好和平、维护正义的,这正如习近平总书记强调的那样:中国人民不接受"国强必霸"的逻辑,愿意同世界各国人民和睦相处、和谐发展,共谋和平、共护和平、共享和平。[①]但是客观而言,我国

---

① 习近平:《在中国人民对外友好协会成立60周年纪念活动上的讲话》,新华网,2014年5月15日,http://news.xinhuanet.com/politics/2014-05/16/c_1110731703.htm。

目前在国际上的文化形象，或者说对国际社会的价值导向和影响不足。要想提高国际话语权，一个具有明确价值导向的国家形象是必需的。这就要求我们的主流价值文化必须走向世界，这可以采用宣传中华文明（主流文化）的方式进行；正如美国以各种方式（包括网络媒体、电影电视、体育媒介等）宣扬其价值观一样，我们也应该向世界介绍丰富多彩的中华文化，对外展示中国的良好形象、宣传改革开放30年取得的伟大成就，对增进中国人民和世界人民的友谊、为中国的进一步发展营造更加良好的国际环境等发挥着重要作用。要让世界进一步了解中国，提升中华文化的影响力，就应该采取主动"走出去"、"请进来"的方式，打好中国文化这张牌，提升国家文化软实力。要想提高中国的国际影响力，除了像当前这种主要输出劳务和产品的形式外，还应输出文化产品，因为文化的影响更为深远。对于主流文化如何"走出去"以及将外国文化"请进来"加以交流互动来说，不论是一个文艺团体的出访还是一个文化活动的举办，国家都应该有一个全局的规划和统筹安排。而且要提高文化生产力，从中央到地方要统筹规划、整合资源、优化配置、发挥优势、实现公平、打造品牌，以推进文化艺术创作的全球化战略和本土化实践，不仅向世界输出各种物质产品，还必须输出自己的价值观。

党的十七届六中全会通过的《中共中央关于深化文化体制改革推动社会主义文化大繁荣大发展若干重大问题的决定》已经鲜明地提出了"要推动中华文化走向世界"。因此，主流价值文化的宣传要从国家文化发展战略与文化安全的高度上进行，要体现民族精神与国家意识。目前的竞争，尤其是国际话语权的竞争固然有综合国力的因素，但具体上更多表现为国家文化形象的竞争。比如美国就将自己包装成为"全球和平、自由、民主的斗士和代言人"，而我国目前在国际社会中尚没有清晰的文化形象定位。以前我国的国际形象是"第三世界的老大哥"，是社会主义国家的代表。这个形象定位非常准确，为我国赢得了很大的国际声誉，产生了很大的国际影响。而且我国在联合国的发言往往得到第三世界国家的大力支持，因而具有较大的国际话语权。但是"苏东剧变"后，"社会主义国家"反而成为西方国家着力打压我国的借口，第三世界的团结也走向了瓦解，因此如何树立良好的国家文化形象是重大课题。在"求同存异"的大战略、主动积极介入国际事务的前提下，我国必须提升主流价值文化的国际影响力，坚持用我国的主流价值文化来分析国际事务、提出解决方案，进而提出能够引起国际共鸣的具体方针、准则。而且，中国主流价值文化本身具有这方面的潜在优势，对于国际公认的关系准则以及发源于西方现在已经成为国际认可的共同行为准则，中国主流价值文化也进行了主动吸收，并有着符合我国国家利益、促进世界和平与发展的合理诠释。

4. 拓展国际话语权的话语平台

在现代国际社会中，要想提高一个国家的话语权，就必须通过各种途径来拓展话语平台的建设。比如我国可以通过国际协议、国际会议、对外援助交流、正式或非正式官方互访、民意机构交往、民间活动交往等途径来构建国家交流平台,从而扩大国家话语权。从国内支持来说,应广泛进行跨文化传播与交流、建立长效文化对外传播机制、在国际交往中加强主流价值文化影响、扶持文化产业输出文化产品等。具体来说,首先要与西方政要保持密切联系,争取西方社会对我国的支持;其次是要加强与国际非政府组织之间的交往,因为这些组织(如绿色和平组织、慈善组织等)可能具有比政府组织更大的影响力;再次是要充分发挥我国的外交互访作用,因为政府在最终的层面上来说,始终是国家话语权的主体;最后是鼓励各种民间组织进行国家交流互访。近年来,我们在全世界各地建立的"孔子学院"起到了扩大我国国际影响的极好作用。但是2012年5月美国审查孔子学院学术资质,要求部分教师离境,此举引发舆论热议。[1]但这也说明文化传播的力量是强大的,美国借口审查的目的无非是从文化安全的角度来考虑,企图阻止中国文化对美国的影响。因此我国应当利用各种交流机会,包括"孔子学院"这种方式将主流价值文化潜移默化地宣传出去,以达到争取国际共识,提高话语权的目的。从具体语言逻辑体系的构建来说,我国还要构建立足于主流价值文化基础之上的外交话语体系,从技术层面达到提高其影响力的目的。

综上所述,主流价值文化的社会作用首先体现为对非主流文化的引导。现在是文化多元化的时代,经济全球化、政治多极化及由此推动的文化多元化是不可逆转的发展趋势,那种仅仅存在一种文化的时代不复再现。因此面对社会上存在的各种非主流文化,迫切需要一种主流价值文化对它们加以引领、规范和指导。其次,在主流文化内部,虽然中国主流价值文化是主流文化的核心和主导,但在现实中其地位需要得到进一步巩固,作用需要得到进一步彰显,其原因一方面源于社会主义事业曲折发展的历史,另一方面也源于各种文化相互融合、干扰、对抗的现实,也正因为如此,我们才更要大力发扬主流价值文化在主流文化中的模范和导向作用。最后,主流价值文化对公众的影响力需要进一步加强。就现实而言,我国当前之所以要构建主流价值文化,其原因主要在于我国推行的价值文化虽然是占统治地位的价值文化,但在价值多元化的冲击下面临着严重的挑战和威胁。[2]在全球化背景下,全盘否定西方文化以及"全盘西化"都是错误的思路,我们必须立足于我国的实际国情加以甄别。譬如对于以美国为首的西方国家所主张的"普世价值观"而言,在一方面清醒认识其资本主义核心价值观具有进步性的同时,也要认清虚伪性是资本主义核心价值观的另一面。只有以这种科学的态度、开放的

---

[1] 《美国审查孔子学院学术资质要求部分教师离境》,http://news.xinhuanet.com/world/2012-05/24/c_112022826.htm.

[2] 江畅:《中国主流价值文化构建的三个问题》,《光明日报》(理论·核心价值版价值论坛),2012年6月21日。

心态走向世界，才能在吸收世界各国先进文明成果的基础上，保持中国主流价值文化的民族性与独立性，真正做到使之代表先进文化的发展方向，从而提高我国的文化软实力和国际话语权。

"中华民族具有5000多年连绵不断的历史，创造了博大精深的中华文化，为人类文明进步作出了不可磨灭的贡献。经过几千年的沧桑岁月，把我国56个民族、13亿多人紧紧凝聚在一起的，是我们共同经历的非凡奋斗，是我们共同创造的美好家园，是我们共同培育的民族精神，而贯穿其中的、更重要的是我们共同坚守的理想信念。"[①]我们相信，在党和人民的共同努力与不懈奋斗下，中国主流价值文化一定能在国际上产生越来越大的影响，不断推进中华民族伟大复兴的理想实现！

---

① 习近平：《在第十二届全国人民代表大会第一次会议上的讲话》，《人民日报》，2013年3月18日。

第六章　核心价值观的培育和践行与主流价值文化的构建

社会主义核心价值观是中国主流价值文化的核心内容。党的十八大提出要"培育和践行社会主义核心价值观"。我们认为，这一培育和践行的过程就是中国主流价值文化构建的过程。培育和践行核心价值观，当然包括在全社会对人们进行核心价值观的宣传教育，形成相应的舆论氛围，但同时还应包括以核心价值观为核心构建完整的社会主流价值观和价值体系，使核心价值观道德化、法制化、政策化，从而使核心价值观贯彻到社会生活的各个领域，深入到人们的内心深处。这样一个使核心价值观"落细落小落实"的过程就是使核心价值观现实化的过程，也是使之成为社会主流价值文化的过程。显然，这样的过程对于培育和践行核心价值观具有基础性、先导性的意义。

一、核心价值观培育和践行与主流价值文化构建的一致性[①]

党的十六届六中全会提出建设社会主义核心价值体系、党的十八大提出培育和践行社会主义核心价值观以来，学术界和理论界对有关社会主义核心价值体系和价值观及其构建的许多问题进行了广泛而热烈的讨论。但我们注意到，很少有人涉及社会主义核心价值观与社会主义价值文化的关系问题。由于缺乏对这一关系的讨论，人们似乎根本没有想到还存在着社会主义核心价值观与社会主义价值文化或价值体系的关系问题，没有想到社会主义核心价值观是社会主义价值文化的核心，以致不少人在这方面存在着含糊甚至不正确的认识。例如，有的人将社会主义核心价值观理解为当代中国社会的核心价值观，以为这里所说的"核心"是相对于其他各种非社会主义价值文化而言的。这种含糊和不正确的认识引起的有害实践后果在于，社会主义核心价值观因为没有具体化为不同维度、不同层次的价值体系和价值原则而无法真正渗透到社会生活的各个领域，难以得到广大社会公众的广泛认同。党的十八大和十八届三中全会提出加强社会主义核心价值体系建设，培育和践行社会主义核心价值观，我们要落实这一要求，最重要的途径就是要使之具体化，以社会主义核心价值观为指导和原则构建系统而完善的社会主义价值观，并使之成为现实的社会主义价值体系和文化。更值得注意的是，《中共中央关于全面深化改革若干重大问题的决定》（以下简称为《决定》）明确提出了"必须更加注重改革的系统

[①] 本部分曾作为阶段性成果在《思想理论教育》2014年第4期上发表，题目为《培育和践行社会主义核心价值观与当代中国价值观构建》。

性、整体性、协同性,加快发展社会主义市场经济、民主政治、先进文化、和谐社会、生态文明"的要求,这一要求也在客观上把全面系统地构建社会主义价值体系和文化的任务提到了全党全社会的面前。

(一) 构建主流价值文化:培育和践行核心价值观的必然要求和必由之路

以国家为基本单位的现代社会,有着复杂的内在结构,而其深层结构就是社会的价值体系。价值体系是价值文化的深层结构,而价值文化是价值体系的表征。价值体系对于社会犹如血脉对于人体一样,它渗透到社会生活的每一个角落。社会的价值体系是一个非常复杂的结构系统,它本身又是由不同体系构成的,如经济价值体系、政治价值体系、文化价值体系、社会价值体系、生态价值体系等。而且,在所有这些不同层次、不同维度的价值体系之中,还有一个作为其中心或核心的体系,这即是我们所说的核心价值观或核心价值体系。一个社会的价值体系就是以其核心价值体系为核心的不同层次、不同维度的价值体系(它们可统称为"子体系")构成的庞大复杂的价值体系。一般地说,核心价值观是价值体系的核心,也可以说是灵魂。习近平同志指出:"核心价值观是文化软实力的灵魂、文化软实力建设的重点。这是决定文化性质和方向的最深层次要素。一个国家的文化软实力,从根本上说,取决于其核心价值观的生命力、凝聚力、感召力。"[①] 不同层次、不同维度的价值体系是核心价值观的具体化,是服从于、服务于核心价值体系的。如果说核心价值体系是心脏,那么具体价值体系及其要素就是血脉网络。不言而喻,心血管系统不只是指心脏,也包括脉络;社会价值体系同样不只是指核心价值体系,也包括具体的价值体系。核心价值观与具体的价值体系是相互依存、不可分割的,否则就无所谓真正意义的核心价值观。更重要的是,如果只有核心价值观,而没有具体价值体系,核心价值观的价值追求和要求就不能传达到现实的社会生活;这就犹如只有心脏而没有血管系统,养分就不能输送到身体的各个部分一样。因此,我们不能只孤立地构建社会主义核心价值观,而要将它与其相关的具体价值体系一同构建。如果只是孤立地构建社会主义核心价值观,而忽视相关具体价值体系的构建,其结果可能是:一方面,它根本不可能建立起来,因为它是孤立的,没有与社会生活关联起来,它缺乏必要的养分;另一方面,即使它建立起来了,也只是理论上的理想,而不可能变为现实,因为它没有与现实对接的通道,没有通过细化使它渗透到社会生活。

社会价值体系非常复杂,核心价值观与具体价值体系、各具体价值体系难以同步构建,可以有先有后。从西方近现代价值体系构建的历史经验来看,西方从17

---

① 习近平:《把培育和弘扬社会主义核心价值观作为凝魂聚气强基固本的基础工程》,《人民日报》,2014年2月26日。

世纪甚至更早就开始了核心价值观的构建，而资本主义价值体系的具体体系（特别是政治体系、法治体系）到18世纪才开始分别在各国构建。而且，西方资本主义价值体系的构建是自下而上、从民间开始然后通过政治革命上升为主流意识形态并进而构建完整价值体系的。我国当前构建社会主义价值体系的情况与西方当时的情况有很大的不同。我国是在这样的条件下建设社会主义价值体系的：我国的社会主义制度早已建立，并且经过了半个多世纪的社会主义建设，更重要的是，自党的十六届六中全会以来党中央已经确定了社会主义核心价值观的基本内容及其建设的战略部署。在这种条件下，我国必然要在继续加强社会主义核心价值观构建的同时，提出构建使之具体化和现实化的具体价值体系，从而全面实现构建社会主义价值体系的任务。从一定意义上讲，以社会主义核心价值观为依据和指导从理论和实践两个层面构建社会主义价值体系的各个具体体系，全面构建社会主义价值体系，是摆在当代中国面前的主要任务或更突出的任务。只有完成了这项任务，社会主义核心价值观和价值观的追求和要求才能真正落到实处，转变为社会主义文化，转化为人们的内心信念和行为准则。当我们完成了这项任务的时候，我国才真正形成了国人引以为自豪的具有中国特色、中国风格、中国气派、中国话语体系的中国价值观，才会真正具有中国特色社会主义的道路自信、理论自信、制度自信和价值自信。

当前，从党政领导干部到普通百姓，普遍感到社会主义核心价值观和核心价值观的社会公众认同度不高，难以入耳入脑。这种情况不只是人们的感觉，也得到了社会调查的数据支持。新近的社会调查数据表明，对社会主义核心价值体系非常认同的只占调查对象的23.9%，有点认同的占44.9%，不认同的占12.2%，说不清的占18.5%。即使我们不考虑有点认同的，仅看不认同和说不清的，其比例就占30.5%，占被调查对象的近1/3，更何况还有近45%的被调查对象只是有点认同。2006年党的十六届六中全会就提出了"社会主义核心价值体系"的概念和内容以及建设的要求，这么多年来，我们也采取了各种形式和措施进行宣传、学习、贯彻、落实，但调查表明，它的社会认同度还并不高。真正认同的仅占约24%，不到被调查对象的1/4。[①] 导致社会主义核心价值体系社会认同度不高的原因是非常复杂的，但可以肯定的是，社会主义核心价值体系这么多年来还较多地停留在理论的层面，停留在核心的层面，而没有使之在理论上具体化为不同层次和不同维度的子系统。正因为如此，它也没有办法现实化为制度、法律、政策和社会生活。社会主义核心价值体系社会认同度不高的现实情况表明，全面构建社会主义价值体系是构建社会主义核心价值观的必由之路。在构建社会主义核心价值观的同时构建使之具体

---

① 参见江畅：《公众对中国主流价值文化的期待及其启示》，《华中科技大学学报》（社会科学版），2013年第5期。

化和现实化的社会主义各种具体价值体系，或者说，全面建设社会主义价值体系，不仅是必要的，而且是十分紧迫的。

我国实行社会主义制度已六十多年，社会主义核心价值观的内容已在不少的方面具体化为制度、法律、政策、措施，正在对社会生活发挥着作用。如果社会主义核心价值观仅停留在核心的范围和理论的层面，今天的中国社会也不会是社会主义性质的。但是，有两点是值得我们特别注意的：其一，我们过去对此缺乏意识，只是根据马克思主义经典作家有关社会主义理论的要求制定制度，而根本没有意识到要根据社会主义核心价值观来构建与之相应的具体价值体系。如此，我们虽然有了很多制度等等，但由于并不是有意识地根据核心价值观制定的，因而不一定真正体现了社会主义核心价值观的要求；而且由于没有系统地从理论上构建和从方案上设计，因而这些制度也不可能是系统、完整的。实际上，在改革开放前，我们甚至连社会主义核心价值观的意识和概念都没有，更谈不上使之具体化、现实化了。其二，即使我们承认改革开放前已经有了社会主义核心价值观，或者与之类似的东西，但是改革开放以来特别是党的十六届六中全会以来确立的社会主义核心价值观有许多新的内容和要求，与改革开放前的社会主义核心价值观有相当大的不同。因此，在党中央系统提出并阐述了社会主义核心价值观之后，很有必要进一步以之为核心逐步从理论上构建完整的社会主义价值体系，同时努力在实践上践行，实现社会主义价值体系构建的理论与实践良性互动、相互促进。

（二）社会主义价值体系的结构及特点

文明社会形态的价值体系通常有其自身的结构，这种结构包括一种核心价值观以及服务于核心体系的多层次、多维度的具体价值体系。当然，并不是每一种社会的价值体系结构都是完整的，也并不都是自相一致的。但是，一个社会价值体系的结构越是完整、越是自洽，其功能就越是能得到充分的发挥。同时，社会的价值体系通常是指社会现实背后的那种规定整个社会价值追求的深层结构。它是客观存在的，但并非自发生成的。在文明社会，社会的价值体系都是人为构建的，其构建的过程通常是从理论构建到方案设计再到实践构建的过程。因此，社会客观存在的价值体系通常是理论价值体系的现实化。由于现实的价值体系的生成有一个过程，因而就会存在那种处于生成中的价值体系。我国的社会主义价值体系就是我国正处于生成中的价值体系，要使这种价值体系的功能得到充分的发挥，就必须使它的结构完整和自洽，而其前提就是这种价值体系的理论设计必须科学合理。

新中国成立以来，特别是改革开放以来，我国一直都在致力于构建社会主义价值体系，而且其成效是举世公认的。但是，我们所构建的社会主义价值体系还存在着这样那样的问题，特别是从结构上看存在着一些缺陷和内在不一致甚至矛盾的地方。正因为如此，党的十八届三中全会才做出了全面深化改革的决定。我国致力于构建的是社会主义性质的价值体系，那么我们所要构建的价值体系应该是什么样的才能使其具有社会主义性质呢？一般地说，社会主义价值体系作为一种社会价值体系是由核心价值观以及为之服务的多层次和多维度的具体价值体系构成的。既然如此，那么除社会主义核心价值观之外，社会主义价值体系还应包括哪些具体价值体系以及不同具体价值体系之间的关系怎样呢？社会主义价值体系作为我国社会的价值体系，其结构是非常复杂的，从不同的角度看可以有不同的结论。不过，我们认为，从以下两个角度考虑它的结构有助于对它的把握：一是从内在的结构要素考虑，二是从整体的功能划分考虑。

从内在结构要素看，根据我国目前对社会生活主要领域的划分，社会主义价值体系应以社会主义核心价值观为核心，包括社会主义的经济价值体系、政治价值体系、文化价值体系、社会价值体系和生态文明价值体系。其中核心价值观是核心，其他价值体系是核心价值观在社会生活不同领域的体现，是社会主义核心价值观的具体化和现实化。每一个具体价值体系本身又包含着不同的子体系或要素。例如，社会主义政治价值体系包括社会主义的法律价值体系、行政价值体系、军队价值体系等；社会主义法律价值体系又包括社会主义的立法价值体系、司法价值体系等。从这个角度看，社会主义核心价值观与社会主义的各种具体价值体系之间的区别很明显，便于人们把握，也便于明确人们的职责。例如，我国的立法机构，就需要考虑如何根据社会主义核心价值观构建社会主义立法价值体系，它们承担着构建我国立法价值体系的职责。

从整体功能划分看，社会主义价值体系包括目的价值体系、手段价值体系、规则价值体系和控制价值体系。目的价值体系是社会主义社会所追求的各种价值目标（目标是目的的对象化）的集合，既包括社会的终极价值目标，也包括社会生活各个领域、各个层次的具体价值目标。例如，国家富强、民族振兴和人民幸福就是我国现阶段的终极价值目标，而富强、民主、文明、和谐等十二个价值理念则是社会主义初级阶段较为具体的重要价值目标。手段价值体系包括我国确立的追求各种目标的根本手段和各种方面、不同层次的手段所应体现的价值要求，这些手段可以体现为政治手段、经济手段、文化手段、社会手段等方面。规则价值体系是社会主义规则体系所体现的价值要求。规则体系是社会规定或倡导的人们在追求价值目标的过程中应该遵循的各种规范的集合，规则价值体系则是规则体系所应体现的价值要求的集合。规则价值体系也存在着根本性总体性价值要求和各种不同方面、不同层次的价值要求。例如，社会主义基本道德原则就是我国道德领域的根本性总体规则，而其他各种规范则是各种不同层次的规则。控制价值体系是我国控制体系所应体现的价值要求。我国的控制体系像其他国家一样包括制度、法律、道德等，其中更突出是政策、措施。控制价值体系是指这种控制体系所应体现的价值要求。显然，从整体功能上看，社会主义价值体系中的核心价值观是没有显示出来的，但是它存在着，它是社会主义目标价值体系、手段价值体系、规则价值体系和控制价值体系中的核心内容。因此，社会主义核心价值观也应该相应地包括这四个方面的内容。从这种意义上说，社会主义核心价值观与社会主义价值体系是同构的，只不过它是各种具体价值体系中的内核，各种具体价值体系都是为实现这种内核的功能服务的。

从总体上看，社会主义价值体系至少应具备如下五个特点：

第一，完备性。社会主义价值体系应当是完备的，无论是从内在结构要素还是从整体功能划分上看，它都应该是结构要素完整齐备、功能发挥正常的，不能有任何要素缺失，也不能有任何功能失常的问题。一旦要素及其功能发生问题，整体价值体系就会发生问题，甚至崩溃。"文化大革命"期间，我国的"公检法"系统一度瘫痪，于是，社会公民的基本权利就得不到起码的保障，社会陷入了人人自危的险恶局面。

第二，自洽性。社会主义价值体系是一个复杂的系统，它的内部各要素必须是相互一致、相互协调、良性互动的，不能相互冲突、矛盾、抵消。否则，社会主义价值体系就不能发挥正常的功能，甚至陷入崩溃的境地。今天我国社会生活中存在着许多严重的社会问题，如社会不公、官员腐败、环境污染等等。导致这些问题的重要根源之一就是我国目前的价值体系本身存在着冲突。例如，我国的政治体制与市场经济体系的要求之间存在着严重脱节的问题。要使社会主义价值体系完备和自洽，关键是其中的所有要素都必须体现其核心价值观的要求，并能为实现其要求服务。

第三，原则性。社会主义价值体系不同维度、不同层次的要素都体现为价值原则，核心价值观体现为基本价值原则，不同维度、不同层次的具体价值体系体现为不同维度、不同层次的具体价值原则。整个社会主义价值体系实际上是社会主义价值原则体系。明确这一点非常重要，不能将社会主义价值体系仅仅理解为一种理论体系，而应同时将其理解为原则体系以及这种原则体系得以贯彻实施所形成的社会深层结构。从这种意义上看，社会主义价值体系建设就是社会主义价值原则确立和贯彻的过程。

第四，兼容性。一般来说，一个社会的核心价值观是该社会区别于其他社会的根本规定性和显著标志，社会主义核心价值观亦如此。它是社会主义社会与所有其他形态社会的分水岭。正因为核心价值观具有这种性质，所以体现它的社会价值体系也是各不相同的。但值得注意的是，虽然不同社会的核心价值观迥然不同，但体现它的价值体系则具有兼容性。也就是说，它的一些内容可能是与其他社会的价值体系相同的，也有一些内容是人类普遍认同的。例如，联合国人权宣言所确立的一些人权原则，今天就已不同程度地为世界各国的价值体系所吸收，并作为其价值原则，我国的价值体系也认可这方面的内容。当然，这样一些人类普遍认同的原则或不同社会相同的原则，在不同社会的价值体系中都是从属性的，是服务于其核心价值原则的。这种兼容性也许是社会主义核心价值观与社会主义价值体系之间的一个区别，前者应更突出地体现了一个社会的主流意识形态的性质，而后者则应更多地吸纳人类文明的有价值成果。

第五，可实施性。社会主义价值体系的所有原则都是需要贯彻实施的。但是，社会主义核心价值原则更多的是作为确立其他价值原则的依据，更具有指导性，而社会主义具体价值原则则更具有针对性、可操作性，可以在现实生活中加以实施。正因为有了这些具体的价值原则，社会主义价值体系才能从原则到现实。也正是从这种意义上看，社会主义核心价值观建设必须包括社会主义具体价值体系建设，两者要一致和协同起来。只有这样，社会主义核心价值观所确立的基本原则才能具体化和现实化，才能与现实生活对接和贯通。

（三）社会主义价值体系的理论构建与实践构建

人类自进入文明社会以来，社会的价值体系通常是自觉构建的，只是在文明社会的早期，这种构建的自觉性还比较低。随着人类社会的不断发展，各个不同社会构建自身的价值体系的自觉性越来越强。资本主义社会的资本主义价值体系就是人类社会自觉构建并成功构建社会价值体系的范例。[①] 经过西方资产阶级前后几百年的努力，大致上到20世纪50年代，资本主义价值体系无论在理论上还是在实践上都得以完成。当然，不排除它会随着时代的发展而相应发生变化。社会主义价值体系的构建，特别是社会主义价值体系的实践构建，严格说来是从新中国成立后开始的，前后半个多世纪的时间。即使从中国共产党成立算起，我国的社会主义价值体系构建的时间还不到一百年。建国后，我国的社会主义价值体系建设走过一些弯路，又耽误了一些时间。这种情况表明，我国社会主义价值体系构建尚处于艰苦的探索时期，同时面临着繁重的构建任务。

我国的社会主义价值体系构建与西方的资本主义价值体系构建还有另外一个重要不同。西方资本主义价值体系在资本主义制度建立之前就差不多已经完成了它的理论构建。西方世界资本主义制度的普遍确立是在19世纪，而在此前的几百年间，西方学者为西方资本主义价值体系的理论构建作出了巨大的努力，应该说基本上确立了它的价值原则并为其提供了相当充分的论证。从总体上看，西方资本主义价值体系是先进行理论构建，然后再进行实践构建的。当然，在实践构建的过程中也根据实践的需要对理论价值原则进行了不少修正。我国社会主义价值体系构建的情形却有很大的不同。解放后，我国在开始进行价值体系实践构建的时候，并没有多少理论构建的准备，更谈不上充分的准备。虽然此前有马克思主义理论，但它对社会主义价值体系的构想是纲要式的，并没有建立完备的理论价值体系。无论是改革开

---

① 参见江畅：《西方近现代主流价值文化构建的启示》，《人民论坛》，2012年第11期上。

放前的三十年还是改革开放后，我国社会主义价值体系的构建都是理论与实践并行的。这种并行的好处是对理论上的错误随时可以纠正，但问题是实践上很容易走弯路。改革开放前和改革开放以来的不少教训已深刻地说明了这一点。

我国的社会主义价值体系构建不仅时间短和理论准备不足，而且面临着许多新的时代条件，其中特别突出的是：我国现阶段长期实行改革开放基本国策，"改革开放是党在新的时代条件下带领全国各族人民进行的新的伟大革命，是当代中国最鲜明的特色"[①]；经济全球化和政治多极化；文化和价值观多元化，等等。此外，自"苏东巨变"之后，社会主义价值体系构建没有多少经验教训可资借鉴。所有这一切表明，我国社会主义价值体系的构建是一项极其艰巨而长期的任务。这样一些时代条件，不仅使我国正在构建的社会主义核心价值观始终面临着成熟的资本主义价值体系以及其他社会价值体系的挑战，而且面临着与世界文明接轨的问题，面临着如何使我们所构建的社会主义价值体系超越所有其他社会价值体系而成为当代世界最先进的价值体系问题。当然，我们也应该看到，这样的时代条件也为我国构建世界上最先进的价值体系提供了前所未有的机会和可能性。

我国当前的社会主义价值体系构建是在我国社会主义建设已经有了六十多年积累的情况下进行的。那么，如何在此基础上针对上述复杂的情况加强社会主义价值体系构建呢？《决定》提出的路径就是全面深化改革开放。《决定》指出："事实证明，改革开放是决定当代中国命运的关键选择，是党和人民事业大踏步前进的重要法宝。"[②]改革开放无止境。面对全面建成小康社会，进而建成富强民主文明和谐的社会主义现代化强国、实现中华民族伟大复兴的中国梦的新形势新任务，必须在新的历史起点上全面深化改革。《决定》强调，全面深化改革必须更加注重改革的系统性、整体性、协同性，要通过全面深化改革来加快发展社会主义市场经济、民主政治、先进文化、和谐社会、生态文明，从而使社会主义价值体系真正现实化并成为中国特色社会主义文化。全面深化改革的关键是进一步解放思想，冲破思想观念的束缚，突破利益固化的藩篱，破除各方面体制机制弊端，推动中国特色社会主义制度自我完善和发展，推动社会主义价值体系制度化。在当代中国，从理论上和实践上构建社会主义价值体系都要通过全面深化改革实现。从一定意义上说，全面深化改革的过程就是全面深入构建社会主义价值体系的过程。《决定》强调全面深化改革的必要性，强调注重改革的系统性、整体性、协同性，表明党中央已将全面建构社会主义价值体系提上了重要议事日程，并且强调其构建的全面性、完整性和协调性。

我国现阶段的社会主义价值体系构建同时面临着理论构建和实践构建的任务。

---

① 《中共中央关于全面深化改革若干重大问题的决定》，《十八届三中全会辅导读本》，中国方正出版社2013年版，第1页。

② 《中共中央关于全面深化改革若干重大问题的决定》，《十八届三中全会辅导读本》，中国方正出版社2013年版，第2页。

那么，如何处理好这两者之间的关系，《决定》明确提出了"加强顶层设计和摸着石头过河相结合"。这是我们党在构建社会主义价值体系上的一个重大观念变化。改革开放之初，面对着改革的复杂局面，邓小平提出改革要摸着石头过河，这在当时是有其合理性的。但三十多年改革的经验和教训反复表明，缺乏科学合理的顶层设计，我国的社会主义价值体系构建和改革开放实践就会出现这样那样的曲折和挫折。然而，我国的中国特色社会主义事业正在进行之中，我们不可能等着有了完善的设计再来进行建设，因此，我们还不能放弃"摸着石头过河"的经验做法。顶层设计是以理论为根据的，顶层设计要科学合理，其理论依据必须得到科学和合理的论证。因此，《决定》提出的加强顶层设计的要求，蕴含着加强社会主义价值体系理论构建的要求。实际上，近一些年来，党中央的一系列文件都反复强调马克思主义时代化、中国化和大众化，强调要繁荣哲学社会科学，包括强调加强社会主义核心价值观建设，这一切都表明党中央非常重视社会主义价值体系的理论构建。《决定》中强调要继续摸着石头过河，则更直接强调了社会主义价值体系的实践构建。其意蕴在于，在理论构建和顶层设计不充分到位的情况下，我们不能等，而要大胆实践。更重要的是，《决定》要求将顶层设计和摸着石头过河有机地结合起来，实现我国社会主义价值体系的理论构建与实践构建、顶层设计和分层实施的良性互动，既要整体推进又要重点突破。

社会主义价值体系构建的重点和关键是中国特色社会主义制度的完善和发展。《决定》明确指出，全面深化改革的总体目标是完善和发展中国特色社会主义制度，推进国家治理体系和治理能力的现代化。现代社会是法治社会，从根本上克服了传统社会的人治弊端。法治的前提是完善的制度，而在现代法治的条件下，完善的制度是完善的社会价值体系的凝聚和集中体现。因此，全面构建中国特色社会主义价值体系的关键就在于，通过全面深化改革使已有的中国特色社会主义制度进一步完善。完善中国特色社会主义制度这一关键任务，将社会主义价值体系的理论构建、方案设计和实践构建紧密地联系了起来。首先，要完善中国特色社会主义制度，就必须有完善的社会主义价值体系的设计方案；而这样的设计方案必须有充分的理论依据，必须得到理论上的科学性、合理性论证，这就需要社会主义价值体系的理论构建。其次，完善中国特色社会主义制度的目的是要用制度管理社会，建立社会主义法治国家，社会主义价值体系要具体化、现实化，首要的就是要使之成为中国特色社会主义制度，使之制度化。只有建立体现社会主义价值体系原则的完善制度，社会主义价值体系才能全面深入地融入社会生活，成为中国特色社会主义文化。因此，完善和发展中国特色社会主义制度是社会主义价值体系从理论到原则、从原则到实践、从实践到现实的关键环节。在我国现阶段，完善和发展中国特色社会主义制度要通过全面深化改革实现。按照《决定》的要求，全面深化改革的直接任务就是"形成系统完备、科学规范、运行有效的制度体系，使各方面制度更加成熟更加定型"。只有当这种系统、完整和协调的制度体系形成之时,我国社会主义价值体系构建才是真正迈出了制度化这一对于其构建而言的决定性一步。

二、以核心价值观为核心构建中国价值观[①]

党的十八大明确提出了社会主义核心价值观的概念,阐明了其基本内涵,并要求积极培育和践行社会主义核心价值观。后来中共中央办公厅又印发了《关于培育和践行社会主义核心价值观的意见》(以下简称为《意见》),阐明了社会主义核心价值观与社会主义核心价值观的关系,并就如何培育和践行社会主义核心价值观作出了战略部署。习近平同志强调,"把培育和弘扬社会主义核心价值观作为凝魂聚气、强基固本的基础工程,继承和发扬中华优秀传统文化和传统美德,广泛开展社会主义核心价值观宣传教育,积极引导人们讲道德、尊道德、守道德,追求高尚的道德理想,不断夯实中国特色社会主义的思想道德基础。"[②]培育和践行社会主义核心价值观,是推进中国特色社会主义伟大事业、实现中华民族伟大复兴中国梦的战略任务,也是构建当代中国价值观的历史必然和现实要求。

(一)构建中国价值观势在必行

伴随着全球化和文化多元化时代的到来,世界各国都不仅致力于构建自己国家的价值观,而且努力扩大自己价值观的国际影响。那些在经济、政治、文化上实力强大的国家,更是借助其实力强力推行其价值观。20世纪以来,伴随着美国的强大,美国在世界各地大肆推行美国价值观,并将世界的推行与经济渗透紧密地结合起来,对当代世界发展的进程发生了重大影响。苏东解体之后,俄罗斯针对美国价值观的冲击,也致力于俄罗斯价值观的重塑。俄罗斯契科夫基金会主席科宁这样对记者说:"西方一直想利用他们的宗教向俄罗斯推行他们的民主模式和政策,这是俄罗斯所不能接受的。我们有自己独特的宗教和文化传统,我们有不同于西方的价值观。因此,俄罗斯要建立的是具有俄罗斯特色的民主。"[③]当代世界的经济、政治、文化的竞争从根本上可以说是不同国家、不同区域价值观之间的竞争。在这种竞争面前,国家、民族、区域的文化意识、价值观意识普遍觉醒。一些小国、弱国,一些发展中国家甚至发达国家在由于经济文化实力方面不能与大国抗衡,于是不仅在经济上结盟,而且协力打造区域价值观,构建具有自己特别的区域文化。今天已经

---

① 本部分曾作为阶段性成果在《思想理论教育》2014年第4期上发表,题目为《培育和践行核心价值观与当中国价值观构建》。

② 习近平:《把培育和弘扬社会主义核心价值观作为凝魂聚气强基固本的基础工程》,《人民日报》,2014年2月26日。

③ 参见刘婉媛:《俄罗斯:重寻精神家园》,《中国青年报》,2007年8月10日。

产生影响的区域价值观和文化有：欧共体文化和价值观、东盟文化和价值观、非洲文化和价值观、拉美文化和价值观，等等。今天整个世界已经形成了多元文化和多元价值并存、分立、对峙、冲突的错综复杂的交织局面。面对世界范围思想文化交流交融交锋形势下价值观较量的新态势，我们也要全力打造对全世界有竞争力、影响力、吸引力和凝聚力的中国价值观。①

世界各国、各民族、各区域在当前纷纷构建、宣扬、推销自己的文化和价值观，与抵制美国在世界各地强力推行自己的价值观有直接的关系，但更深刻的原因则在于全球化。孙伟平研究员认为，全球化从来没有像今天这样深刻地改革世界，并引起人们的广泛重视。在他看来，全球化的实质在于，全球各价值主体之间相互依存、相互影响、相互作用关系的强化，甚至在一定程度上趋于一体化。全球化意味着："世界在空间和时间上被压缩"，人类社会成为一个即时互动、利害攸关的社会；各个地域、各个民族国家之间彼此分隔的封闭自守状态日渐被打破，全球性的人类活动不断增加，世界范围内全方位的联系、沟通、交流与互动不断加强；全球各层次主体的相互依存度不断提高；全球同质性不断增强，一些共同的全球性观念正在形成；传统的民族国家的地位受到前所未有的挑战，逐渐丧失了以往对各种社会力量的控制，一个新的国际治理体系正在酝酿过程之中，一个全球性社会正在初步形成之中。②当代世界各国各民族极力张扬自己的价值观，从根本上说是对全球化带来的世界同质化以及对自己本土文化挑战的反应。它们不仅力图在全球化的冲击和大国文化霸权主义渗透面前为自己民族文化争得一席之地，更试图借鉴大国的国际文化战略，以攻为守，千方百计张扬和扩散本土文化和价值观。于是世界各国各地价值观竞相登上世界舞台，出现了今日世界价值观"百舸争流"的激烈竞争格局。中国无论是在人口、经济、科技、政治、文化上都是一个大国，在这种价值观激烈竞争的格局中，不能没有自己的强势影响力，也不能没有自己的旗号和声音，更不能没有自己的一席之地。③

我们要构建和向世界推出中国价值观，有着十分充足的理由。其中以下四个方面是最为明显的：首先，中国是人口大国。中国的人口占世界总人口近五分之一，是美国的四倍多，欧共体的近三倍、拉美的两倍多、非洲的近两倍。作为这样一个超级人口共同体，不仅应有自己独树一帜的价值观，而且在世界多元价值的格局中应有中国人的强音，至少应使自己的价值观得到世界其他五分之四人口的认可和尊重。其次，中国已经成为世界第二大经济体，要使中国经济进一步走向全世界，不仅需要中国价值观作支撑，而且需要中国价值观为之开辟道路。再次，中国有着在

---

① 参见江畅：《培育和践行核心价值观与中国价值观构建》，《思想理论教育》，2014 年第 4 期。
② 参见孙伟平：《价值差异与社会和谐——全球化与东亚价值观》，湖南师范大学出版社 2008 年版，第 11～15 页。
③ 参见江畅：《培育和践行核心价值观与中国价值观构建》，《思想理论教育》，2014 年第 4 期。

世界上历史悠久、独具特色的传统文化。在整个人类生活日益物质化、低俗化、浅表化，整个世界充满着各种矛盾、冲突，恐怖活动、政变、战乱频发的今天，中国传统文化不失为当代人类走出困境可资借鉴的不可替代的宝贵资源。这种资源也需要以今天中国文化的强大、中国价值观作为载体传送到世界各地。最后，中国是目前世界上最强大的社会主义国家。苏东剧变后，中国无疑成为了世界中最强大的社会主义国家，不仅承担着在新的历史条件下从理论和实践上构建社会主义价值观的任务，而且肩负着在全世界传播社会主义价值观的责任。一般意义的社会主义价值观只能是理论的、抽象的，只有它现实化为某个国家的价值文化或文化，它才真正具有影响力。中国的新民主义革命就是在俄国十月革命的影响下发生的，十月革命就是一次马克思列宁主义的社会主义价值观的成功实践。我们要扩大社会主义价值观的影响需要中国的社会主义价值观的践行，也需要打出中国价值观的旗帜。①

近代以来发达国家的经验告诉我们，当一个国家在经济上走向强大的时候，它的价值观必须与之配套；在它向其他国家推销其产品和技术的时候，它也必须推广它的价值观。只有两者相互促进、相得益彰，它才会走向更加强大，它的实力才会为更多的国家所认同，当然，它也才会在世界事务中有更大的话语权。近代的西班牙、葡萄牙、法国、德国，特别是英国等西方列强是如此，20世纪以来的美国更是如此。社会主义中国爱好和平，永远不称霸，但在世界经济政治文化竞争日益激烈的今天，特别是在包藏称霸世界祸心的超级大国总是力图将其价值观强加给世界各国的情况下，日益崛起的社会主义中国有责任承担起构建与之相抗衡并能在竞争中取胜的价值观。只有这样，中国才能为世界人民的和平幸福和人类文明的发展繁荣作出更大的贡献。完善并在全世界推广强有力的先进中国价值观，应成为中国未来发展的最重要的国际战略。如果说中国价值观对于中国来说是国家精神和民族命脉，那么，对于世界来说它则是中国声音和大国形象。在中国经济迅速发展、中国硬实力不断增强的今天，构建并推广具有强大正能量的中国价值观，不仅是中国走向现代化和强国的需要，而且也是中国作为大国所应承担的世界责任。因此，无论是从对内来看还是从对外来看，构建中国价值观都是极其重要的。②

我们所要构建的中国价值观是中国的主流价值观。对于当代中国社会存在的其他价值观来说，它是占主导地位的，是引导其他所有价值观并用其所长的主流价值观；对于当代中国文化来说，它是其深层结构和内在精神；对于当代中国人民来说，它不仅是其共同理想和信念，而且是其行为准则和文化氛围。我们要向外推广中国价值观，但其前提关键是要构建中国价值观。不将中国价值观构建起来，就谈不上将它推向全世界。不过，这两项工作是密不可分的，是相互促进、同步进行

---

① 参见江畅：《培育和践行核心价值观与中国价值观构建》，《思想理论教育》，2014年第4期。
② 参见江畅：《培育和践行核心价值观与中国价值观构建》，《思想理论教育》，2014年第4期。

的。这两个过程实际上就是同一个过程。从逻辑上看，构建是前提，但在实践上，我们不可能先构建好然后再推广，而且构建本身事实上也是一个不断持续的过程，没有终止之日。因此，在当代世界格局之下，我们需要在构建的过程中推广，在推广的过程中构建，将推广作为构建的一个必要组成部分和不可缺少的重要环节。①

（二）"中国价值观"与核心价值观的关系

在当代语境中，我们所说的一个国家、民族或区域的价值观是指其主流价值观，而不是指那些非主流的价值观，也不是指其中某个方面、某个层次或某个组织的价值观。例如，当我们说"美国价值观"时，指的美国这个国家的主流价值观，而不是指美国经济价值观或美国中产阶级价值观。同样，我们所说的"中国价值观"，不是指的中国经济价值观、湖北价值观，或中国汉民族价值观、中国道教价值观等，而是指中国国家的价值观，对中国社会有普遍而深刻影响的价值观。但值得注意的是，"中国价值观"与"美国价值观"有一个明显的区别。美国价值观是指自 18 世纪美国立国以来美国的主流价值观，当然它的历史还可以追溯得更早一点即从英国向美洲殖民开始。这种价值观虽然有一个形成发展完善的过程，但总体上是同一个价值观体系，即以自由、平等、民主、法治为核心内容、以实用主义为其独特个性的价值观。与美国不同，中国有悠久的历史，因而"中国价值观"这个概念的含义比较复杂。从广义上看，它至少既可以指传统的中国价值观也可以指当代的中国价值观，当然也可能同时指这两者。本文所讨论的"中国价值观"不是在这种广义上的"中国价值观"，而是当代中国社会的主流价值观。它不是中国的传统价值观，也不是当代中国社会现实存在的各种价值观的总称，而是中华人民共和国价值观，是体现中华人民共和国根本性质和基本特征的中国特色社会主义价值观。这种意义上的"中国价值观"实际上是"当代中国价值观"的简称，它虽然与中国传统价值观有着渊源关系，而且应当吸收中国传统价值观的精华和合理内容，但两者之间存在着本质上的区别。这种价值观是一种全新的国家价值观，是社会主义性质的价值观，或者说是中国特色社会主义价值观。

"价值观，特别是文化的价值观通常是成体系的，从这种意义上看，价值观也可以说是观念的价值体系。"②作为当代中国的价值观，中国价值观不是单一的，而是一个价值观体系，其内核和灵魂是核心价值观。中国价值观的这种内核和灵魂是使它区别于所有其他价值观的根本规定性，也是它不同于所有其他价值的主要标志。显然，中国价值观与核心价值观又不是完全等同的。了解两者之间的不同，有助于我们正确理解中国价值观，也有助于我们正确理解核心价值观及其核心价值体

---

① 参见江畅：《培育和践行核心价值观与中国价值观构建》，《思想理论教育》，2014 年第 4 期。
② 江畅：《中国主流价值文化构建的三个问题》，《光明日报》，2012 年 6 月 21 日。

系。具体地说，两者之间的不同体现在以下三个方面：

首先，核心价值观是中国价值观的内核和灵魂，中国价值观作为价值观体系除了这一内核和灵魂之外，还包括其他的价值观子系统。核心价值观本身也是中国价值观的一个子系统，但它是其中的轴心系统。除此之外，中国价值观作为价值观体系，还包括不同维度的价值观（如经济价值观、政治价值观、文化价值观）、不同层次的价值观（如就目的或目标、手段、规则或社会控制而言的价值观）。所有这些不同维度、不同层次的价值观都是核心价值观的具体化和展开，是体现核心价值观并为其贯彻落实服务的。我们说核心价值观是中国价值观的内核，所指的就是核心价值观是中国价值观的轴心、目的和根本原则。中国价值观的所有其他子系统和内容都是围绕核心价值观的，是服从于它并服务于它的，是以它作为正当与否、合理与否的根本准则。我们说核心价值观是中国价值观的灵魂，则是指核心价值观的精神渗透于整个中国价值观的方方面面，中国价值观是核心价值观的展开和体现。从实践的角度看，核心价值观是中国价值观的根本原则和最高原则，而其他子系统的原则则是不同层次、不同维度的具体原则。所有这些具体原则都是根本原则派生的，都受根本原则制约，当它们之间发生矛盾和冲突时，也是以根本原则作为调解的最终依据和最高标准的。

其次，核心价值观作为中国价值观的根本规定性，更体现了与传统价值观和域外价值观之间的区别，而中国价值观作为一个国家的价值体系，则需要更多地吸收这些价值观的合理内容。核心价值观不是无中生有的，也需要继承中国思想文化的合理内容，但侧重于基本精神方面，而在本质上是与它们相区别的。中国价值观作为价值观体系，包含丰富的内容，这些内容会更多地继承、吸收借鉴传统价值观、域外价值观中有价值的、能为我所用的内容。这尤其体现在经济技术和日常生活方面。例如，虽然社会主义核心价值观与资本主义核心价值观存在着本质区别，但中国价值观要将资本主义国家价值观中包含的市场经济规律吸收到中国价值观中来。同样，社会主义核心价值观与传统核心价值观存在着本质区别，但中国价值观可以从传统价值观中汲取诸多合理内容，如"己所不欲，勿施于人"的推己及人原则、"恭宽信敏惠"等日常生活规范。当然，这种继承、吸收和借鉴都是批判性的，不能照搬照抄。从这种意义上看，中国价值观是当代中国社会完整系统的主流价值观，其本质和精髓是社会主义的，同时它又具有深厚的中国传统文化底蕴和丰富的中国时代精神，而且是与当代世界文明发展的总趋势相一致并相衔接的。

再次，在价值多元的当代中国，核心价值观与其他非主流价值观之间存在着实质性的区别，而中国价值观则要与这些价值观共存共荣，将其纳入主流价值观体系之中。当代世界的开放国家都存在着价值多元的情形，但对非国家推行的价值观有两种不同的态度：一种态度是允许其他价值观存在，而同时对它们加以控制、引导，使之从属于国家推行的价值观。这样就会形成推行的价值观与非推行的价值观共存共荣的局面，也就会使国家推行的价值观真正成为主流价值观。其他价值观不是与主流价值观相对立、相排斥，更不会与主流价值观争夺主流的地位，相反它能为主流价值观提供养料，提供借鉴，并能起到某种补充作用。另一种态度则相反，除了国家推行的价值观之外，对其他的价值观一律采取打压政策。这样做的结果是，其他价值观不仅消灭不了，相反千方百计与推行的价值观相敌对、相抗衡，甚至力图取而代之。而推行的价值观也成为不了真正意义上的主流价值观，因为其他价值观不是支流的，而是时刻与推行的价值观争夺统治地位的。显然，我国的文化发展战略只能作出前一种选择，而要作出这一种选择，不仅要宽容，更需要允许非推行的价值观存在和发展，使它起到提供养料、借鉴的作用。唯有如此，那些非主流价值观才会成为从属于、服务于主流价值观的，甚至成为主流价值观的有益补充，我国所推行的价值观也就会成为真正意义上的主流价值观。

（三）培育和践行核心价值观与构建中国价值观的同一性

今天，构建中国价值观早已不是从无到有，而是从有到优，使之完善。从中华人民共和国成立以来，我们就在致力于构建当代中国价值观。六十多年来，我国的价值观构建取得了巨大的成就，当然也有一些不足和教训。改革开放以来，尤其是党的十六届六中全会提出建设社会主义核心价值体系以来，中国价值观的构建更加自觉、更加主动、更加强有力。提出建设社会主义核心价值体系，并进而提出培育和践行社会主义核心价值观，不仅抓住了构建中国价值观的重点，而且也抓住了构建的要害。中国价值观构建的过程，就是作为其内核的社会主义核心价值观具体化、现实化、贯彻落实、推广应用的过程，也是作为其核心结构的社会主义核心价值观转化为文化的过程。

如前所述，中国价值观作为价值观体系，有其内在的结构，这个结构就是中国价值体系①，即社会主义价值体系。但是，这种价值体系还是观念的价值体系，从文化的角度看，它属于观念文化。要使这种观念文化成为社会现实的文化，就要使观念的价值体系现实化，使它成为整个社会现实的价值体系，成为我国社会生活和我国文化的深层结构。当中国价值观实现了这种现实化的时候，中国价值观就成为了中国社会的主流文化。核心价值观是中国价值观的内核和灵魂，它本身就是一个系统。这个系统作为一种观念的系统有其内在的结构，这个结构就是观念的核心价值体系。两者之间的关系是，核心价值观是核心价值体系的凝练和表达，而核心价值体系则是核心价值观的体现和结构。正如《意见》所指出的，"社会主义核心价值

---

① 需要注意的，我们说的价值体系，可以是两种意义上的：一种是观念意义上的，另一种是现实意义上的。观念意义上的价值体系通常就是价值观，而现实意义上的价值体系则是社会文化的深层结构。一般说来，现实意义上的价值体系是观念意义上的价值体系的现实化。但是，并不是所有观念意义上的价值体系（价值观）都能现实化、都已经现实化了。

观是社会主义核心价值体系的内核,体现社会主义核心价值体系的根本性质和基本特征,反映社会主义核心价值体系的丰富内涵和实践要求,是社会主义核心价值体系的高度凝练和集中表达。"① 由此看来,如果说核心价值观是中国价值观的内核和灵魂,那么核心价值体系就是中国价值体系的精髓和核心结构。实际上,核心价值观和观念的核心价值体系在实质上、内容上是同一的,只是看同一对象的角度不同而已:核心价值观是从实质的角度看,而核心价值体系是从结构的角度看的。

从构建的角度来说,我们要构建中国价值观,首先就要构建核心价值观,构建观念的核心价值体系。那么,既然这种价值观和价值体系是核心的,它就必须有外围的结构,即非核心的价值观和价值体系,即前文所说的其他子系统。只有当这些子系统构建起来了,核心价值体系才能真正成为核心。这还是价值观和观念价值体系构建的过程,要使这种价值观成为我国社会的主流价值观,使这种价值体系成为中国社会文化和社会生活的深层结构,还需要使之成为社会的法律制度,成为社会公众的共同信念,并得到非主流价值观心悦诚服的认同。因此,不仅中国价值观构建与核心价值观、观念的核心价值体系构建设是同一个过程,而且这个过程是从构建核心价值观、到构建核心价值体系、再到构建中国价值观的逻辑递进过程。

构建中国价值观虽然有很多工作要做,但关键是要培育和践行社会主义核心价值观。习近平要求:"要利用各种时机和场合,形成有利于培育和弘扬社会主义核心价值观的生活情景和社会氛围,使核心价值观的影响像空气一样无所不在、无时不有。"② 这里所说的"培育"不只是对公民特别是学生进行核心价值观教育,也指从理论上进行建构。这种构建的任务不仅在于要使核心价值观本身进一步走向完善,更要以核心价值观为指导、为基本原则构建完整系统的社会主义价值观,即中国价值观。这里需要特别注意的是,我们不能将培育核心价值观理解为核心价值观已经成熟了,现在的任务只是进行宣传和教育。笔者认为,从理论观念上构建核心价值观比从实践上构建核心价值观的难度更大、任务更重。我国的核心价值体系一直在构建,核心价值观也不断地在践行。因此,我们不可能也没有必要等待核心价值观、中国价值观在理论观念上构建好了再去践行,像一项工程那样,在有了完整的设计蓝图后再施工。我们必须在理论观念构建的同时进行实践上的构建。当然,这样的构建由于理念观念的准备不够充分完备而有可能走弯路,但也可以不断根据实践的要求修正和完善理论观念的构建。党的十八届三中全会通过的《中共中央关于全面深化改革若干重大问题的决定》中在谈到如何全面深化改革时提出,要"加强顶层设计和摸着石头过河相结合,整体推进和重点突破相促进,提高改革决策科学性,广泛凝聚共识,形成改革合力"。这一要求对于践行核心价值观和核心价值

---

① 《关于培育和践行社会主义核心价值观的意见》,《人民日报》,2013 年 12 月 24 日。
② 习近平:"把培育和弘扬社会主义核心价值观作为凝魂聚气强基固本的基础工程",《人民日报》2014 年 2 月 26 日。

体系、构建中国价值观和中国特色社会主义价值体系同样适用。

习近平同志指出："核心价值观是文化软实力的灵魂、文化软实力建设的重点。这是决定文化性质和方向的最深层次要素。一个国家的文化软实力，从根本上说，取决于其核心价值观的生命力、凝聚力、感召力。"①《意见》深刻阐明了培育和践行社会主义核心价值观的重大意义："积极培育和践行社会主义核心价值观，对于巩固马克思主义在意识形态领域的指导地位、巩固全党全国人民团结奋斗的共同思想基础，对于促进人的全面发展、引领社会全面进步，对于集聚全面建成小康社会、实现中华民族伟大复兴中国梦的强大正能量，具有重要现实意义和深远历史意义。"②我们要按照《意见》的总体部署，深入贯彻落实党的十八大和十八届三中全会精神，积极培育和践行社会主义核心价值观。在培育和践行核心价值观的过程中，更加自觉地把这一过程与中国价值观构建有机结合起来，在培育和践行社会主义核心价值观的过程中完善和推广中国价值观，使中国价值观成为具有中国特色、中国优势、中国风格、中国气派、中国话语体系，并对全世界具有强大影响力和吸引力的最先进价值观。

三、核心价值观的道德化③

培育和践行社会主义核心价值观既有一个学习、教育、宣传的问题，也有一个使其内容和要求道德化、法制化和政策化的问题。自党的十八大以来，核心价值观的学习、教育、宣传受到了高度的重视，兴起了一波又一波的热潮，也收到了良好的效果。但使核心价值观道德化、法制化和政策化的问题还没有受到全社会足够的重视，甚至对此尚缺乏应有的意识。刘云山同志指出，核心价值观建设要"在落细落小落实上下功夫，久久为功、锲而不舍抓下去"。④使核心价值观道德化、法制化和政策化，就是使之落细落小落实的关键性途径。

（一）价值观与道德观的关系

核心价值观道德化的内容很丰富，但其核心内容是使核心价值观转化为社会和人们的道德观。然而，价值观与道德观的关系比较复杂，而且在人类历史上有一个漫长的演变过程。了解这种情况对于我们理解核心价值观道德化很有意义。

---

① 习近平："把培育和弘扬社会主义核心价值观作为凝魂聚气强基固本的基础工程"，《人民日报》，2014年2月26日。
② 《关于培育和践行社会主义核心价值观的意见》，《人民日报》，2013年12月24日。
③ 本部分曾作为阶段性成果在《中原文化研究》2015年第6期上发表，题目为《论核心价值观的道德化》。
④ 参见《政协常委会第十二次会议开幕，俞正声出席、刘云山作报告》，《人民日报》，2015年08月27日第1版。

学界一般认为,"价值"这个概念最早是17、18世纪英国古典政治经济学家提出并引入经济学的,所涉及的是交换价值、使用价值等经济价值内容。到18、19世纪德国哲学家康德、洛策、尼采等人又将其引入哲学。康德重视"道德价值",洛策主张建立价值哲学,尼采则提出"重估一切价值"。19世纪末20世纪初奥地利哲学家迈农、艾伦菲尔斯等人提出建立一般价值观,并对美国产生影响,20初至今美国有一大批哲学家研究一般价值论,其中包括价值观。作为一个概念,"价值观"最早也是在19世纪伴随着价值哲学、"价值重估"一般价值论的出现而出现的。"价值观"中的"价值"概念,指的是涵盖对于人类有意义的所有价值,如经济价值、政治价值、文化价值、宗教价值、道德价值等等。19世纪以前,不能说人类没有价值和价值问题,但所关心的主要是道德价值(主要概念是"善""恶",此外还有"正当""不正当","公正""不公正"),17世纪才开始关注经济价值。就是说,在"价值观"概念出现之前,人类只有"道德价值观"和"经济价值观"的概念,而道德价值观几乎与人类社会始终相伴相随。

自从出现了"价值观"的概念之后,道德价值观当然被涵盖进去。但是,道德价值观只是道德或者说社会道德体系中的一个要素,虽然是其中的一个核心要素。社会道德体系除了道德价值观外,还包括体现道德价值观的道德理想和道德规范以及引导人们追求理想、遵守规范的制约机制,而道德规范本身又是一个体系,涉及社会生活各个方面。这就是说,道德是以道德价值观为核心的一种社会控制体系。

道德作为一种社会控制体系,自古以来就存在。在传统社会,它是维护家庭、社区、部落或国家秩序的主要手段,而作为社会控制体系的法律则可能有也可能无,即使有,也常常不是主要的社会控制手段。在现代社会,法律逐渐成为社会的主要控制机制,它以强制的手段确保人们的行为遵守社会的基本规范;而道德虽然也是社会控制机制,也还在对人们的行为起规范作用,但主要作用已不在于此,而在于使人们将社会的规范转变为自己的行为准则,将社会的终极价值目标(或共同理想)、核心价值理念、基本价值原则转化为自己的人格理想、价值取向、价值追求、道德品质和内心信念。从这种意义上看,道德不只是善恶价值观,还是一种社会控制机制,在现代社会它尤其是社会的导向机制,具有以自身的特殊功能将社会价值观的内容现实化的不可替代的作用。而且,其善恶价值观本身也必须是与价值观完全一致的,否则一个社会就会陷入混乱。

价值观作为对价值的一般的总的看法,就社会而言,是对社会价值目标、理念和原则的看法。一个社会确立主流价值观,就是要使全体社会成员对该价值观所确定的价值目标、理念和原则形成共识,并转化为内在信念和行为准则,而且要具体化为道德、法制、政策等社会控制机制,并通过这些主要社会控制机制使之内化于人们内心。其中,道德的意义主要在于,通过将社会主流价值观道德化使其深入人心并渗透到社会生活的各个方面。而这里所说的"道德化"就是通过道德舆论、道德教育和修养、道德良心、道德责任感和义务感、道德风俗习惯等道德方式或手段使社会的道德要求转化为人们的人格理想、内心信念、优秀品质和行为准则。这样一种道德化的过程，就是确定社会主流道德观的过程。

（二）道德化：核心价值观现实化的必由之路

培育和践行核心价值观，从实质上讲就是使核心价值观现实化，现实化为社会的现实价值体系和社会公众的内心信念及行为准则。核心价值观现实化有诸多路径。最常见的、也是社会普遍重视的路径，是学习、教育、宣传或传播等。这种路径的主要特点是"直接影响"，即通过这种路径使社会成员（包括个人、各种组织、党政机关等）直接面对核心价值观，或者说使核心价值观直接对社会成员发生影响。这当然十分重要，因为通过这种途径社会成员可以直接了解、领会、掌握、运用、贯彻核心价值观。但是，这种途径也有其局限性。那就是社会成员在多大程度上把握和应用核心价值观是因人而异的，没有什么外在的制约力，也没有什么内在约束力，而且社会也很难掌握社会成员对核心观认同和实行的程度（广度和深度）。因此，核心价值观现实化不能仅仅靠"直接影响"的路径，还需要诉求"间接约束"。这种路径就是通过将核心价值观的内容和要求转化为社会的法制（法律和制度）、道德、政策等社会控制机制对人们起约束作用，使人们在一定意义上不得不培育和践行核心价值观。核心价值观借助社会控制机制对人们发生影响，这显然是一种间接影响。从我国目前的情况看，在培育和践行核心价值观方面，人们非常重视"直接影响"，而对"间接影响"重视不够。然而，通过社会制约机制使核心价值观对全体社会成员发生影响的力度要比前面所说的"直接影响"大得多，因此，我们必须给予高度重视。

法制、政策和道德这三种现代社会的主要控制机制，在使核心价值观现实化方面发挥着不同的作用，而且相互补充、相互促进，而不能有所缺失和相互替代。

法制的作用主要在于，使核心价值观的一些最基本的内容和要求成为国家的宪法、法律和制度，从而通过法制的强制力使之得以贯彻实施。例如，我国宪法规定"把我国建设成为富强、民主、文明的社会主义国家"、"中华人民共和国的一切权力属于人民"，这就对核心价值观中的"富强、民主、文明"作出了宪法规定。同时，我国宪法也把民主作为国家制度，如规定我国是"人民民主专政国家"、国家机构实行"民主集中制原则"。如果有人在中国宣扬贫穷、专制、愚昧并从事这方面的活动，那就是违反宪法的行为，司法机关就可以对他进行法律制裁。

法制是强制性的，因而威力强大，人们不得不接受所规定的核心价值观要求，否则就会受到制裁，但法制是具有普适性的，而且比较僵死，难以适用于一些特殊的、具体的和变化的情况。因此，社会治理需要政策。在核心价值观现实化过程中，国家政策的主要作用是在法制范围内针对特殊的、具体的和变化的情况通过行政手段贯彻落实核心价值观各项内容和要求，如国家可以出台最低社会保障政策、大病救助政策来贯彻落实核心价值观中的"公正"要求，当然对于违反政策的行为也可以给予行政处罚。政策的特点是灵活，特别是可以通过灵活的政策措施对符合或违反核心价值观要求的行为给予鼓励或惩罚。不过，政策的处罚力度较轻，不足以维护那些根本性的、总体性的核心价值观要求，因而政策需要与法制配合起来发挥作用。

法制、政策的优势在于具有强制执行性，政策还有激励的优势，核心价值观的内容和要求一旦进入其范围，一般就能得到有效的贯彻落实。但是，它们有三个共同的局限：一是范围的局限性。它们所规定的通常是根本性、总体性、全局性、事关国计民生的核心价值观的内容和要求，这种规定不可能涉及社会生活的方方面面；二是层次的基础性。它们所规定的通常是核心价值观的最基本内容，不涉及其中的理想化的内容和要求；三是规范的外在性。它们是通过外在的强制性对人们起作用，而管不了人们是否将其转化为内心信念或自觉的行为准则。法制和政策的这三个共同局限，正是道德可以充分发挥作用之处。首先，道德在人们的个人生活和社会生活中无所不及，它不仅渗透社会生活，也渗透个人生活，甚至渗透到内心深处（如需要、欲望、情感、意志、观念等）。因此，将核心价值观转化为道德，就可以使之深入人心，贯穿整个社会生活及其过程。其次，道德不仅包括规范体系和机制，而且包括导向体系和机制，它在规范人们行为的同时引导人们追求更高的理想。因此，将核心价值观转化为道德可以使之成为人们的理想、信念和追求，并且能使人自觉地遵循体现核心价值观的法制、政策的规范要求。最后，现代道德虽然一般不具有强制性，但它有诸多手段使人们遵循社会规范并追求社会理想，如前面所说的舆论、教育、修养，以及良心、责任感、义务感、风俗习惯等。因此，道德可以更有效地将核心价值观内化。

由此看来，使核心价值观转化为道德，或者说使之道德化，是使核心价值观现实化的必由之路。没有这种道德化以及与之相关的法制化和政策化，仅靠一般性的学习、教育、宣传，是不可能真正解决核心价值观现实化问题的。

（三）核心价值观道德化的含义和主要任务

核心价值观道德化既不同于它的法制化，也不同于它的政策化。核心价值观有两个层次的内容和要求：一是导向性的；二是规范性的。核心价值观的法制化，是指其中体现社会主义本质要求以及事关社会主义社会秩序和谐要求的制度化，以及这些要求中的底线要求的法律化。核心价值观的政策化，则是针对我国社会主义现代化建设过程中出现的各种新情况、新问题，根据核心价值观的内容和要求制定相应的政策，以使之适应新情况，解决新问题。与法制化不同，政策化既可能涉及核心价值观的导向性内容和要求，也可能涉及规范性的内容和要求。核心价值观的道德化就其涉及的范围而言，它与政策化相同，涉及整个核心价值观的内容和要求；就其稳定性而言，它与法制化相似，它要构建具有相对稳定性的道德体系。道德化与法制化、政策化的不同之处在于，它所要构建的是体现核心价值观的道德体系，这种体系与法制体系在取向上一致，但其结构和具体内容不同；另一方面它还要通过道德的控制机制使道德体系贯穿于社会生活，内化于人们心中。因此，核心价值观的道德化就是要构建体现核心价值观内容和要求的道德体系并使之在社会生活中有效地发挥作用。

在我国当前，核心价值观道德化的主要任务是构建体现核心价值观的道德体系。我国现行的道德体系是建国后适应计划经济体制构建起来的。改革开放以来，特别是实行市场经济体制以来，我国许多人的道德观念和行为准则事实上已经发生了并还在发生着变化。但是，我国社会倡导的道德观念和推行的道德体系变化较小，整体上看，与我国现行的经济体制以及其他社会体制改革不同步、不适应，也与许多人实际奉行的道德相脱离。这种情况一方面表明，构建与核心价值观相一致的核心道德体系不是要将现行的道德体系推倒重建；另一方面也表明，这种构建也不是我们一直以来所进行的那种一般意义的"加强道德建设"。"构建当代中国道德体系不是我们通常所说的'加强建设'，而是要以更新和调整为前提的。"①就是说，当代中国道德体系构建并不是要推翻现行道德体系，而是要根据新的社会历史条件和核心价值观对现行道德体系进行更新和调整，使之与新的社会历史条件相适应，体现核心价值观的新要求。中国特色社会主义建设的伟大实践和核心价值观之间是内在一致的，是良性互动的，核心价值观是对中国特色社会主义建设实践的观念反映、概括和升华，同时又是这种实践的核心内容和价值体系。因此，构建体现核心价值观的道德体系，实际上也就体现了当代中国新的社会条件的历史必然性和客观要求。

社会的道德体系一般包括两个层次：一是道德标准体系，包括从基本道德规范和最高道德理想的要求，它们构成道德不道德、道德水平高低的标准；二是道德控制体系，它包括如何使社会的道德要求转化为人们的人格理想、内心信念、德性品质、道德情感和行为准则的道德机制。因此，构建体现核心价值观的道德体系包括两方面的任务：一是构建体现核心价值观的道德标准体系，这即是狭义的道德体系；二是构建体现核心价值观的道德标准体系得以发生作用的道德控制体系。

体现核心价值观的道德标准包括一般道德原则、基本道德规范、不同生活领域的道德要求、最高道德理想。一般道德原则表达整个道德要求的基本价值取向。就我国现阶段而言，我们主张一般道德原则应为和谐主义。基本道德规范即通常所说的"底线伦理"，是行为善恶与否的基本标准，主要包括爱国、敬业、诚信、友善、敬畏、永续。不同领域的道德要求主要涉及公共生活、职业生活和家庭生活。对于

---

① 江畅、范蓉：《论当代中国道德体系的构建》，《湖北大学学报》（哲学社会科学版），2015年第1期。

这些领域的道德要求,《公民道德建设实施纲要》作出了明确的规定。最高道德理想从社会角度来讲在现阶段就是实现"中国梦",即国家富强、民族振兴、人民幸福;从个人角度来讲就是马克思的理想,即"人的全面而自由发展"。[①]在基本道德规范到最高道德理想之间还有不同的层次。例如,如果说利己不损人是底线伦理,而自觉为实现"中国梦"而努力奋斗是最高理想,那么,先人后己、舍己为人就是两者之间不同层次的道德要求。道德标准体系建构的主要任务,是要从理论上提出并论证完整的道德标准体系,并且要通过一定途径得到社会的普遍认同。

道德标准体系得以发生作用的道德控制体系的构建,主要包括社会舆论氛围的营造,学校德育教学,各种非教学性的德育,选人用人道德状况考核机制,社会的扬善抑恶机制。社会舆论包括现代媒体的舆论和日常社会生活的舆论(如公共场所的舆论、单位的舆论、组织的舆论等)。营造这种舆论氛围的目的是形成褒扬真善美、贬抑假恶丑的社会环境,给人们的道德表现增加正能量。学校德育教学包括各级各类学校开设的思想道德教育课,这是人们系统接受道德教育的主渠道,可以从根本上控制人们的道德状况,使人们的道德按社会期待的方向发展。学校德育教学的构建主要是要使各级各类道德教学相互衔接,教学内容科学合理并体现核心价值观的要求。各种非教学性德育,即日常的各种思想道德教育,通常是针对个别性、局部性或全局性问题的。这种形式的德育构建任务是要建立健全的道德教育队伍,并使他们能卓有成效地开展工作,以解决在人们身上发生的或面临的各种具体的道德问题。选人用人道德状况考核机制,主要是指各单位进人用人,特别是选拔干部有明确的道德要求,并能使之在选人用人的过程中得到贯彻。社会的扬善抑恶机制,主要是指在树立道德典型、奖励道德英雄模范人物,以及对典型的邪恶人物和行为进行谴责。扬善抑恶机制是道德社会控制的重要手段,它们的构建不仅要求科学、合理、有效,而且要正规化、常态化、制度化。只有这样,它们才能真正发挥扬善抑恶的独特功能。

(四)当代中国道德规范体系的架构[②]

道德涉及人的认识(主要涉及善恶评价)、品质、情感、行为等不同方面,每一个方面都有道德标准,认知方面的一般标准是善恶,品质方面是德性恶性,情感领域是仁爱恶意,行为领域是正当不正当。但是,在日常道德生活中,道德标准主要指行为领域。行为方面的道德标准就是通常所说的道德规范。因此,我们这里着重讨论道德规范问题,对中国道德规范体系提出一个初步的架构。

道德与伦理不同,伦理所涉及的主要是行为领域,而道德涉及道德认识、道德

---

① 江畅、范蓉:《论当代中国道德体系的构建》,《湖北大学学报》(哲学社会科学版),2015年第1期。
② 本部分曾作为阶段性成果在《湖北大学学报》(哲学社会科学版)2015年第1期上发表,题目为《论当代中国道德体系的构建》。

情感、道德品质、道德行为四个基本领域。与此相应，一个社会的完整道德体系一般包括四个方面：道德价值体系，道德情感体系、道德品质体系和道德规范体系。这四个子体系虽然可能会存在着内在的不一致，甚至自相矛盾，但它们是相互联系、相互渗透的。在这四个体系中道德规范体系所涉及的是行为领域，而人们的行为直接关系到社会秩序，因而这个领域通常是社会最关注的道德领域，也是人们最容易感受到道德力量的领域。考虑到本文篇幅的限制，我们这里只讨论当代中国道德规范体系。

社会道德规范体系通常包括四个层次或部分：一是道德规范体系的价值取向，它是道德规范体系的核心；二是体现价值取向的基本道德原则；三是体现基本道德原则的基本道德规范；四是基本道德原则对社会不同生活领域的基本要求，或者说是体现基本道德原则的行为准则。在道德规范体系中，价值取向是根本性的，它规定着整个道德规范体系的性质，是一种道德规范体系区别于其他道德规范体系、一种道德区别于其他道德的主要标志。我们可以根据这样一种构架模式考虑当代中国应有的道德规范体系。

改革开放以来，我国一直都十分重视道德建设，党中央先后发布了直接涉及道德建设的《中共中央关于社会主义精神文明建设指导方针的决议》（1986年）、《中共中央关于加强社会主义精神文明建设若干重要问题的决议》（1996年）、《公民道德建设实施纲要》（2001年）、《中共中央关于构建社会主义和谐社会若干重大问题的决定》（2006年）等重要文件。在改革开放以来历次党的代表大会报告中都有关于道德建设的论述。党中央有关道德建设的文件对当代中国道德规范体系的构架和内容作出了具体的界定。根据党中央有关文件的精神和内容，综合考虑构建当代中国道德的现实根据、理论依据和历史资源，以及当代社会实践的创新，我们归纳总结了一个当代中国道德规范体系的初步架构。

我们认为，我国当代道德规范体系的价值取向是和谐主义。和谐主义在承认个人、群体（企业及其他各种组织）和国家都是社会道德主体的前提下，追求各道德主体的利益与社会整体利益共赢共进，追求整个社会在尊重多样化的前提下实现和谐有序，追求所有社会成员的全面而自由发展。和谐主义承认社会成员的主体多元性和多样性，承认他们都有自己的价值追求和价值体系，承认他们的价值可能会发生冲突，在此前提下，寻求他们的互利互惠、共赢共进，使他们和谐地生活在社会共同体的大家庭之中。作为当代中国价值体系的核心内容，和谐主义总体上要求当代中国道德要着眼于社会成员全面而自由发展而构建个体（作为社会成员的个人和各种组织）与国家的社会和谐、个人与他人之间的人际和谐、个人与自己的身心和谐、人类与自然的自然和谐。和谐主义既不同于西方近代以来的个人主义，也不同于中国传统社会的整体主义。它将个人作为社会的主体和实体，但并不认为社会的主体和实体只是个人，还包括国家和其他各种组织；它所追求的不是单个人的利益和价值的实现，而是追求作为社会成员的个人和组织利益的普遍实现和共同增进。它将国家作为一种具有管理整个社会的特殊社会组织，认为它是社会的主体和实体，但并不是唯一主体和实体，而且它作为社会的管理者，其唯一使命是要使社会成员特别是个人在和谐的社会环境中普遍实现自己的价值，获得自己的幸福。

将和谐作为当代中国道德规范体系的价值取向和核心内容，是有充足理由的。首先，《中共中央关于构建社会主义和谐社会若干重大问题的决定》就已经将和谐社会看作是中国特色社会主义的本质属性，是国家富强、民族振兴、人民幸福的重要保证。其次，中国传统文化本质上是一种和谐文化，"和为贵"理念深深扎根于民族心理，最终成为中华文化的价值取向和鲜明特征。"和为贵"不但作为中华民族的核心理念渗透在社会的各个领域，而且陶冶并塑造了中华民族的性格。再次，和谐体现了现代市场经济和民主政治的客观要求。市场经济是多元主体经济，民主政治是多元主体政治。总之，现代社会是多元主体社会。这种多元主体的社会格局需要道德以及法律来使他们彼此和平共处，相辅相成，相得益彰，良性互动，而这就是和谐的基本内涵。

根据和谐主义的价值取向和基本要求，我们认为可以确立三条基本道德原则，即共赢、公正和负责。和谐主义是在肯定存在不同道德主体前提下追求他们的价值的普遍实现，因此它要求人们的社会行为在任何情况下都要使行为所涉及的各方受益，至少不受害。这就是共赢原则的基本要求。这一条原则适用于所有道德主体，包括国家、各种组织和个人。公正作为道德原则主要适用于那些有可能分配社会资源（如金钱、财富、名誉、地位以及各种机会等）、提供各种产品和服务的道德主体。这一原则要求，在分配、评价、裁决、奖惩及提供各种产品和服务的过程中使相关者得其所应得，讲求公平，关怀弱者，伸张正义，廉洁自律，不以权谋私，不徇私舞弊。负责适用于所有有行为能力的社会成员，包括健康的成人、各种组织和国家。负责作为道德原则，要求行为者敢做敢为，勇于担当，具有强烈的责任心，对自己负责，对家庭负责，对所在的组织负责，忠实履行自己应尽的义务和应承担的责任，不文过饰非，不敷衍塞责。显然，在上述三条基本原则中，共赢原则是最基本原则，也是人们行为正当不正当的最基本判断标准。

根据党中央有关文件，以及当代人类和中国的实践发展，我们认为，可以从行为可能涉及的个体与群体、个人与他人、人类与自然这三种基本关系，对当代中国道德基本规范作如下规定：①个体与群体之间关系的基本道德规范是爱国、敬业。爱国是对作为社会成员的所有个人和所有组织涉及与国家关系的行为的基本道德要求；敬业则是对所有从业人员涉及与所从事的职业及职业组织的行为的基本道德要求。②个人与他人之间关系的基本道德规范是诚信、友善。③人类与自然之间关系的基本道德规范是敬畏、永续。这一规范是对所有道德主体的要求，包括对国家的要求。所谓敬畏，是指我们要对自然、生命有敬畏之心，在自然的利用、改造过程中遵循自然规律，避免消极后果，不肆意妄为，无所顾忌；所谓永续，是指我们利用、改造自然的行为不能造成长远的消极后果，要为子孙后代留下青山绿水蓝天。在这六个基本道德规范中，爱国、敬业、诚信、友善在党的十八大报告中被列入了社会主义核心价值观的内容，体现了党中央对这四个道德规范的高度重视，也表明当前我国社会这四个方面存在着更为突出的问题。

我国改革开放以来一直从道德的角度将社会生活划分为公共生活、职业生活和家庭生活，并将这三个基本领域的道德要求称为社会公德、职业道德和家庭美德。《公民道德建设实施纲要》根据我国社会主义初级阶段的实际情况对这三个领域提出了明确的道德要求，并对它们作了简练的概括。社会公德的要求是"文明礼貌、助人为乐、爱护公物、保护环境、遵纪守法"；职业道德的要求是"爱岗敬业、诚实守信、办事公道、服务群众、奉献社会"；家庭美德的要求是"尊老爱幼、男女平等、夫妻和睦、勤俭持家、邻里团结"。这些概括基本上反映了我国当代道德价值取向和基本原则的要求，可以作为当代中国道德规范体系中对社会生活三个基本领域的基本道德要求。不过，我们也可以使用中国传统道德中的"义"、"忠"、"孝"三个范畴更简要地加以表达。"义"是指在公共生活领域要讲信义，诚实无欺，言而有信，与人为善，行为举止合宜恰当。"忠"是指在职业领域要忠于职守，爱岗敬业，尽职尽责，精益求精，办事公道，讲求信誉。"孝"是指在家庭生活中要尽孝，尊长爱幼，勤劳节俭，关爱和睦，履行家庭义务和责任。

概括说来，当代中国规范道德体系是一种以和谐主义为价值取向和核心内容，以共赢、公正、负责为基本原则，以爱国、敬业、诚信、友善、敬畏、永续为基本规范，以"义"、"忠"、"孝"为基本道德要求的道德规范体系。这一道德规范体系，体现了马克思主义的社会理想追求，适应当代中国社会实践的客观要求，富有中国传统道德文化特色，是具有中国特色的社会主义道德规范体系。

（五）培育和践行体现核心价值观的道德观[①]

核心价值观道德化，就其实质而言，就是要在全社会确立或者说培育和践行体现核心价值观的道德观。这是构建体现核心价值观的道德体系的基础性和先导性工作。核心价值观道德化的前提是要更新一些过时的旧道德观念，确立相应的新道德观念。

第一，改变国家是道德立法者、人民是道德守法者的观念，确立所有道德主体都既是道德立法者又是道德守法者的观念。我国是人民当家作主的社会主义民主国家，人民（全体社会成员）是社会的主体，国家代表和体现人民的意愿和意志，所

---

① 本部分曾作为阶段性成果在《湖北大学学报》（哲学社会科学版）2015年第1期上发表，题目为《论当代中国道德体系的构建》。

推行的道德体系像所确立的法律体系一样，必须充分体现人民的意愿和意志，而且国家作为道德主体本身也要受道德的约束。如果国家推行的道德体系不能体现社会成员的意愿和意志，不能有效地维护社会成员的权利和利益，所推行的道德体系就不能得到社会成员的普遍认同。同样，如果国家推行的道德体系，作为国家代表的官员不能模范地遵守，所推行的道德体系也不能得到社会成员的普遍认同。我国目前推行的道德之所以不能得到普遍认同和遵守，一个重要原因是道德的立法者与守法者分离。而其根源则在于，在我们的思想观念中，一方面把国家看作是道德立法者，而不是道德立法者的代表者，不是道德的守法者；另一方面把社会成员只看作是道德守法者，而不同时把他们看作是道德的立法者。如果有这样一种观念，道德立法者的代表者就会变成道德立法者本身，也就有可能不考虑作为真正道德立法者的社会成员的意愿和意志，不考虑他们的实际情况，所确立的道德脱离社会成员的实际，不能很好地反映他们的利益诉求。如果所推行的道德不能充分体现社会成员的意愿和意志，社会成员就会把道德看作是从外面强加给自己的、让自己作出牺牲的东西，因而也不会自觉自愿地遵从它。要改变我国目前道德问题严重的局面，必须从根本上改变把国家看作道德的立法者，而把人民看作是道德守法者的观念，确立国家是道德立法者的代表者，人民是真正的道德立法者，同时也是道德守法者的观念，使所推行的道德真正体现人民的意愿和意志。

第二，改变道德意味着自我牺牲的观念，确立道德是有利于人更好生存的生存智慧的观念。道德就其本性而言是人类在长期生活过程中形成的使自己生存得更好的生存方式，它是人类生存智慧的体现。但是，在传统社会，道德发生了异化，作为人类使自己生存得更好的生存方式变成了控制人、甚至奴役人的工具，其突出的体现就是它要求人们一味地作出自我牺牲。不可否认，在某些特殊情况下，例如在战争年代和某些危急的处境下，道德要求行为者为了他人或共同体的利益作出个人的牺牲。但是，在日常生活中，它不是要求人们牺牲自我利益或生命，而是告诉人们怎样才能更好地实现自己的利益。考虑和追求自己的利益和权利是人性的自然倾向，道德肯定人们追求自己利益和权利的合理性和正当性，但告诉人们这种追求有两种方式：一种是不道德的方式，另一种是道德的方式。不道德的方式就是唯利是图、不择手段的方式。人们按照这种方式行事，不仅会伤害他人和共同体，而且最终会伤害自己。因为如果每一个体都无所顾忌地行事，必然导致人与人之间的相互伤害，最终行为者自己也必然会受到伤害。与不道德的方式不同，道德方式要求人们在追求自己利益和权利的时候不能伤害他人和共同体，这是道德的底线要求。在现代社会，道德的这种底线要求一般都已经被法制化。就是说，如果损人利己，不仅会在道德上受到谴责，而且还会受到法律的制裁。在此基础上，道德还引导人们在不伤害他人和共同体的情况下还要有利于他人和共同体，实现利益共进和共赢；引导人们在无损于人、有益于人的基础上追求通过他人利益的最好实现来实现自己的利益。道德的意义就在于，它不仅告诉人们什么是道德上好的（善的），而且告诉人们怎样更好，怎样最好。其一般原则依次是无损于人、有益于人和服务他人。无损于人是最低的、起码的道德要求，而服务他人则是最高的道德原则。这一最高原则要求人们着眼于他们和社会的利益行事，为他人和社会提供优质服务，对他人和社会负责，以他人和共同体的利益为重，必要时勇于牺牲自身利益。不过，这一原则并不是对个体追求自己利益的否定，相反是以这一追求为基础和前提的。这一原则要求必要时为了他人和共同体的利益牺牲自己的利益，看起来似乎是与人们的利益诉求相冲突的，其实不然。因为这种要求是对所有社会成员而言的，而不只是对某一部分社会成员而言的，每一个个体都不仅有可能成为这一要求的付出者，也有可能成为这一要求的受惠者。这种要求归根到底是为了社会个体的利益，只不过不是仅仅为了某一个或某一些特殊的个体。① 总之，道德的根源在于人谋求生存得更好的本性，道德从根本上说就是生存得更好的方式。正是在这种意义上，我们说道德是人生存的智慧，而不是自我牺牲。作为生存智慧的道德不是冷酷无情的，而是人性化、人道化、人情化的。只有这样的道德才会得到社会成员的普遍认同和信奉。

第三，改变个人与他人、个体与整体在价值上相互对立的观念，确立它们可以实现价值共赢的观念。在以自然经济为基础的传统社会，人们的生存资源有限，因而个人与他人、个体与整体在利益问题上必定是此消彼长、相互对立和冲突的关系。正因为如此，传统道德为了维护社会秩序和统治者的利益，要求人们作出自我牺牲。从市场经济出现以后，人们渐渐发现，个人与他人、个体与整体的关系并不一定必然是相互矛盾的，而完全可以达成一致和实现共赢。例如，一个厂商完全可能通过让他的顾客的利益得到最好实现从而来实现自己的利益，他越是把顾客当作"上帝"，"上帝"就越是惠顾他。现代社会生活实践越来越表明，不仅市场经济中的人际关系是互利共赢的，而且整个社会生活中人际关系都可以如此。一个具有优良品质、高尚人格的人，他就会有良好的人脉关系，而良好的人脉关系有助于他在事业上取得成功。当我们破除了个人与他人、个体与整体相互对立的观念时，我们就不会再把道德理解为自我牺牲了，而会把它看作是实现个人与他人、个体与整体各方共赢的最佳方式。

就当前而言，我们还需要着重做好以下三项工作：

其一，提高对培育和践行体现核心价值观的道德观重要性的认识。前文所述表明，体现核心价值观的道德观既是核心价值观的重要内容，又是使核心价值观落到实处的重要途径，核心价值观只有道德化，才能真正深入人心。因此，我们要把培育和践行体现核心价值观的道德观作为培育和践行核心价值观的重要途径，给予高度重视。当前，特别要注意克服普遍存在的讲核心价值观不讲核心价值观的道德

---

① 参见江畅：《幸福与和谐》，人民出版社 2005 年版，第 272 页。

化，讲培育和践行核心价值观而不讲培育和践行体现核心价值观的道德观的问题，从而把核心价值观与体现核心价值观的道德观的培育和践行有机地结合起来，利用道德的特殊功能和作用强化核心价值观的培育和践行。

其二，形成对体现核心价值观的道德观的共识。体现核心价值观的道德观并不就是核心价值观，而是核心价值观的道德化。那么，这种道德化的核心价值观或体现核心价值观的道德观是什么，它如何使核心价值观落细落小落实，这不仅需要理论上的研究，而且要将理论研究的成果转化为全社会的共识。特别需要注意的是，我国目前的道德体系和人们的道德观并不都是体现核心价值观的，有些内容可能还是与核心价值观背道而驰的。在这种情况下，从理论上构建体现核心价值观的道德观、从实践上使之成为全社会的共识就是摆在全党全社会的严肃问题，亟待我们加以解决。刘云山同志指出，"核心价值观建设，重要的是坚持以立为本、立破并举"[①]。体现核心价值观的道德观建设亦应如此。

其三，将体现核心价值观的道德观教育纳入道德教育的全过程，营造弘扬这种道德观的舆论氛围。体现核心价值观的道德观还需要从理论上构建和完善，但从实践的角度看，我们不能等到这种道德观完善后再来培育和践行，而要边进行理论上的构建和完善边培育和践行。更何况，当前我国已经初步形成了核心价值观，而核心价值观与体现核心价值观的道德观不仅本质上是一致的，而且在许多内容上都是相通的。在培育和践行体现核心价值观的道德观方面有许多工作要做，最重要的还是要将其纳入道德教育的全过程，营造弘扬这种道德观的舆论氛围。纳入道德教育的全过程，就是不仅要纳入国民教育体系，纳入各种职业培训、干部培训，而且要纳入全社会各种不同的日常道德教育之中，包括家庭、单位和各种组织的道德教育，使之成为教育的主要内容。营造弘扬这种道德观的舆论氛围，就是要通过各种现代媒体和传统媒体宣传体现核心价值观的道德观，"注重用正面典型激励人，用反面典型警示人，引导全社会崇尚先进、礼敬英雄"（刘云山语），使弘扬体现核心价值观的道德观成为社会舆论的主旋律和正能量。

四、核心价值观的法制化[②]

党的十八大以来，培育和践行社会主义核心价值观已经成为全党全社会的共识。培育和践行核心价值观的根本目标和基本任务就是要使核心价值观现实化为当代中国现实的社会价值体系，使之成为当代中国文化的核心内容和深层结构。这是

---

① 《政协常委会第十二次会议开幕，俞正声出席、刘云山作报告》，《人民日报》，2015 年 08 月 27 日第 1 版。
② 本部分曾作为阶段性成果在《思想理论教育》2015 年第 10 期上发表，题目为《论社会主义核心价值观的法制化》。

一个实践转化的过程。实现这一转化有许多工作要做，其中一项关键性的工作就是要使核心价值观的价值目标和要求制度化、法律化。党的十八届四中全会作出了全面推进依法治国的重大决定，在这种历史背景下，如何使全面推进依法治国与核心价值观现实化有机结合起来，使核心价值观引领和贯穿于法治中国建设的全过程，是值得高度重视的一个重大理论和实践课题。

（一）法制化：核心价值观现实化的关键环节

人类社会的历史表明，要使一个价值观成为社会倡导和推行的价值观，需要借助政治力量；而要使社会倡导和推行的价值观变成社会现实的价值体系，变成社会公众普遍的信念和准则，则必须运用政治力量使所倡导和推行的价值观制度化和法律化。在基督教形成初期，罗马帝国采取各种手段对基督教加以镇压，防止其价值观扩散。直到罗马皇帝君士坦丁在公元313年颁布"米兰敕令"给予基督教合法的社会地位后，基督教价值观才得以在罗马帝国范围内广泛流传。公元325年，君士坦丁在尼西亚城主持召开了基督教第一次世界性会议，并颁布了所有基督教徒都必须遵守的《尼西亚信经》这一法规性文件。它意味着基督教价值观开始被法制化。"君士坦丁一生虽然犯了许多错误，但他却把基督教的思想渗入到了法律之中"[①]，这一举措为基督教价值观在西方中世纪现实化为占统治地位的价值体系和文化奠定了基础。我国的儒家价值观也是在形成几百年后到汉武帝"罢黜百家，独尊儒术"才成为官方价值观，并通过法制化而成为中国宗法专制社会的主导价值体系和文化的。西方近代主流价值观转变为社会的价值体系和文化也经历了一个法制化过程。然而，今天中国的情形不同，社会主义核心价值观已经由党中央确定为国家倡导和推行的价值观，现在面临的任务是如何使之转变为社会法律制度，从而成为全体社会成员的内心信念和普遍信奉的行为准则。

那么，为什么在一种价值观被确立为社会倡导和推行的价值观之后还必须使之制度化和法律化呢？这是因为制度和法律既有规范的作用，又有引导的作用。社会可以通过使价值观的基本要求成为明确的法律制度条文（规则），并通过法律制度的强制力一方面强制人们按照这些规则行动，另一方面告知人们只有将这些规则变成自己的行为准则才能获得自由。也就是说，法律制度在规范人们的过程中也起着引导人们的作用。只有在确立了外在的社会规范的情况下，这些规范才能转变为个人的内在规范或行为准则；也只有在外在规范转变为个人行为准则的基础上，个人才能形成对社会规范和基本价值要求的内在认同和确信。人们是在被迫或自觉地遵守体现社会价值观要求的制度和法律规则过程中使价值观的基本要求转变成自己

[①] 宗可光：《西方教会史》，第二编第一章"罗马帝国皈依基督教"。http://www.chinacath.org/book/html/130/content.html。

的基本价值信念和价值追求的。当然，要使外在的社会规范普遍转变为社会成员的内心信念，外在规范所体现的价值要求本身必须是代表全体社会成员的根本利益和整体利益的，必须是对社会成员普遍公正的。但是很显然，如果没有完善的法律制度这一中间环节，即使有了代表全体社会成员利益且公正的价值观，也很难使之普遍转化为个人的行为准则和内心信念。这是因为：第一，社会成员的价值追求即使是符合社会总体价值取向的，也会发生相互妨碍和相互伤害并导致社会无序，因此，必须有统一的规则来防止这种情形发生。其次，即使社会成员在同一社会价值体系内追求价值实现，他们也常常会发生价值冲突，这种价值冲突可能导致社会冲突甚至战争的严重后果，因而也需要制度法律作为调节各种价值冲突的调节机制。法律制度就是这种机制。第三，在任何社会都存在作恶的问题。统治者可能滥用权力作恶，普通公民也可能不择手段谋取个人私利，这也要求有制度法律来有效地加以防止。

在人类思想史上，许多思想家强调制度特别是法律对于实现社会价值目标和维护社会秩序的重要意义。虽然他们没有使用"核心价值观法制化"的概念，但程度不同地表达了法制化对于社会价值观现实化的极端重要性。英国政治哲学家霍布斯关于自然法与民约法关系的阐述，就充分表达了核心价值观法制化的必要性。在霍布斯看来，自然法就是价值观，指的是公道、公正、感恩以及根据它们所产生的其他道德。他认为，自然法的要求在单纯的自然状态下都不是正式的法律，只是使人们倾向于和平和服从的品质。在国家成立之后，自然法才成了实际的法律。之所以要将自然法转变成人们必须服从的民约法（法律），是因为在平民的纠纷中，要裁定什么是公道、什么是公正、什么是道德并使它们具有约束力，就必须有主权者的命令，并规定对违反者给予什么惩罚。在他看来，民约法与自然法并不是不同种类的法律，而是法律的不同部分，其中以文字载明的部分称为民约法，而没有载明的部分则称为自然法。所以，"自然法在世界各国便都是国法的一个组成部分。反过来说，民约法也是自然指令的一个组成部分。因为正义——履行信约并将每一个人自己的东西给予他自己——是自然法的指令，而国家的每一个臣民又都订立了信约要服从国法，所以服从国法便也是自然法的一部分了。"[1] 现代英国著名经济学家、政治哲学家哈耶克则特别强调法律应该体现价值观。他指出，法治所应关注的重点不是法律是什么的规则，而是法律应当是什么的规则，亦即一种"元法律原则"或一种政治学说。[2] "法治的理想以人们对法之含义有着一种明确的界说为前提，而且并非立法机构所颁布的每一法规都是此一意义上的法。"[3] 他强调，欲使法治持续效

---

[1] ［英］霍布斯：《利维坦》，黎思复、黎廷弼译，杨昌裕校，商务印书馆1985年版，第208页。
[2] 参见［英］哈耶克：《自由秩序原理》上，邓正来译，生活·读书·新知三联书店1997年版，第261页。
[3] ［英］哈耶克：《自由秩序原理》上，邓正来译，生活·读书·新知三联书店1997年版，第263页。

力，就必须遵守这类元法律规则。①显然，哈耶克这里所说的"元法律原则"就是核心价值观的基本要求。现代美国著名法学家庞德也指出，法律作为社会控制的一个重要特点是，"谋求在理性的基础上并以人们所设想的正义作为目标来实现社会控制"②。从历史上思想家的有关论述，我们大致上可以得出这样的结论：一个社会，特别是一个现代社会，其价值观要求要得以贯彻，必须使之条文化为成文的法律制度；其价值理想要得以实现，必须以法律制度作保障。

党的十六届六中全会以来，特别是党的十八大以来，社会主义核心价值观已经为全党和全社会所认知，在某种意义上说已经家喻户晓，但是尚未得到普遍认同，更未普遍内化为人们的内心信念和行为准则。重要原因之一就是尚未使它法制化。其突出的表现有三：其一，已有的法律制度尚未完全体现社会主义核心价值观的要求。我国当前实行的许多法律制度是在实行市场经济体制以前甚至是在改革开放以前确立的，而社会主义核心价值观是在我国实行改革开放后，特别是实行市场经济体制后逐渐形成的一种与改革开放前的传统社会主义核心价值观有诸多重大差异的价值观。那些没有根据这种价值观修订和调整的法律制度不可能体现这种价值观的要求和理想。例如，我国现行的户籍制度就是与核心价值观中的自由要求相冲突的。其次，我国现行的法律制度体系还是不够健全、完整、自洽的，社会主义核心价值观的要求尚不能通过法律制度充分体现出来。例如，我们尚未出台遗产税制度，这从一个侧面反映了社会公正的要求还有待落实。最后，法律制度在社会生活中尚不具有最高权威。今天我国的一个突出问题就是权大于法，权力没有被关进制度的笼子。正是针对这种情况，习近平总书记指出："政府是执法主体，对执法领域存在的有法不依、执法不严、违法不究，甚至以权压法、权钱交易、徇私枉法等突出问题，老百姓深恶痛绝，必须下大气力解决。"③虽然核心价值观尚未法制化的原因很多很复杂，但它尚未完全法制化是客观事实。我们必须面对这一事实，并采取切实可行的措施加快法制化的进程。

我国目前强力倡导和推行的核心价值观与我国现行法律制度之间存在着不相匹配和相当的反差，不仅妨碍了核心价值观落到实处，而且导致了一些严重的社会后果，如社会的两极分化相当严重、官员腐败普遍发生、生态环境急剧恶化等等。这样一些严重问题，导致人们对核心价值观持怀疑甚至否定的态度。有些人怀疑核心价值观的真实性，觉得它不过是当前中国一些严重社会问题的装饰，不仅不管用，甚至起着某种消极作用；也有人虽然承认核心价值观是好的、先进的，但认为它不

---

① 参见［英］哈耶克：《自由秩序原理》上，邓正来译，生活·读书·新知三联书店1997年版，第264页。
② ［美］庞德：《通过法律的社会控制》，沈宗灵译，楼邦彦校，商务印书馆1984年版，第46页。
③ 习近平：《关于〈中共中央关于全面推进依法治国若干重大问题的决定〉的说明》，新华网，2014年10月28日。

符合中国国情，是空泛的花架子，不能解决当前中国的问题。这样一些看法和态度，严重妨碍了核心价值观的社会认同。有调查数据显示，对核心价值观（核心价值体系）非常认同的人数只有24%，而不认同的和说不清的占30.9%、有点认同的占45.1%。① 在这种情况下，加快核心价值观法制化进程，使它的要求真正贯彻到整个社会生活过程，一方面消除人们的疑虑和消极态度，另一方面克服我们当前面临的一些严重社会问题，已经成为摆在全党全社会面前的紧迫而严峻的任务。

（二）核心价值观法制化的意蕴、任务与方略

核心价值观的法制化，即核心价值观法律化和制度化，并不是指所有核心价值观的所有内容都法律化制度化，而是指其中体现社会主义本质要求以及事关社会主义社会秩序和谐要求的制度化，以及这些要求中的底线要求的法律化。显然，法律化是制度化中的一部分。当然，在现代社会，基本制度也需要法律化，用法律特别是宪法为基本制度提供保障。一般意义的价值观和核心价值观有两个层次的内容：一是导向性内容；二是规范性内容。导向性内容的作用就是给国家、社会组织和社会公众提供价值导向，其中最重要的是不同层次和不同维度的价值目标，以及实现这些目标的路径和手段，这些内容主要是通过教育宣传让人们知晓并进而认同。规范性内容的作用则是给国家、社会组织和社会公众提供行为准则，这些内容要通过制度和法律来强迫人们遵循。大致上说，导向性内容是现代道德的内容，现代道德的职能是给人们提供价值导向；规范性内容则是现代法制的内容，现代法制的职能是给人们提供行为规范。当然，两者并不是截然分开的。后者就是我们所说的法制化。社会主义核心价值观法制化指的就是其中的规范性内容转变为社会现实的法律制度。

要了解社会主义核心价值观的法制化，首先需要了解一般意义的核心价值观与价值观之间的关系。我们曾对这种关系作过如下界定："一种完整的价值观作为观念的价值体系，是由不同维度、不同层次的子体系构成的。从不同维度看，观念价值体系包括经济价值体系、政治价值体系、文化价值体系、社会价值体系、生态价值体系等子体系。从不同层次看，观念价值体系包括目的价值体系、手段价值体系、规则价值体系、制约机制价值体系等子体系。在所有这些不同层次、不同维度的价值体系之中，还有一个作为其中心或核心的体系，这即是我们现在常说的核心价值体系。核心价值体系包括三个基本层次，即终极价值目标、核心价值理念和基本价值原则。"② 一般来说，在观念价值体系中，越是子体系的内容越需要法制化，如经济价值体系等子价值体系比核心价值体系更需要法制化。一个社会的经济价值体系往往就是通过经济制度体现的，其他属于价值体系中的子体系也是大体如此。

---

① 参见戴茂堂、周海春、江畅等：《中国主流价值文化及其构建调查》（调查报告集），人民出版社2014年版，第109页。

② 江畅：《论价值观与价值文化》，科学出版社2014年版，第21页。

相比较而言，核心价值体系的内容通常比较抽象和一般，因而它们不能直接法制化，而要通过各种子体系的具体要求来实现它们的法制化。当然，它们作为一般原则通常也需要在宪法中加以确定。

上述情况表明，我们要实现核心价值观法制化，首要的任务就是要使观念的核心价值体系具体化为不同维度、不同层次的子观念价值体系，然后再将这些子观念价值体系变成法制体系。就我国当前的主流价值观或社会主义价值观而言，核心价值观或观念的核心价值体系大致上已见雏形，但不同维度不同层次的价值体系还没有完全形成。从这种情况看，当前我国面临着通过构建和完善体现核心价值体系精神和要求的不同维度和不同层次的子价值体系来实现核心价值体系法制化的紧迫任务。构建和完善这些子价值体系，也就是构建完整系统的中国社会主义价值观体系。如果这一体系构建不起来，就谈不上核心价值体系的法制化。

当代中国价值体系的构建或者说核心价值观制度化面临的问题不是如何从无到有，而是如何使现行的法制体系优化的问题，既包括如何使它完整系统的问题，也包括如何使它的形式和内容体现核心价值观的精神和要求的问题。前面说过，我国现行的法律制度在相当程度上还没有完全贯彻核心价值观的内容和精神。针对这种情况，我们需要对现行法律制度进行改革。为此，党的十八届四中全会作出了《中共中央关于全面推进依法治国若干重大问题的决定》，明确提出了深化我国现代法律制度改革的任务，这就是"建设法治中国，必须坚持依法治国、依法执政、依法行政共同推进，坚持法治国家、法治政府、法治社会一体建设。深化司法体制改革。"①《决定》还指出："全面推进依法治国是一个系统工程，是国家治理领域一场广泛而深刻的革命，需要付出长期艰苦努力。全党同志必须更加自觉地坚持依法治国、更加扎实地推进依法治国，努力实现国家各项工作法治化，向着建设法治中国不断前进。"②因此，核心价值观法制化是与不同维度不同层次价值体系构建一体的，而这种构建又是同现行法律制度的改革相配套的。从某种意义上说，核心价值体系的法制化需要以现代法制改革作为突破口，在改革的过程中完善，通过改革实现核心价值观法制化。

法制化的关键在于"化"。这里所说的"化"，简单地说，就是要使核心价值观中应该制度化和法律化的内容全都制度化和法律化，不留任何死角和漏洞。这实际上就是党的十八大提出的"建设法治中国"所意指的，也是《中共中央关于全面推进依法治国若干重大问题的决定》提出的"全面推进依法治国"所要求的。这里有一个重要的前提是要弄清楚核心价值观的哪些内容需要法制化，而这又需要对核心价值观的内容加以阐发。只有将核心价值观的内容充分地阐发出来，我们才能了解

---

① 《中共中央关于全面深化改革若干重大问题的决定》，新华社，2013年11月15日。
② 《中共中央关于全面推进依法治国若干重大问题的决定》，新华社，2014年10月28日。

其中的那些内容需要法制化。这种阐发既有理论层面的也有实践（操作）层面的。操作层面的阐发就是要使核心价值观的内容与现实社会生活对接，构建或完善不同维度不同层次的价值体系；理论层面的阐发则是构建核心价值观的完整理论体系。只有形成了这样的理论体系，我们才能清楚地辨识其中的哪些内容需要直接法制化，哪些内容需要通过更具体的价值体系法制化。因此，核心价值观的完整理论体系的构建也是核心价值体系法制化的重要任务。从逻辑上看，这种构建是核心价值体系法制化的前提条件。

我们曾多次谈到，核心价值体系包括三个层次的内容：一是终极价值目的，概括地说，就是国家富强、民族振兴和人民幸福的"中国梦"；二是核心价值理念，即党的十八大报告中提出的"24个字"；三是基本价值原则，就是党的十八大报告中提出的八个"必须坚持"。① 从法制化的角度看，这三个层次的内容应当成为宪法的核心内容，或者说，需要宪法化，并且要通过宪法将其体现为国家制度。《中共中央关于全面推进依法治国若干重大问题的决定》提出要"科学立法"，根据核心价值观的精神和要求对我国现行宪法进行修订是科学立法的重要内容之一，也是核心价值观法制化需要采取的首要步骤。这是一个重要的前提，如果这一前提不具备，其他工作就难以展开，或者说就有可能陷入混乱和不自洽。

在核心价值体系中，核心价值理念被认为是核心内容，因而也是法制化的重点。在"24个字"中，"富强、民主、文明、和谐"指的是我们国家的建设目标和发展方向。它们必须被确定为国家宪法的根本原则，任何其他法律、政策等规范性文件，以及任何组织和个人的行为都不能违背它，违背它就是违宪。其中的"自由、平等、公正、法治"既是上述目标实现的保障条件，本身也具有目的的意义。它们不仅必须确定为国家宪法的原则，而且要通过各种法律制度来具体化、条文化，使之成为人们不得不遵循的规范。而爱国、敬业、诚信、友善则主要是价值导向的内容，其中有些内容（如诚信）也需要提供制度保障，不同地域或单位也可以根据情况使之成为制度。不过，一般来说，它们不存在法制化的问题。

以上所述是就核心价值观应该法制化的内容而言的，就法制化的形式而言，需要建立体现核心价值观精神和要求的法制体系，即社会主义法制体系。这一体系是一个以宪法为核心，由宪法体系、法律体系和制度体系构成的同心规范体系。从结构上说，制度体系包括法律体系，法律体系包括宪法体系；从层次上说，宪法高于法律、法律高于非法律化的制度。这一制度体系是社会对人们有强制性约束的唯一规范体系。一切行政权力采取的政策、措施以及政府官员的行政活动等都必须严格限定在这一体系的框架范围内，不可逾越。同时，这一制度体系是从中央到地方、

---

① 参见江畅：《当代中国价值观的根本性质、核心内容和基本特征》，《光明日报》，2014年6月18日第13版；《当代中国价值观构建》，《马克思主义与现实》，2014年第4期；《论全面构建社会主义价值体系》，《社会科学战线》，2014年第3期。

从政府组织到非政府组织（包括企业事业单位）的各种法律制度协调一致、逻辑严密的完整体系。中央的法制体系是核心和最高标准，地方法制体系则是其中从属的组成部分，不得与之相悖；政府的法制体系是各种非政府组织的基准，任何非政府组织的制度都不得违背政府的法律制度。

（三）核心价值观法制化面临的主要障碍及对策

核心价值观法制化问题是我国改革开放后特别是实行市场经济体制之后提出的新问题。在改革开放前，我国实行的是计划经济体制，这种经济体制客观上要求行政权力至上，因为只有在行政权力具有最高权威的前提下，计划经济才能有效运行。与这种体制相适应的政治体制必须是集权体制。应该承认，当时客观上也存在着核心价值观，可以相对于"中国特色社会主义价值观"将其称之为"传统社会主义核心价值观"[①]，虽然当时并未明确意识到这一点，或者说尚未形成核心价值观的清晰概念。当时的核心价值观也存在着现实化的问题，但在计划经济体制和集权政治体制的条件下，核心价值观不可能法制化，倒是可以在某种意义上说实际上走了人格化的路子。也就是说，核心价值观主要是通过转化为政治领导人的人格品质并通过其所体现的行为来见诸于现实。不可否认，当时也存在法律制度，法律制度也程度不同的体现了当时价值观的精神和要求，但这些法律制度在社会生活中不具有最高权威，相反只是政治领导人进行政治和社会管理的手段。当代中国核心价值观法制化问题严格说来是20世纪90年代实行市场经济体制之后一段时间才明确提出来的，具体地说，就是近十几年才提出来的。其比较直接的原因在于市场经济客观上要求政治上必须实行法治，否则社会秩序就会发生混乱，今天我国的现实已经表明了这一点。当然，这也与我们近一些年才有明确的社会主义核心价值观的意识、概念和构建有直接关系。正因为如此，我国目前的核心价值观法制化尚处于起步阶段。起步是艰难的，特别是我们的起步不是从头开始，而是已有一套法律体系存在并发挥着作用，而其背后还有与之相应的观念，有一大批既得利益者。这就使核心价值观法制化更为艰难，面临着诸多障碍。对此我们必须有清醒的认识，并必须采取有效对策应对。

如果不考虑既得利益者的干扰（这种干扰本身需要通过法制化过程来加以解决），我们认为当前我国核心价值观法制化面临以下三大障碍：

第一，法制观念模糊。改革开放以来，我国公众的法制意识有明显的增强，但无论是社会管理者还是普通百姓的法制观念仍然比较含混，没有普遍确立现代法制的观念。法制自古以来都存在，但近代以来人类的法制观念发生了深刻的变化。这

[①] 关于传统社会主义价值观与中国特色社会主义价值观的异同，可参见江畅：《论当代中国价值观》，周海春主编：《文化发展论丛·中国卷》（2014），社会科学文献出版社2014年版，第15～16页。

主要体现在，法制从传统社会作为统治的手段转变成了现代社会社会管理的权威。通俗地说，就是对于政府和官员来说"法无授权不可为"。这对于我国社会来说是一种全新的观念，社会公众并未普遍确立这种观念。这主要体现在两个方面：一是虽然今天人们都已经意识到法治的重要性，但现代法治意味着什么人们还缺乏清晰的概念。相当多的人认为，依法治国就是运用法律治理国家，而没有意识到依法治国的真正含义在于在法律授权的范围内依法治理国家。显然，没有"法律授权"这一前提的依法治国可能是传统的法治，而不是现代的法治。二是更多的人包括社会管理者没有意识到，除了法律约束之外还有制度的约束。社会法律再健全也不可能管理社会的一切事务，因此，还需要法律之外更广泛的制度，还需要依制度治理。就是说，在法律的框架之内，也并非社会管理者说了算，还需要依据制度行事。例如，对于一个社会团体、一个单位而言，就不能简单地说要实行法治，而要说必须依制度管理。对于老百姓来说亦如此，不仅要守法，也要遵守制度。现代社会严格说来，不只是法治的社会，而是法律制度治理的社会，现代"法治"只不过是"法律制度治理"的简称而已。如果对此缺乏意识，即使实现了法治，社会也不一定会是真正和谐有序的。对于这一点，我们许多人包括社会管理者可能还没有明确的概念。

第二，缺乏核心价值观法制化的意识。社会的法制化是有依据的，这种依据就是社会倡导和推行的价值观。过去我国有比较强的意识形态意识，而没有核心价值观意识。两者之间既有联系又有区别。一般来说，占社会统治地位的意识形态是统治者进行统治的思想观念体系，所体现的是统治者的意志，它可以体现全体成员的意志，也可以不体现。其中毫无疑问包含核心价值观，甚至也可以说就是核心价值观的体系。而今天我国所倡导和推行的核心价值观是集中全党全社会智慧所确立的，是国家将这种价值观上升为国家意志，并运用政治力量强力推行的。这样，它也就成为了社会的新的占统治地位的意识形态。如果我们承认核心价值观体现了我国全体社会成员的意志，那么，我国现行的法律制度需要以它为检验的尺度进行审查，符合的就保留下来，有问题的就要修订，缺乏的则要补充。然而，今天我们虽然广泛谈论推进依法治国，谈论核心价值观，但却较少谈及两者之间的内在关联，没有旗帜鲜明地宣称依法治国的精神实质就是核心价值观，依法治国的过程就是核心价值观法制化的过程。缺乏核心价值观法制化意识的直接后果就是"两张皮"：所依的法制不完全体现核心价值观精神和要求，而核心价值观则因为没有法制化而始终停留在观念的层面，甚至只是停留在宣传的层面。

第三，不愿意、不习惯法制化。过去社会治理的情形是官员凭借手中的权利运用法制来统治社会和管理百姓，而现在则要求官员在法制的范围内依据法制行事。在没有法制可依而又必须有所作为的情况下，首先要通过合法途径来制定法律制度。这在很多社会管理者看来，既费事麻烦，又会影响办事效率，因此大家不习惯、不愿意法制化，甚至抵制法制化。对于普通老百姓来说，不实行法制管理，他们有更多的自由空间，更自由自在。更为重要的是，在不实行严格法制管理的情况下，他们有什么特殊问题要解决，还可以通过"走后门"、托人情，甚至行贿达到目的。因此，老百姓也不一定习惯、愿意真正实现法律制度治理。虽然普通老百姓在看到官员以权谋私的时候十分愤恨，觉得法治很重要，但一到了自己有问题需要解决的时候又觉得不那么严格地依法制办事更好。这个问题在我国更普遍更根深蒂固。如果说前面两种障碍可以通过宣传教育逐渐加以解决的话，那么，这种障碍则需要进一步解放思想，更新生活观念和生活方式。而这将是一个艰难甚至痛苦的过程。

上述障碍存在的原因很复杂。其中有两个原因是特别值得重视的：其一，它与我国人治传统相伴随的深层次的人治观念没有得到更新有关。其二，计划经济体制遗留下来的与之相应的体制机制尚未全面深化改革到位。针对核心价值观法制化存在的障碍及其原因，根据《中共中央关于全面深化改革若干重大问题的决定》和《中共中央关于全面推进依法治国若干重大问题的决定》，我们提出以下三点对策性建议：

第一，进一步解放思想，更新观念。核心价值观的法制化，实际上是我国当前全面深化改革的重要内容之一。《中共中央关于全面深化改革若干重大问题的决定》明确指出，全面深化改革必须进一步解放思想，同样，推进核心价值观法制化也必须以进一步解放思想、更新观念为先导。改革开放以来，我国的解放思想和观念更新不断扩大和深化，已经更新了许多与市场经济、民主政治、现代法治和科技不相适应的观念。正是有了如此深刻的观念变化，我国社会主义现代化建设才迅猛发展。但是，正如《中共中央关于全面深化改革若干重大问题的决定》中指出的，"解放思想永无止境"。而且，我国的观念更新远未完结，还有一些深层次观念需要进一步更新。其中的重要表现之一，就是旧的法制观念，即人治观念还在相当程度上存在。应该承认，今天我国公众大多已经意识到了这种观念与现代化的不相适应性及其导致的严重社会后果，并且正在努力地更新这种旧观念。但是，正如前面已经指出的，我们尚未普遍确立现代法制观念。这种新的观念不确立起来，旧的观念就会发生作用，就会自觉不自觉地影响我们的决策和行为。因此，加快核心价值观制度化的进程，必须进一步解放思想，在有意识地确立现代法制观念的过程中彻底破除旧的法制观念。普遍确立新的法制观念，需要舆论宣传和教育引导，但更需要全面深化体制机制改革。普遍观念更新需要相应的制度环境，只有在全面深化体制改革的过程中才能进一步破除旧观念、确立新观念。

第二，充分利用中央权威强力推行法制化。核心价值观法制化的过程主要是一种体制机制改革的过程，这种改革的过程需要全社会的努力，更需要运用政治力量强力推进。我国经济迅速发展，社会安定团结，改革开放深得人心，党中央和中央政府具有崇高的社会威望。在这种良好的社会环境下，我们要充分利用我国独特的强大政治优势推进核心价值观法制化进程。今天，党中央已经确立了当代中国社会的核心价值观，同时又作出了全面深化改革和全面推进依法治国的重大决定。这一切都为核心价值观法制化奠定了坚实基础，准备了充分条件，我们现在需要做的工作是如何更加自觉地将核心价值观法制化与全面深化改革、全面推进依法治国有机的结合起来，特别是要围绕核心价值观法制化全面深化改革和全面推进依法治国，通过全面深化改革和全面推进依法治国使核心价值观现实化为法制体系、价值体系和当代中国文化。做好这一工作需要调动地方和其他各方面的积极性，更需要发挥中央权威的统领、推动和监督作用。党中央和中央政府的坚强领导是核心价值观法制化和现实化的根本保证。

第三，加快法制化的理论研究和实施方案设计进程。核心价值观法制化是其现实化的关键，直接关系到核心价值观现实化的成败。而核心价值观法制化是一个非常复杂的社会工程，首先需要理论上的充分准备，还需要根据科学的理论设计正确合适的实施方案。应当承认，近几年来，我国加大了核心价值观、全面深化改革和全面推进依法治国等方面理论研究和应用研究的力度，也取得了许多重要的理论成果，我国这些方面的实践越来越自觉并得到了较充分的理论论证。但是，这一任务远未完成。我国的理论研究及相应的应用研究还需要进一步突显核心价值观的地位，紧紧围绕核心价值观全面展开。具体地说，就是要围绕核心价值观及其法制化和现实化这一轴心问题，展开全面深化改革和推进依法治国研究。从逻辑上看，要构建当代中国现实的社会价值体系，首先要构建当代中国观念的核心价值体系。当然，在我国目前的情况下，这两者不可能截然分开。但是，哲学社会学科围绕核心价值观及其法制化和现实化协同攻关，着力构建完整系统的中国特色社会主义价值体系的理论体系，并在此基础上提供具有可操作性的实践方案，则是先决性的。因此，哲学社会科学工作者应清醒地意识到自己所肩负的重大历史责任，加快核心价值观法制化、现实化的理论研究和实施方案设计的进程，为中国特色社会主义价值体系构建提供充分有力的理论支持和正确可行的实施方案。

五、核心价值观的政策化[①]

政策是国家、政党或者其他社会政治集团为了实现一定历史时期的路线和任务而制定的国家机关或者政党组织的行动依据和准则。就国家而言，政策是对法律和制度的重要补充，在我国法制尚不健全的情况下，政策更具有特殊的作用。因此，要使核心价值观现实化为文化，要构建社会主义价值文化，不仅要使核心价值观充

[①] 本部分曾作为阶段性成果在《思想理论教育》2016年第4期上发表，题目为《论社会主义核心价值观的政策化》。

分贯彻落实到法制之中，而且也要使其充分贯彻落实于政策的制定、实施和检验的全过程，使核心价值观法制化。政策与法制不同，它具有灵活性和时效性，为了使核心价值观政策化，必须建立其保障机制，以使政策的制定、实施和检验整个过程都充分体现核心价值观的精神和要求。建立这种保障机制和确保其有效运行，是主流价值文化构建的一个极其重要方面，在构建主流价值文化的过程中，我们切忌忽视这个方面。

（一）政策化：核心价值观现实化不可或缺的重要途径

核心价值观必须政策化，其根本原因是政策在现代国家治理中具有其独特的不可替代的作用。社会生活的日常运行主要靠政策这种管理手段维系着，要使核心价值观落细落小落实，尤其需要使之充分贯彻于一切政策及其活动之中。因此，政策化是核心价值观现实化不可或缺的重要途径。

一般来说，在现代社会，法制、政策和道德是国家治理或社会管理的三种主要手段，或者说控制机制。在信奉自由主义的西方国家，道德并不被看作是社会控制机制，但政策仍然发挥着重要作用。这就是说，无论是西方国家还是非西方国家，政策都是社会管理的主要手段之一。现代国家是法制国家或者说应该是法制国家，这是得到广泛认同的。但是，为什么在法制之外还要有政策呢？这是社会生活的复杂性和变动性决定的。社会生活极其复杂而又千变万化，它需要法律制度来确保社会生活的基本秩序以及这种秩序的可持续性，同时又需要政策来应对社会生活复杂而又变动的情况，处理生活中出现的各种影响人们正常生活和社会秩序的问题，从而减少社会矛盾、冲突和震荡，使社会达到和谐。法律制度是人们行为的最基本规则，因其具有强制性而能保证这些基本规则得到有效实行，其必要性是不言而喻的。但是，法律只规定人们行为的"底线"，而且比较稳定且比较僵死，不能用来处理在法制范围内的那些特殊的、具体的和变化的问题，而政策的意义正在于可以相对灵活地处理这些具体问题。关于政策对于政党和国家工作的重要性，毛泽东曾作过很多阐述，他甚至把政党的任何活动都是实行政策。"政策是革命政党一切实际行动的出发点，并且表现于行动的过程和归宿。一个革命政党的任何行动都是实行政策。不是实行正确的政策，就是实行错误的政策；不是自觉地，就是盲目地实行某种政策。"[①] 所以，政策对于政党来说性命攸关。"政策和策略是党的生命，各级领导同志务必充分注意，万万不可粗心大意。"[②] 正是因为政策在国家或社会治理中具有不可或缺的重要作用，所以一个社会的核心价值观需要通过政策贯彻到社会生活的各个方面。

---

① 《毛泽东选集》第 4 卷，人民出版社 1991 年版，第 1286 页。
② 《毛泽东选集》第 4 卷，人民出版社 1991 年版，第 1298 页。

政策的制定者是国家或政府，政策实施所凭借的力量是政治权力。在现代法制社会，政府所制定的政策必须在法制的范围内，不能违背法制，而且政策的制定也需要依据法定的程序。只有这样，社会才是法治社会。然而，人类社会并不总是法治社会，而且今天也并不是所有国家都是法治国家。今日世界各国都有法律，也都有政策，但两者在不同国家中的地位是很不相同的。在法制健全的所谓"法治国家"，政策是完全在法制范围内制定和实施，而在其他一些国家，情形则不完全相同。有的国家的政策不完全受法制的约束，存在着与法制不一致甚至相冲突的情形。在这种情形下，政策就成为了社会管理的主要依据。有的国家的政策完全不受法律的约束，制定和实施政策甚至可以置法制于不顾，政策在国家生活中具有最高的权威。在一些国家，由于法制不健全，因而在一些方面根本没有法制可以约束政策制定和实施。所有这样的一些国家都不是完全意义上的法治国家，这样的国家在今日世界可能还占有相当大的比重。不言而喻，在这样的国家，政策对于国家的核心价值观的贯彻落实比完全意义的法治国家更加重要，不通过政策的渠道，核心价值观的要求便无法进入人们的社会生活。

我国正处于现代化建设过程之中，法制建设是现代化建设中的应有之义，因而我国改革开放以来一直都十分重视法制建设，当前正在全面推进依法治国和依宪治国，建设社会主义法治国家。由于我国的法制目前还不够健全，因而在很多应当由法制实行管理的地方，还需要用政策来替代。另一方面，中国共产党自建立以来就有高度重视政策的传统。在新中国成立之前，中国共产党领导的区域也曾制定和运用过法制，但那不是严格意义上的法制，而且也不是自始至终，至少在共产党没有根据地的时期是靠政策管理党内军队事务。正因为如此，毛泽东把政策看作是共产党的生命。新中国成立后，这种高度重视政策的传统一直延续下来。改革开放前，我国主要依靠政策治理，在一定意义上可以说，我国是一个主要依政策治国的国家。改革开放后，这种局面正在加速改变，但国家机关仍然习惯于运用政策管理国家事务。这不仅体现在法制尚不健全的领域主要靠政策管理，而且还体现在即使有法制存在也依然不用法制来制定和实施政策。因此，我国目前的情况是，政策的制定和实施不完全是在法制范围之内，政策在有些领域（包括已经有法制的领域）的地位高于法制。将政策的实施完全置于法制的范围之内，既需要有健全的法制，也需要健全的法制能够真正有效地发挥作用。由此看来，我国的法制建设还面临着艰巨的任务，我国真正成为"法治中国"还有相当长的路要走。尤其是在我国现阶段，政策是贯彻落实核心价值观要求的主要途径，其意义甚至超过法律。

在我国这样法制尚不健全的国家，主流价值观之所以更需要通过政策来贯彻，主要有以下三个方面的原因：首先，我国虽然近年来不断加快法制化进程，但建立健全的法制体系需要一个相当长的过程。这其中不仅存在着根据核心价值观制定一些尚缺的法制并修订不符合核心价值观要求的法制的任务，而且还存在着更艰巨的有法必依、执法必严的举国养成法治习惯的任务。在这种情况下，政策在相当长时期内在相当大的范围还会发挥着法制的作用。因此，如何使这些发挥着法制作用的政策真正体现核心价值观的要求，事关国家的长治久安和健康发展。其次，我国现行的许多政策是新中国成立以来逐渐制定的，其中有相当部分现在还发挥着作用，但并没有体现核心价值观的要求甚至违背其要求。对于这一部分需要根据核心价值观的要求来修订或重新制定。最后，在我国社会急剧变化的今天，我国还在不断地制定新的政策，这就存在着如何确保将要制定的政策体现核心价值观要求的问题。

国家政策的制定者是国家或政府，国家和政府存在着依据什么制定政策、实施政策和检验政策的问题，或者简单地说存在着政策的依据问题。政策的依据涉及三种主要因素：一是法律方面的依据；二是实际需要；三是主流价值观。在这三种因素中，主流价值观是根本性的制约因素。任何国家政策都是根据一定时期内社会管理的实际需要制定的，这种实际需要是政策制定和实施的事实依据。缺乏这种实际需要，就不需要制定政策，即使制定了政策也无法实施。但是，在实际需要既定的情况下，在法制健全的国家还需要考虑法制和社会主流价值观（通常体现为主流意识形态）的要求。

法制体现的是公民的意志，事关国家稳定和发展的大局，而且是通过立法机关通过立法程序制定的，具有稳定性。而政策通常是由作为执行机关的政府在法制范围内根据实际需要制定的，具有对策性和灵活性。因此，法制高于政策，政策要服从法律，政策是在法制的范围内根据法制的相关原则制定的处理日常事务的具体准则。那么，法制的依据是什么呢？一般地说，现代法制是公民意志的体现。然而，公民意志是通过两种形式来体现的。一种形式是由公民代表组成的立法机构来直接反映公民的意志。这体现在法制是通过立法机构组成成员表决来制定。另一种形式则是得到社会普遍公认的价值观来体现的。社会普遍公认的价值观可能是在民意的基础上通过立法机关确认的，或者通过执政党确认的。这种公认的价值观常常集中体现为宪法，宪法作为根本大法需要通过更为复杂的程序来制定，具有更大的稳定性。上述两种形式不是分离的，而是同时发生作用的。除宪法以外的任何法律既要依据宪法，又要依据立法机关的意志。如果说法律是以宪法为依据，而宪法是一个社会主流价值观的体现（当然也需要通过立法机构乃至全体公民的确认），那么，所有的法律都必须体现社会的价值观。因此，在法制健全的法治国家，政策要依据法律从实质上说就是要依据社会的主流价值观或主流意识形态。

然而，法制大多是在一个国家范围内普遍适用的一般性原则，而政策是在这些一般性原则范围内的具体准则，面临着各种复杂的变化的情况。因此，政策不仅要通过遵循法制原则来体现社会的主流价值观，还需要在具体制定的过程中直接体现主流价值观的要求。这是因为价值观是一种价值体系，其中只有一部分是直接关系社会稳定和发展的最基本要求才被法制化，还有很多内容和要求不可以都法制化。这样的一些内容和要求在很大程度上要通过政策来直接体现。例如，我国宪法规定"中华人民共和国的一切权力属于人民"。这一规定体现的是我国主流价值观"必须坚持人民的主体地位"的原则要求。我国主流价值观中有一系列的内容和要求都体现了这一原则，这些内容和要求有一部分需要不同的法制来贯彻落实，更多的是需要通过日常社会管理中的政策来贯彻落实。因此，即使在法治社会，在政策间接通过法制体现主流价值观要求的情况下，还需要政策来直接体现主流价值观的要求，特别是规范性要求。社会价值观包括理想性内容，也包括规范性内容。在传统社会，社会价值观的规范性内容主要由法制和道德来贯彻，在现代法治社会则主要由法制和政策来贯彻，而道德侧重于对人们进行引导，引导人们从对规范的遵守到对理想的追求。在法制和政策这两者之中，法制只能贯彻主流价值观的一部分规范性内容，虽然是一些最基本的规范性内容，而其他的规范性内容要由政策来贯彻。只有既通过法律又通过政策，主流价值观的规范性内容才能得到充分的贯彻。

（二）核心价值观政策化的任务和特点

核心价值观政策化就是所有政策都要体现核心价值观的精神，贯彻核心价值观的要求。具体地说，核心价值观政策化包括两个方面：其一，使所有政策都体现和贯彻核心价值观。这里所说的所有政策，既包括从今以后出台的政策，也包括已经出台并还在发生作用的政策。核心价值观政策化首先是指已经出台并尚在发生作用的政策和将会出台并会发生作用的政策体现和贯彻核心价值观。其二，政策有一个从制定到实施再到检验的过程，核心价值观政策化也指使核心价值观落实到这一过程的每一个环节。因此，核心价值观政策化既体现为每一政策都要体现核心价值观的要求，又体现为每一政策的整个过程体现核心价值观的要求。由此看来，目前我国核心价值观政策化实际上面临着三个方面的任务：

第一，从今以后国家出台的所有政策都必须体现和贯彻核心价值观。政策的制定和出台是整个政策过程的关键。只有所制定的政策体现了核心价值观的精神和要求，它的实施才可能使核心价值观的精神和要求贯彻到实际生活中去，政策的检验也才有正确的标准。核心价值观政策化，首先要求各级政府及其部门每天出台的政策都要体现和贯彻核心价值观。中国是一个大国，国家机构从中央到地方多达五级，即中央、省（直辖市）、地级市（地区）、县、乡镇，而且除乡镇一级之外，每一级政府都拥有几乎无法说清楚的政府部门（因为有许多机构虽然不是政府部门，但履行着政府部门的职责）。所有这些不同层级政府及其不同部门每天都在出台不同的政策。当然，政府及其部门的层次越高，其政策的影响越大，直接以政府名义出台的政策比以政府的部门名义出台的政策影响大。要使今后所有出台的政策都体现和贯彻核心价值观，这是一项难度非常大的任务。

第二，对国家过去出台而现在还在发挥作用的政策进行清理检查，弄清楚它们是否体现和贯彻了核心价值观。与前一项任务相比，这是一项更复杂、更艰巨的任务。新中国成立以来，我国各级政府及其部门出台的政策不计其数，其中很多都还在发生作用，而且由于时代的局限等原因，它们完全没有或者没有充分体现核心价值观的要求。比如，新中国成立以来就实行的户籍政策和1977年以来实行的高考政策，就是没有充分体现核心价值观要求的政策。虽然近年来作了一些改革，但远远没有改革到位。客观地说，这项工作早已启动，甚至可以追溯到改革开放。我国的改革实际上不只是对体制机制的改革，也是对许多不合时宜的政策的改革。或者可以这样说，我国的体制机制在很大程度上是靠政策支撑的，对体制机制的改革就是对政策的改革。党的十八届四中全会作出的全面深化改革的决定是对过去改革的进一步强调和重新部署，而这实际上就是要根据核心价值观的要求重新审视现行的各项政策，并作出与之相适应的调整和修订。但值得注意的是，所有这些改革措施主要是中央政府层面的，虽然我国实行的是"举国"体制，中央政府进行的改革会直接影响到地方各级政府，但实际情况要复杂得多。有经验的人可能都感觉到，除了中央的统一政策以及与之相一致的地方政策之外，还不知道有多少地方的土政策，这些土政策大多与中央政策不一致，更谈不上贯彻核心价值观。核心价值观政策化的第二个任务，就是要通过检查和修订使举国上下所有的现行政策都体现和贯彻核心价值观。

第三，使已经出台体现和贯彻核心价值观的政策能得到有效实施。前面说过，政策是在法律的范围内用来处于各种特殊、具体和变化的问题的准则，它是核心价值观"接地气"的主要途径。在已经制定出台了体现和贯彻核心价值观的政策的情况下，只有使之得到有效的实施，政策所体现和贯彻的核心价值观才能落实到现实生活。这既有一个实施的过程，也有一个实施必不可少的检验的环节。政策的检验不仅是验证政策是否真正体现和贯彻了核心价值观的需要，也是验证政策是否充分实施的需要。所以，检验也是实施的一个重要环境。使体现和贯彻核心价值观的所有政策能够得到有效实施，这也是一项艰难的工作。这不仅会涉及每一项政策的实施都有可能使一些人或地方的利益受到损害，他们因此会阻挠政策的实施，或者使政策在实施中变形，而且一项政策要得到充分实现还需要很多配套条件，否则就不可能得到充分实施，或者走样。例如，新华社2016年1月5日公布了《中共中央、国务院关于实施全面两孩政策改革完善计划生育服务管理的决定》。中央之所以要作出这一决定，是因为当我国出台全面放开两胎政策后，会带来许多新的问题，如需要更多妇产医院、更多妇女生产会对工作产生不利影响、将来有更多孩子需要上学、就业等等。显然，这些相关的问题不解决好，两胎政策这一人性化的政策就难以充分落实。伴随着改革的全面深化，我国近年来新出台了很好的政策，而且也对许多过去不合理的政策根据核心价值观的要求进行了修改，总体上看我国目前实行的政策较之过去更充分地体现了核心价值观的精神和要求。在这种情况下,如何使这些好政策落实到位,是我国核心价值观政策化面临的第三大任务。

从以上对核心价值观政策化的含义和当前我国面临的主要任务可以看出,核心价值观政策化具有不同于核心价值观道德化、法律化的明显特点,而这些特点表明核心价值观政策化的复杂性和艰巨性。

(1)政策主体的多元化。一般来说,国家政策是国家制定、实施和检验的,但这里所说的国家是由各级政府及其部门作为其代表的。因此,政策的主体实际上是多元的,这即是我们通常所说的"政出多门"。显然,政策不同于法制。在我国,除了乡镇一级之外,从中央到县这四级都可以制定法律,但制定的主体是各级人民代表大会,因而就同一级而言,法制的主体是单一的。而政策的主体即使在同一级也有不同的主体,而且同一级主体中又有政府与其部门之间的差别。政策与法制,特别是法律还有一个重大的不同,这就是法律的主体是立法机关,它是一个相当大的群体,法律的出台至少可以集中这个群体的智慧,而政策的主体常常是一个政府部门,而一个部门的工作人员十分有限,可利用的智慧资源也很有限。如此,政策的失误比法律失误的几率要高得多。政策也不同于道德。在我国,有管理道德的专门部门,即各级党委(通常由其宣传部分管),而且作为国家的道德体系常常是由中共中央宣传部制定并出台的,如《公民道德实施纲要》。从这种意义上看,我国所倡导的道德,其主体实际上是一元的。显然,这种情形也不同于政策。政策主体多元的情形,必然会出现下级政策与上级政策之间、政府部门与政府的政策之间、政府不同部门的不同政策之间矛盾和冲突的情形。如果考虑政策的实施,情形就会更复杂。政策主体多元的情形首先会提出在核心价值观政策化的过程中,如何使所有这些政策主体在制定、实施和检验政策的整个过程中体现和贯彻核心价值观的问题;其次也会提出如何使所有这些不同部门的政策协调一致的问题;此外还会提出政策主体如何利用社会智慧资源的问题。

(2)制定政策的高要求。在社会生活中,制定政策是大量的、变动的,影响因素极其复杂。一般来说,既要有依据又要充分考虑实际情况和需要。依据有不同的方面:一是法律依据。政策必须在法律的范围内并依据法律制定,不与法律相冲突。二是政策依据,即上级的政策以及同级相关的政策。一种政策不能与上级政策及同级相关政策相冲突;三是理论依据特别是核心价值观。政策不仅不能与核心价值观相冲突,而且要通过政策来体现和落实核心价值观。不考虑前两个方面的依据,仅就核心价值观方面而言,就给政策主体提出了很高的要求。它要求每一政策制定者都必须熟知核心价值观的精神和要求,只有这样,他们才能在制定的过程中真正做到体现和贯彻核心价值观。同时,它还要求每一个政策制定者在体现和贯彻核心价值观的过程中善于处理政策之间出现的相互矛盾和冲突。我们知道,核心价值观本身是一个体系,包括不同的层次和不同的方面。这就是说,即使不同的政策都体现和贯彻了核心价值观的要求,但如果不考虑不同政策所体现的要求之间的协调,仍然会出现矛盾。这就提出了不同主体的政策怎样才能良性互动的问题。

(3)落实政策的高难度。在社会生活中,核心价值观在大多数情况下要靠政策来具体体现和贯彻。然而,这些政策不仅存在着制定体现和贯彻核心价值观的难题,而且还存在着将这样的政策落实到位的难度。这也是政策不同于法律的一个重要特点。法律是一种强制的社会控制手段,政策虽然有一定的强制性,但其强制性大大弱于法律。在我国司法判决尚存在着"执行难"的问题,更不用说政策的实施了。我国是一个政策大国,办任何事情都讲政策。政策不同法制,它的约束力有限,而且违反了政策的处罚也比较轻微。也许正因为如此,人们为了避免政策对自己的不利影响,常常采取措施抵制、违反甚至破坏政策的落实。实际上,这种情形主要不是发生在公民个人身上,而是发生在相对于上级政府及其部门的下级政府及其部门。这就是颇具中国特色的所谓"上有政策,下有对策"。下级的对策有种种不同情形,可能是完全违反上级政策的,可能是扭曲变形的,也可能夹带"私货"。在这种种情形下,政策再好,也不能发挥好的作用,甚至比不出台政策更好(因为不出台政策,下级可能无法利用政策谋私)。因此,对于我国这样的政策大国来说,出台体现和贯彻核心价值观的政策固然不易,而使已经出台的体现和贯彻核心价值观的政策得到充分的实施也许难度更大。这就需要建立政策实施的控制机制,包括检验机制。

(三)建立核心价值观政策化的长效保障机制

毛泽东曾经说:"共产党领导机关的基本任务,就在于了解情况和掌握政策两件大事。"①毛泽东的这句话深刻揭示了共产党领导的国家机关的主要职责。在我国迈向全面建成小康社会和实现社会主义现代化的伟大征程中,国家机关"掌握政策"就是要根据核心价值观的基本精神和要求制定和修订政策,并使之得到充分有效的实施,简言之,就是要使核心价值观政策化。前面的分析表明,这是一项十分复杂而艰巨的任务。那么,如何保证各级国家机关真正实现核心价值观政策化,克服目前在政策制定、修订以及实施过程中尚严重存在的不能充分有效地体现和贯彻核心价值观的各种问题呢?我们认为,关键是要建立行之有效的核心价值观政策化长效保障机制,使我国的所有政策过程都体现和贯彻核心价值观的精神和要求。

我们认为,这种保障机制应该是政府自律机制、"人大"督察机制、舆论监督机制、公众评判机制和"纪委"督导机制"五位一体"的保障机制。其中政府自律是重点,纪委督导是关键,但要建立使核心价值观政策化的长效保障机制,需要舆论和公众的积极参与。只有这五种机制共同发力、协同作用,并形成制度,才能建

---

① 《毛泽东选集》第3卷,人民出版社1991年版,第802页。

立起核心价值观政策化的长效保障机制。

政府自律机制是指作为政策主体的政府及其部门内部建立的保障所有的政策过程都充分体现和贯彻核心价值观的机制。从全国整个政府系统来看,这种自律机制主要包括三个方面的自律:一是所有出台和实施政策的主体的自我约束机制。这里的政策主体包括从中央到地方各级政府及其部门。这种自律机制是通过提高政府工作人员的综合素质、工作能力,特别是对核心价值观精神和内容的精准把握来保证他们的政策过程能体现和贯彻核心价值观自我约束机制。这种机制需要通过挑选德才兼备的政府工作人员、对他们进行教育培训和必要的考核来实现。二是同一级政府机关的监察部门对同一级政府及其部门监察。这对于政府及其部门来说是一种外在的约束,但从同一级政府机关来看是一种自我约束机制。建立这种机制就是要监察部门参与同一级机关所有的政策过程,对政策过程是否体现和贯彻核心价值观进行督促检查,对那些没有体现和贯彻的及时予以纠正。三是上一级政府与下一级政府的相互制约机制。这也是全国政府系统内部的一种自我控制机制。建立这种机制要改变我国目前存在的上级政府较多督察下级政府,而下级政府较少监督上级政府的状况,使上下级政府能够相互监督,对于双方没有体现和贯彻核心价值观的政策要通过适当的途径反映并予以纠正。从我国目前的情况看,政府自律机制要由中共中央纪委和国家监察部来统一组织和统一管理。

人大督察机制是指全国各级人民代表大会对政府的所有政策是否体现和贯彻核心价值观进行督促和检查。这种督察机制包括三个基本环节:一是同级政府出台的重大政策需要报同级人大审批,一般政策需要报人大备案;二是人大要对重大政策的实施状况进行督促和检查,对于政策执行过程中发生的偏差要督促政府纠正;三是对重大政策实施后的社会效果定期进行评估,并决定其是否继续实施。建立这种机制要克服目前人大只是听政府或其部门的报告,而对其重大政策出台和实施无权过问的状况。对政府实行有效监督是人大的一项基本职能,而对政府的监督主要是对其政策过程的监督,不进行这样的监督,人大对政府的监督就形同虚设,政府可以随心所欲,最终导致严重的甚至灾难性的后果。"去产能"被列为2016年五大结构性改革的任务之首。李克强总理在2016年的第一个工作日(1月4日)便在太原主持召开钢铁煤炭行业化解过剩产能、实现脱困发展座谈会,研究化解过剩产能的办法。他强调,要以"壮士断腕"精神来化解过剩产能,并且表示我们不会再通过"强刺激"、"大水漫灌"的投资来扩大内需。[①]为什么会出现产能严重过剩的问题,根源就在于过去政府的决策缺乏必要的监督和程序,只由政府机关甚至领导人说了算。用李克强的话说:"我们产能过剩的几个行业,哪个不是审批出来的?"[②]这种情

[①] 参见《李克强:要更加注重运用市场化办法化解过剩产能》,中央政府门户网站 www.gov.cn [2016-01-10]。

[②] 李克强:《产能过剩的几个行业,都是审批出来的》,中央政府门户网站 www.gov.cn [2014-10-10]。

况从中央到地方的各级政府都存在。例如，2008年，为抗击世界金融危机，国务院办公会匆匆决定投入4万亿元作为基本建设拉动内需。且不谈这种投资决策是否正确，仅仅从决策的程序看，4万亿元（全国人均约3000元）可以不经过全国人大批准就实施，那么就不难想象今天会出现如此严重的产能过剩问题。今天，我们仍然可以肯定，没有人大的督察机制，要使核心价值观真正政策化是不可能的。

舆论监督机制和公众评判机制是两个相互密切关联的制约机制。当代的舆论监督主要是新闻媒体监督，这些媒体包括电视、广播、互联网、手机客户端、微信等。新闻媒体因为它的特殊功能和广泛影响能对核心价值观政策化起到相当强大的作用。新闻媒体舆论监督的力量来自它们的受众，即社会公众。受众越广泛，媒体的影响力越大。另一方面公众对核心价值观状况的评判也需要通过媒体传达到政府机关、人大和纪委。因此，这两种机制应该共同发挥作用。就这两种机制本身而言，建立舆论监督机制的关键是加大媒体对核心价值观政策化状况报道的相对独立性和自由度，而建立公众评判机制的关键是要建立疏通公众参与政府决策和表达自己意见的渠道。建立这两种机制的前提条件是政府决策要更加科学民主、更加公开透明。

建立核心价值观政策化长效保障机制需要坚持和加强党的领导。我们党是构建核心价值观的总设计师和领导力量，在实现核心价值观政策化的过程中，尤其要坚持和加强党的领导。各级党组织一方面要切实加强对核心价值观政策化的领导和指导，另一方面要通过各级党的纪律。

检查委员会加强对核心价值观政策化的督办，特别是加强对以上所述几种机制协同发挥作用的协调。纪委督导机制是这样一种机制，即通过对在政府机关工作的党员进行监督、引导，以确保党员干部在制定和贯彻政策的过程中坚定不移地体现和贯彻核心价值观，同时将以上所说的几种不同机制整合成一种统一协调的机制，在核心价值观政策化长效保障机制建立和运行的过程中发挥牵头作用和核心作用。党的十八大提出要全面提高党的建设科学化水平，习近平总书记提出的"四个全面"的战略布局中要求"全面从严治党"。我们认为，无论是从全面提高党的建设科学化水平来看，还是从全面从严治党来看，都要求加强和改进党对核心价值观构建的领导，其中的重要内容之一就是要在各级党组织领导下建立起以纪委为核心的核心价值观政策化的长效保障机制，使核心价值观通过政策这一主要政治渠道有效地进入社会生活，并在社会生活中充分展示核心价值观的先进性和优越性，从而普遍增强社会公众的制度自信、道路自信、理论自信和价值自信。

第七章 国家治理与主流价值文化构建

国家治理（或公共管理）、文化产品生产与传播以及教育是中国主流价值文化构建的主要途径，而这三个方面本身也是主流价值文化构建的重要内容和任务，它们既要在构建主流价值文化的过程中发挥重要作用，又要接受作为主流价值文化实质内容的主流价值观的规导（规范和指导）。在我国，主流价值观尚处于构建的过程中，国家治理体系、文化产品生产与传播的体制以及教育体制亦处于深化改革之中，因而主流价值观与这三个方面的改革息息相关。只有实现了它们之间相互支持、相互促进的良性互动，我国这三个方面乃至所有其他方面的全面深化改革和主流价值文化构建才能最终得以完成。在三大实现途径中，国家治理是决定性的，因为它肩负着对文化产品生产与传播、教育进行社会管理的责任。党的十八届三中全会把完善和发展中国特色社会主义制度，推进国家治理体系和治理能力现代化作为全面深化改革的总目标，因此，我们尤其要高度重视国家治理体系和治理能力现代化的问题，重视国家治理现代化与主流价值文化构建的良性互动问题。

一、国家治理现代化及其与主流价值文化构建的关系

我国主流价值文化构建是与全面深化改革同步的，而全面深化改革的总体目标是在坚持和健全社会主义制度的同时实现国家治理体系和治理能力的现代化，因而构建主流价值文化与实现国家治理现代化存在着深刻的内在关联。构建主流价值文化并不等同于国家治理现代化，但后者是前者的关键内容和最重要条件，因此有必要弄清楚两者之间的关系，从而自觉地将两者有机地结合起来整体推进。

（一）从传统的国家统治到现代的国家治理

人类从原始社会一进入文明社会就出现了国家，在世界一些文明比较发达的地区，国家开始取代过去的氏族或部落成为人类生活的基本生活共同体。然而，在近代以前，并不是所有的人类都生活在国家之中，而且还存在过各种不同类型的国家，如古希腊的城邦制国家、古罗马的共和制国家和帝国、古印度遍地林立的小王国和短暂的古帝国、中国古代的分封制王朝和皇权宗法专制国家等等。虽然古代国家的形式迥然有异，但它们的形成、目的、运作方式和实质等方面有着大致上共同的特点，而这些特点使传统国家与近代开始出现的现代国家区别开来。正是在这种意义上，我们把近代以前各种类型的国家统称为传统国家。

概括说来，传统国家具有以下三个突出特点：第一，传统国家通常都是通过武

力征服建立起来的。在古代社会,不同的利益集团之间经常为了争夺疆土、利益等而引起战争,在战争结束后,获胜的一方为了统治战败者,同时也为了维护战胜者内部的秩序,建立起以军队等国家机器为后盾的国家。战胜者成为了征服者,战败者成为了被征服者。因此从起源上看,传统国家大多是征服者为了镇压被征服者反抗的产物。所以列宁说:"国家是一个阶级压迫另一个阶级的机器,是迫使一切从属的阶级服从于一个阶级的机器。"[1] 第二,传统国家的目的从根本上说是为了维护统治者的利益。传统国家最初的建立显然是为了征服者的利益,在国家建立以后,即使存在着被征服者(如古希腊罗马社会中由战俘转变而来的奴隶),出于利益争斗,征服者内部也会逐渐分化,形成国家的真正统治者和被统治者。这种统治者通常是一个家族(如古代中国的帝王家族)或多个家族的利益群体(如古罗马的共和制国家);而被统治者则是少数统治者之外的广大臣民。国家的目的则是要通过对外防止被侵略、对内防止被统治者反抗从而维护统治者的统治和利益。因此传统国家的根本目的是维护统治者的利益,只是在有些时候为了这种需要而兼顾被统治者的利益。第三,传统国家的运作方式是凭借国家暴力机器对被统治者进行统治。这种统治可能是类似民主制的(如古希腊雅典的民主制),也可能是专制制的(如中国古代的皇权专制主义);可能是君主制的(如中国先秦的宗法封建制),也可能是贵族制的(如古罗马共和国)。但它们都是以统治者与被统治者划分即以社会不平等为前提的,以统治者对被统治者实行统治(包括经济上的剥削、政治上的压迫以及对反抗的镇压等)为实质内容的。因此,无论从起源上、还是从目的和运作方式上看,传统国家的本质就是统治,即为了实现统治者的利益而对被统治者阶级实行统治。

  西方近代早期市场经济的兴起和发展,客观上要求西方人从基督教神学的精神束缚和天主教会的宗教统治中解放出来,于是开始出现了个体解放运动。这一个体解放运动包括两个方面:一是个人从人身、言论、思想等各种束缚中解放出来,成为自己的主体,这就是个人主义运动;二是民族国家从天主教罗马教廷的控制之下摆脱出来,成为独立的民族国家,这就是民族主义运动。在西方世界,通过文化复兴、宗教改革、启蒙运动和资产阶级革命,不仅个人获得了自由,而且国家也获得了真正意义上的独立,实现了西方世界的国家化。在西方国家获得独立的过程中,原始积累的需要和市场经济利益最大化的要求驱使西方人进行海外探险和殖民扩张。殖民扩张对殖民地的经济掠夺和政治控制,加上西方国家化的影响,导致了殖民地国家意识的觉醒和国家独立的要求,引发了殖民地的普遍反抗和争取国家独立的斗争运动,从而使殖民地国家逐渐获得独立,并由此完成了整个人类和世界的国家化过程。到第二次世界大战结束后,几乎所有的人类成

---

[1] [俄]列宁:《论国家》,《列宁选集》,人民出版社1960年版,第48页。

员都生活在国家之中，国家成为了人类占绝对优势的基本共同生活体，这与近代以前人类生活的状况形成了鲜明对照。

西方近代新兴的国家不仅是以与天主教教会对立的身份出现的，而且也从根本上对传统国家进行了革命性的改造，建立了不同于传统国家的现代国家。现代国家具有与传统国家不同的特点：

首先，它们主要不是通过武力征服建立的，而是适应市场经济的需要建立的。近代西方国家一般也是通过资产阶级革命最终建立起来的，是资产阶级推翻天主教教会和专制主义（专制主义原本是西方封建社会后期适应市场经济需要在世俗国家建立的政治制度，但伴随着市场经济的发展，这种政治制度本身又成为了市场经济进一步发展的障碍）统治并取而代之的结果。不可否认，在近代西方也存在着资产阶级对无产阶级的剥削和压迫，与其说两者之间的关系是征服者与被征服者的关系，而不如说是在市场经济发展过程中那些在竞争中取胜者或处于强势地位的人与失败者或处于弱势地位的人的关系。这些在竞争中处于强势地位的利益集团成为了国家的统治者或治理者。

其次，现代国家的根本目的不再是赤裸裸地为了维护统治者的利益，而至少在形式上打着维护市场经济所需要的自由竞争的基本秩序的旗号。在资产阶级看来，这种秩序的前提是确立和维护每个人的基本权利（包括自由、平等和生命权等），因而现代国家把保护和扩大个人的基本权利特别是自由权作为自己的神圣使命甚至唯一使命，并为了实现这种使命或者说为了自由等基本权利的普遍实现而防止在自由竞争中人与人之间的相互妨碍和相互伤害。现代国家将这种不得相互妨碍和相互伤害看作是个人的义务，并将这种义务（体现为各种相应的规则）的制定和履行作为国家的基本职能。当然，西方现代国家履行这种基本职能的结果，是因为市场经济导致的两极分化以及资产阶级对无产阶级的剥削和压迫，但它确实不再像传统国家那样，一切以统治者的利益为国家一切活动的轴心。

再次，现代国家的产生和目的与传统国家不同，决定了现代国家的运作方式也与传统国家不同，它们不再凭借暴力机器对被统治阶级实行统治，而一般采取民主和法治治理国家的方式。现代国家虽然也以暴力机器作为凭借，但治理的方式已实现了根本性的转换。资产阶级首先肯定每一个人是生而自由平等的，他们是自己的主人，而不是国家的附属物，他们是为了实现自己的利益包括和平的生活而彼此订立契约、建立国家，为了使国家能够维护每一个人的自由和权利，每一个人让渡或转让了自己的某些权利，委托给国家，由国家来保护和扩大自由，防止人与人之间的妨碍和伤害。因此，国家与个人的关系是委托人与受托人的关系，是主人与服务者的关系，国家只能按照契约以及根据契约制定的法律来治理社会，而不能僭越权力和滥用权力，否则委托人有权推翻国家或政府。因此，这样的国家被认为是人民是社会的主人的民主国家，虽然人民是通过其"代表"来体现自己的意志并行使权力，但这些"代表"和政府必须在法律的范围内并依据法律来治理社会。显然，现代国家的运作方式不再是统治者对被统治者实行统治的方式，而至少在理论上和形式上是运用民主和法治的形式。需要注意的是，传统国家也常常借助法律统治，但这种法律统治是从属于权力的，而不是权力从属于法律。换言之，传统国家实行"法上统治"，而现代国家实行"法下治理"。①

此外，西方现代国家与传统国家不同，它们是人类自觉构建的产物，有理论上的合理性和合法性的论证。传统国家的统治者为了使被统治者服从，也往往会通过思想家或者直接由统治者宣称自己的统治是合理合法的，如西方的"君权神授"说、中国的"天子"（皇帝自称昊天上帝之嫡长子，其权力出于神授，是秉承天意治理天下）之说等，但往往缺乏有说服力的合理合法性论证。西方现代国家的建立和运行则是建立在比较系统完整的理论论证基础之上的，而且这种理论随着实践的发展不断得到丰富和完善。虽然这种理论不断受到挑战，但确实对现代国家的合理合法性起到了重要的论证和辩护作用。

人类国家化的实现虽然是西方民族主义运动和市场经济发展的产物，但并非所有今天存在的国家都是按照西方现代国家模式建立的。所以，在今天的世界上，既存在着西方意义的现代国家，也存在着没有经过资产阶级革命的传统国家（它们可能已经程度不同地受西方意义的现代国家影响）和既接受了西方现代意义国家的积极影响同时又试图克服其局限性的其他国家。我国就是这样的社会主义国家。新中国成立以后，我国建立了社会主义制度，开始在社会主义制度框架内建立了不同于西方现代国家意义上的现代国家。改革开放以来，特别是实行市场经济体制以来，为适应市场经济发展和实现中华民族伟大复兴"中国梦"的需要，我国致力于通过全面深化改革改进和改善国家治理体系和治理能力，推进其现代化，构建超越西方现代国家治理模式的中国特色社会主义现代国家治理模式。

我国当前正在进行的全面深化改革和推进国家治理现代化，是一种自觉的"自我革命"，是有充分自信的，目的是使我国社会主义制度达到完善和稳定。习近平同志指出："我国国家治理体系需要改进和完善，但怎么改、怎么完善，我们要有主张、有定力"，"没有坚定的制度自信就不可能有全面深化改革的勇气，同样，离开不断改革，制度自信也不可能彻底、不可能久远。我们全面深化改革，是要使中国特色社会主义制度更好；我们说坚定制度自信，不是要固步自封，而是要不断革除体制机制弊端，让我们的制度成熟而持久。"② 这是对我国目前为什么要进行和怎样进行推进国家治理现代化的经典表达。

---

① 参见江畅：《社会主义核心价值理念研究》，北京师范大学出版社 2012 年版，第 171 页。
② 《习近平：推进国家治理体系和治理能力现代化》，新华网，2014 年 2 月 17 日。

(二) 中国国家治理现代化的意蕴

党的十八届三中全会作出的《中共中央关于全面深化改革若干重大问题的决定》中指出:"全面深化改革的总目标是完善和发展中国特色社会主义制度,推进国家治理体系和治理能力现代化。"① 我国全面深化改革的总目标是在完善和发展中国特色社会主义制度的同时推进国家治理体系的现代化和治理能力的现代化,即推进国家治理的现代化。如前所述,西方近代资产阶级在资本主义制度的框架下建立了不同于传统国家的现代国家,实现了国家治理的现代化,那么,我国所要建立的现代国家和实现国家治理的现代化意味着什么,它与西方国家现代化存在着什么样的根本区别,这是我们必须弄清楚的问题。否则,我们就有可能将我国的国家治理现代化混同于西方的国家治理现代化,甚至以为我们要照搬西方的模式,重走西方国家治理现代化之路。

一般地说,国家治理现代化就是以正确合理的主流价值观为依据并接受其规导,以实现社会终极价值目标为旨归,从而实现国家所有行政职能现代意义的最优化。对于国家治理现代化而言,正确合理的主流价值观是前提,也是根本,如果它不正确不合理,就谈不上国家治理的现代化。主流价值观正确合理的根据在于它反映了一个国家的根本和总体的需要,体现了现代人类文明发展的基本趋势,并且符合一个国家的实际。一种现代国家治理体系就是要以这种价值观为依据建立,其运行也要受它的原则的规范和引导,以最优化的结构和功能有效实现它所规定的价值目标。社会国家治理现代化包括国家治理体系现代化和治理能力现代化两个部分。前者指国家的制度安排,后者指制度的执行能力。"国家治理体系现代化,主要是指我们党作为执政党领导人民治理国家的制度体系现代化,包括根本政治制度、基本政治制度、基本经济制度、中国特色社会主义法律体系,以及经济、政治、文化、社会、生态文明建设和党的建设等各领域的体制机制现代化。国家治理能力现代化,主要是指治党治国治军、促进改革发展稳定、维护国家安全利益、应对重大突发事件、处理各种复杂国际事务等方面能力的现代化。"② 两者之间的关系大致上可以说,国家治理体系现代化是国家治理能力现代化的前提和基础,国家治理能力现代化则是国家治理体系现代化的目的和要求。习近平同志指出,国家治理体系和治理能力是一个国家的制度和制度执行能力的集中体现,两者相辅相成。③ 实现国家治理现代化,必须促进二者协调发展,一手抓国家治理体系现代化,一手抓国家治理能力现代化。不过,国家治理体系与治理能力是密不可分的,从系统论的角度看,两者的关系是系统的结构与功能的关系,治理能力实质上就是治理体系的功

---

① 《中共中央关于全面深化改革若干重大问题的决定》,《人民日报》,2013年11月16日第1版。
② 秦宣:《推进国家治理现代化的方向和路径》,《人民日报》,2016年6月22日。
③ 《习近平:推进国家治理体系和治理能力现代化》,新华网,2014年2月17日。

能。这正如习近平同志指出的："国家治理体系和治理能力是一个有机整体，相辅相成，有了好的国家治理体系才能提高治理能力，提高国家治理能力才能充分发挥国家治理体系的效能。"①

实现国家治理能力现代化，首要的任务是建立一套完整、科学、合法、有效的现化化国家治理体系。就我国而言，国家治理体系可以从横向和纵向两个角度看。从横向或维度的角度看，根据党的十八大提出的"五位一体"总体布局，我国的国家治理体系由经济治理、政治治理、文化治理、社会治理和生态治理五个不同维度的子体系构成，每一子体系本身又包括不同层次和方面的治理体系。从纵向的角度看，我国的国家治理体系包括主体、功能、制度、手段、运行等五个层次的子体系。这两种无论是从横向看还是从纵向看，国家治理体系之中还包括一个核心价值体系，核心价值体系不是国家治理体系中的一个结构要素，而是贯穿于整个国家治理体系背后的深层结构，它所体现的核心价值观则是国家治理体系的灵魂和精髓。价值体系以及所有这些不同维度、不同层次的子系统相互作用相互影响，从而形成我国完整的国家治理体系，我国国家治理体系的现代化就是这样一种完整的国家治理体系的现代化。

建立完整、科学、合法、高效的国家治理体系归根到底是为了提高国家治理能力，使之现代化。一般而言，国家治理能力是指国家运用法律、制度、政策等管理国家事务和社会事务的能力，也就是国家或政府的执行力，它体现在改革发展稳定、内政外交国防、治党治国治军等各方面。国家治理能力归根到底就是国家治理体系的功能，因此实现国家能力的现代化，从根本上说就是实现国家治理体系功能在现代意义上的最优化。国家治理体系和国家治理能力之间有着紧密联系，但又并非一回事，要正确认识两者之间的差异，避免将两者相互替代或等同起来。就我国而言，现代国家治理体系的基本架构已经形成，但其功能尚未充分发挥出来，因此要将治理能力的现代化放在优先的位置。习近平同志指出："推进国家治理体系和治理能力现代化，就是要适应时代变化，既改革不适应实践发展要求的体制机制、法律法规，又不断构建新的体制机制、法律法规，使各方面制度更加科学、更加完善，实现党、国家、社会各项事务治理制度化、规范化、程序化。要更加注重治理能力建设，增强按制度办事、依法办事意识，善于运用制度和法律治理国家，把各方面制度优势转化为管理国家的效能，提高党科学执政、民主执政、依法执政水平。"②

国家治理体系和治理能力的现代化体现在不同方面和不同层次，这里我们从国家治理体系的纵向结构的角度来作具体分析：

---

① 《习近平：切实把思想统一到党的十八届三中全会上来》，新华网，2013年12月31日。
② 《习近平：切实把思想统一到党的十八届三中全会上来》，新华网，2013年12月31日。

（1）国家治理的主体体系。改革开放以来，我国国家治理主体已经多元化，形成了"党、政、社、企、民、媒"六位一体的结构，即包括中国共产党（以及民主党派）、国务院及各级地方政府、不同类型的企业（国有、私有企业；内资、外资企业；跨国、本土企业等）、各类社会组织（工、青、妇组织，各种社会组织等）、广大人民群众、各类媒体（传统媒体和新型媒体）六大主体。治理主体结构涉及的是治理主体是谁、治理主体之间的关系怎样的问题。治理主体结构的现代化要求，各类主体各自承担明确的社会责任，各自的责任既要边界明晰，又要分工合作，形成一种多元主体各自自主又整体和谐的动态关系。中国共产党是执政党，是国家治理体系的领导核心。从治理主体的角度看，国家治理体系的现代化最关键的是要加强和改善党的领导，充分发挥党总揽全局、协调各方的领导核心作用。"我们党担负着团结带领人民全面建成小康社会、推进社会主义现代化、实现中华民族伟大复兴的重任。形势的发展、事业的开拓、人民的期待，都要求我们以改革创新精神全面推进党的建设新的伟大工程，全面提高党的建设科学化水平。"[①]人民是国家的主人，必须坚持人民的主体地位，必须坚持国家治理为了人民、依靠人民、造福人民、保护人民，以保障人民根本权益为出发点和落脚点，保证人民依法享有广泛的权利和自由、承担应尽的义务，维护社会公平正义，促进共同富裕。必须保证人民在党的领导下，依照法律规定，通过各种途径和形式管理国家事务，管理经济文化事业，管理社会事务，建立社会参与机制，充分发挥人民群众积极性、主动性、创造性。在多元化治理主体体系中，政府与市场、政府与社会之间关系是两大核心关系，要厘清各自的权限边界，把本应该属于市场、社会的职能，完全交给市场和社会处理，政府重点履行好宏观调控、公共服务、维护社会规则等职能。

（2）国家治理的功能体系。我国国家治理功能体系由动员、组织、监管、服务、配置五大功能组成。治理功能体系涉及的是治理体系主要发挥什么样的功能的问题，治理功能体系的现代化要求，体系的各种结构要素和功能不相互干扰、内耗，相反相互促进、相得益彰，使体系的总体功能达到最优化。最优化的治理体系能够有效发挥社会动员功能，在经济、政治、文化、社会、生态、党建等各个领域的深化改革中，取得最大的社会共识，凝聚全社会的合力。最优化的国家治理体系可以把个体化、原子化的社会主体（个人、企业等）融入特定类型、特定目的的各类组织体系（各政党组织、单位组织、社会组织、民众自治组织等）之中，提高国家与社会的组织化程度，谋求个人利益、集体利益和国家利益的统一，促进不同社会主体的共赢和利益共进，增强社会个体成员的获得感和幸福感。最优化的国家治理体系应具有一套完备的监控机制和手段，在促进走向自由、平等、公正、民主、

[①] 胡锦涛：《坚定不移走中国特色社会主义道路，夺取中国特色社会主义新胜利》，《人民日报》，2012年11月18日第1版。

法治的过程中，在帮助不同利益主体实现自己利益最大化的过程中，对各类经济主体、政治主体和社会主体实施有效宏观监控，以保障国家政治、经济和社会的总体稳定和谐。最优化的国家治理体系应顺应经济社会发展的趋势和要求，最大程度地提供规模化、优势化、多样化、均衡化的公共服务和社会保障，满足人民群体日益提高的多样化的物质、文化和精神需求，为国家治理体系保持长久正常运行提供基本保障。最优化的国家治理体系还应实现经济资源的市场化配置，社会服务资源的社会化配置，通过建设科学化的资源配置机制，全面提高资源配置的效率和公正度，充分激发国家发展的生机和活力。

（3）国家治理的制度体系。治理的制度体系就是要使国家治理体系制度化和法律化，法制化是国家治理体系持久稳定而又富于生机活力的保障。现代治理体系的制度体系主要包括法律、激励、协作三大基本制度，所涉及的是如何保障治理结构有效运转的问题，法制体系现代化要求建立健全完善、公平正义、严格有效的法律制度体系。首先，建设中国特色社会主义法治体系，建设社会主义法治国家。"形成完备的法律规范体系、高效的法治实施体系、严密的法治监督体系、有力的法治保障体系，形成完善的党内法规体系，坚持依法治国、依法执政、依法行政共同推进，坚持法治国家、法治政府、法治社会一体建设，实现科学立法、严格执法、公正司法、全民守法"[①]。要在经济建设、政治建设、文化建设、生态建设和政党建设等领域，适时更新和建立成套的法律体系，把所有的政治活动、经济活动、文化活动、社会活动和生态活动，全部纳入法律框架之下，严格执法，坚决杜绝违法犯罪活动的产生和蔓延。其次，建立科学、有效的激励制度体系，最大限度地调动社会所有领域的多元化主体的积极性创造性，在合法的前提下激发他们释放内在潜能和活力，促进各领域主体"从一般走向优秀，从优秀走向卓越"，协同推进个人和国家不断走向进步和提升品质。再次，建立一种各领域的多元主体纵横交叉协作的完备制度体系，增强公私间、部门间、政府间、国际间的跨界协作，减少和化解各种矛盾和冲突，在互动合作中寻求各方利益共进和整体利益最大化。

（4）国家治理的手段体系。现代治理方式日益多样化，主要包括法律、行政、经济、道德、教育、协商六大方式。治理方式体系涉及的是具体靠什么方式或手段进行治理的问题，治理方式的现代化就是使所有治理方式有效并且协同地发挥作用。在现代法治社会，法律是国家治理的首选手段，具体体现为"依法治国"、"依宪治国"，对违反法律的一切行为，都要依法严厉打击和制止。作为一个拥有庞大行政体系的大国，政府一方面要在管理经济事务的过程中，必须适时采取高效的行政命令、指示、规定等措施；另一方面要坚持法定职责必须为，法无授权不可为。

---

① 《中共中央关于全面推进依法治国若干重大问题的决定》，新华网，2014年10月28日。

政府在运用行政手段的过程中,要勇于负责、敢于担当,坚决纠正不作为、乱作为,坚决克服懒政、怠政,坚决惩处失职、渎职。恰当地运用经济手段也是国家治理手段现代化的重要内容,特别是在全面建立社会主义市场经济体制的过程中,应当更多地采取财政、税收、货币、价格等符合价值规律的经济手段,引导宏观经济的协调高效发展。我国具有悠久的道德文化传统,国家治理体系和治理能力的现代化必须依法治国和以德治国并重,加强社会公德建设,引导个体加强道德修养和自我约束,实现社会的人性化、人道化和人情化。教育既是提供各类国家治理主体素质和能力的基本手段,更是培育一代又一代国家建设者和接班人的主要途径。教育手段的现代化,不仅要在全社会形成全民教育、终身教育的现代教育格局,更要使教育内容、形式和手段实现现代化。协商民主是实现国家治理体系和治理能力现代化的重要手段。新中国成立以来,我国就建立了政治协商制度,在推进国家治理现代化的过程中,要将这种政治协商经验推广到全社会,建立健全多主体协商机制,疏通利益表达渠道,扩大民主参与,促进社会公正发展。

(5)国家治理的运行体系。治理运行体系涉及的是治理体系何种路径和何种手段、方法运转的问题,治理运行体系的现代化,关键是要建立自上而下、自下而上、横向互动三大运行方式。所谓自上而下方式,就是从通常所说的"顶层设计"到"落实落细落小"。这是像我国这样的大国必须依靠的治理运行方式,运用这种方式关键是要处理好中央政府与地方政府、上级政府与下级政府之间的责权关系,根除"上有政策、下有对策"的对抗性做法,实现执行政策不走样、不变味。所谓自下而上方式,就是从通常所说的"摸着石头过河"到上升为中央的决策。我国处在深刻的社会变革时期,正在全面深化改革,许多东西都需要在实践中探索,因而可依靠地方和基层先行先试,在掌握了规律,积累了经验以后,向全国推行和推广,这样可以降低改革的风险和成本。所谓横向互动方式,即是通常所说的"学习借鉴"。在国家治理的过程中,不同领域、不同主体相互之间可以通过互动、走访、学习、借鉴等过程,实现协同效应、整合效应和创新效应,促进国家治理和建设事业的整体进步。①

我国国家治理体系和治理能力的现代化,是以坚持和完善社会主义制度为前提的,在推进国家治理现代化的过程中,不能忽视这个基本前提,否则就会丢掉原则、迷失方向,就可能走上改旗易帜的邪路。习近平同志指出,推进国家治理体系和治理能力现代化,必须完整理解和把握全面深化改革的总目标,这是两句话组成的一个整体,即完善和发展中国特色社会主义制度、推进国家治理体系和治理能力现代化。我们的方向就是中国特色社会主义道路。②

---

① 参见陶希东:《国家治理体系应包括五大基本内容》,《学习时报》,2013年12月9日。
② 《习近平:推进国家治理体系和治理能力现代化》,新华网,2014年2月17日。

(三）主流价值观对于推进国家治理现代化的规导意义

任何自觉构建的国家治理体系总是有某种价值观作为依据和原则，这种价值观通常是一个国家的主流价值观，主流价值观对国家治理体系的构建和运行或发挥功能起着规范和引导作用。西方近代自觉构建的资本主义国家治理体系就是资本主义价值观的体现和贯彻，资本主义价值观就是在西方社会占主导地位的自由主义价值观，整个西方国家治理体系受自由主义价值观的规导。一种国家治理体系要现代化，作为它构建和运行依据并对它起规导作用的价值观必须是现代化的。如果我们认定西方近现代国家治理体系在资本主义的意义上是现代化的，那么我们也得肯定，作为它构建和运行依据和原则的自由主义价值观在资本主义的意义上也是现代化的。实际上，相对于西方传统价值观特别是中世纪的主导价值观而言，西方近代主流价值观确实是一种现代意义的价值观。今天我国要推进国家治理现代化，实际上就是要构建现代化的国家治理体系，构建这种国家治理体系，也必须有一种价值观作为它的依据和原则，它的运行要受到这种价值观的规导。这种价值观就是中国特色社会主义价值观，即当代中国主流价值观，这是一种现代意义的社会主义价值观。当代中国主流价值观是我国构建现代国家治理体系的依据和原则，我国正在构建的现代国家治理体系的运行也要受主流价值观的规范和引导。主流价值观是我国现代国家治理体系的观念源泉和实质内涵，它规定着我国国家治理体系的社会主义性质和现代性，它引导我国国家治理体系朝着实现中华民族伟大复兴和社会主义现代化的"中国梦"发挥功能。

具体而言，主流价值观有如下三个方面的主要功能：

第一，主流价值观是构建我国现代国家治理体系的依据和原则。任何一种国家的主流价值观都是成体系的，其结构的功能都是指向其价值目标的实现的。价值目标也是多层次、多维度的，本身是一个体系，而终极价值目标则是其他所有价值目标的最终指向和最高理想。对于一个国家的主流价值观来说，国家治理从根本上说不过是一种实现其价值目标的手段，是服务于、服从于价值观中的不同层次价值目标的实现的，并追求终极价值目标。但是，在所有实现价值观的不同层次目标的手段中，在现代社会，国家是最重要的力量，而国家力量的大小、发挥得如何则主要取决于国家治理体系，因而国家治理体系在实现价值观所规定的价值目标方面体现着国家的力量。这种力量对价值目标的实现起着关键性的作用。

现代国家通常由立法、行政、司法三个部分构成。大致上说，在这三个部分中，立法是基础，它主要的使命是制定法律（当然也对行政和法律的实施起监督作用）；司法是保障，它主要的使命是维护法律；而行政则是核心，它在法律的范围内并依据法律对国家进行治理，是国家对社会生活作用的集中体现。国家治理结构及其功能（能力）就是国家发挥治理作用的主体和手段。如果说实现价值观的价值目标要依托国家力量，那么，它主要依托的是国家行政的力量，凭借国家治理体系。

整个价值观体系是服务于其中的价值目标实现的，国家治理体系作为实现价值观的价值目标的主要手段，不仅要以这些价值目标为目标，而且必须以整个价值观为依据，以它的要求为基本原则，追求价值观的现实化。今天，我们要构建现代国家治理体系，就是要根据主流价值观来构建，以追求其价值的实现；我们要推进国家治理的现代化，就是要根据主流观的要求改进和完善国家治理体系和功能。主流价值观决定着国家治理的性质、目标和任务，乃至其体系和功能的发挥。没有主流价值观的支撑，国家治理体系就建立不起来，即使建立起来，所发挥的作用也是盲目的、混乱的；而没有正确合理的主流价值观作为依据和原则，现代意义的国家治理体系就不可能建立起来。正因为如此，中共中央办公厅印发的《关于培育和践行社会主义核心价值观的意见》要求："确立经济发展目标和发展规划，出台经济社会政策和重大改革措施，开展各项生产经营活动，要遵循社会主义核心价值观要求，做到讲社会责任、讲社会效益、讲守法经营、讲公平竞争、讲诚信守约，形成有利于弘扬社会主义核心价值观的良好政策导向、利益机制和社会环境。与人们生产生活和现实利益密切相关的具体政策措施，要注重经济行为和价值导向有机统一，经济效益和社会效益有机统一，实现市场经济和道德建设良性互动。"[①]

第二，主流价值观对我国正在构建的现代国家治理体系运行具有规范作用。任何国家治理体系及其功能都不是一旦建立起来就固定不变的，而是适应社会实践变化发展的需要不断变化发展。国家治理体系是一种动态的、与时俱进的体系。一种国家治理体系即使是根据主流价值观建立的，而且也是现代化的，这也并不意味着它就永恒地发挥预先设计的功能。当情况发生了变化的时候，过去的结构和功能必须作相应的调整，否则它就不能发挥或不能充分地发挥应有的作用。更重要的是，国家治理体系是一种执行体系，它是一个不断对不同类型的社会主体和现实社会生活发生作用的对接、交互作用的过程。在这个过程中，作为国家治理体系功能的国家治理活动由于种种原因可能会遇到不同的情况，在其发挥作用的过程中可能会发生偏差，因而需要有规范对它起指导、约束、监督、校正作用。

对国家治理起指导、约束、监督、校正作用的规范不少，例如，各种法律对国家治理具有强制约束作用，社会倡导的道德也对履行国家治理功能的各类主体有重要的软约束作用，还有各种上级的法规、政策等对下级也具有约束作用。但是，所有这些规范都应当源自价值观的基本要求和所确立的基本价值原则，因此，价值观对于国家治理具有根本性的指导、约束、监督、校正作用，或者说，它是所有其他规范是否正确合理的最终标准或尺度。一方面，对于体现价值观要求和原则的规

---

① 中共中央办公厅：《关于培育和践行社会主义核心价值观的意见》，新华网，2013年12月23日。

范，国家治理主体更有理由、更有信心执行它们；另一方面，对于不符合价值观要求和原则的规范，国家治理主体也能根据价值观判断问题发生在哪里，也能为不执行或校正这样的规范提供充足理由。价值观的基本要求和基本价值原则就像是一条红外线贯穿于所有治理活动之中，各种具体规范和治理活动可以围绕它变动，但不能完全脱离它或偏离它。因此，一个真正具有国家治理能力的主体，不仅应当知道国家治理规范及其要求，同时也应当知道这些规范所源自的价值观的要求和原则。这样，治理主体的治理活动不仅有现实的尺度，也有根本的、最终的尺度，它的治理活动就会是明智的，不会发生根本性的、方向性的错误。

我国的现代国家治理体系虽然尚在建构之中，但已经在社会生活中发挥作用，而且我国的法制、道德等规范也不健全，需要进一步完善。正因为如此，我国现行治理体系发生错误和偏差的几率更大，更需要用主流价值规范发挥作用，不仅要发挥根本性、终极性尺度的作用，还要发挥拾遗补缺的作用，从而促进我国国家治理体系和法治体系的完善。

第三，主流价值观对我国正在构建的现代国家治理体系运行具有引导作用。国家治理体系及其功能是动态的，具体的治理活动更是千变万化的。但是，这种动态变化不仅不能是无序的，而且不能是无目的、无一致方向的。治理体系和法理活动的目的和方向要由主流价值观来提供，因此，主流价值观对于国家治理体系的运行具有引导作用。价值观通常可以划分为终极价值目标、核心价值理念和基本价值原则，这三个方面对于国家治理体系的运行都具有引导的作用，因而价值观的这种引导作用可以相应地划分为三种：一是终极目标的引导；二是核心理念的引导；三是基本原则的引导。由于我国现代国家治理体系尚处于建构之中，因而这种引导作用不仅体现在它的运行方面，而且也会对它的进一步建构产生重要引导作用。

我国主流价值观的终极目标是实现社会主义现代化和中华民族的伟大复兴，即实现"中国梦"。这种终极价值目标对于我国国家治理体系的运行和构建都具有根本性的引导作用。它既是治理体系运行和构建必须瞄准的最后目标，又是治理体系运行和构建的核心，一切相关活动都得围绕它展开，同时也是检验治理体系运行和构建是否正确的最后根据。例如，这个终极价值目标涉及国家（民族）和人民、人民整体和人民个体这两大重要关系，而且它要求必须兼顾这三个方面，不可偏废。如果我们构建的国家治理体系或国家治理体系发挥的功能像西方的国家治理体系那样，只注重个人，不重视国家，或者像中国传统社会那样，只重视国家的长治久安而忽视个人的自由和权利甚至生存，那么，这样的治理体系对于当代我国主流价值观而言就是根本错误的。因此，我们必须将国家治理体系的现代化构建置于"中国梦"的引导之下，使之在任何时候都不偏离这个大方向。

我国主流价值观的核心理念是党的十八大报告中提出的12个理念。这12个理念是国家治理体系运行和构建的主要价值目标,对国家治理活动具有直接的引导作用,是衡量国家治理活动成败的基本标准。而且,这些目标还必须同时兼顾,不能顾此失彼,导致社会发展偏差和社会生活混乱。如果我国的治理活动只重视国家和社会层面的核心价值理念而不重视个人层面的核心价值理念,那么,我国社会生活就会出现道德"滑坡"、精神家园丧失等道德乱相。我国前一段时期频发的许多突破道德底线的丑恶行为,与我国以前治理体系存在的只重视经济发展,不重视道德建设的偏颇有直接关联。

我国主流价值观的基本原则是党的十八大报告中提出的八项"基本要求"或八个"必须坚持"。这些原则是立党之本、立国之本,因而更是国家治理体系必须加以坚持和维护的。这些原则是主流价值观明确提出的直接要求(除这些之外还有许多隐含的、间接的要求),因而特别事关重大,涉及国家的性质、前途等根本性问题。因此,它们不仅对我国现代国家治理体系构建和运行起到具体直接引导作用,而且具有严格规范意义,一切国家治理活动任何时候都不能无视它、违背它。

最后需要特别指出的是,我国主流价值观本身也处于构建之中,要发挥对国家治理体系应有的作用,其本身需要进一步加强构建。因此,我们要努力将两方面的构建有机地结合起来、贯通起来,使它们相互支撑、相互促进。

(四)推进国家治理现代化对于主流价值观现实化的决定性意义

党的十六届六中全会提出建设社会主义核心价值体系,党的十八大提出培育和践行社会主义核心价值观。社会主义核心价值观是观念的或理论的核心价值体系,建设社会主义核心价值体系既包括观念的核心价值体系建设,又包括实践的核心价值体系建设。这两者的有机统一构成了中国主流价值文化即社会主义价值文化构建的核心内容,究其实质,构建我国价值文化就是要培育和践行社会主义核心价值观,从而使社会主义核心价值观现实化。关于如何培育和践行社会主义核心价值观,《中共中央办公厅印发〈关于培育和践行社会主义核心价值观的意见〉》提出了四项主要措施:①把培育和践行社会主义核心价值观融入国民教育全过程;②把培育和践行社会主义核心价值观落实到经济发展实践和社会治理中;③加强社会主义核心价值观宣传教育;④开展涵养社会主义核心价值观的实践活动。所有这些措施都需要通过加强党和政府对培育和践行社会主义核心价值观的组织领导加以落实。[1]毫无疑问,所有这些路径和措施都是重要的,而且不可偏废,但是推进国家治理现代化对于培育和践行核心价值观以使其现实化为文化具有决定性的意义。

---

[1] 中共中央办公厅:《关于培育和践行社会主义核心价值观的意见》,新华网,2013年12月23日。

第一，国家治理现代化是主流价值文化构建的关键途径。在前一章我们讨论过，构建中国主流价值文化既要宣传（传播）社会主义核心价值观并对学生和公众进行核心价值观教育，更要使核心价值观道德化、法制化、政策化。使核心价值观道德化、法制化和政策需要通过国家治理现代化来实现，而对核心价值观的宣传教育也需要现代化的国家治理能力才能加以实现。所以，在构建核心价值观的三条主要途径即传播、教育和国家治理现代化中，国家治理现代化无疑是最重要的关键性途径。

我国是一个有着悠久以德治国传统的文明古国，以德治国是我国优秀传统文化的核心内容。以德治国，顾名思义，就是国家运用道德的力量，特别是道德教化来治理国家，使国家达到和谐状态。在我国实行市场经济体制之后，针对市场经济对经济社会生活带来的负面效应，党中央领导人提出了在实行依法治国的同时实行以德治国。2000年6月，江泽民同志在《在中央思想政治工作会议上的讲话》中指出："法律与道德作为上层建筑的组成部分，都是维护社会秩序、规范人们思想和行为的重要手段，它们互相联系、互相补充。法治以其权威性和强制手段规范社会成员的行为。德治以其说服力和劝导力提高社会成员的思想认识和道德觉悟。道德规范和法律规范应该互相结合，统一发挥作用。"2001年1月，在全国宣传部长会议上，他明确提出了"把依法治国与以德治国紧密结合起来"的治国方略。[①] 虽然将"以德治国"作为治国方略是对传统社会的借鉴，但其中的"德"有着根本不同的含义。如果说，传统社会的"德"是传统主导价值观的道德化，那么今天我国的"德"则是当代主流价值观的道德化。然而，我国今天主流价值观的道德化并没有完全实现。假如我国主流价值观不能道德化，以德治国要么是一句空话，要么可能用以治国的"德"不是社会主义道德。那么，如何使我国主流价值观道德化？我们知道，西方社会作为主流意识形态的自由主义主张国家对于道德持中立立场，不确立国家推行和倡导的道德，因而国家也不存在使核心价值观道德化的问题，而我国既然将"以德治国"作为治国方略，党和政府就必须解决如何使核心价值观道德化的问题。显然，这样一种道德建设任务是现有的国家治理体系和治理能力所难以完成的，而必须使之现代化。

主流价值观法制化的过程本身就是国家治理现代化的核心内容，既涉及治理体系的现代化，也涉及治理能力的现代化。国家治理体系的现代化包括许多方面的内容，而其核心内容是我们党作为执政党领导人民治理国家的制度体系的现代化。国家制度体系的现代化，就是要将主流价值观转化为国家制度体系，尤其是要使其内容体现主流价值观的要求并贯彻其基本原则。同时，这种转化是一项极其复杂的工作，它需要普遍提高治理体系主体的治理能力，使之达到现代化水

---

① 《中共党史上的80件大事（80）："以德治国"理念的提出》，人民网，2001年6月13日。

平。例如，法治是主流价值观的重要内容之一，我们只有建立了以宪法为根本大法的完善法律体系，并将法律作为国家最高权威，法治才能实现。显然，法治的实现离不开作为完善法律体系的构建，离不开党和政府的法治意识的增强和法治能力的提高。总的看来，主流价值观的法制化主要取决于国家治理体系和治理能力的现代化，没有这种现代化的治理体系和能力，主流价值观法制化就是一句空话。

至于主流价值观的政策化则更依赖于国家治理能力的现代化。我国是一个政策大国，政策在我国社会生活中扮演着极其重要的角色，其社会地位在某种意义上甚至超过了法律。这是许多历史的和现实的因素导致的。政策是我国各级党和政府制定的，作出决策的能力、执行政策的能力和适时修订政策的能力等都取决于作为政策主体的各级党和政府。他们的国家治理能力能否达到现代化的水平直接决定着政策的制定、执行和修订能否达到现代化水平，也决定着政策能否体现主流价值观的要求、贯彻主流价值观的原则。中国共产党是执政党，实现主流价值文化的政策化关键在于加强和改善党的领导，全面提高党的建设的科学化水平，实现执政能力和领导水平的现代化。

当然，国家治理现代化不仅直接关系到主流价值观能否道德化、制度化和政策化的问题，而且直接关系到能否构建既具有中国特色又具有世界先进性的核心价值观本身的问题。这种价值观的最终构成无疑也取决于国家治理能否现代化。

第二，国家治理现代化是主流价值文化构建的主要凭借。我国要构建既具有中国特色又具有世界先进性的主流价值观，并使之现实化，必须依托国家治理现代化，以之作为支撑。在一定意义上可以说，现代化的国家治理体系和治理能力就是主流价值文化构建的支持系统、主要手段和力量源泉。前文谈到，国家治理体系从横向看包括经济、政治、文化、社会、生态文明五个子体系，国家治理现代化就是要通过"五位一体"总体布局来实现五个子体系的现代化，通过"五位一体"总体布局实现经济、政治、文化、社会和生态文明的现代化，社会主义核心价值观就能现实化为中国的社会生活和文化。因此，"五位一体"总体布局就是我国主流价值观构建、我国主流价值观现实化的基本凭借。

那么，如何通过"五位一体"总体布局来实现经济、政治、文化、社会和生态文明的现代化呢？按照党中央的部署，要通过全面深化体制改革来实现。《中共中央关于全面深化改革若干重大问题的决定》指出，改革开放是党在新的时代条件下带领全国各族人民进行的新的伟大革命，是当代中国最鲜明的特色。面对新形势新任务，全面建成小康社会，进而建成富强民主文明和谐的社会主义现代化国家、实现中华民族伟大复兴的中国梦，必须在新的历史起点上全面深化改革。《决定》对全面深化改革作出全面部署，明确提出了全面深化改革的目标任务。在经济上，要"紧紧围绕使市场在资源配置中起决定性作用深化经济体制改革，坚持和完善基本经济制度,加快完善现代市场体系、宏观调控体系、开放型经济体系,加快转变经济发展方式,加快建设创新型国家,推动经济更有效率、更加公平、更可持续发展"。在政治上,要"紧紧围绕坚持党的领导、人民当家作主、依法治国有机统一深化政治体制改革,加快推进社会主义民主政治制度化、规范化、程序化,建设社会主义法治国家,发展更加广泛、更加充分、更加健全的人民民主"。在文化上,要"紧紧围绕建设社会主义核心价值体系、社会主义文化强国深化文化体制改革,加快完善文化管理体制和文化生产经营机制,建立健全现代公共文化服务体系、现代文化市场体系,推动社会主义文化大发展大繁荣"。在社会上,要"紧紧围绕更好保障和改善民生、促进社会公平正义深化社会体制改革,改革收入分配制度,促进共同富裕,推进社会领域制度创新,推进基本公共服务均等化,加快形成科学有效的社会治理体制,确保社会既充满活力又和谐有序"。在生态文明方面,要"紧紧围绕建设美丽中国深化生态文明体制改革,加快建立生态文明制度,健全国土空间开发、资源节约利用、生态环境保护的体制机制,推动形成人与自然和谐发展的现代化建设新格局"。在党的建设上,要"紧紧围绕提高科学执政、民主执政、依法执政水平深化党的建设制度改革,加强民主集中制建设,完善党的领导体制和执政方式,保持党的先进性和纯洁性,为改革开放和社会主义现代化建设提供坚强政治保证"。所有这五个方面的全面深化改革,其总目标是完善和发展中国特色社会主义制度,推进国家治理体系和治理能力现代化。①

前文已经谈及,在国家治理体系横向结构的五个子体系之中还有一个作为其核心的主流价值体系,正是在将观念的主流价值体系转变为现实的主流价值体系的过程中,适应这种转变的需要提出了对五个子体系进行全面深化改革,以使之现代化的要求。因此,当通过全面深化改革实现了我国经济、政治、文化、社会和生态体系的现代化,亦即全面深化改革的总目标得到实现的时候,我国的主流价值观就从观念的价值体系转变成了现实的价值体系,转变成了社会的价值文化。

第三,国家治理现代化是主流价值文化构建的根本保障。经济、政治、文化、社会、生态这五位一体国家治理子体系和整个国家治理体系的现代化,既是主流价值文化构建的关键途径、主要凭借,也是主流价值文化的基本保障。其中特别重要的是坚持和改善党的领导,全面提高党的建设的科学化水平,这是主流价值文化构建的根本保障。"只有以提高党的执政能力为重点,尽快把我们各级干部、各方面管理者的思想政治素质、科学文化素质、工作本领都提高起来,尽快把党和国家机关、企事业单位、人民团体、社会组织等的工作能力都提高起来,国家治理体系才

---

① 参见《中共中央关于全面深化改革若干重大问题的决定》,《人民日报》,2013年11月16日第1版。

能更加有效运转。"①

习近平同志指出,坚持和发展中国特色社会主义是一项长期而艰巨的历史任务,必须准备进行具有许多新的历史特点的伟大斗争。为此,我们必须不忘初衷、继续前进。不忘初衷、继续前进,面临着许多复杂而艰巨的任务,要完成这些任务,就要保持党的先进性和纯洁性,着力提高执政能力和领导水平,着力增强抵御风险和拒腐防变能力,不断把党的建设新的伟大工程推向前进。这也就是党的十八大报告提出的:"形势的发展、事业的开拓、人民的期待,都要求我们以改革创新精神全面推进党的建设新的伟大工程,全面提高党的建设科学化水平。"②全面提高党的建设科学化水平,着力提高执政能力和领导水平,也是推进国家治理体系和治理能力现代化的根本,是主流价值文化构建的政治保障。所以,习近平同志指出:"办好中国的事情,关键在党。中国特色社会主义最本质的特征是中国共产党领导,中国特色社会主义制度的最大优势是中国共产党领导。坚持和完善党的领导,是党和国家的根本所在、命脉所在,是全国各族人民的利益所在、幸福所在。"③

二、中国治理体系的历史演进及其现代化的必要性

国家治理体系和治理能力的现代化是在党的十八届三中全会通过的《中共中央关于全面深化体制改革若干重大问题的决定》中第一次明确提出来的,然而这个问题自改革开放之初就已逐渐凸显出来,党和国家一直以来都在通过改革开放致力于国家治理的现代化,在实行市场经济体制之后这一问题日益紧迫地摆在了全党和全国人民面前。

(一)中国现行治理体系和治理能力的形成

习近平同志指出,一个国家选择什么样的治理体系,是由这个国家的历史传承、文化传统、经济社会发展水平决定的,是由这个国家的人民决定的。我国今天的国家治理体系,是在我国历史传承、文化传统、经济社会发展的基础上长期发展、渐进改进、内生性演化的结果。④我国现行的国家治理体系和治理能力是在实行改革开放和社会主义市场经济体制的过程中逐渐形成的,它奠基于新中国成立后社会主义制度确立时期的治理体系,而且具有悠久而深厚的历史文化传统,也吸收了西方国家及其他国家治理方面的有益的内容。

---

① 《习近平:推进国家治理体系和治理能力现代化》,新华网,2014年2月17日。
② 胡锦涛:《坚定不移走中国特色社会主义道路,夺取中国特色社会主义新胜利》,《人民日报》,2012年11月18日第1版。
③ 习近平:《在庆祝中国共产党成立95周年大会上的讲话》,新华网,2016年7月2日。
④ 《习近平:推进国家治理体系和治理能力现代化》,新华网,2014年2月17日。

与世界上许多其他民族不同,中华民族一踏入文明社会的门槛,就形成了自己的民族国家,并形成了与当时经济社会发展水平相适应的国家治理体系(严格说来,那时只是一种统治体系,而不是现代意义的治理体系,为了叙述的方面,我们这里在广义上使用"国家治理"一词)。历史研究表明,我国的第一个国家治理形态是封建制的国家治理体系。据考证,在先秦时期,殷商的封建不同于西周的封建,西周的封建不同于东周的封建。"如果把夏、商称为'氏族封建制',那么西周则可称为'宗法封建制'。"①就西周而言,封建制是与宗法制、等级制共生的。西周封建有多个级次,其最为重要的是"天子建国"(周天子分封诸侯以立国)与"诸侯立家"(诸侯立卿大夫以称家)。秦始皇武力结束春秋战国封建割据建立统一国家后,秦至清的两千余年间,国家治理体制虽然多有变化,但"宗法制"、"地主制"和"皇权专制"三项要素大体贯穿始终,并构成彼此契合的系统。冯天瑜先生称这个时代为非封建的"宗法地主专制社会"与"皇权时代"。②就国家治理体系而言,这个漫长的历史时期实行的君主制。秦汉以下,中国的王朝频繁更迭,但君主制却传承不辍,"百代都行秦政制"。"这种'秦政'式的君主政制,在君民关系上,务在'弱民',本在'制民';在君臣关系上,力行'君尊臣卑'。"③

辛亥革命推翻了清朝的统治并从此结束了中国君主专制的传统社会,孙中山试图借鉴西方,摒弃传统专制主义的君主制,建立民主主义(实为资本主义)的共和制的治理体系。然而,由于种种原因,这种共和制最终没有完全建立起来,中国却陷入了长达38的战乱。中国共产党领导中国人民推翻了"三座大山",建立了中华人民共和国。从国名就可以看出,新中国实行的共国制治理体系,与孙中山所主张建立的共和制不同的是这是社会主义的共和制。实际的情况也是如此。就政体或治理体系而言,新中国成立的社会主义共和制与西方资本主义共和制以及孙中山主张的民主主义共和制有一致的地方,它不再是君主制,而实质上是民主制的共和制④。但是,就国体和基本制度而言,两种共和制存在着社会主义与资本主义之间的本质区别。"中华人民共和国是工人阶级领导的、以工农联盟为基础的人民民主专政的社会主义国家。社会主义制度是中华人民共和国的根本制度。"⑤基本社会主义制度用新近的界定来表述就是中国特色社会主义制度:即"人民代表大会制度的根本政治制度,中国共产党领导的多党合作和政治协商制度、民族区域自治制度以及基层

---

① 冯天瑜:《"封建"考论》(修订版),中国社会科学出版社2010年版,第21页。
② 参见冯天瑜:《"封建"考论》(修订版),中国社会科学出版社2010年版,第412~413页。
③ 冯天瑜:《"封建"考论》(修订版),中国社会科学出版社2010年版,第410页。
④ 在人类历史上,古希腊哲学家亚里士多德第一次将共和制作为一种政体形式。这种政体形式是对古希腊哲学家柏拉图所谓"好的民主制"的改造,柏拉图曾将民主制区分为好的和坏的,亚里士多德则将好民主制称为共和制,而将坏的民主制称为平民制。在他们那里,共和制是三种好政体中最差的一种,但比其他三种坏的政体好,属于好政体的范围。
⑤ 《中华人民共和国宪法》(2004年修正版),人民网,2013年9月4日。

群众自治制度等基本政治制度，中国特色社会主义法律体系，公有制为主体、多种所有制经济共同发展的基本经济制度，以及建立在这些制度基础上的经济体制、政治体制、文化体制、社会体制等各项具体制度。"① 这样一种国体和制度是对传统社会制度的根本性变革，是中国共产党领导下的中国人民的伟大创造。当然，这其中也吸收了西方近代资产阶级政治制度的合理内容，尤其是它是在马克思列宁主义指导下确立的。

新中国成立以后，我国的国体和基本制度虽然也有某些变化（如基本经济制度由单纯的公有制转变为公有制为主体、多种所有制经济共同发展的经济制度），而且还需要完善和发展，但总体上是一以贯之的。自党的十一届三中全会后，适应改革开放和市场经济发展的新要求，我国在政体或国家治理结构方面特别是在具体制度方面发生了巨大的深刻变化。这种变化体现在许多方面，其中特别重要的有：由"政治挂帅"转变为以经济建设为中心；由计划经济体制转向市场经济体制，使市场在资源配置中起决定性作用；建立坚持党的领导、人民当家作主、依法治国有机统一的政治体制，建立社会主义法治中国；转变政府职能，建立法治政府和服务型政府；坚持用制度管权管事管人，让人民监督权力，让权力在阳光下运行；建立共建共享的和谐社会，建立健全社会保障制度，增强人民群众的幸福感和获得感，等等。所有这些变化表明，在建立了新中国和确立了社会主义制度以后我国的国家治理体系即已开始走上了现代化的征程，而实行改革开放和社会主义市场经济体制之后加速了这一过程。今天，我国正在通过全面深化改革全力推进国家治理体系和治理能力的现代化进程。

（二）中国治理体系和治理能力的现状

习近平同志指出："我们的国家治理体系和治理能力总体上是好的，是有独特优势的，是适应我国国情和发展要求的。同时，我们在国家治理体系和治理能力方面还有许多亟待改进的地方，在提高国家治理能力上需要下更大气力。"② 那么，我国现行的治理体系和治理能力好在哪里，有哪些优势呢？回顾我国治理体系的历史演进，结合对我国现行治理体系和治理能力的反思，我们可以对此得出以下基本结论：

第一，中国共产党领导中国人民进行社会主义革命、建设和改革使我国国家治理体系实现了从传统到现代，从资本主义到社会主义，从传统社会主义到中国特色社会主义的深刻历史转变。习近平同志在庆祝中国共产党成立 95 周年大会上的讲话中阐述了我们党的三大历史贡献：其一，我们党团结带领中国人民进行 28 年浴

---

① 胡锦涛：《坚定不移走中国特色社会主义道路，夺取中国特色社会主义新胜利》，《人民日报》，2012年 11 月 18 日第 1 版。
② 《习近平：推进国家治理体系和治理能力现代化》，新华网，2014 年 2 月 17 日。

血奋战，打败日本帝国主义，推翻国民党反动统治，完成新民主主义革命，建立了中华人民共和国。其二，我们党团结带领中国人民完成社会主义革命，确立社会主义基本制度，消灭一切剥削制度，推进了社会主义建设。其三，我们党团结带领中国人民进行改革开放新的伟大革命，极大激发广大人民群众的创造性，极大解放和发展社会生产力，极大增强社会发展活力，人民生活显著改善，综合国力显著增强，国际地位显著提高。① 从国家治理演进的角度看，这三大历史贡献为我国国家治理体系的三大转变奠定了基础，提供了前提和条件，而且我国国家治理从传统到今天的转变本身也属于这三大历史贡献。没有中国共产党的领导，这三大历史转变是不可能发生的，而且我们也相信，有了中国共产党的正确而坚强的领导，我国国家治理体系的现代化一定能如期实现。

第二，我国国家治理体系的三大历史转变是在马克思主义影响和指导下进行的，是马克思主义中国化、时代化、大众化的结果。中国共产党是马克思列宁主义同中国工人运动相结合的产物，而且是以马克思列宁主义为指导思想和理论基础。共产党领导中国人民取得的革命、建设和改革胜利是马克思主义的胜利，也是马克思主义普遍真理与中国具体实际相结合、与时俱进并为广大人民群众接受的产物。习近平同志指出："历史告诉我们，没有先进理论的指导，没有用先进理论武装起来的先进政党的领导，没有先进政党顺应历史潮流、勇担历史重任、敢于作出巨大牺牲，中国人民就无法打败压在自己头上的各种反动派，中华民族就无法改变被压迫、被奴役的命运，我们的国家就无法团结统一、在社会主义道路上走向繁荣富强。"② 习近平同志这里所说的"先进理论"指的就是马克思主义理论，是作为马克思主义中国化时代化大众化产物的中国特色社会主义理论。有马克思主义理论和中国特色社会主义理论的科学指导，我国国家治理体系和治理能力实现了三大转变，同时也将进一步实现现代化。

第三，改革开放和市场经济发展强有力地促进了我国国家治理体系的现代化进程，同时也充分表明我国现行的国家治理体系和治理能力是与社会主义基本制度和市场经济发展相适应的。新中国成立和社会主义制度的确立标志着我国治理体系已经实现了前两大转变，这种转变是革命性的，但由于种种原因，这种社会主义的现代治理体系尚未充分发挥出它的优越性，于是就有了第三大转变。第三次转变经历了一个过程，其中包括三个环节：一是改革开放动摇了传统社会主义经济体制，为实行市场经济体制政策出台并为全面深化改革和扩大开放做了充分准备；二是市场经济体制取代计划经济体制完全改变了我国经济体制，并客观上提出了全面深化改革以与之相适应的要求；三是全面深化改革的启动提出了推进国家治理体系和治理

---

① 参见习近平：《在庆祝中国共产党成立95周年大会上的讲话》，新华网，2016年7月2日。
② 习近平：《在庆祝中国共产党成立95周年大会上的讲话》，新华网，2016年7月2日。

能力现代化的迫切要求。这三个环节的历程表明,一方面伴随着我国改革开放的深入,对国家治理体系和能力的现代提出了日益迫切的要求,另一方面,我国治理体系和治理能力的现代化水平也伴随着改革开放的深入而日益提高。今天,我国的治理体系和治理能力虽然尚未实现现代化,但我国正在进行的全面深化改革必将会使我国治理体系和治理能力整体上实现现代化。

第四,我国现行的国家治理体系继承弘扬了我国优秀传统文化的"中国元素",同时又吸收借鉴了西方文明的合理内容,从而为我国国家治理体系成为具有中国特色同时又具有人类先进性的国家治理体系奠定了基础。新中国成立以来,我国对传统文化和西方文化的态度经历了一个从封闭到开放、从否定到吸收的过程,但这个时期我国治理体系都程度不同的吸收了传统和西方的一些合理内容。例如,我国的共和国制就是吸收西方近代文明的合理内容,作为我国指导思想和理论基础的马克思主义更是产生于西方人类最先进的思想体系。在对待传统文化问题上,即使在这一对传统文化持最激进否定态度的时期,也自觉不自觉地继承了其中的一些"元素"。最有代表性的是自新中国成立以来,我国选拔党政官员都强调"德才兼备、以德为先",这不能不说是传统文化中"内圣外王"观念的某种传承。改革开放以来,我国先后对西方和传统打开了国门,更自觉地从西方和传统中吸取合理内容为我所用。就对西方而言,我国吸取了西方文明中诸多有价值的内容,其中最为重要的是"市场"、"自由"、"平等"、"公正"、"民主"和"法治"观念。对于对传统,我国更是从根本上改变了过去对文化的那种彻底批判的态度,不仅强调继承弘扬优秀传统文化,而且强调要"努力实现对传统文化的创造性转化和创新性发展"[①]。"他山之石,可以攻玉。"我国改革开放以来的这种对西方和传统开放、吸收、利用、借鉴的态度,不仅使我国治理体系得到了前所未有的完善、使我国的治理能力得到了空前的提升,大大推进了国家治理的现代化水平,而且为我国治理体系和治理能力早日实现现代化提供了丰富的滋养和宝贵的借鉴。我们完全有理由相信,我国的治理体系和治理能力在不久的将来一定会超越西方,成为人类最先进的现代国家治理体系。

以上这些从历史考察和现实反思得出的基本结论同时也反映了我国现行的国家治理体系和治理能力建设所达到的水平和所处的历史方位,它们表明经过新中国成立后六十多年的建设,特别是经过三十多年的改革开放形成的国家治理体系和治理能力具有中国特色和独特优势,同时也具有相当程度的现代性和先进性。习近平同志说:"我国政治稳定、经济发展、社会和谐、民族团结,同世界上一些地区和国家不断出现乱局形成了鲜明对照。这说明,我们的国家治理体系和治理能力总体上

---

① 习近平:《在纪念孔子诞辰 2565 周年国际学术研讨会暨国际儒学联合会第五届会员大会开幕会上的讲话》,《人民日报》,2014 年 9 月 25 日第 2 版。

是好的，是适应我国国情和发展要求的。"① 正因为如此，我们对中国特色社会主义制度和国家治理体系要有充分的"道路自信、理论自信、制度自信、文化自信"。

不过，在我们充分肯定我国现行国家治理体系和治理能力巨大历史意义和重大社会作用的同时，我们也应该看到，这种治理体系和治理能力尚处于走向现代化的进程中，不能说它已经是现代化的，而且由于种种原因，它还存在着诸多与我国现代化建设事业和社会未来发展不相适应的方面，"还有许多亟待改进的地方"。其中比较突出的可以归纳为以下几个方面：

其一，作为我国治理体系核心内容的主流价值观尚处于构建中，还不够完善和系统。我国明确提出构建主流价值观只是最近十余年的事，而且目前所注重的是核心价值观，以核心价值观为核心内容的完整系统的主流价值观构建尚未提到议事日程。因此，核心价值观的要求和基本原则尚未贯彻到各种子价值观之中，更没有充分贯彻到国家治理的各个方面和各个环节，各子价值观和治理体系仍然存在着不少与核心价值观相矛盾的地方。这种价值观不一致是导致治理体系各子体系之间矛盾和冲突的总根源。

其二，我国治理体系的各个子体系都程度不同地存在着与市场经济和现代化不相适应的问题。我国治理体系总体上是在改革开放前建立的，市场经济在我国兴起只有二十年左右的时间，社会主义现代化建设也不过三十多年时间，虽然我国不断加大改革的力度，但治理体系各层次、各维度的子体系仍然存在着与市场经济和现代化建设不适应的问题，有些问题还相当严重。例如，市场经济和现代化要求政府要从管理型政府转变为服务型政府，但由于多种原因，这种转变迟迟不能到位，相当多的政府官员还没有从管理者的角色转变为服务者的角色，他们习惯于管理，并以这种方式来管理市场经济和现代化建设，导致了诸多由此引发的问题。

其三，我国治理体系的各子体系之间存在着不一致、不贯通甚至自相矛盾的问题，治理体系还未达到整体上完善的程度。由于种种原因，我国治理体系中不同层次、不同维度的子体系之间存在着不少矛盾冲突的地方。例如，社会保障体系追求的是共建共享，而经济体系追求的是通过实力竞争实现 GDP 的增长，其社会后果是两极分化问题突出，基尼系数增高。就是说，经济系统讲效率，社会系统讲公平，两者之间存在着明显的对立。经济领域讲利益最大化，而文化领域讲无私奉献的情形亦如此。我国的治理体系还没有建立使各子系统协调一致的的机制或这种机制不完善。

其四，我国治理体系的主体发育不完善，治理意识和治理能力普遍偏弱。前文讲过，我国现行治理体系的主体是"六位一体"的，然而，其中一些主体常常忘记了自己是治理的主体，甚至根本没有意识到自己是国家治理的主体，当然他

---

① 《习近平：切实把思想统一到党的十八届三中全会上来》，新华网，2013 年 12 月 31 日。

们也不会去有意识地提高治理能力。例如，虽然我国的第一部宪法就明确了人民是国家的主人和主体，但长期以来，我们许多人都只是把自己看作是"大耳朵百姓"，把国家治理看作纯粹是官员的事，与己无关。我国的官员一般对自己的治理主体角色的意识比较清晰，但由于"当官做老爷"的传统观念的消极影响，相当一部人醉心于如何运用权力和获得权力，而较少在提高治理能力方面用心。其结果，我国的官员现代治理能力普遍偏弱，不适应市场经济和现代化建设的快速发展。

其五，由治理体系不完善所导致的多发频发的社会问题，在一定程度上影响公众对全面深化改革甚至社会主义制度的信心。实行市场经济以来，我国社会出现了诸多过去不曾有甚至国外也不多见的严重社会问题。最典型的问题就是官员腐败。这些年党和政府采取了最严厉的措施预防和惩治腐败，但腐败群发高发的态势没有从根本上得到扼制。还有坑蒙拐骗、假冒伪劣以及各种道德乱象等问题也相当普遍。这种严重社会问题的存在产生了相当大的消极影响，对国家治理体系和基本制度造成了巨大的伤害。导致所有这些问题的原因是复杂的，但肯定与国家治理体系不完善、官员治理能力不强有直接的关系。

上述问题存在表明，我国在改进和完善我国治理体系和治理能力方面还有很多艰巨的工作要做。正因为如此，我们要通过全面深化改革改进和完善它，推动其现代化。

（三）中国现行治理体系和治理能力问题的原因分析

任何人都不会否认我国现行治理体系和治理能力存在着诸多问题，但是我们需要冷静地分析这些问题发生的原因，弄清它们是现行治理体系成长过程中的必经阶段，还是走向歧途的先兆，从而对这些问题采取正确的态度。习近平同志说："实际上，怎样治理社会主义社会这样全新的社会，在以往的世界社会主义中没有解决得很好。马克思、恩格斯没有遇到全面治理一个社会主义国家的实践，他们关于未来社会的原理很多是预测性的；列宁在俄国十月革命后不久就过世了，没来得及深入探索这个问题；苏联在这个问题上进行了探索，取得了一些实践经验，但也犯下了严重错误，没有解决这个问题。我们党在全国执政以后，不断探索这个问题，虽然也发生了严重曲折，但在国家治理体系和治理能力上积累了丰富经验、取得了重大成果，改革开放以来的进展尤为显著。"[①]习近平同志的分析和判断，无疑有助于我们正确理解和对待我国治理方面存在问题。如果我们将我国治理方面存在的问题放在整个社会主义运动的历史来看，放在中国特色社会主义建设事业的全局来看，我们就不仅能清醒的认识这些问题，而且能正确对待和处理这些问题。

---

① 《习近平：切实把思想统一到党的十八届三中全会上来》，新华网，2013年12月31日。

根据习近平同志的分析，我们认为，导致我国现行治理体系和治理能力方面存在问题的原因可以归结以下四个主要方面：

第一，社会主义社会治理的问题是一个缺乏成熟理论和成功经验的难题，因而在探索的过程中不可避免地会出现这样那样的问题。正如习近平同志所指出的，社会主义社会治理的问题在社会主义创始人马克思恩格斯那里还没有被提出，苏联虽然有几十年的社会主义社会治理实践，但"苏东剧变"表明这种实践是不成功的，留给我们的是惨痛的教训。从新中国成立到改革开放的三十年中，我国在社会主义社会治理方面基本上采取的是苏联模式，这种模式既不适合中国国情，而且苏联模式本身最终也走向了失败，因而我国这段时间的社会主义治理实践也不是成功的。更为值得注意的是，这个时期我国只是模仿苏联模式，没有从事多少自己的理论探索，而且在指导思想上发生了极"左"的偏差。对于我国来说，真正意识到社会主义治理问题并自觉进行理论探索是在党的十一届三中全会以后才开始的。应该承认，在短短的三十多年，我国在治理系统构建和治理能力提升方面取得了巨大的进步，而且还在进行着不懈的探索。但是，毕竟时间较短，长期以来积累的问题太多，我国在国家治理方面还没有形成成熟的理论和实践。在这种情况下，我国在国家治理方面发生这样那样的问题是难以避免的。例如，我国近些来出现的突出的官员腐败问题，就是一个与在社会主义条件下实行市场经济体制有关的全新问题，而这个问题在计划经济的社会主义社会不可能如此严重地发生的问题。在我国市场经济条件下如何根治这一问题既缺乏现成的理论也缺乏成功的经验，需要我们进行艰苦的探索。

第二，新中国成立后的三十年，我们在指导思想方面确实存在过重大失误，这种失误不仅耽误了对国家治理的理论和实践探索，而且在思想观念和行为方式方面也留下了一些后遗症。新中国成立后的七年，我国基本完成了社会主义改造，这个时期党确定的指导方针和基本政策是正确的，取得的成绩是辉煌的。但是，1956年党的八大以后，党的领导人开始错误地估计形势，犯了严重的左倾错误。一方面，经济上由于对社会主义建设经验不足，对经济发展规律和中国经济基本情况认识不足，党的领导人在胜利面前滋长了骄傲自满情绪，急于求成，夸大了主观意志和主观努力的作用，没有经过认真的调查研究和试点，在"总路线"提出后轻率地发动了"大跃进"运动和农村人民公社化运动，使得以高指标、瞎指挥、浮夸风和"共产风"为主要标志的左倾错误严重地泛滥开来。另一方面经济上的左倾错误扩展到了政治和思想文化方面。党的领导人把社会主义社会中一定范围内存在的阶级斗争扩大化和绝对化，提出无产阶级同资产阶级的矛盾仍然是我国社会的主要矛盾，后来进一步断言在整个社会主义历史阶段资产阶级都将存在和企图复辟，并成为党内产生修正主义的根源。于是，"以阶级斗争为纲"、"政治挂帅"、"宁要社会主义的草，不要资本主义的苗"等极左的口号满天飞。中共中央《关于建国以来党的若干历史问题的决议》指出："从领导思想上来看，由于我们党的历史特点，在社会主义改造基本完成以后，在观察和处理社会主义社会发展进程中出现的政治、经济、文化等方面的新矛盾新问题时，容易把已经不属于阶级斗争的问题仍然看做是阶级斗争，并且面对新条件下的阶级斗争，又习惯于沿用过去熟习而这时已不能照搬的进行大规模急风暴雨式群众性斗争的旧方法和旧经验，从而导致阶级斗争的严重扩大化。"[①]这种政治上的左倾错误，最终导致了给党、国家和各族人民带来严重灾难的内乱，即"文化大革命"。在这样的背景下，党和政府忙于抓阶级斗争，根本无暇顾及国家治理体系的构建和现代化问题，国家治理的理论和实践探索几近停滞。

"文化大革命"不仅给党和国家带来了巨大的灾难，而且搞乱了思想，混淆了是非，人们的思想禁锢、僵化、宁左勿右，教条主义和个人崇拜盛行。这些问题虽然通过艰难的拨乱反正和解放思想得到了相当大程度的克服，但时至今天在人们特别是官员的思想和行为中留下了深刻的印记，严重妨碍了国家治理体系和治理能力的现代化进程。正因为如此，自改革开放至今，我国自上而下地开展了多次思想解放运动，以至于党的十八届三中全会提出"解放思想永无止境"。今天国家治理过程中存在的唯上是从、看领导的脸色行事、法制观念淡薄、不负责任等问题，在一定意义上可以说是"文化大革命"的后遗症。

第三，实行市场经济体制后，我们更多的看到了市场经济激发人们的积极性和促进经济快速发展的方面，而对它本身的弊端和可能引起的消极后果重视得相当不够。我国治理中存在的不少问题与市场经济的兴起和发展有关。关于这一点在前文中已多有涉及，这里只谈一下我们对市场经济认识存在的偏颇。市场经济在我国的发展由于有党和政府的强力推动，发展极其迅速（这与西方市场兴起的情形不同，西方市场经济兴起经历了几百年的漫长过程），而且迅速地使我国走向强大。在这种情况下，我们许多人只看到了市场经济积极的一面，而忽视了市场经济本身的弊端和可能导致的消极社会后果，因而没有意识到更没有想办法去克服和防范市场经济的问题。其结果，国家治理在市场经济导致的问题面前显得软弱无力，一些问题长期得不到有效的解决。例如，全社会普遍诟病的诚信问题就是如此。在法制不健全的情况下，市场经济必须导致诚信危机。由于我们对此缺乏意识，因而缺乏有效对策，我国普遍存在的诚信问题迟迟得不到解决，直到今天人们对所有的企业甚至政府缺乏信任感，并且对无孔不入的"坑蒙拐骗"、"假冒伪劣"感到很无奈。

第四，我国治理方面存在的问题与我国在改革开放的理论和实践方面的准备不足也有直接关系。如何对待市场经济就是一例。按马克思主义创始人的设想，社会主义是消灭了市场经济和私有制的，今天我国为了改变贫穷落后的面貌，在社会主义条件下引进了市场经济。然而，在引进之前，我们根本没有理论和实践上的探

[①]《关于建国以来党的若干问题的决议》（1981年6月27日党的第十一届六中全会通过）。

讨：能否引进？引进后利大于弊还是弊大于利？对于它本身具有的弊端和可能导致的负面效应（马克思已经有了深刻的揭示和分析）我们如何应对？我们是长期采用这种体制还是采取它只是一种权宜之计。当时也许由于引进得急促而来不及研究和权衡，到今天我们对这些问题仍然意识和重视得不够，因而我们对由此引起的问题的对策不到位，缺乏针对性，或者未击中要害。但是，我们也应该看到，近年来我国采取的全面深化改革、全面推进依法治国、统筹推进"五位一体"总体布局、协调推进"四个全面"战略布局、弘扬优秀传统文化等措施都会有助于克服市场经济的局限有可能导致的消极后果。习近平同志在庆祝中国共产党成立95周年大会上的讲话中向全党发出号召："面向未来，面对挑战，全党同志一定要不忘初心、继续前进。"[1] 其中要求全党要牢记我们党从成立起就把为共产主义、社会主义而奋斗确定为自己的纲领，坚定共产主义远大理想和中国特色社会主义共同理想，不断把为崇高理想奋斗的伟大实践推向前进。我们相信，只要我们始终有坚定的共产主义远大理想，就可以防止和克服市场经济本身的问题和可能导致的问题，把中国特色社会主义事业不断推向前进。

由以上对现行国家治理体系和治理能力存在问题的原因分析，我们不难发现，这些问题的存在确实是它"成长过程中的烦恼"，是它走向现代化过程中难以避免的困扰。我们完全有理由相信，所有这些问题可以通过全面深化改革逐步从根本上得到解决。今天我国不断加大全面深化改革力度，推进国家治理体系和治理能力的现代化，正是为了解决这些"烦恼"和"困扰"。习近平同志指出："推进国家治理体系和治理能力现代化，就是要适应时代变化，既改革不适应实践发展要求的体制机制、法律法规，又不断构建新的体制机制、法律法规，使各方面制度更加科学、更加完善，实现党、国家、社会各项事务治理制度化、规范化、程序化。要更加注重治理能力建设，增强按制度办事、依法办事意识，善于运用制度和法律治理国家，把各方面制度优势转化为管理国家的效能，提高党科学执政、民主执政、依法执政水平。"[2]

（四）推进国家治理体系和治理能力现代化的必要性

对于推进国家治理体系和治理能力现代化的必要性和紧迫性，习近平同志从党和国家事业的发展、实现社会主义现代化、人民的幸福安康的战略高度作了精辟的论述。这里根据习近平同志的有关论述对推进国家治理现代化的必要性再作些简要的归纳。

首先，推进国家治理现代化是完善和发展中国特色社会主义事业的必然要求，

---

[1] 习近平：《在庆祝中国共产党成立95周年大会上的讲话》，新华网，2016年7月2日。
[2] 《习近平：切实把思想统一到党的十八届三中全会上来》，新华网，2013年12月31日。

是实现社会主义现代化的应有之义。习近平同志指出，完善和发展中国特色社会主义制度、推进国家治理体系和治理能力现代化，这是坚持和发展中国特色社会主义的必然要求，也是实现社会主义现代化的应有之义。① 因此，党和国家领导人历来重视这一重大问题。早在1992年，邓小平同志就提出要推进国家治理体系和治理能力现代化。不过，他注意到这不是一件一蹴而就的事情，而是需要一个过程的。他指出，我们要在各方面形成一整套更加成熟更加定型的制度，可能还需要30年。30年后党的十八届三种全会明确提出了这一问题，并将国家治理现代化与完善和发展社会主义制度联系起来，作为全面深化改革的总体目标，使这一问题严肃地提到了党和国家的重要议事日程。习近平同志说："我们之所以决定这次三中全会研究全面深化改革问题，不是推进一个领域改革，也不是推进几个领域改革，而是推进所有领域改革，就是从国家治理体系和治理能力的总体角度考虑的。"② 他强调，改革开放以来，我们党开始以全新的角度思考国家治理体系问题，强调领导制度、组织制度问题更带有根本性、全局性、稳定性和长期性。今天，摆在我们面前的一项重大历史任务，就是推动中国特色社会主义制度更加成熟更加定型，为党和国家事业发展、为人民幸福安康、为社会和谐稳定、为国家长治久安提供一整套更完备、更稳定、更管用的制度体系。这项工程极为宏大，必须是全面的系统的改革和改进，是各领域改革和改进的联动和集成，在国家治理体系和治理能力现代化上形成总体效应、取得总体效果。③

其次，推进国家治理现代化是顺应人民群众对美好生活向往的现实需要。习近平同志指出，党的根基在人民、党的力量在人民，因此必须坚持一切为了人民、一切依靠人民，把人民放在心中最高位置；必须坚持全心全意为人民服务的根本宗旨，实现好、维护好、发展好最广大人民根本利益，把人民拥护不拥护、赞成不赞成、高兴不高兴、答应不答应作为衡量一切工作得失的根本标准；必须坚持以人民为中心的发展思想，以保障和改善民生为重点，带领人民创造幸福生活。党的十八届三中全会确定的全面深化改革的根本目的，就是必须"以促进社会公平正义、增进人民福祉为出发点和落脚点"，使改革发展成果更多更公平惠及全体人民。然而，与我们党的宗旨和目标相比，与人民群众的热切期盼相比，我们在国家治理体系和治理能力方面还有许多不足，有许多亟待改进的地方。怎么改进？关键是要推进国家治理的现代化，提升国家的治理水平。习近平同志指出："真正实现社会和谐稳定、国家长治久安，还是要靠制度，靠我们在国家治理上的高超能力，靠高素质干部队伍。我们要更好发挥中国特色社会主义制度的优越性，必须从各个领域推进国

---

① 《习近平：推进国家治理体系和治理能力现代化》，新华网，2014年2月17日。
② 《习近平：切实把思想统一到党的十八届三中全会上来》，新华网，2013年12月31日。
③ 《习近平：推进国家治理体系和治理能力现代化》，新华网，2014年2月17日。

家治理体系和治理能力现代化。"①

最后,推进国家治理现代化是使我们党科学执政、民主执政、依法执政,使我们党治国理政更加科学、更加完善、更加成熟从而达到更高水平的根本大计。科学执政、民主执政、依法执政,是现代治理与传统统治的根本区别之所在。所谓科学执政,"就要继续加强对共产党执政规律、社会主义建设规律和人类社会发展规律的探索和认识,继续加强对党自身建设规律的探索和认识,把加强党的执政能力建设建立在更加自觉地运用客观规律的基础之上,不断提高以科学的思想、科学的制度、科学的方法领导中国特色社会主义事业的本领";所谓民主执政,"就是要进一步贯彻全心全意为人民服务的宗旨,坚持为人民执政、靠人民执政,发展党内民主,发展社会主义民主政治,团结一切可以团结的力量,调动一切积极因素,充分发挥人民群众的积极性、主动性、创造性,不断把人民群众的智慧和力量转化为推动事业发展的强大力量"。所谓依法执政,"就是要始终坚持依法治国的基本方略,坚持依法执政的基本方式,完善社会主义法制,建设社会主义法治国家,增强法制观念,严格依法办事,不断推进各项治国理政活动的制度化、法律化,从制度上、法律上保证党的路线方针政策的贯彻实施,使这种制度和法律不因领导人的改变而改变,不因领导人的看法和注意力的改变而改变"。②科学执政是基本前提,民主执政是基本内容,依法执政是基本途径,三者相互联系,辩证统一。科学执政、民主执政、依法执政是国家治理现代化追求的目标,也是国家治理现代化的标志。我们党要追求这一目标的实现,不言而喻,必须全力推进国家治理现代化。

三、全面深化改革与国家治理现代化

党的十八届三中全会通过的《中共中央关于全面深化改革若干重大问题的决定》明确提出:"全面深化改革的总目标是完善和发展中国特色社会主义制度,推进国家治理体系和治理能力现代化。"③全面深化改革是推进国家治理体系现代化的内在要求,而全面深化改革需要主流价值观提供精神动力和方向指引,因此在全面深化改革的过程中必须加强我国主流价值观的构建,使两者相互促进、相得益彰。

(一)国家治理现代化作为全面深化改革总目标

自1978年实行改革开放以来,完善和发展社会主义制度就是始终坚持的目标,经过35年的发展,改革开放取得了巨大进步,国家综合实力得到了显著增强,国际话语权得到了显著提高。在这个背景下,党的十八届三中全会通过的《决定》对

---

① 《习近平:切实把思想统一到党的十八届三中全会上来》,新华网,2013年12月31日。
② 陈俊宏:《科学执政、民主执政、依法执政的含义及其关系》,人民网,2012年10月28日。
③ 《中共中央关于全面深化改革若干重大问题的决定》,《人民日报》,2013年11月16日。

全面深化改革提出了新的指导意见，既高屋建瓴又脚踏实地，既根植中国特色又具有国际眼光，尤其是第一次提出了"推进国家治理体系化和治理能力现代化"的全面深化改革总目标，为我国未来深化改革不断进步指明了方向。

之所以把国家治理现代化作为全面深化改革的总目标，首先是因为国家治理现代化建设目标的提出是改革开放以来的宝贵经验总结。

从历史沿革来看，国家治理现代化战略方针的形成经历了一个较长的过程。在1993年十四届三中全会，中央认识到要转变政府的管理职能，不能再像计划经济环境下那样大包大揽。之所以有这种认识的原因在于经过改革开放十几年的发展，其中深圳等经济特区的建立、1989年的动乱、邓小平1992年"南方讲话"等重大事件对于我国形成正确的社会管理思想起到了重要作用（这个时候，我国还没有提出"治理"的概念，还是"管理"）。在总结十几年改革开放取得的经验教训的基础上，中央自1993年起开始强调政府的社会管理职能，有意识地简政放权，凸显政府的服务型功能。又经过近10年的发展，2002年党的十六大正式确定政府的职能是"经济调节，市场监管，社会管理，公共服务"。这是对政府职能的进一步具体化，将市场经济条件下的政府职能与计划经济条件下的政府职能做了重大区分，并根据社会发展状况将政府的职能定位四个方面：经济调节是首要的职能，这也是"一个中心，两个基本点"的体现；市场监管是2002年首次明确提出的概念，凸显了政府虽然不主动干涉市场经济的运行，但是为了保证市场经济的健康发展，还是必需对市场经济进行严格的市场监管；社会管理是政府的应有之义，指明了政府除了服务经济发展之外还必须对于社会秩序的好坏负有主要承担的责任；公共服务是2002年提出的重要概念，将政府服务人民的职能加以强调，并将政府最终的职能落脚点落实到服务上。从1978年到1993年再到2002年，在这24年里，政府管理职能被日益突出，但是对于其中"社会管理"究竟应当怎么样进行，还缺乏更加明确系统的主张。2004年6月我党的十六届四中全会提出要"加强社会建设和管理，推进社会管理体制创新"，2007年党的十七大报告提出要"建立健全党委领导、政府负责、社会协同、公众参与的社会管理格局"，这是第一次提出"社会管理格局"的概念，具有非常重要的指导意义。从十七大的表述中我们可以看到，社会管理格局已经有了多元化的意思了，其参与主体有四个，即党委（领导）、政府（负责）、社会（协同）、公众（参与）。2012年党的十八大进一步提出了"党委领导、政府负责、社会协同、公众参与、法制保障"的社会管理模式。与十七大的提法相比，十八大对于社会管理尤其强调了"法制保障"，这也是和十八大要全面建设社会主义法治社会的目标紧密联系在一起的。十八大的表述不仅仅表明了社会管理的行政性质，而且强调了要以法治作为基本保障。2013年十八届三中全会第一次提出了"推进国家治理体系和治理能力现代化"的概念，并将其作为全面深化改革的总目标。这是对社会管理概念的发展和超越，反映了我党与时俱进、开拓创新的优秀品质和执政能力的不断提高。

从提法来看，目前我国提倡的是"国家治理"，以前是叫"社会管理"或者"政府管理"。从"管理"到"治理"蕴含着两者的根本区别：首先是主体不同。以前在谈到"管理"的时候主要指的是政府，即政府作为唯一的主体来管理社会，而且在某种意义上来说，政府似乎并不是"被管理"的对象。但是现在讲"治理"的时候，中央明确规定了主体是多元化的，即不仅仅包括政府，还包括社会组织乃至公民个人，而且政府也并不享有"高人一等"的权力，政府也是被治理的对立。政府本身并非最高，法律才是最高的。显然，从主体来看，目前中央提倡"国家治理"更加合理。其次是权力的来源不同。虽然以前在讲管理的时候也强调了一切权力来自人民，但是毕竟政府是直接的权力部门，人民的授权或者说人民利用手中的权力参与治理还只是间接的。但是现在提倡国家治理现代化时，有相当一部分权力直接来自人民，由人民行使，因此也体现出了更大的民主性。最后是运作的方式不同。以前提到的管理往往是单向的，似乎就是指政府利用手中的权力对社会进行强制性的、刚性的管理，正是在这种情况下，人民往往对于政府权力的使用缺乏普遍有效的系统性监督，对于政府权力的使用也存在质疑。而现在提倡国家治理现代化时，运作方式不再是单向的，而是多元主体的合作式的，治理行为的合理性得到了更广泛的支持，人民的参与度更高，治理的有效性也将大大增加。总体而言，从"管理"到"治理"，看起来只是一字之差，但是考察中央从 1993 年以来的解释，我们可以清楚地看到，管理还是偏重于管制的强制性意思，而治理则将可能引起的政府与人民之间的矛盾化解，将政府与人民置于一个合作共赢的环境中，具有非常深刻的内涵。从当前我国社会发展来说，我国的经济已经取得了非常巨大的进步，GDP（国民生产总值）从 1979 年的 4062.6 亿元上升到 2012 年的 519 322 亿元，我们也取代日本成为世界上第二大经济体。不过在经济发展非常迅猛的情况下，社会上也出现了分配不公、资源配置失衡、贪污腐败、道德滑坡甚至恐怖袭击等各种现象，如何加强国家治理的体系建设和手段建设就成了深化改革的重要内容。正是从这个意义上来说，在经济建设已经取得极大发展的当下，以习总书记为首的党中央才将国家治理现代化作为深化改革的总目标。

之所以将国家治理现代化作为全面深化改革的总目标，其次是因为国家治理现代化建设目标的提出是对现代化建设目标的丰富和发展。

"国家治理体系和治理能力现代化"是继中央提出工业现代化、农业现代化、国防现代化、科学技术现代化之后提出的又一个"现代化"战略目标，它极大丰富了社会主义建设事业的内涵。我国在"文化大革命"期间就提出过要实现"四个现代化"，后来改革开放之后我国又提出了"全面建设小康社会"的总体目标，现在提出的是要实现民族复兴，全面建成小康社会，将我国建设成为富强、民主、文明、和谐的社会主义现代化国家。但是在这些发展目标的诠释中，究竟我国要建成一个什么样的国家治理模式还没有一个清楚的远景。因此，十八大提出的"国家治理现代化"填补了这一空白，丰富和发展了现代化建设理论。推进国家治理体系和治理能力现代化包括以下四个方面的重要内容：一是全面性。这次我党提出的国家治理的范围，比政府治理、党的治理、城市管理、调控规划等概念的范围要丰富得多，远远超出了单纯作为国家行政部门的政府管理的范围，是对改革开放 35 年的经验总结；二是多元主体。这次党提出的国家治理战略的一个典型特色就是主体的多元性，主体的多元意味着要处理好政府、市场、社会组织、人民以及政府内部各部门之间的关系，治理需要党和政府以及社会组织、人民的共同参与；三是法治。国家治理的提出强调了以法律为保障，即将法律视为最高的准绳，这也是建设社会主义法治国家的必然要求。在以前提出的社会管理模式中，尽管也强调了法治，但是像十八大这样明确提出建设法治国家，以法律来保障国家治理的提法还是没有的，这是国家治理思想的发展和进步；四是成熟性。这次提出国家治理的范畴，并提出在以后相当长一段时间内的建设目标，凸显了理论的成熟性，同时也给予了国家治理的长期性和成熟性以保证。

习近平同志在三中全会上对《中共中央关于全面深化改革若干重大问题的决定》作说明时指出："中央政治局认为，面对新形势新任务新要求，全面深化改革，关键是要进一步形成公平竞争的发展环境，进一步增强经济社会发展活力，进一步提高政府效率和效能，进一步实现社会公平正义，进一步促进社会和谐稳定，进一步提高党的领导水平和执政能力。"[①]这"六个进一步"正是"完善和发展中国特色社会主义制度，推进国家治理体系和治理能力现代化"的目标指向和价值所在：第一，经济基础决定上层建筑，从市场经济发展的角度来说，形成公平竞争的发展环境是最重要的，国家治理的首要之义就是如此，服务经济、发展经济，为建设一个繁荣富强的国家保驾护航。第二，随着改革开放的深入，市场经济固有的一些弊端会爆发出来，由于国内外竞争的日趋激烈，我国经济发展也不会总是保持一种高速度，而近年来国内外经济学家多次认为我国经济的"硬着陆"虽然没有实现，但是经济发展变缓已经是不争的事实。在这种情况下，进一步增强经济社会的发展活力就成为国家治理的一个重要内容。第三，在经济取得巨大进步但日趋放缓的同时，政府的效率和效能问题显得格外突出。为了进一步提高政府工作效率，党和国家近年来采取了包括简政放权、问责审查等一系列措施，也从制度本身的合理性上进行了改善。为了进一步提高政府工作效率和效能，国家治理的现代化势在必行，从这个意义上来说，国家治理现代化与提高政府工作效率和效能是相辅相成的。第四，社会公平正义问题近年来已经成为影响社会稳定和谐的首要问题，因为随着经济的

---

① 习近平：《关于〈中共中央关于全面深化改革若干重大问题的决定〉的说明》，新华网，2013 年 11 月 15 日。

快速发展，一部分人先富起来，而贫富差距也有日趋扩大的趋势。少数人富裕绝对不是社会主义，只有人民的共同富裕才是社会主义。因此，通过国家治理的现代化建设促进社会的公平正义实现就成了一个重要内容。第五，社会的和谐稳定是进行社会主义建设的必要条件，当前社会上各种非主流文化盛行，人们的人生观、世界观、价值观多元而混乱，传统的社会主义道德、中华传统美德等都难以保持统治性地位。在这种情况下，再加上失业问题、养老问题、教育问题、贫富差距问题等的激发，社会往往处在比较动荡的状态中。如何保持社会的和谐稳定也就成了国家治理现代化的重要目标，只有社会稳定，经济才能发展、人民才能安居乐业。第六，国家治理现代化与进一步提高党的执政水平和领导水平息息相关。当前国内外形势复杂，西方敌对势力忘我中华之心不死，各种西方腐朽思想对我党的侵蚀无时不在，再加上人们的生活富裕之后产生的享乐心理等影响，使得保持党的纯洁性、战斗力成为新时期的大事。不忘初心，牢记党的使命，不断提高党的执政水平和领导能力，这是新时期党的重要工作方针。而国家治理的好坏正关系到党的战斗力和领导力建设，因此，通过国家治理的现代化建设以不断提高党的执政水平和领导能力也就成为一个重要目标。显然，我们看到，这六个目标实质上就是全面深化改革的总目标。

（二）国家治理现代化的内在要求

2014 年，在回答关于中国改革的问题时，习近平同志强调，改革在中国只有进行时，没有完成时。当前，中国改革已进入深水区，牵一发而动全身，要敢于啃硬骨头。我们的改革是全面改革，包括经济、政治、文化、社会、生态文明领域，还包括中国共产党自身建设制度改革。我们已经作出了顶层设计，提出了时间表和路线图，正在逐项落实。[①] 正如总书记所说，国家治理现代化的战略提出正是对于改革进入深水区的顶层设计和完美回应。

作为全面深化改革总目标的国家治理现代化包括两个层面的意思，一是国家治理体系的现代化，二是国家治理能力的现代化。无论是"国家治理体系现代化"还是"国家治理能力现代化"，这两个概念都是我党首次提出的，也是三中全会的一大亮点，是对改革开放的经验总结和改革目标的科学提炼，体现了党的政治智慧和与时俱进的执政理念。从这两个层面的关系来看，国家治理体系是国家治理的制度基础，国家治理能力是国家治理的作用发挥。国家治理体系现代化主要着眼于制度建设，国家治理能力现代化主要着眼于手段完善。

第一，从国家治理体系现代化的角度来说，所谓国家治理体系指的是在中国共产党领导下的管理国家的制度体系，这个体系包括经济、政治、社会、文化、生

[①] 习近平：《改革已进入深水区 顶层设计在逐项落实》，《京华时报》，2014 年 3 月 30 日。

态、党的建设等各个领域的法律法规、机制体制。这一治理体系是一个制度化的治理架构,不仅要有完整和科学的制度安排,而且要建立起协调有效的组织体系,形成保证制度和组织体系灵活运行的机制。同时,还必须能够有效形成和充分发挥国家治理能力,有效解决国家发展中面临的现实矛盾和问题。[①]

构建现代化的国家治理体系的内在要求是什么?根据习总书记的"六个进一步"以及中央精神,我们觉得现代化的国家治理体系必须满足以下三个方面的要求:一是适应现代社会发展。近半个世纪以来,世界范围内的科学技术、人文思想都发展得非常迅速,我国自改革开放以来也日益接触、接收、引进了很多西方的科技和人文理念,而且科学技术和人文思想的发展还在以更快的速度进行着更新,在这种情况下,国家治理体系的建设必须首先体现出"现代化",即必须适应现代社会发展。正是在飞速发展的社会之中,我国目前出现的很多社会现象都是以往从来没有遇到过的,在这种日新月异的发展过程中,如果国家治理还死抱着旧条条框框不放,那么这无异于画地为牢,就无法完成社会主义建设的目标。因此,一个现代化的国家治理体系必定是能够适应现代社会发展的完善而成熟的体系。二是要体现人民民主。国家治理体系现代化建设的目的是为了什么?就是为了体现人民民主,为了实践我们党"全心全意为人民服务"的宗旨。因此,国家治理体系现代化建设必须要体现和充分发扬人民民主。这一点也从多元主体的特点上可以得到体现,因为现在的国家治理,人民不再是一种被动的因素,而可以作为主动的监督管理的因素来参与国家治理,从而使得人民主权得到更加充分的体现。而从社会的飞速发展所带来的各种问题的解决来说,体现人民民主也是解决矛盾的根源。因为在现代社会里,人们的利益诉求、教育背景、思想观念、交往习惯、民族宗教信仰等各方面都存在差异,从而也容易引起各种社会矛盾,为了实现社会的稳定和谐,就必须建设现代化的国家治理体系,充分发挥人民的主观能动性,保证人民合法权益的实现。三是要体现法治精神。建设社会主义法治国家是十八大提出的奋斗目标,这也是历史发展的大势所趋。国家治理体系的现代化建设必须体现法治精神,因为只有法律才是最高权力所在,只有法治才是现代社会的应有之义。在这方面要规范权力的运行,让权力始终在法律的框架内运行,杜绝凌驾于法律之上的任何所谓权力运用。从古至今,我国有着"人治"的传统,一直到当代中国社会,人治精神仍旧在社会上有着很大残余,一些腐败分子之所以恣意妄为的最大原因就在于将权力凌驾于法律之上,从而也将一己私欲凌驾于党纪国法之上。在国家治理现代化建设的当下,对于权力的监督和运用是其中的重点。要想实现国家治理体系的现代化,就必须保证国家治理始终在法治的正确轨道上运行。

推进国家治理体系现代化必须与"中国梦"的建设目标紧密结合,必须充分挖

[①] 周平:《国家治理体系现代化是全面深化改革的必然要求》,《人民日报》,2014年1月5日。

掘各种资源。习近平同志代表党中央提出的实现中华民族伟大复兴的"中国梦"以及一系列战略方针，是国家治理体系现代化建设的指南针。为了实现"中国梦"这一宏伟目标，我们必须实现对国家的全面治理、科学治理、高效治理。从一定意义上来说，全面深化改革成果的取得，中国梦的实现，在相当大的程度上依赖于国家治理体系的构建。国家治理体系现代化不仅是一个新的表述，更是一项重大决策，也是一个伟大的实践指向。要想实现涉及制度安排、组织框架、运行机制等多方面内容的系统工程建设，必须充分挖掘各种资源。这些资源包括建党以来我们所拥有的丰富的意识形态资源，建国以来（尤其是改革开放以来）形成的各项规章制度的制度资源，有着五千年文明史的中华传统文化资源以及西方文化资源，还有社会机制、组织体系等相关资源。挖掘、整合、充分利用各类资源是实现国家治理体系现代化的重要基础。

第二，除了国家治理体系的现代化之外，国家治理现代化的另外一个重要内容就是治理能力的现代化建设。所谓实现国家治理能力的现代化，通俗地说，就是用"现代化"的方式来治理国家，这是国家治理体系现代化的外在显现和实践运用。

从国家治理能力或方式的角度来说，历朝历代以来我国已经积累了大量的国家治理的宝贵经验。如《尚书》认为治理国家的根本在于"民"，"民惟邦本，本固邦宁。"《论语》里面也有"道千乘之国，敬事而信，节用而爱民，使民以时，足食，足兵，民信之矣"的说法。《孟子》提倡治理国家要得其民、得其心，"桀纣之失天下也，失其民也；失其民也，失其心也。得天下有道：得其民，斯得天下矣。"《管子》中认为富足是治国之道的根本，"凡治国之道，必先富民，民富则易治，民贫则难治也。"十八大提出的国家治理现代化概念则是对传统国家治理方式的扬弃和超越，并赋予了治理概念新的内涵，它将民主式、参与式、互动式管理纳入到国家治理的范围中来。从治理能力或手段方式的运用来说，可以分为三种主要的途径：一是德治。所谓德治就是用伦理道德规范来治理社会，传统中国基本上属于这个范围。当然，"德治"和"人治"不同，德治是对伦理道德规范的高扬，人治是依靠人而不是依靠法来治理（以法治相对）；但是由于伦理道德规范往往是对一个人的道德行为的善恶评价的，是一种具有一定相对性的评价方式，所以主观性比较强，于是也就和"人治"有了一定的联系。德治本身无可厚非，因为在整个社会生活中，除了法律刚性规范的领域之外，还存在大量的法律难以清晰规定的领域，这些领域都需要德治来管理，而且对于法律的遵从来说，外在的强制性惩罚难以起到令人心悦诚服的效果，通过德治才有可能达到道德自律的效果，从而也就为法治的实施提供了更坚实的基础。从国家治理的角度来说，德治意味着加强社会主义核心价值观建设，以主流价值文化引领、规范非主流文化，塑造公民的道德意识。二是法治。法治是现代国家治理的基本方式，是将一切矛盾都尽量纳入法治轨道的模式。法治与德治相辅相成，而且优于人治，因为相对于人治可能产生的各种腐败和不公平现象，法治以刚性的代表人民意志的法律作为唯一准绳，能够有效地体现每个人都有的平等、公正、自由的基本权益。从国家治理的角度来说，法治意味着要强调法律的至高性，依法用权，用法治社会的建设来保障经济的健康发展、实现政府职能的高效运行、促进党的执政能力和领导力的加强。三是共同治理。共同治理是从具体的治理方式上来说的，因为十八大提出的国家治理现代化是一种多元主体的共同治理模式，这已经不同于传统意义上的政府通过德治或法治对整个社会的管理，而是政府、各级组织、民众一起的共同治理模式，不仅仅是执政者对大众的治理，也是大众对执政者的监督管理，这充分体现了人民民主。

在德治、法治、共同治理三种方式中，党的十八大提出的国家治理能力的现代化不仅包括德治、法治的精神，更包括共同治理的新理念、新要求。因此，在这种多元主体的共同治理方式下，治理能力要充分体现科学性、灵活性。具体来说，首先要充分发挥社会自治规则的作用，充分引导社会舆论、风俗习惯中的正能量宣传和建设，多采用非对抗性的方法，以达到多元共赢的良好效果；其次，要将治理与服务紧密结合起来，国家治理的根本目的是为了提高人民群众的物质文化生活水平，因此在治理过程中要将治理与服务结合起来，促进政府职能的转变和效率的提升。再次，要为良好公平的市场竞争环境保驾护航，提高企业的自觉性和主动性，将人为审批控制完全改变为依照法律程序照章办事，促进经济的健康稳定发展。最后，要不忘初心，坚守底线。要通过国家治理提高党的先进性和战斗力，始终牢记服务人民的宗旨，同时坚守底线，对于那些违反底线的行为绝不姑息，涤清扬浊，营造促进社会和谐稳定的良好氛围。

（三）全面深化改革与主流价值文化构建

改革开放是党在新的时代条件下带领全国各族人民进行的新的伟大革命，是当代中国最鲜明的特色。党的十一届三中全会以来的35年，我们党以巨大的政治勇气，锐意推进经济体制、政治体制、文化体制、社会体制、生态文明体制和党的建设制度改革，不断扩大开放，决心之大、变革之深、影响之广前所未有，成就举世瞩目。[①] 全面深化改革是具有开创性的伟大事业，是党中央提出的具有战略意义的发展指南。伟大的事业需要崇高的精神，对于全面深化改革及其作为总目标的国家治理现代化来说，主流价值文化能够为全面深化改革提供强大的精神支持。

第一，主流价值文化是全面深化改革的精神支柱。主流价值文化的中心是社会主义核心价值观，其包括的富强、民主、文明、和谐（国家层面的价值目标），自由、平等、公正、法治（社会层面的价值取向），爱国、敬业、诚信、友善（公民个人层面的价值准则）的价值理念具有强大的精神凝聚力。从价值文化的层面来

---

① 《中共中央关于全面深化改革若干重大问题的决定》，《人民日报》，2013年11月16日。

说，与法律规章制度的硬性约束相比，文化在调节社会关系、引导个体行为上更具有标本兼治的功能，更容易被人们从心底里接受。古今中外的历史也证明了，文化所具有的精神导向、激励、信仰作用对于社会稳定有着非常巨大的影响。富强、民主、公正、诚信、友善等价值观吸收了古今中外的优秀文化因素，具有广泛的认可度和接受性，起到了历久弥新的精神支柱作用。从我国来说，传统中国所强调的美好品质在很多方面都被主流价值文化所吸收，而且随着改革开放的深入进行，西方先进的文化因素也被我们包括进来。在全面深化改革的当下，在社会上树立牢固的正确的价值观是刻不容缓的事情，尤其是在当前我国的社会结构、利益格局、思想观念都处在深刻变动和调整之中的环境中更是如此。当前，由于非主流文化大行其道，使得人们的价值观发生了扭曲，各种非主流的甚至反主流、反道德的观念日益盛行，在这种情况下，随着政府职能从社会管理到国家治理的转变，亟待主流价值文化作为全面深化改革的精神基础发挥巨大作用。主流价值文化是一种广义的伦理道德文化，其提倡的价值观也和激发人们的美好品德息息相关。这种价值观回应了改革的呼唤，体现与时俱进的特点，能够矫正社会上各种不正确的思想，明确人们的行为准则，能够为全面深化改革提供坚强的精神支柱。

第二，主流价值文化是全面深化改革的精神旗帜。作为主流价值文化重要内容的"富强、民主、文明、和谐"的价值观已经被党的十七大写入了党章，已经成为了全国人民共同奋斗的价值目标。自新中国成立以来，建设一个富强、民主、文明、和谐的社会主义国家，是中国共产党人多年来一直为之奋斗不懈的目标，体现了全国人民在国家制度、人民生活、社会氛围、生活环境等各方面的价值导向和精神信念。自由、平等、公正、法治、爱国、敬业、诚信、友善，核心价值观提倡的这些价值也是人类共有的文明成果，更是社会主义建设的应有之义。党的十八届三中全会提出的国家治理现代化的深化改革总目标，最终也是为了实现国家富强、民族振兴、人民幸福的目标。在实现这个伟大目标的进程中，如何凝聚全国人民的力量，齐心协力，充分发挥人民群众的力量和智慧是重中之重的大事。尤其是在当前全面深化改革的过程中，在社会上充斥着各种各样非主流文化的当下，更加需要主流价值文化的引领，让主流价值文化成为一面旗帜，号召着全国各族人民为了共同的目标而努力奋斗。因此，只有大力提倡主流价值文化建设，大力宣传社会主义核心价值观，才能凝聚全国人民的意志，引领、统合全国人民的力量，在全社会形成"心往一处想，力往一处使"的干劲，最大限度地调动人民群众的支持和热情。

第三，主流价值文化是全面深化改革的精神动力。是否拥有先进的文化是一个政党、一个国家、一个民族兴衰的关键。在全面深化改革的当下，主流价值文化代表着、传播着一股强大的社会"正能量"，能够为社会发展提供强大的精神动力。一个代表并传播社会"正能量"的文化，将对社会风气的改善，进而促进社会的稳定和谐健康发展起到重要作用。自改革开放以来，尤其是近20年来，中央越来越强调文化的力量，并将文化建设视为国家"软实力"建设的重要内容，可以说，没有先进的文化，我国就很难在世界上扩大影响、拥有话语权。但是，我们也应当非常清醒地看到，当前是全面深化改革的关键时期，也是社会思想非常活跃的时期，除了作为主流的社会主义文化之外，社会上还存在着西方文化、传统中国文化以及其他各种文化，这些都对主流价值文化起着促进或干扰（甚至阻碍、反对）作用。在当前我国社会，价值取向日益多元化、个性化，以往提倡"大一统"的绝对观念正在没落，相对主义越来越盛行，可以说，主流与非主流并存，先进与落后同在。在这种情况下，如果失去了主流价值文化的引领，那么整个社会的思想文化就会迷失方向，社会就会陷入动荡、纷扰之中，社会主义事业的发展也会受到严重阻碍。中国主流价值文化是文化的精髓和核心，体现了人民性、继承性、时代性、先进性，大力提倡主流价值文化构建，对引领、主导社会各种文化思想的发展，对深化改革有着不可替代的重大作用。因此，我们只有不断加强主流价值文化构建，不断向外传播社会"正能量"，为全面深化改革提供精神动力，才能将社会主义事业不断推向前进。

四、推进国家治理现代化与主流价值文化构建的良性互动

全面深化改革、推进国家治理现代化、构建主流价值文化之间不仅存在着深刻的内在关系，甚至可以说是一个过程的不同侧面，因此必须将它们统一起来规划、设计、构建并共同推进，努力实现三者之间的良性互动，以实现社会主义现代化，成就中华民族伟大复兴的壮丽事业。

（一）主流价值文化与国家治理现代化的内在一致性

我国主流价值文化即是中国特色社会主义价值文化，其核心在于体现社会主义核心价值观的内在要求。因此，构建我国主流价值文化关键在于建设社会主义核心价值体系，在于培育和践行社会主义核心价值观。习近平同志指出："培育和弘扬核心价值观，有效整合社会意识，是社会系统得以正常运转、社会秩序得以有效维护的重要途径，也是国家治理体系和治理能力的重要方面。历史和现实都表明，构建具有强大感召力的核心价值观，关系社会和谐稳定，关系国家长治久安。"[①]主流价值文化是国家治理现代化的理论指导和精神支撑，之所以如此的原因在于国家治理现代化与主流价值文化在要求和目标上存在着内在一致性。

第一，从基于国家层面的要求和目标而言，国家治理现代化与主流价值文化提倡的富强、民主、文明、和谐具有内在一致性。

---

① 习近平：《把培育和弘扬社会主义核心价值观作为凝魂聚气强基固本的基础工程》，《人民日报》，2014年2月26日。

首先，从经济发展的层面来说，我国国家治理现代化的重要任务就是要为社会主义市场经济的健康持续发展保驾护航，同时，经济发展也是国家治理的物质基础。国家治理现代化在经济领域的要求就是要实现国家富强的目标，"富强"正是核心价值观的首要内容。对于一个处在并将长期处在社会主义初级发展阶段的发展中国家来说，没有什么比"富强"更能成为立国执政之基的了。自1949年新中国成立以来，我国经过几十年的发展，终于从一个"一穷二白"的国家成长为世界第二大经济实体，人民终于能够安居乐业，国家终于能够富足强盛。可以说，没有富强，那么自由、平等、民主等价值都失去了物质基础，国家治理现代化也会失去经济基础的支撑，因此从这个角度来说，主流价值文化提倡的"富强"和国家治理现代化在经济领域中的要求是一致的。

其次，从政治文明建设的层面来说，国家治理现代化的一个重要目标就是提高政府的效率和效能，提高执政党的执政能力和领导能力，要想实现这个重要目标，"民主"就是必不可少的，这也正是主流价值文化的要求。所谓民主就是人民当家作主，就是为了一切为了人民，一切依靠人民，就是人民主权的体现。我党是工人阶级和全国各族人民的先锋队，是全心全意为人民服务的无产阶级政党，我国是充分体现广大人民群众当家作主的社会主义国家。可以说，民主是政治文明建设的核心，也是国家治理现代化在政治领域的最大要求。而且在国家治理现代化的实施过程中，要求多元主体之间的协同治理，以多元制度的协同配合为保障。如何处理好多元主体之间的利益诉求关系？如何处理好多元制度之间的协同关系？这都需要充分发扬民主，只有这样才能充分体现社会主义制度的优越性，才能提供实现人民幸福的政治保障。因此，从政治文明建设的民主内涵看，主流价值文化和国家治理现代化具有内在一致性。

再次，从文化建设的层面来说，国家治理现代化所要达到的在主流文化引领下的文化大繁荣，包含着社会主义核心价值观的"文明"之义。文化建设不仅是国家治理的重要内容，也是建设国家"软实力"的重要内容。在当代世界性的国际竞争中，竞争的对象不仅仅包括经济等硬指标、硬实力的内容，更包括文化等软实力内容。一个国家能否繁荣昌盛，能否基业长青，能否在世界上获得更大的话语权，在很大程度上取决于文化在国际上是否具有先进性，是否能够获得优势地位。"文明"对于文化的概括，正是对面向现代化、面向世界、面向未来的民族的、科学的、大众的社会主义文化的凝练表述。因此从这个意义上来说，国家治理现代化的文化建设内涵与主流价值文化提倡的"文明"具有内在一致性。

最后，从社会进步的层面来说，国家治理现代化所要求的社会进步蕴含着主流价值文化所提倡的"和谐"之义。国家治理从根本上来说，就是对人的治理，这包括两个方面：一方面是对人与人之间关系的治理，另一方面是对人与自然之间关系的治理。前者期望达到是一种人际和谐，后者期望达到的是人与自然的生态和谐。

从社会进步的角度来说，和谐是进步的基础，没有和谐，社会秩序就可能陷入混乱，社会发展就会受到阻碍。一个稳定和谐的社会环境是社会进步的前提条件，古今中外的历史都昭示了，社会的和谐是富强、民主、文明的基点。所以说，国家治理现代化最终所要达到的社会和谐目标，和主流价值文化的要求具有内在一致性。

第二，从基于社会层面的要求和目标而言，国家治理现代化与主流价值文化提倡的自由、平等、公正、法治具有内在一致性。

首先，国家治理现代化所要达到的目的是人的全面自由发展，蕴含着主流价值文化提倡的"自由"之义。自由也是现代文明社会提倡的首要价值之一。从传统中国文化的角度来说，自由并没有被凸显出来，尤其是对于老百姓而言，很难有自由可言。因为传统中国是一个皇权社会，在很大程度上对于老百姓的看法都是"民可使由之，不可使知之"（《论语》），虽然也有重视民生的传统，但是没有充分重视老百姓的权利。西方"文艺复兴"以降，"自由"作为一个核心价值被凸显出来，以对抗欧洲中世纪神权统治对人性的桎梏。全面深化改革以来，西方文化中一些优秀的因素也被我们所吸收，自由、法治等都是这些理念中的佼佼者。国家治理现代化服务于"全心全意为人民服务"的宗旨，对于每个人来说，就是要让每个人享有充分的应得的自由。这种自由既包括意志上的自由，也包括实践的（主要表现在政治上）自由。现实生活中的政治上的自由是实践的、真实的自由，也是国家治理和主流价值文化的要求和目标。

其次，国家治理现代化所要达到的人人平等的和谐社会，蕴含着主流价值文化提倡的"平等"之义。人生而平等、法律面前人人平等，这是平等的直观体现。国家治理现代化必须体现平等的要义，尤其是在改革开放以来贫富差距日趋扩大、社会矛盾日趋增多的现在更是如此。从保证每个人的自由权利来说，每个人都应当具有完全、彻底地彰显自身自由的权利（当然权利的边缘是对他人权利的尊重），但是自由如果不能在现实中充分体现出来，那么自由本身就会流于空泛。"平等"是人的全面自由发展的应有之义。比如每个人都有选择自己喜爱的工作的自由权利，但是这种自由权利必须以平等为前提，如果一个表面上任何人都可以申请的工作，却因为出身背景的不同（有的人是"官二代"、"富二代"）而导致一些人（无权、无钱者）根本没有机会去竞争，那么这个所谓的自由权利就是假的。所以，国家治理现代化必须要求"平等"的实现，这和主流价值文化的要求是一致的。

再次，国家治理现代化所要达到的公平正义的社会氛围，蕴含着主流价值文化提倡的"公正"之义。所谓公正，亦然即公平正义，通俗地说，就是让每个人"得其所应得"，各得其所并体现公道。在当前深化改革的环境中，实现公正并不是一件容易的事情：一方面，对于所有人都要保证他们的基本生活，让他们衣食无忧，目前我国还存在着相当一部分的贫困人口需要得到救济，帮助他们脱贫致富。另一方面，在保证人们基本生活的前提下要向"弱势群体"进行最大限度的倾斜，在目前贫富差距较大的情况下,对弱势群体的倾斜是保证社会公平正义之必需。当前我国的分配基本上还是实行的"按劳分配"制度,多劳多得、不劳不得,这是基本的原则。但是社会上还存在着很多弱势群体,他们在市场竞争中天然地处于弱势地位(如身体健康状况差、有先天性疾病、年龄大、家庭极为贫困等),这就使得他们无法在工作、教育、医疗等方面获得基本保障,这就需要政府进行二次分配,统筹调节,对最弱势的人群给予最大的政策援助,这是社会公正的体现,也是国家治理现代化的应做应为。具体从国家治理的角度来说,在任何时候都应该多做雪中送炭、急人之难的工作,少做锦上添花、花上垒花的虚功。要切实为老百姓办实事,要从实际出发解决老百姓亟待解决的问题。对于人民群众遇到的困难,能够解决的要立即解决,暂时不能解决的要创造条件予以解决。同时,在任何时候都不能搞那些劳民伤财、脱离群众、吃力不讨好的"面子工程"。"不患寡而患不均,不患贫而患不安",只有实现了公平正义的社会格局,人民才能安心、社会才能和谐、民族才能振兴。

最后,国家治理现代化所要实现的依法治国目标,蕴含着主流价值文化提倡的"法治"之义。法治是历史发展之所趋,是国家治理现代化的模式指向。加强国家治理的目的是为了保障人们群众合法权益的实现,治理是维护民权、保证国家稳定的重要途径。由于传统中国"人治"传统根深蒂固,因此在国家治理现代化建设的过程中要特别注意摒弃传统"人治"思想,而代之以现代法治理论。同时,随着改革开放的深入,国家治理在新时期遇到新问题时要不断加以适时调整,尤其是在市场经济深入发展、全球联系日趋紧密的情况下更是如此。"治国无其法则乱,守法而不变则衰。"改革开放以来,虽然我们国家在社会治理方面取得了巨大成绩,但是随着改革开放的不断深入,各种新问题、新矛盾不断涌现,在这种情况下,国家治理现代化建设更需要与时俱进,不断完善。在解决这些问题的时候必须始终坚持走"法治"的道路,通过法律体系的完善来解决矛盾,而决不能退回到以前的人情、人治老路上去。同时,法律作为威慑性力量需要得到进一步加强,尤其是对于那些犯罪分子更是如此,在当前多元文化纷繁复杂的社会环境中也更应当如此。

第三,从基于公民个人层面的要求和目标而言,国家治理现代化与主流价值文化提倡的爱国、诚信、敬业、友善具有内在一致性。

首先,国家治理现代化所指向的爱国情操,蕴含着主流价值文化提倡的"爱国"之义。在全面深化改革的当下,人们的爱国情操客观来说,比改革开放之初有所下降,甚至在一些人那里下降了很多。其中的原因一方面是市场经济夸大了自我利益的重要性,人们对于国家、集体的热爱不如改革开放之前那么高了;另一方面是西方文化的影响。西方文化当然有优秀的因素,同时也有腐化堕落甚至反动的因素,尤其是现在西方敌对势力对我国虎视眈眈,千方百计阻碍我们崛起的时候更是这样。一些受西方思想影响很深的人对于我国的社会主义制度抱有怀疑之心,对我党的执政能力抱有怀疑之心，对中华民族的崛起抱有怀疑之心，甚至有的人还主张"全盘西化"。这些人已经严重丧失了爱国情操。而且，这些非主流文化在社会上正在起到越来越大的恶劣影响，导致公民的爱国热情进一步降低。有鉴于此，国家治理现代化的目标和要求必然是要激发公众的爱国热情，将公众紧密团结在一起。显然，这也正是主流价值文化的要求，爱国是起码的公民美德，是中华民族的优秀传统，而且主流价值文化的宣传灌输也需要对西方文化等非主流文化进行合理的监管、引导、控制和规范。这些也都有助于国家治理现代化目标的实现。

其次，国家治理现代化所指向的个体德性，蕴含着主流价值文化提倡的"诚信"之义。所谓个体德性，指的是公民个人的品德修养。国家治理现代化最终需要公民来落实完成，公民个体是否具有诚信等美德直接关乎国家治理制度的执行和落实程度以及质量，只有具有高尚品德的公众才能更好地实现国家治理现代化建设目标。与法律的强制性相比，道德的力量更加持久且深入人心。因为道德的核心是为了激发人性中那些本来就具有的美好东西。正如《孟子》所说的"恻隐之心，人皆有之"一样，道德之所以能够在人类历史上一直流传至今的原因，就在于人性中本来就具有的对崇高、神圣精神追求的向往。"诚信"作为美德的主要体现之一，是近年来才日益受到关注的。尽管在古代也有关于人们必须讲究诚信的格言警句，但是到了现代市场经济社会，诚信作为一个重大的品德问题才被重点提出来。之所以如此强调诚信的原因，是因为诚信是一个基础性的德目，也可以说是所有品德中最基础的要求。客观而言，诚信作为一个社会问题被凸显出来是在市场经济的深入开展之后出现的。因为市场经济是一种鼓励每个人为自己谋取利益的自由竞争的方式，当每个人都为了自己的物质利益而不择手段的时候，为了获得更多的利益，不讲诚信、坑蒙拐骗自然而然就出现了。当然，从人性的角度来说，这也是人性中除了有向往崇高的一面外，还有自私自利的一面。再加上法制的不健全，使得一些不讲诚信的行为不能受到应有的惩罚，从而也无形中加剧了不讲诚信的行为的产生。这些年被曝光的"毒奶粉""地沟油""假药品""假广告"等事件无一不涉及诚信问题，而且这是关系到人民群众生活健康的大问题。正因如此，构建一个诚信的人人讲美德的社会就成为主流价值文化所提倡的，也是国家治理现代化的要求和目标。

再次，国家治理现代化所指向的职业操守，蕴含着主流价值文化提倡的"敬业"之义。随着改革开放的日益深入，目前我国的社会阶层发生了巨大变化，以前简单的"工、农、兵"模式已经变成多元阶层的复杂模式。目前我国的阶层主要包括：国家与社会管理者阶层、经理人员阶层、私营企业主阶层、专业技术人员阶层、办事人员阶层、个体工商户阶层、商业服务人员阶层、产业工人阶层、农业劳动者阶层、城乡无业失业半失业者阶层。其中每一个阶层又可以分为不同的行业，比如专业技术人员包括科教文卫专业人员、工程技术专业人员、商贸服务业专业人员（文艺工作者、医生、教师属专业技术人员）。因为阶层、行业、职业是如此的复杂，所以才使得传统所说的"爱岗敬业"的理念也受到了挑战。很多人信奉的不再是"爱一行，干一行"，而是"干一行，跳槽一行"、"打一枪换个地方"，或者"做一天和尚撞一天钟"，甚至有的人不仅不爱岗敬业，而且钻空子、投机倒把、贪污腐败。在这种情况下，国家治理现代化指向的职业操守必然要求每个人都能够做到最起码的要求，即"敬业"。敬业是人们对职业的价值、意义与使命的高度认知，并由此产生的积极情感体验和心理、精神状态。显然，敬业也是一种基本的美德，是主流价值文化的基本要求。

最后，国家治理现代化所指向的人际关怀，蕴含着主流价值文化提倡的"友善"之义。社会和谐的基础是人际和谐，如果人之人之间始终处在一种尔虞我诈、激烈竞争的对立状态下，那么社会和谐是无法达到的。与人际交往最密切的美德是友爱，当每个人都将他人当做朋友一样，具有深厚的友情的时候，人际关系当然是和谐的。"友善"一方面谈到是"友"，希望每个人都能够像朋友一样；另一方面谈到的是"善"，即每个人都怀有善心，能够做到善念善行。因此主流价值文化提倡的"友善"体现了人际交往的应有标准。之所以提出"友善"价值观的原因还在于目前社会上较为缺乏这一点。且不说友善，即便是亲人之间的亲情也可能被金钱玷污，更何况对于陌生人应当达到的友善呢？目前社会上乱象较多，父子反目、夫妻成仇、朋友不义、路人冷眼的事情比比皆是，这些道德冷漠事件的产生是因为人们的道德水平出现了滑坡。出现滑坡的原因一方面是强调物质利益而诱发的"拜金主义"、"利己主义"思想盛行，另一方面是优秀文化及品德教育的弱化。对于这种状况，国家治理现代化必然要解决这些问题，必然要通过治理体系的现代化和治理能力的现代化将人与人之间的友善关系最终实现，这些显然也是主流价值文化所要做的。

（二）用主流价值文化指导国家治理现代化建设

用主流价值文化指导国家治理现代化建设，实际上就是坚持国家治理背后的意识形态硬要求。

第一，在价值取向上，主流价值文化能够给予国家治理现代化以明确的定位导向。

主流价值文化所提供的核心价值观能够给予国家治理现代化明确的定位导向，其中"富强、民主、文明、和谐"是国家治理层面的价值取向，"自由、平等、公正、法治"是社会治理层面的价值取向，"爱国、敬业、诚信、友善"则是国家治理对公民个体的价值要求。之所以要对国家治理现代化进行定位导向的原因，在于随着改革开放的进行，由于市场经济本身对利己本能的激发以及各种非主流文化的影响，导致社会上缺乏明确的价值导向，从而对于国家治理现代化造成了巨大阻碍。而且从国家治理现代化的建设目标来说，形成明确的传播正能量的价值观，也是内在要求和目的。客观而言，正如施蒂纳所说，利己似乎是天生的，当每个人从儿童变为成人之后，利己的本能就不可避免地彰显出来："儿童是现实主义的，拘泥于这一世界的事物，以后儿童才渐渐洞悉事物背后的情况；青年是理想主义的，为思想所鼓舞，以后他在工作中成长为成人、利己主义的成人，而后他随心所欲地处理事物和思想并将个人利益置于一切之上。"① 但是过分的利己主义必然导致人际关系的冲突和紧张，必然导致社会不和谐，所以主流价值文化就需要对非主流文化以及与之相关的人们的思想认识进行调节和引导，以形成全民共同认可的积极向上的价值观。

在主流价值文化的指导下，国家治理现代化建设需要解放思想、实事求是。长期以来，我国的社会管理都处在一个较为传统的观念指导下，而且由于国家治理的改革属于政治领域改革的范围，所以比起其他改革来更具有政治敏感性，这也导致了国家治理改革的相对缓慢，甚至在一些时候有些畏首畏尾。当然，稳定是压倒一切的目标，改革的步子慢一点、稳一点不要紧，关键是要方向正确。在全面深化改革的新形势下，国家治理现代化的目标已经提出，这个时候就尤其需要我们解放思想、实事求是。以发展变化的眼光、与时俱进的态度、勇立潮头的胸怀来大力推进国家治理现代化建设，并在这个过程中始终以核心价值观为导向，只要有利于促进国家富强、增进人民福祉的新观念和新实践都值得重视和探索，凡是有悖于国家富强、人民幸福的体制机制都应当摈弃。

主流价值文化对国家治理现代化的指导，首要之处在顶层设计。一方面我国固然要摸着石头过河，毕竟改革开放以来各种新生事物层出不穷；另一方面我们还要加强顶层设计，加强宏观指导。国家治理是一个整体系统，包括政治、经济、社会、文化、生态等各个领域，涉及广泛，必须统筹兼顾。因此必须从总体上考虑和规划各领域的改革方案，从宏观层面上对管理体制进行改革。从治理能力上来说，碎片化、短期行为、部门冲突、地方主义是我国当前治理和公共政策体系的致命弱点，他们使得国家治理能力严重削弱。对于诸如此类的现实问题的解决，就必需有正确的顶层设计和宏观指导。要站在国家、社会、民族、人民的高度考虑问题，破除短期行为、部门行为，充分调动多元主体的积极性，通过国家治理体系和能力的现代化营造一个和谐、稳定、持续发展的社会环境。

第二，在制度优化上，主流价值文化对国家治理现代化起到凝聚整合作用。

从制度优化的角度来说，主流价值文化对于国家治理体系的现代化具有凝聚整合作用，能够充分发挥国家治理的整合效果。所谓整合凝聚的意思，并不是说国家治理本身是散乱的，而是说国家治理由于牵涉到的部门太多，面临的情况太复杂，

---

① ［德］麦克斯·施蒂纳：《唯一者及其所有物》，金海民译，商务印书馆1997年版，第14页。

从而导致在执行过程中会产生或多或少的"碎片化"现象，即不能讲国家治理的全部效果充分释放出来。当前我国国家治理的最大弱点就是执行制度以及制度执行的碎片化弊端，这种弊端不仅给人民的生产和生活带来不便，而且大大增加了治理成本，降低了国家治理能力，严重削弱了国家治理的效果，成为国家治理体系现代化进程的障碍。主流价值文化可以为国家管理现代化提供价值共识，起到凝心聚力的功能，为消除"碎片化"、提高整体效能提供认可度高的价值标准和精神动力。

主流价值文化要求国家治理充分发挥自己的效能，在实践上尤其强调及时吸收先进的治理经验以实现制度优化。改革开放三十多年来，我们在政府治理和社会治理方面做了大量富有价值的探索，积累了很多宝贵的经验，这些都需要吸收到国家治理的系统里来。然而，许多良好的治理措施因为环境的改变、人事的变动等原因已经被暂停或废止，或者仅在一个很小的范围内发挥作用。因此，我们应当系统性地总结各级政府的治理经验，及时吸收其中优秀的元素，以有利于解决政府治理和社会治理改革与创新的问题。从根本上说，国家治理制度的动力源是经济发展、政治进步、人民需要和全球化改革与创新的需要，其中的关键要素是要有一个系统的好的治理体系，在这个治理体系下才能发挥好的效果。因此，制度的优化是必需的。当然，在这个优化的过程中需要坚持原则，即始终坚持核心价值观的基本要求。

除了充分吸收我国改革开放以来的治理经验之外，国家治理现代化还应该吸收国外的先进治理经验。当然，这种吸收应当结合我国社会主义初级阶段的具体国情来进行，是国外先进治理经验的"中国化"。习近平同志指出：一个国家选择什么样的治理体系，是由这个国家的历史传承、文化传统、经济社会发展水平决定的，是由这个国家的人民决定的。我国今天的国家治理体系，是在我国历史传承、文化传统、经济社会发展的基础上长期发展、渐进改进、内生性演化的结果。我国国家治理体系需要改进和完善，但怎么改、怎么完善，我们要有主张、有定力。中华民族是一个兼容并蓄、海纳百川的民族，在漫长的历史进程中，不断学习他人的好东西，把他人的好东西化成我们自己的东西，这样才能形成我们的民族特色。没有坚定的制度自信就不可能有全面深化改革的勇气，同样，离开不断改革，制度自信也不可能彻底、不可能久远。我们全面深化改革，是要使中国特色社会主义制度更好；我们说坚定制度自信，不是要固步自封，而是要不断革除体制机制弊端，让我们的制度成熟而持久。[①] 从全球范围来看，政府治理和社会治理的改革和创新是一个世界性的趋势，在这方面有许多成功的经验，也有许多深刻的教训，我们都应该学习，所谓"见贤思齐，见不贤而内自省"（《论语》）就是这个意思。我们始终主张一切人类文明的优秀成果都可以拿来利用，而且这么多年的发展也证明了，我国

---

① 习近平：《弘扬社会主义核心价值观，推进国家治理现代化》，新华社，2014年2月17日。

的进步有很大因素是得益于学习国外先进经验的学习。在国家治理的层面来说，比如政策制定过程中的"听证制度"、公共服务中的"一站式服务"、责任政府建设的"政府问责"制度、司法实践中的"律师制度"、政务公开中的"新闻发言人"制度、社会治理中的"参与式治理"等，都是直接或间接地从西方发达国家引入的。因此，我们要有宽广的胸怀和勇气，要站在国家繁荣、民族复兴、人民幸福的高度，解放和发展社会生产力，立足我国国情，大胆借鉴人类政治文明的一切优秀成果。

第三，在体系评价上，主流价值文化对国家治理现代化有评价判断作用。

从制度评价的角度来说，主流价值文化对于国家治理体系和治理能力的现代化具有评价判断作用。客观而言，国家治理体系在运行过程中不可避免地会受到各种环境的影响，因此，治理机构需要保持系统稳定的运行状态，及时准确地进行评估校正，以纠正其运行路径或运行模式上存在的不足，这样才能收到理想的效果。在我国国家治理的背景下，主流价值文化（如民主、法治、公正等）可以作为国家治理体系的评判标准。

在当前我国实行国家治理现代化的过程中，要以核心价值观及相关中央颁布的《中国共产党廉洁自律准则》和《中国共产党纪律处分条例》等相关规定来要求全党和全国人民。在这个迈向现代化的过程中，尤其需要反对的是"官本位"思想。之所以传统中国有"官本位"这一根深蒂固的思想，一个很大的原因就是因为传统价值观的宣传。"万般皆下品，唯有读书高"、"学而优则仕"、"十年寒窗无人问，一朝成名天下闻"这些句子都说明了读书进而入仕的重要性。古代《神童诗》里所说的"少小须勤学，文章可立身。满朝朱紫贵，尽是读书人"，还有"朝为田舍郎，暮登天子堂。将相本无种，男儿当自强"等，更加露骨地表达了当官的好处，也正是这种官本位的思想刺激着一代代人为之奋斗不休。官本位在中国传统社会的长期盛行，代表了传统"人治"文化对社会的长期统治，它与现代政治文明的公民权利本位的标准和现代国家治理是完全不相容的。在全面深化改革的今天，尽管我国正在进行法治社会建设，民主、平等、自由等价值观也日益受到欢迎，但不可否认的是，"有权就有一切"的官本位思想仍旧在社会中有着极大影响，在一些地区和部门，官本位的思想甚至还非常严重。因此，在实现国家治理现代化的过程中，要加强对一切腐朽思想，尤其是官本位思想的破除，要对各级党政官员进行长期持续的社会主义核心价值观教育，让他们主动破除权力崇拜的错误观点，牢固树立公民权利至上、全心全意为人民服务的信念。对于任何有悖于核心价值观以及相关法律规章的行为，我们都要进行深刻剖析、严肃批判、迅速改正，对一切违反规定的人员不论官职多大、地位多高，都要毫不姑息地予以惩罚。

国家治理现代化是一个长期的过程，在这个实现过程中，随着全面深化改革进程的发展以及世界格局的变动，我们必然会遇到各种以前可能完全没有遇到过的问题。这个时候尤其需要主流价值文化对国家治理的制度和措施进行评估，从而做出有利于国家和人民的改进。如在主流价值文化看来，马克思主义是需要坚持的真理，要根据时代的变化来更好地应用马克思主义。恩格斯曾这样评价俄国工人革命："我感到自豪的是，在俄国青年中有一派真诚地、无保留地接受了马克思的伟大的经济理论和历史理论，并坚决地同他们前辈的一切无政府主义的和带有一点斯拉夫主义的传统决裂。如果马克思能够多活几年，那他本人也同样会以此自豪的。这是一个对俄国革命运动发展具有重大意义的进步。在我看来，马克思的历史理论是任何坚定不移和始终一贯的革命策略的基本条件；为了找到这种策略，需要的只是把这一理论应用于本国的经济条件和政治条件。"①如恩格斯所说，马克思主义的基本原理是被历史和实践证明了的真理，它所需要的只是如何应用于本国的"经济条件和政治条件"。国家治理也需要这样，在面临全新的问题或矛盾时，需要坚持马克思主义等基本原则，同时要与我国国情加以紧密结合，只有这样，才能真正实现"现代化"的治理。

第四，在发展完善上，主流价值文化对国家治理现代化具有规范修正作用。

从发展和完善的角度来看，主流价值文化对于实现国家治理体系和治理能力的现代化具有规范修正作用。在发展日新月异的当代国际社会，国家治理不仅涉及的是国内环境，同时也与国际影响息息相关，因此主流价值文化可以为国家治理现代化提供定位导向、凝聚整合、评价判断作用，也能够提供规范修正作用，使之变得更加完善。

从文化软实力的层面来说，正如习近平同志指出的那样：推进国家治理体系和治理能力现代化，要大力培育和弘扬社会主义核心价值体系和核心价值观，加快构建充分反映中国特色、民族特性、时代特征的价值体系。坚守我们的价值体系，坚守我们的核心价值观，必须发挥文化的作用。民族文化是一个民族区别于其他民族的独特标识。要加强对中华优秀传统文化的挖掘和阐发，努力实现中华传统美德的创造性转化、创新性发展，把跨越时空、超越国度、富有永恒魅力、具有当代价值的文化精神弘扬起来，把继承优秀传统文化又弘扬时代精神、立足本国又面向世界的当代中国文化创新成果传播出去。只要中华民族一代接着一代追求美好崇高的道德境界，我们的民族就永远充满希望。②因此，在国家治理现代化的推进过程中，我们要充分发挥主流价值文化的作用，让主流价值文化指导国家治理，让国家治理成为宣传主流价值文化的主阵地。

国家治理现代化建设不仅仅意味着治理体系和治理能力的现代化，还意味着人的现代化，因为影响国家治理水平和效率的两个基本因素，即治理者的素质和治

---

① 《马克思恩格斯全集》第 36 卷，人民出版社 1974 年版，第 301 页。
② 习近平：《弘扬社会主义核心价值观，推进国家治理现代化》，新华社，2014 年 2 月 17 日。

体系本身，两者缺一不可。一方面治理体系本身具有基础性的作用，没有这个体系，那么治理能力很难发挥出来，治理效果也很难达到理想状态；另一方面，治理者的素质也非常重要。在当前多元主体参与国家治理的情况下，参与者的素质决定了治理的效率和效能。尤其是作为党员干部来说，在非主流文化尤其是西方腐朽思想的侵蚀下，其中的一些人可能会失去党性的坚守，从而破坏党纪国法和国家治理现代化的实施。这种现象甚至在马克思、恩格斯生活的时代就是如此，"我们一直在党内同小资产阶级的市侩庸俗习气作最无情的斗争，因为这种习气从三十年战争以来就在蔓延，现在已经沾染了德国的一切阶级，成了德国人的遗传病，成了奴颜婢膝、俯首帖耳和德国人的一切传统的恶习的亲姊妹。"[①] 因此，我们必须坚持主流价值文化的引领，充分发挥其对国家治理的规范修正作用，只有这样才能保证现代化目标的实现。

（三）以现代化的国家治理推进主流价值文化构建

根据习总书记的提法，国家治理体系和治理能力是一个国家制度和制度执行能力的集中体现。国家治理体系是在党领导下管理国家的制度体系，包括经济、政治、文化、社会、生态文明和党的建设等各领域体制机制、法律法规安排，也就是一整套紧密相连、相互协调的国家制度；国家治理能力则是运用国家制度管理社会各方面事务的能力，包括改革发展稳定、内政外交国防、治党治国治军等各个方面。国家治理体系和治理能力是一个有机整体，相辅相成，有了好的国家治理体系才能提高治理能力，提高国家治理能力才能充分发挥国家治理体系的效能。[②] 那么，国家治理现代化与主流价值文化构建之间的关系什么？如果说主流价值文化是国家治理现代化的意识形态硬要求的话，那么国家治理现代化就是主流价值文化构建的关键途径、主要凭借和根本保障。从具体实施的层面来说，实施国家治理现代化能够在以下六个方面推进主流价值文化构建：

第一，通过国家经济治理推进主流价值文化构建。经济治理是政府、社会组织和公民个人等社会主体，通过一定形式的组织和制度安排，平等、共同地处理公共经济事务的过程，其本质是多元化的社会主体以平等、联合的方式，共同应对公共经济风险。经济治理的目的是为了妥善处理公共经济事务以有效化解公共经济风险，最终达到法治框架下的经济持续稳定健康发展的状态。一般而言，经济治理具有复杂性的特征，虽然经济治理的主导是政府，但是企业法人、公民个人、社会组织等多元主体也参与其中，而且经济事项牵涉社会的方方面面，所以经济治理是一项复杂性的事情。经济治理还具有公共性的特征，因为经济涉及的是所有人，不仅

---

① 《马克思恩格斯全集》第35卷，人民出版社1971年版，第444页。
② 习近平：《切实把思想统一到党的十八届三中全会精神上来》，新华网，2013年12月31日。

关涉每个人的生产生活,而且关涉整个经济秩序的好坏并进而影响政治稳定、社会和谐。正是因为经济治理具有复杂性、公共性的特征,所以是国家治理现代化的重要实施领域。也正因为如此,所以才更加显得主流价值文化在经济治理中的重要作用,通过经济治理与主流价值文化的互动,从而不仅推进主流价值文化的构建,也推进经济治理的更好进行。

经济治理需要处理好四个方面的关系,一是统一开放、竞争有序的市场,这个市场需要统一规范,同时又要保证体现公平竞争的原则,主要通过法律来保证产权等相关制度的实施;二是依法行政、政企分开的政府,即政府的职能必须和企业分开,让市场去主导,政府只能通过市场的手段来加以调节,同时要提高治理能力,要充分发挥政府的依法行政和宏观调控作用;三是规范运行、充满活力的企业,这是经济治理的主体,也是市场的主体,只有充满活力的企业才能为社会建设作出更大贡献;四是权责明确、沟通顺畅的协作机制,即要在政府和企业、企业和企业、企业和公民之间形成良好的沟通协作机制,既合理分工又统一协调,形成科学有效的运行机制。从这几个方面来说,都可以在推进市场、政府、企业、机制更好发挥效能的过程中,接受、宣贯并以主流价值文化为指导来达到更好的效果。

第二,通过国家政治治理推进主流价值文化构建。政治治理现代化是指一个国家从传统的专制政治向现代民主政治转型的过程,是现代治理的核心。没有政治治理的现代化,就没有作为一个整体的国家治理的现代化。在一个国家的现代化进程中,作为现代化上层建筑的核心,政治现代化不仅受到现代化的经济基础的制约,而且对经济基础和现代化建设都有着重要的影响。现代政治治理的本质是现代政治发展,现代性对政治发展具有许多基本要求,其中最重要的是民主、法治和科学,这也是十八大提出国家治理现代化需要实现的重要目标。而且从我党执政的历史来说,民主化、法制化、科学化一直都是政治治理现代化的基本方向。通过政治治理和主流价值文化的互动结合,既可以发挥政治治理的更大效能,也可以扩大主流价值文化的影响。

从理论指导来看,政治治理是紧紧围绕坚持党的领导、人民当家作主、依法治国有机统一深化政治体制改革,是加快推进社会主义民主政治制度化、规范化、程序化,建设社会主义法治国家,发展更加广泛、更加充分、更加健全的人民民主的多主体参与过程。当前我国政治治理现代化的实施具有一些优势,其具体表现在:能够不断扩大公民有序政治参与,保证人民广泛参与国家治理和社会治理;能够有效调节国家政治关系,形成安定团结的政治局面;能够集中力量办大事,有效促进现代化建设各项事业的发展。当然,我国政治治理现代化还存在诸多亟待解决的问题。面对这些问题,我们要坚持以主流价值文化为指导,以全面深化改革、全面依法治国为根基,协调推进"四个全面"战略布局,使政治治理适应国家现代化总进程,与其他各个方面的现代化相适应,不断推进中国特色政治治理现代化建设。

第三，通过国家文化治理推进主流价值文化构建。主流价值文化是我国居于主流地位的文化，与文化治理有着紧密的血肉关联。文化在当今世界上具有越来越重要的地位，世界范围内的竞争在某种意义上就是文化的竞争。文化和国家治理的关系可以表述为：文化传统是国家治理体系形成的要素，我们要坚持道路自信、理论自信、制度自信，最根本的是文化自信，要从弘扬优秀传统文化中寻找精气神；文化兴盛是中华民族伟大复兴的支撑，在这个民族复兴的过程中我们要把继承优秀传统文化又弘扬时代精神、立足本国又面向世界的当代中国文化创新成果传播出去；文化软实力是国家强盛的内在基础，核心价值观是文化软实力的灵魂，是决定文化性质和方向的最深层次要素，一个国家的文化软实力，从根本上说，取决于其核心价值观的生命力、凝聚力、感召力，因此培育和弘扬核心价值观，有效凝聚社会共识，是社会系统得以正常运转、社会秩序得以有效维护的重要途径；文化开放是中华文明绵延不断的根源，我们应该从不同文明中寻求智慧、汲取营养，为人们提供精神支撑和心灵慰藉，携手解决人类共同面临的各种挑战。

国家文化治理体系和治理能力现代化建设需要经过的具体途径主要有三个：一是建立健全现代文化市场体系，其核心问题是调整政府与市场的关系，重点是使市场在文化资源配置中起决定性作用和更好发挥政府的作用；二是构建现代公共文化服务体系，其核心问题是调整政府与社会的关系，重点是维护公民的文化权利；三是文化管理体制机制创新，其核心是解决政府文化管理体制和管理能力现代化。从治理途径来看，文化治理需要处理好五个方面的关系：进一步厘清政府与市场、企业、社会组织、个人的关系，做到权责分明；按照服务型政府要求，充分发挥政府在公共文化资源配置、管理协调中的主导作用，在产业发展方面的引导和服务作用；积极吸收、借鉴世界优秀管理理念，提高规划编制、项目策划、资金和资产管理水平；综合运用法律、行政、经济、科技等手段，不断提高政府服务文化发展的效能；充分调动社会力量参与文化建设，培育公益性文化类社会组织，发挥公民个人参与文化创造的积极性和创造性。显然，我们看到，不论从目标还是从途径来看，文化治理都和主流价值文化的构建密切相关。在文化治理的过程中，我们要有意识地加强对新型文化业态、文化样式的引导，让不同类型的文化产品都成为弘扬社会主义主流价值文化的生动载体。

第四，通过国家社会治理推进主流价值文化构建。与经济、政治、文化治理相比，社会治理更多地涉及民生问题，如养老、医疗、教育、就业等大众时刻关心的问题。就社会治理的核心问题来说，可以归结为三个主要方面：一是社会保障制度的完善，二是公民利益诉求的合理满足，三是社会矛盾的调解。这三个方面都涉及到非常复杂的实际情况的处理，在解决这些复杂问题的过程中既需要发挥主流价值文化的指导作用，同时也能推进主流价值文化的现实构建。

从社会保障制度的完善来说，这是推进社会治理现代化的重要条件或动力。社会保障制度居于社会治理能力现代化的核心位置，它涵盖了就业、医疗、住房、养老以及基本生活保障，社会救助、社会保险、社会福利制度的受众面分别为弱势群体、劳动群体和全体国民，具有广泛的群众基础，而且社会保障制度对于平衡社会关系具有重要的调节功能。因为在市场经济社会中，由于身体条件、劳动能力、自身负担的不同，必然形成经济收入和生活水平的巨大差异，社会保障制度则是通过政府的力量对社会成员的经济收入进行再分配，从而实现社会长治久安。因此，为了完善社会保障制度，就必须从以下四个方面着手：一是要扩大社会保障范围，实现全覆盖。因为社会主义的本质和奋斗目标是实现共同富裕，在社会治理能力现代化过程中，需要不断扩大社会保障制度的覆盖面，争取各类社会群体都能享受到改革开放的成果；二是要立足当前国情，要"守住底线"。守住底线促公平，具体来说就是要在社会政策及执行上坚持"保基本、兜底线"的方针，要在养老、教育、医疗等方面落实国家提供的基本保障，满足人民群众的基本生活需求，同时对老弱病残、低收入者等进行专门扶持和救助，让他们过上较好的生活；三是要建立多样化保障模式，体现多层次。在基本保障方面，应当落实好社会救助、养老保险、医疗保险、失业保险、生育保险等基本保障政策；四是要明确公平与效率的关系，效率是基础，没有效率就没有建设社会保障制度的物质条件，公平是本体，没有公平就无所谓社会保障制度。

公民利益诉求的合理满足也是社会治理的重要方面。目前我国利益格局出现重大调整，弱势群体的利益得不到有效保护，出现了许多影响社会和谐的因素。和谐社会并非一个完全没有矛盾的社会，而是一个有能力化解和解决矛盾的社会。在这个过程中，一个畅通、有效的利益诉求机制显得十分必要，务必创新利益诉求机制建设。具体而言：一要确保诉求渠道的多元化，这包括公民的充分参与以及新闻媒体的作用等，要尽可能地实施公共政策听证制度，为公民提供参与政治的机会。二要确保诉求依托的有序化，促使公民的利益诉求得到有效倾听。三要确保诉求落实的程序化，依照相关法律法规，有步骤、有程序的实现诉求。社会矛盾的调节也是社会治理的重要内容。要实现社会治理的现代化，就必须创新社会矛盾化解机制。当前我国社会矛盾主要呈现出纠纷主体多元化、影响因素复杂化、群体矛盾不断增多的特点，因此要抓好以下几个环节的工作：一是建立事前社会矛盾预警机制，做到防微杜渐、未雨绸缪；二是健全事中社会矛盾调处机制，建立以人民调解、社会组织调解、行政调解、司法调解相结合的"大调解"格局；三是完善事后社会矛盾考评机制，提高政府工作效率和效能。我们看到，社会治理的每一个环节都与主流价值文化构建有紧密联系，究其根本，在于社会治理的目的是为民服务，这也正是主流价值文化的构建目的。

第五，通过国家生态治理推进主流价值文化构建。国家生态治理现代化是全方位的现代化体现，是经济、政治、社会现代化的必然要求。从观念到行为，从政策到制度，从政治到经济，从政府到个人，生态治理现代化已经渗透到各个领域、各个角落。国家生态治理能力不仅显示政府的生态建设、开发和管理能力，而且显示全社会，包括企业、团体和居民的素质和能力。国家生态治理旨在建设生态文明，和谐是生态文明的核心理念也是社会主义核心价值观的重要内容，因此，我们可以把建设生态文明和践行与构建主流价值文化结合起来，把以"和谐"理念为代表的价值观贯彻到生态文明制度设计和执行过程中。

如何实施生态治理现代化建设并推进主流价值文化建设？这可以从以下几个方面来进行：一是提高全民的生态意识，加强顶层设计。要突出社会主义核心价值体系的引领和指导作用，使社会主义核心价值观融于生态治理理念之中，突出以人为本、生态正义、和谐共存、共生共荣的价值取向，弘扬共同理想，凝聚精神力量，汇集建设合力，形成正确政策导向和良好社会氛围；二是深化改革，加强制度和法律建设。生态治理关系到每个人的切身利益，影响到社会生活的方方面面，不仅要保障各利益主体和行为主体的权利，而且要提出不同的社会约束和行为准则，因此，需要建立相应的制度和法律，以在生态领域实行法治；三是充分发挥城市在推进生态治理能力现代化方面的作用。城市化的不断推进是人类文明进步的标志，但是城市化和城市建设不仅消耗了大量的自然资源，改变了一系列的经济社会关系，而且对国家的生态系统和环境产生了重大的、甚至不可逆转的影响。因此，在国家生态治理中必须高度重视城市化的科学推进，制定正确的城市发展方针，改变"先建设，后环境"的思路，把城市的整体建设置于国家生态治理战略框架之下；四是动员和支持公民积极参与生态治理，提高公民的参与度。公民不仅是国家生态治理的主体，在某种情况下甚至是主力。公民的观念、意识、素质以及自觉性、积极性、组织性，在一定条件下是国家生态治理的决定性力量，公民素质的提高与主流价值文化的宣贯有着密切关联。

第六，通过加强党的建设推进主流价值文化构建。党的建设和主流价值文化的构建具有非常紧密的联系。按照习近平同志的指示，国家治理也包括加强党的建设。党的建设指的是政党为完成自身的使命而进行领导国家、社会和提高自身生机和活力的理论和实践活动。对于我党来说，党的建设指的是马克思主义政党在马克思主义党的学说指导下进行的领导国家、社会和提高自身生机与活力的理论和实践活动。显然，以社会主义核心价值观为中心的主流价值文化与加强党的建设息息相关。从当前全面深化改革，促进国家治理现代化建设的环境来说，加强党的建设最关键的是要"不忘初心"，始终保持共产党员的纯洁党性，因为这是永葆党的先进性和战斗力的基础。

我党之所以提出社会主义核心价值观的目的，就在于改革开放以来社会上各种非主流思潮的盛行，这严重干扰了党的建设。纯洁党性就要求我们坚持马克思主义的指导，这也是构建主流价值文化的要求。习总书记强调："对待马克思主义，不能采取教条主义的态度,也不能采取实用主义的态度。把坚持马克思主义和发展马克思主义统一起来,结合新的实践不断作出新的理论创造,这是马克思主义永葆生机活力的奥妙所在。"① 如何看待马克思主义是纯洁党性的关键之一,在马克思、恩格斯生活的时代,当时,"德国党内发生了大学生骚动。近两三年来,许多大学生、文学家和其他没落的年青资产者纷纷涌入党内。他们来得正是时候,可以在种类繁多的新报纸的编辑部中占据大部分位置;他们照例把资产阶级大学当做社会主义的圣西尔军校,以为从那里出来就有权带着军官官衔甚至将军军衔加入党的行列。所有这些先生们都在搞马克思主义,然而是十年前你在法国就很熟悉的那一种马克思主义,对于这种马克思主义,马克思曾经说过:'我只知道我自己不是马克思主义者。'马克思大概会把海涅对自己的模仿者说的话送给这些先生们:'我播下的是龙种,而收获的是跳蚤。'"② 马克思为什么说"我不是马克思主义者"? 其原因就在于当时很多党员打着马克思主义的旗号,背地里却干着非马克思主义的勾当。对于这种倾向,当前尤其需要警惕。

  党的建设离不开对党员干部的培养,《中国共产党廉洁自律准则》和《中国共产党纪律处分条例》的颁布体现了作为一名合格党员的要求。对于一个党员干部来说,"要在党内担任负责的职务,仅仅有写作才能或理论知识,甚至二者全都具备,都是不够的;要担任领导职务,还需要熟悉党的斗争条件,掌握这种斗争的方式,具备久经考验的耿耿忠心和坚强性格,最后还必须自愿地把自己列入战士的行列中。"③ 因此,在当前价值观多元化、评价标准相对化的我国社会中,以主流价值文化主导、引领、规范一切思潮的方针是必须坚持的,这既是党的建设需要,也是主流价值文化自身构建的需要,更是人民幸福、社会和谐、国家富强、民族振兴的需要!

---

① 习近平:《在哲学社会科学工作座谈会上的讲话》,新华网,2016年5月18日。
② 《马克思恩格斯全集》第37卷,人民出版社1971年版,第446页。
③ 《马克思恩格斯全集》第22卷,人民出版社1965年版,第82页。

第八章 文化生产和文化传播与主流价值文化的构建

主流价值文化的建构既是一个核心价值体系的凝练和形成的过程，同时也是一个大众对主流价值文化的接受和认同的过程。一种价值文化要得到大众的认可，除了需要理论自身的合理性和说服力外，还需要其传播过程的有效性。文化产品作为价值文化传播的主要载体，对于主流价值文化的构建有着至关重要的作用。创作生产更多优秀的文化产品，这既是文化繁荣发展的标志，也是文化繁荣发展的重要支撑。构建主流价值文化，必须着力推进文化产品的创作，全面提高文化产品的质量，着力打造和推出体现主流价值的精品力作。

一、文化产品的生产与主流价值文化的建构

主流价值文化的建构既是一个核心价值体系的凝练和形成的过程，同时也是一个大众对主流价值文化的接受和认同的过程。一种价值文化要得到大众的认可，除了需要理论自身的合理性和说服力外，还需要其传播过程的有效性。"优秀文艺作品反映着一个国家、一个民族的文化创造能力和水平。吸引、引导、启迪人们必须有好的作品，推动中华文化走出去也必须有好的作品。所以，我们必须把创作生产优秀作品作为文艺工作的中心环节，努力创作生产更多传播当代中国价值观念、体现中华文化精神、反映中国人审美追求，思想性、艺术性、观赏性有机统一的优秀作品。"[①] 所以，构建中国主流价值文化，必须着力打造和推出体现主流价值的精品力作。

（一）文化产品的属性及其功能

文化有广义文化概念和狭义文化概念之分。广义的文化概念是人类在改造生活于其中的世界（包括自然环境和人类社会自身）的过程中所创造的物质和精神成果的总和，包括器物文化、行为文化、制度文化、精神文化等从低到高的四个层次。而我们现实中所强调的"文化"，则是特指精神层面（或观念形态）的文化，通常表现为一定的价值观念、思维方式、意识形态以及生活态度，它们通过一定的理论知识、宗教信仰、文学艺术、道德法律、风俗习惯以及社会制度等表现出来，这是狭义的文化概念。我们这里的"文化"是从狭义文化概念上讲的，相应地，我们这里说的"文化产品"也主要是指思想意识和文学艺术领域的产品和活动。这部分文

---

① 习近平：《在文艺工作座谈会上的讲话》，新华网，2014年10月15日。

化产品承载并展现了一个社会的精神文化价值。

文化作为产品,具有两方面的属性,即作为精神文化的承载物所具有的社会属性和作为物质消费产品所具有的商品属性。文化产品的社会属性强调的是,它的主要功能在于以"文""化"人。作为载体的文化产品的价值主要体现在其蕴含和表达的、能影响社会成员思维方式和价值取向的思想文化内容。所以,任何社会所生产的文化产品必须首先承担起传播社会主流价值,从而"育"人"化"人的功能。文化产品的商品属性则强调的是,它的功能在于满足不同社会成员的文化消费需求。有消费就必然会形成消费市场,从而产生经济效益。文化产品所产生的经济效益反过来可以促进文化产品的再生产。所以,在市场经济条件下,文化产品的生产已然变成了一个能促进社会经济发展的重要产业。现代社会的发展越来越表明,社会发展程度越高,文化在社会经济中的作用越明显。文化产业不仅已然成为经济发展中的支柱产业,而且还创造出巨大的社会财富。"随着科技进步和知识经济的迅猛发展,文化已渗透到经济发展的全过程,历史、传统、民俗等文化资源日益成为经济发展的基础资源,创意、设计、构思等文化创新日益成为价值创造的重要支点,品牌、形象、信誉等文化形态的无形资产日益成为市场竞争的关键所在。"[①]与此同时,在当今时代,由文化及其产品所体现出来的文化软实力正在并将继续为社会进步提供强大的动力与支撑。因此,商品属性也是文化产品的一个重要属性。

虽然文化的商品化及其所带来的文化产业化在一定程度上实现了较好的经济功能,但我们要认识到,社会属性仍然是文化的最主要的属性。文化产品与其他产品不同的是,它不是天然给定的,它体现着一个社会和个人的行为规范和价值系统,它呈现着民族和人类的思想精华以及积淀着厚重的历史元素。这些特点决定了文化产品对社会成员的道德、思想、观念将会产生重要的影响。所以,优秀的文化产品在满足社会成员的文化消费需求(娱乐和审美需求)和实现一定的经济价值的同时,更要以充沛的激情、生动的笔触、优美的旋律、感人的形象影响人、塑造人。而文化产品的这种社会价值的具体展开就是文化产品所承担的社会功能。总的来说,文化产品的社会功能主要体现在两个方面。

其一是其"育"人功能。"文艺是给人以价值引导、精神引领、审美启迪。""文艺深深融入人民生活,事业和生活、顺境和逆境、梦想和期望、爱和恨、存在和死亡,人类生活的一切方面,都可以在文艺作品中找到启迪。"[②]丰富多彩的文化产品是人的精神、情感和道德生活不可或缺的东西,同时也是塑造社会成员积极健康的精神面貌和价值取向最为重要的手段。过去我们往往强调的是文化的教化功能,而一定程度上忽视了文化对于个人的精神塑造和滋养功能。文化不仅是维系社会团结

---

① 云杉:《文化自觉、文化自信、文化自强——对繁荣发展中国特色社会主义文化的思考》,《红旗文稿》,2010 年第 15 期。

② 习近平:《在文艺工作座谈会上的讲话》,新华网,2014 年 10 月 15 日。

和稳定的精神力量，同时，对于个人而言，也是人的一种精神上的内在需求。如果没有精神文化上的满足，人就不会真正感到幸福；如果没有精神文化的指引，人就不可能获得自己的身份定位。总之，文化对于塑造人的精神生活具有不可替代的作用。

文化的这种塑造功能的实现实质上是社会成员对其所倡导的价值观的心理认同。一种文艺作品能否打动人关键在于它能否引起人们心灵上的共鸣。人们的情感、情绪、性格、动机、愿望、好恶乃是人们对涉及自身利益等问题的直接感受。如果文化产品不能反映和表达人们对自身利益和精神满足的追求，那么，这样的文化产品即使具有再高的艺术水准和表现形式，它也会出现"曲高和寡"的局面。"没有优秀作品，其他事情搞得再热闹、再花哨，那也只是表面文章，是不能真正深入人民精神世界的，是不能触及人的灵魂、引起人民思想共鸣的。"[①]因此，作为社会心理和人文精神的容器和出口，文化产品必须折射出社会的心理和意识，渗透强烈的人文和道德关怀。一部出色的文艺作品之所以成为经典作品，就在于它不仅反映和表达了人们的真实情感，而且对人们境界的提升和道德的牵引起到了重要作用。正因如此，我们必须正确把握文化产品的价值取向，充分发挥它的引领和塑造作用，培植文化工作者的使命感和责任感，通过自己创作的文艺作品提高人们的精神境界。文化对人的塑造主要是通过"以文化人"来完成的，但这种"以文化人"须得在生动的艺术形象和感人的审美形式中去实现。那种"高大上"的道德说教以及脱离群众娱乐需求的艺术作品是达不到"教化"人的作用的。

其二是"化"人功能。一个社会的主流价值文化提供了生活在这个社会的成员自我认同和相互认同的价值基础。这种共享的认同提供了把人们联系在一起的历史纽带，它是社会团结的必要条件。分享某种主流价值文化就是分享某种关于一个人如何从历史和文化的角度介入人类生活的视野或立场，就是分享一种一个人借以形成、追求、评估并修改自己的生活目标与目的的文化框架。因此，在某种意义上讲，一个国家又可以被称为"文化共同体"，在这个共同体中，人们获得并培养了个人的道德动机和道德能力以及相互认同的道德基础，从而使得共同体的形成得以可能。所以，共同的文化认同是集体的自豪和羞辱、共同的历史、共同的同情感的基础。这个基础又为人们提供了建立并参与共同政治制度的动力。也就是说，一个国家政治团结与否在很大程度上取决于是否建立起了为绝大多数成员所认同和接受的价值文化。为了强化社会成员与共同体以及成员之间的义务感，国家应当积极地在其成员之间反复灌输一种共同的主流价值文化。

把国家视为"文化的共同体"并不意味着国家认同是自发形成的。构建并宣传有利于国家团结和人民相互认同的主流文化，是任何一个国家都必须采取的政治举

---

① 习近平：《在文艺工作座谈会上的讲话》，新华网，2014年10月15日。

措。所以，一定的文化必然要服务于一定的政治。文化产品作为文化的载体，必然也有其意识形态性，具有一定的政治"化"人功能。在我国，文化产品的"化"人功能主要体现在以下几个方面：一是通过文化产品及其活动传播中国特色社会主义理论以及执政党的路线、方针和政策，为人们凝聚政治共识提供理论基础和行动规则；二是通过文化产品及其活动向社会传递正确的价值观念，培养人们相互之间的义务感，从而营造良好的社会风尚；三是通过文化产品及其活动向人们展现正确的生活态度，从而培养个人的道德动机和道德能力。

（二）文化产品的生产：坚持主流价值与体现人文关怀相统一

文化产品作为价值文化的承载体，既担负着体现并弘扬主流价值文化的重任，又担负着满足作为一般的人的精神需求和培养个人道德感的任务。所以，一个好的文艺作品既要自觉地在其创作过程中体现和弘扬这个社会所倡导的主流价值，同时也要注重通过文艺作品培养个人的道德动机和道德能力。这就要求文化产品的生产过程既要自觉接受这个社会已经确立的主流价值的引导，又要在文艺作品的创作过程中坚持人文关怀，把每个社会成员首先看作是一个个体的"人"。这两者应该不是相互矛盾的，而是实现两个不同层次的任务。前者强调的是文化产品的生产必须坚持正确的政治方向，后者强调的是文化产品的生产要满足不同层次和价值取向的个人的精神需求。

主流价值文化建构要解决的是国家和社会层面形成和凝聚价值共识的问题。所以，它本质上是一个政治问题，一个社会发展方向问题。在当代中国，坚持中国特色社会主义方向，坚持改革开放，实现伟大的"中国梦"是实践证明了的，适合中国这样一个有着十三亿多人口的大国发展的正确道路。体现这一共识的中国特色社会主义文化必然成为当代中国的主流价值文化。作为当代中国主流价值文化传播载体的文化产品和各种文化活动理应为整个社会形成和凝聚共同的社会理想、营造团结和谐的社会氛围、培养人们的正确的行为方式承担起自身的历史任务。随着市场经济的逐步深入发展，文化产品的生产日益产业化。不可否认，文化的产业化极大地推动了我国文化事业的发展，但我们也应看到，在经济效益的驱动下，文化产品的商业化、娱乐化趋势日渐突出，而文化应有的社会功能却日渐淡化。文化产品的商业化极有可能使得文化产品的生产和传播失去其引领社会主流价值的地位。这是任何产品的商品属性所决定的。利益的最大化必然使得产品的生产必须迎合大众的审美趣味和价值取向。但在社会利益诉求多元化以及随之而来的价值取向的多样化背景下，大众的审美趣味和价值取向并不必然与社会整体的价值取向相契合。也就是说，社会成员的个体利益并不一定与社会的整体利益是一致的，进而，个人多元的价值取向也并不一定能在社会整体的价值取向上形成共识。而且，极有可能的是，许多个人的价值取向和审美情趣并不是合理的。这也就是为什么随着文化产业化的发展，文化"三俗"现象日益突现出来的原因之所在。所以，坚持以主流价值引导文化产品创作已成刻不容缓之事。作为当前文化建设的重要任务，主流价值文化也需要借助更多的能自觉地体现和弘扬主流价值的精品力作来"育"人"化"人。

主流价值文化的建构除了强调文化产品内容上的"正确"外，也要强调文化产品传播形式上的"有效"。要把以往被动的"灌输"式接收方式转变为一种潜移默化式的主动接收方式，这样，主流价值文化才能逐渐成为广大人民群众的自觉追求，从而也能保证主流价值文化的主流地位。然而，就我国现有的情况看，国家确实是通过对文化产品的巨资投入来倡导和弘扬主流价值文化，但过于狭窄的题材和刻板的模式却使得主流价值文化越来越丧失了影响力和感染力。因此，在以主流价值引导文化产品创作的过程中，我们还必须尊重文艺创作的内在规律，以增强文化产品的活力和艺术魅力。"文艺这种复杂的精神劳动，非常需要文艺家发挥个人的创造精神。写什么和怎样写，只能由文艺家在艺术实践中去探索和逐步求得解决。在这方面，不要横加干涉。"①文化虽与政治有着密切的关系，但它并不是政治的附属品，相反，它有着自身独立的发展规律。如果单纯以政治来统治文化的发展，使文艺创作"从属于临时的、具体的、直接的政治任务"，必然使文艺创作失去其原有的创作活力。在我国文化发展历史上，政治挂帅的现象并不少见，其中特别是在文化大革命时期"四人帮"对文艺界的压制，使得文化领域长时间处于一种万马齐喑的境地，知识分子们也无所适从，噤若寒蝉，文艺界从此一片死气沉沉。历史给我们以启示：如果不按照文化自身发展规律来领导文艺创作，而对文化工作"乱加行政干预"，必然不利于文化的繁荣发展。同时，尊重文艺创作的内在规律也是满足人们不断增长的精神文化需求的条件。文化产品的创作是一种极具个性化的创造性活动，它需要艺术家和文化工作者充分发挥自身的创造力和想象力，而这一特点也决定了文艺创作的多样性和丰富性特征，这恰好是与人们多层次的精神文化需求相适应的。

"弘扬主旋律，提倡多样化"是我国文艺工作的指导方针，也是处理中国主流价值文化与其它非主流价值文化之间关系必须长期坚持的文化战略。所谓主旋律，是指在精神文化领域占主导地位的核心思想，我们可以将其理解为主流价值。而所谓多样化，则是精神文化领域各种文化样态和价值取向兼容并包。文化产品不仅具有政治功能，它还具有作为文化承载体本身所特有的人文功能。文化产品的政治功能要求体现主流价值、弘扬主旋律，而其人文功能则要求尊重文艺创作的内在规律、提倡多样化。主旋律和多样化就其实质而言是密不可分的。没有主旋律，多样化就会失去其指导，变成缺乏深刻思想、没有灵魂的文化产品；而没有多样化，主旋律也会失去其活力，变成一些晦涩、生硬的概念，也就不能受到广大人民群众的欢迎。

---

① 《邓小平文选》第2卷，人民出版社1994年版，第213页。

二者缺一不可，强调主旋律，并不排斥多样化，恰恰相反，主流价值的体现需以尊重文艺创作内在规律为前提，而且，主旋律往往在多样化中得到体现，多样化本身就是主旋律的特点。文艺创作必须坚持弘扬主旋律和提倡多样化的辩证统一，即，在文艺创作的过程中，文艺作品既要着力体现并弘扬主流价值，又要遵循文艺创作自身的发展规律。只有将二者辩证结合起来，才能打造出精品力作，在保证文艺创作活力的基础上，促进文艺作品对主流价值文化的弘扬。

（三）文化产品的生产：坚持传承与创新的统一

坚持体现主流价值与人文关怀的辩证统一，是立足于现阶段的文艺创作而提出的要求。但文化产品的创作和生产是一个历史的动态发展过程，对精品力作的打造还需坚持传承与创新的统一。"文艺创作不仅要有当代生活的底蕴，而且要有文化传统的血脉。"①一个民族的传统文化提供了生活在这个民族共同体之中个体的成员身份感，这种成员身份感是一个国家中的共同公民身份或成员身份的基础。这种共享的认同提供了把追求不同生活方式和价值观念的个体联系在一起的文化纽带。共同的民族文化身份的形成是国家团结和文化软实力的象征，它们为人们提供了建立并参与共同政治制度的动力。所以，分享民族传统文化，就是分享某种关于一个人如何从历史和文化的角度介入社会生活的视野或立场，就是分享一种一个人借以形成、追求、评估并修改自己的生活目标与目的的文化框架。正如戴维·米勒所说，"认同于某个民族（传统文化），感到自己与它密不可分，这是一个人理解自己在世界中的位置的一种合法方式"。②正因如此，一个民族国家可以被称为"文化共同体"，在其中，人们获得并培养了自己的道德动机和道德能力，而且，该共同体的成员认为他们彼此之间能够相濡以沫、同舟共济，从而形成强大的凝聚力。

所以，任何一种价值文化的存在都离不开其特有的社会结构和民族传统文化土壤。我国传统文化是中华民族在几千年历史演变中逐步积淀下来的文化成果，它是维系亿万炎黄子孙的根本纽带，并从根本上塑造着人们的生活方式和价值信仰。作为文化之根，抛弃传统文化就等同于割断了自身的精神命脉，也就会丧失作为一个民族的文化所具有的特质。另外，对传统文化的传承也是确保一个民族主体性的必然要求。民族主体性是一个民族存在的基本前提。一个民族一旦丧失自身价值文化发展的主体性，也就失去了其独立存在的价值，而这个民族的人民也会相应失去其安身立命的文化根基，这个民族也就成了一个涣散的民族。主流价值文化与我国传统文化实际上是相通的。所谓主流文化也是作为一个国家或民族之根基性的东西，它所代表的也是一个国家或民族的向心力和凝聚力之所在。因此，构建当代中国社

---

① 习近平：《在文艺工作座谈会上的讲话》，新华网，2014年10月15日。
② D. Miller, On Nationality, Oxford: Oxford University Press, 1995, p. 11.

会主义主流价值文化，必须重视文化产品之传承。

就当前我国文化发展的现状来看，传承已有优秀文化以构建中国主流价值文化也已迫在眉睫。一方面，随着全球化在世界范围的逐步扩展，人类开始真正进入马克思所说的"世界历史"的普遍交往时代。各国在增进彼此之间文化交流的同时，不同制度体系、生活方式及其背后所蕴含的价值观念的相互影响也在日益加快，由此产生的各种价值观念之间的冲突也越来越明显、越来越频繁。这种价值冲突在全球化背景下，更多地表现为一种"全人类共同价值"与本土价值之间的冲突。其中尤以西方发达资本主义国家对其它非发达国家，特别是对我国的意识形态渗透最为典型。在全球化交往中，发达资本主义国家凭借其发达强势的传播媒介向我国输出知识文化产品，这种资本主义价值本位的灌输，极大地冲击了我国人民所固有的文化传统和社会主义价值观念，甚至还造成了人们对原有本位价值认同感的逐步消解和丧失。这种主流价值文化认同危机的出现迫切需要我国重拾本民族传统文化，以抵制外来意识形态的渗透。另一方面，市场经济的发展也带来了人们价值理念的改变。在市场经济条件下，传统的重义轻利的道德观念被破除，个人的经济动机得到了合法化，每个人都可以从自我本位出发追求自己的私人利益。这种以个人为主体或以个人为中心的凸显反映到价值观上，必然引起对个人权利和利益的强烈认同。市场经济承认利益主体的多样化，这必然也造成价值的主体多样化，由此也会形成对主流价值文化的挑战。上述总总，都要求我们着力扩大主流价值文化的覆盖面，增强其吸引力、感召力和影响力，使它最大限度的在全社会形成共识。文化创作传承之必要性和紧迫性由此显现。

然而，主流价值文化的构建并不是一个简单的回到传统文化的过程。实际上，建构主流价值文化的核心应该是利用自身文明的成就来创新和引领社会先进价值观念的形成和认同。这种价值观念不仅建立在自身民族传统文化的价值基础上，而且能够适应时代发展的现实要求、回应时代发展中出现的重大问题。正如党的十七大报告所指出的："要全面认识祖国的传统文化，取其精华，去其糟粕，使之与当代社会相适应、与现代文明相协调，保持民族性，体现时代性。"所以，"弘扬优秀文化传统决不是回到过去、守旧复古，而是要立足新的实践，顺应时代潮流，不断进行新的文化创造。"[①] 而这些都需要在文艺作品创作中不断创新。

创新是文化发展的动力。党的十七届六中全会在为文化制定发展战略的同时，也赋予文化以创新内涵，要求"把创新精神贯穿文化创作生产的全过程"。实现文化的繁荣与发展是一个重大的时代命题，而如何才能真正实现文化的繁荣与发展，如何使得中国特色社会主义文化成为当代中国主流文化，创新文化产品的生产内容

---

① 云杉：《文化自觉、文化自信、文化自强——对繁荣发展中国特色社会主义文化的思考》，《红旗文稿》，2010年第16期。

与传播方式尤为重要。没有创新就没有文化的生存条件和发展空间，创新不到位，文化的发展就会失去应有的活力与魅力。

近年来，如果从文化产品的数量来看，我国的文化事业的发展无疑是取得巨大进步。但从创新的意义上来看，能体现时代要求和人民群众满意的精品力作就并不多见。正是由于创新不够，才造成了大量文艺作品思想力、艺术力的羸弱和感染力、影响力的式微；重复、复制、模仿、翻拍以及题材撞车、手法雷同、扎堆抢"戏"、群起趋"鹜"成为文化发展中的普遍现象。比如，我们的影视制作虽然数量年年都在递增，但真正能够打入世界市场的产品却很少。我们的文学作品产量在激增，而真正阅读文学作品的读者却在减少。导致这种情况的根本原因在于，我们的文艺作品缺乏创新。

创作出无愧于时代的精品力作是文化产品创新的核心，根本在于要让人民群众成为创作的表现对象，成为文艺作品的主角。"人民的需要是文艺存在的根本价值所在。能不能搞出优秀作品，最根本的决定于是否能为人民抒写、为人民抒情、为人民抒怀。"① 在文化产品创作过程中，坚持以人民为中心的创作导向是坚持文化发展正确方向的关键。让人民群众成为文艺作品的表现对象，反映人民群众在社会主义现代化建设的伟大实践，叙百姓事，抒人民情，让人民群众感到文艺作品中的"角色"说的就是自己，这样的文艺创作才会得到人民群众共鸣和激发他们的建设热情。"人民不是抽象的符号，而是一个一个具体的人，有血有肉，有情感，有爱恨，有梦想，也有内心的冲突和挣扎。不能以自己的个人感受代替人民的感受，而是要虚心向人民学习、向生活学习，从人民的伟大实践和丰富多彩的生活中汲取营养，不断进行生活和艺术的积累，不断进行美的发现和美的创造。要始终把人民的冷暖、人民的幸福放在心中，把人民的喜怒哀乐倾注在自己的笔端，讴歌奋斗人生，刻画最美人物，坚定人们对美好生活的憧憬和信心。"② 所以，文化创作只有接地气，深入百姓生活，及时反映社会变迁，文化产品才能更多地赢得老百姓的关注和喜爱，实现价值和意义。

（四）文化产品的评价要坚持以体现和表达主流价值为标准

"衡量一个时代的文艺成就最终要看作品。推动文艺繁荣发展，最根本的是要创作生产出无愧于我们这个伟大民族、伟大时代的优秀作品"。③ 文化强国的"强"字应该是指拥有一大批具有世界影响的学术（艺术）大师，一批具有深远影响且经得住历史考验的学术（艺术）作品以及整个民族强大的文化创造力。只有这样，一个国家的文化才能够长久地矗立于人类的生活与精神领域中。然而我们以什么标准

---

① 习近平：《在文艺工作座谈会上的讲话》，新华网，2014年10月15日。
② 习近平：《在文艺工作座谈会上的讲话》，新华网，2014年10月15日。
③ 习近平：《在文艺工作座谈会上的讲话》，新华网，2014年10月15日。

来衡量文化产品的创作质量以及文化发展的程度？

其一，文化产品的创作不能把"以大为好"作为衡量其好坏的标准。当前，我国文化产品的创作流行"大"字当先，大主题、大投入、大制作、大场面，试图以形式上的壮阔直接诉诸视听震撼，奢望以体量上的庞杂博得受众的垂青。于是，大量的文艺创作专注于"大"的营造，以远而空的视野，追求技术的奢华和场景的恢弘。但事实是，一旦我们把文化发展理解为对"大"的追逐，其结果往往是丢掉了"思想"和"意境"，进而最终丢掉了真实的"人"本身。丢了"思想"，就让文化产品的创作没有了存在的价值，它无法给受众以心灵的激荡与境界的提升；忘了"意境"，场景再壮观、篇幅再绵长，面目依然可憎，靠近不得，亲切不了；忽略了"人"，就模糊了文艺创作的本源，就找不到文艺创作的基点，必定摇摇欲坠，迷失方向。出现这种状况，究其根本原因，恐怕是没有真正理解文艺创作的本质，没有正确把握文化产品评价的标准，犯了急功近利的毛病。"我们越是'重视'文化建设，就越是容易导致文化浮躁、形式主义和急功近利。浮躁本身是一种'魂不守舍'的文化，它往往越是想在文化建设上做出成绩，就越是显得'没有文化'"。[①]所以，我们必须尊重文艺创作的内在规律，，把文化产品生产的重点放到对现实社会的深刻理解上，放到对活生生的"人"生的体悟上，潜心社会和生活的深处，挖掘出时代的精神内核，用合适的形式加以艺术化的提炼，成就触动灵魂的华章。正如习近平总书记所说："只要有正能量、有感染力，能够温润心灵、启迪心智，传得开、留得下，为人民群众所喜爱"的作品[②]，才是优秀作品。文艺创作追求过分的"大"，最终的呈现却是"小"和"虚"。

其二，文化产品的创作不能把"以量取胜"作为衡量其好坏的标准。当前，过于强调文化产品的商品属性往往导致人们产生这样一种趋向，即认为文化的繁荣就是大量的文化产品的推出，文化市场的壮大，甚至把文化产品的经济效益作为文化产品好坏的标准。文化产品不同于一般的商品，除了商品属性外，它还有作为文化的承载物所具有的社会属性，而市场也存在着其自发性和盲目性的一面，因此，仅靠市场这个可量化标准是不能完全说明文化产品的真正价值的。对文化产品进行评价，更多的是需要从文化产品的社会效益和艺术水准这个角度来进行。我们必须认识到，推进主流价值文化认同，促进文化大发展大繁荣，不只是促进文化产业的 GDP 增长，更重要的是要从根本上推进作为主流文化的中国特色社会主义文化自身的感染力，提升中华文化的整体水平和世界的影响力。从这个意义上讲，推进文化产品向高品质方向发展就显得至关重要。如果文化繁荣发展只是一些低水平的文化产业和娱乐文化大行其道，虽然也能带来经济上的成功，但根本上成不了大气

---

① 李德顺：《什么是文化》，《光明日报》，2012 年 3 月 26 日。
② 习近平：《在文艺工作座谈会上的讲话》，新华网，2014 年 10 月 15 日。

候，更不能使中华民族在21世纪对人类有较大贡献。提升文化产品影响力和感染力重要的是它的内在亲和力。而一个文艺作品的亲和力离不开它的人文文化根基，没有人文根基，文艺作品便失去了其创作的意义和价值感召力。提升文化产品的品质就是指提升具有本民族传统内涵的、具有世界性面向的、能引领人类积极向上并始终关怀人自身的生活的文化。因此，提升文化产品的品质不只是回到高雅文化的老生常谈，也不是要制造一批阳春白雪，根本的要义在于：这样的高品质是能为人类普遍认识和接受，与人类历史中的积极力量一脉相承的那种价值。

其三，文化产品的创作不能以"大众""流行"作为衡量其好坏的标准。当前，我国文化产品的生产越来越趋向猎奇、盲从和跟风，越来越受制于消费以致低俗文化产品大行其道。由娱乐而至愚乐，主流文化不断被低俗文化侵蚀，导致社会中价值观的扭曲。主流文化的价值观本应成为社会的一个尺度，但当前一些所谓的主流文化产品和主流媒体却被时潮裹挟着炒作热点，致使某些打着大众文化旗号的作品一时间成了主流文化的榜样，这些原本是主流文化要引导的对象反而使主流文化成了它的注解。很显然，低俗文化产品的流行，折射出当前文化产品的生产缺失明确的价值诉求和清晰的价值观。我们应该清醒地认识到，对文化产品的评判绝不单纯是大众个人价值偏好满足的问题，决不能以"流行时尚"作为衡量其好坏的标准。文化产品的生产和传播是一个关乎社会公共空间的价值引导的问题。所以，文化产品的生产首先必须自觉地体现和表达为社会所认可的主流价值。文化的大众化绝不是全民的娱乐化。满足人民群众日常文化需求固然重要，但切不可让娱乐偏离了社会的基本价值共识。文化产品中出现的低俗化倾向，使大众丢掉了应有的道德追求。结果，在各种乱象中看到的是引人注目的道德滑坡、底线的一再后移、精神沙化、人格矮化，这与主流文化中缺失鲜明的价值诉求，以及在多元文化思潮博弈中主流文化产品的自我调节、自我调适功能弱化，难以在舆论信息高地和道德价值高地产生强势的凝聚力和吸引力不无关联。因此，在当前的文化产业热潮中，我们要谨防以所谓产业化、大众化之名，推行低俗化，从而侵蚀社会主义文化应有的价值追求。我们要清醒地意识到现实中那些所谓"流行时尚"的文化产品把严肃的话题作为娱乐的噱头，旨在赢得更多的眼球、更多的点击率以及更多的经济收入。文化的娱乐化不是"大众"的错，而是文化生产者和传播者缺乏基本的责任担当，缺失中流砥柱精神的贞立。这需要全社会尤其是主流文化生产者的努力，需要每一个现代公民的文化自觉，共同使得主流价值文化在社会获得真正的认同。

二、主流价值文化的传播与社会认同

党的十八大报告指出"社会主义核心价值体系是兴国之魂，决定着中国特色社会主义发展方向。要深入开展社会主义核心价值体系学习教育，用社会主义核心价值体系引领社会思潮、凝聚社会共识。"①因此,社会主义核心价值体系建设面临的一项基本任务就是,如何使核心价值体系的内容和精神得到全国各族人民普遍认同并贯彻落实到党和国家的各项工作之中。我们在此强调作为中国主流价值文化核心的社会主义核心价值体系的社会认同重要性的原因在于,一方面,是因为核心价值作为一种观念的力量,它为一个政权的合法性提供道义上的辩护,它是国家凝聚和统一公众思想的重要手段。"一个没有共同信仰的社会,就根本无法存在,因为没有共同的思想,就不会有共同的行动。"②因此,一个社会的主流价值必须获得民众的广泛认同,否则就起不到凝聚和统一社会思想的作用。另一方面,是因为随着全球化和改革开放的深入推进,我国社会呈现出利益主体多元化、利益关系复杂化和社会信仰多元化的发展态势,这些特点导致在思想文化上出现了对原有的价值体系的认同危机。因此,积极推进社会主义核心价值体系的社会认同已成为当前构建中国主流价值文化的重要问题之一。

(一)当前中国主流价值文化社会认同的现状

社会认同是指个体对自己所属身份或群体的一种带有肯定性的心理判断和情感归属。因此,社会认同对于个人来说本质上是一个心理过程。而价值的社会认同则是个人将某种在社会中占主流地位的价值理念内化为自己行动的动机和行为正确与否的判定标准。价值的社会认同是个体行动的意义与经验的来源,如果一个社会的主流价值体系得到广泛的认同则往往会带来人们思想和行动上的一致,而一个社会的主流价值如果与民众普遍的社会心理相悖,就很难存在与发展。马克思曾指出:"如果从观念上来考察,那么一定的意识形式的解体足以使整个时代覆灭。"③因此,一个社会价值的主流地位并不是由少数统治者和传播者决定的,而是由社会公众认同状况决定的,只有得到大众认同并达成共识的价值观,才会最终形成这个社会的主流价值。当代中国正处于一个政治、经济、文化急剧转变的时期,全球化和改革开放的深入推进进一步加剧这种转变。当前我国主流价值认同存在一些值得我们高度重视的问题。

当代中国的主流价值文化是在对传统文化的批判超越和对外来文化的吸收借鉴过程中确立起来的。社会经济模式和制度的变化,使得我们的已经形成的价值文化与快速发展的经济和社会现状出现冲突,价值文化的碎片化使处于转型期的中国人陷入严重的"价值迷失"境地。一个价值体系要让人们接受,必须给出让人们接受的理由,而且必须让人们觉得这个理由是站得住脚的。主流价值是否真正具有说服

---

① 胡锦涛:《坚定不移走中国特色社会主义道路 夺取中国特色社会主义新胜利》,《人民日报》,2012年11月13日。
② 托克维尔:《论美国的民主》(下),董国良译,商务印书馆1988年版,第524页。
③ 《马克思恩格斯全集》第46卷(下),人民出版社1980年版,第35页。

力和合法性，公众认同是其中最重要的基础和条件。我们必须意识到，价值所表达的实质关系是利益关系，群众的心理是重经验判断，人民群众只有从利益满足和情感归属中才能实现对主流价值的广泛认同。"大多数民众对于一种意识形态（意义系统）的把握，一般都会根据自己的社会阅历、知识积淀以及具体的生活需求将之转化为某种可以操作或者触摸的形象化指标。……然后，人们就会用这些形象化的指标来衡量、评价意义系统提供主体为他们提供的实际的物质的或自由的条件。"①

2014年，国家社科基金重大项目"构建中国主流价值文化研究"课题组对"社会主义核心价值的社会认同"进行了社会调查，其中一个问题是："您对社会主义核心价值是否认同？"24%的受调查者回答"非常认同"，45.1%的受调查者回答"有点认同"，12.3%的受调查者选择了"不认同"，18.9%的受调查者认为"说不清"。从总体上来看，公众对社会主义主流价值完全认同并不高，如果把"有点认同"、"不认同"、"说不清"这三项加起来，不完全认同的比例高达76%。② 可见，我国主流价值正面临着巨大的认同危机。

产生上述问题的原因有多个方面：第一，我们所倡导的核心价值体系本身存在一些问题。主流价值形态缺乏现实的人文关怀，不能及时地和有效地回应当代民众的利益诉求，对一些社会问题缺乏令人信服的解释力，因而无法在民众中引起情感共鸣。在此次调查中，课题组专门设计了一个问题："您认为当前我国核心价值存在的问题是什么？"此问题所设置的四个选项分别是：缺乏现实关怀、没有体现大众的价值诉求、没有与时俱进、缺乏当代世界视野。通过对调查结果的统计，选择了"缺乏现实关怀"的占被调查人数的46.4%，选择了"没有体现大众的价值诉求"的占被调查人数的61.6%，选择了"没有与时俱进"的占被调查人数的29.2%，选择了"缺乏当代世界视野"的占被调查人数的32.5%。③ 从这个调查中，我们可以看到，对社会主义核心价值认同度不高的主要原因是由于社会主义核心价值本身缺乏现实关怀以及没有很好地体现大众的价值诉求。尤其是在我国现有的体制下，各社会群体对资源占有除了凭借自身的知识和能力之外，很大程度上取决于国家的制度性安排。如果这种制度性安排本身存在着不公平，那么，这势必影响不同群体对社会资源的不同占有，进而影响不同群体的生活质量和幸福指数。④ 从我们的调

---

① 李友梅等：《社会认同：一种结构视野的分析》，上海人民出版社2007年版，第28页。
② 戴茂堂等：《中国主流价值文化及其建构调查》，人民出版社2014年，第59页。
③ 戴茂堂等：《中国主流价值文化及其建构调查》，人民出版社2014年，第62页。
④ 据《2010年中国城市居民幸福感调查报告》和《中国城乡居民的生活压力及社会支持》两个调查报告的统计显示：国家机关党群工作人员、企事业单位负责人、专业技术人员、办事人员、商业服务人员、农林牧渔水产生产人员、生产运输设备操作人员及不便分类的其他从业人员的平均幸福感得分依次为3.95分、3.82分、3.77分、3.77分、3.69分、3.63分和3.65分。而综合压力指数的排序循着东、中、西部的顺序由低至高逐渐上升，综合压力指数的均值分别为：东部27.02、中部28.91、西部32.48。——资料来源：王秀俊、杨宜音：《2011年中国社会心态研究报告》，社科文献出版社2011年版，第24～57页。

查来看，中西部地区、农村以及经济收入较低的工人和农民在总体上对社会主义核心价值的认同度相对较低。这说明了在现有制度性安排下对社会资源的不公平占有确实影响着人们的内心感受，他们觉得自己没有得到社会应有的关怀，他们的利益诉求没有得到应有的尊重。这直接表现为这些群体感到他们并没有享受到改革所带来的"红利"。如果这部分人群长期处于不公平的分配环境下，势必会直接影响他们对社会主义核心价值体系的认同。①正如习近平总书记所说："如果不能给老百姓带来实实在在的利益，如果不能创造更加公平的社会环境，甚至导致更多不公平，改革就失去意义，也不可能持续。"②

第二，主流价值文化引领社会大众的方式和方法存在问题，不能够与大众的心理需求相契合。"目前我们有些主旋律的思想宣传报道、理论文章、文艺作品之所以受欢迎的程度不高，主要是因为不同程度地存在着公式化、概念化、粗糙化、说教式的弊病。主流意识形态宣传的形象，依然存在着简单化的倾向。"③再加上西方自由主义文化的强势入侵，特别是美国文化以娱乐的名义和资本的推力，试图把全球文化生活引向某种统一的"格式"。这些都在某种程度上使得以马克思主义和社会主义理想为核心的价值形态的主流地位日益遭到削弱。

第三，作为主导意识形态中规范人们日常行为的集体主义原则逐渐失去其主导地位。在计划经济时期，我国实行的是高度统一的集中管理体制。在这种体制下，集体主义价值观发挥着凝聚和统一社会思想的价值整合功能。人们工作和生活于其中的集体或单位，是人们交往的主要，甚至是唯一的场所，且承担着无所不包的政治、经济、文化和社会服务职能。单位与个人的高度融合使得个人成为集体的一个"零件"，个人失去自主性，集体成为唯一的价值的来源。改革开放后，取代计划经济的市场经济的确立，使得人们的的生活方式和社会关系发生巨大变化，其集中体现是个人自主性和独立意识的增强，集体主义导向的价值观念和生活方式被替代。原来意义上的"单位"或集体日益瓦解，生活领域与工作领域，私人领域和公共领域日益分离，个人主义、效率优先等新型价值原则不断地改变着既有的集体主义的价值理念；市场经济条件下日益增强的个人主体性与计划经济所倡导的集体主义价值取向之间的张力打断了原有的价值认同。在当代，集体主义价值观虽然仍是社会所倡导的主导价值诉求，但由于失去了支撑自己的经济基础，其整合功能日益丧失。

第四，一直在传统中国社会发挥主流影响的亲情伦理在日益多元的价值冲击下被逐渐瓦解。亲情伦理一直是传统中国社会的主流价值文化。传统中国社会中，家庭生活是社会最基本的生活，因此，中国人所追寻的美德便是维系家庭血亲关系的

---

① 陈俊：《社会各群体对社会主义核心价值的认同差异》，《华中科技大学学报》，2013年第5期。
② 习近平：《切实把思想统一到党的十八届三中全会精神上来》，《人民日报》，2014年1月2日。
③ 童世骏：《意识形态新论》，上海人民出版社2006年版，第98～99页。

延续和统一。传统社会的宗法式社会关系是以家庭关系为纽带建立起来的,是家庭关系的扩大化。这种"扩大"从家庭开始,一直延伸到国家,所以,"家国同构"是传统社会的典型特征。这种"家国同构"的模式为传统的宗法式的价值观念的整合提供了坚实的制度性基础。然而随着市场化、全球化的快速发展,传统以家庭为基础的宗法式共同体逐渐消亡,原有的生活方式日益被抛弃,人们基于市场活动的公共生活领域逐渐扩大。公共生活领域的扩展必然需要与之相契合的公共道德要求和伦理价值规范,但是,携带传统文化基因的我们仍然自觉不自觉地通过原有的亲情伦理观念来调节人们在公共领域的行为。显然,这种"拟亲情化"并不能适应现代社会的现实生活,它在现代广阔的新型公共生活中显得捉襟见肘。这必然会导致在人们日常生活中出现传统与现代价值的激烈冲突。

主流文化是在文化竞争中形成的、具有高度融合力、较强传播力和广泛认同的文化形式。随着经济的高度发展,现代高新科技对人类当代文化的发展正在产生着以往任何年代都无法比拟的影响,原来曾经居于主导地位深受群众喜闻乐见的文化艺术形式已经失去主导地位,面临被边缘化的危险。主流文化被边缘化的一个重要原因是民众幸福感受度的降低,直接导致大众主动脱离主流价值文化。

主流价值文化的认同在某种意义上讲,就是这种文化在人们心中是否有感召力的问题。接受一种价值观也就是意味着人们会从思想上按照这种价值观来明辨是非,在行动上去尽力实现这种价值观所选择的目标。所以,对主流价值文化感召力的感知在某种意义上讲,反映了人们对社会主义核心价值体系的认同程度。公众对社会核心价值体系感召力的感受降低将直接导致主流文化被边缘化。我们的问卷调查显示,在对当今中国主流价值文化感召力的回答中,选择"很强"的占20.3%;选择"一般"的占46.5%;选择"很差"的占17.9%;选择"说不清"的占15.3%。[1] 可见,公众对当今中国主流价值文化的感召力的认知度是比较低的。调查还显示,不同群体对当今中国主流价值文化的感召力的认知呈现出一定的差异。如果我们把选择"很强"、"一般"视为是对主流价值文化的认同的话,那么,国家机关事业单位的公务人员则表现出较高的认同度,认同的人占该被调查群体的79.2%,其次依次降低的是学生(66.8%)、商人(63.5%)、工人(61.4%),农民最低,占该群体的59.2%。[2] 之所以会出现这样的结果的部分原因,除了知识层次的原因外,一个主要的原因是公众把对自己的实际生活状况的感受直接与对主流价值文化的感受联系起来了。一种缺乏对人们生活的现实关怀的主流价值文化,当然不会受到人们的认同和接受。在我们的调查中,不同职业群体和生活在经济发展水平不同地区的人对"当前我国主流价值存在的问题"的回答基本上反映了我们上述

---

[1] 戴茂堂等:《中国主流价值文化及其建构调查》,人民出版社2014年,第61页。
[2] 戴茂堂等:《中国主流价值文化及其建构调查》,人民出版社2014年,第61页。

的理论判断。统计结果显示,在明确回答"没有体现大众的价值诉求"的人中,依次递减的是:农民占该群体的31.02%;商人占该群体的27.58%;工人占该群体的25.90%;学生占该群体的23.54%;干部占该群体的20.87%。[①] 这一结果基本上与上面的感召力的认知结果是相符合的。

(二)主流价值文化传播和认同需处理的几个关系

1. 尊重人民群众的文化建设的主体地位

要建立起主流价值文化的社会认同,必须使其最大程度地满足社会大多数社会成员的希望和诉求,或者说,社会成员对一定价值文化的认同在很大程度上就依赖于这种价值文化对他们"应得"利益的承认和维护。一种价值文化如果缺乏对最广大人民利益的表达和维护,那么它终将失去其主流地位。因此,构建主流价值文化必须充分尊重和维护最广大人民群众的文化主体地位。所谓"人民群众的文化主体地位"指的是,文化的发展要以实现人民群众的根本利益为根本出发点。具体而言就是,文艺作品要把人民群众作为文艺作品创作的根本对象,要把反映和维护人民群众的利益诉求作为文化产品生产的基本内容,要把满足人民群众不同层次的文化需求作为文化传播的基本目标,也就是文化的建设和发展要"以人为本"。

文化上"以人为本"绝不是仅仅是一个空洞口号,它总是需要文艺作品能深入到人的内心,用人们的情感能够感受到的语言把人的细微的思想情感表达出来,也就是"于细微处见精神"。这是文艺作品创作的根本。所以,"以人为本"就是以人民群众的所思、所想为本。让人民群众成为文化创作的表现对象,成为文化建设的主角,热情讴歌人民群众所从事的改革开放和社会主义现代化建设的伟大实践,生动展示人民群众奋发有为的精神风貌和辉煌业绩,深刻反映人民群众的利益诉求,这样的文化建设才会得到人民的激赏,进而这样的文化及其所蕴含的价值观念才能得到人民的认同。历史证明,优秀的文化作品,从来不是纯粹从人的头脑中,从书斋中造出来的,而是从活生生的社会实践中,从老百姓的日常生活和情感深处开掘出来的。坚持人民群众的文化建设主体地位,需要文化工作者重心下移,扎根基层,在人民群众的生活实践中挖掘创作素材,塑造艺术人物。当前,在一些文化工作者中间,脱离实际、脱离生活、脱离群众的现象还普遍存在。以精英自居,以文化人自诩,不愿或者不屑与普通群众打成一片……凡此种种,导致一些文化工作者在创作上出现各种问题:比如题材单一、创新力不足,反复炒历史题材和经典作品的"冷饭";细节失真、情节失实,胡编乱造现象时有发生;现场感缺失,艺术敏锐力钝化,作品的感染力、冲击力和穿透力减弱,无法对受众的精神世界发生有效影响。解决以上问题的根本在于,"牢固树立马克思主义文艺观,真正做到了以

---

① 戴茂堂等:《中国主流价值文化及其建构调查》,人民出版社2014年,第69页。

人民为中心，文艺才能发挥最大正能量。以人民为中心，就是要把满足人民精神文化需求作为文艺和文艺工作的出发点和落脚点，把人民作为文艺表现的主体，把人民作为文艺审美的鉴赏家和评判者，把为人民服务作为文艺工作者的天职。"①

人民群众的文化主体地位最主要的是表现为一种创造意义上的主体。邓小平曾指出："人民是文艺工作者的母亲。一切进步文艺工作者的艺术生命，就在于他们同人民之间的血肉联系。忘记、忽略或是割断这种联系，艺术生命就会枯竭。人民需要艺术，艺术更需要人民。"②党的十七大报告也指出："要充分发挥人民在文化建设中的主体作用，调动广大文化工作者的积极性，更加自觉、更加主动地推动文化大发展大繁荣，在中国特色社会主义的伟大实践中进行文化创造，让人民共享文化发展成果。"③但是，事实上，并不是所有成员都能真正投入到社会主义主流文化建设中来。他们或者由于主观上的不认同而没有参与进来，或者是客观条件的不允许而无法参与进来。对于前者，他们大多因为社会的不公正，而对中国主流价值文化存在抵触和反感。因此，促进社会政治、经济和文化的公平和公正成为推动人们群众融入到主流价值文化建设当中来，从而体现人民群众文化主体地位的根本途径。而对于后者，我们则需要充分发扬文化民主，使人人皆可参与到主流价值文化的构建中来。主流价值文化本身就是以广大人民群众为价值主体的文化，它始终以满足最广大人民的文化需求和利益为根本目的和宗旨，这种性质反过来也决定了主流价值文化的构建只能依靠广大人民群众。所以，在主流价值文化的构建过程中，必须充分尊重广大人民群众的创造性主体地位，激发他们构建主流价值文化的积极性、主动性和创造性。一方面，要为广大人民群众提供广阔的舞台，使其有更好的条件参与文化建设，从而最大程度的激发人民群众的建设热情和活力。另一方面，广泛开展群众性文化活动，使人们的文化创造积极性能得到充分发挥。文化工作的根基在群众，因此，主流价值文化的构建也离不开群众性的文化活动。群众性文化活动是群众自我表现、自我教育和自我丰富的平台，具有通俗性、娱乐性、创造性等特点，广泛开展内容健康、形式多样的群众性文化活动，是提高群众文化水平和文化素养的重要途径，另外，它也能极大的释放人们文化创造的活力和激情，从而为主流价值文化的构建提供来自基层群众的生动鲜活的文化建设经验。

2. 处理好主流与非主流、精英与大众、高雅与通俗的关系

当今时代是一个多元文化发展的时代，文化的多样性、共存性是这个时代的重要特征。除了从价值角度区分开来的主流文化与各种非主流文化之外，还有从消费

---

① 习近平：《在文艺工作座谈会上的讲话》，新华网，2014年10月15日。
② 《邓小平文选》第2卷，人民出版社1994年版，第211页。
③ 胡锦涛：《高举中国特色社会主义伟大旗帜，为夺取全面建设小康社会新胜利而奋斗》（2007年10月15日），《十七大以来重要文献选编》（上），中央文献出版社2009年版，第28页。

群体上区分开来的精英文化和大众文化，从理解层面区分开来的高雅文化和通俗文化，等等。

所谓主流文化，是指在一个文化体系中占据主导地位或支配地位的文化。它通常引领着整个文化发展的方向，并决定着文化的性质。每个时代都有自己独特的主流文化，但就其具体存在来说，它总是渗透于文化体系的方方面面，并规范和引导着文化体系中其它文化的发展。中国当代主流文化是中国特色的社会主义文化，它集中体现了我国的社会主义文化的性质，是社会主义文化的核心和主体。当今中国是一个多元文化交互的中国，各种文化思潮相互碰撞、交汇，为人们在价值文化上的甄别、取舍带来了诸多困难。为此，我们必须坚持中国特色社会主义文化主导地位。没有主导的多样，只会带来思想上和政治上的混乱。而坚持主流文化的主导地位，我们就能在众多声音中保持清醒的头脑，不迷失自身，保持正确的前进方向，也才能以主流文化的力量团结、凝聚最广大人民群众，因为思想上的共识往往能形成联结各民族、各阶层、超越具体利益关系的精神纽带，也就能求同存异、宽容谅解，最终以一致的行动推动实现文化的大发展、大繁荣。但是坚持主流文化的主导地位，并不是不允许非主流文化的发展。非主流文化的存在是社会利益分化以及随之而来的价值多元在文化上的一种必然反映，允许非主流文化的发展是尊重价值多元，尊重利益诉求多元，从而尊重文化民主的一种必然要求。同时，从文化自身的发展来看，非主流文化的存在和发展一定程度是对主流文化的一种补充。这种文化的存在可以为整个文化体系的发展带来活力和新的血液，它在以其多变性满足不同主体不同层次的需求的同时，也将给主流文化的发展带来推动力，即非主流文化的存在使人们能站在诸多文化的交汇点上审视各种文化，从而实现其择优而取，这一定程度上增强了主流文化的危机感，推动了其创新和发展。但是，我们必须认识到，有些非主流文化，尤其是其中的与主流文化相对立的文化，对主流文化的建构所产生的冲击和破坏。这种文化的存在往往能以其娱乐化特征从感官上直接攫取人们的注意力，在为一些腐朽落后文化开辟道路的同时，带来人们思想上的困惑，甚至会消解人们对主流文化的追求。所以，坚持主流文化的主导地位是文化建设始终要坚持的一个基本原则。

如果说主流价值文化是国家所倡导的、体现一个国家意识形态的文化，那么大众文化则是人民群众喜闻乐见、易于接受的文化，它往往与社会精英所倡导的精英文化相对。由于其娱乐性、通俗性和当下性特征，大众文化体现在人们日常生活的方方面面。精英文化作为知识分子文化的主要表现形态，担负着传播"经典"和"正统"的历史使命。然而在大众文化的挤压下，精英文化日益失去了在现代社会的中心话语权，退守到了边缘地带。通俗文化与高雅文化也面临着类似的境遇。就其给主体所带来的体验而言，所谓通俗文化，是指以原始文化形态给人以直观感性的文化，高雅文化则是经过提炼和修改，给人以理性感受的文化。高雅文化由于其内容的高深与精神的高尚，使得只有足够文化底蕴和经济水平的人才能进入当中，诸多基层人群则被拒之门外，而通俗文化无论在理解层面上还是经济层面上基本是无门槛的，这自然使得通俗文化比高雅文化更受大众欢迎。然而，不论大众文化与精英文化，还是通俗文化与高雅文化，其文化本身没有好坏之分，它们都只是文化存在的形式，并从不同侧面表现着文化的特征。而且，任何文化形式的命名也都是具体的、历史的，原初被奉为大众文化和通俗文化的文化可能随着历史的演进转变为精英文化和高雅文化，如在古代被称为"小道"的小说，在现今同样登上了高雅之台。因此这些文化并不是一成不变的，我们应该做的不是评判孰好孰坏，而应该在二者的差异中寻找其最佳的契合点，实现二者的互补与融合。具体来说，对大众文化与精英文化而言，我们应该做的是以大众文化的形式包装精英文化，使其借助大众传媒而走向大众，并以精英文化来提升大众文化的水平，使其也能担负起提高大众文化素养的重担。对于通俗文化与高雅文化而言，则应实现高雅文化的俗化，使高雅文化的内容、精神平民化、通俗化，从而让人易于理解和吸收；同时，在保证文化活力的基础上，不断提升通俗文化的文化品位和艺术内涵，从而实现通俗文化的高雅化。

在文化建设的过程中，我们应尊重文化消费的多样性，这是文化永葆活力的必要条件，也是文化获得可持续发展所不可或缺的。"一种价值文化要成为主流的价值文化有两个条件：其一，一个社会必须是价值多元的；其二，在多种价值文化中，有一种文化真正能起主导作用，其他文化不与其相对立、相抗衡，相反与之共荣共存，并接受它的引领和指导。"[①]多元价值文化并不是与主流价值文化相对立的存在，相反，主流价值文化的构建需要以价值文化的多元发展为其基本前提。正如中国古代的"和而不同"，所谓的"和"正是在对"不同"的理解和尊重的基础上建立起来。一种排斥他者的文化消费行为，往往并不能使该文化取得其所设想的主导地位，相反，它还有可能引起人们的逆反心理。主流价值文化只有在各种不同的价值文化的较量中，努力展现自身的独特魅力，并学习从其它文化中吸收养分来不断丰富自身、完善自身，才可能使人们在诸多价值文化中，通过对比、参照，自愿去了解主流价值文化，并最终形成对其的自觉情感认同。因此，在主流价值文化的构建过程中，我们必须充分尊重人们根据自身意愿而选择的文化消费行为，特别是要对那些反映人们多层次追求的积极健康的文化消费取向予以充分的尊重和保护。思想的真空是无法构建主流价值文化的，真正的认同只能在一种宽容的文化氛围中才得以建立起来。具体来讲，就是尊重文化消费者的多元诉求：坚持主流与非主流、精英与大众、高雅与通俗的统一。然而，尊重多元文化消费并不是说这种消费是任意的。事实上，无论是非主流文化、大众文化还是通俗文化，都有其反主流价值文化

---

① 江畅：《中国主流价值文化构建的三个问题》，《光明日报》，2012年6月21日第11版。

的一面。因此,我们必须采取相应措施来引导人们多样化的文化消费,这样才能保障人们文化消费的健康发展。

3. 处理好文化建设中个人理想与共同理想的关系

文化的多样化一定程度上可以被看作是人们个人价值和个人理想在文化上的体现,多样化的文化消费与倡导主流价值文化的关系相应也可以被看作是个人理想与共同理想的关系。多样化的文化消费是被允许和鼓励的,正如个人理想也是被认可和保障的。我们必须以主流价值文化引导多样化的文化消费,来实现各种文化的和谐共处。同样,个人理想也需要着力体现共同理想来实现二者的统一。因此,一定程度上,我们也可以通过实现个人理想与共同理想的统一来规范多样化的文化追求,并确立起主流价值文化的主导地位,即建立起个人对主流价值文化的自觉认同。

个人理想是指个人对自己生活方式和人生理想的设计和追求,它总是关涉到个人所处的生活环境,往往受到人生观和价值观的强烈影响。而共同理想,则是一个国家或民族绝大多数成员对未来的生活或理想的设计和追求。共同理想并不是个体理想的简单相加,而是个体理想的整合和升华,并共同地指向一个根本的奋斗目标。这个共同目标往往能将人们团结凝聚一起,并鼓舞、引导着人们朝着美好的未来世界迈进。个人理想与共同理想的关系可以看成是个体价值与社会价值的关系,因此,它们并不是同一层次上的两个平行事物。个人理想的多元化代表着价值的多元化,它是一种客观存在的"实然"状态,而共同理想则是社会主导价值观的体现,它是一个社会所追求和倡导的价值目标,代表着社会发展的"应然"状态。"应然"是对"实然"的超越,因此,共同理想相较于个人理想蕴含着更多的合理性和理想性。所以,在处理个人理想与共同理想的关系时,一方面,我们必须承认个人理想存在的必然性和合理性,尊重人们个人理想的差异性与多样性,另一方面,也应该看到个人理想"实然"存在的不稳定性,这必须用"应然"存在的共同理想来加以引导、塑造,从而使"实然"逐步符合"应然",最终实现二者的统一。

个人理想往往是个人价值追求与自己所处的文化社会环境相互作用而形成的。当前,随着市场经济的发展和全球一体化的不断推进,不同质的文化价值观念都被挤到同一个历史平台上,这直接增加了个体价值选择的自由度,使得个人理想多元化趋势更加明显。任何一个社会都必须把某种主导的价值文化作为维系社会存在、凝聚社会共识的前提。个人理想固然对于个人过一种有意义的生活十分重要,但有意义的个人生活绝不是在真空中实现的。也就是说,一个社会共有的价值文化赋予了一个人的理想、价值以意义。因此,社会的存在和发展,个人价值的实现,都要倡导并建构属于这个共同体的主流价值文化,而这种价值文化在一定意义上就体现在一个社会的共同理想中。当前我国最广大群众的共同理想是中国特色社会主义共同理想,建设中国特色社会主义社会,实现中华民族伟大复兴的"中国梦"成为全国人民的共同奋斗目标。我国现阶段已进入改革发展的关键时期，经济体制、社会结构、利益格局、思想观念等都经历着深刻的变革。这种空前的社会变革，给我国发展进步带来巨大活力，也必然带来这样那样的矛盾和问题。其中尤其是利益格局的分化导致利益主体的多元化，这反映在价值文化领域，就是导致各种思潮的兴起。不同的思想文化反映着不同的利益诉求。与此同时，全球化加速发展也从经济的领域延伸到文化价值领域，西方发达国家在全球化的过程中利用技术上的优势，通过贸易往来、文化交流等，试图向我们推销他们的价值观，企图消解人们对共同理想的坚定信念。这些都极大地弱化了共同理想的影响力。在这种情况下，以共同理想引导个人理想已成为现实的迫切要求。

要保证社会的健康发展，就必须确立起共同理想的主导地位，并使得一些不正确的个人理想向此靠拢而不断得到调整。共同的思想以及基于共同理想而形成的共同价值观念是一个国家和民族存在和发展的必要前提。人们有了共同的理想追求，思想上才能达成共识，形成联结各个个体的精神纽带，也才能求同存异，达成行动上的一致，最终才能为建设中国特色社会主义事业而共同奋斗。然而，这并不是说个人理想的存在是毫无意义的。虽然共同理想不是个人理想的简单相加，但个人理想对共同理想的建立却是至关重要的。个人理想与共同理想的关系是一种部分与整体的关系，部分的不合理会导致整体出现偏差，部分得不到保障也会导致整体得不到完善。共同理想的实现必须为个人理想提供宽裕的环境，允许个人理想的发挥，保障多样化个人理想之普遍实现，这样才能使人们感受到自己的直接利益是被保障的，进而使自身的个人理想向共同理想看齐。相反，如果完全否定和抹杀个体理想和发展的自由，最终只会导致整体的萎缩，而作为整体的共同理想也终会难以实现。

构建主流价值文化必须处理好人们个人理想与共同理想的关系。既不能因为确立主导、谋求统一就排斥差异，否定个人理想的存在，也不能因为强调尊重差异、包容多样就放弃共同理想的主导地位。要努力在多元中确立主导，在多样中谋求共识。既要尊重和保障个人理想，让人们了解到主流价值文化的宽容姿态，感受到主流价值文化在权利保障方面的人文关怀；又要以共同理想来引导、规范个人理想，进而指导人们的文化行为，如上文所论述的文化消费行为，使人们感受到主流价值文化相较于其它价值文化在合理性方面所具有的优越性，并努力寻找二者的结合点，把个人理想升华到中国特色社会主义建设中来，最终也将建立起人们对主流价值文化的自觉认同。

三、现代文化传播体系的建构

任何文化都是"魂"与"体"的统一。作为文化之"魂"的精神文化价值要得以被人们认知和认同，必须经由文化之"体"的传播。从某种意义上来说，文化的传播与文化的创作同等重要。文化之"魂"必须通过文化创造才能得以生成，而文化要起到"育"人"化"人的作用，则只有通过文化的传播才能得以实现。文化的"魂"与"体"的关系在某种意义上讲，就是文化的传播形式与传播内容的关系。我国主流文化是中国特色社会主义文化。作为当代中国的主流文化，中国特色社会主义文化及其核心价值观要确立起自身在诸价值文化中的主导地位，必须通过文化传播，使大众认识到其价值意义之所在，并由此建立起社会大众对主流价值文化的认同。文化传播对主流价值文化的构建起着至关重要的作用。

（一）现代文化传播体系的建构：形式与内容的统一

文化在很大程度上是一种观念和价值的创造与传播。在现代社会中，文化产品质量的高低，除了取决于其内容的好坏外，还越来越依赖于现代技术的运用程度，也就是说，通过现代技术的表达，文化产品能够传播得更加迅速，文化产品的形态更加多样化，文化"育人、化人"的功能更能彰显。所谓文化的技术表达，就是不断地采用现代科技手段，对文化产品的生产和传播进行艺术包装，以此加强文化创造和文化产品的表现力和感染力。事实上，文化的发展一直就伴随着科技的进步，并且借助科技进步带来的新成果，不断地实现着文化自身的丰富与发展。

科技进步使得文化产品的生产和传播不断地实现着新的变革与提升。从世界范围看，以信息技术为主的高新技术的发展，正在对文化创新的手段与能力、文化的传播效能与范围都产生深远影响。在某种意义上讲，数字媒体技术已成为促进文化发展的新引擎。现在，数字媒体技术在各种文化产品的生产和传播中得到广泛应用。以动漫、网络游戏、手机游戏、多媒体产品为代表的新兴文化业态，已逐渐成为继 IT 产业后最具潜力的产业之一；互联网、手机媒体已经成为具有重要影响的新兴媒体；一些信息产业高度发达的国家或地区，已经逐步形成包括网络服务产业、数字游戏产业、电脑动画产业、移动内容产业、数字影音应用产业等为主的数字内容产业群。不仅如此，各种数字影像、声光多媒体、LED 显示等诸多高新技术正在被更多的演出、展示场馆和大型文化传播活动广泛采用。与此同时，出版、影视制作、报业传媒、演出会展业等传统文化形态，通过与数字化技术、网络技术、移动通信技术等高新技术的结合，也极大地提升了其自身的发展活力。这些文化发展的成就使得我们认识到，科技的应用对于繁荣发展文化的重要性。

但是，我们也要意识到，文化作品创作本质上应该是人的观念、情愫、魂魄的文化表达，离开人的情感和精神，再好的形式技巧都与文化的基本功能无关。思想和精神应该是文艺作品的根和本，任何文化艺术之花如果丢了根脉是必然会枯萎的。所以，文化的发展和繁荣，既要充分利用现代科学技术手段，但又不能一味依赖科技手段，更不能在文化创造中以科学技术代替人文，以技术冲淡思想，以形式掩盖内容，以工具消解精神。我们必须认识到，文化创造和文化产品在本质上永远都是对人的情感和思想的表达。一旦离开以思想、精神、情愫、道德为核心内容的人以及人的生活，那么，文化也就没有存在的必要了。文化本质上是属人的，只有人及人类社会才可能有所谓文化。

正是由于文化在本质上是人的"道德"的升华、"情感"的宣泄、"真理"的辨析和"意义"的张扬，所以，无论何时，文化的存在和发展都必须具有深刻而丰富的思想和精神内涵。任何形式的技术表达都只能实现其形式上的创新和传播上的快捷，它虽然具有提升和丰富文化表现力和感染力的功能，但它决不能取代的内容，成为文化的主体与灵魂。技术对于艺术而言，永远都只能处于从属地位，它的任务就是如何把丰富的思想和情感内容以更加现代和更加具有感染力的方式表达出来。内容与形式、艺术与技术的这种主从关系，都是不能颠倒的。否则，便会造成"形"大于"质"和"技"压制"艺"的扭曲现象，使文化创造和文化产品变成了技术的附庸，最终生产出一堆仅仅由技术堆砌起来的，毫无内容可言的文化产品。

这也就是为什么在当代中国，一方面是文化的大发展大繁荣，文化产品的数量快速增加，但另一方面人们对文化发展的现状却不甚满意。现在，一些影视文化作品动辄耗资数亿元，但却往往得不到大众的认可；一些被创作主体和新闻媒体大肆追捧的作品却往往遭到人们的诟病与不屑。究其根本原因，就是其作品"形"大于"质"和"技"压制"艺"的结果。所以，这应该引起我们高度的重视和深刻的反思。总之，在文化产品的生产和传播过程中，我们应该在"形式"与"内容"之间保持必要的张力。

（二）现代文化传播体系的建构：市场与非市场并举

文化产品的商品属性决定了绝大多数文化产品可以进入市场，按市场法则进行生产经营。文化产品首先是要能为人们所接受和认可，并进而去消费，才能更好地发挥它的社会功能，否则再好的文化产品，如果人们不喜欢、不接受，没有"票房"价值，社会效益就会被落空。因为。只有市场才能为文化的创新和生产提供准确和及时的的信息，也只有市场的评价（通过"票房"）才能给文化生产形成激励和压力，从而促进竞争的文化发展环境，迫使文化生产者提供更高质量、更多品种、更好内容的文化产品。因此，文化产品进入市场，不仅能实现其自身的经济效益，从而增加其自我发展的能力，同时也能为人们提供更多的文化产品，从而更好地实现其社会效益。

在文化生产市场化的过程中，对于什么样的产品能市场化，什么样的产品不能市场化我们要有清醒的认识。对于严肃的高雅艺术和学术著作，对于公益性文化事业等主要是实现文化的社会效益的文化产品和活动就不能完全交由市场来完成，这些文化类型，政府必须要通过公共文化设施的建设和对公共文化事业投资来建设和发展。而那些面向大众、雅俗共赏、寓教于乐的文化产品和服务，如电视业、出版业、报业等则可以在坚持正确价值方向的前提下鼓励走市场化道路。但政府要对这类文化业态进行有效的管理，使之发挥其应有的文化价值和社会功能。再有就是那些包括大量消遣性、娱乐性、益智性文化活动、作品，如音乐、戏剧演出、畅销书、音像制品、旅游、体育、广告、书报杂志等以经济效益为主要目标的文化生产，则可以完全由市场来调节，实现产业化。政府对其生产应只"管"而不"办"。

总之，在提倡文化生产市场化的同时，我们更要意识到，不是市场决定文化的生产和发展，不是市场需要什么，文化就提供什么；而应该是文化生产和发展要积极引导市场。一方面，要适应市场经济发展的现实，在坚持正确的文化发展方向的前提下，将能够由市场来完成的文化功能交由市场来完成，依照市场规律来组织文化生产经营。同时，政府要着力培育文化市场，引导文化消费，不断提高人们文化程度和审美水平，加强文化市场的管理，让体现社会主流价值的优秀产品在文化市场上占据主导地位。此外，政府要承担起提供公益性文化产品的功能：如建立和维持由政府出资的国家文化、艺术创作中心、歌剧院、图书馆、博物馆、文化馆、公共电视台、公共信息网络等等公共文化设施。总之，对文化资源的市场配置，绝不可以听任市场的自发作用，应该有效发挥政府的功能，使市场的"看不见的手"与政府的"看得见的手"结合起来。特别是在当前中国，为了构建社会主义主流价值文化，政府要引导文化生产者生产和提供更好、更多的精品力作满足广大人民群众多方面的文化需要。

（三）构建均等化的公共文化服务体系

文化的"娱乐化"和"庸俗化"现象的出现就其根本来说是由市场主体对经济效益的过度追求所导致。因此，为了从根本抵制"三俗"文化，必须着力凸显社会效益的重要性。公共文化服务体系的构建就是重视社会效益的突出表现，它能在一定程度上阻止"三俗"文化的出现，对主流价值文化的构建也起着不可忽视的作用。主流价值文化要得到大众的认同，归根到底要解决与人们相关的利益诉求问题。只有建设能惠及所有人的基本的公共文化服务体系，才能使广大人民群众的基本文化权益得到保障。人们在感受到实际的利益后才能真正理解和认同主流价值文化。

公共文化服务具有公益性、基本性、普惠性和均等性等特点。首先，与经营性文化产业相对应，公共文化服务体系要求实现的是社会效益的最大化。公益性是公共文化服务的首要性质。这就决定了公共文化服务体系必然是以为人民服务为其出发点和落脚点的。公共文化服务体系是保障广大群众基本文化权益的社会福利型事业，其重在解决广大群众在文化方面最直接、最关心、最现实的利益问题，以最大限度的实现文化建设所具有的公共价值。因此，公共文化服务体系的构建是关乎民生的举措,它的最终目的在于满足人民对基本文化需求,促进人民文化素养的提高。其次,公共文化服务还具有基础性特征。所谓公共文化服务,简单来讲,就是用公共文化资源为公众造福。然而,公共文化资源是有限的,而人们的精神文化需求又是多层次的,因此公共文化服务只能在可承受的范围内实施进行,即以满足人们基本文化需求为主要目的。所以,当前我国公共文化服务体系的构建主要是基于一种"基本公共文化服务"的普遍化,即在公共财力能够承受的范围内由政府主导对全体公民提供免费的基本文化服务,以确保全民共享发展成果,最终实现社会和谐。再次,公共文化服务还是一种普惠性服务。公共文化服务所面向的对象不是某个群体或个人,而是整个社会大众,它力求实现的是公共文化服务的全面覆盖,从而使每个人都尽可能充分享受到文化发展的成果。但需要注意的是,这种普惠性是以差异性为基础的,即在提供公共文化服务时,由于不同地区文化消费水平的差异,其对公共文化服务的需求也是不同的,因此,对于不同的群体,我们也应区别对待,采取有针对性的举措,决不能片面搞"一刀切",如此才能实现公共文化服务的有效供给。

建构公共文化服务体系要注重获取公共文化产品的均等性。构建惠及全社会的公共文化服务体系是实现公共文化服务均等化的基础和前提。只有在保障全社会成员都享有基本文化权益的条件下,权利享有的均等化才有其讨论的根基。在这里,我们要认识到,实现"基本公共文化服务的均等化"是构建一个公平正义社会的必然要求,它对中国主流价值文化的构建有着重大的意义。公平感是人们认同一个社会主流价值文化的最重要的心理基础。随着文化权益享有的差距而来的是社会不公平感,正如马克思所形容的:"一座房子不管怎样小,在周围的房屋都是这样小的时候,它是能满足社会对住房的一切要求的。但是,一旦在这座小房子近旁耸立起一座宫殿,这座小房子就缩成茅庐模样了。这时,狭小的房子证明它的居住者不能讲究或只能有很低的要求;并且,不管小房子的规模怎样随着文明的进步而扩大起来,只要近旁的宫殿以同样的或更大的程度扩大起来,那座较小房子的居住者就会在那四壁之内越发觉得不舒适,越发不满意,越发感到受压抑。"①

现阶段,我国已逐步建立起各种文化服务渠道和公众文化服务平台,但与我们现阶段文化发展的目标相比,还有很大的差距,还远未能达到理想状态。这主要表现在以下两个方面:首先,"供给不足"。我国文化服务的覆盖面还不足,当前仍有很多地区,尤其是经济较为落后地区还未建立起独立的文化服务平台,人们的基本文化权益还未得到全面的保障;其次,"享受不均"。这突出表现在地域和城乡之间,公共文化设施的建设和投入存在极大的差距,人们能享受到的基本的公共文化服务水平也存极大差距。由此,我国公共文化服务体系的构建主要面临着两项任务:一

---

① 《马克思恩格斯选集》第 1 卷,人民出版社 1995 年版,第 349 页。

是要实现基本公共文化服务的广泛覆盖，保障广大人民群众基本文化权益的实现；二是实现"基本公共文化服务的均等化"，即着力缩小甚至消除人们在基本公共文化资源享有上既有的差距，保障人们在基本文化权益享有上平等权利的实现，从而使人们真正感受到主流价值文化的重大实践价值，并最终自觉接受主流价值文化。

在这里，我们需要特别注意，当前基本文化权益享有的差异性必然会严重影响到人们对主流价值文化的认同，特别是对于那些基本文化权益得不到保障的地区的人们必然对中国主流价值文化产生质疑。因此，我们必须着力实现公共文化服务的均等化，使全体人民均等受益、共享文化发展成果。这也是现阶段我国构建公共文化服务体系的最终目标。要实现均等化这个目标，就现阶段来看，统筹城乡文化发展是其重中之重。当前，我国公共文化服务体系构建中存在的问题归根到底可以说是基本文化权益享有的不均等问题，而这种不均等在现实中突出表现为一种城乡间的非均等化。因此，统筹城乡文化发展，加大文化资源向农村倾斜，逐步使城乡居民在基本公共文化服务的享有上达到权利的平等已是构建公共文化服务体系不可逾越之举。

构建覆盖全社会的公共文化服务体系，首先需要确立政府的主导地位，同时也要理顺政府、市场、社会力量的关系。构建公共文化服务体系的目的在于满足人们基本的的文化需求，这种基本的公共利益，只有通过政府的投资和建设才能最大程度为人民群众提供公共文化资源。现代政府的基本职能之一是为人民提供基本的公共服务，而公共文化服务就是其基本职能的重要组成部分。但这并不意味着政府是提供公共文化服务的唯一主体。政府的公共服务功能只能是提供基本的需求，而不是满足人们所有的需求。基本的公共服务之外的功能则可以由市场和社会力量补充。市场可以提供基本公共文化服务之外的，更为多样化的文化需求。在政府和市场都无力做的地方，可以发挥社会力量进行补充。一方面，社会力量可以提供更多样、更具个性、更专业的文化产品和服务；另一方面，通过参与文化建设，也可以调动社会各阶层的积极性，提升参与感和认同度，这两方面，都有利于公民文化权利的实现。社会力量的广泛参与能极大的分担政府的服务工作，在拓展公共服务的供给主体外，也必然能很大程度地提高公共文化服务的质量和效率，可以说，社会力量的存在本身就是对政府的补充和平衡。两者的良性互动必然能极大推动公共文化服务体系的构建。

其次，我们在确立构建主体后，还需在投入机制方面进行一定的完善。扩大对公共文化服务的投入是毋庸置疑的。只有充足的资金支持才能保障公益性文化事业单位的正常运行，才能完善各个地区文化设施的构建落实，也才能提供更多的公益性文化产品和服务，来最终满足全体人民群众的基本文化需求。完善公共文化服务体系首先要有充足的政府财政预算来保证文化投入的持续提高。在这方面，现阶段我们好做的很不够，许多地方对文化建设的投入还相当有限。据统计，2014年，全国文化事业费财政总投入是 583.44 亿元，其中县以上是 292.12 亿元，占 50.1%；县及县以下是 291.32 亿元，占 49.9%。如果再考虑到县以上城镇地区是社会资本投入文化事业的主要地区，那么，广大农村地区的文化发展与城市文化发展就呈现出巨大的差距。再从区域分布来看，2014 年，全国文化事业费财政总投入中，东部地区 242.98 亿元，占 41.6%；中部地区 133.46 亿元，占 22.9%；西部地区 171.15 亿元，占 29.3%。① 为此我们必须全力促进城乡、区域文化的协调发展，坚持把建设的重心放在基层农村，逐步实现公共文化服务均等化。首先，在总体上，我们要解决"供给不足"的问题。具体来讲，我们要整体上加大对公共文化事业的投入，实现基本公共文化服务的全面覆盖，以全体人民为服务对象，保障人民参与文化活动等各项文化权益。其次要解决"享受不均"的问题。具体说来就是在制度上要向农村或弱势群体倾斜。现今我国城乡之间的公共文化建设和服务的差别在某种程度上讲是因社会的制度性安排所促成的，因此，加强制度设计的公平、公正无疑是社会公平、正义的基础和保证。我们不能保证每个个体都能实现同样的文化水平，但重要的是我们要保障每个人都享有基本的公共文化服务的机会。促进公共文化服务向农村倾斜，尤其要加大政府对农村教育的投入和支持，建立有效的教育资助体系；加快基础文化设施建设，努力使农村居民能切实享受到公共文化服务；另外，还必须深化教育改革，合理配置教育资源，满足广大底层人民对文化教育的需求，等等。这些措施都将有效缩小人们在基本公共文化资源享有上存在的既有差距，促进社会公平，保障人们对基本文化权益上的平等享受。

（四）文化产业的发展与道德控制

文化的发展和繁荣的根本在于提升国家的文化软实力，在于从根本上促进人民的幸福。幸福是人类行为的终极目的，它有层次和境界之分。经济上的富裕是人民幸福的物质基础，而文化的繁荣则是人民幸福的精神支撑。与经济相比，文化的特殊性就在于其根本目的是促进人的精神的发展，提升人的生存意义是文化的根本使命。作为文化与经济的结合物，文化产业一方面它是经济的，是需要指向市场的，但另一方面，它又是属人的，是直指人的精神。所以，文化产业的发展和繁荣与我们个人的快乐或幸福之间存在着一种必然的联系，其发展方向直接关系到文化乃至人类的未来。因此，大力发展文化产业对于社会主义文化大发展大繁荣，对于构建社会主义主流价值文化具有重要意义。

文化产业的发展实际上也就是文化产业的市场化发展，它不仅是必要的，而且也是极为重要的；它不仅不会丧失其应有的意识形态功能，一定程度上，它还会对意识形态宣传起到极大的促进作用。文化产品作为人类脑力劳动或体力劳动的结

---

① 江畅等：《中国文化发展报告（2015～2016）》，社会科学文献出版社 2016 年版。

果，必然具有一定的价值性，而这种价值只有通过市场消费才能得以充分实现。市场经济是一个流动的开放体系，在市场经济条件下，文化产品主要通过生产－流通－消费这三个环节来实现自身的使命，而在这个过程中，文化产品中所承载的价值理念也得以被传播开来。因此，构建主流价值文化需要文化产业的市场化发展。另外，意识形态虽应在文化建设中时刻保持其核心地位，但如果不注意其传播方式的恰当性，片面采用强制的手段灌输主流价值文化，而抵制一切非主流价值文化的传播，则只会使主流价值文化失去其原有的感染力。而且，发展社会主义文化产业的直接定位就是解决人们日益增长的精神文化需求同落后的精神文化生产之间的矛盾。当今社会，人们的精神文化需求日益呈现多元化、多层次格局，自主性、娱乐性大众文化消费方式成为新的趋势和潮流，这都要求文化产业的市场化发展。

建设文化强国，必然要大力发展文化产业。从总体上看，我国的文化产业还处于起步阶段。在当前，由于我国文化装备业、文化材料业、文化消费终端业等还处于极为落后的水平，从而使得我国文化的表现力、传播力和影响力，文化产品和服务的供给能力，文化产品的文化含量、品牌价值等都需要极大的提高。也就是说，我国的文化产业还需提升到一个新的层次。那么，如何提升我国文化产业的层次？

首先，要将文化产业的内容建设提到战略高度。现阶段我国文化产品的原创力还不足，与欧美等文化产业强国和地区相比，还有相当的差距。随着"走出去"战略和各种对外政策的逐步实施，我国文化的国际影响力与竞争力在不断地提升。但我们也应清楚地认识到，我国文化对外的影响力仍然是不足的。这主要表现在以下三个方面，第一，相比其他物品的对外贸易水平，我国文化产品的对外贸易水平还处于比较劣势的地位。第二，就文化产品自身的结构而言，我国出口的文化产品类型主要是一些知识量含量比较低的文化产品。比如在我国版权合同登记及引进和输出的情况中，2014年我国电视节目的版权合同登记只有10项，但引进有316项；从文化产品的输出来看，2014年我国音像电子出版物出口20 692（盒、张），但进口数额达134 380（盒、张）。[①] 这些数据都显示了我国在文化产品自身创新性的不足，以及由此造成的对国外高新技术产品的依赖。因此，我们必须高度重视文化产业的发展。

其次，要强调文化创新，注重艺术和科技的融合。文化的创新在于两个方面，一是文化内容的创新，这方面我们既需要从传统文化中吸取养料，也需要从西方文化的优秀成果中吸取养料，但更需要从当代中国社会主义现代化进程中的伟大实践中吸取养料，在这些养分的基础上实现文化的创新；另一方面则是文化生产的形式的创新，这方面我们需要实现艺术和科学的融合。艺术和科技的嫁接，乃是创意的灵魂，再扩大一点说，艺术与科技的融合，乃是我们这个创意时代的灵魂。通过文

---

① 国家统计局：《中国统计年鉴》（2015），中国统计出版社，2015年版。

化表现形式的创新,才能更有助于创作出更具感染力和表现力的文化产品。

第三,要把发展文化产业和解决民生问题结合起来,把文化工程做成民生工程。这一点在当前非常有意义。我们应该注重把文化产业的发展与传统文化的传承与保护结合起来,把文化产业的发展与新型城镇化的建设结合起来,把文化产业的发展与社会主义新农村建设结合起来,这样才能使得文化产业的发展有"根"有"据",从而更好地促进社会主义文化大发展大繁荣。

但文化产业的市场化发展并不等于文化产业的全面市场化。事实证明,即使市场经济最为发达的国家,由于市场经济固有的缺陷性,市场也仍然会处于无措的境地。随着我国产业结构及产业政策的调整,文化产业正逐步成为我国的支柱性产业。但在巨大的经济效益背后,文化的价值维度却日益被商业维度侵蚀,主流价值文化在文化产业发展中的地位日益受到严峻的挑战。其中,文化产业中的"泛娱乐化"就是最明显的表现之一。在这里,一切公众话语都日渐以娱乐的方式出现,并成为一种文化精神。我们的政治、宗教、新闻、体育和商业都心甘情愿地成为娱乐的附庸,毫无怨言,甚至无声无息。我们一直以来对文化的要求都是"寓教于乐",但在"泛娱乐化"背景下,"乐"不仅颠覆了其本身应居的依附地位,获得其独立性和合法性,而且还使"教"逐步失去对自身价值存在的自我解释能力。文化产品的娱乐化和商业化正逐步驱退主流价值文化的作用空间,使其面临着被边缘化的危险。文化产业在发展的过程中开始日益远离其最初的定位。在这种境况下,加强主流价值文化对文化产业的引领已成刻不容缓之势。

因此,文化产业的发展应当注重道德内涵。当前的文化产业快速发展一定程度上忽视了文化的道德内涵追求,远离了文化的精神实质。所以,加强文化产业发展的道德约束已经成为文化大发展大繁荣的内在要求。作为我国文化发展的风向标,文化产业应当责无旁贷地承担起维护中华民族共同的道德基础的任务。在发展的过程中,牢记其承担的建构社会主义主流价值文化的历史使命,将社会主义核心价值观作为文化产业的道德坐标基点,让社会主义主流价值观成为文化产业发展的道德引领者。

四、营造优秀文化人才脱颖而出的社会环境

主流价值文化的构建过程是建立起公众对主流价值文化认同的过程。一种价值文化要得到大众的认可,除了需要理论自身的科学合理性外,还需要外在传播条件的有效性,而这种合理性和有效性的获得都必须以营造良好的社会环境作保障。

一个良好的社会环境,首先能确保各种文化发展的正确方向。一个和谐的社会在承认各种矛盾存在的同时,往往要有自己基本的思想指向,这种指向是有效化解

各种矛盾、保证社会稳定的根源。主流价值文化的提出正是以此为依据的，我们甚至可以说，主流价值文化所代表的正是这种指向。而指向在以主流价值文化的具体形式确立之后，进而又会引导社会各种非主流文化朝着正确的方向发展。其次，一个良好的社会环境往往还能实现各种文化的充分发展，而理论要有活力，首先就必须是丰富多彩的。主流价值文化的构建离不开社会这块大土壤，承认各种文化的存在、发展，使各种文化在碰撞、冲突中相互借鉴和吸收，这正是主流价值文化获得长足发展的文化源泉。另外，尊重各种文化的充分发展，还能把各种文化力量聚集到建设中国特色社会主义文化的实践轨道上来，即全民共同构建主流价值文化，从而最大限度地形成全社会的思想共识。

当代中国正处于社会转型的关键时期，"多元并存"是这一时期在思想文化领域的主要特征。首先，传统到现代的转变带来了传统与现代价值体系的思想断裂，传统价值文化认同者与现代价值文化认同者各执一端，新旧更替的历时性转变使得人们在传统与现代文化价值认同上陷入困境；而全球化的发展，则将本土价值文化与异域价值文化挤压在同一平面上，相互交织、碰撞，并混杂一起。然而不同价值文化间总客观存在着一定的差异性和不可通约性，不同价值文化之间的内在张力和矛盾便是不可避免的，这就导致了本土与异域共时性价值文化冲突的出现。而中国此时又正处于主流价值文化构建时期，各种价值文化相互竞争、相互激荡，更加剧了原本多元交织的思想价值冲突。思想的变革与分化迫切需要社会从宏观上确立政策与改革措施引导各种文化的健康发展，并在承认"多元并存"现状的基础上努力推进主流价值文化的构建。

（一）坚持文化生产的"二为"和"双百"方针

文化为什么人的问题，是一个"根本的问题，原则的问题"，只有处理好这个问题，才能保证文化发展的正确方向，也才能使文化的发展获得长足的生命力。"正确的创作方向是文化创作生产的根本性问题，一切进步的文化创作生产都源于人民、为了人民、属于人民。"[①]中国主流价值文化是中国特色社会主义文化，作为社会主义的意识形态，它必然也必须是自觉为广大人民群众服务，为社会主义建设事业服务的。"二为"方针是中国特色社会主义文化建设的根本指导方针，也是我国文化发展的根本方向。如果偏离这个根本方向，文化建设就会走入歧途，导致文化自身价值的失落。

文化为人民服务，即文化建设必须是对人民有益的。文化建设是为了满足人民群众日益增长的文化需求，提高人民群众的精神文化生活水平，最终实现人的全面发展。而要实现这些要求，文化工作者必须深入群众，自觉在人民群众的生活中汲

---

① 《中共中央关于深化文化体制改革，推动社会主义文化大发展大繁荣若干重大问题的决定》。

取文化创作的素材。群众生活是"一切文学艺术的取之不尽、用之不竭的唯一源泉。这是唯一的源泉,因为只能有这样的源泉,此外不能有第二个源泉。"①文化创作只有以群众生活为其创作源泉,才能避免所谓"灵感枯竭"的状态。群众需要文化,文化更需要群众。"文艺深深融入人民生活,事业和生活、顺境和逆境、梦想和期望、爱和恨、存在和死亡,人类生活的一切方面,都可以在文艺作品中找到启迪。"②邓小平也曾说过"人民是文艺工作者的母亲。一切进步文艺工作者的艺术生命,就在于他们同人民之间的血肉联系。"③文艺工作者只有扎根于人民群众,深切了解人民群众的愿望和要求,反映人民的喜怒哀乐,才能创作出符合人民根本利益的作品,这种作品也才能受到广大人民群众的欢迎和认同,并最终起到启发和教育人民群众,激发人民群众建设中国特色社会主义文化的积极性。

这里实际上揭示了一个有生命力的文化作品所必须具备的根本要素,即深刻把握主体与客观世界的关系。然而,我国目前很多作品却日益呈现出"单向度"特点,即无边张扬主体的个体意识,将主体与现实、与群众疏离开来。这些作品往往囿于一己的悲欢而不能感受到群众的喜怒哀乐与现实的呼唤,因此,作品的语言与形式也随之落入晦涩或失范。文化创作只为了作者个人欲求与情绪的表达,文化作品也就成了作家个人的玩物,这些作品自然也难以获得广大人民群众的普遍认同和共鸣。这种现象的兴起主要是由于有些文化创作者对个体价值的过分强调,这种个体倾向走向极端,甚至会导致个体价值与社会、群体价值的对立,使文化作品成为荼毒人民大众、反对社会主义的武器。市场经济下为"金钱"而艺术,即为最好的证明。因此,我国文化作品的创作必须以"二为"方针为根本指导,将"二为"方针作为评判、检验我们一切文化作品是非的基本准绳,即将内容上是否反映广大人民群众的需求,形式上是否采用群众喜闻乐见的表现方式,以及总体上是否符合广大人民群众的利益为根本评价标准,只有这样,文化作品才能保证自身发展的正确方向,也才能从自身的"小圈子",从"纯文学"中跳出来,把握时代生活的脉搏和群众真实、丰富的情感世界,拓宽自身的艺术视界和创作的美学品格,最终被广大人民群众所接受和认可。

文化为社会主义服务,即要求文化建设必须是对中国特色社会主义建设有益的。现阶段,人民群众最根本的利益就是解放和发展生产力,不断推进社会主义现代化建设,让每个人都能过上幸福的生活,最终实现中华民族伟大复兴的中国梦。因此,为人民服务和为社会主义服务就其实质而言是一致的。只是前者是目的,后者是手段,我们需要通过建设好社会主义来达到为人民服务的目的。然而,在处理文化与社会主义的关系上,由于对意识形态的过分强调,在我国历史上,文化成为

---

① 《毛泽东选集》第3卷,人民出版社1991年版,第860页。
② 习近平:《在文艺工作座谈会上的讲话》,新华网,2014年10月15日。
③ 《邓小平文选》第2卷,人民出版社1994年版,第211页。

政治附庸的现象时有发生，特别是在"文化大革命"时期，许多文化作品呈现出公式化、概念化倾向，而文艺自身的文化价值却被忽略，甚至被阉割。文化只为政治而存在，文化自身的活力和感染力被政治挤压出去，这极大的束缚了文化的发展。"二为"方针的提出，使文化从"单向度"面对政治走向面对群众和生活，文化从政治的束缚解脱出来，这极大地拓宽了文化发展的自主性和真实反映社会生活的领域和空间，为社会主义文化建设开辟了广阔的发展道路。然而，这并不是说文化可以摆脱政治。邓小平就曾经指出："不继续提文艺从属于政治这样的口号，因为这个口号容易成为对文艺横加干涉的理论根据，长期的实践证明它对文艺的发展利少害多。但是，这当然不是说文艺可以脱离政治。文艺是不可能脱离政治的。任何进步的、革命的文艺工作者都不能不考虑作品的社会影响，不能不考虑人民利益、国家的利益、党的利益。培养社会主义新人就是政治。"①

在解决"为了谁"的方向问题后，我们要进一步解决"如何为"的途径问题。当前，中国的思想领域呈现多样文化交汇、冲突、碰撞的境况，这可能使中国主流价值文化面临着被破坏、被侵蚀的危险。面对这种思想文化的混乱局面，我们不能简单地作出非此即彼的判断，因为完全的排斥只会带来文化的自我封闭，而简单地"拿来"则会使文化失去其自主性和独特性，成为无根的浮萍。所以，问题的关键在于，如何对各种文化进行筛选过滤，并对其精髓加以吸收，以丰富自身主流价值文化。"双百"方针就是为了解决这一矛盾而提出的策略。

"百花齐放、百家争鸣"，即倡导艺术上不同的形式和风格可以自由发展，科学上不同的学派可以自由争鸣。这是在遵循文艺发展客观规律的基础上提出的方针。首先，从作为主体的文化工作者来看，文化工作者对客体的反映总是积极能动的，而每个文化工作者的生活境遇、知识储备以及创作方式等都是各不相同的，这就决定了其创作出来的文化产品必然也是各有其特色的。坚持"双百"方针，鼓励不同学派、不同观点的自由发展，尊重文化工作者的文化成果，能极大的调动广大知识分子的积极性和创造力。而且，文化作品的创作是以满足文化消费的文化需求为目的的，不同层次，不同方面的消费需求必然也使文化产品的创作呈现多样化的特征。另外，"双百"方针作为民主政策在文化领域的体现，它在肯定知识分子有创作自由的同时，也肯定了广大人民群众对文化作品所享有的发言权和参与权，文化作品应该以是否符合群众利益为其判定是非的根本准绳，这显然能极大地调动广大人民群众建设中国特色社会主义文化的积极性。其次，从作为客体的反映对象来看，文化是主体对客体的反映，而客体的表现形态总是千姿百态的，因此只有贯彻"双百"方针，才能多角度多层次的反映对象，最终，使主体的反映尽可能去符合客观世界的原貌。在"双百"的环境下，不同的理论、观点不是被压制，也不是

---

① 《邓小平文选》第 2 卷，人民出版社 1994 年版，第 255～256 页。

完全"拿来",而是在自由的交锋中明辨是非、相互补足,对合理的意见加以吸收,对错误的意见做到以理服人,这显然是在保证中国主流价值文化独立性的同时,也为主流价值文化的丰富、发展提供了广阔的可能发展空间。"双百"方针对中国主流价值文化的构建是至关重要的。"一种价值文化要成为主流的价值文化有两个条件:其一,一个社会必须是价值多元的;其二,在多种价值文化中,有一种文化真正能起主导作用,其他文化不与其相对立、相抗衡,相反与之共荣共存,并接受它的引领和指导。"①多元价值文化并不是与主流价值文化相对立的存在,相反,主流价值文化的构建需要以价值文化的多元发展为其基本前提。一种排斥他者的文化创作,往往并不能使该文化取得其所设想的主导地位,相反,它还有可能引起人们的逆反心理。主流价值文化只有在各种不同的价值文化的较量中,努力展现自身的独特魅力,并学习从其它文化中吸收养分来不断丰富自身、完善自身,才可能使人们在诸多价值文化中,通过对比、参照,自愿去了解主流价值文化,并最终形成对其的自觉情感认同。因此,在主流价值文化的构建过程中,我们必须充分尊重文化发展的多样化趋势。思想的真空是无法构建主流价值文化的,真正的认同只能在一种宽容的文化氛围中才能得以建立起来。

在我国历史上,国家曾对知识分子采取了过左的政策,这极大的挫伤了文化工作者创作的积极性和创造性,文化界也因此陷入一家独鸣、百花凋零的严重局面。新时期,我国实行"双百"方针来调动一切积极因素建设中国特色社会主义文化,这是值得肯定的。但需要注意的是,"双百"方针的执行必须以"二为"为根本前提。"二为"是"双百"的灵魂,偏离了"二为"来实行"双百"只会使文化界陷入毫无意义的混战。这是因为,"双百"的提出旨在通过健康的学术争鸣来发扬真理,实现文化领域的"优胜劣汰",以确立中国特色社会主义文化的主导地位,并促进社会主义文化的发展,但它并不是让各种思想文化无原则地共存,更不是给那些腐朽、落后的文化以存在的借口。随着全球化的浪潮,各种资本主义的意识形态不可避免地渗透于人们现今的生活中,这更要求我们旗帜鲜明地坚持"二为"方向,提高辨识能力,不然只会陷入思想上的混乱与价值选择上的迷茫。

"二为"方针与"双百"方针是辩证的统一。"二为"方针规定了社会主义文化的方向,"双百"方针规定了发展社会主义文化的途径。"二为"方针是"双百"方针的前提,离开"二为"谈"双百"可能使文化的发展陷入资本主义自由化的境地,而"双百"方针是实现"二为"方针的手段,离开"双百","二为"也不能实现自身的目的。总之,"'二为'方向和'双百'方针,深刻反映了我国文化事业的发展规律,是对精神产品生产的基本要求,是宣传文化事业繁荣的重要保证。"②

---

① 江畅:《中国主流价值文化构建的三个问题》,《光明日报》,2012年6月21日第11版。
② 江泽民:《论党的建设》,中央文献出版社2001年版,第134页。

（二）弘扬主旋律，提倡文化多样性

"二为"与"双百"方针的实行要突出弘扬主旋律，提倡多样化的原则。有人可能会问既然实行了"二为"与"双百"方针，为什么还要提出弘扬主旋律，提倡多样化的方针？实际上，这两个方针的偏重点是有所不同的。"二为"与"双百"方针是针对所有文化作品而言的，要求文化作品在坚持"二为"的方向上实现多样化的发展；而弘扬主旋律，提倡多样化则是针对主旋律作品而言的，它强调在所有文化作品中，主旋律作品是最重要的"花"，要实现主旋律作品的多样化。

那么，究竟什么是主旋律，什么是多样化呢？文化在发展的过程中，总要形成各种各样的创作潮流，在同一时代的各种潮流中，又总会有一种占主导地位的主潮流，这就是我们所说的主旋律，它决定着自身所处时代文化的性质，并影响着这个时代文化发展的整体面貌。在我国多层次、多样化的社会主义文化中，表现社会主义文化本质特征的中国特色社会主义文化，即我国的主流价值文化是社会主义文化的灵魂和主导，它决定着社会主义文化的性质和方向。在当代中国，"弘扬主旋律，就是要求在建设有中国特色社会主义的理论和党的基本路线指导下，大力倡导一切有利于发扬爱国主义、集体主义、社会主义思想和精神，大力倡导一切有利于改革开放和现代化建设的思想和精神，大力倡导一切有利于民族团结、社会进步、人民幸福的思想和精神，大力倡导一切用诚实劳动争取美好生活的思想和精神。"[①]因此，所谓主旋律，并不是如有些人所说的简单的一种题材的界定，而应当是一种时代精神，即代表进步的思想和人物精神在作品中的体现和渗透，即文艺的社会性和人民性。任何作品，不论何种题材，风格，只要体现出这种时代精神，展现了为社会主义服务和为人民服务的性质，那它就是弘扬主旋律的作品。

任何一种文化体系都必须有其主旋律，这是维持文化生态平衡的关键所在。随着市场经济的发展和全球一体化的不断推进，不同质的文化观念和价值观念都被挤到同一个历史平台，社会价值多元化趋势日益明显，这直接影响了人们对文化价值的取舍。因此，要整合民族文化、凝聚人心就必须坚定自己的文化立场，建立起科学合理的，为人民大众所需的思想文化，也就是要弘扬主旋律。另外，缺乏统一的多元文化，是无序的杂多，它必然导致文化相对主义的盛行。任何一个社会的存在，必须以某种文化价值的统一性为前提，如果没有一种主导的思想体系或价值一致性，它必然是离散而无方向的。无数的"多"总是统一于整体的"一"中，因为有"一"，才有了自身完整性的存在。当代中国正在经历政治、经济以及社会的伟大变革。经济基础决定上层建筑，政治、经济和社会的变革决定了，在思想文化领域我们也将面临巨大的挑战和困难，"必须坚持巩固壮大主流思想舆

[①] 江泽民：《论党的建设》，中央文献出版社2001年版，第134页。

论，弘扬主旋律，传播正能量，激发全社会团结奋进的强大力量。"①因此，中国社会要增强其向心力和凝聚力，就必须建立起多元的统一，也就必须弘扬主旋律。

但社会主义文化的主旋律并不是中国特色社会主义文化的唯我独尊。实际上，文化主旋律的发展是离不开文化共同发展这个大前提的。因为，无论什么形态的文化，只能在与其它文化的相互碰撞和交流中实现自身的发展。固步自封是不可能获得长久生命力的。因此，我国文化的主旋律所代表的先进性应在于它善于将人类的一切优秀文化加以吸收，不论是本土的还是异域的，不论是传统的还是现代的，只要它是对社会主义事业有益，对提高广大人民群众的精神生活水平有益，就应该将其吸收到我们的文化成分中，丰富文化的主旋律，最终使其成为科学的、现代的、人民喜闻乐见的、具有强大吸引力和感召力的文化。

这种思想表现在主旋律作品的弘扬上，就必须"倡导多样化"。所谓多样化是指文化作品在创作题材、方式和风格等方面必须是多种多样的。正如邓小平所说："文艺的路子要越走越宽，在正确的创作思想的指导下，文艺题材和表现手法要日益丰富多彩，敢于创新。要防止和克服单调刻板、机械划一的公式化概念化倾向。"②对于文化作品在表现形式上的这种多样化倾向，我们首先应该以开放的理念来加以看待。文化的多样化趋势是遵循文化发展客观规律的表现。尊重、弘扬文化的多样性，对整个文化体系的发展是必不可少的，"文化多样性对人类来讲就像生物多样性对维持生态平衡那样必不可少"。③在文化创作的过程中，我们应承认并尊重文化创作风格、形式的多样化趋势，这是文化永葆活力的必要条件，也是文化获得可持续发展所不可或缺的。"反映主旋律的精神产品不仅思想内容要健康向上，艺术表现也应多种多样、生动活泼、精益求精，具有强烈的吸引力和感染力，在文化市场竞争中赢得优势。"④另外，无论对文化工作者来说，还是对人民群众来说，文化的多样化也都是必然而且必须的。每个文化作品都是文化工作者自身风格的体现，文艺家主体因素的差异必然导致文化创作上表现方式的差异；文化发展的宗旨在于满足最广大人民的文化需求，因此，文化的多样化是否应该得到提倡，必然得看它是否于人、于社会有益。而文化为人民服务，为社会主义服务需要通过题材、形式的多样化来增强其吸引力和感染力，显然在弘扬主旋律这一层面上，文化创作的多样性也是应该被允许。弘扬主旋律的同时提倡多样化，是对艺术的尊重，对作家创作个性的尊重，对广大人民群众多样性文化需求的尊重，总之，是对文化自身发展规律的尊重。只有倡导多样化，主旋律的活力才有所保证，社会主义文化的繁荣也才有所保证。

---

① 习近平：《在全国宣传思想工作会议上的讲话》，《人民日报》，2013年8月21日。
② 《邓小平文选》第2卷，人民出版社1994年版，第211页。
③ 参见联合国教科文组织：《世界文化多样性宣言》。
④ 江泽民：《论党的建设》，中央文献出版社2001年版，第134页。

当前我国文化作品在弘扬主旋律上存在的主要问题是"人学空场",即主流价值文化的宣传没有融入大众,这很大程度上就是因为文化作品缺乏多样性所致。"目前我们有些主旋律的思想宣传报道、理论文章、文艺作品之所以受欢迎的程度不高,主要是因为不同程度地存在着公式化、概念化、粗糙化、说教式的弊病。"①现有的主流价值文化宣传更多是一种简单刻板的灌输和宣讲,这种简单化的传播方式不仅收效甚微,甚至还有可能引起民众对其的逆反、抵触情绪,形式的不当"拖累"了本来科学合理的内容。实际上,主流价值文化的传播在一定意义上是一个"传心"、"交心"的工作,我们要知道,主旋律作用的发挥必须以广大人民群众的接受为前提,这就需要我们认真去了解广大人民群众的文化心理和他们的所喜所好,要善于采取灵活多样的方法和群众喜闻乐见的形式,把主流价值文化的宣传融入到文化产品的创作中,以便人们能多途径、多渠道的接触到主流价值文化,从而获得润物无声的效果;同时,我们要多运用一种生活化、通俗易懂的语言,阐述主流价值文化的深刻内涵和精神实质,将抽象的理论通俗化、明朗化,把写在纸上的理论变为写在心上的理论,使人们达到对主流价值文化更深层次的认知。文艺工作者"要走进生活深处,在人民中体悟生活本质、吃透生活底蕴。只有把生活咀嚼透了,完全消化了,才能变成深刻的情节和动人的形象,创作出来的作品才能激荡人心。"②但需要注意的是,社会主义文化的多样化是在整体方向一致基础上的多样化。没有主旋律或文化的主旋律不突出,文化的生态平衡就会发生破坏,继而会形成文化混乱的局面,甚至会导致各种文化的支离破碎。

"弘扬主旋律,提倡多样化"是我国文艺工作的指导方针,也是我们应长期坚持的文化战略。文化的主旋律越是鲜明,就越能更好的体现"二为"方针,也就越使得文化沿着正确的方向发展,而正确把握多样化的内涵,有利于正确贯彻文化创作的"百花齐放"、"百家争鸣"的方针。"推进我国文化建设,必须坚持弘扬主旋律与提倡多样性相统一,不断巩固和壮大社会主义主流文化,努力在多元中立主导、在多样中谋共识。"③因此,可以说"弘扬主旋律,提倡多样化"是"二为"与"双百"方针的进一步深化和具体体现。而主旋律和多样化就其实质而言也是密不可分的。没有主旋律,多样化就会失去其指导,变成缺乏深刻思想,没有灵魂的文化产品;而没有多样化,主旋律也会失去其活力,变成一些晦涩、生硬的概念,也就不能受到广大人民群众的欢迎。二者缺一不可,强调主旋律,并不排斥多样化,恰恰相反,主流价值的体现需以尊重文艺创作内在规律为前提,而且,主旋律往往在多样化中得到体现,多样化本身就是主旋律的特点。文艺创作必须坚持弘扬主旋

---

① 童世骏:《意识形态新论》,上海人民出版社2006年版,第98~99页。
② 习近平:《在文艺工作座谈会上的讲话》,新华网,2014年10月15日。
③ 云杉:《文化自觉、文化自信、文化自强——对繁荣发展中国特色社会主义文化的思考》,《红旗文稿》,2010年第15期。

律和提倡多样化的辩证统一，即，在文艺创作的过程中，文艺作品既要着力体现并弘扬主流价值，又要遵循文艺创作自身的发展规律。只有将二者辩证结合起来，才能打造出好的精品力作，在保证文艺创作活力的基础上，促进文艺作品对主流价值文化的弘扬。

（三）深化文化体制改革，建构有利于主流价值文化发展的体制机制

主流价值文化的构建除了需要政策的制定和执行外，还需要实现制度上的革新。前者的关注点更多在文化领域内，力图在营造一个自由、宽容、合作的文化氛围中确立主流价值文化的主导地位，促进社会主义文化的繁荣和发展。后者则着重从文化与文化外其它要素的关系的角度，通过制度的革新，排除不利于主流价值文化构建的体制机制。随着我国社会主义市场经济的发展，文化的发展已不能再局限于自身的范围和领域内，而必须面向市场，以市场的活力调动文化创作的积极性。深化文化体制改革，也就是将构建主流价值文化的目标融入到社会主义市场经济的运行之中。具体来说，主流价值文化建设就是要全国一盘棋，即在政府的领导下，推动文化走向市场，努力构建公平、公正、公开的文化市场环境，破除文化发展的体制障碍，使各种文化在市场条件下获得充分的发展。

"长期实践已经证明，以市场的手段发展经济，以计划的手段发展文化，在体制上保持'两张皮'不仅不利于缓解，而且只会加剧矛盾；不仅不利于提高发展速度，还会抑制发展速度的提高。过分强调文化的上层建筑和意识形态特点，是使文化的建设脱离经济和社会生活，发展受到抑制的主要原因。"[①] 随着全球化的推进，文化的市场化更是大势所趋。作为中外文化交流的平台，市场在与国际接轨的过程中，日益受到他国模式，其中尤其是美国模式的主导，这种模式在给我们带来发展机遇的同时，也以意识形态渗透的形式不断蚕食着我们民族的文化之根。在这种情况下，空喊抵制西方资本主义价值文化的侵蚀是毫无意义的，关键在于发展我国文化的多样性，增强中国主流价值文化的感染力，而这也就需要通过实现文化的市场化。需要注意的是市场文化在人们的生活中往往是以"中性"的姿态出现的，繁荣本国的文化事业，发展本国的文化产业，显然能使本国文化在市场占有中潜移默化赢得广大人民群众的青睐。只有繁荣本国文化，才能有效抵制西方腐朽文化的侵蚀，从而将国家文化安全落到实处，也只有在这一基础上，才能谈一个国家或民族的文化认同问题。

然而，社会主义文化的市场化并不是只听命于文化这一种声音。从全球化的视角上看，不管文化的价值维度，单单凸显文化的经济维度是极度危险的。经济维度

[①] 张晓明、胡惠林、章建刚：《2004年：中国文化产业发展报告》，社会科学文献出版社2004年版，第14页。

的凸显虽然更易与国际"接轨",但因文化向度的萎缩,往往使我国在与他国的文化交流过程中,成为他国的文化"同质化"牺牲品,或直接以"弱者"形象来印证他国文化的强势。文化在交流的过程中失去了自身之根,最后只能亦步亦趋于强势文化之后,依附于他者而存在。从国内市场来看,只考虑文化的商品属性,而不管文化的社会属性也是极度不合理的。以低级趣味来招揽文化消费者,这种行为虽然能够带来短期的利益,但长此以往却可能导致文化精神的枯萎,甚至造成社会对崇高价值文化生产能力的丧失。因此,文化的市场化必须有一个基本语境。这个基本语境是文化市场化与上文所述的"二为"方针和"主旋律"其实是一致的,即它必须以能否服务社会主义事业,以及是否符合最广大人民群众的根本利益的基本准绳,文化市场化的最终目的是为了在市场配置文化资源的基础上能够涵摄人民大众不同层面的文化消费需求,而这也是市场文化得以存在的根本依据。因此,文化在市场化的过程中也不应与这个根本目的相背离。

那么,文化市场化的限度如何来把握呢?这就需要处理好文化与政治的关系,即加强政府对文化市场的引导和管理。"去意识形态化"的想法显然是不现实的。在人们面临多种价值选择的今天,如果没有一种主流价值文化的精神支撑,就必然陷入理想信念的迷失中,甚至可能导致"文化失范"的现象,即人民的行为及价值观念由于缺乏明确的准则而导致的混乱无常的状态。文化体制改革必须加强政府对文化市场的引导和管理,这是确保文化市场化沿着正确方向发展的保证。

在文化市场化的过程中,政府"缺位"的问题需要加以解决。但这并不代表着政府可以"越位"包办文化事业和文化产业发展中的一切事务。"在新生的人民政权尚不巩固的情况下,注意对思想文化工作,对意识形态领域加强管理、严格要求、以至在某种特定的条件下实行一些必要的控制是需要的、正确的,但是不能乱加行政干预,不能违反文化事业的发展规律。"[1]在文化产业化迅速发展的今天,这种体制的弊端更是暴露无遗:首先,文化的行政管理必然导致文化市场受到压制,文化建设的各种积极因素自然也无法充分调动起来,文化的活力也就无法得到充分显现。其次,政府陷于各种微观的文化事务之中,其宏观调控职能必然要受到极大削弱。因此,深化文化体制改革还必须在政府的管理方面作出革新和转变,即逐步实现由办文化向管文化转变,由微观管理向宏观管理转变,也就是实现从行政管理到依法管理。

党的十六届三中全会曾明确指出我国文化体制改革的方向,即"按照社会主义精神文明建设的特点和规律,适应社会主义市场经济发展的要求,逐步建立党委领导、政府管理、行业自律、企事业单位依法运营的文化管理体制。转变文化行政管理部门的职能,促进文化事业和文化产业协调发展。"[2]转变政府职能,是我国

---

[1] 薄一波:《若干重大决策与事件的回顾》(修订本)下卷,人民出版社1997年版,第1287页。
[2] 参见《中共中央关于完善社会主义市场经济体制若干问题的决定》,新华网,2014年3月6日。

文化体制改革的核心。在文化市场化的过程中，政府具体可以充当这样四种角色：

一是规划者，即从整体上制定文化发展的战略。要实现社会主义文化与经济的一体发展，仅仅依靠市场的力量显然是不够的，这种前瞻性的工作必须由政府来担任。尤其是在全球化的过程中，涉及的是市场与市场的竞争，本国市场的功能已基本失效，这就需要政府站在文化发展的前端，对自身文化的特质以及国外文化发展趋势有个基本的把握和科学定位，这样才能做出合理的文化设计，从而使我国文化的市场化能够朝着战略目标有序进行。

二是导向者。市场经济条件下，政府对文化的管理应该是一种导向式管理，即在确保其方向的正确性的基础上实现文化市场化的自由运作。这也就需要在文化市场化的过程中有所突出，即在文化市场化的过程中加强主导价值文化建设，加强主流价值文化的声音，并以此来统领社会主义文化发展的全局，从而使人们能在文化市场化的过程中自觉抵制腐朽文化，共同为构建主流价值文化贡献力量。

三是规范者。上文提到市场总有其不可避免的缺陷和弊端，这就需要政府对市场秩序加以规范。在文化市场化的运行中，政府要相应制定和健全文化市场的运行规范与法规制度，努力整顿文化市场秩序，最终保证文化的市场化能有序推进。

四是统筹者。市场于文化的基本作用在于其资源的配置和整合。然而，有分配就必然会有不公平，市场经济下，完全的公平是很难做到的。这就需要政府发挥其统筹者作用，弥补市场分配的消极作用，兼顾各个群体的利益，在公共文化服务设施建设等方面，做到向弱势地区、群体倾斜，尽力保障广大人民群众文化权益的平等享有，维护社会公平。

总之，深化文化体制改革就是在政府引导性管理的基础上实现文化市场化的自由运作。这二者对主流价值文化的构建都是不可或缺的。有些人可能会认为文化的市场化发展不利于主流价值文化主导地位的建立，因为文化的市场化是给予各种文化以充分发展的空间，这必然客观上增强了主流价值文化在获取其主导地位时的竞争力度。这种观点实际上是一个误区。文化的市场化虽然使社会呈现文化多元化的局面，但在使各种文化获得充分发展的过程中，受益最大的是广大人民群众，因此，文化的市场化的目的与主流价值文化为人民服务的意旨就其根本上实际上是一致的，另外，文化在市场化的过程中使人民享受到多元文化的切身实惠，进而使人们感受到主流价值文化的人文关怀，这自然也会增强人们对主流价值文化的认同感。

如古人所说，"各美其美，美人之美，美美与共，天下大同"，多元文化与主流价值文化实际上是一种"共""美"的关系，实现多元文化的充分发展不仅不会剥夺主流价值文化的主导地位，反而会使其从各种各样的文化中突显出来，被人们所认知和认同，最终形成由主流价值文化主导，各种其它文化和谐共处的"大同"景象。我国目前文化发展的基本态势可以用"和而不同"这个词来形容，实际上，它也应成为中国主流价值文化构建的一条基本原则。所谓"和"并不是指代一种无差别的绝对统一，相反，它是指在承认"不同"，即差异性与多样性基础上建立起来的一种统一。我国在主流价值文化构建的过程中就应在保证自身文化的主体性以及主导性的前提下承认"不同"的存在，尊重"不同"个体自身的独特性，既不屈己于人，也不强人从己，在平等交流的基础上相互吸收融合，最后达到各种价值文化的"共""美"状态。"当前，我国改革发展已进入关键时期，呈现出许多新的阶段性特征，社会思想观念和价值取向复杂多样，主流和非主流的同时存在，先进的与落后的相互交织，呈现出多元、多样、多变的特点。社会思潮越是纷繁复杂，越需要主旋律，越需要用一元化的指导思想引领多样化的社会意识，牢牢掌握我国意识形态领域的主导权、主动权、话语权，最大限度地凝聚社会思想共识。建设社会主义核心价值体系，在多元多样中立主导，在交流交融中谋共识，在变化变动中一以贯之，既肯定主流又正视支流，有利于形成既有国家统一意志又有个人心情舒畅、既包容多样又有力抵制各种错误思潮和腐朽思想、既坚守基本的思想道德又向着更高目标前进的生动局面。"①

（四）改革培养和评价机制，促进优秀文化人才脱颖而出

文化人才队伍"是社会主义先进文化的生产者、传播者，是党的宣传文化事业的主力军"②。繁荣人民群众文化生活、发展文化事业与文化产业，归根到底要靠队伍、靠人才。文化建设是一个从文化创作、文化传播到文化消费的漫长过程，在这个过程中，文化工作者也相应经历着从创作者、传播者到引导者角色的转变。然而，无论处于哪种角色，文化工作者始终充当着联系国家与广大人民群众的中间环节，起着沟通二者的纽带和桥梁作用。因此，能否建设一支宏大的高素质文化人才队伍也就成为了中国特色社会主义文化发展繁荣的关键。

社会主义文化大发展大繁荣必须有大批德艺双馨的文化工作者。文化工作者应该成为时代风气的先觉者、先行者、先倡者，通过更多有筋骨、有道德、有温度的文艺作品，书写和记录人民的伟大实践、时代的进步要求，彰显信仰之美、崇高之美。所谓"德艺双馨"就是说一个优秀文化工作者必须具备的两个基本素质：一是要有高超的"艺"，即文化工作者必须具备较高的文化素养和专业素养，能创作出有影响力的精品力作。时代呼唤更多的精品，人民期待更多的佳作。打造无愧于历史、无愧于人民、无愧于时代的文化精品，是文化工作者义不容辞的责任。这就需要文化工作者不断提升自身的艺术创作水平，坚持以人民为创作对象，关注现实生

---

① 参见《中共中央关于深化文化体制改革推动社会主义文化大发展大繁荣若干重大问题的决定》，新华网，2011年10月25日。
② 刘云山：《实施"四个一批"人才工程加快培养优秀宣传文化人才》，党建网，2012年3月15日。

活，关注时代精神，创作出无愧于历史、无愧于人民、无愧于时代的文化精品。文艺本身是源于生活又高于生活的，如果只是停留于"纯文艺"的圈子内谈论一己之思，而不从群众生活中汲取资源，这样的作品必然是缺乏感染力和感召力的。二是要有高尚的"德"，即文化工作者必须具备"为人"、"化人"的思想觉悟。"才高行厚"是文化工作者的内在素质，用自己的才识服务人民、服务社会则是对文化工作者的内在要求。作为国家与广大人民群众之间的纽带，文化工作者要及时反映人们的愿望和要求，建立起群众生活与文化作品之间的密切联系。这是由文化工作者的性质和属性决定的。一切优秀的文化作品，从本质上说，都应该是既反映群众精神世界又引领群众精神文化生活。因此，"化人"也相应体现在两个方面。其一，文化工作者应在文化创作中以广大人民群众为出发点，时刻感知群众冷暖、关注群众诉求，说老百姓的事，叙老百姓的情。其二，文化工作者还应积极的传递正确思想观念，用积极向上的思想文化引导教育群众。文化工作者才德兼备、德艺双馨，才能担当起建设社会主义先进文化的使命。有才无德，文化的发展就失去了正确的导向者；而有德无才，文化产品的质量得不到提升，文化的繁荣也就无从谈起。文化工作者在构建主流价值文化的过程中，要以德为先，以广大人民群众的精神文化需求为要旨，努力做服务人民群众的"精神粮食生产者"。

近年来，随着文化体制改革的不断推进，我国文化人才队伍也不断在扩大。然而我们必须看到，在新形势下，我国文化队伍建设总体上还是存在着一些问题。这主要体现在一些文艺工作者在"德"上偏离社会主义文化的基本方向，在"艺"上缺乏创新能力。

文化为什么人的问题，是一个"根本的问题，原则的问题"，只有处理好这个问题，才能保证文化发展的正确方向，也才能使文化的发展获得长足的生命力。中国主流价值文化是中国特色社会主义文化，作为社会主义的意识形态，它必然是以努力满足人民群众多样化的文化需求，提高人民群众的精神文化生活水平，最终实现人的全面发展作为根本目的和方向。文艺工作者只有扎根于人民群众，深切了解人民群众的愿望和要求，反映人民的喜怒哀乐，才能创作出符合人民根本利益的作品，这种作品也才能受到广大人民群众的欢迎和认同，并最终起到启发和教育人民群众，激发人民群众建设中国特色社会主义文化的积极性。一个优秀的文化工作者必须首先坚持正确的文化发展方向，做弘扬和践行主流价值文化的表率者。然而，在当今市场经济条件下，有些文艺工作者忘记了自身所担负的历史责任，在经济利润的刺激下乐此不疲"迎合"市场上的低级趣味，文艺在市场大潮中"迷失"了自己的方向。

改革开放以来，我国文艺创作产生了大量深得老百姓喜爱的优秀文艺作品。但我们也应看到，"在文艺创作方面，也存在着有数量缺质量、有'高原'缺'高峰'的现象，存在着抄袭模仿、千篇一律的问题，存在着机械化生产、快餐式消费的问题。"① 这表明，我国文化工作者在在文化创作上还缺乏较高的创新能力。中外文化发展的实践告诉我们，创新是文化发展繁荣的本质特征，是提高国家文化软实力和国际影响力的不竭动力。目前，我国的创新能力总体上落后于发达国家，据波士顿咨询公司的研究结果，中国的创新能力居全球第27位，落后于新加坡（第1位）、韩国（第2位）、美国（第8位）、日本（第9位）等。② 正因为创新是文化繁荣发展的本质要求，所以，推动文化发展的文化人才的原创力就显得十分重要。在某种意义上讲，文化人才创新能力的高低是影响国家文化软实力和国际影响力的决定性因素之一。

因此，现阶段，我们必须采取有力措施，改革培养和评价机制，促进优秀文化人才脱颖而出。一方面，通过营造良好的创作环境和文艺作品评价机制引导文艺工作者努力成为时代风气的先觉者、先行者、先倡者，通过更多有筋骨、有道德、有温度的文艺作品，书写和记录人民的伟大实践、时代的进步要求，彰显信仰之美、崇高之美。文艺工作者要自觉坚守艺术理想，不断提高学养、涵养、修养，加强思想积累、知识储备、文化修养、艺术训练，认真严肃地考虑作品的社会效果，讲品位，重艺德，为历史存正气，为世人弘美德，努力以高尚的职业操守、良好的社会形象、文质兼美的优秀作品赢得人民的喜爱和欢迎。

文艺工作者在创作过程中要坚持为人民服务、为社会主义服务这个根本方向，"把满足人民精神文化需求作为文艺和文艺工作的出发点和落脚点，把人民作为文艺表现的主体，把人民作为文艺审美的鉴赏家和评判者，把为人民服务作为文艺工作者的天职"③，以充沛的激情、生动的笔触、优美的旋律、感人的形象创作生产出人民喜闻乐见的优秀作品，让人民的精神文化生活不断迈上新台阶。"文艺工作者要虚心向人民学习、向生活学习，从人民的伟大实践和丰富多彩的生活中汲取营养，不断进行生活和艺术的积累，不断进行美的发现和美的创造。要始终把人民的冷暖、人民的幸福放在心中，把人民的喜怒哀乐倾注在自己的笔端，讴歌奋斗人生，刻画最美人物，坚定人们对美好生活的憧憬和信心"④。在市场经济中，文艺工作者要始终把文艺创作的社会效益放在首位，"文艺作品不能当市场的奴隶，不要沾满了铜臭气。"⑤ 为此，"文艺工作者要高扬社会主义核心价值观的旗帜，把社会主义核心价值观生动活泼、活灵活现地体现在文艺创作之中，用栩栩如生的作品形象告诉人们什么是应该肯定和赞扬的，什么是必须反对和否定的，做到春风化雨、润物无声"；"要把爱国主义作为文艺创作的主旋律，引导人民树立和坚持正确的历

---

① 习近平：《在文艺工作座谈会上的讲话》，新华网，2014年10月15日。
② 蔡尚伟等：《当前我国文化产业的机遇、挑战与政策建议》，《光明日报》，2010年1月7日第11版。
③ 习近平：《在文艺工作座谈会上的讲话》，新华网，2014年10月15日。
④ 习近平：《在文艺工作座谈会上的讲话》，新华网，2014年10月15日。
⑤ 习近平：《在文艺工作座谈会上的讲话》，新华网，2014年10月15日。

史观、民族观、国家观、文化观";"要通过文艺作品传递真善美,传递向上向善的价值观,引导人们增强道德判断力和道德荣誉感,向往和追求讲道德、尊道德、守道德的生活。"①

另一方面,要改革不合理的人才培养机制,实施科学的文化人才发展战略,提升文化工作者的创新能力。一是要完善文化人才的任用制度。文化人才的重要特点在于其具备不断创新的能力。而文化事业本质上是要通过一定的艺术形式反映并表达人的思想和情感。文化事业和文化人才的特点决定了,在文化事业改革中,我们要遵循文化事业发展的内在规律和文化人才的特点,从文化建设和社会生活的实际需求出发,更新观念,创新机制,加大我国文化人才培养的力度,为提升我国文化软实力和国际竞争力提供强大的人才和智力支撑。为此,我们必须要改革不合理的用人制度和人才评价机制,制定吸引人才从事文化建设的政策以及建立有利于激发文艺人才创作积极性的分配制度。二是改善文化人才成长的社会环境。文化人才的成长以及作用的发挥,不仅要靠个人的努力,还需要有利于文化人才施展聪明才智和创造力的社会环境。为此,要坚持"二为"方向,认真贯彻"双百"方针,在学术研究中提倡不同观点的自由讨论,在艺术创作中提倡不同风格的自由发展,努力形成尊重文化、尊重艺术的浓厚氛围;尤其要尊重艺术的批判精神,艺术的精髓在于自由和批判。"要以马克思主义文艺理论为指导,继承创新中国古代文艺批评理论优秀遗产,批判借鉴现代西方文艺理论,打磨好批评这把'利器',把好文艺批评的方向盘,运用历史的、人民的、艺术的、美学的观点评判和鉴赏作品,在艺术质量和水平上敢于实事求是,对各种不良文艺作品、现象、思潮敢于表明态度,在大是大非问题上敢于表明立场,倡导说真话、讲道理,营造开展文艺批评的良好氛围。"②三是健全文化人才管理机制。对文化人才的管理要符合文化事业发展自身的特点。为此,我们要健全文化人才服务机制,坚持以人为本,为文化人才发挥作用创造自由宽松的工作环境;要健全文化人才激励机制,坚持正确的人才和作品评价机制和公平的分配原则,让每个文化人才都能在各自的岗位上积极贡献,既获得相应的精神激励,也获得相称的物质回报;总之,我们要把培养文化人才、引进文化人才、使用文化人才作为一个有机的整体,不断改革阻碍文化人才脱颖而出的体制机制,尊重文化创作自身的发展规律,营造良好的社会环境,造就大批优秀的文化人才。只有这样,才能真正构筑起文化人才高地,为社会主义文化大发展大繁荣提供源源不断的人才资源。

---

① 习近平:《在文艺工作座谈会上的讲话》,新华网,2014年10月15日。
② 习近平:《在文艺工作座谈会上的讲话》,新华网,2014年10月15日。

第九章 教育与主流价值文化的构建

中共中央办公厅 2013 年 12 月印发的《关于培育和践行社会主义核心价值观的意见》明确指出:"把培育和践行社会主义核心价值观融入国民教育全过程。"[①] 可见,教育在培育和践行社会主义核心价值观的过程中具有举足轻重的地位。同理,构建以社会主义核心价值观为核心内容的当代中国主流价值文化也离不开教育。

一、教育对于构建主流价值文化的重要作用

在主流价值文化构建的构建方面,教育具有不可替代的重要作用,主流价值文化需要通过教育传承,也需要通过教育进入一代又一代人的心灵,因此我们必须高度重视教育对于构建主流价值文化的作用。

(一)教育及其基本功能

就概念界定来说,教育有广义和狭义之分。广义教育指自有人类社会以来就已产生的教育,存在于各种生产和生活之中,包括家庭教育、学校教育、大众传播教育、文化机构教育等。狭义教育指学校教育,它是人类社会发展到一定历史阶段的产物。具体说来,学校教育就是由专职人员和专门机构承担的有计划、有组织的以影响学习者的身心发展为直接目标的社会活动。[②] 本章所用的"教育"一词侧重于学校教育,兼论家庭教育或其他社会机构组织的教育活动。中共中央办公厅印发的《关于培育和践行社会主义核心价值观的意见》提到了"国民教育"的概念,倡导"把社会主义核心价值观纳入国民教育总体规划,贯穿于基础教育、高等教育、职业技术教育、成人教育各领域,落实到教育教学和管理服务各环节,覆盖到所有学校和受教育者,形成课堂教学、社会实践、校园文化多位一体的育人平台,不断完善中华优秀传统文化教育,形成爱学习、爱劳动、爱祖国活动的有效形式和长效机制,努力培养德智体美全面发展的社会主义建设者和接班人。"[③] 所谓国民教育,是指由各级政府或教育行政部门依法批准或登记注册的学校及其他教育机构所实施的教育,国民教育机构主要包括小学、初级中学、高级中学、各类中等专业学校、技工学校、高等学校(含各级党校、军事院校中以学历教育为主的普通班)、具有颁发学历证书资格的成人学校等。

[①] 中共中央办公厅:《关于培育和践行社会主义核心价值观的意见》,《人民日报》,2013 年 12 月 24 日。
[②] 王守恒等:《教育学新论》,中国科学技术大学出版社 2005 年版,第 20~21 页。
[③] 中共中央办公厅:《关于培育和践行社会主义核心价值观的意见》,《人民日报》,2013 年 12 月 24 日。

就社会功能来说，通常而言，教育具有启蒙功能、政治功能、经济功能、文化功能、科技功能、育人功能、内化功能等。具体说来，教育的启蒙功能是研究教育功能层次结构的逻辑起点，教育作为人类社会实践活动之一，它一开始就具有和愚昧无知作斗争的开化性功能。教育的政治功能是国家职能的一种体现，任何不同社会制度的国家，都要求自己的公民和青少年一代具有共同的政治信念和道德行为规范。教育的经济功能是指教育投资为经济增长可能带来的促进作用，教育往往是经济起飞的策源地和强大后盾。教育的文化功能主要表现为三个方面：一是为文化的传递与延续提供了可靠保证；二是在文化的开拓与创新实践中发挥着直接参与和培养文化后备队伍的重要作用；三是对文化交流活动具有传播、沟通与意识导向的功能。教育的科技功能是指教育能够为科学技术提供人力资源，培养数量足够、质量合格的科技人才，而科普知识的宣传教育，则提高了社会大众的科学素养。教育的育人功能是指教育能够培养德、智、体全面发展的一代新人。教育的内化功能是教育的本质属性所决定的内部功能系统，是教育诸功能自身矛盾对立统一的结构体系，其正面效应是功能的协调一致，内聚力强，综合效益高，能够充分发挥教育功能的整体优势。① 教育与人性的完善密切相关，在教育的理想状态，其生活功能必将是一个丰富的多元范畴，既指向极大丰富的物质文明，又指向不断超越的精神文明，教育的教化功能和政治功能在经历了一个漫长的发展过程之后，将彻底摆脱政治和文化等领域中狭隘而片面的功用，同生活功能相整合，成为人类获得完满生活的有力依托。② 总体来看，教育功能可分为两大类：一是促进人的发展的功能；二是促进社会发展的功能。千百年来，随着人类社会的不断发展，教育功能也在不断地发展变化。现代教育的功能主要包括：经济功能、文化功能、政治功能、调整社会人才构成与流动的功能、促进人的身心多方面协调发展的功能。③

就目标来说，教育是为了实现人的自由而全面的发展。这也是马克思、恩格斯设想的未来共产主义社会的本质特征之一。马克思主义关于人的自由而全面发展的理论至少包含以下两种意蕴：其一，人应按照自己内在的固有本性去发展，并在自由、自主、自觉的状态下充分发挥自身的潜能。不同的人有不同的资质、禀赋，也有不同的追求。国家、社会及各项教育活动恰恰要尊重人们不同的人生追求与选择，而不是强求一致。每个人都可以按照自身的性情、特点来发挥固有的潜能，并尽可能地实现个人的理想，满足个人积极的、合理的需求。当然，马克思主义所讲的自由并不是无限度的，它以必然为根据。这种自由观若落实于个体的行为之中，则意味着每个人在行使个体自由的权利时，应以不违背法律和道德、不妨碍他人的自由为前提，自由绝不等同于随心所欲。同时，自由与责任又是息息相关的，有

---

① 陶立志：《建立教育功能学的构想》，《教育研究》，1994年第7期。
② 周润智：《教育功能结构探析》，《教育研究》，2001年第6期。
③ 屠大华：《现代教育理论》，华中科技大学出版社2002年版，第14～29页。

多少自由就意味着要承担多少责任。其二，人的发展应是全面的、全方位的，而不是片面的、畸形的。人在体力、智力、德性、情感及交往能力等方面都应获得健康的、良性的发展。事实上，人本身就是一个综合体，具有多方面的需求与向往。教育工作者应引导受教育者由单一的需求向相对全面的需求发展；由低层次的需求向高层次的需求发展；由单纯的物欲需求向兼顾物欲与精神享受的需求发展。人的自由发展与全面发展是辩证统一的关系。人只有在自由的、而非屈从于外在压力的情形下，才有可能使自己真正获得全面的发展[①]。理想的教育需要确保给教育者与受教育者一种自由的生活状态，而且，这种自由更重要的不仅仅是身体的自由，而且是个体精神的自由。个体身体与精神自由的实现，也正是教育所力倡的"个体全面发展"的另外一种诠释[②]。反之，人只有获得较为全面的发展，才能充分展示其自由、自主的个性。如果教育活动仅仅围绕分数高低、升学率以及就业率等现实功利层面来展开，忽略对人的生存目的与生存意义、价值创造与价值实现的追问，忽略对受教育者进行道德品性、人文理想、批判精神与独立人格意识的培养，那么这种教育就是畸形的、单向度的，受教育者必然难以感受到教育活动所带来的快乐，其生命与个性是压抑的、而不是舒展的，其受教育的过程是被动的、屈从的，而不是自由的、自主的，这样的教育活动与教育的初衷是背道而驰的，显然无法取得理想的教育效果。因此，"教育不只是为市场提供劳动力、为各行业提供精英，更应以人的生存和发展为根本指向；教育不只是对人部分能力的'培训'，更是对人之为人的'培养'。如果教育以'制器'的方式来'育人'，势必导致'人'的异化，特别是精神层面的自我异化和教育自身的价值异化"[③]。

党和国家一直高度重视教育，高度重视人的自由而全面发展问题。毛泽东、邓小平、江泽民、胡锦涛等党和国家领导人在继承马克思、恩格斯相关理论的基础之上，又结合我国国情将此理论加以创造性地发展，并贯彻落实于社会主义建设的实践之中。十八大以来，以习近平为总书记的新一届中央领导集体倡导实现中华民族伟大复兴的中国梦，而中国梦归根到底是人民的梦，其终极目标即是实现每个人的自由而全面的发展。当然，实现人的自由而全面发展需要依赖一定的社会条件。只有到了生产力高度发展、物质及精神文化产品极其丰富以及私有制与旧式分工彻底消灭的共产主义社会，才能最终实现人的自由而全面发展。我国将长期处于社会主义初级阶段，生产力及各项社会事业的发展水平还不能满足人们日益增长的物质及精神文化需求。因此，就我国现阶段而言，尚不能说已实现了所有人自由而全面的发展，但正因为如此，它才成为我们不懈奋斗的目标，成为建设中国特色社会主义

---

① 罗健、姚才刚:《中国梦的哲学价值论解读》,《湖北大学学报》(哲学社会科学版),2014年第6期。
② 刘万海:《德性教学论》,华东师范大学出版社2009年版,第18页。
③ 邱琳:《人的存在与价值教育》,《教育研究》,2012年第5期。

的最高价值原则①。教育是中国特色社会主义建设事业的一个有机组成部分，当前我国的教育活动也应围绕实现人的自由而全面发展的目标或功能而展开。

实现人的自由全面发展包括对个人幸福的追求。教育不但应使受教者掌握现代知识和技能，也应使受教者形成健全、合理的思想价值观念，注重德性养成，进而拥有幸福的、有尊严的人生。温家宝同志在2010年政府工作报告中指出："我们所做的一切都是要让人民生活得更加幸福、更有尊严。"②也就是说，建设富强、民主、文明、和谐的社会主义中国，最根本的目的就是让全体社会成员能够过上殷实、幸福、有尊严的生活，并且使社会成员之间讲信义和相互关爱。幸福是"一种令人满意的生活"③，是人们对自己的需求总体上获得满足之后感到愉悦的心理状态。处于这种状态的生活就是幸福生活，即伦理学家们所说的"好生活"。好生活可以从两种不同的意义上理解：一是理解为"值得赞赏的生活"，这是指道德或德性高尚的生活；二是理解为"值得期望的生活"，这是指繁荣或发达的生活。这种好生活在伦理学上被看作是人们应该追求的理想生活，过上这种好生活则被看作是人生的终极目的。幸福感虽然是社会成员对生活幸福程度的一种主观心理感受，但能否接受良好的教育对于人们获得幸福感仍有较大的影响，因而，我们需要把提升社会成员的幸福感作为发展我国教育事业的一个重要目标或功能。

（二）教育在构建主流价值文化中的基础性作用

1. 人的不确定性与可教性

在论述教育在构建中国主流价值文化中的作用之前，我们先探讨一下人的不确定性与可教性。由此角度切入，才能够真正地揭示出教育的作用与价值。

众所周知，人以及其所处的外部世界都具有某种不确定性。同样，人在道德与价值抉择方面也有很大的不确定性，世界上没有一生下来就注定是圣贤的人，也没有一生下来就注定是十恶不赦的人，恰如当代新儒家杜维明先生所言："人是不确定的，人既可以成圣成贤，也可以成魔成鬼，可以作禽兽，这里的幅度非常大，所以它绝对是一个开放的系统。"④人的本性既不是以孟子为代表的大多数中国传统儒家所倡导的性善论，也不是荀子及西方基督教教义所宣扬的性恶论或原罪论，而是一种不确定性。所谓"不确定性"，是指人的本性不是一成不变的，而是未完成的，永远处在不断的生成过程之中。人在按照人的尺度追求价值、创造价值的过程中，

---

① 罗健、姚才刚：《中国梦的哲学价值论解读》，《湖北大学学报》（哲学社会科学版），2014年第6期。
② 温家宝：《政府工作报告——2010年3月5日在第十一届全国人民代表大会第三次会议上》，《人民日报》，2010年3月16日。
③ 江畅：《幸福与和谐》，人民出版社2005年版，第98页。
④ 杜维明、东方朔：《杜维明学术专题访谈录——宗周哲学之精神与儒家文化之未来》，复旦大学出版社2001年版，第117页。

也把人作为"人"的未来和潜能开发出来,从而超越、提升了自己。作为一种不确定性的存在,人必须要通过教育而"是其所应是"。人类在天性上的"未完成性"、"不确定性"使得人必须经过一番自我完成、自我创造、自我确证的人生过程,因而也必须要体现出超越于动物的生存方式和生命样态。①

中外历史上的思想家们对人性问题均作出了各自不同的解读,而这些不同的人性论观点都包含有一定的真知灼见,但也都有各自的理论盲点。比如,多数中国传统儒家标举的性善论应当有其积极正面的价值,它为理想人格的塑造树立了目标,同时彰显了德性培养的内在根据。但若一味强调人性之善,而不能正视人性的阴暗面,无疑也会失之偏颇。事实上,儒家的性善论仅仅表明人有向善发展的潜能,如果不能正视并逐步消除现实人性的丑恶,善的潜能便永远无法充分实现出来②。善既然是潜能,是一种朝向"可能性"的存在,而不是现实性的存在,那么儒家的性善论与我们上面所提到的"不确定性"的观点并非完全冲突,而是有某种暗合之处。此外,孟子所讲的"人皆可以为尧舜"③与王阳明所讲的"满街人都是圣人"④也都仅仅表明,人人都具有成圣的可能性,但并不意味着人人已经现成地就是圣人。在他们看来,人不可能每时每刻都呈现出本心、良知,人的本心、良知没有呈现出来的时候,就只能称为潜在的圣人,潜在的圣人不等于现成的圣人,两者并不能直接划上等号⑤。若要将这种潜在的状态实现出来,人还需要主动接受教化,同时进行自我反省与修炼。

应该说,传统儒家对现实人性也有所警觉,他们大都认识到,人固然有先天的"善端",但人同时也是一种感性的存在,有本能欲求,欲多情炽而产生过、恶,故修身功夫亦不可或缺,通过修身而变化气质,便可呈现至善之性。可是,多数传统儒家并未对人性的阴暗面以及人的不确定性给予足够的重视,现实人性的蔽塞与昏暗在他们那里充其量只是性善论的一种辅助与补充而已,传统儒家对人的不确定性揭示得则更少。从儒学的发展历程来看,先秦儒家思想集大者荀子倡导的性恶论仅为一股旁枝。除了荀子之外,明末大儒刘宗周对人性的阴暗面也有所省察,对人的不确定性问题也有所涉及。他在《人谱》等著作中对人可能犯下的过错、恶行作了细致的考察,对如何改过、去恶也作了颇富创见的思考。刘宗周对人的过错的划分,大体上遵循着由微至著、由内至外的原则。在他看来,凡人之过大体上可分为微过、隐过、显过、大过、丛过、成过等六大类,每一大类之下又包含了若干小

---

① 参见张永祥:《人的存在形态与知识教育的方式》,《当代教育与文化》,2010年第6期。
② 姚才刚:《刘宗周的"改过"说及其伦理启示》,《哲学研究》,2014年第7期。
③ 《孟子·告子下》。
④ 王阳明:《传习录》下。
⑤ 参见吴震:《王阳明著述选评》,上海古籍出版社2004年版,第164~165页。

类。刘宗周认为，微过"藏在未起念以前，仿佛不可名状"①。微过在常人看来或许不能称为"过"，因为它尚未表现于人的行为以及意念之中。如果一定要把微过称为"过"，它也仅仅是潜意识中暗藏的一种浮妄之气而已，刘宗周则主张"从无过中看出过来"②，即从常人所认为的无过状态洞察出微过。而且，他对微过高度重视，认为它涵摄了后来的种种过错，故微过实为后来众过的根源。隐过则与七情相关，具体表现为"溢喜、迁怒、伤哀、多惧、溺爱、作恶、纵欲"③。显过已展露于外，刘宗周分别从足容、手容、目容、口容、声容、头容、气容、立容、色容等"九容"方面加以描述。大过涉及家国天下、人伦纲常等原则性的问题，尤其表现为五伦之迷失，即父子失其亲、君臣失其义、长幼失其序、夫妇失其别、朋友失其信。人在五伦上不谨慎，犯过失，则将无法挺立起做人的大本达道，进而使得人在日用常行方面错漏百出，刘宗周将此类过错称为"丛过"，诸如谩语、流连花石、好古玩、纵饮、深夜饮、欺凌寒贱、作字潦草、轻刻石文等都可划入"丛过"之中。刘宗周所论述的最后一种过错是成过，在他看来，成过为"众恶门"④，他列出了崇门、妖门、戾门、兽门、贼门等五"恶门"。可以说，刘宗周对人的内心活动与外在行为中的过错都作了深入、细致的探讨，并对人如何改过提出自己的见解：一是主张层层转进，彰显改过的工夫次第。对于人自身的各种过错，刘宗周主张以层层转进的渐法，逐步消除，进而呈现人的善性。二是极力倡导"讼过法"。三是主张"慎防其微"。刘宗周认为，改过的紧要工夫全在细微之处，只有做到了"慎防其微"，才能在内心培养一种悔过及罪感意识，也才能真正做到知过、改过。可见，刘宗周将个人的行卧起坐、言谈举止、思虑意念乃至潜意识状态都纳入到了改过的范围之内⑤。作为一位正统的理学家，他能够正视人之过错，正视人性的阴暗面，这是十分难得的。杜维明先生说："在对人的理解上，尤其在对人的阴暗面的理解上，宗周与其他儒者相比不仅比较全面，比较深刻，而且他还有一种独特的见解。"⑥尤其难能可贵的是，刘宗周对人的不确定性给予了一定的关注。他说："善无穷，以善进善亦无穷。……而过无穷，因过改过亦无穷。"⑦这表明，人在一生中始终处于不确定的状态，有无穷无尽的善念、善行，也有无穷无尽的邪念、过错或恶行⑧，人可能会有为善的动机与实际的善行，同时也有可能随时作恶，这与西方"自由意志"的

---

① 刘宗周：《刘子全书》卷一，《人谱》，清道光刻本。
② 刘宗周：《刘子全书》卷一，《人谱》，清道光刻本。
③ 刘宗周：《刘子全书》卷一，《人谱》，清道光刻本。
④ 刘宗周：《刘子全书》卷一，《人谱》，清道光刻本。
⑤ 参见姚才刚：《刘宗周的"改过"说及其伦理启示》，《哲学研究》，2014年第7期。
⑥ 杜维明、东方朔：《杜维明学术专题访谈录——宗周哲学之精神与儒家文化之未来》，复旦大学出版社2001年版，第22页。
⑦ 刘宗周：《刘子全书》卷一，《人谱》，清道光刻本。
⑧ 姚才刚：《刘宗周的"改过"说及其伦理启示》，《哲学研究》，2014年第7期。

观念有一定的相似之处。

西方思想家对人性的看法远不及中国传统儒家那么乐观，他们大多持自然人性论或性恶论，如霍布斯就认为趋乐避苦是人的本性，人们为了维护各自的权益，一开始处于"人对人是狼"的战争状态，但战争状态威胁到了人的生命，违反了最大的利益，于是每个人都同意放弃和别人一样多的权利，并因此而享受到和别人一样多的利益[①]。西方基督教则表现出了较为浓厚的"幽暗意识"，它不相信人在世界上有体现至善的可能，因为人有着根深蒂固的堕落性，人永远无法变得完美无缺。"幽暗意识"是指"发自对人性中与宇宙中与始俱来的种种黑暗势力的正视和省悟：因为这些黑暗势力根深蒂固，这个世界才有缺陷，才不能圆满，而人的生命才有种种的丑恶，种种的遗憾"[②]。他进而指出，"幽暗意识"在历史上发挥了一定的积极作用，它造成了基督教传统重视客观法律制度的倾向，无论新教或旧教的思想家，他们既然认为人性不可靠，因而他们在思考人类的社会、政治问题时，常常都能从客观的法律制度着眼。

如果说，中国传统儒家将人的过、恶产生的渊薮归咎于气质之障与物欲之弊，那么，不少西方思想家则是从自由意志的角度对人之行善或作恶加以解释。但自由意志未必总是导致某种道德上的善，自由意志之所以是自由的，就在于它既可能为善，也可能作恶[③]，这也印证了人在一生中的确处于某种不确定的状态之中[④]。

事实上，不确定性不仅是一个伦理学、价值论的范畴，而且也是量子力学、科学哲学、统计学、经济学、金融学、保险学、心理学、社会学等学科研究的课题，科学家海森伯、爱因斯坦等科学家以及波普尔等科学哲学家都对不确定性问题作过专门的探讨，甚至连美国投资奇长索罗斯也曾就此问题多次发表过独到的见解。可以说，不确定性是一个古老而常新的问题，随着时代的发展，人们愈来愈发现世界的不确定性比确定性显得更为基本和普遍，在确定性的周围存在着广阔无垠的不确定性的"海洋"[⑤]。本章所使用的"不确定性"一词，不是指其宽泛之义，而仅指在人在价值判断、善恶辨别与行为抉择方面的"未完成性"或不可预料性，也正因为如此，德性教育、价值观教育的作用才进一步被凸显出来。

人一方面具有不确定性，另一方面又具有可教性。所谓"可教性"，是指人有按照教育所期望的方向目标发生改变和发展的能力。一般说来，教育所代表的是该社会"善"的趋向，教育意向总是引导受教育者抵拒恶，而选择善、发展善。所以，"使人善"，使人"完善"，这是教育最基本的内涵。而人本身也有择善拒恶、

---

① 赵敦华：《西方哲学简史》，北京大学出版社2001年版，第181页。
② 张灏：《幽暗意识与民主传统》，新星出版社2010年版，第23页。
③ 戴茂堂：《西方伦理学》，湖北人民出版社2002年版，第64页。
④ 姚才刚：《刘宗周的"改过"说及其伦理启示》，《哲学研究》，2014年第7期。
⑤ 李坚：《不确定性问题初探》，中国社会科学院研究生院2006年博士论文。

择益拒害的情感和意志力，只不过不同的个体之间有程度上的差别。要使"善"在受教育者身上实际发生影响，一个极其重要的环节就是想方设法发展受教育者择善拒恶、择益拒害的情感与意志力。人有悟性，有语言和思维能力，这固然是人接受教育的前提条件，可是人如果没有意志力的发展，教育要求也不可能被转化为受教育者内在的心理品质和行为习惯①。

那么，德性是否可教呢？江畅教授指出，德性不是知识，不能够通过学习理解掌握；德性也不是能力，不能通过教育直接培养。德性是品质，需要长期的实践才能形成。但教育者却可以通过有关德性知识的传播，使受教育者了解德性的实质、要求、意义以及德性形成的规律等，从而促使他们德性意识的觉醒，并有意识地自觉进行德性修养。德性教育不只是知识的传授，还应该包括日常的德性教育，这种德性可以产生德行并可能形成德性。父母经常告诫自己的孩子要诚实，不要撒谎，这也是德性教育。这种教育也会通过影响孩子的行为而使孩子逐渐形成相应的德性。人的许多具体的德性都是在父母、教师或其他人教育下逐渐形成的，特别是那些我们称为自发德性的那些德性，不仅是个人自发地在环境的影响下形成的，同时也是在他人教育下形成的。离开了他人的日常教育，单靠环境的影响，人们很难形成各种具体的德性。当然，完整的德性需要通过修养才能获得，而不能仅仅通过教育获得，教育在这里的作用是为修养提供知识的准备。②这个结论同样也适用于"教育与主流价值文化的构建"这一问题。也就是说，作为知识或理论形态的主流价值文化是可教的。

被教育者是否接受传授内容（如主流价值文化）呢？所谓"接受"，这个词具有认可、接纳、承受、验收等意，是受教育者对教育者所传递的思想文化信息进行反映与择取、整合与内化、外化与践行的连续的、完整的、能动的活动过程。以思想政治教育为例，思想政治教育接受从本质上说，是受教育者出于提高自身思想道德素质、更好地适应社会、追求更高社会价值和人生境界的需要，而对思想政治教育的内容、观点进行判断、选择和接受的过程。接受效果的优劣则取决于多种因素，如教育者、受教育者、教育内容与方法、接受环境及载体形式等因素均会影响到思想政治教育接受的效率。影响接受效果的主要因素包括：其一，教育者作为思想政治教育活动的主导者、设计者和实施者，其理论水平、知识结构、业务素质、思想修养、人格魅力对思想政治教育的接受具有十分重要的影响。可以说，受教育者往往先接受教育者，然后才接受他们所传授的教育内容，教育者的人格形象、感召力、亲和力、责任心等均影响到受教育者对教育内容的认可度。其二，受教育者的需要、动机、兴趣、情感、意志及其已有的思想基础、道德觉悟、思维方式、接

---

① 参见励雪琴：《教育学是什么》，北京大学出版社2006年版，第180～182页。
② 参见江畅：《德性论》，人民出版社2011年版，第603～604页。

受能力、社会阅历等也影响着接受活动的开展,影响着其所能接受的深度和广宽。其三,教育内容本身的价值、可信度、新颖性等亦直接影响到受教者的接受态度。其他方面的影响因素不再逐一列举。思想政治教育接受的最终目的则是促使受教育者形成一定的世界观、人生观和价值观,确立某种理想和信念①。借鉴、运用思想政治教育的接收理论,将会有助于引导越来越多的社会成员认同、培育并践行主流价值文化。一方面,应积极推动主流价值文化进教材、进课堂,以便使其成为各级各类教育机构教学内容的重要组成部分,并着力提高教育者自身的素质;另一方面要充分尊重受教育者的接受意向、接受态度及接受能力,调动社会成员自身的主体性与主体能力,以便使主流价值文化成为大多数社会成员的价值追求,成为社会成员共同的精神力量。

2. 教育是促进主流价值文化从理论向实践转化的关键环节

当前中国主流价值文化的构建离不开教育,教育是促进主流价值文化从理论形态向实践形态转化不可缺少的关键环节,发挥着基础性的作用。

中国主流价值文化即是中国特色社会主义价值文化,其核心在于体现社会主义核心价值观的社会主义核心价值体系。因此,构建中国主流价值文化的关键在于建设社会主义核心价值体系②。这里有必要对价值观与核心价值观、价值体系与核心价值体系、价值文化与主流价值文化等概念及其相互关系略作辨析。

价值观不是通常所理解的价值观点或看法,而是价值观念;它又不是某种具体的价值观念,而是总体性的、根本性的价值观念。与各种具体的价值观念不同,价值观是人们在进行价值判断和选择过程中自发起作用的根本标准和终极尺度,它自发地从根本上规定着人们的价值取向和价值选择。因此,价值观是人生存发展之根本,对于人具有指南针和方向盘的决定性意义③。核心价值观则是价值观中最本质、最具有决定作用的部分,它支撑和影响着其他所有的价值判断。当前我国的核心价值观即是十八大报告提出的以"三个倡导"为主要内容的社会主义核心价值观,其具体表述是:"倡导富强、民主、文明、和谐,倡导自由、平等、公正、法治,倡导爱国、敬业、诚信、友善。"④社会主义核心价值观由12个范畴、24字组成,此种概括言简意赅,通俗易懂,便于人们记忆。

所谓价值体系,是指由相互联系的价值观念、价值实践、价值目标、价值实现条件、价值制度等要素共同组成的一个有机联系的系统。核心价值体系则是指在一个社会的多样价值体系中,居于主导、支配地位,反映现实生活和社会发展内在要

---

① 参见王勤:《思想政治教育学新论》,浙江大学出版社2004年版,第273～289页。
② 江畅:《中国主流价值文化构建的三个问题》,《光明日报》(理论版),2012年6月21日。
③ 江畅:《论价值观与价值文化》,科学出版社2014年版,第15页。
④ 胡锦涛:《坚定不移沿着中国特色社会主义道路前进,为全面建成小康社会而奋斗——在中国共产党第十八次全国代表大会上的报告》,人民出版社2012年版,第31～32页。

求的基本价值体系①。不同的国家或地区、不同的社会制度具有不同的价值观，也具有不同的核心价值体系。核心价值体系不仅作用于经济、政治、文化和社会生活的各个方面，而且对每个社会成员的世界观、人生观、价值观都施加着深刻的影响。我国是社会主义国家，我国的核心价值体系自然是体现社会主义核心价值观的社会主义核心价值体系。社会主义核心价值观是社会主义核心价值体系的灵魂，是其中最基础、最核心的部分，恰如吴潜涛教授所言："如果说社会主义核心价值体系是一座理论大厦的话，社会主义核心价值观就可以说是社会主义核心价值体系的理论基石；如果说社会主义核心价值体系是一个逻辑整体的话，社会主义核心价值观就可以说是社会主义核心价值体系的逻辑起点。"②

价值观和价值体系一起构成了一种文化的价值层面，价值文化即指文化的深层内核，是集中体现了一个社会的价值目标、价值理念与价值取向的文化形态。价值文化又可分为主流价值文化与非主流价值文化，主流价值文化是指在一个社会中占据主导地位的价值文化，主流价值文化之外的其他价值文化则是非主流价值文化。一种价值文化要成为主流的价值文化有两个条件：其一，一个社会必须是价值多元化的，或者说，社会管理者允许多种价值文化存在。如果一个社会是价值文化一统的，不允许所推行的价值文化以外的价值文化存在和流行，那么，这个社会就不存在主流、非主流价值文化的问题，因为它只有一种推行的价值文化流行。其二，在多种价值文化中，有一种价值文化真正能起主导作用，其他价值文化不与之相对立、相抗衡，相反与之共存共荣，并且接受它的引领和指导。否则，即使有多种价值文化流行，也没有一种主流价值文化，我国春秋战国时期的情形就是如此③。

构建中国主流价值文化的过程实际上是一个谋划和推动中国特色社会主义文化发展的过程。在构建的过程中，要为中国特色社会主义文化的繁荣发展确定正确的发展目标，规划合理的发展格局，明确依靠的发展力量，找准诉求的发展动力，建立科学的发展体制机制。当前中国主流价值文化的构建要体现时代感、突出大众化、富有独创性。

当然，我们不可将当代中国主流价值文化仅仅停留于理论认知和学理把握的层面，还必须付诸实践。主流价值文化是一种理论形态，要使这种理论真正成为人们心中神圣的"道德律"以及指导人们立身行世的准则，则有赖于教育。也就是说，无论是对马克思主义指导思想地位的坚持与巩固，对中国特色社会主义共同理想的维系与坚守，还是对民族精神和时代精神的弘扬和培育，对社会主义荣辱观的自觉践行，以及对社会主义核心价值观的信奉与持守，都需要坚持不懈地开展教育工

---

① 参见吕振宇：《社会主义核心价值体系》，山东人民出版社2009年版，第19～21页。
② 吴潜涛：《培育和践行核心价值观的几点思考》，《光明日报》，2013年7月15日。
③ 参见江畅：《中国主流价值文化构建的三个问题》，《光明日报》（理论版），2012年6月21日。

作。教育有不同的类别，有的教育侧重于对社会成员进行知识传授与智力培育，有的教育则侧重于提高社会成员的思想政治觉悟、提升社会成员的道德品行以及引导社会成员确立合理的价值观念。尽管这些不同的教育类别具有不同的侧重点，可是都不可完全抛开社会主义核心价值观及核心价值体系，只不过前者是一种隐性的价值观教育，后者是一种显性的价值观教育。

二、主流价值文化教育与其他教育形态的关系

在我国当前，对人们进行思想政治教育有多种途径，如理想信念教育、中国梦教育、人文教育等。那么，主流价值文化教育与这些形式的教育是什么关系？如何使它们相互补充，协同发挥作用？这些是在构建主流价值文化过程中值得注意的问题。

（一）主流价值文化教育的地位与作用

主流价值文化教育是以主流价值文化为主要内容的教育，当前我国的主流价值文化教育则是以社会主义核心价值体系及社会主义核心价值观为主要内容的教育。具体来说，主流价值文化教育旨在通过学校教育或其他各种社会教育活动，向学生或社会大众阐明当前中国主流价值文化的科学内涵、精神实质、根本要求、重要意义以及实践路径，阐明当前中国主流价值文化的先进性及其在当前我国价值文化体系中的主导地位。

主流价值文化教育在当前我国教育活动中占据着主导的地位，发挥了思想保证、价值引领的作用。通过主流价值文化的教育，可促使社会成员形成健全、合理的思想价值观念，提高德性修养；有助于在全社会确立社会主义核心价值观和核心价值体系，铸就社会成员共同的理想信念和精神支柱，进而为中国特色社会主义文化大发展、大繁荣贡献各自的力量。

只有通过开展形式多样的教育活动，才能将主流价值文化转化为人们的内心信念与实际的生活智慧。假若主流价值文化没有获得人们的广泛认同，没有真正走进人们的心坎，那么，它便只是一种外在的理论架构，无法成为扭转世道人心、引领社会思潮的现实力量。因此，如何将属于理论形态的主流价值文化转化为人们的内心信念与生活智慧、转化为普遍性的社会认同，这在某种程度上比主流价值文化体系构建本身显得还重要、迫切。而转化与否的标志主要在于，人们在社会实践中能否对社会主义核心价值观及核心价值体系加以自觉接受与遵循，能否将它们作为价值标准来规范自己的言行。如果一个人表面上认可主流价值文化，内心却无真切的体认，知识与信仰、理论与实践没有完全统一起来，这仍不是真正意义上的转化。真正的转化乃是内化，或者说，内化是转化的最高层次、最高境界。所谓内化，是

指把客观的、外部的东西通过主体的建构,转化为个体精神财富的过程①。内化与服从或同化有天壤之别。服从乃是人们屈从于外在压力的结果,一旦外在的强制性条件不复存在,服从的动力便会减弱,甚至彻底丧失。同化则是人们经过长时间的熏陶,内心里能够认同某种观念或信条,但这种认同却并非出于人们的自觉、自愿,而完全是习惯成自然,是人们在被动情形下的接受或认可。只有到了内化阶段,人们才会坚信某种学说或观点的正确性,并使之成为自己精神生活的有机组成部分之一,进而再将它们变成实际的生活智慧,用之于立身行世。信念一旦确立以后,就会对人们的心理活动产生深远的影响,同时也决定了一个人的外在行为。具有坚定信念的人,能够为捍卫自己的理想与事业而不惜牺牲一切。而智慧则使知识、理论变得鲜活起来。如果说纯粹的知识、理论是静态的、没有生机的,那么,智慧则是灵动的、生机勃勃的②。智慧"包含有对宇宙人生的某种洞见,并且理论取得了理想的形态,被灌注了爱心,充满了想象,因而和人性的自由发展密切相联系。这样的智慧是理性的,同时也是整个精神的,它有一种具体性的特点。"③

将主流价值文化内化为人们的信念与生活智慧,旨在使价值理论不再是外在于人心的东西,而与具体的个人息息相关,应被内化到每个中国人的内心深处,成为人们坚不可摧的信念,进而外化为人们的自觉行动。要使当前我国的主流价值文化"入脑"、"入心",首先就要"入耳"、"入目",因而应积极发挥主流价值文化教育的作用。当然,"入耳"、"入目"未必能够"入脑"、"入心"。人们在接受主流价值文化教育之后,还须进行自我反思,以便获得对主流价值文化的真切体认,进而接受并践行主流价值文化④。

(二)主流价值文化教育与理想信念教育

我们党自成立以来,一直将理想信念教育作为国民教育以及党政干部培训工作的重要内容,它也是当前中国主流价值文化教育不可缺少的内容之一。中央一再强调,"坚持以理想信念为核心,抓住世界观、人生观、价值观这个总开关,在全社会牢固树立中国特色社会主义共同理想,着力铸牢人们的精神支柱","加强理想信念教育,引导党员、干部着力增强走中国特色社会主义道路、为党和人民事业不懈奋斗的自觉性和坚定性,做共产主义远大理想和中国特色社会主义共同理想的坚定信仰者。"⑤

所谓理想,是指人们对未来事物有根据的、合理的想象或期望,是人们希望达

---

① 杨晓慧:《社会主义核心价值体系融入大学生思想政治教育全过程的基本问题研究》,人民出版社2011年版,第95~96页。
② 罗健、姚才刚:《中国梦的哲学价值论解读》,《湖北大学学报》(哲学社会科学版),2014年第6期。
③ 冯契:《人的自由和真善美》,华东师范大学出版社1996年版,第161页。
④ 罗健、姚才刚:《中国梦的哲学价值论解读》,《湖北大学学报》(哲学社会科学版),2014年第6期。
⑤ 中共中央办公厅:《关于培育和践行社会主义核心价值观的意见》,《人民日报》,2013年12月24日。

到的人生目标、社会发展目标和追求向往的奋斗前景。从群己角度来看，理想可分为群体（共同）理想与个体理想；从时间长短的角度来看，可分为近期理想、阶段理想和终极理想；从内容角度来看，可分为政治理想、道德理想与生活理想等。理想与现实之间具有密切的关系：一方面，现实是理想的客观依据，另一方面，理想毕竟不能等同于现实，理想主要反映了现实的发展趋势，也就是说，理想不局限于静止地反映眼前的现实，它所要揭示的，不仅仅是现实的现存状态，而更重要的是它的发展趋势。

信念是坚信某种主义、观点的正确性，并用来支配自己行动的倾向性。信念一旦确立以后，就会给主体的心理活动以深远的影响，它决定着一个人的行为及其原则性、坚韧性。因此，具有坚定信念的人，能够为捍卫自己的观点和自己的事业，不惜牺牲一切。理想与信念常被人们联合使用，但两者仍略有不同。大体而言，理想是信念对象的未来形象，它为人的价值追求提供了一定的目标和典范。信念则更多地表现为一种心理或精神的状态，既包含有认识的、逻辑的、理性的成份，也包含有情感的、生命的、非理性的成份。就两者的关系而言，理想是信念的根据和前提，信念是实现理想的重要保障，为人们追求理想提供支持，是实现理想的动力。理想的实现依靠信念的力量，信念的坚定也是基于对理想的选择[1]。

当前我国的理想信念教育，主要是指通过一定的教育方式，引导广大社会成员树立中国特色社会主义共同理想和共产主义远大理想，坚定社会主义、共产主义必胜的科学信念。社会主义、共产主义的理想和目标是历史和实践证明了的适合中国特色的发展方向。目前，我们党较好地处理了最高理想与当前理想、共同理想与个人理想之间的关系。理想信念问题对于当代中国人来说并不是抽象的、高不可攀的东西，而是与国家的强盛、人民的幸福密切地联系在一起的。应该说，通过多年的宣传、教育，多数共产党人在理想信念方面是坚定的，绝大部分的普通民众也能够认同中国特色社会主义共同理想，这是主流。不过，任何一个社会，在其转型的过程中，都不可避免地会出现一定程度的理想信念的危机，就目前中国而言，理想信念问题也不容乐观。一部分中国人得过且过，没有明确的理想信念。在承认自己有理想信念的人群中，他们的理想信念也逐渐趋向于多元化：有的皈依宗教信仰；有的将理想信念庸俗化，一味沉迷于对钱、权的追逐之中；有的热衷于封建迷信活动，甚至参与到邪教活动之中；还有一部分青少年陷入到对歌星、影星及体育明星的偶像崇拜之中等。这些都会对当前中国主流价值文化的传播与普及带来干扰和冲击。

加强理想信念教育乃是当务之急。一个国家或民族如果缺乏共同的理想信念的长久支撑，不仅经济发展不可能持久，而且可能偏离正确的发展方向。比如，国有

---

[1] 参见吴丹、刘金如：《论当前理想信念教育的着力点》，《重庆科技学院学报》（社会科学版），2011年第23期。

企业的领导如果在理想信念方面出现问题,腐化堕落,便有可能导致一个企业的效益下滑乃至破产。对党政领导干部而言,没有理想信念,就不可能形成一支高素质的干部队伍,就不可能凝聚社会人心,这不但不利于我国的经济发展,还有可能影响到我们政权的稳固。共同的目标会使人们产生一种认同感,这种认同感是维系整个群体的纽带。共同的理想信念可使群体成员变得十分接近,从而具有强大的凝聚力。理想信念可以说是一个国家、一个民族所不可缺少的精神支柱。西方一些发达国家也较为重视理想信念的宣传与教育,比如,美国历届政府就对公民的价值观以及理想信念教育采取了比较坚定的方针政策,其中心内容即是"爱美国",即爱美国的制度和生活方式,相信美国是世界上最合理、最优越的国家,进而由爱和信任而产生信念和忠诚[①]。我国强化理想信念教育,同样是为了凝聚人心,为了振奋中华民族精神。如果说法制代表了社会的"硬约束力",那么理想信念则代表了社会的"软约束力"[②]。这种"软约束力"如果抓得好,它也会无形地对人们施加着广泛的影响。

我国目前仍然处于社会主义初级阶段,不但在经济及社会发展方面显得较为滞后,而且人们的思想道德素质也有待极大的提高。因而,我们不能以共产主义的理想信念和道德标准来要求所有社会阶层的人,只能以主流价值文化来加以合理引导。当前我国的理想信念教育,最为重要的即是引导人们积极投身于建设中国特色社会主义的伟大事业之中。建设中国特色社会主义事业是我们现阶段的共同理想,它不仅体现着共产党人对于共产主义理想社会的追求,而且体现着所有中国人对于民族振兴、国家强盛的愿望和期待。显然,从理想信念教育和主流价值文化教育的关系来说,两者是相互促进、相辅相成的。理想信念教育中的很多内容都包含在主流价值文化教育之中,理想信念教育进行得越好,对主流价值文化教育的促进就越大,反之亦然。因为两者的共同目标都是为了团结并激励全国各族人民,众志成城,为实现国家富强、人民幸福、民族振兴而奋斗。

(三)主流价值文化教育与"中国梦"教育

"中国梦"是习近平同志代表新一届中央领导集体,总结中华民族近代以来奋斗历程并加以理论升华、赋予时代特征而形成的战略思想和理论成果。"梦"对于不同的人有不同的意义。对于寻常百姓而言,梦是一种再正常不过的生理或精神现象;对于文人墨客而言,梦是他们描述人生境遇、抒发人生情怀的重要题材;对于生理学家、心理学家、精神病学家以及哲学家而言,梦则是他们进行理论反思的一个对象,弗洛伊德、荣格、阿德勒、弗洛姆等人对梦的性质、来源、意义、内容等

---

① 参见吴锋:《道德教育的核心是价值教育》,《扬州大学学报》(高教研究版),2011年第6期。
② 参见谢成宇:《议信仰低谷》,《咸宁学院学报》,2004年第5期。

作了深入的探究，形成了一系列富有创见的梦学理论。中国梦这一概念并非只限于生理学或心理学的意义上来使用，也有别于西方思想家的梦学理论。中国梦尽管也是一种梦想，但却是现实的奋斗目标。它主要是指党和国家领导人在准确把握我国近代以来政治、经济、文化、社会发展状况尤其是当前我国基本国情的基础上对我国未来社会的展望，是对国家未来发展战略的顶层设计，是关于民族复兴的理想蓝图①。

在当代中国的语境下，中国梦有其确切的内涵。2012年11月29日，习近平同志在参观《复兴之路》展览时说："实现中华民族伟大复兴，就是中华民族近代以来最伟大的梦想。这个梦想，凝聚了几代中国人的夙愿，体现了中华儿女的共同期盼。"②2013年3月17日，他在第十二届全国人民代表大会第一次会议上进一步阐明："实现中华民族伟大复兴的中国梦，就是要实现国家富强、民族振兴、人民幸福。"③可见，中国梦即指实现中华民族伟大复兴，其基本内涵是"实现国家富强、民族振兴、人民幸福"。这三者之间具有密不可分的关系。其中，国家富强是最重要的前提，只有国家富强了，民族才能振兴，而只有国家富强、民族振兴了，人民才会幸福。国家富强是民族振兴和人民幸福的基础和前提条件。国家贫弱则民族衰微，当然也不可能有人民的幸福。此外，相比于国家富强、民族振兴，人民幸福更具有根本性的意义，原因在于，国家富强、民族振兴归根到底是为了全国各族人民过上幸福美满的生活④。

中国梦的总体目标是将我国全面建成小康社会、建成富强民主文明和谐的社会主义现代化国家，实现中华民族的伟大复兴⑤。由此可见，中国梦是对我国未来社会发展全方位的谋划与通盘的考虑，而不是仅仅着眼于某一方面的发展。中国梦不但要实现科技进步、经济腾飞、物质增长、财力充足、军力强大、环境优美、生活富裕等看得见、摸得着的目标，还将着力解决好政治民主、社会和谐、人民幸福、文化繁荣、信念坚定、道德高尚以及使国家与公民享有尊严等问题。以尊严为例，国家有国家的尊严，每个公民也有其独立的人格尊严。国家的尊严意味着国家领土主权的完整和治权疆域等不容侵犯与挑战，国家的尊严能否得到维系，不仅取决于国家的经济和军事实力，也取决于这个国家的领导人与民众捍卫国家尊严的决心和斗志。而公民的人格尊严则是指每个公民享有的人之为人的尊贵与威严。人固然有出身、年龄、职业、性别、能力、贫富、地位等方面的差异，但在人格尊严上却没有

---

① 罗健、姚才刚：《中国梦的哲学价值论解读》，《湖北大学学报》（哲学社会科学版），2014年第6期。
② 习近平：《在参观〈复兴之路〉展览时的讲话》，《党的群众路线教育实践活动学习文件选编》，党建读物出版社2013年版，第40页。
③ 习近平：《在第十二届全国人民代表大会第一次会议上的讲话》，《人民日报》，2013年3月18日。
④ 江畅：《中国梦与中国社会的终极价值目标》，《道德与文明》，2013年第4期。
⑤ 习近平：《在第十二届全国人民代表大会第一次会议上的讲话》，《人民日报》，2013年3月18日。

高低之分，每个人的尊严都不容侵犯和剥夺。同时，人也具有独立的意志，有自主的决定能力，所谓"三军可夺帅也，匹夫不可夺志也"[①]。人珍视自己独立的意志与人格，才谈得上有尊严。实现中国梦，既要使国家和民族拥有至高无上的尊严，也应确保每个公民享有人格尊严。当然，两种尊严又具有内在的统一性[②]。

中国梦与主流价值文化在基本宗旨方面是一致的，两者在内容上也有交叉之处。中国梦概念的提出进一步丰富了主流价值文化的内涵，而主流价值文化的构建也因为"实现中华民族伟大复兴"梦想的宏伟目标而显得更为迫切与重要。由此以来，中国梦教育与主流价值文化教育互相渗透、彼此促进。

习近平同志指出，实现中国梦必须走中国道路，必须弘扬中国精神，必须凝聚中国力量[③]。"三个必须"既是一种政治号召，又彰显了独特的价值理念。中国道路彰显了社会主义的价值理念。中国道路是指中国特色社会主义道路。中国特色社会主义的前提与本质是社会主义，而不是别的什么主义。社会主义、共产主义的理想与价值理念是中国人民在实践的基础上经过比较以后作出的理性选择。

中国精神彰显了爱国及改革创新的价值理念。中国精神是指以爱国主义为核心的民族精神和以改革创新为核心的时代精神，这后来成为社会主义核心价值观以及主流价值文化的重要内容。习近平同志说："爱国主义始终是把中华民族坚强团结在一起的精神力量，改革创新始终是鞭策我们在改革开放中与时俱进的精神力量。"[④]爱国主义是国民对自己祖国的一种深厚感情，也是世界各国极为推崇的一种美德或价值理念。我国具有悠久的爱国主义传统，数千年来它一直是动员和鼓舞人民不懈奋斗的一面旗帜，是我国各族人民共同的精神支柱，是中华民族精神的核心内容之一。当前，只有大力加强爱国主义的宣传与教育，才能激发人们实现中国梦的昂扬斗志，提高人们的思想境界和道德情操，增强民族凝聚力。改革创新也是实现中国梦应具备的精神品格与价值理念。2004年，中共中央、国务院发出的《关于进一步加强和改进大学生思想政治教育的意见》首次把改革创新作为时代精神的核心。后来，党和国家的很多重要文件均阐述了改革创新的重要性。改革为社会发展与实现中华民族伟大复兴提供了不竭动力，不进行改革，将会严重削弱甚至窒息社会发展的活力与生机。创新是民族进步的灵魂，通过思想观念的创新、体制与机制的创新、方法与途径的创新等，可以开创社会各项事业发展的新局面，可以加快实现中国梦的步伐。当然，真正的创新是一种自主创新，而非照搬照抄其他国家的现存经验或做法，它要求根据当前我国的基本国情，创造性地提出新的发展理念与思路，并付诸实施。改革与创新之间是辩证统一的，如果不进行改革，就不可能创

---

① 《论语·子罕》。
② 参见罗健、姚才刚：《中国梦的哲学价值论解读》，《湖北大学学报》（哲学社会科学版），2014年第6期。
③ 习近平：《在第十二届全国人民代表大会第一次会议上的讲话》，《人民日报》，2013年3月18日。
④ 习近平：《在第十二届全国人民代表大会第一次会议上的讲话》，《人民日报》，2013年3月18日。

新，此即中国传统哲学所倡导的"革故"而后"鼎新"；俗语谓"旧的不去，新的不来"，亦表达了此意。同样，如果没有创新，改革便会流于形式，就称不上是实质意义上的改革，因而改革即意味着要创新[①]。

中国力量彰显了民族团结的价值理念。团结、友善、和谐后来也成为社会主义核心价值观即主流价值文化的重要内容。所谓中国力量，是指中国各族人民大团结的力量。民族团结与融合是我国的一个优良传统，"协力同心"、"同心同德"历来被当作一种高尚的德行加以提倡，民族团结的佳话也一直为人们所传颂。今天，重新倡导民族团结的价值理念，对于实现中华民族的伟大复兴仍具有莫大的意义。我国是由56个民族组成的一个大家庭，实现中华民族伟大复兴的中国梦不是哪个民族单独的梦想，而是我国各族人民共同的梦想，相应地，实现中国梦也是各族人民共同的责任，在梦想实现过程的每一环节、每一步骤都需要集中各族人民的智慧。我国各族人民只有紧密团结起来，才能汇聚为一股强大的力量，进而为实现中国梦奠定坚实的基础。同时，实现中国梦的目的也是为了造福全国各族人民[②]。

习近平同志在阐释中国梦时又说："生活在我们伟大祖国和伟大时代的中国人民，共同享有人生出彩的机会，共同享有梦想成真的机会，共同享有同祖国和时代一起成长与进步的机会。"[③] 由"三个共同"的主张可以看出，中国梦所蕴含的价值取向既与西方社会盛行的个体本位的价值取向有本质的区别，也不同于中国传统儒家所倡导的群体本位的价值取向，而是兼顾群己的价值取向，这是一种较为合理的价值取向。个体本位的价值取向与群体本位的价值取向都有其偏颇之处，前者重视个体的自由和权力，但却容易发展成为个人至上主义；后者突出了群体的作用和地位，但又未能充分正视个体存在的价值，甚至在一定程度上压抑了个性的自由发展。因此，我们需要对这两种价值取向加以扬弃。中国梦既是富国强兵梦、民族复兴梦，也是百姓的富裕幸福之梦。如果抛开无数个体的人而去谈论中国梦，这样的中国梦必然是虚幻的。因此，一方面，应让人人都有梦想，都有人生出彩和梦想成真的机会，都能在人生舞台充分展示自己的才华，只有如此，中国梦才能真正成为萦绕着每个中国人心头的梦，成为大家共同的梦想。另一方面，每个人的前途命运又与国家和民族的前途命运紧密相连。个人的幸福与成功之梦如果离开了富国梦、强军梦，将是无源之水、无本之木，没有任何根基，极其脆弱。将个人的梦与国家的、民族的梦融为一体，才是坚实的、牢不可破的[④]。

由此可见，中国梦具有丰富的价值文化的意蕴，当代中国主流价值文化的构建以及宣传教育，无疑不可缺少中国梦这一主题。反过来，实现中国梦也需要遵循必

---

① 罗健、姚才刚：《中国梦的哲学价值论解读》，《湖北大学学报》（哲学社会科学版），2014年第6期。
② 罗健、姚才刚：《中国梦的哲学价值论解读》，《湖北大学学报》（哲学社会科学版），2014年第6期。
③ 习近平：《在第十二届全国人民代表大会第一次会议上的讲话》，《人民日报》2013年3月18日。
④ 罗健、姚才刚：《中国梦的哲学价值论解读》，《湖北大学学报》（哲学社会科学版），2014年第6期。

要的价值原则,需要营造浓厚的价值文化氛围:一方面,人的自由而全面发展是实现中国梦的终极目标与最高价值原则;另一方面,社会主义核心价值观则是指导现阶段中国梦实践的具体价值原则。党的十八大报告提出了以"三个倡导"为主要内容的社会主义核心价值观,它对于实现中国梦的宏伟目标具有更为直接的价值引领作用。社会主义核心价值观与中国梦在追求目标是一致的,中国梦可分为国家梦、民族梦(民族振兴与社会发展之梦)、人民梦,而社会主义核心价值观亦可归纳为三个层面:作为国家现代化建设目标层面的"富强、民主、文明、和谐";作为社会制度层面的"自由、平等、公正、法治";作为公民道德品行层面的"爱国、敬业、诚信、友善"。"富强、民主、文明、和谐"是实现我国国家梦的价值原则。我国在很长时期内都要以经济建设为中心。只有具备一定的经济实力,才能建立现代防御性的国防体系,才能减少邻邦对我国领土主权的觊觎之心。国家愈富强,国家的安全愈有保障。同时,经济实力以及综合国力的提升亦益于增加百姓财富、改善民众生活,有益于推动社会主义民主政治建设,有益于构建一个文明、和谐的社会。"自由、平等、公正、法治"是实现我国民族振兴与社会发展之梦的价值原则,这些价值理念在中国传统社会未能获得充分的开展,但它们在现代社会中却越来越被强化,并且逐渐成为衡量社会制度进步与否的重要标志。社会主义作为人类社会迄今为止最优越的社会制度,不仅不能排斥这些价值理念,还应根据我国当代社会的新变化不断赋予其新义,以便使人们享有更多社会主义法律与道德范围内的自由,享有更多的人格平等与自我发展的平等机会,同时能够生活在各尽其能、各得其所的公平公正且有法治保障的社会环境中。"爱国、敬业、诚信、友善"是实现我国人民幸福之梦的价值原则,它们是对公民个人美德的一种要求。2001年中共中央印发了《公民道德建设实施纲要》,在全社会大力倡导"爱国守法、明礼诚信、团结友善、勤俭自强、敬业奉献"的公民基本道德规范。"爱国、敬业、诚信、友善"是对公民基本道德规范的浓缩和提炼,对于当前我国公民道德建设具有较强的指导意义[①]。

(四)主流价值文化教育与人文教育

主流价值文化教育的一个重要目标是塑造、培养具有良好的道德品质、独立健全的人格以及积极乐观的人生态度的现代合格公民,而要达到此目标,就应加强人文精神的培养、教育。可是,在过去数十年的教育中,我们往往较为突出政治教化或专业技能方面的教育,却忽略了人文教育,社会成员的人文素养十分薄弱,人文精神欠缺。因而,当前中国主流价值文化教育应当特别重视人文教育,或者说应当与党和国家对人文精神的培养紧密结合起来。

---

① 罗健、姚才刚:《中国梦的哲学价值论解读》,《湖北大学学报》(哲学社会科学版),2014年第6期。

所谓人文精神，是指"一个民族、一种文化的内在灵魂和生命，是贯穿在人们的思维和言行中的信仰、理想、价值取向、人格模式和审美情趣。它是特定环境里各类精神价值的综合，是时代文化精神的核心"①。它有别于"天道"(自然)，也迥异于"神道"(宗教)，而是一种"人道"观(人文法则)，侧重于探讨人的价值、人的生存意义以及人类自身的命运。具体说来，人文精神又包含三个层面：第一，对于"人之异于禽兽"、而为人所特有的文化教养的珍视；第二，对于建立在个体精神原则基础上的人的尊严、人的感性生活、特别是每一个人自由地运用其理性的权利的珍视；第三，对于建立在教育有素基础上的每一个人在情感和意志方面自由发展的珍视②。"人文"作为一个汉语词汇，最早出现在《周易·贲卦》的象传："刚柔交错，天文也；文明以止，人文也。观乎天文，以察时变；观乎人文，以化成天下。"这里的"人文"一词，主要是指人际间相互关系的准则，它的确立是仿效刚柔交错的"天文"的结果。自周代以降，中国便确立了与天道自然相贯通的人文传统，形成了一种"尊天、远神、重人"的文化取向，并深刻影响着中国文化的性格③。中国历代学者对中华人文精神进行了艰苦的探索，留下了丰富的精神遗产，主要有：自强不息的奋斗精神、厚德载物的宽容精神、崇尚气节的道德理性精神、以天下为己任的责任精神等。西方也有源远流长的人文传统。古希腊人文精神主要表现在如下方面：追求幸福、崇尚智慧、热爱自由、践行民主、张扬正义④。其后，在古罗马土地上孕育的法制精神蕴涵着理性、平等、正义、民本等内容，它是西方人文精神的一次再生。西方文艺复兴时期兴起的人文主义思潮，反对神权，提倡人权，主张以人为中心，尊重人的价值和尊严，倡导个性解放，将人文精神的追求推向高潮。西方19世纪后期以来兴起的人文主义思潮通过深刻反思和批判西方工业文明，进一步彰显了人文精神。

人文精神在不同时代有不同的主题。当代我国人文精神的主题可以概括为，"立足中国社会现实，吸取中国传统文化精神和西方文化精神的精华，消除传统计划体制下不合时宜的思想观念，把完善人的主体精神及现代人格作为其根本价值的归趋，催生一种与中国社会现代化和现代市场经济健康发展相配套的文化精神，并为之保驾护航。"⑤当前人文精神的重建以及与此有关的宣传、教育活动应注意以下几方面的问题：

一是正确引导大众文化。大众文化是时代的产物，深受大众的欢迎，其娱乐休

---

① 骆郁廷：《当代大学生教育》，中国人民大学出版社2010年版，第143页。
② 参见许苏民：《人文精神论纲》，《学习与探索》，1995年第5期。
③ 参见冯天瑜：《中国人文传统论略》，《人文论丛》(1998年卷)，武汉大学出版社1998年版，第18～19页。
④ 参见戴茂堂、江畅：《西方价值观念与当代中国》，湖北人民出版社2002年第2版，第29页。
⑤ 熊在高：《人文精神的历史演进及其当代主题》，《湖北大学学报》(哲学社会科学版)，1997年第6期。

闲的价值不容置疑。在当前世界性文化交流的浪潮中，我国大众文化的繁荣反映了人民生活水平的提高，这是值得肯定的一方面。可是另一方面，大众文化深层的价值取向又颇令人担忧。也就是说，当前的大众文化带有一种明显的倾向：否定一切人生意义方面的关怀，嘲笑一切高尚的追求。它认为所有这样的关怀和追求都是"让人活得太累"，都是"假清高"，都是"玩儿深沉"。在大众文化看来，快乐地活着就是一切，其余都是无足轻重的。这种倾向无疑有其偏颇之处。文化是人的生存方式，它大体上可以分为三个层次：谋生文化、乐生文化、意义文化。谋生文化是指解决人的衣食住行、满足人的生理需要的文化；乐生文化是指追求生活愉悦的文化，也即玩乐文化，如游戏、歌舞、影视等文化产品可归入此类；意义文化是解决人生的意义及价值的文化，这种文化集中体现了文化中的人文精神。当前大众文化的审美倾向，正在逐渐偏离文化的意义层面，向着吃喝、玩乐的方向倾斜，从而加速了人文精神的失落。有些大众文化产品主要是刺激着人们的种种欲望，庸俗低级，毫无艺术因素。因而，我们在肯定大众文化作用的同时，一定需要有一种批判的声音，有一支制衡的力量，对其进行规范和引导，这样，大众文化才不至于走向庸俗、低俗、媚俗的享乐主义深渊中。我们以前的文化产品过于突出道德、政治等方面的教育功能，而轻视其娱乐及休闲功能，贬低个体的幸福，这种做法固然不对，但若矫枉过正，否定一切人生意义的关怀、嘲笑一切高尚的追求，这样做更不对，因为这只会将有着崇高理想信念的人变成只追逐感官刺激的禽兽。

二是培养独立人格。人格是人类的共同规定性与个人区别于任何其他人的独特自我规定性的统一。它以人性禀赋的潜能为基础，以满足更好生存的需要为旨归，通过人的认识、情感、意志和行为等各种活动塑造并体现在这些活动中，由观念、能力、知识、品质等方面的个性心理特征构成，表现为一个人的具有一致性和稳定性的总体个性特征和完整精神面貌。一个人的人格也可以说是这个人不同于任何其他人的独特自我，这种自我是与环境交互作用的，表现为一个持续的社会化过程[①]。人格是共性与个性的统一，可是在现实生活中，人的个性往往被抹杀掉，个性淹没在共性之中，而独立人格的缺失是人文精神失落的主要标志之一。因而，当前人文教育应着力培养社会成员的独立人格。一般来说，一个人的自我意识越强，就越能够以自己独特的方式看待世界、理解人生、处理人际关系，他的独立人格就表现得越充分。独立人格的养成既有赖于个人的学习、实践与涵养，也需要教育者对受教育者进行有意识的启发与引导。

三是积极开展人文类经典著作的研读活动。研读人文类经典著作是提升社会成员人文素养的主要途径之一。人文类经典著作是指具有原创性、集中体现人类精神精华、并能够产生持续性影响力的文学、史学、哲学、宗教、艺术等方面的著作。

---

① 江畅：《德性论》，人民出版社2011年版，第122页。

除了马克思、恩格斯以及老一辈革命家经典著作之外,还有中国的《论语》《孟子》《大学》《中庸》《老子》《庄子》《坛经》、唐诗宋词、明清小说以及西方的《荷马史诗》《理想国》《形而上学》《圣经》《人性论》《社会契约论》《思想录》《神曲》《哈姆雷特》《巴黎圣母院》《复活》等。人文类经典书籍传承着历史和文化,是人文精神的集中体现。如果说,人们物质生活的不断提高和改善依赖于物质生产的进步和发展,那么,精神生活的日益丰富和灿烂则离不开那些承载着历史的厚度、哲学的深度、文学艺术的审美等诸种文化要素的传世经典。人文类经典书籍是各个民族情感文化、心理结构的积淀,是各个民族薪火相传的血脉,割断了它们就相当于割断了人类赖以生存、因之发展的生命源泉。人文类经典书籍的震撼力是永恒的,它们的价值是不朽的,它们用智慧、理性、善良的光辉普照着大地,孕育着万千生灵。社会成员研读人文类经典书籍,即相当于与历代思想家们进行直接的对话与沟通,这能够使社会成员开阔眼界、增长知识、获得智慧;能够促进社会成员进一步思考人性以及如何为人处世的问题,从而提高德性修养、健全人格、完善人生;能够提高社会成员的审美情趣,培养优雅气质。总之,研读经典可使社会成员悟真向善、识情知理,使社会成员变得睿智、豁达、优雅、美丽,从而可以在较大程度上提升社会成员的人文素养[①]。各级各类学校可以开设经典研读类课程(中小学可称为经典诵读,大学及研究所称为经典研读),由专任教师指导学生读经典,让学生直接感受经典的深邃与厚重,从而激发他们对宇宙、社会、人生作深入的思考;而文化、宣传、教育等部门亦可面向社会大众举办有关人文类经典著作研读的讲座,以便营造全民研读经典的良好氛围。

(五)主流价值文化教育与传统文化教育

党的十八大以来,以习近平总书记为代表的当代中国共产党人对优秀传统文化给予了高度的重视,并对其思想意蕴及其当代价值作了新的阐释。2014年2月24日,习近平同志在主持中共中央政治局第十三次集体学习时指出:"培育和弘扬社会主义核心价值观必须立足中华优秀传统文化。牢固的核心价值观,都有其固有的根本。抛弃传统、丢掉根本,就等于割断了自己的精神命脉。博大精深的中华优秀传统文化是我们在世界文化激荡中站稳脚跟的根基。"[②] 2014年5月4日,他在北京大学师生座谈会上再次指出:"中华文明延绵数千年,有其独特的价值体系。中华优秀传统文化已经成为中华民族的基因,植根在中国人内心,潜移默化影响着中国人的思想方式和行为方式。今天,我们提倡和弘扬社会主义核心价值观,必须从中

---

① 参见姚才刚、王玉真:《从经典研读的角度看当代大学生人文精神的培养》,《湖北大学成人教育学院学报》,2008年第5期。
② 《习近平在中共中央政治局第十三次集体学习时强调:把培育和弘扬社会主义核心价值观作为凝魂聚气、强基固本的基础工程》,《人民日报》,2014年2月26日。

汲取丰富营养，否则就不会有生命力和影响力。"① 习近平阐明了中华优秀传统文化是涵养社会主义核心价值观的重要源泉，他认为，只有善于从中华优秀传统文化中汲取营养，才能使社会主义核心价值观具有坚实的根基，也才能充分体现出中国特色、中国气派和中国根脉。

中国传统文化在近、现代的中国可以说命运多舛，迭荡起伏。19世纪中叶，西方列强以其坚船利炮轰开了中国的大门，这对于中国而言，不仅是一次严重的政治危机，也是一次空前的文化危机，中国传统文化受到了很大的冲击。自此以后，有识之士便开始探讨中国传统文化的出路问题，相关争论层出不穷，观点异彩纷呈。1911年，辛亥革命爆发。辛亥革命虽然推翻了长达两千年之久的封建帝制，但其胜利成果却被袁世凯篡夺。袁氏在称帝前已经提倡祭天祭孔，并且通令全国恢复"尊孔读经"。社会上出现了"孔道会"、"孔教会"这类名目的组织。这种逆历史潮流而动的做法严重束缚了人民的思想，扼杀了民族生机。正是在这种情况下，以陈独秀、李大钊、胡适等为代表的一批知识分子举起"科学"与"民主"两面大旗，对中国传统文化进行了猛烈地批判。他们发表言论的重要阵地即是陈独秀1915年开始主编的《青年杂志》（1916年改名为《新青年》）。后来，《新青年》的影响与日俱增，从而形成了一个有历史意义的思想文化运动，这个思想文化运动被称为"五四"新文化运动。"新青年"的作者们把打击的矛头直指封建时代的圣人孔子，掀起了"打倒孔家店"的浪潮。他们认为，三纲五常、忠孝节义这些古代教条是"奴隶之道德"，是同今世的社会国家根本不相容的。比如，陈独秀在《一九一六年》一文中这样说："儒者三纲之说，为一切道德、政治之大原。君为臣纲，则民于君为附属品，而无独立自主之人格矣。父为子纲，则子于父为附属品，而无独立自主之人格矣。夫为妻纲，则妻于夫为附属品，而无独立自主之人格矣。"② 他们认为，只有用民主与科学，才能救治中国政治上、道德上、学术上、思想上的一切弊端，凡合乎民主与科学的则提倡、推广，反乎民主与科学的则批判、摒弃。这些思想在当时起到震聋发聩的作用。我们肯定"五四"新文化运动，关键即在于它所蕴涵的思想启蒙、思想解放意义。启蒙是对传统的否定，是任何民族走出中世纪、走向现代化的一个不可跨越的环节。启蒙运动不仅是社会政治变革的理论先导，也是促进现代化的精神力量。"五四"新文化运动可称为中国的"文艺复兴"，它对传统思想文化的弊端进行了猛烈的攻击，确实表现了一种比较彻底的革命精神。新文化运动的启蒙思想家们为开启民智做了大量的工作，可谓殚精竭虑。但由于时代的局限性，新文化运动也暴露出了一些缺陷。比如"五四"时期的一些知识分子在受到西方学说的影响后，改变了他们思想内容中的价值观念；又因当时政治与社会的腐

---

① 习近平：《青年要自觉践行社会主义核心价值观——在北京大学师生座谈会上的讲话》，《人民日报》，2014年5月5日。

② 陈独秀：《一九一六年》，《陈独秀著作选》第1卷，上海人民出版社1993年版，第172页。

败，使他们对中国传统产生了强烈的疏离感，以至于认为不打倒传统则已，要打倒传统，就非把它彻底砸烂不可[①]。陈独秀即是全面反传统主义的典型代表，他认为，要将中国的传统文化与西方的现代化综合在一起，简直是不可能的事情。如果要进行根本改革，唯一的选择就是彻底地摧毁中国的传统文化，他甚至同意当时另外一位学者钱玄同关于废除中国文字和语言的观点。在"五四"反传统主义者看来，只攻击他们所厌恶的某些规范、教条，实在不够深刻，因而产生整体性反传统主义的思潮。客观来说，历史和实践证明，固守传统只会导致中华民族生命的窒息，全面的反传统主义则又使文化建设失去根基，流于空谈。正确的观点应当是批判地继承传统，创造地发展传统。文化需要传承和创新，新与旧是相对的，任何新文化都离不开旧文化的资源和土壤，旧文化中的某些成分对新文化的创建会提供一些有利的条件。人们可以摒弃传统中国社会的罪孽，而无须攻击整个传统中国文化[②]。

在新中国成立之初，由于当时形势的需要，传统文化继续遭到了批判乃至彻底否定。改革开放之后，中国传统文化的命运才逐步发生转变，人们对其功过是非的评价日趋客观、合理。20世纪80年代在学界兴起的文化问题大讨论中，尽管对传统文化持强烈批判态度的人仍不算少，但也有一些学者开始孜孜不倦地研究中国传统文化，对传统文化给予了一定的同情理解。1992年，北京大学成立了中国传统文化研究中心，这是一个标志性的事件，自此以后，国内有关中国传统文化的研究机构与社团组织纷纷成立，相关的论著以及学术专栏等也被陆续推出。进入21世纪以来，"传统文化热"（或"国学热"）仍然在持续升温之中，国人学习中国传统文化的热情空前地高涨，全国性的传统文化会议、论坛也进行得如火如荼，代表性论著接连出版或发表，很多中小学及大学开设了国学或传统文化课程，不少媒体主办的国学节目也陆续进入公众视野。"传统文化热"对当代中国产生了积极影响，它增强了人们对中国传统文化的了解，并在潜移默化中促使人们进一步认同中国优秀传统文化，弘扬了民族精神。当然，"传统文化热"的背后亦存在着诸多问题，从研究方面来说，目前有关传统文化的研究课题大多集中于先秦诸子百家、宋明理学等，"扎堆"研究的现象比较明显，许多有价值的研究领域鲜有人涉及。一些研究者从自己所学专业或研究方向出发，将传统文化知识牵强附会于各个专业或研究方向，无法对传统文化进行全面把握。从传统文化教育方面来说，有的宣讲者利用受众对传统文化的懵懂和陌生，一味传播传统文化中好的方面，对传统文化中的糟粕部分则避而不谈；有的宣讲者未能把自己的研究课题与社会大众的需求、当代人的生存困惑结合起来，体现不出时代精神与经世致用的价值取向。此外，目前传统文化教育未能统一教学内容，教学效果差异很大。传统文化教育在深入社会基层方面

---

① 参见姚才刚：《"五四"新文化运动与当代中国文化建设》，《党政干部论坛》，1999年第5期。
② 参见姚才刚：《"五四"新文化运动与当代中国文化建设》，《党政干部论坛》，1999年第5期。

也做得不够，多数教育活动仅局限于省会大城市或地级中等城市。民间传统文化教育机构的力量十分有限，缺乏资金来源，参与者少，生源稳定性差。传统文化教育的商业化趋势也愈来愈明显。近几年来，随着传统文化的再度流行，商人们也开始积极思考怎样将传统文化利益最大化。现在社会上各色"传统文化班"（国学班）如雨后春笋般兴起，"私塾教育"及很多所谓的"国学大师""学术超女""文化明星"，将中国智慧与财富利益挂钩，使其本来的价值意义逐渐丧失而变得娱乐化、商业化、低俗化。应该说，借助文化产业推动经济发展本身是无害的，甚至也可在一定程度上促进传统文化的传播，但从长远来看却是弊大于利[①]。因此，我们应该采取恰当的措施来开展传统文化的研究与教育、普及工作，以便为文化强国奠定坚实的基础。

2014年4月，教育部印发了《完善中华优秀传统文化教育指导纲要》，该纲要阐明了加强中华优秀传统文化教育的重要性和紧迫性。其一，加强中华优秀传统文化教育，是深化中国特色社会主义教育和中国梦宣传教育的重要组成部分。中国特色社会主义道路是在对中华民族5000多年悠久文明的传承中走出来的，具有深厚的历史渊源和广泛的现实基础。加强中华优秀传统文化教育，对于引导青少年学生更加全面准确地认识中华民族的历史传统、文化积淀、基本国情，认清中国特色社会主义的历史必然性，坚定走中国特色社会主义道路、实现中华民族伟大复兴中国梦的理想信念，具有重大而深远的历史意义。其二，加强中华优秀传统文化教育，是构建中华优秀传统文化传承体系，推动文化传承创新的重要途径。当今世界，文化在综合国力竞争中的地位和作用更加凸显，越来越成为民族凝聚力和创造力的重要源泉，博大精深的中华优秀传统文化是我们在世界文化激荡中站稳脚跟的根基。青少年学生是祖国的未来，民族的希望，加强对青少年学生的中华优秀传统文化教育，对于培养中华优秀传统文化的继承者和弘扬者，推动文化传承创新，建设社会主义先进文化具有基础作用。其三，加强中华优秀传统文化教育，是培育和践行社会主义核心价值观，落实立德树人根本任务的重要基础。世界多极化、经济全球化深入发展，国内经济社会转轨转型，深刻变革，现代传播技术迅猛发展，世界范围内各种思想文化的交流交融交锋更加频繁，社会思想观念日益活跃。青少年学生思想意识更加自主，价值追求更加多样，个性特点更加鲜明，社会上一些不良思想倾向和道德行为，对青少年学生健康成长产生了不容忽视的影响。加强中华优秀传统文化教育，对于引导青少年学生增强民族文化自信和价值观自信，自觉践行社会主义核心价值观具有重要作用[②]。该纲要对于当前我国开展优秀传统文化教育具有较强的指导意义。

---

① 参见姚才刚、王智慧：《当代中国国学发展报告》，江畅等主编：《中国文化发展报告》（2013），社会科学文献出版社2014年版，第378～386页。
② 《完善中华优秀传统文化教育指导纲要》，《中国教育报》，2014年4月2日。

当代中国主流价值文化的构建与宣传教育应当与中华传统文化教育紧密结合起来。主流价值文化包含中华文化中的优秀元素，是对传统文化的扬弃和发展。在五千多年的历史发展中，中华民族创造了源远流长、博大精深的中国文化，并形成了独具特色的价值观。比如儒家极力倡导仁、义、礼、智、信、忠、孝、诚、恕等价值观；道家把返璞归真、敦厚朴实、"与道为一"作为终极的价值目标；墨家学者大多是平民出身，他们倡导的"兼爱"、"尚贤"、"节用"、"非乐"、勤劳等价值观也带有较强的平民主义色彩；法家则倡导务实、功利等价值观等。构建当代中国主流价值文化，需要对中国传统文化加以批判地继承和创造性地转化，一方面剔除其历史负面性的影响，另一方面提炼、活化其合理因素。比如，"贵和尚中"既可以被当做传统文化的精髓，也可以视为主流价值文化的重要理念。注重和谐是中国传统文化的基本价值追求之一，而"贵和"与"尚中"往往又紧密联系在一起。尤其在儒家看来，要保持和谐的秩序和状态，就需要坚持"中"道。凡事都有一个界限或尺度，达不到或超过这个界限、尺度，都不可取。只有做到适度，才符合"中"道，也才有可能使"和"得以实现。儒家将"中和"看成是宇宙人生的最高准则，儒家经典《中庸》开宗明义地阐明了"中和"的观点："喜怒哀乐之未发谓之中，发而皆中节谓之和。中也者，天下之大本也；和也者，天下之达道也。致中和，天地位焉，万物育焉。"这段话由分别论述"中"与"和"，到合而论述"中和"，不仅说明了它们三者之间的关系，而且阐明了它们各自所占有的地位。"中"是天下的根本，"和"是天下的原则，而把两者结合起来的"中和"，则可以使宇宙万物和人类社会各安其位、各得其所，达到圆满和谐。当然，中国传统文化在彰显"中和"的同时，却对个性的自由发展有所忽视，这是中国传统文化的一个缺陷，今日需要加以克服。再以"义利之辨"为例，传统儒家、墨家等思想派别都有较为明确而系统的义利论。就儒家而言，孔子、孟子、荀子、董仲舒、二程、朱熹、陆九渊等历代大儒都探讨过义利问题。儒家所谓的"义"是从道德价值上来立论的，"义"有"适宜的"、"合理的"、"应当的"等含义。"利"是指利益、功利。传统儒家在义利问题上的基本主张虽然是重义轻利，但并非完全不言利。事实上，孔子、孟子等先秦儒家既强调"义"的优先地位，同时又指出，只要合乎"义"，"利"是可以追求而且是应当追求的。汉代大儒董仲舒一方面主张"正其谊（义）不谋其利，明其道不计其功"；另一方面他又认为，"义"和"利"都是天之所生，"利"的存在是不可否认的事实，"利"的作用在于"养其体"。就墨家而言，墨家在义利问题上主张义利并举，既尚利，又贵义。因此，在当代中国主流价值文化教育活动中，应当批判性地吸收其中的优秀成分，譬如对于义利而言，不可过分强调"重义轻利"，而应将"义"和"利"统一起来，义利兼顾，义中取利，并将"义"导向社会主义核心价值观的内容。

主流价值文化教育与优秀传统文化教育可以相辅相成、相得益彰。习近平同志指出:"中华文化强调'民惟邦本'、'天人合一'、'和而不同',强调'天行健,君子以自强不息'、'大道之行也,天下为公',……强调'德不孤,必有邻'、'仁者爱人'、'与人为善'、'己所不欲,勿施于人'、'出入相友,守望相助'、'老吾老以及人之老,幼吾幼以及人之幼'、'扶贫济困'、'不寡而患不均'等。像这样的思想和理念,不论过去还是现在,都有其鲜明的民族特色,都有其永不褪色的时代价值。"[①]习近平认为,以上思想和理念经过改造和现代诠释,具有历久弥新的价值,可以成为建构当代中国主流价值文化的源头活水,当代中国主流价值文化是对中国优秀传统文化的传承和升华。

在开展主流价值文化的宣传教育活动中,应充分吸纳传统文化的资源,这乃是大势所趋。不过,也有一些问题需要注意和明确:其一,当代中国主流价值文化对中国传统文化的融入是革命性的、创新性的,而不是与已有的专制主义文化传统的混合,不是在它已经被打碎后再接续起来。它是在新的时代、新的经济基础之上构建的一种包含优秀传统文化内容同时又与现代世界文明接轨的先进价值观。这种情形类似于西方近现代价值观与西方古代(古希腊罗马和中世纪)价值观的关系。西方近现代主流价值观不是西方古代主导价值观的自然延续,而是完全适应西方市场经济兴起和发展的需要构建起来的,尽管它从西方古代价值观中吸收了许多有价值的内容。其二,在当代中国弘扬和传承传统优秀文化,从根本上说,是要利用传统文化的资源为当代中国主流价值文化构建服务,使当代中国主流价值文化不仅是社会主义的,而且是有中国特色的,是接地气的,具有民族认同感和亲和力,人们喜闻乐见。如果以为构建当代中国主流价值文化就是要使社会主义价值观回到传统价值观(无论是诸子百家的和后来的思想家的,还是占主导地位的专制主义的)或在新的历史条件下复兴传统价值观,那我们就会犯致命性的错误,其实践后果不仅会使人们的思想产生混乱,更会将中国引向灾难的深渊。其三,当代中国主流价值文化要利用的中国传统文化资源,不只是儒家思想,更不只是以儒家价值观为依据构建的宗法专制主义的传统文化,而是中国进入文明社会以来逐渐形成的传统文化。中国传统文化资源极其丰富,包括西周及以前的文化、春秋战国时期诸子百家的文化,后来佛教与中国文化融合后形成的文化、宋明程朱理学和陆王心学文化,以及鸦片战争开始形成的"新文化"等思想文化,也包括极其丰富的制度文化、行为文化等。利用中国传统文化,不只是要利用思想文化,更不只是要利用儒家思想文化,而是要利用各种文化资源;不仅要直接利用传统文化的有益内容,而且要总结其经验教训,将历史经验教训作为今天的重要历史借鉴。这里有一点需要指出,我们通常说要弘扬和传承优秀中国传统文化,这是对的,但我们在利用传统文化资源

[①] 习近平:《青年要自觉践行社会主义核心价值观——在北京大学师生座谈会上的讲话》,《人民日报》,2014年5月5日。

时，就不只是利用优秀的，也需要利用那些糟粕的，从中总结历史经验教训，并引以为鉴，这即是所谓"以史为镜，可以知兴替"。实际上，历史文化资源本身也通常是良莠兼具的，并没有绝对优秀的或绝对糟粕的，只是优秀或糟粕的程度差异而已。因此，我们不能指望从历史文化资源中挑出纯粹优秀的内容来继承，而只能以批判的态度吸取其精华剔除其糟粕，以达到"古为今用"的目的①。

那么，主流价值文化和优秀传统文化是否可以完全融通呢？这或许可以从刘述先先生的"理一分殊"说那里得到一些有益启示。刘先生的新儒学思想贯穿着"理一分殊"的方法论原则，他在批判继承朱熹"理一分殊"说及卡西尔"功能统一"说的基础上，结合当代思想文化的特色，对"理一分殊"作了重新阐释，并将此作为自己建构新儒学思想体系的方法论原则。

刘述先对"理一分殊"的现代阐释，基本上是在解构朱熹过时理论的基础上，从朱熹的学说中翻转出来，然后赋予此命题以鲜明的时代意义。一方面，他不同意朱熹将阴阳五行等思想掺杂其间，将天象与人事相对应。另一方面，他又认为朱熹大体上能够把握儒家的"理一"，他说："'仁'、'生'、'理'的三位一体是朱子秉承儒家传统所把握的中心理念，这样的理念并不因朱子的宇宙观的过时而在现代完全失去意义。朱子吸纳了他的时代的宇宙论以及科学的成就，对于他所把握的儒家的中心理念（理一），给予了适合于他的时代的阐释（分殊），获致了超特的成就。"②刘述先对"理一分殊"观念的现代阐释，除了有宋儒的思想渊源之外，也受到了卡西尔文化哲学的影响。在华裔学者中，刘述先对卡西尔思想的研究起步最早、研究时间最长、用力也最勤。他之所以欣赏卡西尔的学说，就是因为卡西尔不再去寻找某种实质的统一性，而取一种功能统一的观点，从而保全了各支文化的丰富内容及特色③。或者说，卡西尔对人类文化不再取"实体性定义"，而转取"功能性定义"④。所谓"实体性定义"，是指关于"是什么"的问题，这是一种本原、恒定意义上的界说。而"功能性定义"则是从人类活动的体系来看待人类，从人类的劳作功能来研究人的本质。卡西尔认为，追求一种关于人的本质的实体性定义的做法已经走向了穷途末路。因为人的本质并非恒定不变的，而是处于不断的发展变化之中，不可能再找到一个绝对的实体性的界说，否则便会陷入虚构之中。卡西尔认为，对"人"的研究，必须从对人类文化的研究入手。因为只有在创造文化的活动中人才能成为真正意义的的人，也只有在文化活动中，人才能获得真正的"自

---

① 参见江畅、张景：《当代中国价值观源流探析》，《山东社会科学》，2015年第2期。
② 景海峰：《儒家思想与现代化——刘述先新儒学论著辑要》，中国广播电视出版社1992年版，第531页。
③ 参见姚才刚：《"理一分殊"与儒学重建》，《湖北大学学报》（哲学社会科学版），2005年第1期。
④ ［德］恩斯特·卡西尔：《人论》，甘阳译，上海译文出版社1985年版，第87页。

由"。① 刘述先对卡西尔"功能统一性"的观念进行了消化、吸收，并融汇于其对"理一分殊"的新释之中。

刘述先不是仅仅局限于伦理道德或宇宙论的层面来理解"理一分殊"，而是把它看成是一种广义的方法论原则。也就是说，超越的"理一"是贯通古今中外的，具有普遍性，但它的表现则依不同时空条件下的具体实际的情况而有所不同。故一方面寻求"歧异中的统一"或"多元中的一元"，另一方面也不能轻忽"理一"在具体时空脉络下的特殊表现，不抹煞"分殊"层面的差异。从"理一分殊"的观念出发，刘述先对传统与现代的关系问题作出了独到的思考。他指出，当代人所能继承传统的显然不是其具体的、实质的内容，而只能寻求精神上的感通，如此方能找到传统与现代接通的坦途。以儒学为例，刘述先说："儒家所谓亲亲而仁民，仁民而爱物，就其理一而言，确实中外古今并无二致。就其分殊而言，则亲情之爱，由大家庭制度改变为小家庭，内容上已有了巨大的改变。由父权夫权之退位，经过适当的调整，不只无碍反而更有助于亲情的自然表露。"② 刘述先将孔子的"仁"、《易传》的"生生"、宋明儒的"理"均看成是超越的"理一"，具有恒常性，但它在不同历史时空条件下应有不同的表现。或者说，只能透过启示性的功能而使"理一"成为悬于万世的明灯，后世之人则应将他们的"具体"与这样的"普遍性"相接。刘述先认为，先秦的孔孟、宋明的程朱陆王及当代的唐（君毅）牟（宗三），他们思想学说的建构与语言文字的表达均不相同，但却都归本于仁义，注重对生生不已的天道与温润恻怛的仁心的体证，所以在精神上是贯通的，这属于"理一"方面的契合。非但如此，儒家的东西是一个象征，这个象征指向一个常道。刘述先指出，关于这一点，不仅新儒家这样讲，就连孔汉思这样的天主教徒通过自己的表达方式也来讲。因为孔汉思发现，贯穿世界一切精神传统的不是上帝的概念，而是 humanum（拉丁语：人道、人性）③。这也就是康德以来所讲的，"人要以人道对人"，它表现出来就是所谓的金律：己所不欲，勿施于人。孔汉思的表述当然是西方式的，但它具有普遍性。而儒家的"仁"不可只理解为"仁慈"，它的真正意涵与孔汉思所得出的结论是若合符节的。儒家的"仁"在较高的理念层次上与基督教、佛教、回教等都是相通的④。

刘述先的"理一分殊"说对当前中国主流价值文化建设有着重要的启示意义：当前中国主流价值文化与传统文化在"分殊"方面的差异是无法抹杀的，但在"理

---

① 参见刘述先：《文化哲学》，黑龙江教育出版社1988年版，第162～163页。
② 刘述先：《全球伦理与宗教对话》，台湾立绪文化事业有限公司2001年版，第221页。
③ 刘述先：《全球伦理与宗教对话》，台湾立绪文化事业有限公司2001年版，第212页。
④ 以上有关"理一分殊"的内容可参考姚才刚的《"理一分殊"与儒学重建》（《湖北大学学报》（哲学社会科学版），2005年第1期）和《"理一分殊"与传统思想的现代转化》（《鹅湖月刊》，2014年第7期）两篇论文。

一"方面却是可以贯通的。这里所谓的"理一"不是某种宰制性的东西，它提供的仅仅是精神方向的指引。之所以能够达到精神层面的共通性的原因在于，主流价值文化的核心是要达到人的自由全面发展，是要提升每个人的崇高精神追求，是对每个人所应当具有的理想人格的强调和激励。从这一点上来说，传统优秀文化希望达到的也是这个目的。只是在具体方式上，因为社会背景、历史年代的不同，会呈现出诸多差异，但是在主旨上两者还是有相通之处的。

此外，强调当代中国主流价值文化的构建与宣传教育应植根于中国优秀传统文化，并不意味着排斥世界其他文明的优秀成果，相反，当代中国主流价值文化"既体现了社会主义本质要求，继承了中华优秀传统文化，也吸收了世界文明的有益成果，体现了时代精神"[①]。以西方近现代价值文化为例，西方近现代价值观对于构建当代中国主流价值文化不仅具有"触媒"作用，还具有其他多方面的意义。首先，它给我们提供了许多现代价值观的思想资源。我们大量地译介西方的学术著作，进行日益广泛深入的文化教育交流，在中国大地上掀起了一次又一次的西方文化冲击波。我们不能否认西方近现代价值文化的资本主义性质，也不能否认其中有很多糟粕，但是我们也必须肯定其中有不少与市场经济、民主政治、现代法治、现代科技相适应的东西。这些东西为当代中国主流价值文化构建提供了丰富的可供选择和借鉴的内容。其次，西方近现代价值观及其构建也给我们提供了构建主流价值文化的经验教训。西方近现代价值观和文化是西方资产阶级自觉构建的结果。西方近代以来的思想家提供了各种可供选择的价值观理论方案，西方近现代政治家则从这些方案中选择了自由主义理论作为主流价值观，并将其付诸实践，使之现实化。西方近现代价值观的构建使我们意识到在现代文明条件下自觉构建主流价值文化的必要性和重要意义，意识到与计划经济相适应的价值观不适应市场经济，市场经济需要与之相应的价值观；另一方面西方近现代价值观及其构建的局限性和难以克服的各种难题，也使我们力图避免西方近现代价值观建设走过的弯路和已经显现的偏颇。正是鉴于这种经验教训，我们意识到我国不能走西方近代构建价值观的老路，不能搞"全盘西化"，而必须坚持走社会主义道路，当然这种社会主义不是传统的社会主义，而是有中国特色的社会主义[②]。

三、主流价值文化教育应遵循的基本原则

从事主流价值文化教育的部门除了中小学、中等专业学校与大专院校等国民教

[①] 习近平：《青年要自觉践行社会主义核心价值观——在北京大学师生座谈会上的讲话》，《人民日报》，2014年5月5日。

[②] 参见江畅、张景：《当代中国价值观源流探析》，《山东社会科学》，2015年第2期。

育体系的机构之外,也包括党校、军事院校以及其他成人教育机构、社会培训机构。这些不同的教育机构开展主流价值文化教育,既表现出各自不同的特色,也应该遵守一些共同的教育原则。这些共同的教育原则主要包括以下四个方面:

(一)以人为本

《关于培育和践行社会主义核心价值观的意见》明确指出:"坚持以人为本,尊重群众主体地位,关注人们利益诉求和价值愿望,促进人的全面发展。"① 这表明,社会主义核心价值观教育以及主流价值文化教育应贯彻落实"以人为本"的原则。

教育的研究对象既然是人,那么也应该以人为中心而展开。可是,在实际的教育过程中,人却被疏忽了,甚至出现"人学空场"的现象。萨特曾尖锐地指出马克思主义存在"人学空场"的缺陷,在他看来,马克思主义重物质、重经济、重社会,只懂得"社会存在决定社会意识",忽视了人的具体存在、现实存在,其结果是把人消融了,存在"非人主义"的倾向②。萨特对马克思主义的批评无疑是错误的,马克思主义有丰富的人学学说,其本身即是一种科学的人学,人在马克思主义中占有很重要的地位。后世之人对马克思主义的诠释的确存在误读的地方,但真正的马克思主义是关心人的,尤其重视探讨人的生存状态、生命价值与主体精神。不过,"人学空场"的概念倒是可以用来描述当前中国主流价值文化教育中存在的弊端。

这里所谓的"人学空场",是指教育过程中无视人的存在的做法或现象,它虽然不具有普遍性,但其危害不可小觑。"人学空场"的具体表现是:在功能上,仅把教育看作是实现社会目标的工具的活动,而不是将其视为培养全面发展之人的活动。如此一来,受教育者便被置于手段、工具的地位,其成为什么样的"材",完全取决于外在的社会的需要。受教育者被看作是盛装教育内容的"袋子"、"容器"、"洞穴"等客体,而不是活生生的、有思想、有感情的人,否认了受教育者是教育的主体。在教育目标上,培养的是失去主体性的、被动地遵守社会道德规范的人。在教育内容上,不是按照受教育者的需要、思想发展的特点与规律选择和安排内容,而是脱离了受教育者的现实生活,进而按照学科的逻辑来选择、组织教育的内容。在教育的评价上,评价内容脱离受教育者的实际状况,偏重于受教育者对相关客观知识的理解和掌握情况的评价。在教育的管理上,采用标准化、规范化的管理模式,受教育者所具有的特质不被尊重。总之,教育中的这种"无人化"的做法泯灭了受教育者的尊严和自由,扼杀了受教育者的学习积极性,这使得教育缺乏吸引力和感染力,最终导致了教育的低效或无效③。

---

① 中共中央办公厅:《关于培育和践行社会主义核心价值观的意见》,《人民日报》,2013 年 12 月 24 日。
② 转引自张世欣、周凌:《思想教育活力论——思想道德教育理念的若干甄辨》,浙江大学出版社 2009 年版,第 172 页。
③ 参见范树成:《当代学校德育范式转换与走向研究》,人民出版社 2011 年版,第 311～312 页。

主流价值文化教育需要"把人当人看",教育者与受教育者双方都应如此。每人既应把自己当人看,也把他人当人看。因为,每人都是一个独立自主的个体,有独立的思考能力,有自主的决定能力,有思想与行动的自由。每人都有权由自己的意志和思想出发来决定自己的行为,当然,权利与责任又是密不可分的,人应对自己的行为负责。教育者在对受教育者加以正确引导的前提下,也应尊重受教育者思想的自由、意志的自由和情感的自由[①]。尊重受教育者的思想自由,受教育者才能作出独立的思考与探索,教育者与受教育者双方才可能有真正的交流互动;尊重受教育者的意志自由,受教育者才有可能心悦诚服地接受教育者传授的内容,并将其转化为内心的信念;尊重受教育者的情感自由,教育者与受教育者之间才能产生真切的情感共鸣,在此基础上,才能增强教育的实效。

主流价值文化教育究其实是人的价值的自我追寻,是为了实现人的自由全面发展,但是主流价值文化教育不能舍本逐末,成为一种空洞的说教,而忽略了健全人格的培养。中国传统固然有像孟子这样极力倡导独立人格的思想家,但从整体上看,自主意识和独立人格问题在中国文化脉络里并未受到足够的重视,服从意识和整体观念则得到过分的渲染,这是我们文化传统里的一个不足之处,今日应当克服此种弊端。当前中国主流价值文化教育应当以马克思主义人学思想为指导,充分尊重人的价值、人的独立性以及人的全面发展,从而使教育中的"人学空场"转变为"人学在场"。当然,我们在构建人的自主意识,培养人的独立人格的同时,又不能诱发人们对名利的过分追逐,更不可陷入极端个人主义的价值观误区之中,这是需要加以防范和警惕的地方。

"人学在场"的实质即是以人为本。以人为本即意味着一切依靠人,一切服务于人,一切为了人的发展。它"强调无论办任何事情都要注意关怀人、尊重人、理解人、相信人、依靠人、解放人、发展人、为了人。总之一切从人出发。关怀人,即把人挂在心上,重视和爱护人,对人有爱心和有深厚、真挚的情感,对人负责,保护人的政治利益。尊重人,即尊重个体生命的独特性,尊重人的尊严、价值、独立人格、需要、兴趣、能力差异、自主性和自由性,尊重人发展的权利。理解人,即在心理上、情感上走进他人的心里,体验他人的感受,设身处地地为他人着想,将心比心,己所不欲,勿施于人,能对人产生移情。相信人和依靠人,即相信人在社会进步和发展中的作用,相信人发展的潜力,把人作为自己发展的主人,作为促进社会发展和进步的主体,靠人自己发展自己,促进社会的进步与发展。解放人和发展人,即改革束缚人发展的体制、机制,不断创新和完善促进人发展的机制和条件,使人的潜能和创造性得到最大程度的发挥,把人过幸福、完满的生活作为追求,以促进人的自由、全面、和谐发展为最终指向。为了人,即把人作为思考问

---

① 参见许苏民:《人文精神论纲》,《学习与探索》,1995年第5期。

题、办事情的出发点和落脚点。在处理人与自然、人与社会关系时，在坚持人与自然、人与社会和谐的前提下，把人的发展作为终极的目标"①。

以人为本不同于"以 GDP 为本"。我们虽然不否认经济发展的极端重要性，但却主张把谋求社会成员的福祉作为经济发展的出发点和落脚点。以人为本虽然是以绝大多数人的根本利益为本，却又不排斥少数人的合法权益，更不唯以利益论成败。以人为本的理念目前虽然已广为人知，但在落实此理念的过程中，难免会产生一些偏差：有时流于形式，在实施过程中效果不够理想；有时以维护多数人的利益为名而侵犯了少数人的合法权益；部分社会成员的人格尊严、隐私权等未能得到充分、有效的维护等。

因此，教育者应把受教育者作为教育的出发点和落脚点，把受教育者看作是具有独特的个性、意志和情感的主体，在教育过程中充分考虑受教者的个体感受和需求，通过调动和激发受教育者的积极性、主动性和创造性，使受教育者自觉树立科学的世界观、人生观和价值观，形成正确的思想道德素质和高尚的道德品质，促进受教育者自由而全面的发展。教育者和受教育者应在民主、平等、和谐、合作中相互作用、相互促进、教学相长、共同提高。当然，教育也应把尊重个人与服务集体、个人发展与社会发展、人文关怀与坚持原则性有机结合起来②。也就是说，在满足受教者合理诉求的情况下，也应引导受教育者认同社会主义核心价值观，自觉接受主流价值文化的熏陶，在言行方面符合社会主义社会的基本价值准则。

（二）对话与沟通

在过去的数十年间，我国的教育较为强调灌输的教育方法，这种方法曾发挥了其应有的作用，但在当前流行多元文化及价值观的背景下，它表现出了一定的局限性，即无法充分调动受教育者的积极性，甚至使受教育者产生反感和抵触的心理，这使得教育的效果大打折扣，收效甚微。为此，我们应改变单纯依赖灌输或"一教二训三指导"的老一套做法，进而倡导"引导与双向互动相结合"的教育方法：一方面，不可忽略教育者对受教育者的引导义务；另一方面，又须强化教育者与受教育者之间的对话与沟通。

"灌输"一词本来不具有贬义，而是一个中性词，在俄语中，该词直译为"充实"，汉语解释为输送思想、知识等。马克思、列宁、毛泽东等无产阶级革命家对灌输思想均有所论述。当然，随着时代的发展和社会的进步，对于灌输教育思想的继承和发扬应该与时俱进，应与我们所处的网络时代、信息时代的特点相适应，而不能生搬硬套、机械理解，更不能将其作为一种一成不变的教育模式。可是，当灌

---

① 范树成：《当代学校德育范式转换与走向研究》，人民出版社 2011 年版，第 326～327 页。
② 骆郁廷：《当代大学生教育》，中国人民大学出版社 2010 年版，第 75～78 页。

输作为一种具体的教育方法被应用到实际的教育或德育工作之中，难免产生了一些偏差，主要表现在：教育者把一些理论知识或观念单向传播甚至强加给受教育者，要求受教育者无条件地接受和遵照执行，不允许他们对这些知识或观念进行选择、解释、质疑；教育者与受教育者之间是一种权威与服从的关系，教育者是教育活动的中心、权威，具有绝对的话语权，而受教育者则成为了"单向度、被教育、被塑造"的靶子、对象和客体；将教育内容从受教育者的生活中孤立出来，进行空洞的理论说教，使教育失去了活力和魅力；忽视受教育者的自我教育、自我感悟与自我体验，造成了受教育者对教育工作具有一定的逆反心理等[①]。显然，灌输不能使受教育者完成对主流价值文化的体认，进而认同并内化为受教育者的信念与价值观。

从灌输走向对话与沟通，这是当前及今后主流价值文化教育进行变革的方向。但我们这里并非要完全摒弃灌输教育思想，而是将人们在实践中对灌输的误读加以纠编。马克思主义的灌输教育思想不是主张采用片面的、强制性的方法往人们头脑中"灌注"某种知识、信条，而是在尊重受教育者的个性与诉求、发挥受教者主观能动性的前提下再对其加以引导，向受教育者传播先进的思想理论与价值观念。如果只有对话、沟通，而没有必要的引导，则容易导致放任主义。20世纪60、70年代，西方国家曾经出现较为严重的社会道德危机，吸毒赌博盛行、性泛滥、社会责任感淡薄、极端个人主义流行等，出现这些问题的原因十分复杂，但有一点勿须置疑，即它与当时盛行自由放任的教育理念不无关系。我国是社会主义国家，对社会成员进行有关社会主义意识形态、中国特色社会主义主流价值文化的宣传和引导显得尤为重要。

不过，教育者在对被教育者进行引导的过程中，却不可采用简单机械的"填鸭式"的教学方式，而应突出对话与沟通。对话与沟通既是人们的日常用语，也是哲学、社会学、心理学、传播学、教育学以及教育等多学科使用的学术用语。比如，德国哲学家哈贝马斯认为，通过主体与主体之间的对话、沟通与交往，可建立一种相互理解、相互信任的关系；而有"传播学之父"之称的美国学者施拉姆则创立了较为独特的沟通理论，主张沟通双方在平等的关系上进行多次的循环互动，以便尽可能地扩大彼此之间共同的意义空间。对话与沟通是一对相互关联的范畴，对话是沟通得以进行的基本方式之一，而良好的沟通效果则是对话所要达成的重要目标。我们这里侧重于探讨"对话"问题。教育中的对话，是指教育者与受教育者之间"内部精神世界的敞开和沟通，是对对方真诚的接纳，是在对话的过程中实现的观点、精神和思想上的包容、相遇与相通，从而达到生命质量的提升和精神世界的完满建构"[②]。教育者与受教育者都要敞开心扉，发表各自的见解，同时善于倾听对

[①] 参见王东莉：《德育人文关怀论》，中国社会科学出版社2005年版，第333～340页。
[②] 张天宝：《试论教育对话及其基本特征》，《北京大学教育评论》，2005年第3期。

方的心声,进而通过不同观点的交流与碰撞,达到双方的"视域融合"。教育者尤其要放下架子,尊重受教育者的人格和独特个性,不把自己视为"闻道在先"者,也不把受教育者视为懵懂无知之人,双方是平等的对话主体,教育者只有持有这样的心态,才能获得受教育者的信任,才能使受教育者知无不言、言无不尽。对话在一种宽松、融洽的气氛中进行,才能取得较好的效果。在对话之前,教育者还应做好相应的准备工作,比如设计好对话的主题、对话的环节以及对话情景等;在对话过程中,则应控制局面,防止出现冷场、跑题、自言自语或过分吵闹的现象。作为受教育者,也应具备必备的对话与沟通的能力。当然,每一个人的成长都是有一个过程的,受教育者如果还不具备应有的对话意识与能力,教育者应给予充分的理解,并且尽可能地对受教育者进行相关的辅导和帮助。总之,通过对话,促进不同主体、不同观点之间的沟通与理解,促使受教育者形成科学的世界观、人生观与价值观。

(三)显性教育与隐性教育相结合

显性教育与隐性教育是两个对立而又相互依存的范畴,在隐性教育的概念出现之前,也不会有显性教育的说法。美国教育社会学家杰克逊(P.W.Jackson)1968年在其专著《班级生活》一书中,首次使用了"隐性课程"的概念。随后,利比特(L.K.Lippit)和怀特(R.K.White)进一步研究了隐性课程的相关问题,认为隐性课程所包含的教育性因素对学生成就和学习态度的影响比显性课程还要大,这使得隐性课程在学校教育中的作用得到了广泛的关注。隐性教育则是对"隐性课程"加以拓展之后的一个概念。我国学者从20世纪80年代末90年代初开始探讨隐性教育。近年来,对隐性教育的研究日益升温。

所谓显性教育,是指教育者通过有意识、直接、外显的教育活动使受教育者受到影响且同时可以被明确感知的一种教育方式。相对于显性教育,隐性教育是教育者为了实现其教育目的而实施的不为受教育者明确感知,从而使受教育者在无意识中接受教育的另外一种教育方式。隐性教育具有如下特征:一是在教育目的上具有隐蔽性。心理学实验证明,如果思想教育的劝导性太明显或强度过大,受教育者就会感到自己的选择自由受到限制,于是激起对教育信息的排斥,这就是人们通常所说的逆反心理。现行的显性教育由于教育者的教育意图、灌输训导明显已经使不少受教育者产生了排斥和距离感。隐性教育是"隐"教育意图于活动或环境氛围之中,受教育者没有意识到自己在接受某一特定信息的教育,该隐性信息的获得往往不是活动本身所指向的目的,而是附加衍生物,这种信息是受教育者通过直接体验或间接观察获得的。二是在教育内容上具有渗透性。任何环境或社会现象都渗透、传递着一种信息,是一种潜在、无形、无声的教育力量,它以非强制性的隐性作用方式,影响和制约着受教育者的思想情感、道德水平、价值取向和行为方式,从知、情、意、信、行等方面综合塑造他们的人格品质。相对于显性教育具有确定的教育主体、明确的教育目的、相对集中的教育场所来说，隐性教育的独特之处在于此种教育方式的渗透性，即它是通过潜在于班级、学校和社会中的隐含性教育因素及外在的环境潜移默化地引起受教育者心理情感、知觉改变和建构的一种学习过程。三是在教育效果上具有顺然性。主流价值文化教育的最终目的不仅要让受教育者掌握有关的道德规范、原则和价值观念，而且还要将其转化为他们某种深刻而稳定的心理结构，继之外化为自觉的行为习惯。隐性教育由于并不是受教育者出于显性外在的灌输和强制，而是通过其自身自愿接受、内化和顺应而潜移默化地起作用。它从受教育者思想不设防的心理感受层面入手，使其在日常的、自然放松的状态下不知不觉地、顺乎自然地深入到思想体系层面，其效果必然要比显性教育持久和稳固得多[1]。

当前中国主流价值文化教育应将显性教育与隐性教育紧密结合起来。一方面，我们可采用显性教育的方式，即教育者公开、直接地向受教育宣讲社会主义核心价值体系及社会主义核心价值观的意义、内容及贯彻落实的途径、方法，中小学开设的德育课及大专院校开设的思想政治理论课就可采用这种显性教育的方式。另一方面，我们也可采用隐性教育的方法。把握隐性教育的关键之处即在于这种教育方式更加注重启发、暗示，比如，大专院校在开展主流价值文化教育时，可将其渗透于哲学、文学、历史、地理、经济学、社会学、法律乃至部分自然科学的课程之中，学生在无意识中获得思想启迪，加深对社会主义核心价值体系及社会主义核心价值观的认识，进而提升道德修养与思想境界，确立正确的价值观念。显性教育与隐性教育之间并不存在冲突，而是可以并行不悖的。教育者既要开门见山地阐释理论、陈述道理，也要通过营造良好的工作、学习及生活环境，开展积极向上的社会实践和文化娱乐等活动，在潜移默化中使受教育者获得主流价值文化的熏陶，达到理想的教育效果。

（四）回归生活世界

"生活世界"是颇受目前学界重视的一个概念。此概念也有助于我们反思当前教育的弊端，有助于推进中国主流价值文化教育在当代的合理转向，因而，回归生活世界也是当前中国主流价值文化教育应遵循的一个原则。

由德国哲学家胡塞尔提出的"生活世界"具有以下方面的内涵：其一，生活世界是一个"前……"的世界。相对于科学，它是一个"前科学"的世界，是一切科学理论和科学知识的前提；相对于理论，它是一个"前理论"的世界；相对于实践，它是一个"前实践"的世界。生活世界对于各种派生的和分化的世界具有优先的和第一性的地位，是这些世界的"基础设施"和"下层建筑"。其二，生活世界是一个作为"基地和边域"的世界，是现实具体的周围世界，是我们生活于其中的

---

[1] 参见熊来平：《隐性教育与大学生社会主义核心价值体系教育》，《福建论坛》（社科教育版），2011年第12期。

真正的实在。其三，生活世界是一个直观的经验世界，是一个与我们的直观视域有关的世界。这种直观的经验世界与其他非直观、非经验的世界相比具有优先性。每一种特殊的世界，不管是科学的、理论的还是实践的，都必然以"原初的"经验世界和直观世界为基础和发源地。其四，生活世界是一个主观的、相对的世界。生活世界随着自我主观视域的变化而不断改变。对于同样的一个"现实具体的周围世界"，每个人所感受到的内容并不一样。一样的生活世界，在不同人眼中具有不同的意义。其五，生活世界是一个总体的世界，是一个由所有被认为是理所当然的东西所组成的囊括万有的整体世界。在胡塞尔看来，生活世界不是由某一个或某一些方面的原初经验所组成的，它是我们所生活的世界之中所有被认为是理所当然的东西的总和。①胡塞尔倡导的生活世界理论对20世纪西方哲学产生了深远的影响，海德格尔、哈贝马斯等哲学家在胡塞尔的启发之下，又分别从不同的视角对生活世界理论作了新的阐发。胡塞尔等西方哲学家的相关论说对我们的研究不无启示意义，当然，我们需要消解胡塞尔生活世界理论中所蕴含的先验意识的内涵，而代之以马克思的实践活动。

　　主流价值文化教育也应融入到活生生的生活世界。空洞的理论说教不能完全取代生活世界中的亲历、亲为，恰恰相反，教育者与受教育者双方都应置身于某个特定的生活世界的场景之中，进行对话与沟通，开展思想与心灵的碰撞、交流，用交互主体观统摄教育的过程，最终达到教育者与受教育者双方的"视域融合"，从而增强主流价值文化教育的针对性。可是，现实教育活动却未能与人的生活世界有机融合，具有一种疏离感。这突出表现在主流价值文化教育没有贴近受教育者的实际生活，知识化、概念化、抽象化、口号化的倾向有愈来愈严重的趋势。主流价值文化教育的确需要有一个系统的、严谨的专业理论知识传授的体系或模式，这样可避免在教学过程中的随意性。不过，凡事有一利则必有一弊。主流价值文化教育假如成为一门"课程"之后，便面临着与其他课程一样的命运，即课程知识化、教学灌输化。教师就可能会按照已有的教学大纲将现成的知识传授给学生，学生则按部就班地听着课、记着笔记、背着笔记与教材、应付着考试。在学期课程结束、学生通过考试之后，师生都万事大吉了。至于通过学习此课程，学生的世界观、人生观、价值观及道德素养有无明显改观？这个问题似乎无人深究。但可以断定的是，如此教法与如此学法都不可能取得良好的效果。

　　主流价值文化教育不同于一般知识和技能的学习，但"在科学主义及科学教育的强大压力之下，必须遵循新的'游戏规则'，即必须按照知识教育的方法进行，否则就是不科学的，就会有生存之虞"②。如此一来，主流价值文化教育也很容易采取知识化的课程形态，将教学内容按照一定的逻辑顺序编排，进而把其作为对象性

---

① 参见舒红跃：《技术与生活世界》，中国社会科学出版社2006年版，第53～57页。
② 高德胜：《知性德育及其超越——现代德育困境研究》，教育科学出版社2003年版，第23页。

知识灌输给受教育者。这样一来，主流价值文化教育将会变成无关乎受教育者的生活世界、无关乎受教育者的情感与个性的纯粹客观知识教育。这种知识教育将思想信念、政治觉悟与道德情操等方面的内容看成与科学知识一样，"是外在于人、外在于生活的存在物，是可以像探寻外在的、客观的、对象化的自然知识一样来'研究'和'学习'的。"[1]这样一来，势必会粗暴地将教育从人的生活世界中剥离出来。当然，我们这里并非一味反对通过课堂讲授的方式向受教育者灌输必要的价值观念及道德条目等方面的知识，而是试图阐明主流价值文化教育有其特殊性，不可单纯将其化约为知识，否则便与开设此类课程的初衷是背道而驰的。

　　应该说，主流价值文化的内容、原则及方法均来自于生活实践，也是在生活实践中逐步完善、发展起来的。离开了生活实践，主流价值文化就变成了僵死的条文和抽象的原则，失去了其应有的生命力。因而，主流价值文化教育应关注生活，体现生活，引导生活，提升生活。生活是德性生命、价值生命成长的沃土。生活是一个过程，既具有现实性，又具有超越性，主流价值文化教育就是要引导人从当下的现实生活逐渐走向未来的可能生活，这个过程是真、善、美价值的充盈过程。任何美好生活都是在追求美好生活的过程中实现的，任何的道德及价值选择也都是为了这一生活本身，而不是凌驾于生活之上。换言之，生活的目的不是在生活之外实现的，道德及价值理想也不可能在生活之外完成。生活不可能不向道德及价值展开，而道德及价值必然围绕着生活，为着生活。主流价值文化教育从终极意义上来说，是为了引领人们开拓、创造新的美好的可能生活。同时，也是为了人的生命的发展，为了让生命在美好生活中绽放光彩。因此，主流价值文化教育要植根于生活之中，直面生活的问题和困境，而不是脱离生活，在知识的"真空"中进行。主动回归生活世界，将受教育者引向丰富的生活世界，积极建构丰富而完整的生活内容，感悟深奥的生活智慧，追求生活的完整性，使人在完整生活的建构中同时获得德性的完满，这是主流价值文化教育在当今应有的发展方向[2]。教育者只有贴近真实的生活，将理论知识与丰富多彩的社会生活密切结合起来，善于从受教育者的生活中敏感地捕捉有教育价值的课题，善于调动和利用受教育者已有的生活经验，那么教育者对受教育者所宣讲的观点才能更富有感染力和启迪性，进而从内心深处打动受教者。作为受教育者，只有从生活世界出发，以个人独特的生活阅历来理解静态的理论知识，理论知识才能转化成生命的真实，变成个人内在的一种信念，指导自己的行为。

　　那么，课堂教学、知识传授对主流价值文化教育是否就毫无价值呢？并非如此。要使主流价值文化教育取得实效，应当兼顾知识教育与回归生活的体验式教育。掌握道德知识与其他相关的理论知识对于人们成就德性、确立合理的价值观念

---

[1] 高德胜：《知性德育及其超越——现代德育困境研究》，教育科学出版社2003年版，第37页。
[2] 王东莉：《德育人文关怀论》，中国社会科学出版社2005年版，第224～225页。

也有所裨益。我们这里拟通过梳理、剖析中西方思想家有关知识与道德（以及与此相关的价值观念、理想信念、思想觉悟等）关系的主张来阐明这一点。

在知识与道德的关系问题上，古今中外的思想家们聚讼纷纭，莫衷一是。中国古代思想家尽管具有"重德轻知"的倾向，认为（着眼于技能的）知识的获取与道德的提升没有必然的关联，但他们并没有完全否定知识的作用（至少有一部思想家持如此看法）。当然，他们所谓的知识，并非指纯粹客观的外在知识，而是侧重于从"智"即道德理性、道德判断能力以及人生智慧的意义上来理解知识，认为"智"可以保证德性的实施不发生偏离。儒家创始人孔子倡导仁智双彰，"智"在孔子这里主要是指一种明辨是非、善恶的道德理性。孟子一方面凸显内在仁心的地位，另一方面又将"智"与仁、义、礼并列，孟子所讲的"智"是指人先天固有的"是非之心"。北宋理学家张载对"见闻之知"与"德性之知"作了必要的分疏，"见闻之知"与今人所谓的"知识"概念虽然有一定的关联，但不可同日而语。张载及后来的宋明理学家在论述"见闻之知"时，大多局限于伦理道德领域之内。南宋理学大师朱熹重视"见闻之知"，他主张，人们穷理尽性应从见闻开始，见闻愈广博，则悟解愈高明，人之德性也才能日臻完善。朱熹认为，知识的探索与积累有益于人的道德提升，"道问学"与"尊德性"可以相互发明、相互促进。当然，朱熹所谓的"道问学"主要是指人伦道德知识。明代心学代表人物王阳明则将"见闻之知"视为"末"，而将"良知"视为"本"，其轻视知识的倾向是十分明显的。在他看来，追求知识对于人们成就圣贤人格没有太大的助益，有时还会妨碍人的德性的培养。所以，知识与道德在王阳明学说中不能相得益彰，两者处于一种紧张的关系之中。但王阳明的主张遭到了与其同时期的学者罗钦顺等人的批评，认为圣贤经书辨善恶、明人伦，是人们立身处世之凭藉。如果轻视或舍弃圣贤的道德教诲知识，必然会导致"师心自用"，有害于人的德性修养[1]。从西方来说，众所周知，西方有源远流长的知识论传统。在道德问题上，一部分西方思想家也表现出知识论的特征。苏格拉底主张"美德是知识"，认为道德依赖知识，没有知识就没有德性，而有知的人必然会择善去恶[2]。由此可见，苏格拉底对于道德问题的解决，采取了明显的知识论思路，他将道德的根据归之于知识，认为道德与知识可以统一起来。这种观点对西方伦理思想的发展产生了较大的影响，西方不少思想家肯定了德性与理性、道德与知识的统一。当然，亚里士多德对道德与知识也进行了区分，认为知识的内容是自然界先天固有的，而德性是后天积累或培养的产物，把道德问题完全归结为知识是片面的。不过，亚里士多德仍对道德做知识的研究，并正式创立了"伦理学"

---

[1] 参见姚才刚：《儒家道德理性精神的重建——明中叶至清初的王学修正运动研究》，中国社会科学出版社2009年版，第51页。

[2] 参见戴茂堂：《西方伦理学》，湖北人民出版社2002年版，第200页。

这门科学，它是对道德做知识研究的学科①。

客观而言，知识确实不是成就道德及价值理想的充分必要条件，即使是一个人知识很多，甚至有关道德及价值的知识也很多，也不能保证他在行动上就是一个道德完人。在现代社会，利用高科技知识犯罪的比例逐年攀升，知识精英阶层做出不义之事的报道也偶尔见诸报端。相反，身处穷乡僻壤、文化程度较低甚至为文盲的人也可能有感天动地之举。但是，知识对于道德及价值判断无疑是有帮助作用的。平日如果重视知识特别是道德及价值知识的积累，事情发生之后才不会仓皇走作，才能作出正确的道德及价值判断。否则，在某个紧急时刻，一个人自以为是按照自己的良知在做事情，但事后反省，自己情急之下所采取的处理方式可能是不太妥当的②。"无论是证之于古代中国哲学，还是借鉴于现代西方哲学，无论是理论的考辨，还是实例的分析，都可以证明，学习和认知在成就道德过程中的作用是不容丝毫否认的，因此以朱子为代表的理学不仅在学理上有其合理性，在逻辑上也有其必然性。"③在现代社会，道德理智化、价值观念知识化的趋势愈来愈明显。因为，现代社会不同于传统社会，传统社会人们大都是在一个地方住一辈子，交往范围狭小，但到了现代社会，人们可以自由迁移，交往范围空前扩大，可能经常会和陌生人打交道，人际关系显得复杂、多变。而且，现代社会日新月异，相应地，人们的道德及价值观念也处于不断的变化之中，由于文化知识背景的差异而引发的道德及价值方面争议越来越多。现代社会的道德、价值观与法律问题往往交错在一起。因而，现代人要想作出正确的道德及价值判断，应该具有一定的伦理道德及价值方面的知识，这样才能避免出现"好心做坏事"或因无知而做出邪恶之事的结果。知识除了对道德及价值判断有助缘作用之外，知识也有其自身独立的价值。或者说，知识与道德、价值之间具有一定的关联性，但两者又分属不同的领域，"知识既可以是针对人的，也可以是针对物（自然）而言的；知识进步的标志是对客观规律的揭示，而道德进步的标志则是人对自身主观世界的改造和提升；知识需要人们去'发现'，而道德则需要人们去'创造'；知识的发现是揭示'已有的'规律或法则，而道德的建立在人身上往往是'从无到有'。"④

通过以上分析，我们可以得出如下结论：知识与道德、价值之间具有非常复杂的关系，以道德、价值取代知识或以知识取代道德、价值，都是不合理的。结合主流价值文化教育问题，则可知，要使受教育者掌握其主要内容和精神实质，包括课堂教学在内的专业知识传授都是十分必要的。通过系统的理论宣讲，使受教育者从学理上了解中国特色社会主义理想信念的精髓，了解社会主义核心价值体系及社

---

① 参见方朝晖：《知识、道德与传统儒学的现代方向》，《中国社会科学》，2005年第3期。
② 姚才刚：《王阳明心学的理论缺失及其对中晚明儒学发展的影响》，《哲学研究》，2010年第12期。
③ 杨泽波：《牟宗三三系论的理论贡献及方法终结》，《中国哲学史》，2006年第2期。
④ 方朝晖：《知识、道德与传统儒学的现代方向》，《中国社会科学》，2005年第3期。

主义核心价值观的要义，了解民族精神、时代精神及社会主义荣辱观的基本内容等。如果不能从学理、知识的角度弄清楚这些问题，受教育者便无法在内心确立信念，更无法在行动上加以贯彻落实。因而，我们不能否认传授理想信念知识、道德及价值知识的必要性，不能否认课堂教学、知识传授的价值。但是，此类知识与科学知识毕竟有所不同，而且，获取此类知识的目的也不在于知识本身，而是为了塑造人的精神世界，重建人的价值信仰系统，全面提高人的德性。如果达不到上述目的，受教育者学到的理想信念及道德知识便成为无用之物。从此角度来说，主流价值文化教育中的知识传授无疑又有其局限性，而不可被当成唯一不变的法宝。回归到教育者与受教育者的生活世界之中是主流价值文化教育不可或缺的一个方面。

四、推进主流价值文化教育的主要举措

主流价值文化教育是一个长期的过程，我们应该采取多种的措施不断加以推进。这里我们讨论几项在进行主流价值文化教育过程中应普遍采取的主要措施。

（一）以"兼收并蓄"的态度传播主流价值文化

我们今天所处的时代是一个文化及价值观逐渐走向多元化的时代，"多元化成为人们必须面对、无法回避、无法否认的客观事实。无论人们是否承认、是否愿意，多元化都无可争辩地呈现在人们面前，成为人们生活、生存、发展的一个必不可少的社会条件，对人们的日常生活、思想观念、行为方式发挥着不以人的意志为转移的深刻、广泛而长久的影响"[①]。文化及价值观的多元化趋向对当前中国主流价值文化教育既具有正面效应，也具有负面影响。

文化的存在状态本身就有多样性。文化的主体是人类，其本质即是"人化"。文化是人类在其物质活动与精神活动的各种具体形式中的自我创造、自我生产；是人类为实现自身的本质、满足自身的需要、适应生态环境而创造出来的生活方式的过程和累积下来的物质与精神的成果。从世界范围内来看，不同的国家或地区、不同的民族在自己的文化土壤上创造出了不同的、各具特色的文化系统，如中国文化系统，即以儒、释、道为主体的文化系统；印度文化系统，即以印度教、佛教为主体的文化系统；阿拉伯文化系统，即以伊斯兰教为主体的文化系统；希腊罗马文化系统，即以希腊理性精神和基督教为主体的文化系统等。当然，即使是同一个文化系统，其内部的差别也是很大的。在当代社会，文化多元发展的趋势得到了进一步的强化，以前曾畅行无阻的"西方中心主义"的论调逐渐失去了说服力，原来被

[①] 范树成等：《多元化视阈中的德育改革与创新——德育应对诸领域多元化的对策之专题研究》，中国社会科学出版社2010年版。

认为是落后的文化系统也在争取生存、发展的空间，进而追求一种与其他文化系统进行平等对话的权利。从中国文化的历史发展来看，中国早就有文化多元共存的历史传统，夏、商、周文化不但具有前后相承的关系，而且也具有并行的关系，三种文化之间既有共同点，也有差异之处。春秋战国时期是中国文化发展的一个高峰时期，该时期除了涌现出诸多派别、不同派别之间积极开展学术争鸣之外，还发展出了特色鲜明、异彩纷呈的区域文化，如邹鲁文化、荆楚文化、三晋（韩赵魏）文化、燕齐文化、巴蜀文化、秦陇文化等。即使是秦统一中国之后，中国文化仍能够体现出多层、多元的特质，各民族、各地域的文化既可融合统一，又保持了各自的特点，并非铁板一块。汉民族文化在中国文化系统虽然占据支配地位，但汉民族文化与中国其他少数民族文化之间并没有产生明显的文化冲突，而是形成了不同民族文化相互融和、取长补短的趋势[①]。当今中国的文化，依旧呈现出多元发展的格局：有以马克思主义为指导的中国特色社会主义文化，有通过各种渠道渗透到中国大陆的西方文化，有一部分中国传统文化通过改头换面仍然在当代延续……可以说，当代中国是传统文化、现代文化和后现代文化并存，本土文化和外来文化并存，主流文化和非主流文化并存，精英文化和大众文化并存。

价值观是文化的核心部分，在不同的历史发展时期，社会价值观呈现出了不同的特点。在中国漫长的君主专制、皇权至上的体制下，儒家学说曾是社会主导性的价值观，长期占据支配地位。新中国成立以来，马克思主义、社会主义的价值观又成为我国主导性的价值观。在建国之初，那些与马克思主义、社会主义不同的思想价值观念基本上都被"屏蔽"掉了，马克思主义、社会主义的价值观可谓一枝独秀。此种状况虽然有利于保持价值观的纯正，但也造成了诸多弊端。改革开放以来，我国社会的方方面面都发生了深刻而巨大的变化，人们的价值观无疑也会发生变迁。与多元文化并存局面相应的是，当前我国在价值观方面也趋向多元化（当然，中国特色社会主义价值观乃是其中的核心价值观）。

当前我国不同的价值观交织、纠缠在一起，自然会发生碰撞、交流与融合。比如，占据我国价值领域主导地位的中国特色社会主义价值观就充分吸收、借鉴了中国传统价值观与西方价值观的精华。也就是说，中国特色社会主义价值观不是与世隔绝、自我封闭的价值观，不是拒绝和排斥人类普遍、基本共识的价值观，而是全球化时代中国适应和创造现代文明的价值理念。中国特色社会主义价值观在全球化与本土化之间保持了必要的张力，它旗帜鲜明地保持了中国传统文化价值观的个性与特色，并将其发扬光大；同时，它也不否定全球业已取得的价值实践成果，而主动将自己纳入到全球化的进程之中，在与世界的充分联系、交往互动中吸取全球基本价值。当然，当前我国不同的价值观之间也可能产生对立或冲突。比如，核心价

[①] 参见郭齐勇：《文化学概论》，湖北人民出版社1990年版，第16～18页、103～106页。

值观与非核心价值观、集体主义价值观与个人主义价值观、本土价值观与外来价值观、传统价值观与现当代价值观之间都有可能产生对立或冲突。产生对立或冲突并不可怕，关键在于我们如何开动脑筋，化解对立或冲突，使这些不同的价值观之间和而不同、并行不悖。我们应充分认识到，一个社会的发展越快，价值观就越会呈现差异和多样化的特点。我们应以清醒的头脑认识当前我国价值观多元化的形势，并以行之有效的方式加以应对。

当前我国多元文化及价值观并存的局面对于主流价值文化教育是一把"双刃剑"。一方面，它激发了教育的活力。过去在价值观比较单一的情况下，人们选择价值观的余地较小，教育者往往是从国家政治以及社会职业需求等角度出发来塑造人，教育差不多变成了为政治、经济服务的工具。在这种情况下，教育常常带有某种强制性的色彩，受教育者的自主性不强，其个体权益亦没有得到有效的维护，教育之缺乏活力便在所避免了。而到了现在，整个社会变得日益开放和多元，每个人都可以选择自己的生活方式，甚至可以过上很另类的生活，在思想观念和价值取向的选择上也灵活多样，人们具有了很强的自主性，不同的价值观念之间则相互激荡、相互渗透。随着受教者主体意识的增强，教育的活力也相应地得到提升。另一方面，当前我国多元文化及价值观并存的局面又给主流价值文化教育带来了挑战。文化及价值观趋向多元化，这是我国改革开放和现代化进程中必然会出现的现象。它虽然在一定程度上反映了社会的进步，但同时也引发了人们内心的失衡和焦虑，进而可导致社会层面上的文化及价值观建设的混乱状态。也就是说，当一个人无法进行选择的时候，他可能内心较平静，至少可以保持表面上的平静；可是，当有很多选项可供其选择时，他反而会显得躁动不安、无所适从，或者把握不好自己，作出了错误的价值抉择，进而将错误的价值观念付诸行动，对个人、他人及社会均造成了伤害。多元文化及价值观并存的局面对当前我国的主流价值文化教育工作带来了挑战，也提出了更高、更新的要求。

当前我国社会上各种腐朽价值观有日益抬头之势。如社会本位及集体主义的价值观正在不断地被弱化，个人本位及功利主义的价值观愈加盛行。有少数人还信奉"人不为己，天诛地灭"的极端个人主义价值观，或者信奉"理想理想有钱就想，前途前途有钱就图"的拜金主义价值观。当前我国社会道德虽然不能够被描绘成"整体大滑坡"、"世风日下"，但的确存在不少令人忧虑的地方，在物质繁荣的背后潜伏着某种伦理道德的危机。"当代不少社会成员在自己身边砌了一堵'道德围墙'，只遵守'墙内'家庭的、朋友的、单位的、熟人的道德规范，而到了陌生的公共环境中就表现得冷漠无情，对那些应该共同遵守的道德规范视若无睹"[①]。更

---

① 杨翠华：《社会公德领域中的道德"围墙"现象——从女司机的悲剧谈起》，《河北理工大学学报》（社会科学版），2006年第4期。

为可怕的是，在多元文化及价值观并存的环境下，不少人失去了道德评价及价值判断的标准，不知道什么样的行为是好的或不好的，什么样的道德及价值观念是应该加以肯定或拒斥的，以至于是非观念模糊，价值取向扭曲，陷入到道德与价值虚无主义的泥淖之中，甚至连做人的底线道德都守不住。凡此种种，都给当前我国的主流价值文化教育提出了严峻的挑战。

我国文化及价值观日益走向多元化，这是一个无法回避的事实。在这种形势下，教育工作者应该如何有效地加以应对？我们认为，应该避免两种错误的态度或做法：一是对文化及价值观的多元走向视而不见，文过饰非，这种做法实际上是掩耳盗铃式的自欺行为，它不可能解决人们在现实生活中遇到的有关思想、道德及价值选择等方面的问题或困惑，因而在实践中是行不通的；二是无原则地迁就"多元"、"多样"，不论是非，不辨善恶，不分美丑，甚至对危害到他人的生存、自由、权利与尊严的言行也放任不管，不进行必要的干预和引导。这种做法在现实生活中的危害更大，它会使人们的思想观念发生混乱，并会使腐朽、没落的文化滋生蔓延。应对多元文化及价值观状况的正确做法是：正视、包容、引导。也就是说，我们要正视多元文化及价值观并存的局面，而不是有意加以回避，更不是使用行政强制力量去控制非主流价值文化或人为地将其取消，而是要培育一种"兼收并蓄"的主流价值文化观，"尊重差异，包容多样"[①]，只有做到这一点，才能激发社会活力，才能建设繁荣昌盛的中国特色社会主义文化。除此之外，我们还需要在多元文化及价值观中寻求基本的共识，并加以正确的引导，尤其应"积极探索用社会主义核心价值体系引领社会思潮的有效途径"[②]，以社会主义核心价值体系或主流价值文化引导非主流价值文化，对各种错误和腐朽的思想坚决地加以抵制，进而做到尊重差异与寻求共识相统一，弘扬主旋律与文化、价值观的多元开展相统一。

为此，我们需要进一步分析"一"（一元或统一性）与"多"（多元或多样性）之间的辩证关系。一般说来，文化及价值观多元化的趋向会产生两种可能：一是良性循环，由多元化而丰富社会文化的方方面面；二是恶性循环，即要么不能达成起码的共识，要么严重冲击主流文化。因而，多元、开放虽然为大势所趋，但若不加限制，演变为自由放任，甚至到了一种不可收摄的地步，就会衍化为一种社会弊病。在文化及价值观多元化的趋向中，我们应该寻求一种低限度的共识。一个社会如果仅仅是多元（多样）而缺少某种内在的统一性，那么这就不是真正的多元，而是一种杂多，这个社会就不是凝聚的而是离散的。从这个角度讲，妥善处理"一"与"多"之间的关系就显得十分重要。此问题一方面具有古老的渊源，比如，周幽

---

① 胡锦涛：《高举中国特色社会主义伟大旗帜，为夺取全面建设小康社会新胜利而奋斗》，《十七大以来重要文献选编》（上），中央文献出版社2009年版，第27页。
② 胡锦涛：《高举中国特色社会主义伟大旗帜，为夺取全面建设小康社会新胜利而奋斗》，《十七大以来重要文献选编》（上），中央文献出版社2009年版，第27页。

王时期的史伯就曾有过"和实生物，同则不继"①的论断，他说的"和"即指多样性的统一。春秋时期的晏婴也曾分析过"同"与"和"的差异，他从调羹讲起，认为各种佐料火候等相互交融，才有味道，同样，政治上也需要君主、臣子所说的话有否有可，互有商讨，才能做到政平人和，在音乐上一定要有高下、长短、徐疾等各种不同的声调，才能组成一首完整和谐的乐曲②。孔子主张"君子和而不同，小人同而不和"③，认为人们要在尊重彼此间的差异的前提下寻求沟通，而不是简单地盲从附合，这样反而有利于正确处理人际关系。传统儒学所标举的"殊途"与"同归"、"博文"与"约礼"、"小德川流"与"大德敦化"等对反的概念，无不表明"一"与"多"之间的对立统一关系。"一"与"多"的关系问题也有很强的时代感，因为当今世界面临着"一"与"多"的冲突，比如，在国际政治格局上有单极化与多极化之争，在经济发展模式上有单一性与多样性之争，在文化及价值观上有民族性与普世性之争。如果说，传统社会注重整齐划一，当代社会尤其是当代西方社会则更强调多样性与多元价值，过去统帅一切的"普遍性"和宰制各个地区的"大叙述"面临挑战。但如果将多样性、特殊性夸大到不适当的地步，也会产生适得其反的结果，甚至会加剧彼此间的冲突。因此，如何在多元发展与低限度的共识之间取得平衡，对于当代人而言也是迫在眉睫的问题。

　　如果我们对"一"与"多"的关系问题处理不好，势必会导致理论上的混乱，甚至会在现实生活中造成一些不良后果。多元发展蕴涵着繁荣的机会，也潜伏着冲突的危机；一元或统一性可能带来共同的繁荣，也可能造成生机的窒息。在当代西方曾风靡一时的后现代主义就十分强调特殊性、主观性与基于个性的多元价值，不承认有统一的人性观念，否定人类有共同的目标与价值观念，这样一来，它无疑否定了生活在不同地域、不同文化背景之下的人们进行沟通的可能性。即便是生活在同一文化共同体的个体，尽管表面上相似并彼此联系，也会由于个体视野的限制而无法与他人分享共同的意义，最终成为各自为政的孤家寡人。显然，这样纵容一切思潮发展的多样性非但不利于人与人之间、文化与文化之间乃至国家与国家之间的和睦相处，反而易成为冲突的根源。

　　反过来，如果片面强调抽象的一元或统一性（或对其加以曲解），同样也会滋生弊病。抽象的普遍主义者即将"一"与"多"、"同"与"异"对立起来，将统一性、普遍性视为超乎具体事物之上的抽象理念。柏拉图认为，普遍的、统一的、不变的理念是独立存在于一切事物和人的意识之外的精神实体，理念是原型，是第一性的。多样性的、变动不居的具体事物是第二性的，是由理念派生出来的。斯宾诺莎把多样性的事物看成是唯一实体的变形，实际上是以普遍性吞灭个别性。直到今天，少数鼓吹

---

① 《国语·郑语》。
② 参见《左传·昭公二十年》。
③ 《论语·子路》。

普遍主义的西方学者依旧在步柏拉图、斯宾诺莎的后尘。比如，新雅各宾派就将在特定历史条件下形成的民族与社会的多样性看成是人类实现其真正命运的绊脚石。他们憧憬的是道德、文化与政治的统一，而他们所谓的统一又是以牺牲多样性为代价的，认为一切阶级、种族、宗教、国家和文化的差别全部淡化、消失后，全人类就有了共同的利益，而成为真正的兄弟姐妹[①]。这样的统一性很明显是一种抽象的普遍主义，是排斥多样性、特殊性的简单的同一性，它是对现实生活的扭曲。实际上，当代西方学者宣扬此类普遍性的真正动机，无非是将他们固有的一套价值观念加以普适化，并把它视为人类放诸四海而皆准的真理，能够适用于任何民族和地区。这种统一性是一种文化上的霸权主义，它不会给西方以外的其它民族带来真正的繁荣，相反，它会使劣势民族文化丧失平等对话的权力，以至于再次被沦为西方的文化殖民地。

在文化及价值观多元化的趋向中，我们应该寻求一种低限度的共识，并加以正确的引导。当前我国的主流价值文化教育则应坚持"兼收并蓄"的立场，逐步改变对非主流价值文化排斥、打压的做法，在允许其存在和发展的前提下，充分吸取其中合理的、有价值的内容，为我所用，使中国主流价值文化成为包含当今人类一切文化中优秀内容的真正最先进的主流价值文化[②]。同时，也应充分发挥主流价值文化对非主流价值文化的引领作用。

（二）将主流价值文化教育贯彻到国民教育全过程

当前中国主流价值文化是以社会主义核心价值体系、社会主义核心价值观为核心与灵魂的，相应地，主流价值文化教育也应紧密围绕社会主义核心价值体系、社会主义核心价值观而展开。将主流价值文化教育融入国民教育的全过程，实际上就是把社会主义核心价值体系、社会主义核心价值观融入国民教育的全过程。

就社会主义核心价值体系教育而言，党的十六届六中全会明确指出："马克思主义指导思想，中国特色社会主义共同理想，以爱国主义为核心的民族精神和以改革创新为核心的时代精神，社会主义荣辱观，构成社会主义核心价值体系的基本内容。"党的十七大报告也着重强调："社会主义核心价值体系是社会主义意识形态的本质体现。要巩固马克思主义指导地位，坚持不懈地用马克思主义中国化最新成果武装全党、教育人民，用中国特色社会主义共同理想凝聚力量，用以爱国主义为核心的民族精神和以改革创新为核心的时代精神鼓舞斗志，用社会主义荣辱观引领风尚，巩固全党全国各族人民团结奋斗的共同思想基础。"党的以上重要文件阐明了社会主义核心价值体系的要义，也为社会主义核心价值体系教育指明了方向。社会主义核心价值体系教育"能够促使实践主体认同社会主义核心价值体系，真切地

---

① 转引自克莱斯·瑞恩（Claes G. Ryn）：《异中求同：人的自我完善》，张沛、张源译，北京大学出版社 2001 年版，第 49 页。

② 江畅：《论价值观与价值文化》，科学出版社 2014 年版，第 125 页。

拥护社会主义制度,在指导思想、共同理想、民族精神和时代精神、荣辱观等方面形成确定不移的信念;能够激励实践主体以强大的精神力量投入建设中国特色社会主义的伟大实践,在坚持社会主义基本经济制度基础上,大力发展社会生产力,不断推进经济建设、政治建设、文化建设和社会建设的协调发展和全面进步"[1]。这里重点探讨一下其中的民族精神教育和荣辱观教育。民族精神是民族文化的核心和灵魂,也是社会主义核心价值体系的基本内容之一。所谓民族精神,是指"一个民族在长期的生活和斗争中积淀下来的、支持和维系该民族生存发展的心理和人格力量"[2]。当前我国十分重视中华民族精神的研究、宣传和教育,目的是为了增强民族凝聚力。没有民族精神,就没有民族凝聚力,更不可能自立于世界民族之林。民族精神教育应处理好以下两方面的关系:一是正确处理民族精神与传统文化的关系。民族精神同传统文化之间存在着密切的联系,弘扬和培育民族精神,应当继承我国的优秀文化传统。在五千多年的发展史中,中华民族形成了一系列优秀品质:深厚的爱国主义情结,牢固的民族凝聚力,高尚的民族正义感,独立自主的民族主体精神,爱好和平与勤劳勇敢的民族精神特质等,这些方面是我们需要继承并加以发扬光大的精华部分。不过,中国传统文化中也存在诸如突出尊卑等级、缺少平等观念、忽视独立人格等方面的缺陷,因而,我们又应对中国传统文化中过时的内容进行解构,对其加以改造、转换和扬弃、超越。民族精神本身就不是僵化不变的,对待民族精神,要采取与时俱进的态度,要根据时代特点对民族精神作出新的概括和总结。二是处理好民族精神与外国精神文化的关系。也就是说,弘扬中华民族精神,却不能将其发展成为狭隘的民族主义,更不能发展成为民族沙文主义或文化上的原教旨主义。我们在珍视本民族文化遗产的同时,也应以包容的心态对待外来文化,并善于吸收和利用其他国家和民族的优秀成果,加快自身文化的发展。

荣辱观教育同样是社会主义核心价值体系教育的有机组成部分之一。2006年3月4日,胡锦涛同志在看望出席全国政协十届四次会议的民盟、民进联组委员时发表了关于树立社会主义荣辱观的讲话,这个讲话不仅在两会代表中产生了强烈反响,也引起了全社会的广泛共鸣。胡锦涛同志认为:"要教育广大干部群众特别是广大青少年树立社会主义荣辱观,坚持以热爱祖国为荣、以危害祖国为耻,以服务人民为荣、以背离人民为耻,以崇尚科学为荣、以愚昧无知为耻,以辛勤劳动为荣、以好逸恶劳为耻,以团结互助为荣、以损人利己为耻,以诚实守信为荣、以见利忘义为耻,以遵纪守法为荣、以违法乱纪为耻,以艰苦奋斗为荣、以骄奢淫逸为耻。"[3] "八荣八耻"集中地体现了社会主义荣辱观的内容体系,是社会主义荣辱观的核心。以"八荣八耻"来概括社会主义荣辱观的基本内涵,这种概括很准确、全

---

[1] 邹宏秋:《社会主义核心价值体系教育论纲》,浙江大学出版社2008年版,第6页。
[2] 宋移安:《当代大学生应具备的民族精神探析》,《学校党建与思想教育》,2006年10期。
[3] 胡锦涛:《牢固树立社会主义荣辱观》,《人民日报》,2006年4月28日。

面,也很平实,绝大数普通百姓能够认同,它克服了以往的道德宣传过于理想化的偏差。"荣",即光荣或荣誉,是指人的行为受到社会的褒奖,从而在内心深处产生的荣耀与自豪的情感;"辱",即耻辱,是指人的行为、言语受到社会谴责,在灵魂深处产生的内疚和耻辱感。其中,耻辱感所涉及的是关于道德底线问题的看法,而光荣或荣誉感所涉及的是关于道德理想问题的看法。就当代中国而言,培养一种耻辱感比培养荣誉感显得更为迫切。因为,耻辱感的缺失可能会带来底线伦理的崩溃,底线伦理崩溃的一个重要特征是人们内心深处耻辱感和罪感意识淡化以至消失:没有了羞耻感、知耻感、耻辱感,什么不要脸的事都干得出来,对任何羞辱的事情也无所谓;没有了负罪感、内疚感、忏悔意识,就什么也不怕,什么也敢干。当前我国社会还没有发展到底线伦理崩溃的程度,但一部分人群耻感和罪感意识淡化和缺失的情况确实相当严重[①]。因此,荣辱观教育应把培养社会成员的耻感意识作为其中的一项重要任务。我们不能奢求每个社会成员都能成就光荣,但必须保证每个社会成员都具有一种耻感意识,不僭越底线伦理。

党的十八大报告则明确提出了以倡导"富强、民主、文明、和谐,自由、平等、公正、法治,爱国、敬业、诚信、友善"为主要内容的社会主义核心价值观。社会主义核心价值观既符合当前我国的国情,又集中体现了广大社会成员的共同价值诉求。通过践行和培育社会主义核心价值观,可以为实现中国梦提供精神支撑,可以使人们在价值观念方面达成基本的共识,从而凝心聚力。社会主义核心价值观既吸收、借鉴了古今中外价值观念的精华,又紧扣了当前我国发展的新特点以及公众对幸福美满生活的热切期盼,同时也从价值理念方面对我国未来社会发展的趋势进行了前瞻。

社会主义核心价值体系与社会主义核心价值观之间是密不可分、有机联系的,"社会主义核心价值观是社会主义核心价值体系的内核,体现社会主义核心价值体系的根本性质和基本特征,反映社会主义核心价值体系的丰富内涵和实践要求,是社会主义核心价值体系的高度凝练和集中表达。"[②]社会主义核心价值体系与社会主义核心价值观都是当前中国主流价值文化教育的重要内容,因此,国民教育中所开设的德育课、思想政治理论课、时事政策课乃至专业课,都应旗帜鲜明地宣讲社会主义核心价值体系、社会主义核心价值观的精髓、灵魂与主要内容。同时,"完善学校、家庭、社会三结合的教育网络,引导广大家庭和社会各方面主动配合学校教育,以良好的家庭氛围和社会风气巩固学校教育成果,形成家庭、社会与学校携手育人的强大合力。"[③]

(三)增强主流价值文化教育方式的科学合理性

主流价值文化教育应根据不同社会成员的年龄、心理及职业等特点,采取不同

---

① 参见江畅:《大学生社会主义荣辱观》"序言",湖北人民出版社2006年版。
② 中共中央办公厅:《关于培育和践行社会主义核心价值观的意见》,《人民日报》,2013年12月24日。
③ 中共中央办公厅:《关于培育和践行社会主义核心价值观的意见》,《人民日报》,2013年12月24日。

的教育方式，科学、合理地安排教育内容，同时应严格遵循由易到难、由浅入深、循序渐进的教育规律与方法。

在国民教育的过程中，相关教育主管部门要制定推动主流价值文化进教材、进课堂的统一规划，并将总目标、总任务分解到不同层次、不同类别的教育部门。当前中国主流价值文化教育以社会主义核心价值体系及社会主义核心价值观为核心，它涉及到的具体内容很多，主要包括中国特色社会主义的理想信念教育，中国梦教育，核心价值观教育，社会公德、职业道德及家庭美德教育，爱国主义、民族精神及优秀传统文化教育，荣辱观教育，时代精神教育，人文教育等。上述教育内容应区别对待，有的内容需要贯穿于国民教育的每个阶段、每个环节（如社会主义核心价值观），有的内容则需要分学段、有序地予以推进。

小学阶段应以培育学生对主流价值文化的亲切感为重点，开展启蒙教育，促使学生初步了解主流价值文化，对主流价值文化具备一定的感性认识。小学生的理解与接受能力都十分有限，因而，此阶段的主流价值文化教育无须做到面面俱到，在教学内容上应有所取舍，尤其要突出社会主义核心价值观基本德目（即富强、民主、文明、和谐、自由、平等、公正、法治、爱国、敬业、诚信、友善）的教育、社会公德与个体行为习惯教育、爱国主义与民族精神教育以及优秀传统文化教育。以优秀传统文化教育为例，教师可引导小学低年级学生诵读浅近的古诗，获得初步的情感体验，感受语言的优美；了解一些爱国志士的故事，知道中华民族重要传统节日，了解家乡的生活习俗，明白自己是中华民族的一员；初步了解传统礼仪，学会待人接物的基本礼节；初步感受经典的民间艺术。对于小学高年级的学生而言，教师可引导他们诵读古代诗文经典篇目，理解作品大意，体会其意境和情感；了解中华民族历代仁人志士为国家富强、民族团结作出的牺牲和贡献；知道重要传统节日的文化内涵和家乡生活习俗变迁；感受各民族艺术的丰富表现形式和特点，尝试运用喜爱的艺术形式表达情感；培养学生对传统体育活动的兴趣爱好[①]。在教育方法上，小学阶段的主流价值文化教育应尽量避免抽象的道德说教或枯燥的理论论证，而是通过举例子、讲故事、开展少先队相关主题活动、诵读经典书籍以及参观博物馆、科技馆或红色革命圣地等方式，让学生在潜移默化中了解、领会主流价值文化的主要内容。通过主流价值文化教育，促使学生具备良好的道德品质，树立正确的价值观。

中学阶段应以增强学生对主流价值文化的理解力为重点，提高对主流价值文化的认同度，引导学生感悟主流价值文化的思想实质与精神内涵，并将主流价值文化落实到学生的一言一行、一举一动之中。在中学开设的思想政治理论课中，应强化主流价值文化教育方面的内容，除了继续巩固并深化理解小学阶段已学过的社会主义核心价值观基本德目、优秀传统文化等内容之外，也应增加中国特色社会主义的

---

① 《完善中华优秀传统文化教育指导纲要》，《中国教育报》，2014年4月2日。

理想信念教育、中国梦教育、荣辱观教育、时代精神教育、人文教育等。中学阶段开设的其他课程，如语文、历史、艺术、地理、数学、物理、化学、生物等也应与主流价值文化教育关联起来，即将社会主义核心价值体系、社会主义核心价值观以"润物细无声"的方式渗透到这些教学内容之中。在教育方法上，必要的理论灌输不可缺少，教师要旗帜鲜明地告诉学生什么是社会主义核心价值体系及社会主义核心价值观，如何辨别是非、善恶、美丑，如何树立人生理想和远大志向，如何实现自己的人生目标，如何把个人理想和国家梦想有机结合起来，什么样的生活方式才是健康、合理的等。除了理论灌输之外，也可开展班、团相关主题活动，主办与主流价值文化教育相关的知识竞赛、辩论赛，组织相关的外出参观与社会实践活动。为了增强主流价值文化教育的实效性，学校要采取各种措施对按主流价值文化要求行事的学生给予表扬和鼓励，对没有按主流价值文化要求行事的学生给予批评与惩罚。同时，学校也要努力在校内营造有利于主流价值文化传播与实践的环境，使学生在学校受到主流价值文化的熏陶[①]。

大学及研究生阶段，主要进行主流价值文化的理论教育，着眼于培养学生的理论鉴别能力以及文化创新意识，增强学生传承主流价值文化的责任感和使命感。高校开展主流价值文化教育，除了在德育课或思想政治理论课中大力宣传、弘扬主流价值文化之外，也应将主流价值文化精神渗透到其他各类专业课程或实践教育教学体系之中，积极拓展主流价值文化教育的有效途径。《关于培育和践行社会主义核心价值观的意见》这样表述："注重发挥社会实践的养成作用，完善实践教育教学体系，开发实践课程和活动课程，加强实践育人基地建设，打造大学生校外实践教育基地、高职实训基地、青少年社会实践活动基地。"[②] 此外，文科研究生应在各自导师的指导下，认真研读马克思主义以及中、西方有关主流价值文化的重要典籍，深入理解主流价值文化的精髓，进而培养一种学术问题意识，能够自主地进行理论探讨，并撰写相关的理论文章。理工科研究生亦可结合各自的专业学习，对当前中国主流价值文化作出具有一定深度的理论解读，进而将主流价值文化的精髓贯彻落实于自己的专业训练与身心修炼的实践之中。

总而言之，主流价值文化的教育不仅要注重内容，也要注重方式；不仅要坚守原则，也要兼收并蓄；不仅要专门开展，也要融入到整个国民教育体系中进行。只有这样，才能将教育落到实处，才能激浊扬清、弘扬正气，引领全国各族人民为了共同的理念和目标将社会主义事业不断推向前进！

---

① 参见江畅：《德性论》，人民出版社2011年版，第616页。
② 中共中央办公厅：《关于培育和践行社会主义核心价值观的意见》，《人民日报》，2013年12月24日。

第十章 当代中西主流价值文化构建之比较

现当代西方主流价值文化（以下简称为"西方价值文化"）是近代以来人类自觉构建的社会主流价值文化的典型形态。经过几百年的努力直到第二次世界大战结束后，西方基本完成了社会主流价值文化的构建，形成了在西方世界占统治地位的资本主义价值文化。资本主义价值文化在形成的过程中特别是在形成之后对整个人类世界产生了巨大影响，而且今天还在相当大范围和相当大程度上发生着影响。历史事实表明，西方构建价值文化的经验是成功的，而且所构建的主流价值文化也有自己独特的价值、优势和强大的影响力、渗透力。当然，不可否认，西方构建价值文化也走过不少弯路，留下了许多教训，同时所构建的价值文化也有一些不可克服的根本性缺陷和局限。当代中国主流价值文化（以下简称为"中国价值文化"）是在西方资本主义价值文化对整个世界具有强势影响的背景下进行构建的，因此，我们不能掠过西方资本主义价值文化，相反要自觉主动地学习、借鉴这种价值文化及其构建的经验教训。只有这样，我们才有可能构建成超越西方资本主义价值文化的具有中国特色的社会主义价值文化。而比较是前提，只有对两者进行比较，我们才能知己知彼，才能清楚地知道我们需要向西方价值文化及其构建学习什么以及如何借鉴，从而使我们的价值文化更有实力和竞争力，并成为当代人类最先进的价值文化。

一、比较与超越

对中西价值文化进行比较是为了在中国价值文化的构建中更好地学习、吸收、借鉴和比照西方价值文化，而最终不仅是为了构建立足于中国传统文化和当代中国现实、面向中国和人类未来的价值文化，而且也是为了使我们所构建的价值文化成为超越当代处于强势地位的西方价值文化的人类先进价值文化。为此，我们需要明确这种比较的重要性，端正对待西方价值文化的态度，确定我们比较的最终目的。

（一）应当重视与西方的比较

第二次世界大战结束后，世界出现了以美国、北约为主的资本主义阵营与苏联、华约为主的社会主义阵营之间的冷战时期[①]。这一时期，世界上存在着两种鲜明

[①] 1946年3月，英国前首相丘吉尔在美国富尔顿发表"铁幕演说"正式拉开了冷战序幕。1947年美国杜鲁门主义出台，标志着冷战开始。1955年华约成立标志着两极格局的形成。1991年苏联解体，说明了苏联模式下的社会主义失败，标志着冷战结束，同时也标志着两极格局结束，前后共44年。

对立的价值文化，即以苏联为代表的社会主义文化和以美国为首的资本主义文化。冷战结束后，美国成为了世界上唯一的超级大国，世界似乎顷刻之间就会走向趋同。然而，事实并非如此。改革开放，特别是市场经济的兴起使社会主义中国迅速崛起，使世界没有走向单极化，而是走向多极化。在今天的世界，虽然西方的价值文化仍然是世界最强势的价值文化，而且美国等西方国家利用经济、技术、政治、军事、文化等优势极力推行使之渗入全世界，但西方的价值文化并没有得到世界的普遍认同，相反，各国对西方价值文化越来越保持警惕，并努力发展本土文化与之相抗衡，抵御其渗透。应该说，今天的世界价值文化不是两极化的格局，但却正在走向多极化。不过，这种多极化更主要地体现为非西方价值文化的多极化。就是说，世界的多极化格局是一极的西方价值文化（当然今天的西方价值文化也并非铁板一块，至少美国与欧共体之间存在着越来越明显的差异）与多极的非西方价值文化的格局。

在非西方价值文化中，中国正在构建的中国特色社会主义价值文化是最具有与西方价值文化相抗衡和较量的价值文化。之所以这样说，是因为在苏东剧变后中国的社会主义经过改革开放特别是走上市场经济之路后快速腾飞。今天的中国不仅已经成为世界第二大经济体，而且注重经济、政治、文化、社会和生态文明"五位一体"的建设，特别是着力建设具有中国特色的社会主义价值观和价值文化。中国的经济强大和文化自觉势必使中国价值文化在非西方国家的多极价值文化中凸显出来。无论中国有意与否，中国价值文化正在成为抵御西方价值文化向全世界渗透的最强有力力量。更为重要的是，西方价值文化在其世界化的过程中日益显露出它自身的弊端、缺陷和局限，如两极分化、周期性经济危机、不可再生资源的迅速消耗、环境污染和生态破坏、"极权主义"（阿伦特语）、"单向度的人"（马尔库塞语）等等。所有这些问题都表明，近代以来的西方价值文化不仅没有使西方近代以来构建的社会进入启蒙思想所设想的天堂，相反使西方社会因为这种价值文化的弊端而始终无法摆脱自身固有的问题。特别是当这种价值文化渗透到全世界的时候，整个人类会因为它的过度市场化、资本化以及消费主义和享乐主义而加速走向毁灭。而中国特色社会主义价值文化则是试图克服所有这些资本主义价值文化的问题而问世的。我们要构建的价值文化是马克思主义价值文化，马克思主义价值观本来就是资本主义价值文化的对立物。在资本主义世界，马克思主义价值观处于弱势地位，没有现实化为西方世界的主流价值文化。但是，马克思主义在中国正在现实化为主流价值文化。而马克思主义价值观是针对资本主义价值观确立的更适合人类发展的价值观，因此，我们以这种价值观为依据完全有可能构建克服资本主义价值文化弊端和缺陷的人类先进价值文化。

源自近代西方自由主义价值文化的西方价值文化，它是作为西方基督教教会、封建主义和专制主义的对立物并且战胜它们而登上历史舞台的。应当承认，这种价值文化是自近代以至20世纪人类先进的成熟价值文化形态,是迄今为止人类的一种强势价值文化。我们要构建一种以马克思主义价值观为指导的新的价值文化,必须学习、吸收、借鉴和比照人类一切有优秀的价值文化。正如习近平指出的:"对人类社会创造的各种文明,无论是古代的中华文明、希腊文明、罗马文明、埃及文明、两河文明、印度文明等,还是现在的亚洲文明、非洲文明、欧洲文明、美洲文明、大洋洲文明等,我们都应该采取学习借鉴的态度,都应该积极吸纳其中的有益成分,使人类创造的一切文明中的优秀文化基因与当代文化相适应、与现代社会相协调,把跨越时空、超越国度、富有永恒魅力、具有当代价值的优秀文化精神弘扬起来。"① 西方价值文化即资本主义价值文化是当代世界具有广泛影响的强势价值文化,更需要我们学习借鉴。中国价值文化,如果追根溯源,其构建的历史差不多一百年。虽然其构建走过一些弯路,但它已经初具雏形,特别是自党的十六届六中全会以来的自觉构建,加快了它走向成熟、完备的步伐。在这种情况下,把它与西方已经成熟的价值文化进行比较,有助于它的丰富和完善,也有助于我们的构建更加自觉,更加有针对性,更加有明确的超越目标。

另一方面,从当代人类现实来看,在西方价值文化的强势影响下,世界大多数国家的价值文化都受其渗透甚至控制。除伊斯兰世界之外,只有中国正在构建的中国特色社会主义价值文化才有可能而且正在与之相抗衡,并且正在遏制其无孔不入的势头。伊斯兰世界对西方文化采取的是一种敌对、抵制的方式,甚至采取了极端恐怖主义方式。这是一种无能的简单的排斥方式,是不能得到世界各国普遍认同的方式。这种方式不仅于事无补,而且会使自己付出沉重的代价。我们采取的是一种在和平共处的前提下凭实力竞争的方式与之交往、抗衡和比拼,并力图超越它。马克思当年就已经看到了西方资本主义文化无法弥补的"软肋"和无法克服的弊端,这就是我们今天之所以不能全盘接受它相反要超越它的根据。但是,我们要超越它,就必须知己知彼。如果我们看到它的优势和问题,并学习它的一切有价值的东西,避免和克服它的问题,并吸取它的经验教训,就会更有力量超越它。因此,我们今天进行比较就是弄清楚它的优势和问题,以吸收其合理内容,并努力避免形成类似它的那些"软肋"和弊端。

(二)与西方比较应持的态度

我们需要而且必须与西方价值文化进行比较,但我们也需要和必须以正确的态度进行这种比较。如果态度不对,我们的比较就不会得出正确的结论,当然也会有害于我们正在进行的价值文化构建。强调要树立正确的态度进行中西价值文化比较

---

① 《习近平在纪念孔子诞辰2565周年国际学术研讨会暨国际儒学联合会第五届会员大会开幕会上的讲话》,《人民日报》,2014年9月25日第2版。

的一个重要原因，是我们在这方面曾经有过深刻的教训。例如，我们过去常常将西方资本主义现实与我国的社会主义理想相比较，由此简单地得出我国社会主义制度优越于资本主义制度的结论，并且因而对西方资本主义采取一概否定和排斥的态度。在当时中国封闭的情况下，人们似乎还相信这样的结论，但当国门打开、人们亲眼看到了西方资本主义现实时，就有一种受欺骗的感觉。应该承认，社会主义制度在理论上比资本主义制度优越，因为它是以马克思主义理论设计的。但是，它并没有完全变成现实或还在建设过程中，因而不可避免地存在着诸多问题。历史事实证明，我们对西方资本主义的一概否定的排斥，受损害的是我们自己。也有些人只看到了西方资本主义文明好的、阳光的一面，没有看到它坏的、阴暗的一面，更没有看到它深刻的内在危机，因而盲目主张"全盘西化"。还有一些人只看到西方资本主义文明的各种弊端，而没有看到它的历史进步性和强大优势，因而以为解决当代中国的问题可以不理会西方，不借鉴它的经验教训，甚至主张回到传统文化中去寻求解决当代中国问题的"方术"。历史事实已经证明，所有这些态度不仅是错误的，而且是有害的。正确的态度则是对中西价值文化进行平心静气的、实事求是的客观比较分析，准确地把握各自的比较优势和问题，从而从西方价值文化中吸取有益的内容。

首先，我们要全面认识西方价值文化及其构建，正确评价它的历史地位和现实状况。前文已谈及，西方价值文化是近代西方价值文化的历史延续，两者本质上是同一价值体系。这种价值文化有其巨大的优势，但也有着自身不可克服的根本性的弊端，而且随着它日益向西方以外世界渗透，这种问题越来越明显地显露出来。我们对中西价值文化进行比较，首先必须清楚地看到西方价值文化的这种两面性。

近代西方价值文化是战胜西方基督教价值文化、封建专制价值文化登上历史舞台的。它之所以能如此，是因为它是当时的先进价值文化。其先进性突出体现在以下几个方面：

其一，它把人从一切束缚中解放出来，使人获得了自由、平等和追求个人利益（幸福）的基本权利。在中世纪的欧洲，人们普遍既受天主教教会的思想和精神统治，同时又受封建等级制的束缚。中世纪后期，欧洲人又受到专制主义的政治压迫。在这种背景下，社会等级森严，人们普遍没有个人的自由，也不能追求和享受世俗的幸福，而只能通过尘世的苦修苦炼指望死后进入天堂。文艺复兴运动、宗教改革运动，特别是启蒙运动中确立的自由主义价值文化彻底斩断了人身上的各种羁绊，使人获得了独立自主性，成为了自己的主人，并且肯定和保证人的自由、平等等权利的不可剥夺性和至高无上性。

其二，它极大地促进了西方市场经济和现代科学技术的快速发展。近代西方价值文化是完全适应市场经济的需要形成和确立的，同时它又为市场经济和现代科学技术的快速发展提供了社会条件、政治保障特别是法制保障。市场经济是一种利益主体多元化的经济,市场主体必须具有充分的自由,可以自主地从事商品生产经营活动,可以平等地凭实力自由竞争。西方近代价值文化主张和保障的个人自由、平等等权利,正是为了满足市场经济的这种需要。虽然西方的自由主义也经历了自由放任主义和国家干预主义的不同形态,但在为市场主体提供自由、平等的权利保障这一点上是完全一致的。近代西方的自由主义之所以能在诸多不同思想流派中脱颖而出,成为西方近代价值文化,就是因为它最适应市场经济和科学技术发展的客观需要。

其三,它推动了西方政治文明从传统到现代的转换。西方近代以前的政治是一种极其复杂的政治。这种政治的灵魂是基督教教义,其核心是天主教会,但是它又与世俗的封建庄园制和封建等级制结合在一起,实行的是教会专制统治。这种等级制和专制制的最突出特点是把人不当人看。而近代西方自由主义价值文化一方面将人从一切束缚中解放出来,另一方面为了适应市场经济发展的需要,彻底改变了这种政治格局,建立了以代议制和法律统治为主要特征的资产阶级民主政治。不可否认,这种民主对于广大的人民群众来说有空洞性和虚伪性的一面,但相对于中世纪的等级制和专制制来说是一个巨大的历史进步,而且几乎影响了整个当代人类世界。

由于近代西方价值文化具有以上突出的先进性,因而它也获得了巨大力量和强大优势。它不仅彻底推翻了西方的天主教会和封建主义在欧洲的统治地位,成为西方的主流价值文化,而且通过海外殖民、商品贸易以及后来的政治和军事干预、经济和文化渗透等途径迅速向西方以外的地方传播,破坏或至摧毁了不少国家本土的主导价值文化,导致这些国家的价值文化陷入混乱。这一历史事实表明,西方近代以来的价值文化具有强大的竞争力、影响力,至今仍然是世界上的强势文化。

西方价值文化深刻改变了西方社会并通过西方社会深刻影响了整个人类社会的进程,使人类社会从贫穷落后的传统文明走向繁荣昌盛的现代文明。毫无疑问,这种价值文化有其旺盛的生命力和强大的影响力,其根源则在于它的巨大优越性。"这种优越性主要表现在,它致力于把人从各种束缚中解放出来,努力扩大人的独立自主性,刺激和鼓励人向内挖掘潜能向外征服世界,这不仅使人获得了自由,使我们的世界日益成为自由的世界、民主的世界,而且使人的能量最大限度地发挥了出来,使我们的世界日益成为富裕的世界、文明的世界。"① 我们应该承认西方价值文化的基本合理性,也应该承认其巨大的历史功绩。但是,我们更应该看到,西方价值文化虽然看起来是个体主义、自由主义的,但其根本性质是资本主义的。或者更确切地说,它的出发点和目的是个人解放、自由和幸福,这种价值体系在使人获得解放和自由的过程中发生了异化,最终走向了以资本增殖为轴心,资本渗透到它的

---

① 江畅:《幸福与和谐》,人民出版社2005年版,第417页。

整个结构和功能，资本控制一切。其结果，个人虽然从专制之下获得了解放，也获得了自由，但根据这种价值体系构建的整个社会被资本所控制，个人也因此而成为新的奴役力量即资本所奴役，而没有真正获得解放、自由和幸福。由此看来，西方价值文化实质上是一种资本主义的价值文化，是一种异化了的社会发展模式。

其次，我们应当承认西方价值文化及其构建有诸多值得我们学习借鉴的内容。西方价值文化构建最早可追溯到文艺复兴运动，中间经历了宗教改革、思想启蒙运动、资产阶级革命、产业革命、科技革命和两次世界大战，到20世纪50年代基本完成。之后，西方价值文化还在继续构建中走向完善。通过几百年的漫长构建过程，西方价值文化已经成为当代人类最完善的价值文化形态，其中凝聚了近代以来西方思想家和政治家的智慧，包含了许多具有普适意义的有价值的内容，而且其构建的经验教训也是人类构建价值文化的宝贵遗产。当然，其中也包含了资产阶级的阶级局限、时代局限、地域局限和思想局限。今天，我们构建中国价值文化必须尽可能充分地吸收西方价值文化及其构建中可资利用和借鉴的内容。我们对中西价值文化进行比较，就是要发现这些内容，而其前提则是要承认这些内容对于我们的价值，切忌简单地否定它或不理睬它。

西方价值文化及其构建的有价值内容很丰富，需要通过深入细致地研究加以清理和呈现。不过，这里我们可以着重指出以下几点：

（1）西方价值文化充分肯定社会成员个体（包括个人、企业、各种组织等）在社会中的独立自主的主体地位，竭力维护个体的自由、平等、追求幸福的权利。西方价值文化存在着过分强调个体本体地位的个体主义偏颇，它忽视人类基本生活共同体（在当代主要是国家）的实体地位和对于社会生活的重要作用和意义，但它努力把个体从各处束缚中解放出来，致力于保障个体的权利和利益，这在人类历史上是一个进步。正是这种价值文化的努力，才使得今天个体享有自由、平等和追求幸福的权利观念得到了世界绝大多数国家的普遍认同。

（2）西方价值文化努力为市场经济发展营造环境、提供条件，大大促进了西方市场经济的快速发展。从历史上看，西方市场经济的兴起并不是西方价值文化的功劳，但这种文化是在市场经济兴起过程中逐渐形成的，它在形成和完善的过程中不断为市场经济提供合理性论证和正当性辩护，构建市场经济发展所需要的经济、政治、社会、文化方面的制度，解决市场经济发展过程中遇到的种种问题。也许可以这样说，西方市场经济发展到今天完全是西方价值文化保驾护航的结果。在这个过程中，西方价值文化也走过一些弯路，但总体上看，它是适应和促进市场经济发展的。今天，市场经济几乎成了整个世界的基本经济形态，也已成为当代中国的基本经济形态，西方价值文化中包含的与市场经济相适应并促进其发展的一整套思想观念、制度体系、运行模式和机制等都是值得我们认真学习的。

（3）西方价值文化把民主作为保障个体自由权利的基本政治形式，致力于构建民主政治。个体的自由权利、市场经济的发展都需要政治制度提供可靠的保障，西方思想家和政治家发现，这种保障的唯一形式只能是政治民主，而且在近现代作为基本共同体的国家范围内不可能再实行古希腊式的直接参与式民主，而只能实现间接代议制民主。经过一两百年的探索和实践，西方普遍建立了这样一种民主政治制度。这样一种制度在今天已经暴露出不少难以克服的问题（如多数暴政、政治集团操纵、公众参与等），但是这种制度的选择、筹划和建立是具有开创性意义的，至少相对于人类历史上曾经有过的君主制、贵族制、寡头制等而言，是一个重大的历史进步。西方价值文化发明的代议制民主虽不完善，但它已经为今天世界上大多数国家程度不同地采用。

（4）西方价值文化意识到最有可能破坏民主、剥夺个体自由权利、造成战乱和损害市场经济的是政治权力，因而强调法律在社会生活中至高无上的权威地位，并在实践上不断完善法治国家的构建。近代以来，西方思想家和政治家在反思人类历史经验时发现，使人受奴役、受压迫、受剥削的主要力量来自于不受制约的权力，社会的不自由、不民主、甚至动荡不安的根源也在于不受制约的权力。不受制约的权力导致腐败，绝对不受制约的权力绝对腐败。于是，他们寻求种种权力的方法，如以权力制约权力、以民主制约权力，但最终发现制约权力的最有效手段是将权力置于法律之下，确立法律特别是宪法是国家的最高权威。当然，这种法律是基本民主的良法，因此法治需要以民主为前提和基础。在这里我们所谈的西方价值文化里面主要有价值的内容之中，法治这一条是当代西方以外的世界做得最不成功的，而这一点正是许多国家出现诸多问题的最重要根源之一。

我国改革开放以来，党和国家领导人乃至社会公众逐渐认识到了西方价值文化中包含着诸多值得我们学习借鉴的东西，因而把对外开放（主要是对西方世界开放）作为我们的基本国策。而且经过30多年的改革开放实践，我们也从西方价值文化中学习借鉴了许多有价值的内容。也许正是通过这种学习借鉴中国才走上了现代化之路，并且迅速地强大起来。学习借鉴西方有益，过去学习借鉴了，今后还要学习借鉴。这应该是我国改革开放以来历史事实作出的结论。然而，一直以来，一些人在学习借鉴西方价值文化方面存在着疑虑，总是将学习和借鉴西方看作是"西化"。当这种疑虑遇上一些西方敌对势力"分化"、"西化"中国的图谋时，这种疑虑似乎得到了印证。的确，西方有些反华势力试图分裂中国、使中国全盘西化，我们也应该粉碎这种图谋，但我们不能因此否认学习借鉴西方的必要性。实际上，问题很简单，西方反华势力用来分裂中国的东西一定不是西方优秀的文化，而只能是西方用来对付别人而自己不用的东西。我们向西方学习借鉴的不是这样的对付中国的东西，而是西方人自己用的且对我们有用的东西。因此，我们要将西方近现代价值观及其构建的有益内容和经验与西方反华势力的"西化"、"分化"图谋区分开来。还有一些人则将学习和借鉴西方价值文化与弘扬和传承传统价值文化对立起来，似乎两者是不相容的；或者将学习借鉴西方与坚持和发展马克思主义对立起来，以为学习借鉴西方必定会动摇马克思主义在我国的指导思想地位。这些想法和做法显然是不对的。我们只有学习借鉴当代人类最强势的价值文化以及世界各种价值文化，我们本土的、传统的价值文化才能真正强盛起来。正如习近平指出的："各国各民族都应该虚心学习、积极借鉴别国别民族思想文化的长处和精华，这是增强本国本民族思想文化自尊、自信、自立的重要条件。"[①]

最后，我们必须既坚持我们应有的立场又克服我们的盲目自信。我们对中西价值文化进行比较，是为了学习借鉴西方价值文化，而这种学习借鉴本身又是为了构建中国价值文化，而不是为了"全盘西化"。因此，无论是我们对中西价值文化的比较还是从西方价值文化中学习借鉴都是有我们自己的基本立场的。这种基本立场就是马克思主义。马克思主义是与自由主义根本对立的思想体系，我们今天构建的价值文化是以马克思主义为指导思想的，是马克思主义在中国现实化为价值文化，现实化为中国特色的社会主义价值体系和文化体系。这种基本立场不能动摇，更不能改变，否则我们构建的价值文化就不是社会主义的。

我们必须坚持马克思主义，必须坚信马克思主义，坚信以马克思主义为指导构建的中国价值文化终将成为世界最先进的文化。这是我们作为马克思主义者应有的价值自信。但是，我们也要清醒地意识到，并不是我们始终不渝地固守已有的马克思主义原理就能构建起中国价值文化，就能解决当今中国乃至当今人类的一切问题。我们也不要以为经过近百年的努力一直在构建的当代中国价值文化已经是人类最先进的价值文化，不需要再向前发展，不需要向人类已有的优秀价值文化特别是西方价值文化学习了。如果我们这样认为，我们的自信就变成了盲目自信。这种盲目自信注定会损毁我们正在构建的中国价值文化，损毁中国特色社会主义事业。

这种盲目自信并不是我们的一种假想，而是在我们党的历史上和现实中常常发生的。在改革开放前的几十年中，我们一直以为我们所坚持的马克思主义是放之四海而皆准的绝对真理，以为我们在这种绝对真理指导下建设的社会主义是人类最先进的社会制度，具有任何制度都不可比拟的巨大优越性。然而，当国门打开后，我们发现我们坚持的马克思主义不仅是僵化的、教条的马克思主义，而且是苏俄化的马克思主义。在这种马克思主义指导下建设的社会主义是以阶级斗争为纲、政治挂帅的社会主义，是所谓无产阶级专政下的继续革命。其结果不仅经济社会发展走向了崩溃的边缘，而且导致了被看作是空前浩劫的十年"文化大革命"。这是我们对我们的理论、制度和道路盲目自信导致地苦果。经过指导思想的拨乱反正，经过三十多年的改革开放和十多年的市场经济发展，中国社会发生了翻天覆地的全面

[①] 《习近平在纪念孔子诞辰 2565 周年国际学术研讨会暨国际儒学联合会第五届会员大会开幕会上的讲话》，《人民日报》，2014 年 9 月 25 日第 2 版。

而深刻的变化。这是把马克思主义与中国实际结合的结果，是对外开放、对内改革的结果。然而，在这种新的历史条件下，盲目自信倾向又有所抬头。一些人对我们的理论、制度和道路有了高度自信，似乎我们不再需要对外开放，只要坚持马克思主义并弘扬传统文化，我们就能构建起中国特色的社会主义价值体系和文化。应该说，今天的这种自信是在开放的背景下形成的，较之过去的盲目自信有了更多的根据和资本。但是，这种自信如果过头，同样会导致严重的消极后果。对此，我们必须保持高度的警觉。

我们都知道，马克思主义不是僵死的教条，而是与时俱进的开放的思想体系，坚持马克思主义就必须丰富和发展马克思主义，使马克思主义中国化、时代化和大众化。那么，丰富和发展马克思主义，就是要运用马克思主义解决当代中国的重大时代问题。我们认为，在当代中国丰富和发展马克思主义面临双重的任务：其一，要以马克思主义为指导探索我国现代化建设过程中面临的各种新问题，使马克思主义与中国实践对接、结合，在有效解决当代中国问题的过程中使之成为中国最先进的价值文化，成为价值多元时代的中国主流价值文化。这个任务是我们正在努力完成但远未完成的任务。其二，要以马克思主义为指导探索当代世界面临的各种新问题，使马克思主义与当代世界实践对接、结合，在有效解决当代世界问题的过程中使之成为世界最先进的价值文化，成为价值观多元时代的世界主流价值文化。马克思主义是一种世界性思潮，是今天世界最有影响力的两大思潮之一。中国是信奉马克思主义的国家，而中国是世界上人口最多的国家，也是社会主义事业最兴旺发达的国家。因此，当代中国不仅有解决本国的社会主义现代化问题的责任，而且也肩负着研究解决现代人类面临的世界性问题的重大使命。从这种意义上看，我们要把当代中国价值观作为具有世界意义、全人类意义的价值观来构建，使之成为当代人类最先进的价值观。这种价值观要能以其先进性与西方自由主义价值观相抗衡、相竞争，不仅不被自由主义价值观战胜，相反要通过超越它而最终战胜它。

如果我们承认这两大任务是当代发展马克思主义的任务，也是构建中国价值文化的任务，在这种情况下，我们以为我们的价值观已经是最先进的、我们价值文化已经是最先进的、我们的制度已经是最先进的，那就是一种盲目自信。这种盲目自信只会中止我们正在致力于构建的价值文化。我们要把我们的价值文化构建成能够得到世界各国普遍认同的世界主流价值文化，这只是万里长征走了第一步，因而更没有理由盲目自信。我们能走完这个过程，也许才在真正意义上的坚持和发展了马克思主义，才真正实现了马克思主义创始的宿愿。

（三）比较的最终目的在于超越

中国价值文化与西方价值文化是两种不同性质的价值文化，前者是中国特色社会主义价值文化，而后者是资本主义价值文化。我们对两种价值文化进行比较，其直接目的是为了学习和借鉴，吸收西方价值文化的先进合理的内容，使自己丰富、深刻和强大，而终极目的则是为了超越它，使中国特色社会主义价值文化成为引领人类朝着更美好的未来发展的当代人类最先进的价值文化。前文已经指出，西方价值文化曾经是人类的先进价值文化，今天也仍然是人类最有竞争力的强势价值文化。但是，这种价值文化有它自身不可克服的致命弊端和缺陷，是一种异化的价值文化。伴随着这种价值文化向全世界蔓延和扩张，它的问题日益明显地暴露出来。因此，这种价值文化需要被超越。今天的人类更先进的价值文化取代西方价值文化，至少需要不同于西方价值文化的非西方价值文化来扼制西方价值文化对全世界渗透，克服这种价值文化的霸权主义扩张给人类带来的严重消极后果。

20世纪以来，异化了的西方价值文化日益暴露出了它的一些突出问题，其中特别突出的有以下三个方面：第一，贫富两极分化严重。整个资本主义文明是完全建立在市场经济基础之上的，而市场经济是一种以市场主体利益最大化为驱动力、以凭实力自由竞争的经济。这种竞争的结果必然会导致社会成员的贫富两极化，最严重的情况就是有一部分社会成员陷入马克思所说的"绝对贫困化"，即缺乏最低的生活保障。20世纪西方实行高福利政策以后，基本解决了社会最弱者最低生活保障问题，但并没有因此解决社会的贫富两极分化问题。第二，周期性经济危机频发。自1825年英国第一次发生普遍的生产过剩的经济危机以来，西方资本主义世界差不多每隔十年左右就要发生一次这样的经济危机。1929～1933年又爆发了规模更大、影响更深刻的世界性经济危机，原来以为实行了国家干预政策之后，能够克服周期性的经济危机，然而，情形并非如此。自1933年以后，差不多每隔七、八年就发生一次危机，更爆发了2008年源自美国至今仍然使整个世界经济陷入低迷的世界性金融危机。这一系列事实表明，经济危机是以市场经济为基础的西方资本主义价值文化的痼疾。第三，恐怖主义盛行。西方国家为了本国或西方世界的利益而对外进行经济、政治、军事、文化的扩张和渗透，以及由此导致了地区战争和恐怖主义。自"9.11事件"发生以来，恐怖主义已经成为困扰西方乃至全人类的恶魔，生活在今天世界的人类，特别是西方人，很难预测什么时候、什么地方会发生恐怖活动，自己在什么时候、什么地方会成为恐怖活动的牺牲品。这样一种全人类性的人人自危状况是人类前所未有的。导致恐怖主义滋生的原因十分复杂，但可以肯定的是，恐怖主义的猖獗与西方现代化过程中的对外扩张，特别是与发达资本主义国家对其他国家经济上的掠夺、政治和军事上的干预、文化上的渗透有着密切的关联。

西方价值文化的这些显性问题的深刻根源在于以市场经济为基础的现代化。这种现代化有三个最为突出且难以克服的痼疾：一是"原子化"问题。所谓"原子化"问题，就是近代以来自西方扩散至全球的现代化，它是以孤立的个体为社会的实体，一切以个人的权利、个人的利益为轴心，而不考虑共同体或社群，更不考虑全人类。这就是所谓的"人人为自己，上帝为大家"的问题。二是资本化问题。市场经济原本是一种经济形态，其机制和原则只适用于经济领域。然而，在现代化的过程中，经济领域的市场化逐渐渗透到了整个社会生活。不受制约的资本逻辑和力量足以使整个社会和人的心灵彻底物化和奴化。资本不仅已经渗透了整个西方世界，而且借助经济实力渗透到世界大多数国家。用桑德尔的话说，现代社会使得我们从"拥有一种市场经济"最终滑入了"成为一个市场社会"。① 三是极权化问题。西方社会成功地实现了对大众心理意识的操纵和控制，人们内心批判向度的丧失，导致各个领域的一体化。正是因为实现了对内心的操控，所以当代资本主义社会的极权主义状态在广度和深度方面都超过了以往的极权主义社会。这三个问题并不是彼此孤立的，而是相互缠绕、相互支撑。正是针对这些问题，法兰克福学派思想家霍克海默和阿道尔诺指出，现代西方文明至少存在以下三大弊端：一是人性堕落，个人贬值；二是精神消亡，文化消解；三是幸福的因素变成了不幸的源泉。②

所有这些难以克服的问题及其严重后果表明，西方价值文化虽然可以带来人类的繁荣，但这是以人类不可再生资源迅速消耗、人类生存环境日益恶化、人类身体生物学结构加速变异为沉重代价的。西方价值文化的巨大物化力量，正在摧毁一切与之抗衡的异己力量，消除扩散途中的障碍和阻力，使这种价值文化迅速世界化。西方价值文化是一种加速人类毁灭的社会发展模式，伴随着西方模式世界化进程的加快，其负面作用还会进一步增大。在西方价值文化的弊端及其后果日益显现的今天，非西方国家再也不能简单地照搬西方模式，更不能搞所谓全盘西化，而是要采取强有力措施抵制西方模式的扩张和渗透。

改变西方价值文化霸权主义格局不仅具有现实的紧迫性，而且具有历史的必然性。到今天为止的整个人类历史是从分散的人群走向一体的世界的历史，是人类世界化的过程。人类世界化的整个过程是一个人类从小群体逐渐走向更大群体直至走向一体化的过程，而推动这一过程的内在动力在于，人类追求生活得更好的本性以及这种本性本身所包含的实现这种本性的根本手段即理性。这种一体化的趋势不是外在地强加于各国的，而是在各国自愿作用和参与下促成的。全球的一体化并不意味着世界会成为一个世界性极权主义式的国家。历史经验已经表明，集权式、专制式的社会管理模式压制个性发展、阻碍社会进步。因此，世界的一体化只能是分权式的、民主式的，是多元主体的。作为世界主体的国家即使在各个方面都与世界接轨，也仍然能够拥有自己的价值体系、独特生活方式和民族特色；仍然能够拥有独

---

① 参见［美］桑德尔：《金钱不能买什么——金钱与公正的正面交锋》，邓正来译，中信出版社2012年版，XVIII。
② 参见［德］霍克海默、阿道尔诺：《启蒙辩证法：哲学片断》，渠敬东、曹卫东译，世纪出版集团／上海人民出版社2006年版，第3～4页。

立性、自主性和完整性。人们把作为世界主体的国家比作一体世界中的"极",这是十分恰当的。多元主体的世界就是一种多极的世界。只有世界的多极化,才会有世界的多样化,而世界越是多样化,世界的交流和合作就越是必要、越是有意义,各国的相互需要也会增强,各国的联系会越紧密,世界就越会结合成为一个整体。各民族找到自己的发展之路,可以实现本民族乃至人类更好地发展,也可以为西方模式突破自身不可克服问题的解决提供借鉴,从而实现整个人类价值体系、发展模式和生存方式的多元化、多样化。如此,整个世界就会更绚丽多彩,更充满生机和活力。"一个丰富多彩的世界比一个一统的世界更美好,更能满足人类幸福的需要。"①

应当承认,约200年来非西方的一些国家一直在寻求非西方模式的社会发展模式,但是迄今尚未找到这样的成功模式。因此,我们有必要对非西方国家寻求不同于西方模式的发展模式的历史及其问题进行反思。这种反思有助于我们总结经验教训,为寻求超越西方模式的先进模式提供借鉴。

今天世界格局的形成是近代人类国家化过程的结果。在近代以前,世界一些地区已经有了国家,但这些国家不仅不是近现代意义的国家,而且有些国家还是不完全的国家,如西欧的一些国家还正在从罗马天主教皇的控制下摆脱出来,还未成为完全独立的国家。西方近代的殖民扩张和一系列社会革命,一方面大大加速了罗马教廷控制力的衰落和西欧国家化的进程;另一方面也大大促进了殖民地国家意识的觉醒和独立国家的形成,与此同时也在促使各个国家先后步入国家现代化轨道,实现从传统国家向现代国家的转换。殖民扩张对殖民地的经济掠夺和政治控制,导致了殖民地国家意识的觉醒和国家独立的要求,引发了殖民地的普遍反抗和争取国家独立的斗争运动。这种反抗和斗争最有意义的后果就是使民族国家逐渐获得独立。近代以来非西方国家的独立大多是通过摆脱西欧殖民主义统治实现的,因而这些国家对西方的文化和社会发展模式持敌视和抵制态度,力图找到非西方的本国发展道路。

非西方国家寻求非西方价值文化的历程,最早也许可以追溯到18世纪初拉丁美洲爆发的民族解放运动,到20世纪达到高潮,直至今天还在延续。非西方国家的仁人志士很早就意识到了西方模式的问题,并致力于寻求非西方之路。20世纪以来,许多国家的政治家和思想家意识到了西方模式的诸多弊端甚至根本缺陷。然而,我们不难发现,到目前为止,中国之外的非西方国家尚未找到一种真正不同于西方模式的模式,它们要么流产或失败了,要么名义上是非西方的而实质上西方的,要么由于构建非西方模式的失败而陷入动乱或战乱。其中最有影响的有:俄国十月革命及以后形成的社会主义阵营,这一长达70多年的非西方社会主义模式

---

① 江畅:《理论伦理学》,湖北人民出版社2000年版,第371页。

的理论和实践探索,最终以柏林墙倒塌为标志宣告失败;拉美国家从19世纪上半叶就开始寻求独立自主的民族发展之路,并不断致力于构建自己的发展模式,但令人遗憾的是,200年后的今天,拉美模式并没有最终形成,更谈不上超越西方,倒是走上了"边缘化的依附性道路"①;印度圣雄甘地领导的印度民主主义运动虽然取得了胜利,赢得了印度的独立,但也没有真正为印度找到一条成功的非西方发展之路。中国自鸦片战争之后,一直致力于救亡图存,以孙中山、毛泽东、邓小平等为代表的一代又一代的仁人志士都力图找到非西方的发展之路,今天中国终于走上了中国特色社会主义道路,正在致力构建中国特色社会主义价值文化。社会主义中国的崛起,使人们看到了开辟一条不同于西方道路、遏制西方文化恶意渗透的希望。

剖析200年来许多非西方国家寻求自己的非西方发展模式不成功的原因,可以给我们诸多的启示。其中有一点是特别值得我们注意的,那就是:要构建不同于西方模式的成功发展模式,我们既不能搞全盘西化,也不能对西方模式盲目抵制,而必须在学习、借鉴的基础上超越。搞全盘西化,即使成功(如日本),那就进入了西方世界的阵营,这样就很难突破西方模式的局限。西方模式有强大的优势和影响力,甚至还很有诱惑力。在全球一体化的今天,如果没有超过它的更先进模式,是不可能阻挡住它的扩张和渗透,盲目抵制的结果只会使本国的价值和文化陷入混乱。西方模式存在着致命性的问题,因而非西方国家必须超越它。而要超越它就必须学习、吸收和借鉴它。今天,我们对中西价值文化进行比较,就是要认清双方的各种优势和问题,从而更深入地向它学习和借鉴,以便最终超越它。

需要注意的是,超越西方价值文化,并不是要战胜它、消灭它,而是为了推进人类价值文化的整体进步,同时也通过竞争和超越推动西方价值文化自身的改进和完善。习近平指出,每一个国家和民族的文明都扎根于本国本民族的土壤之中,都有自己的本色、长处、优点。我们应该维护各国各民族文明的多样性,加强相互交流、相互学习、相互借鉴,而不应该相互隔膜、相互排斥、相互取代,这样世界文明之园才能万紫千红、生机盎然。丰富多彩的人类文明都有自己存在的价值。要理性处理本国文明与其他文明的差异,认识到每一个国家和民族的文明都是独特的,坚持求同存异、取长补短、不攻击、不贬损其他文明。他强调:"不要看到别人的文明与自己的文明有不同,就感到不顺眼,就要千方百计去改造、去同化,甚至企图以自己的文明取而代之。历史反复证明,任何想用强制手段来解决文明差异的做法都不会成功,反而会给世界文明带来灾难。"②我们今天构建价值文化,就要有这

---

① 尹朝安:《拉美发展模式的制度分析》,《拉丁美洲研究》,2005年第3期。
② 《习近平在纪念孔子诞辰2565周年国际学术研讨会暨国际儒学联合会第五届会员大会开幕会上的讲话》,《人民日报》,2014年9月25日第2版。

种宽容精神，要有这样的胸怀和气度。我们要吸取近代以来西方价值文化及其构建的教训，不搞价值文化沙文主义，也不以"中国中心论"取代"欧洲（或西方）中心论"。

二、构建背景、历程与基础之比较

中西价值文化构建是在不同的历史背景下进行的，两种构建的历程也非常不同。对中西价值文化建构的背景和历史进行比较，有助于我们对中西价值文化本身异同的深入了解，更有助于我们理智地学习和借鉴西方价值文化的内容，吸取西方价值文化构建的经验教训。

（一）构建的背景之差异

西方近现代主流价值文化不是无源之水，而是与西方文化传统的基本精神一脉相承的。古希腊文化、古罗马文化、古希伯来文化和意大利早期的市场经济文化是西方近现代主流价值文化的文化渊源，这些文化中的自由主义、共和主义、法治主义（律法精神）、利己主义、"逻各斯"（logos）精神（表现科学主义和理性主义）等构成了近现代主流价值文化的基调。近现代西方价值文化对西方传统文化不是简单的继承关系，而是在新的历史条件下，不仅对其进行兼收并蓄，而且对其转换和开新，使之成为一种新的价值文化，即资本主义价值文化。

西方历史文化是一种多源头的断裂而又兼容的复杂历史文化。人们一般认为，西方文化的源头主要有两个：一是古希腊文化，二是古希伯来文化。如果从近代以来的历史看，实际上西方文化的源头不止两个，而是四个。除了普遍公认的古希腊世俗文化和古希伯来宗教文化这两个源头之外，还有古罗马的政治文化和近代意大利的商品文化或市场文化。最早的古希腊文化是重视个人世俗生活的文化，个人幸福是这种文化的主题，整个文化是围绕着"什么是幸福"、"如何获得幸福"展开的。因此，这种文化是幸福主义文化。古罗马文化是西方文化的另一个最早的源头，它更重视社会公共生活的管理，政治、法制是这种文化的主题，整个文化是围绕着如何管理公共生活展开的。古罗马经历了共和制到帝国制的过程，但都诉诸法制管理社会。因此，这种文化更具有法治主义文化的性质。古希伯来文化是重视个人来世幸福的宗教文化，信仰上帝是这种文化的主题，整个文化是围绕着如何按上帝的戒律行事获得拯救展开的。这种文化在希腊罗马文化的影响下产生了以"爱上帝并爱上帝之爱以获得来世幸福"为主要特征、其前提仍然是信仰上帝的基督教文化。因此，这种文化是信仰主义文化。自13世纪开始兴起的意大利市场文化是重视商品经济的文化，利己主义是这种文化的主题，整个文化是围绕着如何在市场竞争中取胜以获得更多的利益展开的。

以上这四种文化不止是西方文化的源头，同时也是西方先后占据主导地位的四种文化。最初是古希腊世俗文化占主导地位，然后是古罗马政治文化占据主导地位，再接下来是主要源自古希伯来文化的基督教文化占主导地位，最后是源自意大利的经济文化占据主导地位。这四种文化就其核心价值观念而言是各不相同的，不同文化的更替使西方历史文化具有明显的断裂性。但是，后一种文化对前一种文化的替代是核心价值观念的取代，而不是全盘的否定。罗马文化吸收了希腊文化的幸福主义内容，使兴盛起来的古罗马文化不只是先前古罗马文化的简单延续。基督教文化则更是在希伯来文化的基础上吸收了古希腊文化和古罗马文化才成为完全不同于古希伯来文化的基督教文化。源自意大利的市场文化也是通过复兴古希腊、古罗马文化兴盛起来的，它虽然对基督教展开了无情的批判，但最终仍然将基督教文化包容在自身之中。因此，西方文化虽然是断裂性的，但同时也具有兼容性。它将不同文化中适合自身发展的有价值内容继承下来并发扬光大。

　　西方的历史文化虽然是多种历史文化兼收并蓄的复杂体系，但必须看到，古希腊文化的基本精神成为了后来整个西方历史文化的基调，也是西方近现代主流价值的精神源泉。这种基本精神至少有四个方面：一是尊重个人自主、维护个人权利、重视个人幸福的个人主义。个人主义在古希腊就已经较为完备，在古罗马，个人主义精神也存在，只是没有古希腊典型。个人主义在中世纪发生了异化，不过并未完全被否定和抛弃，而是被湮没、被扭曲。二是追求知识、追求真理的科学主义。这种精神主要源自于古希腊。希腊早期的哲学家就追求真理、探究知识，在苏格拉底那里知识（主要是关于善的知识）被看作是德性，由此形成了崇尚真理和知识的传统。三是推崇民主共和、重视依据法律治理的法治主义。倡导民主主要源自于古希腊，推崇政治制度共和制主要源自于古罗马，而重视法律治理则在古希腊特别是古罗马、古希伯来有共同的渊源。四是推崇理性、注重开发和运用理性的理性主义。早在希腊，人们就十分推崇"逻各斯"（logos），逻各斯的含义很丰富，但主要是理性。对于古希腊和古罗马人来说，理性不只是人的认识能力，而是人之所以为人的根本规定性，它既是知识、真理的源泉，也是道德、法律的源泉。这四种精神自古希腊产生之后，深深植根于西方文化之中，并随着历史的发展而时显时隐，但始终不曾被抛弃和被否定。即使是信仰主义占据主导地位的中世纪基督教文化，也将来世幸福作为人生的追求，主张人人在上帝面前平等，重视"摩西十诫"等律法，而且努力运用理性证明上帝的存在，并把上帝看作是全智、全善、全能的化身。

　　上面所说的西方文化实际上指的是近代以来的西方文化，西方文化的四个源头就是西方近现代主流价值文化产生的历史背景。在这四个源头中，自意大利开始兴起的市场文化不仅是近现代西方文化的直接源头，而且作为其经济和社会基础的西方市场经济也是西方主流价值文化得以产生的不竭动力源泉。西方市场经济的兴起和发展是迫使以西方资产阶级为代表的西方社会自觉构建资本主义价值文化并使之成为西方社会的主流价值文化的根本推动力量,西方近现代主流价值观念及其结构就是西方社会适应市场经济运行和发展的需要构建起来的。不可否认,西方近现代的主流价值文化的形成,离不开西方自古以来的个人主义、科学主义、法治主义和理性主义的基本文化精神,但西方近现代市场经济发展的客观要求无疑是其主流价值文化构建的真正动力源泉,正是在这种动力的强力推动下,西方传统的个人主义、科学主义、法治主义和理性主义精神才得到了真正的弘扬和充分的贯彻。在这种意义上,我们也可以说近现代西方价值文化是一种市场经济取向的价值文化。市场经济的核心是资本,以市场经济为取向也就是以资本为取向。这种取向被看作是资本主义的,所以近现代西方价值文化是资本主义的价值文化。

中国近现代价值文化的构建是在一种完全不同于西方的非常特殊的文化和时代背景下进行的。鸦片战争之后,中国没有西方近代早期那样的市场经济对新的价值观的必然要求,但西方列强的入侵在加快了旧的专制价值文化瓦解的同时,也促使中国人在救亡图存的压力下寻求新的价值观以取代旧的价值观,构建新的价值文化。由于中国缺乏思想家所提供的新的价值观作依据,因而近现代中国不得不在西方思想库中寻求思想观念,出现了所谓的"西学东渐"。近现代中国价值观之争实际上不过是西方不同价值观之争,当然其中也不乏复古派参与其中。

中国皇权专制主义价值文化源自先秦儒家价值观,至汉武帝"罢黜百家,独尊儒术"正式确立、推广,一直延续到清代,持续了两千多年。这种价值文化是一种道德价值文化,其核心内容是"仁义"道德,具体展开为"仁、义、礼、智、信"(五常)核心价值理念,其基本原则是"君为臣纲,父为子纲,夫为妻纲"(三纲),而其终极指向维护专制统治秩序,即君君臣臣、父父子子的和谐伦理秩序。中国专制主义价值文化是伦理化的,而不是法制化的。法律在这种文化中不仅只是手段,而且是用来对付老百姓犯上作乱的,即所谓"刑不上大夫,礼不下庶人"。法律在国家中不具有至高无上的地位,具有至高无上地位的是王权。这样一种伦理化的价值文化是整体主义的,个人在这种价值体系中没有独立性、主体性,没有自由和权利,个人不过是整体中的一个部分或零件,其功能在于为社会的和谐秩序和长治久安作出自己的应有贡献。这种贡献有不同的等级,最高的等级是圣人,其次是贤人,再次是君子,最低的是小人。这种整体主义中的整体是"家国同构"的整体。实际上,在中国专制社会除了国家和家庭之外没有什么其他的整体,这两种整体在专制主义价值体系中被有机地联系起来,国家是家庭的扩大,家庭是国家的缩小,在家尽孝才能为国尽忠。这种家国一体的结构同时又是国家和社会同构的结构。国家就是社会,社会就是国家,政治生活不是社会生活的一个层面,而是社会生活的全部,即所谓"齐家、治国、平天下"。在这种家国同构、国家与社会同构的社会中,不仅没有个人的独立和自由,也没有其他社会个体(如企业等)生存的空间。

19世纪60年代,日本在受到西方资本主义工业文明冲击的背景下进行了由上而下、具有资本主义性质的全面西化与现代化改革运动，这就是"明治维新"。在这一运动中，日本开展了"西进运动"，主动地、全面地向西方学习，不仅学习西方的科学技术、管理方式、社会制度，而且学习西方的文化。与日本不同，中国在鸦片战争之后，清政府被迫部分地向西方开放，最先只限于购买西方的武器装备，后来派留学生到西方国家学习，同时在国内开始设置现代工厂，这就是"洋务运动"。自"洋务运动"开始，西方的价值文化逐渐地传入中国。这个过程被看作是"西学东渐"的过程。虽然这个过程早在明末清初就已经开始，但只是到了鸦片战争之后才对中国社会产生了越来越大的影响。与日本的"西进运动"不同，中国的"西学东渐"基本上是被动的、被迫的，而且官方基本上是抵制的。其典型的表达就是"洋务运动"中提出的"中学为体，西学为用"。也就是说，我们可以学习西方的科学技术，甚至管理经验，但我们必须坚守中国的价值文化和社会制度，学习的目的不是为了国家富强和人民幸福，而是"师夷长技以制夷"。

由于官方不是主动地、全面地学习西方的主流价值文化和社会制度，相反采取抵制政策，因而西方的各种价值观就通过非官方的渠道传入中国，无所谓主流与非主流。不同的中国学者在不同的西方国家、从不同的途径、师从不同的老师，学到了不同的价值观，他们都主张按照他们所学到的、所信奉的观点来改造中国。实际上，当时中国的情形与西方很不相同。西方近现代也出现过各种不同的价值观，但它们只有一种是最适合市场经济发展需要的，因而这种观点就成为了西方主流价值观。中国则没有市场经济的发展，因而也很难辨别哪一种价值观更适合中国。而且这时西方社会出现了许多问题，国内一些人（如孙中山）将这些问题归结为西方主流价值观带来的，因而认为西方的主流价值观也不一定是最好的。在这个时候，十月革命又给中国送来了马克思主义和列宁主义。到20世纪初，中国成为了西方及俄国的各种学术观点纷呈、交锋的辩论场，持不同观点的人各自认为只有自己信奉的观点才是真理，才能拯救中国。最后只能靠武力解决问题，谁能在战争中取胜，谁就能推行自己所信奉的价值观。当然，历史事实证明，只有那种得到人民群众拥护的价值观才能最后在战争中取胜，这种价值观才能成为主流价值文化。

"西学东渐"是一个被动地吸收西方思想的过程，但在这个过程中中国人毕竟接触到了西方以及其他国家的各种价值观，使得自春秋以来一直闭关锁国的中国有了各种不同的新价值观可供比较、选择。尽管不同人信奉其中不同的价值观而不能达成一致，但大家普遍认为专制主义的价值观已经过时腐朽，主张用流入中国的外域价值观取代专制主义的价值观。在中国"西学东渐"的过程中还出现过"复辟"专制主义价值文化的闹剧，但都在国人的唾骂中草草收场。应该说，"西学东渐"以及外域思想的传入构成了中国近现代价值文化构建的主要文化背景。中国近现代价值文化构建的过程，从某种意义上看，就是引进、吸收、消化外域价值观，并使之与中国实际情况相结合的过程。到20世纪中期，中国共产党领导的新民主主义革命取得了胜利，马克思主义列宁主义价值观成为占统治地位的价值观，并在此基础上逐渐形成了社会主义价值观。而马克思主义和列宁主义也是从西方和俄国传入中国来的，这可以说是"西学东渐"在中国结出的对中国历史进程影响极其深远的最重要成果。

在中国近现代这样一个没有市场经济基础、没有经济发展作为必然要求的社会，选择一种什么样的价值观就具有较大的偶然性，特别是在国外已有两种对立的价值观占统治地位并各有其优势的情形下，人们可以选择其中的一种，也可以选择其中的另一种。这就要看谁最终能成为政治上的统治者。一种价值观被选择为占据统治地位的价值观，通常是与它的信奉者成为统治者直接相关的。当然，也有某些相反的情形，即政治上的统治者夺取政权并不是为了构建某种价值文化，而是为了其他的目的。中国近现代史上就有不少军阀并不是为了实现某种价值理想，构建某种价值文化，而仅仅是为了一己私利或为了称王称霸、满足自己的权力欲而争夺政权。不过，即使像这样的无思想和无理想的专制军阀，一旦坐稳了江山，也得信奉某种价值观，构建某种价值文化，否则它的统治就无法进行下去。在中国近现代史上，这两种情形都有，不过总体上看前一种情形是主要的，戊戌变法、辛亥革命、旧民主主义革命、新民主主义革命都是属于这种情形。

总之，近现代中国市场经济不发达，没有产生对与市场经济相应的价值观的诉求，人们主要诉诸政治权力，特别是武力来达到确立新的价值观的目的。于是，价值观的争斗演变成了权力之争和武力之争，谁在争斗中取胜，就确立谁信奉的价值观。这就是中国价值文化构建的主要文化和时代背景。

（二）构建的历程之差异

西方价值文化的构建可追溯到文艺复兴时期，启蒙运动时期达到高潮，最后通过资产阶级革命得以从多种价值观理论中确立自由主义价值观作为主流价值观。20世纪后，这种价值观作了一些调整，但没有实质性的变化。西方价值观构建所针对的基督教神学价值观以及天主教会的统治、封建庄园制和等级制，是对基督教神学价值观的革命性变革。

西方近现代主流价值文化是作为天主教文化的对立物并在同天主教教会和封建主阶级的统治作斗争的过程中走上历史舞台的。但是，它并不是资产阶级与天主教教会和封建统治者作斗争的一个意外结果，而是他们自觉地构建起来的。这个构建过程是一个新生资产阶级与代表占统治地位的基督教文化的僧侣阶级和封建主阶级反复较量、生死搏斗的持久而残酷的过程，正是在这个过程中，资产阶级构建起了西方近现代的资本主义价值文化。如果我们从西方文艺复兴算起一直到二次世界大战结束，西方近现代主流价值文化的构建前后经历了约六百年的时间。其间，经历了文艺复兴、宗教改革、海外殖民、启蒙运动、资产阶级（政治）革命、产业革命、科技革命、哲学革命以及两次世界大战等腥风血雨的过程。在所有这些运动中，文艺复兴、启蒙运动和资产阶级革命对于近现代西方主流价值文化构建具有奠定的意义，并发挥了关键作用。

文艺复兴是 13 世纪末在意大利各城市兴起，以后逐渐扩展到西欧各国，于 16 世纪达到鼎盛的一场思想文化运动。文艺复兴运动的历史意义是广泛而深远的，从西方近现代主流价值文化构建的角度看，它最深刻的意义在于冲破了西方中世纪基督教教会的专制统治和神学思想对人的束缚，奠定了西方近现代主流价值文化的个人主义、世俗主义、幸福主义的基调，唤醒了西方人的自由、平等、尊严的个性意识和主体意识。它还最直接地为启蒙运动作了思想上的准备，正是在文艺复兴的人文主义思想文化基础上，西欧在 17、18 世纪爆发了启蒙运动这场旗帜更鲜明、作用更彻底、影响更深刻的空前的反封建、反教会的思想解放运动。

启蒙运动对于资本主义主流价值文化的构建具有两方面的重要意义。其一，从理论上构建了资本主义主流价值文化的观念体系。具体体现在：一是确立了资本主义社会追求的终极价值目标，即社会成员自由平等地追求自己利益。换言之，就是从理论上确定了社会成员追求自己利益的天然合理性。二是确立了资本主义社会的核心价值理念，其中最突出的是：自由、平等、民主、法治、理性，以及勤俭、冒险、市场、科技、利益等。三是确立了资本主义社会的基本价值原则，如：个体至上原则（个体原则），利己乃人的天性原则（利己原则），私有财产神圣不可侵犯原则（私产原则），天赋人权原则（人权原则，包括自由原则和平等原则），人民主权原则（民主原则），在法律下治理国家原则（法治原则），权力分立与制衡原则（分权原则），政府不干预经济活动、经济活动由市场调节的原则（市场原则）等等。这一切为西方资产阶级进行政治革命和建立资本主义社会提供了理论依据和体系构架。其二，从舆论上为资本主义主流价值文化在全社会确立作了充分的准备。大多数启蒙思想家不仅是思想理论家，而且是宣传鼓动家。他们一方面猛烈抨击基督教教会和神学以及专制制度，无情地揭露其腐败的行径和虚伪的面目，使社会公众普遍认清了它们的罪恶及腐朽没落性；另一方面又大力宣扬自然状态说、天赋人权说、社会契约说、人民主权说、三权分立说、权力制衡说等，使资本主义主流价值文化的核心理念广泛深入人心，为社会公众普遍认同。这两方面的工作使在全社会确立资本主义主流价值文化具有势在必行、势不可挡之势，直接导致了法国大革命和美国独立战争。启蒙运动强力推动了资产阶级革命的时代来临。资产阶级革命是资产阶级政治家用资本主义制度取代封建主义和基督教教会统治的政治运动，也是用资本主义价值文化取代基督教价值文化作为社会主导价值文化的文化运动。

就近现代资本主义主流价值文化构建而言，资产阶级革命的意义主要体现在，它按照启蒙思想家的理论价值体系建立了资本主义国家政权，同时又运用政权的力量推翻了基督教价值文化的统治，确立了资本主义价值文化的主导地位，其集中体现就是颁布了后来西方资本主义法律体系所体现其精神和内容的《权利法案》、《美国独立宣言》、《人权宣言》等著名文件。英国资产阶级革命期间颁布的《权利法案》（全称为《国民权利与自由和王位继承宣言》）以法律形式对国王的权力进行制约，确立了议会高于王权的政治原则，并由此逐步建立了"君主立宪制"、"议会制"。它标志着人类社会开始由专制转向民主，由人治转向法治。作为美国立国文书的《美国独立宣言》不仅宣告了北美13个殖民地脱离英国独立，美利坚合众国由此诞生，而且宣布了一切人生而平等，人们有生存、自由和追求幸福等不可转让的权利；政府是为了保障这些权利而建立的，其正当权力是经被治理者的同意而产生的，其赖以奠基的原则和组织权力的方式的唯一根据在于使人民获得安全和幸福；如果政府企图把人民置于专制统治之下，不能保障人民的权利和使人民安全幸福，人民便有权力改变或废除它，以建立一个新的政府。法国大革命期间颁布的《人权宣言》（全称为《人权与公民权宣言》），以《美国独立宣言》为蓝本，采用18世纪的启蒙学说和自然权利论，确定"社会的目的就是共同的幸福"，提出"主权在民"，宣布自由、财产、安全和反抗压迫是不可剥夺的天赋人权，肯定言论、信仰、著作和出版自由，确立司法、行政、立法三权分立、法律面前人人平等、私有财产神圣不可侵犯等原则，并且表示如果政府压迫或侵犯人民的权利，人民就有反抗和起义的权利。这些在资产阶级革命期间产生的著名文件，虽然不一定是以法律形式出现的，但所确立的终极价值目标、核心价值理念和基本价值原则，后来都写进了所在国家的宪法或法律，而且得到了所在国家公众的普遍认同。这些文件虽然出自于不同的国家，但都具有共同的思想基础和理论依据，它们一脉相承，前后相继，相互支持，相互补充，共同构成了完整的西方资本主义价值体系。

西方近现代主流价值文化的思想理论构建，到19世纪就已经基本完成，而其实践构建大致上在第二次世界大战前后基本完成。但是，这种主流价值文化在其构建的过程中就已经暴露出了不少的问题。这些问题早在19世纪中叶就为西方思想家所注意和揭露，但只是到了第二次世界大战前后才为政治家所重视。这些问题的出现是与西方经济社会发展，特别是现代文明的繁荣直接相关的，因而基本上都是近现代西方价值文化的理论设计者由于时代的局限而未曾预料到的。自第二次世界大战以来，西方的思想家和政治家一直都在致力于根据新的社会历史条件解决这些问题。他们的这种努力并不是对西方近现代价值文化的完全否定，而是对它的改革、修正、补充和完善。这个过程虽然通常被认为是西方现代价值文化向后现代的转换，但并不是一种新的价值文化形态的构建，而在一定意义上可以说是西方近代开始的资本主义价值文化构建在新的时代条件下的继续。

西方对近现代主流价值文化构建的修正、补充和完善主要体现在以下三个方面：第一，在终极价值目标方面，由近现代只注重利益的追求和占有转向了同时注重生活享受。第二，在核心价值理念方面，近现代的勤俭、冒险、理性理念有所淡化，开始重视公正、责任、环保和德性等价值理念。第三，在基本价值原则方面，主要体现在对利己原则和自由原则有所修正。就前者而言，在过去的无损于人、有益于人的道德原则基础上增加了服务他人的道德原则；就后者而言，以前的自由放任主义为国家干预主义所替代，当然这并不意味着对近现代的自由原则的否定，而只是对它的修正。所有这些修正、补充和完善使西方价值文化更加成熟和完备。

中国价值观构建的源头虽然可以追溯到马克思、恩格斯所创立的科学社会主义，但真正自觉的构建是从中国共产党成立开始。中国共产党自成立开始就确立了以马克思列宁主义作为指导思想，此后一直致力于宣传马克思列宁主义并以之为指导进行新民主主义革命、社会主义革命和社会主义建设。中国价值观构建所针对的主要是传统的皇权主义价值观，以及当时尚不成型的资本主义（通常称"民主主义"）价值观，其社会背景是半殖民、半封建社会，特别是帝国主义、封建主义和官僚资本主义"三座大山"。新中国成立之后，确立了马克思列宁主义的社会主义价值观在中国大陆的主导地位，在实行改革开放，特别是自党的十六届六中全会之后，中国共产党领导中国人民自觉构建社会主义核心价值体系和价值观。这是一种与改革开放前"苏俄式"的社会主义价值观不完全相同的中国特色社会主义价值观。

中国共产党成立于辛亥革命发生约十年后，这时清王朝已经被推翻。因此，共产党与作为国民党前身的兴中会、同盟会不同，它的首要目的不是要推翻清朝统治政权，而是像其他派别一样是为了反帝反专制，救亡图存。反帝反专制在当时是国民党以及其他政治派别的共同目的，共产党与国民党的不同之处在于，它反帝反专制不是为了建立资产阶级共和国，而是为了按照马克思列宁主义的理想像俄国那样通过民主主义革命建立真正的民主共和国，并通过社会主义革命建立无产阶级专政，以逐渐建立阶级消灭的共产主义国家。

中国共产党是在共产国际的指导下参照俄国共产党（布尔什维克）组建的。1921年召开的党的第一次代表大会确定党的名称为中国共产党；党的性质是无产阶级政党；党的奋斗目标是以无产阶级革命军队推翻资产阶级的政权，消灭资本家私有制，由劳动阶级重建国家，承认无产阶级专政，直到阶级斗争结束，即直到消灭社会的阶级区分；党的基本任务是从事工人运动的各项活动，加强对工会和工人运动的研究与领导；党的组织方面的规定为，在全党建立统一的组织和严格的纪律，地方组织必须接受中央的监督和指导等。1922年召开的党的二大，分析了国际形势和中国社会半殖民地半专制的性质，阐明了中国革命的性质、动力和对象。指出：当前的中国革命性质是民主主义革命；革命的动力是无产阶级、农民和其他小资产阶级，民族资产阶级也是革命的力量之一；革命的对象是帝国主义和专制军阀；革命的前途是向社会主义革命转变。大会制定了中国共产党的最低纲领和最高纲领。其最低纲领，即党在民主革命阶段的主要纲领是：消除内乱，打倒军阀，建设国内和平；推翻国际帝国主义的压迫，达到中华民族完全独立；统一中国为真正的民主共和国。其最高纲领是：组织无产阶级，用阶级斗争的手段，建立劳农专政的政治，铲除私有财产制度，渐次达到一个共产主义社会。党的一大和二大基本上确立了党的近期奋斗目标和终极奋斗目标，明确了党在现阶段和未来的任务，即最低纲领和最高纲领。在党的七大之前，它的文件虽然没有明确党以马克思列宁主义为指导思想，但从一大和二大的有关文件可以看出，它是根据马克思列宁主义理论建立并且以之为指导思想的，它的价值观是马克思列宁主义的。

在新中国成立之前，中国共产党的基本任务是反帝反专制，实现国内和平和民族独立，建立真正的民主共和国（党的七大称之为"独立、自由、民主、统一与富强的新中国"）。为了实现这一目标，党的奋斗经历了四个阶段：第一次国共合作时期（共产党成立至1927年7月）；土地革命时期（1927年8月至1937年7月）；抗日战争时期（1937年7月至1945年8月）和解放战争时期（1945年8月至1949年10月）。"1949年新中国宣告成立，新民主主义由理想变为现实，代表了近代中国文化自觉的圆满完成。"[①]中国共产党之所以能够推翻国民党的统治，从价值文化构建的角度看，首先是因为它找到了一种适合中国国情的价值观，即马克思列宁主义价值观；其次是因为它将这种价值观与中国的实际相结合，或者说，使之中国化，制定了将马克思列宁主义价值观转变为革命的、大众的价值文化的正确价值文化构建方案，即党的纲领以及后来的毛泽东思想；再次是因为共产党不谋私利，全心全意为人民服务，为了使这一方案变为现实的价值文化，不怕牺牲、浴血奋战，深得人民群众的拥护和支持。

新中国成立以后，中国共产党在马克思列宁主义、毛泽东思想指导下，领导全国各族人民进行社会主义革命和社会主义建设并取得了巨大成就。社会主义制度的建立，是我国历史上最深刻最伟大的社会变革，是我国今后一切进步和发展的基础。它建立和巩固了工人阶级领导的、以工农联盟为基础的人民民主专政即无产阶级专政的国家政权；它实现和巩固了全国范围（除台湾等岛屿以外）的国家统一，根本改变了旧中国四分五裂的局面；它战胜了帝国主义、霸权主义的侵略、破坏和武装挑衅，维护了国家的安全和独立，胜利地进行了保卫祖国边疆的斗争；它建立和发展了社会主义经济，基本上完成了对生产资料私有制的社会主义改造，基本上实现了生产资料公有制和按劳分配。与此同时，党领导人民在工业建设中取得了重大成就，逐步建立了独立的比较完整的工业体系和国民经济体系。农业生产条件发生了显著改变，生产水平有了很大提高。城乡商业和对外贸易都有很大增长。教育、科学、文化、卫生、体育事业有很大发展。

从价值文化的角度看，中国共产党运用政治的力量（主要是政权的力量和政党

---

① 张绍军：《近代中国文化自觉的历程》，《光明日报》，2012年11月22日第11版。

的力量）大规模、全方位地进行社会主义价值文化构建，取得了巨大的成果。其主要体现在，通过构建，在推翻半殖民半专制社会的基础上，在全社会完全确立了马克思主义价值观，形成了社会主义价值文化，实现了"祖国山河一片红"，即社会主义价值文化成为了我国的主导价值文化，并且得到了广泛的认同。然而，我国的主流价值文化构建也存在一些明显的问题。其中最主要的问题是价值文化的单一化。

导致新中国成立后三十年社会主义价值文化构建出现偏颇和问题的原因很多，其中最直接的原因是把政权的巩固看作是压倒一切的任务。中国共产党取得政权之后，政权是新生的，比较脆弱，敌对势力又十分强大，同时党也缺乏管理经验，在这种情况下重视政权的维护和巩固是无可厚非的。但是，不能长期如此，否则就会影响社会的正常发展和正常生活，特别是影响经济的发展和人民权利的维护。社会主义价值文化构建过程中的一个直接问题就是过分看重政权的维护和巩固，到文化大革命期间，甚至将巩固无产阶级专政当作了国家和社会的终极目的，当作压倒一切的中心任务，导致整个社会生活政治化、革命化。除了把政权的维护和巩固看得过重之外，导致社会主义价值文化构建偏颇和问题的原因还有其他一些比较重要的：第一，思想禁锢。第二，对最高领导人的狂热崇拜。第三，权力高于法律，政策作为准则。第四，实行计划经济，市场经济被看作是资本主义的而被排斥。

党的十一届三中全会的召开标志着中国价值观构建进入了一个全新的时期。实行改革开放国策特别是实行市场经济体制，提出了构建基于市场经济、面向世界、具有传统文化根基和底蕴的中国特色社会主义价值文化的客观要求，党中央审时度势，在总结历史经验教训的基础上力图克服以前社会主义价值文化的问题，并提出了社会主义核心价值体系和价值观的构建问题，并带领全国人民致力于这种新型的社会主义价值文化建设。其标志就是党的十六届六中全会和党的十八大。党的十六届六中全会提出了建设社会主义核心价值体系的问题，党的十八大又进一步提出了培育和践行社会主义核心价值观的任务。从此，中国进入了构建中国价值文化新的历史时期。

（三）构建的共同经济基础：市场经济

虽然中西价值文化构建的历史背景和历程极不相同，但在价值文化需要建立在市场经济基础上并且应当包含市场经济，中西价值文化构建逐渐形成了共识。

前面阐述过西方价值文化的四个源头，其中自意大利开始兴起的市场文化不仅是近现代西方文化的直接源头，而且作为其经济和社会基础的西方市场经济更是西方价值文化得以产生的动力源泉。西方市场经济的兴起和发展是迫使以西方资产阶级为代表的西方社会自觉构建资本主义价值文化并使之成为西方社会的主流价值文化的根本推动力量，西方近现代主流价值观念及其结构就是西方社会适应市场经济运行和发展的需要构建起来的。这里我们以近代西方的五个核心价值理念即利益、自由、平等、民主、法治为例作一些简要的分析。

市场经济是追求利润最大化的经济，而利润就是市场主体从经济活动中获得的归自己所有的经济利益。在市场经济条件下，追求和实现自身利益最大化是市场主体从事经济活动的主要的甚至是唯一的动机，而且也只有如此，市场主体才能不断增强竞争实力，市场经济才能获得发展，社会财富也才会快速增长。追求利益最大化不仅是市场经济的客观要求，而且是市场经济的本质。由于经济利益的实现需要许多其他社会资源的支持，这些资源对于个人来说，也体现为不同的利益，如政治权力、社会地位和声望、受教育的机会等。当然，这些资源对于个人在社会中生活也是意义重大的。于是，个体利益就成为了人们经济活动乃至其他活动的普遍追求。这就是法国哲学家爱尔维修说的，"利益是我们的唯一推动力"[1]，"人永远服从他理解的正确或不正确的利益，这是一条事实上的真理；无论人们不把它说出来还是把它说出来，人的行为永远会是一样的"[2]。

市场经济是一种多元主体自主经营的经济，它要求市场主体有充分的自由，可以自我决策、自我经营、自我负责，同时也要求所有社会成员都能自由地成为市场主体。这种经济要求就是对社会成员自由权利的要求，西方近现代的自由的价值理念就是这种要求的体现。

市场经济是一种多元主体公平竞争的经济，它要求市场主体平等地以主体的身份参与市场竞争并凭实力取胜，所有市场主体都有平等的机会，享有平等的权利和履行平等的义务，并且在市场规则面前人人平等。这种经济要求就是对社会成员平等权利的要求，西方近现代的平等价值理念的原初根源就在于此。

市场主体以及所有社会成员的自由、平等以及其他经济权利，需要上升为政治权利，需要有政治的保障。在专制制度下，社会不可能为社会成员提供这样的权利保障，只有在民主制度下，这样的权利保障才有可能实现。民主说到底就是社会成员自主和自治，社会成员在政治上自主，他们就具有自由，也才会有彼此之间的机会、权利、人格以及法律上的平等。因此，市场经济需要有民主政治与之相适应，没有民主政治，就不会有自由、平等，也就不会有市场经济存在和发展的条件。至少现代意义的民主是市场经济的客观要求，西方近现代的民主的价值理念与这种要求直接关联。

市场经济的正常运行和发展需要良好的社会秩序，这种秩序需要法律制度加以维护，要求市场主体和社会成员除了法律之外享有最广泛的自由，也就是说，法律是社会的最高权威，也是社会成员活动必须遵循的底线，政治权力必须在法律范围

---

[1] 北京大学哲学系外国哲学史教研室：《十八世纪法国哲学》，商务印书馆1963年版，第537页。
[2] 北京大学哲学系外国哲学史教研室：《十八世纪法国哲学》，商务印书馆1963年版，第536页。

内、在法律之下行使。同时，这种法律是社会成员意志的体现，社会成员遵循法律就是遵循大家的公共意志，就是社会成员的自治。这就是现代意义的法治政治。显然，这种法治政治是民主的要求，同时也是民主的保障。民主也好，法治也好，归根到底都是市场经济的客观要求，都是与市场经济相适应并为之提供政治保障的核心价值理念。

不可否认，西方近现代主流价值文化的形成，离不开西方自古以来的个人主义、科学主义、法治主义和理性主义的基本文化精神，但西方近现代市场经济发展的客观要求无疑是其主流价值文化构建的真正动力源泉，正是在这种动力的强力推动下，西方传统的个人主义、科学主义、法治主义和理性主义精神才得到了真正的弘扬和充分的贯彻。在这种意义上，我们也可以说近现代西方价值文化是一种市场经济取向的价值文化。市场经济的核心是资本，以市场经济为取向也就是以资本为取向。这种取向被看作是资本主义的，所以近现代西方价值文化是资本主义的价值文化。

前面已经说过，中国近现代价值文化构建的根本原因或推动力量是政治的，而不是经济的。中国近现代价值文化的构建并不是经济发展到了需要有与之相适应的价值文化而进行的，而是在外国入侵面前中国屡屡战败，为了救亡图存而进行的。构建者在救亡图存的过程中希望通过改良来改革价值文化或者希望通过革命来重构价值文化。无论哪一种构建方式，都是出于政治的需要，而不是出于经济发展的必然要求。因为没有经济力量的强有力要求，构建者只能参照国外的模式来进行构建。在当时，国外的价值文化又有两种鲜明对立的模式：一种是西方的资本主义价值文化模式，另一种是苏联的社会主义价值文化模式。这两种模式实际上都源自西方，只不过一个是自近代早期开始形成的资产阶级价值观，另一个是19世纪马克思、恩格斯针对资本主义价值文化的弊端提出的反资本主义价值文化的马克思主义价值观。在当时缺乏经济必然要求的情况下，选择这两种方式中的任何一种都是可能的，历史事实证明，这两种模式在中国都实行过，而马克思主义价值观取得了最后的成功。

如果说在对两种模式作出选择的过程中有分歧甚至进行战争还可以理解或谅解的话，那么，在取得政权之后，就应该致力于经济的发展，通过经济的发展来强化构建的必然性，并增强构建的力量。然而实际的情形并不是这样。国民党在1927年前后基本上统一了中国并取得了政权之后，就忙于排除异己，特别是将主要精力用于消灭共产党，以巩固自己的政治统治，并不致力于经济的发展。从国民党在中国占统治地位到垮台的二十多年里，中国的市场经济几乎没有得到什么发展，社会的经济状况越来越糟。经济不仅没有成为国民党统治的坚强基础，相反成了它垮台的重要诱因。中国共产党非常重视社会的经济问题和民生问题，它是靠进行土地革命以彻底改变中国专制社会土地占有的不公平状态，而赢得占人口绝对多数的农民的支持并最终取得胜利的。建国后的头几年进行土改调动了农民的积极性，同时也注重重工业的发展，并取得了明显的成就。但是，它很快或者说同时又将主要精力用于维护和巩固政权，特别是用于对外防止西方和台湾敌对势力的颠覆，对内防止资本主义复辟，并使之长期化，致使经济发展停滞不前。

正是因为在政权确立之后没有经济力量跟上作为支撑，国民党维护其统治和构建其资本主义价值文化的努力终归失败，而共产党的巩固无产阶级专政和构建社会主义价值文化的努力则陷入了严重的困境。我们可以设想，如果国民党上台前后与共产党合作，或通过民主竞选来执政，而将主要精力用于孙中山所期望的发展经济和改善民生，它的结局肯定不会像后来这样悲惨；如果中国共产党执政之后，在巩固政权的同时持之以恒地发展经济，而不是人为地在党内和国内持续地进行阶级斗争，以至发动"文化大革命"，社会主义中国早就基本上实现了现代化，社会主义价值文化也已经成为了中国的主流价值文化。今天反思起来，这些历史确实应该使国人警醒，因此，我们要特别珍惜当代中国的历史性变化，坚持以经济建设为中心，坚持改革开放不动摇。

国共两党在构建中国近现代价值文化方面的历史告诉我们，价值文化的构建不只是思想文化的问题，而必须有相应的经济基础，在与之相应的经济基础不具备的情况下，必须大力加强这种经济基础。就当代人类而言，真正现代意义的主流价值文化只能以市场经济为基础，因而在构建主流价值文化的同时，必须大力发展市场经济，同时又要根据市场经济的客观要求来构建主流价值文化，使两者之间实现良性互动。

长期以来，不论是马克思主义者，还是西方资产阶级政治家和学者，都把市场经济看成是资本主义特有的经济形式，强调市场经济只能与私有财产制度相联系，认为市场经济与社会主义是根本对立的，从而否定市场经济在社会主义制度下存在与发展的可能性。实行改革开放以后，邓小平倡导和推动实行社会主义市场经济体制，是对这一传统观念的突破。早在1979年邓小平就指出："说市场经济只存在于资本主义社会，只有资本主义的市场经济，这肯定是不正确的。社会主义为什么不可以搞市场经济？这个不能说是资本主义。我们是计划经济为主，也结合市场经济，但这是社会主义的市场经济。"[①]1992年春，邓小平在南方谈话中进一步指出："计划多一点还是市场多一点，不是社会主义与资本主义的本质区别。计划经济不等于社会主义，资本主义也有计划；市场经济不等于资本主义，社会主义也有市场。市场经济是中性，在外国它就姓资在中国就姓社。"[②]邓小平的谈话对中国市场经济的兴起和发展产生了重大的直接影响。从20世纪90年代开始，市场经济在中国走上了前台，成为中国社会经济的主要形态。虽然中国的市场经济与西方的市

---

① 邓小平：《社会主义也可以搞市场经济》，《邓小平文选》第2卷，人民出版社1994年版，第236页。
② 邓小平：《在武昌、深圳、珠海、上海等地的谈话要点》，《邓小平文选》第3卷，人民出版社1993年版，第373页。

场经济存在着社会主义与资本主义的不同性质,但它们有一些基本相同的属性和功能,而这些属性和功能使中国价值文化及其构建具有某种共同的基础和性质。

20多年来的事实证明,社会主义国家不仅可以实行市场经济体制,而且可以使市场经济获得迅速发展。今天,任何人也不能否认,市场经济迅速地使中国强大起来,广泛而深刻地改革了中国社会的面貌,使中国走上了现代化之路,走上了与世界文明接轨之路。从价值文化构建的角度看,市场经济不仅为社会主义价值文化构建奠定了坚实的经济基础,而且对社会主义价值文化构建的内容和方案提出了新的要求。这主要表现在以下几个方面:第一,它要求承认每一个市场主体追求自己利益的合理性和合法性,这就要改变过去那种"大公无私"的观念;第二,它要求必须尊重市场主体充分的自由和自主,他们有权按自己的意愿行事,这就要改变过去那种认为个人不过是国家整体上的一颗不具有独立自主性的"镙丝钉"的观念;第三,它要求给市场主体提供平等地参与市场竞争的机会,这就要求改革过去那种以阶级成分、政治态度将人划分为不同等级的做法;第四,它要求将市场主体以及所有社会成员的自由、平等以及其他经济权利上升为政治权利,要求对这些权利给予政治保障,这就要求改变过去政治上无视人的基本权利的做法;第五,市场经济要求制定人人同样遵守的规则,并使之法律化,这种法律具有至高无上性,即要求实行法治,这就要求改革领导人的意志高于法律的人治。所有这些要求,都是社会主义价值文化现代化的要求,也是中国社会主义价值文化与当代世界文明对接的要求。随着我国市场经济的发展,市场经济的这些要求正在逐步地体现在我国社会主义价值文化构建的内容和方案之中。

我国市场经济的迅速发展,为中国主流价值文化的构建提供了强大的动力。有了市场经济的基础和推动作用,我们就有了对中国主流价值文化最终形成的信心。反过来看,我们要加快构建我国的主流价值文化的步伐,也必须大力发展市场经济,要把市场经济发展作为构建中国主流价值文化的一项基础性、根本性的任务加以重视。

三、不同的构建路径与方式

由于历史背景以及构建主体不同,因而中西两种价值观在构建的路径和方式方面存在着诸多的差异。了解这些差异有助于我们更好地理解两种价值观,并可以使我们对西方价值观的学习借鉴更理性、更合理。中西价值观在构建路径方面的差异主要体现在以下四个方面:

(一)原生构建与以引进消化为基础的构建差异

西方价值观是在西方世界由西方思想家经过一个漫长的历史时期先后提出并逐

渐完善的。如果我们将西方价值观构建的基本完成最后是以西方资产阶级执掌政权后选择自由主义价值观作为主流价值观为标志的话，那么，西方价值观的构建过程经历了三个阶段，或者说出现过三次构建的高潮。第一次高潮是以意大利为中心的文艺复兴运动。这次运动的最深刻意义在于冲破了西方中世纪基督教教会的专制统治和神学思想对人的束缚，奠定了西方近现代主流价值文化的个人主义、世俗主义、幸福主义的基调，唤醒了西方人的自由、平等、尊严的个性意识和主体意识。这次运动还直接地为启蒙运动作了思想准备，正是在文艺复兴的人文主义思想文化基础上，西欧爆发了启蒙运动这场旗帜更鲜明、作用更彻底、影响更深刻的空前的思想解放运动。第二次高潮是以德国为中心的宗教改革运动。以路德和加尔文为代表的宗教改革家所进行的宗教改革运动，瓦解了罗马帝国颁布的基督教为国家宗教特别是天主教教会所主导的政教合一的政治体系，为后来西方国家从基督教统治下的封建社会过渡到多元化的现代社会奠定了基础，同时也使人们从基督教神学和天主教教会的统治和奴役之下解放出来，从而获得了思想和精神的自由。第三次高潮是先后以英国和法国为中心的启蒙运动。启蒙运动是西方资产阶级思想家自觉为构建资本主义主流价值文化作出的巨大努力。这次运动在前两次运动的基础上从理论上构建了完整的西方价值观体系，确立了资本主义社会追求的终极价值目标，确立了资本主义社会的核心价值理念，确立了资本主义社会的基本价值原则。

西方价值观构建从15世纪到19世纪，长达五个世纪。虽然不同时期构建的中心区域有所不同，但它们都是在我们今天称为西方世界的范围之内。应该说西方价值观是西方土生土长的价值观，基本上没有受到别的国家或地区价值观和文化的影响。与西方价值观构建不同，中国价值观构建是从引进西方的价值观开始，然后再加以消化并在消化的基础上逐渐构建的。这种引进和消化经历了两个时期：第一个时期是从中国共产党成立前后开始的；第二个时期则是从改革开放开始的。

中国在鸦片战争之后，清政府被迫部分地向西方开放，最先只限于购买西方的武器装备，后来派留学生到西方国家学习，同时在国内也开始兴办现代工厂，这就是洋务运动。自洋务运动开始，西方的价值文化开始逐渐地传入中国。这个过程被看作是"西学东渐"的过程。虽然这个过程早在明末清初就已经开始，但只是到鸦片战争之后才对中国社会产生了越来越大的影响。与日本的"西进运动"不同，中国的"西学东渐"基本上是被动的、被迫的，而且官方基本上是抵制的。其典型的表达就是洋务运动中提出的"中学为体，西学为用"。就是说，我们可以学习西方的科学技术，甚至管理经验，但我们必须坚守中国的价值文化和社会制度，学习的目的不是为了国家富强和人民幸福，而是"师夷长技以制夷"。由于官方不主动地、全面地学习西方的主流价值文化和社会制度，相反采取抵制政策，因而西方的各种价值观都通过非官方的渠道传入了中国。不同的中国学者在不同的西方国家、从不同的途径、师从不同的老师，学到了不同的价值观，他们都主张按照他们所学到的所信奉的观点来改造中国。这时西方出现了许多问题，国内一些人（如孙中山）将这些问题归结为主流价值观带来的，因而认为西方的主流价值观也不一定是最好的。在这个时候，十月革命又给中国送来了马克思主义和列宁主义。在这种背景下，一些先进的知识分子把马克思列宁主义与中国实际相结合，成立了中国共产党，并将马克思列宁主义作为自己的指导思想，从而开始了消化吸收马克思列宁主义价值观的过程。

中国共产党在马克思列宁主义指导下，领导中国人民在与国民党反动派的斗争中推翻了"三座大山"，建立了社会主义新中国。新中国的建立是引进消化马克思列宁主义，即将其与中国实际相结合的结果。其价值观的体现就是毛泽东思想。但是，新中国成立之后，由于种种原因，我们将国门关闭了起来，基本上与西方世界割断了联系，也对中国传统文化持完全批判否定的态度。而我们所接受的马克思列宁主义逐渐为斯大林主义即"苏联社会主义"模式所取代。因而建国后中国推行的社会主义价值观基本上是苏联式的社会主义价值观。这种价值观已经不同于列宁主义价值观，更与马克思主义价值观相去甚远。这种价值观现实化的最严重结果就是"文化大革命"的十年浩劫。在这种情况下，以邓小平为代表的中国共产党第二代领导人作出了改革开放的历史性决策。于是，在中国共产党的历史上开始了第二次引进和消化的过程。这次引进消化从局部到全面、从羞羞答答到大大方方。其中最根本性的是引进了西方的市场经济观念和模式，并因这种经济对整个社会生活导致的颠覆性后果而引起了中国共产党对价值观建构（实即重构）的高度重视。以党的十八大为标志，中国价值观引进吸收了西方价值观中与市场经济相适应的一些主要价值观，特别是自由、平等、公正、法治和民主这五大价值理念。

中西价值观构建的这种差异表明，中国的引进消化方式大大加快了中国价值观的构建过程。中国用改革开放之后的 30 多年，即使从中国共产党成立算起也不到 100 年，走过了西方差不多 500 年的历程。但是，我们在引进和消化的过程中也面临着西方所没有面临的问题。其中特别突出的有两个问题：一是改革开放后引进的西方价值观是自由主义价值观，它与我们此前起主导作用、现在仍然信奉的马克思主义价值观是根本对立的，虽然它们都源自西方。二是我们在大量引进消化西方价值观内容的过程中出现了许多消化不良、水土不服的问题。在这种情况下，我们又想通过弘扬传统文化来解决这些问题，并构建一种有传统文化根基和底蕴的价值观。如此一来，问题就更为复杂化了，即我们的构建不仅涉及马克思主义（社会主义）价值观与自由主义（资本主义）价值观的关系，还涉及它们两者与传统价值观的关系问题。这是当前中国价值观构建面临的最棘手难题。

（二）思想家各别构建与政党领导构建的差异

西方价值观被西方国家确立为国家主流价值观分别是以英国资产阶级革命期间

颁布的《权利法案》(1689年)、美国独立战争时期作为美国立国的《美国独立宣言》(1776年)和法国大革命期间颁发的《人权宣言》(1789年)等著名文件为主要标志的。但是,西方价值观作为一种理论形态,其内容主要是17~19世纪西方启蒙运动时期思想家们各自根据对时代精神的把握和独立的理论探索提出的,没有什么社会组织(如政党)来组织思想家研究价值观。

就作为西方价值观理论的自由主义而言,其主要提出者最早可追溯到英国的弗兰西斯·培根(1561~1626年),他提出并论证了西方的第一个重要价值理念"知识",这个理念到19世纪以后发展成为"科技"。之后是英国的霍布斯(1588~1679年),他的自然权利说、社会契约论、自然法和法治论奠定了西方价值观的理论基础。使西方自由主义价值观得到系统阐述和论证是英国的洛克(1632~1704年)、亚当·斯密(1723~1790年)、约翰·密尔(1806~1873年)和法国的孟德斯鸠(1689~1755年)。洛克不仅使霍布斯的自然权利说和社会契约论得到了完善,而且将自由、平等、私有财产等权利作为人的自然权利,同时还提出了"三权分立"、"以权力制约权力"、"最弱意义上的政府"的观念。他的自由思想在约翰·密尔那里得到了进一步论证和阐发,约翰·密尔还第一次系统提出并阐述了代议制民主理论。亚当·斯密的最重要贡献是为市场经济辩护,对其合理性提供了论证,并在洛克政府论的基础上阐述了经济自由放任主义。孟德斯鸠则在霍布斯自然法理论的基础上系统阐释了现代法治理念,并使洛克的"三权分立"说和"以权力制约权力"的权力制衡理论得到了进一步完善。

以上所有这些自由主义思想家彼此之间存在着思想承继和开新的关系,也存在着一些意见分歧,但他们在世的时间跨度长达300多年,他们思想的提出和理论的阐述几乎都是思想家的个人行为,没有任何政党或其他组织组织或推动他们进行理论研究和学术探索,虽然法国大革命时期法国曾出现过"百科全书派",它也只是一个学者或思想家组织。不仅如此,西方国家资产阶级先后上台后,西方价值观后来的完善和调整也几乎都是思想家各自完成的,其中20世纪最有影响的自由主义思想家如凯恩斯、哈耶克、罗尔斯、诺齐克等,也似乎都是独立提出自由的思想的。总的来看,西方价值观理论的提出都是思想家各自完成的,政治家的贡献就是从各派不同的思想中选择了自由主义,在自由主义中先选择了自由放任主义,后来又选择了国家干预主义。与西方思想家各别提出和阐述价值观不同,中国价值观构建的方式始终都是在中国共产党领导下进行构建的,党的领导集体特别是主要领导人发挥着关键作用。党的主要领导人的见识、气魄以及能否把马克思列宁主义与中国实际正确地结合起来,直接关系着价值观的正确与否,关系到所提出和论述的价值观为全社会接受的程度和现实化的程度。

在中国共产党成立到新中国成立的这一段时期,党的早期的一些领导人在价值观上并没有多少建树,他们主要是将马克思列宁主义的价值观运用于中国。在当时复杂的国内国际形势下，由于种种原因，陈独秀、向仲达、李立三、瞿秋白、王明等党的领导人在将马列主义运用于中国实际方面要么犯了"右倾"错误，要么犯了"左倾"错误，导致中国价值观现实构建的失败或挫折。一直到"遵义会议"确立了毛泽东在中共中央的实际领导地位后，毛泽东根据马克思列宁主义提出的一系列符合中国实际的理论（包括价值观）即"毛泽东思想"才逐渐得到了全党的认同，并成为指导当时共产党领导革命的指导思想。从而，共产党领导的新民主主义革命才最终取得了胜利，建立了社会主义制度。毛泽东思想形成于20世纪40年代，它是中国价值观的第一个完全形态。在遵义会议后，这种价值观在共产党及其领导的军队内，在共产党领导的区域内得到了普遍认同并成为共产党领导的革命的实际指导思想。毛泽东思想当然是全党特别是党中央领导集体智慧的结晶，但它更是毛泽东将马克思列宁主义与当时中国实际正确结合起来的结果，充分体现了毛泽东个人的天才与智慧。

毛泽东思想主要是一种无产阶级革命或社会主义革命（或称新民主主义革命）的理论。新中国成立之后，以毛泽东为首的党中央对社会主义价值观进行了艰难的探索，但由于时间太仓促，理论准备极其不足。在这种情况下，社会主义制度不可能完全根据毛泽东思想来建立，而只能借鉴当时的第一个社会主义国家即"苏联老大哥"的模式，于是在中国建立了一种苏联模式的社会主义制度、体制及运行机制。另一方面，在意识形态领域，毛泽东对建国后的政治格局和阶级斗争形势作出了错误的估计，因而仍然坚持甚至强化了他过去的革命和斗争的思想，结果在中国进行了一次又一次反对资产阶级进攻和资本主义复辟的政治运动，最终导致了"文化大革命"的历史悲剧。在建国后至改革开放前的这一段时期，由于防止资产阶级的进攻和颠覆，在思想文化领域实行"舆论一律"，人们没有思想自由，甚至没有个人生活的自由，当然也没有真正意义的思想家。因此，这个时期严格说来没有产生适应当时中国情况的新的价值观。当时实际运用的价值观要么是苏联式的社会主义价值观，要么是毛泽东个人的思想和主张。为了便于表述，我们可将这种基于计划经济的复杂价值观形态称为"中国传统社会主义价值观"，这种价值观是中国价值观的第二种形态。

党的十一届三中全会拨乱反正，邓小平以卓越的见识和雄伟的气魄在中国实行改革开放。改革开放为根据中国当代实际构建中国价值观提供了条件，并且越来越自觉进行构建。改革开放为中国价值观构建提供了几个方面的条件：第一，从思想领域的"实践标准"的大讨论、农业实行"联产承包责任制"和工业下放自主权开始，人们逐渐获得了自由包括思想自由。虽然中间经过了"反资产阶级自由化"和"清除精神污染"等曲折，但解放思想仍是主流。经历过几次大的思想解放运动，应该说中国人的思想获得了空前的解放。第二，逐渐扩大和深化的对外开放和对传统开放，为中国价值观构建提供了极其丰富的资源和借鉴。改革开放以来，西方自古至今的所有价值观理论及其观点几乎都先后进入了中国，与此同时，此前被完全批判否定的传统文化及其价值观不仅逐渐得到了肯定，而且被强调要加以弘扬与传承，形成了"国学热"和传统文化热。第三，在思想自由的前提下，在西方文化和传统文化的冲击下，人们的思想观念发生了深刻的变化，许多过去的禁区被冲破。其中最重要的是过去被看作完全是资本主义的东西的市场经济和自由不再被看作是资本主义专有的，而被看作是社会主义也应该拥有的。改革开放所创造的条件为中国价值观在新的历史时代的构建作了准备。同时，党的十一届三中全会后，党中央的领导人也对中国社会主义理论和实践进行了艰难的探索，形成了包括邓小平理论、"三个代表"重要思想、科学发展观以及习近平系列讲话在内的中国特色社会主义理论。正是在这样的历史条件下，党的十六届六中全会明确提出建设社会主义核心价值体系，党的十八大又提出要培育和践行社会主义核心价值观。除了邓小平理论更多的是他本人在反思党的历史的经验教训基础上，以其远见卓识和非凡气魄提出的之外，其他几代领导人的思想和主张相当充分地体现和集中了全党甚至全社会的智慧，吸收了许多思想家的有价值的思想。特别是近一些年来，党和政府通过项目的方式有组织地展开研究，大大加快了中国价值观理论构建的效率和效益。当代中国价值观正在加速形成的过程之中，这种正在构建的中国价值观就是中国特色社会主义价值观，它是中国价值观的第三种形态。当然，改革开放以来的中国价值观的构建还是在中国共产党领导下进行的自觉构建。

思想家各别构建与政党领导构建的这种中西价值观构建差异表明，政党领导构建是一种有领导有组织的构建，与思想家各别构建相比，它毫无疑问有明显的优势。这主要表现在，它的目的更明确，具有明确的针对性，更重要的是，可以集中社会的学术精英合作攻关，因而有可能提供更完整、正确和可行的价值观理论。但是，这种构建方式必须以党内民主、思想自由、对传统和国外开放为前提，如果缺乏这些必要条件，所构建的价值观就可能是主要领导人的价值观，这种价值观很容易发生偏颇。在当代人类问题日益突出的情况下，西方那种传统的构建方式已经不适应时代的需要。今天，不仅中国、西方的价值观，而且整个人类的价值观都需要有组织地进行构建。

（三）自下而上构建与自上而下构建的差异

与以上两个差异相联系，中西价值观构建的第三个差异，是西方价值观构建的过程始终是自下而上的，而中国价值观构建始终是自上而下的。

西方价值观构建的整个过程都是思想家提出有关的理论和观点，然后由政治家从不同的理论观点中进行选择并将所选择的理论和观点运用于社会实践。文艺复兴和宗教改革是一种社会先进人士（包括思想家、艺术家、宗教家等）各别地提出思想观点，并形成一种运动。这种运动是民间性的，绝不是官方组织的。当然，这两个运动基本上没有形成系统的价值观理论，只是为启蒙运动的兴起作了准备。启蒙运动作为一种思想运动实际上也是一种民间形成并日益产生广泛影响的，它是反官方的，因而也没有官方参与其中，更不是官方组织的。其中的自由主义上升为主流意识形态和价值观，在很大程度上是启蒙思想家积极作为的结果。大多数启蒙思想家不仅是思想理论家，而且是宣传鼓动家。他们一方面猛烈抨击基督教教会和神学以及专制制度，无情地揭露其腐败的行径和虚伪的面目，使社会公众普遍认清它们的罪恶及腐朽没落性；另一方面又大力宣扬自然状态说、天赋人权说、社会契约说、人民主权说、三权分立说、权力制衡说等，使资本主义主流价值观的价值目标、核心理念和基本原则广泛深入人心，为社会公众普遍认同。正是在这样的时代背景下，西方资产阶级政治家顺势而为，以启蒙思想为依据推翻了天主教会和封建等级制的统治，并建立了资本主义制度。在资产阶级统治之下，西方价值观的完善和修正也基本上采取了以上方式。西方价值观采取这种方式与其涉及诸多国家有关系。因为西方价值观涵盖所有西方国家，而西方国家迄今为止尚没有一种统一的组织，当然也无法在全西方范围内有组织地对价值观展开研究。

与西方不同，中国价值观构建由于始终在中国共产党领导下进行，因而始终都是从党的中央到全党，然后再从全党到社会民众。在中国共产党领导价值观构建的历史上存在着有些理论构建的空白，但只要是自觉的价值观构建就是采取的这种自上而下的方式。例如，中国共产党在抗日战争最艰苦的1942年完成的"延安整风"运动，就是一种自上而下的构建价值观的方式。当然，这次运动主要是思想构建，而不是理论构建，所要解决的主要问题是用毛泽东思想统一全党的问题。改革开放以来开展的一系列学习邓小平理论、"三个代表"重要思想、科学发展观以及习近平系列讲活动，实际上都是价值观的思想构建，而其方式都是自上而下的。无论是整风运动还是改革开放以来开展的各种学习活动，作为思想构建都包含了理论构建，因为从事理论学术研究的人群大多是中共党员，当然他们几乎都是人民群众，参与学习活动的对象涵盖了他们。因此，中国价值观构建的路径大致是这样的：党中央特别是主要领导人从全党吸取智慧提出价值观，通过学习宣传等途径传达到全党全社会，其中的思想家、理论家和学者通过学习展开进一步的研究，而其研究成果又被吸收到党的主要领导人提出的或丰富的价值观之中，然后再通过学习宣传传达到全党全社会，如此循环往复，进而推进中国价值观的丰富发展。

自下而上的构建方式的优点是某种价值观已经在社会上得到比较广泛的认同，因而当官方采用和推行这种价值观的时候，不需要通过大规模的学习宣传活动就能为社会接受，而其缺点是官方较难以贯彻其意图，而且当思想家们没有提出某种理论的时候，官方往往因为缺乏某种理论依据而不能推行某种主张。西方的国家干预主义政策的实施就是一个典型的事例。我们可以设想，如果西方国家官方早在19世纪末就能够意识到自由放任主义的问题而提出国家干预主义的主张，通过组织学者进行论证，并开始实施这种政策，也许就不会出现 1929 年至 1933 年的西方世界的经济大危机，至少危机不会如此严重以至于威胁整个西方资产阶级的统治。自上而下的构建方式正好可以克服自下而上方式的这一问题，政治家的远见卓识可以在某种问题出现苗头的时候就提出某种主张，并通过政治力量推行这种主张，可以避免延误所导致的严重消极后果。例如，如果不是邓小平以他的深刻洞察"文化大革命"的问题，利用毛主席逝世后的特殊机会采取措施进行拨乱反正，而是等待思想家来提出主张，并等待这种主张为社会普遍认同，那么，中国经济政治就不会只是到崩溃的边缘，而是会完全崩溃。但是，自上而下的方式也有其自身的明显问题：一是并非每一位领袖人物都有深刻的洞察力或有为国家、为民众不惜牺牲自己的领导地位的思想境界。如果一位国家领导人无能、昏庸、独裁、缺乏政治经验或有私心，那么推行他的思想就将会导致极其严重的后果。中国共产党历史上的"王明路线"就是一个典型的事例。二是即使国家领导人的主张是正确的、有预见性的，要使这种主张为统治集团内部和社会普遍接受也需要花费巨大的精力和成本进行教育、宣传和实施，社会公众往往是因为它是官方提出的而常常持观望、疑虑的态度。当然，只要提出的价值观确实是正确的、符合国情的，最终将会为社会所接受，但我们必须对这一艰难过程有意识，而且要通过宣传教育、制度政策等途径使之落到实处。中国价值观构建目前就处于这种状态。

（四）多国范围构建与一国范围构建的差异

西方价值观是西方各国思想家共同构建的，虽然各国官方采取的价值观有一些基本的共识方面，但各国之间仍然存在着不少差异，如美国价值观与欧洲价值观之间、西欧价值观与北欧价值观之间、英国价值观与法国价值观之间等等。而中国价值观是在一个国家内或者更准确地说是在中国大陆范围内。这种差异决定了在中国容易采取政党领导、自上而下构建的方式，特别是一党持续执政的情况下更有可能如此，而西方不可能采取类似的方式。但是，由于西方价值观是一个包括多国的区域价值观，各个国家相互之间有一些基本共识和原则限度，因而不太容易出现因为其中一个国家领导人的问题而导致整个区域的价值观乃至整个社会现实发生灾难性的问题。20 世纪西方某些国家领导人发动了两次世界大战，试图破坏已经确立的价值体系，但最终都没有达到目的，结果相反是以这些领导人的灭亡而告终。中国价值观的构建由于是在一国之内，缺乏这种国家之间的相互制约力量，因而当国家领导人出问题时就可能需要相当长的时间甚至要等到国家领导人去世才能得到解决。毛泽东的问题在新中国成立之初不久就已经表现出来，但由于种种原因长期得不到纠正，长达二十多年，最终酿成了"文化大革命"的灾难。我们不难设想，如果毛泽东寿命更长，"文化大革命"无疑持续的时间会更长，灾难性后果会更严重。正是吸取这一教训，中国废除了党和国家主要领导人终身制。当然，仅此还不够，还需要实行党内民主,保障党员和人民的自由民主权利,将政治权力完全纳入法制的范围之内,依法治国、依宪治国。只有这样,中国价值观构建才能充分发挥一国范围内由共产党领导构建的优势。

四、所构建的价值文化内容的异与同

经过长达几百年的构建,西方价值观已经成为一种系统、完整、成熟、现实化的价值观,其内容极其丰富;中国价值观构建的时间较短,尚处于构建之中,但已初具雏形,它的核心内容是社会主义核心价值观。这里我们主要从两者的核心内容比较它们之间的相异和相同之处,而其核心内容主要从终极价值目标、核心价值理念和基本价值原则三个大的方面进行考察。

(一)终极价值目标的异中有同

任何一种社会价值体系中通常都包含着终极价值目标,只是有些是明确规定的,有些则并未被明确规定。终极价值目标在价值体系中具有根本的、中心的意义。就其根本意义而言,所有其他的目标都是从它派生的,最后又都指向它;就其中心意义而言,所有其他的目标都从属于、服从于、服务于它,它规定着所有目的的选择和目标的确立,而且所有其他的目的和目标都最后指向它,并以它为最高追求。在价值体系中,终极目标是根本的、最高的价值理念,它规定着所有其他价值理念;它也是根本原则和最高原则,规定着所有其他价值原则;它是人们所有价值判断的最后标准和所有价值追求的目的,规定着人们所有的意识行为。不同社会有不同的价值体系,同一社会的不同时期也有不尽相同的终极目标。

西方资本主义核心价值体系的终极目标是个人幸福。这种价值目标首先肯定幸福是每个人的,个人是幸福的主体,个人对自己负责,个人的幸福主要靠个人去追求和实现。社会在个人追求和实现幸福的过程中,只能为之提供安全稳定的社会环境,制定防止人们在追求幸福的过程中相互妨碍和伤害的规则,并确保这种规则得到遵守。社会不承担为个人提供幸福的责任,这即是所谓"人人为自己,上帝为大家"、"各自只扫门前雪,休管他人瓦上霜"。不过,后来的资本主义社会给自己增加了一项职能,这就是为那些不能自食其力的社会成员提供基本生活保障。

这种价值目标所确定的幸福的内容经历了一个变化过程。近代西方主要将幸福理解为利益,认为只要获得了利益,人们就可以过上幸福生活,因此鼓励人们追求自己的利益,"白手起家",发财致富。于是在近代西方利己主义幸福观盛行。20世纪后西方为了刺激经济增长,又将享受纳入幸福范围,不仅鼓励人们追求自己的利益,而且鼓励人们消费享受,消费主义、享乐主义幸福观又流行开来。

实际上，这两者并不是分离和矛盾的，相反是相互关联的。追求利益、占有资源归根到底是为了满足欲望，享受生活。只是在不同时期社会有不同的需要。近代资本主义社会经济尚不发达，因而鼓励人们节制欲望，积累财富，将积累用于扩大再生产，以增加社会财富的总量，使社会走向富裕；而到了20世纪之后，资本主义社会经济走向发达，因而鼓励人们大量消费，通过高消费刺激经济增长。无论哪一种情况，经济增长都是内在的驱动力，这也许就是资本主义价值体系的本质。

自古以来，中国思想家和政治家一直在寻求并致力于确立社会终极价值目标，但在历史上一代又一代王朝，诸如刘姓汉也好，李姓唐也罢；赵姓宋也好，朱姓明也罢，直到爱新觉罗氏的大清帝国，他们所确立的终极价值目标，只能是千秋万代沿袭的家天下。因为违背人民的利益，他们最终均被人民推翻。家天下帝制本质注定其价值目标是错误的。因而中国封建社会一代沿袭一代，到头来仍然停滞不前，最终都逃不脱动荡混乱的局面。从我们党领导的社会主义革命、社会主义建设和改革的整个历史过程来看，社会主义终极价值目标的确立有一个变化演进的过程，这个过程也与我们党对终极价值目标的认识有关系。在建党初期，我们党就确立了为共产主义而奋斗的最终目标。在新民主主义革命时期，我党确立的奋斗目标是推翻压在中国人民头上的帝国主义、封建主义和官僚资本主义三座大山，使中国人民翻身得解放。在社会主义革命和建设时期，我们党确立的奋斗目标是建立社会主义制度，解放生产力和发展生产力。党的十一届三中全会针对当时我国的社会历史条件，提出要以经济建设为中心，坚持改革开放，坚持四项基本原则，建设现代化的社会主义强国。党的十六大提出全面建设小康社会，加快实现社会主义现代化。党的十七大将全面建设小康社会作为党和国家到2020年的奋斗目标。我们党在不同历史阶段提出的奋斗目标虽然不同，但都指向民族的解放和振兴、国家的富强和人民的幸福。

江泽民在建党八十周年的讲话中指出，中国共产党的八十年，是为民族解放、国家富强和人民幸福而不断艰苦奋斗、发愤图强的八十年。党的十六届六中全会把和谐社会看作是国家富强、民族振兴、人民幸福的重要保证。党的十八大提出了实现社会主义现代化和中华民族伟大复兴的理想，习近平在2013年的"两会"上又进一步指出实现"中国梦"就是要实现国家富强、民族振兴、人民幸福。他说："实现全面建成小康社会、建成富强民主文明和谐的社会主义现代化国家的奋斗目标，实现中华民族伟大复兴的中国梦，就是要实现国家富强、民族振兴、人民幸福，既深深体现了今天中国人的理想，也深深反映了我们先人们不懈追求进步的光荣传统。"[①]至此，国家富强、民族振兴、人民幸福最终被确定为现阶段中国特色社

[①]《习近平在第十二届全国人民代表大会第一次会议上的讲话》，《人民日报》，2013年3月18日第1版。

会主义建设的终极价值目标。

　　国家富强、民族振兴、人民幸福这三个方面是相互联系、相互制约的。其中国家富强是最重要的前提。只有国家富强了，民族才能振兴，而只有国家富强、民族振兴了，人民才会幸福。国家富强是民族振兴和人民幸福的基础和前提条件。国家贫弱则民族衰微，当然也不可能有人民的幸福。同时，国家富强、民族振兴归根到底又是为了全国人民过上幸福生活，人民幸福又更具有根本性、终极性。"在这三个奋斗目标中，人民幸福又具有更终极的意义，因为民族解放和振兴也好，国家富强也好，最终都是为了作为国家主人的人民普遍过上幸福生活。"从这个意义上讲，中国社会的终极价值目标也可以更简单地说就是人民幸福，或者说就是社会成员普遍幸福。因为这里的"人民"是一个社会概念，而非政治概念，它是指全体社会成员。由此可见，人民幸福是中国社会主义事业的终极奋斗目标。以人民幸福为中国特色社会主义的终极奋斗目标也是与共产主义的奋斗目标相一致并且最终指向共产主义的。按照马克思的设想，共产主义社会是一种以每个人全面而自由发展为原则的社会。全面而自由发展是幸福的基本内涵，当每个人都能获得全面而自由发展的时候，社会就进入了普遍幸福的理想状态。在我国目前的条件下，尚不能完全达到这种理想状态，但正因为如此，我们要将实现这种理想作为中国特色社会主义事业的终极奋斗目标。人民幸福就是社会成员普遍幸福，将普遍幸福作为中国特色社会主义的终极价值目标定会得到全国人民的热烈响应和衷心拥护。

　　以上所述表明，中西终极价值目标看起来是相同的，即它们都指向社会成员个人的幸福，都把社会成员普遍幸福的实现作为终极追求。但是，它们同中有异，存在着两方面的区别：

　　第一，作为西方终极价值目标的普遍幸福是完全个人主义的，它不考虑国家和民族，而中国终极价值目标的幸福则是整体主义的，它把国家富强、民族振兴作为社会成员普遍幸福的必要条件，这三者是三位一体，密不可分的。近代以来，西方先后出现过共和主义、社会主义和社群主义，这些思想流派一般都强调共同体对于个人幸福的必要性和重要意义，认为作为社会成员个人的幸福离不开共同体和共同善。但是，这些流派在西方始终都没有占据主导地位。而占主导地位的自由主义则始终都不把国家、民族看作是实体，它们只不过是"守夜人"或"裁判员"，其作用仅仅在于为社会成员个人的自由权利服务。中国价值文化则不同，它始终坚持集体主义，把国家、民族和个人的利益紧密地联系在一起，认为没有国家富强和民族振兴就不可能有社会成员的普遍幸福，而国家富强和民族振兴的目的也仅仅在于社会成员的普遍幸福。

　　第二，西方价值文化把幸福主要理解为人的物质需要的满足，而中国价值文化则把幸福理解为人的全面发展，不仅包括物质需要的满足，还包括精神需要的满足，特别是人的自我实现的满足。西方近代以来的幸福观经历了从利益幸福观到享乐幸福观的变化。为适应市场经济发展的需要，西方近代幸福观将获得利益看作是幸福的主要内容，一个人幸福与否关键看他占有的金钱、财富的多寡，而不考虑人的其他需要的满足。自20世纪开始，为了刺激人们的消费从而开发市场需求，西方消费主义盛行，人们追求的重点也相应地从对利益的占有转向了对产品和服务的消费，更注重物质欲望的满足和生活的享受，享乐主义取代利己主义而成为幸福的主要形态。中国价值文化则坚持追求马克思的人的全面而自由发展的理想。按照马克思主义的观点，幸福的基本前提是自由。这种自由不是随心所欲，而是每个人的自由以他人的自由为前提，也就是法律范围内的自由。幸福的基本含义则是人的全面发展。在现代社会条件下，人的全面发展就是每个人的潜能尽可能充分地得到开发，开发出来的能力尽可能地得到发挥，发挥的结果得到相应的社会报偿。其主要体现就是各受其教，各尽所能，各得其所，这就是中国特色社会主义所要追求达到的理想社会状态。从伦理学的角度看，"幸福是一种价值性质，即善性（或好性），并被许多伦理学家看作是最高的善，即至善。幸福这种价值性质是使人对生活总体上感到满意的价值性质。幸福并不就是需要的满足，而是生活的那种能使人的需要总体上得到满足并能使人由此产生愉悦感的性质。具有这种性质的生活就是幸福生活，即伦理学家们所说的'好生活'。好生活可以从两种不同意义上理解：一是把好生活理解为'值得赞赏的生活'，这是指的道德或德性高尚的生活；二是把好生活理解为'值得欲望的生活'，这是指的繁荣或发达的生活。真正的好生活应该既是'值得欲望的生活'，又是'值得赞赏的生活'。"[1]

（二）核心价值理念中的同中有异

"核心价值理念则是终极目标的具体体现，它们本身具有目的性，同时又是体现着终极价值目标的要求并服务于终极目标实现的，因此，它们在核心价值体系中具有核心的地位。"[2]西方价值文化的核心价值理念近代以来有些变化，但没有多大的实质性改变，有些核心理念还处于变化之中，但未完全确定。就得到公认的而言，西方价值文化有以下十个核心价值理念，即：利益、市场、科技、环保、责任、自由、平等、公正、民主和法治，其中前五个理念是与经济生活直接关联的，而后五个理念则是政治生活的追求，它们一起构成了西方价值文化的核心价值理念体系。

西方价值文化是以市场经济为基础的，整个价值文化的出发点和目的都是利益。这里所说的利益最初主要是指经济利益，在经济生活中体现为资本，如金钱、土地、财富、人力资源以及其他经济资源，但后来进一步扩展到能获取经济利益的

---

[1] 江畅：《幸福：当代社会价值体系的核心价值理念》，《湖北大学学报》（哲学社会科学版），2011年第3期。

[2] 江畅：《中国主流价值文化构建的三个问题》，《光明日报》，2012年6月21日第11版。

其他资源，如政治权力、教育机会、社会地位和名望等。这些非经济的资源在市场经济条件下也都可以转化为资本。资本是可以增值的，即可以带来利润，这样，对利益的追求在市场经济条件下转变为对资本增值殖的追求。资本主义价值体系和价值文化是以获取利益尤其以资本增值为终极目标的，整个资本主义社会的运行也是以资本的增殖为追求和驱动力的。资本主义价值文化因其推崇资本和追求资本增殖而具有了资本主义的性质。

西方价值文化所追求的利益不像以前社会那样靠自给自足或战争掠夺获得，而是靠在市场经济中通过自由竞争获取。市场是人们获取利益的主要战场，而市场经济则是这种战场运行的机制。市场经济是以追求利润为目的、以商品生产和交换为主要内容、以市场为主要经济调节手段的经济。市场经济是人类社会自古以来就有的，但只是在西方价值文化中它才成为社会经济的唯一形式，成为整个价值体系的基础和支柱。西方价值文化是在市场经济兴起和发展中催生的，西方资产阶级在构建其价值文化的过程中不仅认可了市场经济，而且以市场经济发展为取向并适应其发展构建自己的价值文化，使之成为自己的基本价值理念。

科学技术与市场经济不一样，西方资产阶级一开始就有意谋求其发展。不过这种谋求最初并不是为了发展市场经济的需要，而主要是针对中世纪的蒙昧主义。当资产阶级发现作为近现代知识的科学技术可以极其有力地促进市场经济发展的时候，它就致力于科学技术的发展，使科学技术成为促进市场经济发展和改变社会面貌的主要力量。科学技术自古以来就存在，只是到了近代以后才成为以实验为基础的科学与以科学为基础的技术两者有机结合的科学技术。市场经济发展必然会要求科学技术发展，而科学技术发展又成为市场经济发展的加速器，这两者最终在西方价值文化中、在西方实践中有机地结合了起来，并大大增强了资本主义社会及其价值文化的物质基础。

市场经济与科学技术的相互促进一方面使西方社会经济繁荣，另一方面又导致了环境和生态危机。为了解决日益严重的环境问题，西方人的保护环境意识普遍增强，环境保护也就逐渐成为了西方价值文化的一个重要价值理念。在当代西方，环境保护理念的含义已经从最初单纯的防止自然环境的恶化，对青山、绿水、蓝天、大海的保护，包括不能私采（矿）滥伐（树）、不能乱排（污水）乱放（污气）、不能过度放牧、不能过度开荒、不能过度开发自然资源、不能破坏自然界的生态平衡等等，逐渐扩展成了保全物种，养护植物植被，保护生物多样性，让动物回归，尊重动物的权利，以及为了保证社会发展而扩大有用自然资源的再生产等等。今天，环保已经作为一种重要的价值要求渗透到当代西方社会生活的各个方面。

实行环境保护，是西方人对自然也是对人类生存环境负责的一种重要体现，但西方当代的责任理念不只是涉及对自然环境负责的问题，还扩展到了人类生活的各个方面。自20世纪50年代以来逐渐纳入西方价值体现的责任理念，是一个含义十分广泛的概念。就其主体而言，不只是指个人，而且指企业、政府，乃至其他各种社会组织，特别是强调企业对客户和社会的责任。就责任对象而言，不仅指对自然环境负责，而且指对社会环境、对他人负责；不仅对当代人负责，而且对子孙后代负责。就责任范围和程度而言，不仅指直接责任，而且指间接责任；不仅指显性责任，而且指隐性责任；不仅指当前的责任，而且指长远的责任。对于当代西方来说，责任不只是指与相对于权利而言的责任，也指并不与权利相对应、相匹配的一些责任；不只是指与社会角色相应的责任，也指具体角色之外作为一般人特别是作为人类成员应承担的责任；不只是指责任主体应承担的责任，也指对责任主体自己的行为负有的一切责任。西方责任理念的确立归根到底是人类社会日益一体化的必然要求。

自由是西方价值文化最推崇的核心价值理念，这不仅因为自由是专制的对头，只有用自由才能取代专制，而且因为人们普遍自由是市场经济得以存在和运行的条件。人们对自由有种种不同的理解，作为资本主义核心价值理念的自由，其含义是确定的，这就是每一个人都能按自己的意愿行事。这样，不仅需要每一个人有自由意识，而且要有允许人们自由的环境，特别是社会环境。资本主义社会就是根据这种自由的要求建立起来的。对于生活在资本主义社会的人来说，除了法律之外，人们可以不受任何其他东西的约束，而法律本身至少在名义上是每个社会成员意志的体现。

西方价值文化是以人们自由地追求利益为动力机制的。由于人们各方面的条件不尽相同，追求所获得的利益自然不相同，因而人们在结果上或事实上是不平等的。从这种意义上看，资本主义是不平等的社会。但是，资本主义的价值文化又确实是肯定人人平等的，而且在实际生活中贯彻了这种平等的要求，只是这种平等不是结果的、事实上的平等，而是马克思所说的"形式上的"平等。这种平等就是：人格的平等，即不论出身、种族、贫富、强弱、老幼、男女都有平等的人格尊严；权利的平等，即所有人都享有相同的社会权利；机会的平等，社会的一切机会向所有人开放；规则的平等，即在法律面前人人平等的规则适用于一切人。这种平等虽然是形式上的，但并不是虚假的，而是实在的。如果没有这种平等，整个资本主义社会就无法运行。

普遍自由与社会结果或事实上的不平等是资本主义价值文化内在的深刻矛盾。在资本主义早期，这种矛盾并不明确，但随着资本主义的发展，这种矛盾日益突出。正是为了解决这个问题，社会公正问题才得到了重视。社会公正的一般含义是使社会成员各得其所，对于资本主义价值体系而言，其公正只能是这样的，即：在肯定和维持自由竞争导致的社会事实上的不平等前提下，使自由与事实上的不平等控制在一定的范围之内，使这两者之间的矛盾不至于导致严重的社会冲突。其实际的处理方法就是给社会的弱者提供适当的社会保障，让他们能正常生活下去，尽管不富有。因此，资本主义的公正实际上就是自由竞争加上必要的社会保障。这即是资本主义意义的社会成员各得其所。

当每一个社会成员都成为自由的主体时，社会就是民主的。民主实际蕴涵在自由之中。在当代资本主义社会，民主不仅意味着每个人是社会的主体，更意味着各种社会利益集团（常常以组织的形式存在）是社会的主体。社会利益集团，特别是政党，取代公民而成为了社会真正的主人。资本主义早期的主权在于民演变成了主权在于利益集团，社会的政治权力最终落到了在政治竞争中取胜的政党手中。资本主义的议会政治或代议政治，实际上是利益集团政治或政党政治。相对于传统的专制社会而言，当代西方社会确实是民主政治，但社会的主权不在民，而在掌握着政治权力的利益集团。一个利益集团能否掌握政治权力，虽然主要取决于所代表的阶级或阶层的经济实力，但也取决于它能否兼顾全体社会成员的利益。

法治是与民主相伴的，一个社会要成为真正自由、民主的社会，必须有法治作保障。西方价值文化之所以推崇法治，就是因为只有法治才能维护资本主义自由和民主。西方价值文化中法治的基本内涵在于，政治权力在法律的范围内行使。在法律范围内行使的权力不但不能侵犯个体的自由和权利，而且要维护和扩大他们的自由和权利，并确保社会秩序的正常。只有这样，社会成员才能自由，才能成为社会的主人，他们自由竞争而不造成社会秩序的破坏。要使法律具有这种限制权力的作用，它本身必须是社会成员意愿和意志的体现。

中国价值文化的核心价值理念（即24个字）是在党的十八大正式明确提出来的。中共中央办公厅印发的《关于培育和践行社会主义核心价值观的意见》明确指出："富强、民主、文明、和谐是国家层面的价值目标，自由、平等、公正、法治是社会层面的价值取向，爱国、敬业、诚信、友善是公民个人层面的价值准则。这24个字是社会主义核心价值观的基本内容，为培育和践行社会主义核心价值观提供了基本遵循。"

中国价值观把富强、民主、文明、和谐看作是国家层面的价值目标。富强既指国家经济上的富裕，也指国防、教育、科技、文化等综合实力的强大，强调人民群众的共同富裕。民主是政治文明的实质意蕴，社会主义民主是中国共产党领导下的人民民主，是由最广大人民当家作主、以人民民主专政作为可靠保障、以民主集中制为根本组织原则和活动方式的民主。文明是社会文化状态的标志，是社会文化建设所达到的程度、水平和规模。正因为如此，社会主义把文明作为社会文化建设和发展的价值目标。和谐的总要求是民主法治、公平正义、诚信友爱、充满活力、安定有序、人与自然和谐相处。

中国价值观把自由、平等、公正、法治看作是社会层面的价值取向。自由是以实践为基础的自然、社会和人自身的统一，是主观因素和客观因素的统一，是约束性和自主性、他律和自律的统一，是权利与义务的统一，是权利与能力的统一，是全人类性和阶级性、无国界和有国界的统一，是追求真理与实现价值的统一，是真、善、美的统一。① 中国价值文化也把平等看作是与生俱来的基本权利，但强调保证每个公民在社会生活的各个层面上都拥有均等的机会和权利。公正理念强调必须坚持发展为了人民、发展依靠人民、发展成果由人民共享，作出更有效的制度安排，使全体人民在共建共享发展中有更多获得感，增强发展动力，增进人民团结，朝着共同富裕方向稳步前进。法治理念要求形成完备的法律规范体系、高效的法治实施体系、严密的法治监督体系、有力的法治保障体系，形成完善的党内法规体系，坚持依法治国、依法执政、依法行政共同推进，坚持法治国家、法治政府、法治社会一体建设，实现科学立法、严格执法、公正司法、全民守法，促进国家治理体系和治理能力现代化。

中国价值文化把爱国、敬业、诚信、友善看作是公民个人层面的价值准则。爱国被看作是公民的基本义务，强调国家公民要将对国家之爱真正等同于对自己的爱，像维护自己的利益一样维护国家的利益，时刻提升自身修养，为中华民族的伟大复兴贡献自身之力，当国家陷入危难之际必须挺身而出，舍生取义。敬业理念要求人们对职业恪尽职守、尽职尽责，通过不断学习和实践获得卓越的职业能力，在职业生活中培养开拓进取、勇于创新的精神。诚信理念要求以真诚之心，行信义之事，在社会实践的各个层面建立一个信用体系。友善作为中国价值理念，它要求人们助人为乐，关爱他人，扶危济困，时时事事处处为他人着想。

从以上的简要阐述中我们不难发现，中西核心价值理念看起来似乎是大同小异的，但实际上是同中有异，存在着重大差异。两种价值文化中有五个核心价值理念至少是名称相同的，即自由、平等、公正、法治和民主。这些理念作为概念在传统社会已经出现，但近代以来它们被赋予了全新的涵义。尤其是对于传统中国这样一个长期受专制主义统治的国家来说，这些理念几乎是全新的。勿庸讳言，这五大理念渊自近代西方，但它们是人类进步所取得的最富有价值的共同成果，是现代精神文明的主要标志。它们作为被各国人民所接受的普世价值，也理应被社会主义中国的核心价值文化所吸收。当然，这些理念在中国价值体系中，其含义与西方已经有了实质性的区别。例如，中国的法治不是西方意义的法律统治，而是中国共产党领导的、人民当家作主和依法治国的有机统一。

除了两种价值文化共有的五个核心价值理念存在着实质的区别之外，两种价值文化在核心价值理念方面还存在两大差别：第一，西方价值文化中没有国家层面的价值目标（或理念），而中国价值文化中有国家层面的价值目标。西方主流价值观即自由主义价值观不把国家看作实体，而仅仅是受公民委托的公民服务机构，因而它不存在自己独有的价值目标。而中国价值观则把国家看作是实体，虽然其权力来自于人民，但人民是一个集合概念而非指单个的个人，因而国家在社会生活中的地

---

① 参见缪玉静：《论马克思主义自由观》，《华商》，2007年第22期。

位是高于单个人的。因此，国家当然有其价值目标，所反映的是全体人民至少是大多数人的根本利益诉求。第二，西方价值文化不考虑个人的道德问题，而中国价值文化把个人的行为准则作为其价值观的重要组成部分。西方自由主义主张，国家在公民个人的道德问题上应保持中立态度，就是说公民讲不讲道德、讲什么道德，国家是不应干预的，国家只管公民的行为是否合法，而不管是否合德。因此，西方价值文化没有"以德治国"之说。中国价值文化则不同，它强调国家在道德方面应当有大的作为，在依法治国之外，还要求"以德治国"，在全社会提倡并大力推行社会主义道德。上述十二大核心价值理念中个人层面的价值准则就是国家对所有公民提出的道德要求。

（三）迥异的基本价值原则

"基本价值原则是终极价值目标和核心价值理念的实践要求。"[①]要把终极价值目标和核心价值理念转化为人们的实践活动，需要根据它们的要求并结合社会现实，提炼概括为基本价值原则，并通过法律的方式确定下来，使之成为国家意志和人们的行为准则。基本价值原则是治国理政的基本要求，是制定法律、制度、政策以及从事各项社会管理工作的主要依据，也是对各项工作进行检查、督促、检验的基本标准。基本价值原则是各种不同价值体系和价值文化彼此区别的主要标志。如果说中西价值文化在终极价值目标和核心价值理念方面存在着同中有异、异中有同的情形，那么可以说它们在基本价值原则方面则是存在着根本区别的，当然其中也许存在着某种共同因素，但几乎没有完全相同的原则。所以说，中西价值文化的主要区别就在于它们的基本价值原则之间的区别。

西方价值文化在长期构建过程中，逐渐形成了一系列体现其终极价值目标和核心价值理念的价值原则。这些原则构成了一个原则体系，有不同的层次，涉及不同的方面，其中基本的可以列出以下八条：

（1）个体至上原则（个体原则）。这是资本主义价值体系的根本原则，它要求在个体与整体特别是与国家的关系上以个体为本位、实体，国家服从个体并为个体服务，在两者发生冲突时以个体利益为重。在所有个体中，个人又是终极的实体。

（2）利己乃人的天性原则（利己原则）。这一原则承认个体追求自己的利益是本性使然，是天然合理的，也是道德的，因而要求国家的制度和管理只能顺应这种本性，为这种本性实现服务，而不能违背这种本性。

（3）天赋人权原则（人权原则）。这一原则肯定个人的基本权利是与生俱来的，是任何人都不可剥夺的，也是个人自己不可转让的，法律和政府必须维护人的基本权利。人权原则中又有两条最重要的原则，即自由原则和平等原则。自由原则即按

[①] 江畅：《中国主流价值文化构建的三个问题》，《光明日报》，2012年6月21日第11版。

自己的意愿行事原则，这一原则将自由看作是人最重要的天赋权利，法律和政府都要确保公民和其他个体的这种权利。平等原则即人格、机会、权利、义务平等原则，这一原则以平等是人的基本权利为前提，要求政府在不影响自由竞争的前提下在所有可能的方面实现人人平等，使所有社会成员普遍平等。

（4）私有财产神圣不可侵犯原则（私产原则）。这一原则以承认个人享有私有财产权是人的自然权利为前提，把保护私有财产看作是政府首要的、不可推卸的职责，政府也不能以任何理由侵犯私有财产。

（5）个体主权原则（民主原则）。这一原则要求所有的社会个体都应该成为社会的主体和主人，社会管理者是个体自主选择的并且是为个体服务的。

（6）在法律下治理国家原则（法治原则）。这一原则也是法律至上原则，它要求一切公共权力必须在法律范围内运行，并必须依据和服从法律。

（7）权力分立与制衡原则（分权原则）。这一原则要求国家的权力分设，由不同部门来掌管，使权力不仅受到法律的制约，而且受到权力之间的相互制约。

（8）国家适度干预经济社会生活原则（干预原则）。它要求政府适度干预经济社会生活以维护社会公正和社会秩序，但这种干预必须在法律的范围内并通过法律的途径实现。

中国价值文化的基本原则也有一个形成过程。改革开放初邓小平同志将我国社会的基本价值原则概括为"四个坚持"（即必须坚持社会主义道路；必须坚持无产阶级专政；必须坚持共产党的领导；必须坚持马列主义、毛泽东思想），并强调这是实现四个现代化的根本前提。这四项基本原则当然是价值原则，但主要是政治方面的价值原则，或者说是政治原则。它与"坚持改革开放"一起构成了党的基本路线（"一个中心两个基本点"）的两个基本点。"四项基本原则"和"改革开放"可以看作是当时邓小平同志概括的五条社会主义基本价值原则。三十多年来，这些原则成为了立党立国之本。经过三十多年的改革开放，中国社会发生了翻天覆地的变化，国际形势变化也很大。因此，我们需要根据新的时代精神，以及社会主义终极价值目标和核心价值理念对社会主义基本价值原则进行补充，做出新的提炼和概括，为党和国家工作确立基本原则。为适应这种新的要求，党的十八大明确提出了"八项基本要求"。十八大报告指出："在新的历史条件下夺取中国特色社会主义新胜利，必须牢牢把握以下基本要求，并使之成为全党全国各族人民的共同信念。必须坚持人民主体地位，必须坚持解放和发展社会生产力，必须坚持推进改革开放，必须坚持维护社会公平正义，必须坚持走共同富裕道路，必须坚持促进社会和谐，必须坚持和平发展，必须坚持党的领导。"[①] 这些要求表述了中国特色社会主义的

---

① 胡锦涛：《坚定不移走中国特色社会主义道路 夺取中国特色社会主义新胜利》，《人民日报》，2012年11月18日第1版。

领导核心、根本原则、发展模式、发展主体、发展动力、价值取向、社会理念和发展途径，说明了在新时期我们应该怎样建设中国特色社会主义。

（1）人民是推动发展的根本力量，实现好、维护好、发展好最广大人民根本利益是发展的根本目的。必须坚持人民主体地位，就是要坚持以人民为中心的发展思想，把增进人民福祉、促进人的全面发展作为发展的出发点和落脚点，发展人民民主，维护社会公平正义，保障人民平等参与、平等发展权利，充分调动人民积极性、主动性、创造性。

（2）"社会主义的首要任务是发展生产力，逐步提高人民的物质和文化生活水平。"① 必须坚持解放和发展社会生产力，就是要在社会主义初级阶段必须始终把解放和发展生产力放在首位，坚持以经济建设为中心不动摇。

（3）改革是发展的强大动力。必须坚定不移地推行改革开放，就是必须按照完善和发展中国特色社会主义制度、推进国家治理体系和治理能力现代化的总目标，健全使市场在资源配置中起决定性作用和更好发挥政府作用的制度体系，以经济体制改革为重点，加快完善各方面体制机制，破除一切不利于科学发展的体制机制障碍，为发展提供持续动力。

（4）公平正义是社会和谐的基本条件。必须坚持维护社会公平正义，在当前面临的最主要任务就是加紧建设对保障社会公平正义具有重大作用的制度，以保障人民在政治、经济、文化、社会等方面的权利和利益，引导公民依法行使权利，履行义务。

（5）共同富裕是社会主义的本质规定和奋斗目标。必须坚持走共同富裕道路，就是要在国家富强的前提下让社会成员普遍过上富足有余的物质生活，特别是要在消除两极分化和贫穷的基础之上，实现社会成员的普遍富裕。

（6）社会和谐是中国特色社会主义的本质属性，是国家富强、民族振兴、人民幸福的重要保证。必须坚持促进社会和谐，要求以解决人民群众最关心、最直接、最现实的利益问题为重点，着力发展社会事业、促进社会公平正义、建设和谐文化、完善社会管理、增强社会创造活力，走共同富裕道路，推动社会建设与经济建设、政治建设、文化建设协调发展。

（7）中国人民热爱和平、渴望发展，愿同各国人民一道为人类和平与发展的崇高事业而不懈努力。必须坚持和平发展，要求中国将继续高举和平、发展、合作、共赢的旗帜，坚定不移地致力于维护世界和平、促进共同发展，坚持全方位对外开放，打开国门搞建设，既立足国内，充分运用我国资源、市场、制度等优势，又重视国内国际经济联动效应，积极应对外部环境变化，更好利用两个市场、两种资

---

① 邓小平：《政治上发展民主，经济上实行改革》，《邓小平文选》第3卷，人民出版社1993年版，第116页。

源，推动互利共赢、共同发展。

（8）中国共产党是中国革命、建设和改革事业的领导核心和中流砥柱，中国共产党的领导是中国特色社会主义制度的最大优势，是实现经济社会持续健康发展的根本政治保证。必须坚持中国共产党的领导，要求通过改善中国共产党的领导，更好地坚持中国共产党的领导，贯彻全面从严治党的要求，不断增强党的创造力、凝聚力、战斗力，不断提高党的执政能力和执政水平，确保我国发展的航船沿着正确的航向破浪前进。

从中西基本价值原则的对比不难看出，两种价值文化存在的重大差异。其中有三个差异是决定性的：一是社会的主体是个人还是人民；二是社会发展的终极指向是个人利益还是共同富裕；三是需要不需要一个代表民族和人民的政党领导国家建设和发展。正是这三种决定性的差异决定了两种价值文化具有根本不同性质和不同本质特征。

五、两种价值文化的不同性质及比较优势

从中西构建价值文化的基本内容比较可以看出所构建的两种不同类型的价值文化。它们不仅在内容上存在着很大的差异，而且具有根本不同的性质，并表现出近乎对立的基本特征。两种价值文化都有各自的比较优势，同时也都面临着一些需要破解的难题，尤其是西方价值文化的一些固有问题，值得我们在构建中国价值文化的过程中记取和回避。

（一）根本不同的性质

西方价值文化与中国价值文化是两种性质根本不同、甚至是对立的文化，一种是资本主义价值文化，一种是社会主义价值文化，而且是中国特色的社会主义价值文化。

西方价值文化虽然看起来是个体主义、自由主义的，但其根本性质是资本主义的。或者更确切地说，它的出发点和目的是个人解放、自由和幸福，但这种价值文化在使人解放和自由的过程中却发生了异化，最终走向了以资本增殖为轴心，资本渗透到它的整个结构和功能，资本控制一切。其结果，个人虽然从专制之下获得了解放，也获得了自由，但根据这种价值文化构建的社会整个地被资本所控制，个人也因此被新的奴役力量即资本所奴役，而没有真正获得解放、自由和幸福。正因为如此，我们不能简单地说西方是个体主义价值文化，而应该说它是资本主义价值文化。

西方近现代主流价值文化从个体主义异化为资本主义是这样发生的。资本主义价值体系在最初设计的时候其目的是要把人从一切束缚中解放出来，使之获得自

由、平等和幸福。但这种最初的设计存在着以下问题：首先，在当时普遍贫穷的社会条件下，设计者只考虑到了让人们自由地、平等地获得财富（利益），由穷变富，而没有考虑到在自由平等的社会，其终极价值目标不能仅仅定位于利益。在市场经济条件下，资本才能带来利益，以利益为终极价值目标实际上就意味着以资本为终极价值目标。以资本为终极价值目标就会使整个价值体系的运行都指向资本及其增殖，这样就会使整个价值体系的结构和功能资本化。在这种资本化的价值体系中，资本统治着人，人为追求占有资本和实现资本增殖而生存，人成了资本占有和资本增殖的手段，于是异化就发生了。其次，设计者们只考虑到了让每一单个的人解放、自由和平等，没有考虑到人们之间存在的那些不可能完全克服的差异，后来的事实证明，在每个人都能自由平等追求自己利益的情况下，这些差异导致了人们之间事实上的严重不平等。由于对这种可能导致的不平等缺乏意识，因而在价值体系设计时不会考虑如何避免这种不平等或将其控制在一定的限度内。再次，设计者们只看到市场经济的积极方面，特别是过于看重市场经济使社会富裕的作用，没有考虑到不受控制的市场经济可能导致自然资源迅速消耗、环境污染，以及导致整个社会和个人生活市场化和资本化，因而没有提供如何避免和克服市场经济负面作用和影响问题的对策。

存在以上三个方面缺陷的价值体系设计变成的现实是：人们的自由平等身份与利益追求、市场竞争三者相结合所导致的社会的两极分化和整个社会的资本化。一方面，在资本主义社会中，人们在竞争中被分为富人和穷人，富人占有大量的社会财富和资源，而穷人则只能获得最低的生活保障。那些在自由竞争中取胜的人形成不同的利益集团，这些利益集团之间为维护和扩大自身的利益而竞争政治上的权力，那些经济实力雄厚的利益集团往往在竞争中取胜并控制着政治上的权力。而那些在自由竞争中失败的或处于劣势的普通社会成员则通常与政治权力无缘。在这种政治权力分配的格局中，他们没有成为真正的社会主人，相反成了被统治者，虽然他们仍然具有人身自由和平等的机会。另一方面，由于社会的经济和政治机会对所有社会成员都是开放的，所有社会成员包括那些在自由竞争中取胜的人都会不断地追求实力的增强，追求占有更多的资本，以便跻身于富人的行列，获得更高的社会地位。他们都为经济利益所驱动，为获取更多的利益而生存，从而也就丧失了人的自由、幸福和全面发展。富人与穷人的划分由于竞争而不断地进行着，因而富人也需要不断地赚钱，不断地争取政治权力。这样，社会生活和所有人的个人生活实际上都资本化了，不仅普通人没有真正的自由和幸福，那些富人、那些掌握着政治权力的强者实际上也没有自由和幸福。整个社会就发生了全面的异化。如前所述，资本主义价值体系最初设计所暴露出来的问题，为后来者所注意并加以改进，如为克服严重两极分化而建立社会保障制度等。但是，由于这一体系设计上的问题是根本性的，因而今天的西方资本主义价值体系和文化仍然是有缺陷和问题的，而且它们是很难在这个体系的框架内加以克服和解决的。

当代中国正在构建的中国价值文化，既不同于西方当代资本主义价值文化，不同于中国传统的专制主义价值文化，也与改革开放前的传统社会主义价值文化有所不同，它是中国特色社会主义价值文化。我们可以从价值体系、理论体系、制度体系、道德体系四个方面来考察中国价值文化的中国特色社会主义特质。

从其基本内涵来看，中国特色社会主义文化是中国特色社会主义价值观。中国特色社会主义价值文化是中国特色社会主义价值观的现实化。中国特色社会主义价值观作为观念的价值体系，就其核心内容而言，就是社会主义核心价值观和价值体系。关于社会主义核心价值体系，党的十六届六中全会作出了明确的规定："马克思主义指导思想，中国特色社会主义共同理想，以爱国主义为核心的民族精神和以改革创新为核心的时代精神，社会主义荣辱观，构成社会主义核心价值体系的基本内容。"[1]党的十八大更明确提出了社会主义核心价值观。根据党的十八大报告，社会主义核心价值观作为观念价值体系可以概括为三个层次：终极价值目标，即"实现社会主义现代化和中华民族伟大复兴"。习近平将其概括为"中国梦"，即"国家富强，民族振兴，人民幸福"。核心价值理念，即"富强、民主、文明、和谐"，"自由、平等、公正、法治"，"爱国、敬业、诚信、友善"。基本价值原则，即"必须坚持人民主体地位，必须坚持解放和发展社会生产力，必须坚持推进改革开放，必须坚持维护社会公平正义，必须坚持走共同富裕道路，必须坚持促进社会和谐，必须坚持和平发展，必须坚持党的领导"。[2]党中央强调要培育和践行社会主义核心价值观，这种培育和践行的过程就是从理论和实践上全面构建中国特色社会主义价值体系的过程。中国特色社会主义价值体系是中国价值文化的本质特征和基本内涵，也是它不同于西方现代价值体系、中国传统价值体系和传统社会主义价值体系的主要标志。

从其理论依据来看，中国特色社会主义文化是中国特色社会主义理论体系。中国特色社会主义理论体系是马克思主义中国化和时代化的产物，是中国共产党人的理论创新，是中国特色社会主义价值文化不同于其他任何价值文化的意识形态和理论体系。党的十八大政治报告指出："中国特色社会主义理论体系，就是包括邓小平理论、'三个代表'重要思想、科学发展观在内的科学理论体系，是对马克思列宁主义、毛泽东思想的坚持和发展。"[3]中国特色社会主义理论是中国共产党和中国人民勇于推进实践基础上的理论创新，围绕坚持和发展中国特色社会主义提出的

---

[1]《中共中央关于构建社会主义和谐社会若干重大问题的决定》，《人民日报》，2006年10月19日第1版。

[2] 胡锦涛：《坚定不移走中国特色社会主义道路 夺取中国特色社会主义新胜利》，《人民日报》，2012年11月18日第1版。

[3] 胡锦涛：《坚定不移走中国特色社会主义道路 夺取中国特色社会主义新胜利》，《人民日报》，2012年11月18日第1版。

一系列紧密相连、相互贯通的新思想、新观点、新论断构成的理论体系。它是马克思主义同当代中国实际和时代特征相结合的产物，对新形势下建设什么样的社会主义、如何建设社会主义、建设什么样的党、如何建设党等重大问题作出了新的科学回答，把我们对社会主义规律的认识提高到了一个新的水平，开辟了当代中国马克思主义发展的新境界。中国特色社会主义理论体系是中国共产党集体智慧的结晶，是指导党和国家全部工作的强大思想武器，是当代中国主流意识形态。中国特色社会主义理论体系是中国特色社会主义价值观形成的理论依据，而中国特色社会主义价值观又是中国特色社会主义体系的核心内容和精髓；中国特色社会主义理论体系是中国特色社主义价值文化的理论基础，中国特色社会主义价值文化又是中国特色社会主义的目的指向。中国特色社会主义理论体系的形成并作为当代中国社会的主流意识形态，是中国特色社会主义价值观现实化的重要体现之一。

从制度文化来看，中国特色社会主义文化是中国特色社会主义制度体系。中国特色社会主义制度体系是中国特色社会主义价值文化不同其他任何价值文化的制度文化。党的十八大政治报告指出："中国特色社会主义制度，就是人民代表大会制度的根本政治制度，中国共产党领导的多党合作和政治协商制度、民族区域自治制度以及基层群众自治制度等基本政治制度，中国特色社会主义法律体系，公有制为主体、多种所有制经济共同发展的基本经济制度，以及建立在这些制度基础上的经济体制、政治体制、文化体制、社会体制等各项具体制度。"①这些制度中有一些制度是对传统社会主义价值文化的坚守，有一些则是改革开放以来在中国特色社会主义实践中的制度创新。中国特色社会主义制度体系还在健全过程之中，特别是其体制和机制尚未充分体现中国特色社会主义价值观的精神和要求。所以党的十八届三中全会又作出了《中共中央关于全面深化改革若干重大问题的决定》。《决定》提出，要紧紧围绕使市场在资源配置中起决定性作用深化经济体制改革；紧紧围绕坚持党的领导、人民当家作主、依法治国有机统一深化政治体制改革；紧紧围绕建设社会主义核心价值体系、社会主义文化强国深化文化体制改革；紧紧围绕更好保障和改善民生、促进社会公平正义深化社会体制改革；紧紧围绕建设美丽中国深化生态文明体制改革，加快建立生态文明制度；紧紧围绕提高科学执政、民主执政、依法执政水平深化党的建设制度改革。"全面深化改革的总目标是完善和发展中国特色社会主义制度，推进国家治理体系和治理能力现代化。"②全面深化改革，是中国特色社会主义制度文化建设的根本性、总体性举措，必将使中国特色社会主义价值观在我国社会制度方面得到更充分的体现。

从行为文化来看，中国特色社会主义文化是中国特色社会主义道德体系。中国

---

① 胡锦涛：《坚定不移走中国特色社会主义道路 夺取中国特色社会主义新胜利》，《人民日报》，2012年11月18日第1版。

② 《中共中央关于全面深化改革若干重大问题的决定》，《人民日报》，2013年11月16日第1版。

特色社会主义道德体系是中国特色社会主义价值文化区别于所有其他价值文化的行为文化的核心内容和规范体系。中国特色社会主义道德体系的核心内容是为人民服务，基本原则是集体主义，基本规范是"爱国守法、明礼诚信、团结友善、勤俭自强、敬业奉献"，包括社会公德、职业道德、家庭美德、个人品德四个基本领域的具体道德规范。由于道德涉及人们的理想、信念、人格、品质和行为习惯，加上市场经济的市场化、资本化对人们思想道德观念的冲击，因而道德建设的任务非常繁重。针对这种情况，党的十八大报告指出，"要坚持依法治国和以德治国相结合，加强社会公德、职业道德、家庭美德、个人品德教育，弘扬中华传统美德，弘扬时代新风。推进公民道德建设工程，弘扬真善美、贬斥假恶丑，引导人们自觉履行法定义务、社会责任、家庭责任，营造劳动光荣、创造伟大的社会氛围，培育知荣辱、讲正气、作奉献、促和谐的良好风尚。深入开展道德领域突出问题专项教育和治理，加强政务诚信、商务诚信、社会诚信和司法公信建设。"我们相信，通过加强道德建设，我国目前严峻的道德状况会得到根本好转，中国特色社会主义行为文化最终将会构建起来。

　　需要特别指出的是，中国特色社会主义价值文化正处在构建之中，尚未完全定型，还会发生变化。特别是其中的不少内容还停留在理论的、理想的、要求的层面，要使之完全落到实处，还需要做长期艰苦的构建工作。单纯就价值观本身而言，也还相当不完善，还需要进一步探索和创新，使之成为真正先进的完善的价值观。尽管如此，我们仍然坚信，只要党和政府以及全国人民共同努力，这种新型的先进价值文化一定会在中国大地最终完全形成和健康发展，而且会显示其独特的个性和魅力。

　　中西价值文化的不同性质根源于西方近代自由主义与社会主义的对立。在西方近代，在一大批人文主义者、宗教改革家和启蒙思想家倡导和宣扬个人的自由，将个人的自由视为至高无上的天赋人权的同时，也有一大批社会主义者主张人人平等，将平等作为社会的最高追求。启蒙运动中自由主义思想家创立的自由主义理论后来成为了西方的主流意识形态并现实化为价值文化，而早期社会主义思想家创立的空想社会主义理论在马克思和恩格斯那里被转变为科学社会主义理论。这种理论没有在西方得到实践，但通过俄国和后来的苏联传播到了非西方国家，在一些非西方国家被付诸实践，其中就包括中国。今天中国价值文化的理论源头就是马克思、恩格斯创立的科学社会主义理论（即马克思主义），而这种理论严格说来是针对自由主义理论提出的，它是完全否定市场经济形态和资本主义制度的，也就是说，它是否定西方价值文化的。在马克思主义中国化、时代化的过程中，马克思主义经典作家的一些观点得到了修正（如关于市场经济与社会主义关系的看法），但是马克思主义的社会主义基本原则被坚持下来，我们正在构建的就是在坚持和发展马克思主义前提下中国特色社会主义价值文化。因此，中国价值文化因其社会主义性质而根本不同于作为资本主义价值文化的西方价值文化。

中国价值文化与西方价值文化在性质上的区别并不在于追求社会成员个人的自由平等，而在于前者的终极价值目标最终异化成了资本增值，而后者的终极目标则是普遍幸福，包括个人的自由和平等。西方价值文化的终极目标是利益，在市场经济条件下只有资本增值才能带来利益，因此资本增值实际上就成为了资本主义价值体系的终极价值目标，并因而使之资本化。中国价值文化则力图克服资本主义价值文化资本化的缺陷及其导致的异化，使整个价值体系立足于全体社会成员的普遍自由和幸福，而不是立足于单个社会成员的自由平等权利。中国价值体系尚处于构建的过程之中，它能否战胜资本主义价值文化，关键在于它能否克服资本主义价值文化的异化，特别是社会的两极分化和资本化。

（二）近乎对立的基本特征

中西价值文化性质的根本不同具体体现在它们具有近乎对立的一些基本特征上。因此，为了加深对两种不同价值文化性质的理解，我们还需要对它们迥然不同的特征作些比较分析。中西价值文化有许多不同的特征，但它们集中体现在以下四个主要方面：

1. 个人权利与人民幸福

以个体为本位是西方价值文化的一个根本特征。西方价值文化产生的缘由就是为了反对封建和基督教教会的专制主义，按照马克思的说法，专制主义的本质在于把人不当人看。反对专制主义就是要使人成为独立自主的主体，成为社会的实体，国家要服从和服务于个体。这里所说的个体最初既指个人也指民族国家，后来进一步包括各种社会组织。在个人与国家及各种组织的关系中，个人又被看作是终极实体，在社会中具有至高无上的地位。从这个意义上看，个体至上，实质上是个人至上，公民至上。这种观点的主要依据不仅在于人具有与生俱来的自然权利，而且在于个人被看作是社会的主人，国家的主权在于公民。西方的个人至上所强调的是个人利益至上。个人至上的基本含义和根本要求就在于要把个人的利益作为个人和社会的终极目标加以追求。个人利益是一个含义广泛的概念，个人权利被认为是个人利益中的基本方面，在个人的权利中，自由权在近代又被看作是最重要的，因而个人权利特别是自由权在西方近现代价值体系中受到了高度重视。正是因为上述原因，西方价值文化被看作是个体主义的、个人主义的、自由主义的。

与西方价值文化不同，中国价值文化不是以个体为本位，而是以人民为本位，人民被看作是国家的主体和社会的主人。中国价值文化把人民作为社会的本位，强调人民至上，既是对中国传统价值文化的革命性变革，也是对西方价值文化弊端的根本性突破。中国传统社会的主导价值观把国家和社会看作帝王的家天下，社会成员不过是王朝或帝王的臣民。国家和社会的主人是王朝，而不是人民。西方现代价值文化是个人主义的，它以个人为本位。这种价值观是在反对封建主义的基础上建立起来的，它要求把社会成员从专制和教会的束缚中解放出来，使社会成员成为了独立的个体。应当承认，经过一系列的革命运动，西方人成了社会和国家的主人。但这种人是个体意义上的人，而不是整体意义上的人。这种价值观的严重后果在于导致了西方价值文化难以克服的"原子化"痼疾，即所谓"人人为自己，上帝为大家"的问题。中国价值观与这两种价值观都不同，它既不把王朝看作是社会和国家的主人，也不把社会成员个人作为社会的主人，而是把作为社会成员个人和群体的集合体作为国家和社会的主人；国家的最高权力既不在政府，也不在公民个人，而在人民；社会追求的终极价值目标也不是单个人的幸福，而是社会成员的共同富裕和人民幸福。因此，当代中国价值文化是以人民为国家主体和社会主人的价值文化，是主权在人民的价值文化，是谋求人民普遍幸福的价值文化。

应当承认，由于种种历史的和现实的原因，中国价值文化以人民幸福为最高追求的特征尚未充分体现出来，但是中国共产党正在率领全国人民朝着这个方向努力。党的十八大强调"必须坚持人民主体地位"，习近平提出的"中国梦"将人民幸福的实现作为其中的终极追求，都是中国价值文化将人民幸福作为其基本特征的集中体现。我们有理由相信，伴随着全面小康社会的建成和社会主义现代化的实现，中国价值文化的人民幸福特征将得到进一步彰显，中国价值文化也将从根本上克服西方价值文化过分推崇个人自由导致的种种弊端。

2. 自由竞争与共建共享

西方价值文化是完全适应市场经济需要构建的价值文化，它服务于并服从于市场经济利益最大化原则。市场经济的利益最大化原则要求，市场主体必须有充分的自由，他们凭实力自由地竞争，从而实现利益的最大化。于是，自由竞争就成了市场主体实现利益最大化的唯一合法途径，因而也成了西方价值文化的一条基本原则。这条原则不仅要求人们凭实力自由地竞争，而且容许这种自由竞争结果导致的社会资源分配上存在的差异，容许社会存在两极分化。实际上，只有容许两极分化存在，才会有真正意义上的自由竞争，因为如果不管实力强弱，竞争的成败，竞争双方都可以获得相等的资源，人们就不会千辛万苦地去增强实力，去绞尽脑汁地谋求竞争取胜了。因此，自由竞争背后隐藏的是竞争的结果不平等，其社会后果就是社会的两极分化。西方价值文化的这一特征在自由资本主义社会体现得淋漓尽致，这就导致了由社会贫富两极分化带来的种种社会问题。在这种情况下，西方国家采取了最低社会保障的措施来为社会的最弱者提供生存保障。这一政策确实起到了在一定程度上缓解社会两极分化的问题。但是，这种政策只不过是自由竞争原则的一种补充，而资本主义社会自由竞争原则是不可动摇的，否则，资本主义社会就会由于不再通过自由竞争使资本增值而不是资本主义的。

与西方价值文化不同，中国价值文化追求共同富裕，要求社会成员共同建设、共同享受和谐社会。根据中国价值文化，人民群众是改革发展成果的创造者，也是改革发展成果的享有者。共同建设是全体社会成员的共同责任；共享发展成果是人民群众的应有权利。"共建"是"共享"的前提，"共享"是"共建"的目的，社会成员要在共建中共享，在共享中共建。早在改革开放初期，邓小平就指出："社会主义原则，第一是发展生产，第二是共同致富。"[①]"社会主义最大的优越性就是共同富裕，这是体现社会主义本质的一个东西。"[②]《中共中央关于构建社会主义和谐社会若干重大问题的决定》指出："我们要构建的社会主义和谐社会，是在中国特色社会主义道路上，中国共产党领导全体人民共同建设、共同享有的和谐社会。"[③]《中共中央关于制定国民经济和社会发展第十三个五年规划的建议》把"共享"作为五大发展理念之一，并对如何实现共享提出了明确要求："共享是中国特色社会主义的本质要求。必须坚持发展为了人民、发展依靠人民、发展成果由人民共享，作出更有效的制度安排，使全体人民在共建共享发展中有更多获得感，增强发展动力，增进人民团结，朝着共同富裕的方向稳步前进。"[④]

中西价值文化这一不同特征是与另外相关不同特征直接关联的：一是西方价值文化强调自由，而中国价值文化更强调平等；二是西方价值文化强调个人而中国价值文化更强调社群（集体）。

自由和平等是西方资产阶级反对封建制度和天主教教会的一对孪生兄弟，他们用自由反对专制，用平等反对等级制，并且最终取得了胜利。但是，自由与平等两者之间存在着内在的矛盾和冲突：强调自由有可能牺牲平等，强调平等有可能牺牲自由。在这种冲突面前，西方作出了自由取向的选择。因此，西方近现代价值观的基本取向是自由。它把个人的权利特别是自由权利看作是至高无上的，国家是从属于个人权利的，其唯一的使命是保护和扩大公民的权利。为了保护个人的自由权利，它把国家看作是守夜人式的国家，把政府看作是有限政府，国家和政府的一切作为都必须得到公民的授权，否则就是不合法的。在20世纪30年代西方出现了罗斯福新政、凯恩斯主义，以及后来的罗尔斯的公正论之后，近代的自由放任主义有所改变，在一定程度上注意到了社会的平等。但是，自由主义的基本价值取向没有改变，而且这种倾向于平等的新自由主义受到了广泛的批评。西方近代也有平等主义取向的社会政治理论，最典型的是卢梭的理论和主张，还有一大批空想社会主义者，以及马克思和恩格斯等，但是这些理论在西方没有成为主流意识形态和主流价值观。总的来看，西方近现代主流价值观是自由主义的。中国传统社会则是"宗法地主专制社会"，其主流价值观既是等级制的，也是专制主义的。不过，在中国传

[①] 邓小平：《答美国记者迈克·华莱士问》，《邓小平文选》第3卷，人民出版社1993年版，第172页。
[②] 邓小平：《善于利用时机解决发展问题》，《邓小平文选》第3卷，人民出版社1993年版，第364页。
[③] 《中共中央关于构建社会主义和谐社会若干重大问题的决定》，《人民日报》，2006年10月19第1版。
[④] 《中共中央关于制定国民经济和社会发展第十三个五年规划的建议》，《人民日报》，2014年12月4日。

统的非主流文化中特别是在农民这一庞大的社会群体中盛行的是平均主义。当代中国价值观是马克思主义的、社会主义的,而马克思主义和社会主义的基本价值取向是平等,追求共同富裕和社会成员普遍的自由全面发展。因此,当代中国价值观的价值取向总体上看是平等以及公平正义。当然,说当代中国价值观总体上是平等主义取向的,并不意味着它否定自由,只是说将平等看得更重要。

西方价值文化把社会成员个人看作是社会的终极实体,国家和其他社群不仅都是从属于个人的,甚至根本不被看作实体。中国传统价值观则把国家看作是终极的实体,个人不仅不是社会的实体,甚至也不是具有人格和权利的独立个体,而是整体中的一部分。因此,中国传统价值观是典型的整体主义的。当代中国价值观虽然具有某种传统价值观的整体主义特点,但不同于传统的那种等级制和专制主义的整体主义,而是兼顾了平等和自由的集体主义,社会成员不再只是国家的部分,而是有人格和权利的独立个体。这方面,当代中国价值观接受了西方的积极影响,特别是党的十八大明确将"自由"和"平等"作为社会主义核心价值观的基本理念,这是中国价值观在历史演进过程中非常有意义的进步。

3. 法律统治与德法共治

西方价值文化强调法律对于现代社会的极端重要性,并且形成了在法律之下治理国家的法律至上理念和实践。西方有悠久的法治传统,早在古罗马就建立了完整的法律体系,中世纪天主教会继承了希伯来律法传统,重视运用律法特别是"摩西十诫"进行统治。但是,长期以来,法律不过是统治者进行统治的手段,统治者运用法律来对付老百姓,防止他们作乱犯上和破坏社会秩序。近现代西方思想家发现,统治者是人,而人既有理性、理智的一面,同时又有感性、情感的一面,如果统治者自己不受法律的约束,他们就有可能不按理性的规则行事,而一旦他们出于情感行事就会出现暴政、庸政、失职之类的问题。另一方面,社会是其成员通过订立契约建立的,社会成员才是社会的主体,由谁来掌握政治权力也得通过法定的程序来确定,而不能由强者说了算。因此,西方价值文化确立了法律在国家中的最高权威,社会管理者必须在法律范围内依法进行管理,而法律所体现的不是社会管理者的意志,而是全体社会成员的意志。不仅社会管理者必须在法律范围内依法进行管理,而且社会成员也必须遵守法律,以法律作为自己行为的基本准则。这样,在近现代西方价值体系中,法律就由以往的统治者的工具变成了统治者本身,社会的管理者(官员)不再是统治者,而是法律这一最高统治者的执行者。由于法律是全体社会成员意志的体现,因而社会的最高统治者实际上是社会成员的共同意志,是他们的理性的产物。社会成员的共同意志法律化,法律统治整个社会,社会管理者在法律范围依法行事,社会成员自觉遵守法律,这就是西方法律统治的实质内涵,也是近现代西方主流价值文化的一个突出特点。

与西方不同,中国价值文化既重视法治也重视德治,强调"依法治国"与"以德治国"并重。中国传统价值文化所推崇的是德治，法治也存在，但它是从属于德治的。当代中国价值文化则将依法治国作为基本国策，强力推进法治。早在1996年2月，时任中共中央总书记的江泽民就明确提出了"依法治国"，党的十五大（1997年）报告第一次深刻阐述了依法治国的涵义，把依法治国确定为党领导人民治理国家的基本方略，提出了"依法治国，建设社会主义法治国家"的历史任务。1999年3月，全国人大九届二次会议通过的宪法修正案明确写上了"中华人民共和国实行依法治国，建设社会主义法治国家"，正式把这一治国方略以国家根本大法的形式确定下来。党的十八大报告第一次将"法治"作为社会主义核心价值理念，党的十八届四中全会作出了《中共中央关于全面推进依法治国若干重大问题的决定》（2014），提出要建设中国特色社会主义法治体系，建设社会主义法治国家。2016年新年伊始，中共中央、国务院又印发了《法治政府建设实施纲要（2015~2020）》。另一方面，在我国社会生活中，道德具有强大的影响力，党和政府旗帜鲜明地推行和倡导社会主义和共产主义道德，党和国家领导人也明确提出要"以德治国"。2000年6月，江泽民《在中央思想政治工作会议上的讲话》中指出："法律与道德作为上层建筑的组成部分，都是维护社会秩序、规范人们思想和行为的重要手段，它们互相联系、互相补充。法治以其权威性和强制手段规范社会成员的行为。德治以其说服力和劝导力提高社会成员的思想认识和道德觉悟。道德规范和法律规范应该互相结合，统一发挥作用。"2001年1月，在全国宣传部长会议上，他明确提出了"把依法治国与以德治国紧密结合起来"的治国方略。坚持依法治国和以德治国相结合，国家和社会治理需要法律和道德共同发挥作用。《中共中央关于全面推进依法治国若干重大问题的决定》把以德治国作为全面推进依法治国的基本原则提了出来，要求必须坚持一手抓法治、一手抓德治，大力弘扬社会主义核心价值观，弘扬中华传统美德，培育社会公德、职业道德、家庭美德、个人品德，既重视发挥法律的规范作用，又重视发挥道德的教化作用，以法治体现道德理念、强化法律对道德建设的促进作用，以道德滋养法治精神、强化道德对法治文化的支撑作用，实现法律和道德相辅相成、法治和德治相得益彰。

西方价值文化将法治看作是社会治理的唯一手段的一个重要原因，是西方价值文化是完全适应市场经济的需要构建的。市场经济要求给市场主体最充分的自由，最少的约束，而这就意味着人们的行为只要不妨碍和伤害他人就行。法律作用就在于此，除了法律社会不需要再给人们强加其他的约束，包括道德。因此，西方价值文化强调政府和国家在道德上持中立立场，不干预社会成员的道德生活，不管他们信奉和遵循什么样的道德。当然，西方价值文化的这种"道德中立主义"做法在西方内部已经受到德性伦理学和社群主义的严厉批评。与西方不同，中国有着悠久的德治传统，而且一直以来都强调对人的品质和人格的培养和塑造，因而强调德治就是自然而然的了。在市场经济导致了许多社会问题的情况下，用道德教化人们更受到了重视。从中国传统文化的影响和未来人类的价值取向看，中国当代价值观不可能完全走向西方的法治主义，而只会在法治、德治并重的前提下更重视道德的社会作用。当然，如何处理好法治与德治之间的关系，还需要进一步探索。

4. 有限干预与社会治理

古典自由主义对西方的政治实践和政治制度产生了直接影响，并奠定了西方近现代社会核心价值体系的基本构架。但是，这一理论的自由放任主义性质和主张在实践上造成了严重的社会后果，其中对西方社会影响最大的是第一次世界大战以及1929年爆发的席卷西方各国的经济大危机。正是基于对这些严重社会后果的反思，正是为了克服周期性的严重经济危机，同时也为了缓解日益严重的社会两极分化，西方国家出现了凯恩斯主义的国家干预主义理论和罗斯福新政以及后来被西方国家纷纷仿效的福利政策实践，出现了古典自由主义向现当代自由主义的转变。凯恩斯主义并不否认西方近代自由主义的基本信念，但突出了平等或社会公平的意义，强调政府对经济社会生活的适度干预，因而可以说是一种不同于古典自由放任主义的新自由主义。但是，凯恩斯主义很快就遭到了以哈耶克为代表的保守自由主义经济学家和以伯林为代表的保守自由主义哲学家的反对。在这种背景下，罗尔斯又从政治哲学的角度捍卫并阐发了凯恩斯的国家干预主义，提出并阐发了作为公平的公正理论，将自由前提下适度的平等理解为社会公正，并将社会公正看作是社会制度的首要价值。罗尔斯的《公正论》一出版就引起了广泛而热烈的讨论，同时很快又遭到了以诺齐克为代表的保守自由主义哲学家的强烈批评。自20世纪初一直到今天，新自由主义与保守自由主义之争构成了现当代西方政治哲学的主旋律，参与这方面讨论的思想家人数之众、学术成果之多是史无前例的。讨论的实践结果就是国家或政府不能完全不干预社会生活，但这种干预只能是十分有限的，其前提是不能干涉个人的自由权利。

与西方不同，从新中国成立至改革开放前，中国实行的是计划经济。而在这种经济体制下，国家在生产、资源分配以及产品消费各方面，都是由政府事先进行计划。由于几乎所有计划经济体制都依赖政府的指令性计划，因此计划经济也被称为"指令性经济"。与计划经济体制相适应的是政治和整个社会的集权管理体制，国家或政府对社会实行全面管理。在最极端的"文化大革命"期间，国家不仅管社会成员的从生到死，而且管他们的行为到思想。改革开放以后，国家下放自主权，放开了过去政府的大包大揽，特别是实行市场经济体制之后，政治和社会的集权管理体制在不断深化改革的过程中逐渐被弱化。为了解决计划经济体制的弊端，中共中央作出了关于全面深化改革若干重大问题的决定，提出要完善和发展中国特色社会主义制度，推进国家治理体系和治理能力现代化。这种国家治理完全不同于计划经济条件下政府的大包大揽，也不同于西方政府对社会生活十分有限的干预。《中共中央关于全面深化改革若干重大问题的决定》在论及改进社会治理方式时指出："坚持系统治理，加强党委领导，发挥政府主导作用，鼓励和支持社会各方面参与，实现政府治理和社会自我调节、居民自治良性互动。坚持依法治理，加强法治保障，运用法治思维和法治方式化解社会矛盾。坚持综合治理，强化道德约束，规范社会行为，调节利益关系，协调社会关系，解决社会问题。坚持源头治理，标本兼治、重在治本，以网格化管理、社会化服务为方向，健全基层综合服务管理平台，及时反映和协调人民群众各方面各层次利益诉求。"[1]显然，党和政府在社会生活中的作用仍然是巨大的。

中西价值文化这一不同特征涉及政党、政府、国家在社会生活中的作用问题。西方针对中世纪政教合一、宗教无孔不入的教训强调将政治领域与社会生活的其他领域加以分离，这即是所谓的政治与社会的分离。政府虽然肩负着管理社会生活的职能，但这种管理的权力是公民通过法律授予的。如果没有得到授权，政府是不能干预社会生活的，即所谓"法无授权不可为"。这相对于中世纪是一个进步，但它也存在着问题，这就是政府放弃了对社会生活的广大领域的管理，把这块领域留给了公民自己和其他社会组织，缺乏必要的政府引导和激励，由此导致了许多社会问题（如美国的"嬉皮士"运动）。中国传统社会是一种专制主义社会，其特点是"家国一体"的家长制统治。新中国成立之后，我国虽然形式上是共和国体制，但家长制的遗风甚为严重。改革开放以来，我国大力推行民主、法治，国家治理体系正在发生着深刻的变化。我们不能走西方那种本质上是自由放任主义的路子，但也需要将权力关进法制的笼子，彻底改变政府想管什么就管什么、想管到什么程度就管到什么程度、想采取什么方式管就采取什么方式管的传统治理方式。

（三）各自的比较优势和难题

中西价值文化是当今世界最有影响的两种价值文化，西方价值文化早在20世纪中叶开始就已经成为对许多国家产生直接影响的强势价值文化，而中国价值文化自2006年以来，伴随着中国经济实力和国际声望的提高以及中华文化走出去战略的实施，国际影响也日益增强。客观上说，两种价值文化各有自己的比较优势，也各有自己面临的难题。对双方各自的比较优势和难题进行比较分析，将有助于我们更好地学习借鉴西方价值文化的优势，避免它的问题，克服自己面临的难题。

在我们讨论中西价值文化的比较优势的时候，存在着一个以什么作为评判它们各自的比较优劣的根据和标准问题。我们认为，判断一种价值文化优劣的根据应当是该价值文化所依据的价值观现实化的实际结果，如果说这种结果就是价值文化本身的话，那么这种根据就是价值文化的实际情形。这里涉及三个方面的问题：第一，价值观现实化的程度，即是否充分地得到实现；第二，价值观现实化后的实

---

[1]《中共中央关于全面深化改革若干重大问题的决定》，《人民日报》，2013年11月16日第1版。

际效益；第三，价值文化的包容力和影响力。一般来说，一种价值观越能得到充分实现，即越能现实化为价值文化或文化，就说明这种价值观所现实化的价值文化越得到社会公众的认可，越符合本国或本区域的实际情形，越反映了社会历史发展的要求，因而也就说明这种价值观的正确合理性，说明它所现实化的价值文化越有优势。一种价值观现实化之后的实际效益可以主要从两个方面加以衡量：一是国家或区域在经济、政治、文化、社会、生态等各方面是否达到全面繁荣；二是社会成员个人身心是否得到全面健康发展，其自我价值是否尽可能充分得到实现。一种价值文化包容力主要指它能否经受得住其他价值文化的冲击。一种具有优势的文化不仅不会被外来的价值文化所击垮，相反会将其融入自身之中，吸收和利用其中有益的东西。一种价值文化的影响力是指它对本国或本区域以外的国家或区域的影响。一种价值文化影响力越大就表明它越具有优势。我们认为，这三个方面可以说就是衡量一种价值文化是否具有优势的三条基本标准。我们可以以这三条基本标准为依据来审视中西价值文化各自的比较优势。

首先，从价值观现实化的程度来看，西方价值观已经充分现实化，因而西方价值文化具有现实优势，而中国价值文化正在现实化的过程中，具有潜在优势。

西方价值观就是西方自由主义价值观，西方的资本主义制度和整个社会生活几乎完全是按照这种价值观构建起来的，而且几乎没有多少偏差。我们完全有理由说今天西方社会的现实就是这种价值观的真实写照。这种情形一方面表明西方价值观是得到西方社会特别是统治者普遍认同的，具有很强的影响力和感召力，另一方面也表明这种价值观有其合理性的方面，它能满足社会公众的某种需求，而且具有可行性。西方价值观的这种情形与中世纪基督教价值观形成了鲜明的对比。作为基督教价值观现实化的天主教教会统治的中世纪社会，缺乏基督教价值观的那种基本的平等和博爱的精神，有的是封建等级制和贵族僧侣阶级对农奴和信众的剥削压迫。西方价值观的充分现实化说明，西方价值文化已经显示了它的强大优势。

中国价值观构建的时间较短，特别是它的第三种形态即中国特色社会主义价值观构建的时间充其量只有三十多年。但是，中国价值观通过不断强化宣传和教育，其社会认同度在不断提高。例如，为了使中国价值观深入人心，中共中央办公厅专门印发了《关于培育和践行社会主义核心价值观的意见》。而且，党和政府正在采取一系列强有力的措施使中国价值观制度化、道德化和政策化，努力使之成为当代中国的文化。其中最强有力的措施是中共中央作出的一系列重大决定，如《中共中央关于构建社会主义和谐社会若干重大问题的决定》、《中共中央关于深化文化体制改革推动社会主义文化大繁荣大发展若干重大问题的决定》、《中共中央关于全面深化改革若干重大问题的决定》及《中共中央关于全面推进依法治国若干重大问题的决定》等等。因此，中国价值文化虽然其现实优势尚未充分体现出来，一些人对中国价值观持怀疑甚至反对的态度，但从目前的发展态势看，中国价值观正在变成现实，而且具有充分现实化的巨大潜力。

其次，从价值观现实化后的实际效益看，西方价值观具有现实的物质文明、制度文明和生态文明优势，中国价值观具有物质、制度、精神和生态等方面文明全面进步的发展态势和后发优势。

经过几百年的现实化过程，西方价值观已经现实化为强大的物质文明、完善的制度文明和和谐的生态文明。今天的西方国家几乎都是发达国家，这里所说的发达主要是指它们的物质文明或经济技术发达，国力强大，人均GDP高，生活富裕。就它与市场经济相适应而言，西方的各种制度都极其完善，能够为市场经济发展提供充分的制度保障，应该承认今天的西方制度文明是最发达、最完善的。西方的环境和生态在长期遭到严重破坏之后，自20世纪60年代开始得到了有效治理，今天西方世界的生态环境无疑要优于大多数非西方国家，西方的生态文明也是今天世界最发达的。但是，西方在精神文明方面存在着严重的问题，其最突出的表现是人的物化问题，即人越来越受物欲的支配，满足物质欲望，缺乏精神追求。

应该承认，中国的物质文明、制度文明和生态文明都没有西方发达，但在这些方面都发展很快。中国在短短的三十年内跃居于世界第二大经济体，CDP年增长率均在7%以上，2014年人均GDP约7485美元，比1980年的256美元增长29倍多（35年）。在制度方面，中国正在进行法治中国建设，并且出台了《中共中央关于全面推进依法治国若干重大问题的决定》。在生态文明方面，党的十八大提出要"努力建设美丽中国，实现中华民族永续发展"，《中共中央关于制定国民经济和社会发展第十三个五年规划的建议》中又进一步把"绿色"作为五大发展理论之一。更为重要的是，中国历来高度重视精神文明建设，先后颁布了《中共中央关于社会主义精神文明建设指导方针的决议》（1986）、《中共中央关于加强社会主义精神文明建设若干重要问题的决议》（1996）、《公民道德建设实施纲要》（2001）、《中共中央关于构建社会主义和谐社会若干重大问题的决定》（2006）、《中共中央关于深化文化体制改革推动社会主义文化大发展大繁荣若干重大问题的决定》（2011）等一系列重要文件。党的十八大将经济建设、政治建设、文化建设、社会建设、生态文明建设作为推进中国特色社会主义事业的"五位一体"总体布局。所有这一切表明，西方价值文化虽然有物质文明、制度文明和生态文明的现实优势，但中国价值文化正在追求文明总体发展、社会全面进步，而且呈现出良好态势。中国价值文化的这种追求是在既借鉴西方价值文化优势的同时，吸取它的教训的基础上正在形成的后发优势。

最后，从价值文化的包容力和影响力看，西方价值文化虽然长期具有强势的影响力，但近年来这一影响力越来越多地受到抵制，其优势正在迅速衰退；中国价值文化的承受力空前增强，影响力正在与日俱增，其承受力和影响力的比较优势正在彰显。

西方价值文化是一种主流性的文化。所谓主流性的文化，是指它能容许其他与之不同的非主流价值文化共存共荣。从西方世界内部来说，西方价值文化能够容许非主流价值文化存在，但其前提是必须融入主流价值文化，就是说要服从它和服务于它。从西方世界内部来看，主流与非主流价值文化的关系是良好的。但是，当这种价值文化传播到西方世界以外的国家时，如果这些国家不愿意诚服于西方文化，作为它的非主流文化，那么西方价值文化就会采取一切手段来对其进行渗透、干涉甚至使其毁灭。美国对伊斯兰世界的政策就是如此，历史上此类事例还很多，如围绕剿土著民族、鸦片战争等。许多事实已经表明，西方价值文化是一种正在走向衰落的夕阳性价值文化。

西方价值文化最早是通过西方国家海外殖民和掠夺传播到西方以外世界的，所凭借的主要是经济、军事力量。不过，它所影响的范围主要是西方国家的殖民地或半殖民地，当然也受到了这些国家本土价值文化的抵制。第二次世界大战后，西方现代文明达到鼎盛时期，西方价值文化不仅凭借西方的强力向外扩散，而且也为一些国家主动学习和借鉴，从而成为了具有广泛国际影响的价值文化，具有很强的示范效应。但是，进入新世纪后，西方国家特别是美国到处输出他们的价值观，通过经济的途径进行文化渗透，甚至干涉其他国家的事务。所有这些霸权主义的做法引起了许多国家的反感，甚至引起了一些国家，特别是伊斯兰国家的强烈对抗，西方价值文化受到越来越多的质疑和抵制。特别是"9·11"事件后，主要针对西方国家的恐怖主义活动引起了全人类的惶恐不安，人们因而开始对西方价值文化进行深刻反思，并努力寻求不同于西方的价值文化和发展道路。西方价值文化的国际影响力减退也与这样一个事实有关：即西方价值文化是一种消费主义文化，它只适用于世界上少数国家，如果全人类都像西方人那样消费，地球将无法承受。因此，许多国家反对并抵制西方价值文化的物质主义和消费主义。

在改革开放前，中国价值文化不是主流性文化，而是主导性或一统性文化，它不容许其他异质性的文化存在。改革开放以后，伴随着对国外和对传统的开放，中国价值文化出现了多元的格局，除中国特色社会主义价值文化之外还存在着西方价值文化、传统价值文化、传统社会主义文化、不同的宗教文化等。虽然中国价值文化的主流与非主流的格局尚未完全形成（主要体现为非主流价值观并没有完全认同主流价值观），但已经出现了这种格局的明显态势，而且"弘扬主旋律，提倡多样化"早已成为了中国社会的普遍共识。在对待其他国家文化方面，中国价值文化采取的是全面开放态度，吸收世界各国和全人类一切有价值的东西，学习借鉴人类社会创造的各种文明中的有益成分。我们完全可以说，中国价值文化的越来越走向开放，包容力在不断增强，因而已经成为最具有生机和活力的朝阳性价值文化。

伴随着中国经济实力的增强，中国开始实施"中华文化走出去"战略。同时，中国的新外交政策，特别是"一带一路"（"丝绸之路经济带"和"21世纪海上丝绸之路")战略的实施、亚洲基础设施投资银行的建立等重大举措,大大增强了中国价值文化的国际影响力。与西方不同,中国扩大自己价值文化的影响不是通过文化渗透,更不是通过经济、政治、军事干预的途径,而是通过相互尊重、相互促进、互学互鉴的和平友好方式。历史反复证明,任何想用强制手段来解决文明差异的做法都不会成功,反而会给世界文明带来灾难。因此,我们要充分尊重世界各国的价值文化,包括西方价值文化,并且努力推进人类各种文明交流交融、互学互鉴,让世界变得更加美丽、各国人民生活得更加美好。这就是习近平所说的:"不同国家、民族的思想文化各有千秋,只有姹紫嫣红之别,而无高低优劣之分。每个国家、每个民族不分强弱、不分大小,其思想文化都应该得到承认和尊重。"①中国价值文化的这种胸怀和态度,必将进一步使它得到更多国家的认同和借鉴,其国际影响力必定会迅速增强。

  中西价值文化的比较优势还需要进一步联系两种价值文化面临的难题加以考虑。中西价值文化均有自己面临的难题,而且它们各自的难题严重地困扰着两种价值文化。西方价值文化的难题在于,整个价值文化是一种市场化的价值文化,因而它不能解决市场经济导致的三大问题:一是贫富两极分化问题;二是周期性经济危机问题;三是社会和个人"单向度"发展的问题。中国价值文化也存在着难题,这主要在于,社会主义制度与市场经济对接的问题。历史事实已经证明,资本主义制度由于完全是适应市场经济建立起来的,因而不能克服市场本身的问题(两极分化和经济危机)和由此导致的社会问题(单向度发展)。社会主义制度不是适应市场经济建立的,在某种意义上是针对市场经济的问题建立的,并且现在在中国社会主义社会或者说在中国社会主义制度的框架内不仅要发展市场经济,而且要以市场经济为经济基础或基本经济形态。这样就面临着一个社会主义制度与作为经济基础的市场经济之间的有机对接问题。

  不难看出,西方价值文化的难题是它自身固有的,更准确地说是资本主义制度的痼疾,是不可克服的。要克服这种难题,就是改变资本主义制度。然而,资本主义制度是西方价值文化的决定其性质的核心内容,如果这种制度改变了,那么西方价值文化就不再是资本主义文化了。与西方价值文化不同,中国价值文化是在社会主义社会或者说在社会主义制度的基本框架内引入市场经济导致的。虽然不能说这种难题不是中国价值文化具有的,但它并不是社会主义制度本身固有的,而是社会主义制度如何面对和利用市场经济的问题。我们完全可以设想,如果在社会主义基本制度不变的情况下,对其体制机制进行必要的改革,以一方面为市场经济发展提供保障,另一方面将市场经济固有的问题限制在最小范围和最小程度内并有效地防

---

① 《习近平在纪念孔子诞辰 2565 周年国际学术研讨会暨国际儒学联合会第五届会员大会开幕会上的讲话》,《人民日报》,2014 年 9 月 25 日第 2 版。

范它的负面效应，社会主义制度与市场经济就可以对接。我国目前正在进行的全面深化体制改革，其目的就在于此。因此，中国价值文化有希望破解自身面临的难题，有希望克服资本主义制度的痼疾，从而超越并优越于西方价值文化。

六、比较的启示

从以上不同维度和不同层次对中西价值文化的比较分析，可以给我们今后如何构建超越于西方价值文化的先进价值文化诸多启示，其中特别重要的有下述四个方面。

（一）构建科学正确合理的先进价值观

一个社会的面貌、性质取决于占统治地位的价值文化，而占统治地位的价值文化是其价值观或价值体系的体现。因此，价值观理论构建得是否正确合理，是这种价值观能否现实化为正确合理的文化的前提，也是它能否成为社会的主流价值文化的前提。西方资本主义价值文化之所以能成为西方社会的主流文化，重要的原因之一是西方资本主义价值观是经过长期精心理论构建形成的，有其合理性；而它之所以存在着诸多的问题，为许多思想家所批判，今天又为许多国家所抵制，则是因为它的理论构建存在根本性缺陷和诸多问题，而其根本性的缺陷集中体现为它从个体主义异化为资本主义，并导致社会的全面异化。西方价值观构建的问题所导致的社会全面异化的教训告诉我们，要高度重视中国价值观的理论构建，使之具有充分的科学性、正确性和合理性，成为先进的价值观。当然，中国价值观构建不是一蹴而就的，而是一个不断总结实践经验教训、不断深化理论探讨的与时俱进的过程。只有在这个过程中，中国价值观才会逐渐达到完备、圆熟。

首先，中国价值观的先进性还需进一步增强。中国价值观是中国特色社会主义文化的核心内容，要实现社会主义文化的大发展大繁荣，中国价值观的先进性还需要进一步增强。而要增强中国价值观的先进性，则需要"积极培育和践行社会主义核心价值观"，自觉、主动地加强社会主义价值观的理论构建，作出正确的构建战略选择。在全球化和信息化背景下的当代世界，无论是在国际舞台还是在一个开放的国家，都出现了价值多元、竞争的新格局。改革开放以来，西方价值观、传统价值观、各种宗教价值观等在我国竞相登台，甚至力图成为主流价值观。我国坚持和致力于构建的社会主义价值观就其性质而言无疑是先进的，而且在我国处于主导地位。但在价值多元、竞争的新格局挑战面前，要使社会主义价值观立于不败之地，真正成为主流文化，必须加强其构建，进一步增强它的先进性，使之现实化为当代最先进的价值文化。

什么是最先进的价值文化？当代最先进的价值文化是集人类优秀价值文化之大

成的最具竞争力的优势文化。它从根本上克服了其他价值文化的局限、缺陷和问题，尤其克服了其他价值观的专制性、资本化、异化等问题；同时，它又吸收了这些价值文化中的合理内容和精华。当代先进价值文化是全体社会成员共建共享的民主文化，它的主体是人民，人民是价值文化的创制者、建设者、享有者。当代先进价值文化是以社会成员幸福普遍实现为终极价值追求并被法制化的完整价值体系，是谋求社会成员普遍幸福的幸福文化。它能充分体现社会成员根本的和总体的利益，能最好地满足人的生存发展需要。它是顺应人性的，是人情化、人道化的，具有感召力、凝聚力和亲和力。同时，先进的价值文化还能在引导和控制其他价值文化的同时与之共存共荣，具有宏大的气魄和博大的胸怀，具有开放性、包容性和自我完善性，是具有竞争力、影响力和控制力的主流文化。就当代中国而言，最先进的价值文化就是践行和体现社会主义核心价值观的文化，或者说，就是社会主义核心价值观的现实化，也就是社会主义核心价值体系从观念到现实的转化。加强中国价值文化构建，就是要使中国价值观成为人类最先进的价值文化。

我们要清醒地认识到，只有进一步增强中国价值观的先进性，才能使它在当代世界不同价值观竞争中取胜并立于不败之地。当代中国价值观要扼制西方资本主义国家的"文化霸权"和资本主义价值观对我国的入侵和渗透，必须比资本主义价值观更先进，尤其是要克服资本主义价值观自身存在的异化问题，充分彰显它的比较优势和卓越品质。在当代中国多元价值观格局中，社会主义价值观不仅要在竞争中取胜，而且要使其他价值观认可、认同，心悦诚服地接受引领和控制，成为主流价值观。这样，它就必须具有实力和竞争力，而真正的实力和竞争力只能来自于它自身的先进性。同样，只有中国特色社会主义价值观的先进性得到进一步增强和彰显，它才会得到社会成员的普遍认同，才会具有强烈而持久的感召力、凝聚力和影响力。中国特色社会主义价值观是中国特色社会主义文化之魂，是当代中华民族之魂，是社会主义中国的根本标志。只有中国特色社会主义价值观的先进性不断得到增强，才会有中国特色社会主义文化的大发展大繁荣，才会有中华民族的伟大复兴和强大，才会形成既有国际影响力和渗透力又有中国气派、中国风格、中国话语权的价值文化。

其次，中国价值观需要加强构建才能增强其先进性。中国价值观源自于马克思主义的创始人，是马克思主义价值观的现实化。他们所创立的马克思主义价值观无疑是科学的、先进的，但这种价值观还是预测性的、理论性的，在当时尚未充分地付诸实践。任何真理都必须与时俱进，马克思主义价值观要现实化为当代先进的社会主义价值观，还需要根据新的历史条件和时代精神进一步丰富和发展。20世纪以来，世界发生了一系列重大的历史事件，如社会主义制度的诞生、二次世界大战、苏东社会主义解体、全球一体化进程加快等等。这些重大的世界性历史事件提出了许多新的理论和实践问题，需要对什么是社会主义、如何建设社会主义的问题作出新的解答。正因为如此，党的十七届六中全会通过的《中共中央关于深化文化体制改革推动社会主义文化大发展大繁荣若干重大问题的决定》提出，要不断推进马克思主义中国化、时代化、大众化，要使马克思主义不断吸收新的时代内容，与时代发展同步伐、同进步。

社会主义价值观在20世纪才开始现实化为价值文化形态，它是把马克思主义与各国具体的实践相结合的产物。虽然从苏联的十月革命起社会主义就开始了实践，但这种实践是在落后国家发生的，而且实践的时间较短，至今不过百余年的历史。更重要的是，由于多种原因，在将马克思主义价值观转化为社会主义价值观的过程中，其方案设计不充分、不完善，在实践过程中出现了诸多的问题，并没有充分显示出社会主义价值观的先进性和优越性。这些情况表明，先进的社会主义价值观尚未完全构建起来，还需要继续构建。我们要根据时代化的马克思主义进一步调整思路，完善方案，使科学的马克思主义价值观现实化为先进的社会主义价值文化，使所构建的价值文化成为公认的、当代最先进的价值文化。

第二次世界大战结束之后，特别是苏东解体之后，全球化、信息化的进程进一步加快，各种价值观在碰撞、竞争中相互吸收、渗透、融合，并适应新的时代改革创新，以增强其竞争实力。今天的世界已经成为了各种价值观争斗、角逐的舞台，作为其主角之一的资本主义价值观在努力增强自己实力、争占价值观制高点的同时，千方百计扼制甚至消解社会主义价值观。在这种价值观的竞争中，社会主义价值观只有进一步增强其先进性，才能有效抵御资本主义价值观"西化"、"分化"图谋，才能最后取得胜利。今天，我们着力构建中国价值观，就是要进一步增强其先进性，使它比西方价值观更具有实力和竞争力。社会主义价值观的先进性不是自然而然具有的，也不是一旦具有就始终保持的。无论从理论上还是从实践上看，社会主义价值观的先进性必须与时俱进，只有不断加强构建才能进一步增强其先进性。否则我们力图使社会主义价值观成为我国主流价值观的目的就不可能达到。

第三，增强中国价值观的先进性需要作出正确的战略选择。加强中国价值观建设，增强其先进性，这是我国文化建设的根本任务，也是中国特色社会主义建设面临的紧迫任务。要完成好这一任务，需要认真研究我国应采取的构建战略，并作出正确的战略选择。

在当代价值观多元的情况下，作出正确战略选择的重要前提是知己知彼。一方面要认真深刻地反思我国现行的社会主义价值观，在明确其先进性和优势之所在的同时，找出其薄弱环节和存在的致命性问题；另一方面要深入研究其它价值观特别是资本主义价值观的优势、合理内容以及存在的根本缺陷。当代社会主义价值观本质上是先进的，但它比其他价值观起步晚，是一种新生的价值观，还在发展和完善的过程之中。我们要在知己知彼的前提下，充分吸取其它价值观的合理内容和有益经验，向对手学习，以彼之长，补己之短，使自己变得强大；同时又要克服它们存在的根本性问题，吸取它们的教训，避免走弯路。我们既不能妄自菲薄，也不能盲目自信，而要参照借鉴，兼收并蓄，改革创新。特别是要从资本主义价值观中吸取自由、平等、公正、民主、法治等方面的合理内容，更要从根本上克服它的资本化及其所导致的异化等弊端，实现对资本主义价值观的历史性超越，使自己更先进、更合理、更完善。

我国在近一个多世纪的社会主义实践中，根据科学社会主义理论形成了中国特色社会主义理论，特别是党的十七届六中全会提出了社会主义核心价值体系，党的十八大又进一步阐明了社会主义核心价值观。当前我国构建中国价值观面临的最急迫任务有两个方面：一是是要根据中国特色社会主义理论特别是社会主义核心价值观进一步构建不同维度、不同层次的完整的中国价值观理论体系；二是要提供如何使中国价值观特别是核心价值观为社会公众普遍接受并使之道德化、法制化和政策化的科学、系统、完善的实践方案，从而使之真正做到"落细落小落实"（刘云山）。只有有了这样的理论体系和实践方案，中国价值观才能真正转化为中国价值文化，也才能使中国价值文化的构建有计划、有步骤地顺利推进。

（二）思想家与政治家各负其责

西方价值文化的一个突出特点是西方价值观得到了充分的现实化。西方价值文化虽然有其缺陷和局限，但它的构建是成功的。这种成功给我们的一个重要启示，是在构建过程中发挥重要作用的思想家和政治家分工明确，各负其责，分别从理论上和实践上完成各自的构建任务。西方近现代价值文化的构建过程大致上说是这样的：首先由思想家提出各种不同的价值观；然后政治家在各种价值观中进行挑选，并设计方案；最后政治家将设计方案制度化、法律化，并贯彻到社会生活的各个方面。在这个过程中，思想家提出的价值观是前提性的，没有他们提出的关于价值观的各种观点，不可能有随后的方案设计，也就不可能使价值观转变为社会的价值文化。虽然西方近现代思想家提出的价值观不尽相同，如有的是自由主义的，有的是共和主义的，但这些观点给政治家构建价值体系提供了素材和智慧，政治家可以在其中进行挑选和提炼，并进一步设计自己需要的价值体系方案。

对于西方各国近现代主流价值文化构建来说，思想家的贡献无疑是首要的。资产阶级是在批判和反对旧的价值文化中提出和确立新的价值文化的，同时又用新的价值文化批判和反对旧的价值文化。在这种破旧立新的过程中，资产阶级政治家发挥了决定性的作用，他们用政治实践建立了资本主义社会，最终用资本主义价值文化取代了基督教价值文化。但是，他们的政治实践是以新的思想理论为依据的。新的思想理论是通过艰苦的理论创新创立的。思想理论的创新，是西方近现代价值文化构建的前提和先导。只有从理论上创立了有生命力、感召力、战斗力的新价值文化，才能通过斗争打败旧价值文化，建立新价值文化。在西方近现代，从理论上创立这种新价值文化的并不是政治家，而是思想家，尽管政治家适时地选择了这种理论并使之付诸实践。近现代西方涌现出了一大批思想巨子，他们从不同角度对西方近现代主流价值文化及其构建作出了首要的贡献。

西方近现代思想家之所以能提出各种价值观，是因为思想家享有较充分的思想自由。从西方近现代历史看，除法国启蒙时期之外，西方各国虽然处于社会转型时期，基督教教会势力和封建势力仍然十分强大，但一系列革命运动给思想家营造了思想和言论自由的环境。在西方至今流传着伏尔泰的一句名言："我可以不同意你的观点，但我誓死捍卫你说话的权利。"这句名言深刻表达了西方近现代对思想和言论自由的充分尊重。正因为有了这样的自由环境，思想家才能够自由地思想，自由地发表言论。我们可以设想，如果思想家不享有充分的思想自由，像霍布斯的《利维坦》、洛克的《政府论》、亚当·斯密的《国富论》、约翰·密尔的《论自由》等具有反叛性的西方近现代价值观的经典著作是不可能问世的。即使是在封建专制主义势力十分强大的法国启蒙运动时期，也出版了孟德斯鸠的《法的精神》、卢梭的《论不平等的起源》和《社会契约论》等革命性的著作。自近代以后，西方资产阶级在构建资本主义价值文化的过程中，也仍然十分重视社会环境的自由，确保思想家思想和言论自由的权利，应该说，思想家的思想和言论自由成为了这种价值文化的一个组成部分，成为了一种文化传统。正是在这种思想和言论自由的环境下，20世纪以来西方思想家提出了更多的关于价值观的观点，出版了不计其数的相关著作。这一切又为西方主流价值文化从近现代到当代的转换提供了依据。

政治家在西方近现代主流价值文化构建中也发挥了重要的作用，这种作用具有关键性的意义。政治家的作用可以概括为四个方面：第一，他们熟悉当时各种价值观的基本观点。西方近现代政治家都比较了解当时思想家的思想，甚至非常推崇他们的思想。据说法国大革命时期罗伯斯庇尔就是卢梭的忠实信徒，他被称为"行走中的卢梭"。第二，他们对这些观点进行挑选，并在此基础上根据国情设计价值体系。这既是一个择优的过程，也是一个集中思想家智慧的过程。例如，英国选择了君主立宪制，而法国、美国选择了总统制。它们都是根据启蒙思想家的思想及本国的实际情况作出选择，并设计价值体系方案的。其中最典型的是美国。美国的开国政治家们就是根据启蒙思想家孟德斯鸠的"三权分立"的思想设计美国的政治体制的。第三，他们将这种价值体系的终极目标、核心理念和基本原则制度化、法律化。我们看到，近代西方政治家在基本上完成价值体系的设计之后，就将其文本化为制度和法律。英国的《权利法案》、美国的《独立宣言》及随后的《美国宪法》、法国的《人权宣言》及随后的宪法，都是这样产生的。第四，他们根据法律治理国家。自近代开始，西方各国都实行宪政和法治，它们将价值体系制度化和法律化后按照法律管理国家，通过国家的行政管理，使制度和法律得以贯彻落实，从而使所选择的价值观和所设计的价值体系现实化，成为价值文化。

从以上分析可以看出,政治家在构建西方近现代主流价值文化中的主要作用,是在思想家提出的各种观点中进行选择,设计价值体系方案并使之法制化、现实化,而不是提出有关价值观的思想理论观点。在这里,思想家提出各种观点在先,政治家进行选择和构建活动在后。西方政治家一般不做思想家所做的事情,更不是首先由政治家提出观点,然后由思想家再对政治家的观点进行阐释和论证。政治家并不是不能提出有关价值观的观点,实际上每个人都有它自己的价值观,但政治家根据自己的价值观来进行社会价值体系的设计有很大的局限。首先,如果这样,他们就不会在各种思想观点中选择最正确、最先进的。当然,他们自己的思想观点有可能是最正确、最先进的,但更有可能不是这样。政治家成天忙于政治事务,没有精力从理论上研究价值观问题,从而获得真理性的知识,而且他们通常也不具备从事这方面理论研究的专业能力。他们的价值观也像普通人一样是通过学习和经验形成的,不系统、不完整,也没有经过理论的论证,基本上是常识性的价值观。显然,以这样的价值观为根据设计的社会价值体系很难是科学、正确和先进的。其次,政治家有自己的利益,并且代表着一定的利益集团,因而他们的价值观很难摆脱这种利害关系,成为真正公正的。如果以他们自己的价值观设计社会价值体系,这种价值体系就有可能是偏私的,不能代表全体社会成员的利益。西方近现代以至当代的政治家清醒地意识到了上述问题,将提出价值观的任务交给思想家,自己则将精力放在集中思想家的智慧上,有选择地根据他们的思想观点构建方案并付诸实施,这是十分开明和明智的。

要构建一种先进的价值文化就必须有先进的价值观,但先进的价值观并不是一个人能提供的,而必须集中大量思想家的智慧。思想家要出智慧,首先必须有思想的自由,周围的环境允许他们自由地思想,最好还能给他们自由思想提供条件。当然,思想家也要有追求真理、探索真理、捍卫真理的精神。西方价值文化构建的经验告诉了我们这个道理。有思想自由,才可能有好的价值观,才可能构建好的价值文化,也才能建设社会主义文化强国。党的十八大报告指出:"建设社会主义文化强国,关键是增强全民族文化创造活力。要深化文化体制改革,解放和发展文化生产力,发扬学术民主、艺术民主,为人民提供广阔文化舞台,让一切文化创造源泉充分涌流,开创民族文化创造力持续迸发、社会文化生活更加丰富多彩、人民基本文化权益得到更好保障、人民思想道德素质和科学文化素质全面提高、中国文化国际影响力不断增强的新局面。"① 全民族文化创造活力产生和持续迸发的一个必要前提,就是思想家和文化工作者享有充分的思想自由和创作自由。

西方近现代政治家在构建价值文化的过程中给思想家以自由,让他们自由地研

---

① 胡锦涛:《坚定不移沿着中国特色社会主义道路前进 为全面建成小康社会而奋斗——在中国共产党第十八次全国代表大会上的报告》,《人民日报》,2012年11月18日第1版。

究和提出思想观点，并尊重和采用他们的思想观点。这些做法给我们的重要启示在于，政治家要开明、明智，要意识到就价值文化构建而言自己不是思想家，而是设计师，尤其是工程师；要意识到自己有自己的职责，有自己的优势，也有自己的局限；不能因为自己的位高权重，就认为自己的观点、看法正确，是真理；不能唯我独尊，不去了解和吸取思想家的观点，相反要思想家来为自己的观点作阐释、作辩护或唱颂歌，甚至对与自己不一致的观点大加讨伐。当然，我们也要借鉴西方近现代的做法，从制度上保证思想家的思想自由，防止政治家以自己的价值观作为社会价值体系的依据。在中国价值观的建设过程中，政治家要像党的十八大报告所要求的，一方面，"必须走中国特色社会主义文化发展道路，坚持为人民服务、为社会主义服务的方向"，另一方面，必须"坚持百花齐放、百家争鸣的方针，坚持贴近实际、贴近生活、贴近群众的原则"。①

（三）有调控地发展市场经济

西方近现代主流价值文化是适应市场经济兴起和发展构建的。市场经济发展与这种价值文化的构建处于一种良性互动的关系。一方面，市场经济既是它生长的土壤，又是它发展的动力；另一方面，它的形成和完善又大大地促进了市场经济的发展，而市场经济的发展又促进了这种价值文化的形成和完善。在这种关系中，尤其值得注意的是市场经济发展对西方价值文化构建的意义。

首先，市场经济客观上要求与之相适应的价值文化，西方价值文化正是适应这种要求建立起来的。资本是市场经济的命脉，市场经济运行的目的就是资本的增殖。市场经济的这种性质要求与之相适应的价值文化必须为资本的增殖服务，使一切资源（包括物质资源和人力资源）都资本化，并能带来更多的资本。这样的价值文化就是一种资本化的价值文化。西方近代主流价值文化是资本主义价值文化，而资本主义价值文化的根本性质和基本特征是这种价值文化的资本化。它是围绕着如何使资本增殖构建起来并运行的。西方近现代主流价值文化中倍受推崇的自由、平等、民主、法治等，无不是服务于市场经济所追求的资本增殖的。显然，没有市场经济就不会有西方近现代主流价值文化的萌生，没有市场经济的发展就不会有西方近现代主流价值文化的繁荣。市场经济是西方近现代西方主流价值文化的根基和动力。

其次，市场经济以其自身的优势最终打败了中世纪的一切之与不相适应的价值文化，从而为西方价值文化成为主流文化扫清了障碍。基督教价值文化在西方统治达千年之久，它有强大的教会势力和世俗的政治权力作支撑，而且渗入到西方社

---

① 胡锦涛：《坚定不移沿着中国特色社会主义道路前进 为全面建成小康社会而奋斗——在中国共产党第十八次全国代表大会上的报告》，《人民日报》，2012年11月18日第1版。

会生活的方方面面和社会成员的灵魂。西方近代为推翻这种价值文化的统治进行了不懈的努力,如文艺复兴运动、宗教改革、启蒙运动等。这些努力对于推翻基督教价值文化的统治和构建资本主义价值文化无疑具有重要作用,但需要注意的是,最终从根本上动摇基督教价值文化统治并使之退出历史舞台的是市场经济的发展。而且上述的革命运动本身也是适应市场经济发展的要求爆发的。因此可以说,市场经济是一种生命力强大的经济,具有击败一切与之不相适应的价值文化的革命性力量。

最后,西方的市场经济为与之相适应的西方价值文化充满生命力和扩张性奠定了基础并提供了保障。市场经济是一种充满生机和活力的经济,它为了资本的增殖而永不满足现状,不断开拓进取,不断向内挖潜和向外扩张。与之相适应的西方近现代价值文化也具有同样的性质,这种价值文化是一种充满生命力的价值文化,也是一种扩张性的价值文化。今天西方国家在全世界到处推行他们的价值文化,其根源就在于作为这种文化基础的市场经济的扩张本性。

但是,市场经济又是一种有缺陷的经济。这主要表现在:它会导致社会不公。市场经济实质上是只讲经济效率,不讲社会公平的,如果没有政府的干预,必然导致富者愈富、贫者愈贫的两极分化问题和社会不公问题。市场经济还会产生负面效应。由于市场经济本质上是一种唯利是图,只要可能就会不择手段的经济,因而当这种经济充分发展时,其负面效应就会特别突出而且特别严重。如在市场经济条件下人们的那些不正常的、病态的需求不仅得不到遏制,相反被刺激、强化;市场经济引导和开发需求的结果会改变人们的需求结构,那些更有钱可赚的需求就会被放大,使之恶性膨胀,其结果会使人的需求结构畸形化;拼命地利用和开发无主的、无偿的自然资源,而不管其他人和子孙后代;厂商只要有钱可赚,在有可能逃避限制和处罚的情况下,就会不顾可能污染环境,破坏生态的严重后果。不受控制的市场经济也会导致人性异化。在市场机制的作用下,利益逐渐成为了人们一切活动的惟一动机,谋利是为了活着,活着就是为了谋利。金钱是利益的货币表现,于是金钱成为人追求的终极目标,成为人生价值的尺度,成为人一切行为的指挥棒。人的一切都被还原为金钱。人为金钱而生,为金钱而死。金钱至上、金钱万能成为了人们生活的信条。所有这些市场经济的问题在近现代西方社会一直都存在,并且没有得到有效的克服和防范。

西方的经验告诉我们,虽然市场经济是一种有缺陷的经济,但在人类有史以来的经济形式中,市场经济仍然是一种最先进的经济形式。只有以市场经济为基础并适应市场经济要求构建的价值体系才可能是先进的价值体系,也只有借助市场经济的力量才能冲破一切旧的价值文化的束缚,战胜旧的价值文化,清除一切旧价值文化的消极影响。西方的经验也告诉我们,要战胜旧的价值文化,肃清其消极影响,必须借助市场经济的力量,必须大力发展市场经济。另一方面,我们也要吸取西方近现代的教训,不能仅仅以市场经济为基础构建价值文化,否则所构建的价值文化就会是资本化的,而资本化的价值文化并不能使社会成员普遍幸福。

市场经济在中国刚刚兴起,还需要大力发展,特别是要建成全面小康社会和实现中华民族伟大复兴的"中国梦",还必须借助市场经济的力量。但是,我们必须对市场经济本身的缺陷和它可能产生的消极影响和效应有清醒的意识。德国的社会市场经济模式在克服市场经济的问题方面尤其卓有成效,值得重视。

德国社会调控的社会市场经济模式既反对经济上的自由放任,也反对把经济统紧管死,而要求将个人的自由创造和社会进步的原则结合起来。它要求既保障私人企业和私人财产的自由,又要求使这些权利的实行给公众带来好处。它要求国家对市场给予尽可能少但必要的干预,特别是在市场失灵的地方实行干预,要求国家在市场经济中主动起调节作用,并为市场运作规定总的框架。张精华在《德国经济》一书中对德国的社会市场经济作了这样的概述:"它要求一个由国家制造的机构化的道德与法律的外部秩序。这种秩序要有利于自由地、自负盈亏地根据自由法制国家的规划进行计划的个体之间的交换关系;它也要保证人在其对社会责任的觉悟下施展在市场上的经济自由,以利于造就一个经济上与社会上高效率的、合乎人道的秩序。"① 他认为,竞争是德国社会市场经济的核心内容,通过市场,主要通过竞争,实现尽可能的全面而稳定的经济发展;稳定的货币是社会市场经济的前提,即建立一个能够正常运转的货币秩序,以保障价格稳定;国家的任务是管理和监督市场上的竞争,理顺市场调节的过程,校正市场结果,以实现社会安全、社会公正和社会进步。②

德国的社会市场经济一方面表明了实行有控制的社会市场经济是可能的,另一方面也为人类普遍采取这种经济形式提供了有益经验。当然,中国的社会制度与德国有着根本不同,我们不能简单地照搬德国的经验。我们应在借鉴德国经验的基础上走出一条市场经济与社会主义制度有机结合的中国道路。要走出这样一条道路,需要解决三个关键性问题:一是如何处理市场主体利益最大化的追求与全社会共同富裕的关系问题,即怎样才能既不会使社会出现严重的贫富两极分化又不淡化人们追求利益最大化的动机的问题;二是如何建立完整而严密的制度防止人们唯利是图、不择手段的问题;三是如何防止市场经济原则泛化,使整个社会和人们的生活都市场化、资本化的问题。在这三个问题中,西方价值文化比较好地解决了第二个问题,而其他两个问题都没有解决好,而且没有办法解决。对于中国来说,所有这三个问题都严重地存在着,因而需要在借鉴西方的经验并吸取西方的教训的前提下在社会主义制度框架内创造性地解决这三个问题。我们甚至可以预言,这三个问题

---

① 张精华:《德国经济》,人民出版社1994年版,第11~12页。
② 参见张精华:《德国经济》,人民出版社1994年版,第12~18页。

解决好了，社会主义就在中国取得了完全的成功，中国价值文化就真正超越了西方价值文化，并成为当代世界最先进的价值文化。

（四）关键在于制度化和法律化

在价值文化构建的过程中，当价值文化构建的内容和方案确定之后，一个关键的环节就是要使构建的内容和方案法制化。这里所谓的法制化，是指首先要将方案制度化，在制度化的同时使之法律化，特别是要通过宪法将其确定为国家的制度。法制化的重要意义在于，使构建内容和方案在全社会得到的共识，在国家管理中得到贯彻和实施，并使之确定下来，保持它的稳定性、连续性和一贯性，不经过法定的程序任何个人和组织都不能随意更改。当价值文化的内容被法律化后，它就具有最高的权威性，政治权力必须服从它，为它的贯彻实施服务，这即是所谓的法治。

价值观的制度化、法律化，对于将其现实化为社会的主流价值文化具有非常重要的作用。首先，制度化、法律化的过程，特别是立宪的过程，是一个民主参与的过程，在这个过程中，不仅使所设计的价值体系广为人知，而且让广大的社会成员参与讨论，在讨论的过程中形成共识，进一步完善价值体系，并使之得到公认。这样，所设计的价值体系就具有了广泛的群众基础和权威性。其次，当社会价值体系的基本精神和原则转变为宪法条文之后，它们就上升为了国家意志，具有最高的权威性，必须在政治和社会生活中得以贯彻，任何人和任何机构包括政治家和政府都不能违背它，否则就会受到追究和惩罚。这样，社会价值体系的现实化就获得了强有力的保障，也就会形成与价值体系相一致的社会价值文化。最后，法律，特别是宪法具有稳定性、连贯性，当社会的价值体系法律化之后，就可以保证它的稳定性、连贯性。一种价值体系的具体内容是可以根据时代的变化而改变的，只有这样价值体系才能与时俱进，充满生机和活力，但是它的终极目标、核心理念和基本原则总体上不能变，否则它就不是它自身，而是其他的价值体系。要保持价值体系的核心价值的稳定性和连贯性，就必须通过法律特别是宪法的形式将其中的内容确定下来。宪法是保持社会价值体系稳定性、连续性的主要方式。美国宪法1787年制定、1789年生效以来，两百多年除了后来制定的27条修正案之外，基本上没有什么变化。美国宪法的稳定性保证了美国主流价值观的稳定性，正因为有了这种稳定性才逐渐形成了美国的主流价值文化。

价值观制度化和法律化是西方价值文化构建的一条重要经验，同时也是中国价值文化构建的一个"短板"。价值文化的构建关键在于制度化和法律化，这是我们对中西价值文化构建得出的一个最重要结论。

近现代西方政治家在构建其主流价值文化的过程中，采取的一个关键步骤就是使所设计的价值体系制度化、法律化，其重要体现就是以宪法为中心的民主政治。这是民主与法治结合的政治，它通过民主的途径形成全社会的共同意志并建立宪法，同时又通过宪法规范整个社会生活，包括政权的组织形式和运行模式。从主流价值文化构建的角度看，宪政就是将所设计的价值体系方案通过一定的程序转变成具有最高权威的宪法，通过宪法的权威性使价值体系及其要求贯彻到政治生活以及其他社会生活的各个方面，任何人包括政治家都不能改变价值体系的内容，不能违背价值体系的原则。西方近现代价值体系之所以能在西方社会现实化为主流价值文化，一个重要的原因就是西方各国实行宪政，使价值体系制度化和法律化。在一定意义上可以说，西方国家的宪法就是它们的价值体系制度化和法律化的集中体现。美国在《独立宣言》发布之后，很快就根据其内容和精神制定了美国宪法，法国在《人权宣言》发布之后，也很快制定了法国宪法，西方其他国家也都仿效美国和法国走宪政之路，以美国宪法为范例制定本国宪法。正是在实行宪政的过程中，西方近现代主流价值体系，特别是其中的最终目标、核心理念和基本原则得以制度化和法律化，它们在民主与法治的结合中成为了一种文化，即资本主义文化。

与西方形成鲜明对照的是，中国价值文化构建的过程始终没有解决好这个问题，价值文化构建的内容和方案要么没有法制化，要么法制化了但为在它之上的权力所随意更改甚至蹂躏，最后成了通常所说的"有法不依，执法不严"。中国价值文化不能法制化的最重要体现是宪法至高无上的权威性得不到尊重，制定宪法草率，修改宪法随意，违背宪法不究。有研究认为，20世纪上半叶中国的宪法变迁史简直不堪回首。它以"君权宣言"开始，以破坏宪政的"临时条款"结束，历时41年（1908～1949年）。其间宪法性文件变动频繁。经立法机关（含宪法起草委员会）通过的各类宪法、临时宪法（约法）、宪法草案共15件，尚不包括同样变动频繁的组织法、选举法，其中胎死腹中的宪草5部（不包括合法性成问题的1930年"太原中华民国约法草案"），真真假假的宪法（包括破坏宪法的"临时条款"）共10部，平均约4年出台一部宪法，不到3年1部宪法和宪法草案。如果去掉8年抗战非常时期，则立宪修宪的频率更高。即使不与美国200多年就一部宪法相比，宪法变动之多恐怕在世界上也数一数二。但是这些文件中，除破坏宪法的"临时条款"以及政府组织的条款、国民党党治的条款得到实行外，凡涉及真正现代宪政原则的几乎未见兑现。仅就形式而言，真正生效的宪法只有1923年曹锟宪法和1946年宪法，两者加起来不到两年，且两者生效时国家并不统一。所以，在全国范围内生效的宪法（哪怕是形式上）一天也没有过。① 中国近现代宪法的这种状况表明，中国还没有实行法治，权力仍然在法律之上。

新中国成立后，特别是党的十一届三中全会以来，中国党和政府深刻总结我国社会主义法治建设的成功经验和深刻教训，提出为了保障人民民主，必须加强法治，必须使民主制度化、法律化，把依法治国确定为党领导人民治理国家的基本方

---

① 参见周永坤：《中国宪法的变迁——历史与未来》，《江苏社会科学》，2000年第3期。

略，把依法执政确定为党治国理政的基本方式，积极建设社会主义法治。但法治建设还存在许多不适应、不符合的问题，主要表现为：有的法律法规未能全面反映客观规律和人民意愿，针对性、可操作性不强，立法工作中部门化倾向、争权诿责现象较为突出；有法不依、执法不严、违法不究现象比较严重，执法体制权责脱节、多头执法、选择性执法现象仍然存在，执法司法不规范、不严格、不透明、不文明现象较为突出，群众对执法司法不公和腐败问题反映强烈；部分社会成员尊法信法守法用法、依法维权意识不强，一些国家工作人员特别是领导干部依法办事观念不强、能力不足，知法犯法、以言代法、以权压法、徇私枉法现象依然存在。正是针对这些问题，党的十八届四中全会作出了《中共中央关于全面推进依法治国若干重大问题的决定》，提出了建设中国特色社会主义法治体系，建设社会主义法治国家的总体目标，对推进依法治国和依宪治国作出全面系统部署。因此，我们有理由相信，中国价值观的法制化进程将会大大加快。

从西方价值观制度化、法律化的经验看，构建中国价值文化关键是要将民主与法治结合起来，将主流价值体系方案的制订与宪法的修订结合起来。一方面，要将宪法修订的过程变成全民对主流价值体系方案形成共识的过程，变成集中全社会智慧完善主流价值体系方案的过程；另一方面，要将主流价值体系的主要内容（终极目标、核心理念和基本原则）制度化和法律化，使之成为国家意志，成为具有权威性和约束力的政治规范。与此同时，还要进一步提高宪法在国家中的地位，使之真正成为国家的最高权威，成为我国主流价值体系得以有效贯彻的可靠保证和中国主流价值文化构建的坚强有力的凭借。

结　语　中国价值文化的创造性转化及愿景

当代我国价值文化的自觉构建，从整个中国历史发展来看，就是中国价值文化在当代的创造性转化。这次创造性转化是中国价值文化从传统到现代转换过程中对传统价值文化的当代重构，因而对于中国文化发展来说是一次具有极其深刻意义的变革。鸦片战争爆发后，我国传统社会占主导地位的价值文化（简称为"传统价值文化"）开始受到冲击，到辛亥革命其统治地位崩溃。从此，我国占主导地位的价值文化进入了一个从传统到现当代转换的过程。党的十八大以后，习近平总书记提出要努力实现传统文化的创造性转化和创新性发展，从根本上调整了我国价值文化从传统到当代转换的路向，这对于当代中国文化的繁荣发展乃至对中国特色社会主义建设事业具有十分重大的意义。在这里，我们对中国价值文化创造性转化的发生、面临的难题及未来走向进行阐述，并借此表达我们对当代中国价值文化及其构建前景的期待。

一、创造性转化的发生

我国价值文化从传统到现当代的转换是在西方强势文化向全世界扩张和渗透以及由此引起的人类走向全球化的宏观背景下发生和演进的，是多种因素共同作用的结果，经历了一个相当漫长的过程，而自觉对传统文化进行创造性转化则是从党的十八大之后开始的。

自鸦片战争开始，西方列强凭借其先进价值文化的竞争力、现代科学技术和资本的强大物质力量（不只是"坚船利炮"）打开了古老中国封闭的大门，使中国传统价值文化丧失其抵御能力并失去其存在的合理根据。但是，传统价值文化的衰落并不是引起我国价值文化从传统到现代转化的原因，它只是为这种转化提供了前提，或者说起到了触媒的作用。引起这种转化的直接原因，是在我国日渐陷入被动挨打、丧权辱国惨状的情况下，有志于救亡图存的仁人志士或者通过改良的途径改革传统社会制度或者通过革命推翻传统政治统治的努力。这些仁人志士不仅有一腔爱国热情，而且通过不同途径（如通过留学日本或受俄国影响）受到西方近代价值文化的影响，因而主张照搬西方、利用西方或借鉴西方文明以改革现存社会制度和政治统治。在不同派系和势力的争论乃至暴力斗争中，最终以孙中山为代表的革命派占据了主导地位。不过，他们并不主张全盘西化，而是主张借鉴和有条件地利用西方文明。

20世纪初的革命派孕育了国民党和共产党，两党在政治主张和价值追求上存在着重大差异，但是，在对待传统制度和文化上都是持激进的否定态度，主张建立与传统不同的价值文化和社会制度。国共两党从合作到分裂，再从敌对到战争，中经抗日战争的再次合作和抗战胜利后的再分裂、再敌对、再战争，最终共产党取得了胜利，建立了新中国。共产党在1949年执掌中国政权之后，我国的社会制度和面貌发生了根本变化，但一直到开始实行改革开放这段时期，共产党仍然坚持20世纪早期革命派的那种对传统完全否定的态度，在"文化大革命"期间甚至达到了登峰造极的地步。

从人类历史发展的过程看，在社会转型的初期，往往会对前一社会形态持敌对的激进态度，但随着转型的深化，对前一社会形态的态度会逐渐理性化、理智化，不再持简单的全盘否定态度，而是努力从中吸取合理内容。中国近现代的情形亦是如此。至少从1911年辛亥革命前后开始一直到20世纪90年代实行市场经济体制的近100年时间里，我国主要致力于在救亡图存的过程中建立新的社会制度和价值文化，而且基本路径是"破旧立新"，通过"破旧"来"立新"。因此，这个过程是一个重建的过程，而不是一个转化的过程。两者之间的区别在于，前者是推倒重来，甚至以为把所有"残渣"清理得越干净越好，把"旧地基"清除得越彻底越好；后者则是类似于化学反应的过程，通过在原有因素中加入新因素生成一种完全不同于旧东西的新东西，新东西中有原有因素但在性质上完全不同于旧东西。我国真正意识到对传统要进行这种化学反应式的创造性转化而不能简单的否定，是与我国实行市场经济体制之后面临诸多新问题直接相关的。

1978年12月我国实行改革开放的基本国策后，一方面改变了新中国成立后实行的封闭政策，对国外特别是西方实行开放，另一方面也对传统不再采取简单否定的做法，而是持比较宽容的态度，传统文化伴随着对外开放逐渐在中国内地有了市场。但是，我们尚未清醒地意识到要对传统价值文化实行创造性转化。20世纪90年代实行市场经济体制后，经济基础的变化带来了整个社会生活的剧变，出现了许多过去未曾有过的新问题。其中最突出、也是最严重的问题是诸如官员腐败、"假冒伪劣"、两极分化及道德失序等问题，而这些问题的出现与新中国成立后所确立的意识形态、价值观（念）和社会制度与市场经济通行的规则特别是最大利益化原则不相匹配直接相关。这些问题无法在原有的制度和文化的框架内加以解决。正因为如此，在市场经济兴起和发展约20年（党的十八大）后，我国提出建设社会主义核心价值观和全面深化体制改革的问题，而在这两个方面我们都面临着巨大的难题。

就建设社会主义核心价值观而言，我们面临着一种改革开放前所没有出现的新情况，即这时的传统价值文化已经在我国社会具有相当的影响力，甚至有人主张用传统价值文化取代社会主义价值文化作为当代中国的主导价值文化，而改革开放前传统文化在中国内地没有任何市场。在这种情况下，就存在着我们所要建设的价值观如何对待传统文化的问题。我们不可能再不理睬传统文化，更不可能完全否定传统文化。另一方面，不少社会调查和人们的直觉表明，党的十八大提出的社会主义核心价值观要深入人心，需要与国民的民族心理和文化基因承接，否则，不可能真正入脑入心。因此，在建设核心价值观的过程中唯一理智的选择就是弘扬优秀传统文化，对传统文化实行创造性转化。

就全面深化改革而言，我们面临着确定改革方向的问题。关于全面深化改革朝哪个方向改，党中央提出要走中国特色社会主义道路。显然，这条道路不是西方的那种制度和文化完全与市场经济相一致的道路；也不可能是传统社会主义的道路，因为正是这条道路不适应市场经济才提出要进行全面深化改革；当然也不可能完全是马克思主义创始人设想的道路，因为那条道路是否认市场经济的。中国特色社会主义道路就是要在坚持市场经济体制并吸收西方与之相适应的制度和文化内容的前提下，坚持传统社会主义和马克思主义的基本立场，从而使之成为社会主义的；同时吸收优秀传统文化内容，从而使之成为具有中华民族特色的。当然，这并不是所有这些因素的简单相加，而是让它们发生"化学反应"，成为一种中国价值文化的新形态。这种形态相对于经典马克思主义而言就是中国化、时代化的马克思主义，相对于传统社会主义而言就是中国特色社会主义，相对于传统文化而言就是实现了创造性转化的当代中国文化。

传统文化既包含精华，也包含糟粕。我国改革越深入越全面，人们就越会感觉到传统的一些消极落后因素严重地阻碍了新制度和文化的建立。自辛亥革命以来，我们一直对传统文化持简单否定的态度，没有以冷静理智的态度对传统文化进行深入剖析，并在此基础上根据时代精神和实践需要对它进行创造性转化。于是便形成了这样的一种矛盾局面，即从人们的言行和社会外表看，没有什么传统文化的影子，人们甚至抵制传统文化或对之反感，而传统的一些因素（包括积极的因素和消极的因素）在人们内心深处仍然隐含地或潜在地发生着作用。其中消极因素的作用（如权力、人情大于法律）成为改革的深层次阻力和障碍。我们认识到，要从根本上解决这些问题，不能再简单地否定传统文化，而要在细致地梳理的基础上实现创造性转化。

正是在这样的时代背景下，党的十八大以后，习近平总书记在强调传承弘扬中华优秀传统文化的同时，一再要求努力实现传统文化的创造性转化和创新性发展。早在2014年2月24日，习近平总书记在主持十八届中央政治局第十三次集体学习时就指出，弘扬中华优秀传统文化，"要处理好继承和创造性发展的关系，重点做好创造性转化和创新性发展"。在2014年9月召开的中央民族工作会议上，习近平总书记又指出："弘扬和保护各民族传统文化，不是原封不动，更不是连同糟粕全盘保留，而是要去粗取精、推陈出新，努力实现创造性转化和创新性发展。"在2015年9月纪念孔子诞辰2565周年国际学术研讨会暨国际儒学联合会第五届会员大会开幕式上,习近平总书记则明确提出了要"努力实现传统文化的创造性转化、创新性发展"[①]这一对待传统文化的基本要求和原则。习近平总书记提出这一要求和原则表明,传统文化创造性转化和创新性发展是我国走向现代化和实现中华民族伟大复兴征程中不可回避的重大理论和现实问题,它既是事关传统文化在新的历史传统下能否得以传承和怎样得以传承的问题,也是事关当代中国价值观建设和我国文化未来发展的问题。于是,传统文化创造性转化和创新性发展的问题就被提到了全党和全社会的面前。

习近平总书记所说的"传统文化创造性转化和创新性发展"赋予了传统文化向当代转换全新的含义。传统文化向现当代转换可以是不理睬甚至完全否定传统文化而重新构建一种全新的文化,我国改革开放前的做法基本上就是如此;也可以是在肯定传统文化有其合理性和价值的前提下根据新时代的精神和新实践的要求使之转换为与时代精神和实践要求相适应的文化,这就是习近平总书记所要求努力做到的创造性转化。前一种转换至少从辛亥革命前后就已经开始,而后一种转换则是党的十八大前后才提上议事日程的。不言而喻,后一种转换要比前一种转换复杂得多,艰难得多。它不仅要求承认传统、尊重传统、珍视传统,而且要求在对传统文化的精华糟粕、经验教训进行系统深入梳理、研究的基础上使传统文化与今天的时代、实践和世界文明对接,使之作为文化遗产为今天我国的文化强国建设服务。必须对传统文化进行创造性转化,这是我国文化建设的经验教训召示给我们的选择,是当代中国文化繁荣发展的必由之路。虽然这一过程刚刚开始,而且面临着深层次的难题,但我们仍要按照习近平总书记的要求下大功夫努力攻克这一难题。

二、创造性转化面临的主要难题

如果说实现传统价值文化的创造性转化比简单地否定和抛弃传统文化复杂、艰难得多,通过以下进一步的分析,我们还将看到实现这种转化面临的巨大难题。实现传统价值文化的创造性转化得面对以下三种明显的情形:一是从经济基础来看,传统价值文化的基础是自然经济,而我国今天实行的是市场经济体制;二是从意识形态来看,传统价值文化是皇权专制主义,其理论依据主要是儒家学说,而我国当代主流意识形态是马克思主义及其中国化,是社会主义文化;三是从上层建筑来看,传统价值文化是皇权专制制度,而我国现行的制度是新中国成立后确立的社会主义制度,而这种制度又处于全面深化改革之中。问题的复杂性主要不在于我们得面对这些情形,而在于我国现实的经济基础与主流意识形态和上层建筑两者之间存

---

① 《人民日报》,2014年9月25日第2版。

在着不相适应的问题,在这种情况下,就存在着我们对传统价值文化进行创造性转化是转向其中的一方面还是另辟蹊径的问题。"文化总是时代的先行者","社会的转型通常首先表现为文化的转变"①,因此,这个问题就是我国当前进行传统价值文化创造性转化面临的根本性难题。这个难题说到底就是创造性转化的方向或价值取向的问题。这个问题不解决,创造性转化就没有方向,就是盲目的,当然也不可能真正实现。

新中国成立后,我国实行的是计划经济体制,并在此基础上建立了社会主义制度。然而,改革开放前近三十年的实践表明,这样一种经济社会结构并没有从根本上改变我国贫穷落后的面貌,尤其是"文化大革命"使我国的经济走向了崩溃的边缘,我国的社会生活秩序陷入混乱,我国当时社会主义制度面临着严峻的挑战。在这种情况下,党的十一届三中全会决定实行改革开放,力图从改革经济体制和改变过去对外封闭格局应对所面临的挑战。伴随着改革开放的深入,我们逐渐意识到,要改变我国贫穷落后的面貌仅仅对原有的计划经济体制进行改革而不转变这种体制本身并不能从根本上解决问题,于是在 20 世纪 90 年代引进市场经济体制,并用市场经济体制取代计划经济体制。显然,这不是一般意义的改革,而是具有实质性意义的变革。这一变革的深刻社会后果是,不仅在短短的一二十年时间里改变了中国经济落后的面貌,使我国物质文明迅速繁荣,而且也使整个社会体制乃至意识形态和思想观念越来越严重地不适应市场经济发展的要求。我国选择了坚定地走大力发展社会主义市场经济之路,而这种新型经济基础与原有的上层建筑和意识形态相冲突也日趋突出,并且通过一系列严重的社会问题表现出来。

为解决这一根本性的社会冲突,我国社会作出了很多努力。其中最重要的有以下四个方面:首先,建设社会主义核心价值体系和核心价值观。核心价值观和价值体系是意识形态的核心内容,是社会生活和社会结构的灵魂,要建立与市场经济相适应的社会制度、体制和机制,首先必须更新根本的总体的价值观念,即价值观。为此,2006 年召开的党的十六届六中全会提出了建设社会主义核心价值体系的任务,2012 年召开的党的十八大又进一步提出要培育和践行社会主义核心价值观。这意味着要更新价值观念,建立一种适应新时代和新实践要求的新价值观。其次,推进马克思主义中国化、时代化和大众化。马克思主义是我国革命和建设事业的指导思想,无论是发展市场经济还是建设社会主义核心价值观都必须在马克思主义指导下进行。然而,马克思主义要发挥这种指导作用其本身必须与时俱进,于是 2009 年召开的党的十七届四中全会提出要推进马克思主义中国化、时代化和大众化。第三,全面深化体制改革。指导思想的与时俱进和价值观的更新,需要落实到制度体制的层面才能真正对社会生活发生作用。因此,2013 年召开的党的十八届三中全

---

① 李建华、姚文佳:《社会全面转型与道德引领》,湖北大学学报(哲学社会科学版),2016 年第 3 期。

会作出了从经济、政治、文化、社会、生态文明和党的建设等方面全面深化体制改革的决定。在社会制度体制体系中，法律制度具有关键性的意义，所以2014年召开的党的十八届四中全会又作出了全面推进依法治国的决定。第四，弘扬优秀传统文化。改革开放以来，对传统文化的开放政策，使传统文化迅速在中国大陆兴盛起来，在这种情况下，建设社会主义价值观、使马克思主义中国化和时代化以及全面深化改革，都面临着如何对待传统文化的问题，而且优秀传统文化确实蕴涵着有助于克服社会生活过分市场化的问题。因此，习近平担任中共中央总书记以来反复强调要弘扬优秀传统文化。所有这些努力概括说来就是要在理论和实践上探索一条史无前例的中国特色的社会主义道路。这是一条根本不同于皇权专制主义和西方资本主义，也与传统社会主义有所不同的全新社会价值文化发展之路。

1997年召开的党的十五大明确提出"在社会主义条件下发展市场经济"，由此开始了以市场经济为经济体制的中国特色社会主义道路的自觉探索。二十年来，我国适应社会主义市场经济发展的要求，通过深化改革开放，在经济、政治、文化、社会、生态文明等各个方面取得了全面的进步，中国特色社会主义事业呈现出前所未有的繁荣局面。事实雄辩地证明了选择这条道路的无比正确性。然而，中国特色社会主义道路尚处于探索之中，在这一探索过程中，我国的社会和文化发展始终都会面临着不同选择的挑战，我们必须在面临挑战的进程中走出一条真正成功的中国特色社会主义之路。

在我国选择了发展市场经济这一经济体制之后，我们就面临着三种基本的选择：一是完全走市场化之路，这条路就是"西化"之路，西方资本主义制度和文化就是完全适应市场经济的要求建立起来的。二是寻求与马克思主义创始人的社会主义理想相适应的经济形态。马克思恩格斯虽然没有明确提出社会主义阶段应有什么样的经济形态，但他们对市场经济是持基本否定态度的，如果我们严格按照他们的社会主义理想建设社会主义，就必须寻求一种不同于市场经济形态的经济形态作为经济基础。三是在坚持马克思恩格斯设想的社会主义理想的前提下有限度地利用市场经济，构建一种在市场经济基础上的社会主义文化和社会。改革开放以来，这三种选择历来都有拥护者，实行市场经济体制之后，不同选择的拥护者之间的争论更趋激烈。党中央作出了第三种选择，这无疑是一种实现中华民族伟大复兴的正确选择。我们不能走"西化"之路，因为这条道路既不可能普遍化，也存在着诸多不可克服的弊端，而我国改革开放之前的实践证明，否定市场经济不可能使国家强大起来。然而，第三种选择虽然是中华民族的伟大复兴之路，但同时也是这三种选择中最艰难的。因为不言而喻，第一种选择虽不可能在中国获得成功，但有西方可利用的资源；第二种选择则是我们过去习惯走的路，尽管事实证明不成功，但走起来轻松；而第三种选择则是一条全新的道路，需要我们在理论与实践上持续不断的艰难探索。这条路难就难在，我们既要大力发展市场经济，又不能走整个社会市场化之路；我们要全面深化改革，又不能背离社会主义原则。其焦点在于，要把过去被认为是水火不相容的市场经济和社会主义这两者有机地结合起来，使之相互促进、相得益彰。"市场经济与文化建设固然有着目标和价值的不同，但在实践中二者存在着密切的相互作用关系。"① 既然我们要坚持实行市场经济体制，我们就不能不考虑市场经济对价值观念、意识形态、社会制度乃至文化体系的影响。

当代中国社会面临着不同的选择，因而在这种历史境遇中进行传统价值文化创造性转化就存在着转化的不同方向问题：转化为市场化的价值文化，转化为传统社会主义价值文化，还是转化为今天我国正致力建设的中国特色社会主义价值文化？这种转化方向的选择不只是一种设想，而是在现实生活中存在着重大意见分歧的。如果我们认定，传统价值文化只能转化为中国特色社会主义文化，那么，在这个转化过程中就必须解决市场经济与社会主义意识形态和制度体系之间的冲突这一难题。另一方面，在中国特色社会主义艰难探索的过程中，我们也试图通过传统价值文化的创造性转化来寻求解决当代中国面临的上述冲突问题，使这两者植根于中华文化的沃土，实现现代市场文明、马克思恩格斯的社会主义理想和传统文化的有机融合，从而生成一种全新的价值文化形态。以中国特色社会主义价值文化为取向实现传统文化的创造性转化，同时又通过这种创造性转化建成中国特色社会主义价值文化，这是当代我国价值文化建设面临的难题、挑战，也是其成功的希望、机遇之所在。

三、创造性转化的愿景

我国对传统价值文化实行创造性转化从党的十五大（1997年）算起，迄今不过20年时间，即使加上此前的传统文化转换过程，也不过百余年历史。这对于一种社会价值文化的转化或转换过程来说只是一个开始，而西方完成从传统价值文化到现代价值文化的转换经历了六百多年的历史。但是，在现代文明的条件下，越是在转化的早期，越是需要对转化进行理性的构想和设计。如果说传统价值文化创造性转化的未来之路只能是在全球化背景下，顺应人类文明发展大趋势，通过传统文化创造性转化来实现现代市场文明、社会主义理想的有机融合，那么，我们就需要对这种融合的未来图景进行构想和设计，为这种转化提供理论及其方案的支持。这种构想和设计也可以说它是当代中国价值文化发展的愿景。

总体上看，传统价值文化创造性转化所要形成的是一种市场经济和科技创新在经济领域充分发挥作用、人民具有主体地位、法律在社会生活中具有最高权威、以

---

① 郝书翠：《论中华优秀传统文化软实力优势的发挥》，《湖北大学学报》（哲学社会科学版），2016年第4期。

每个人全面而自由发展为旨归、社会生活充满真情友爱的和谐主义价值文化。具体地说，通过对传统价值文化实行创造性转化所要形成的价值文化应包括以下六方面的基本内容：

第一，市场经济和科技创新充分发挥创造物质财富和激发经济活力的作用，国强民富，社会成员个人拥有可靠的生活保障。事实证明，市场经济有其独特优势和不可克服的弊端，在人类尚未发现更好的经济形态之前，必须充分利用市场经济激发社会个体进取创新的活力，实现国家富强，人民富裕，彻底消灭贫穷和落后，通过市场经济发展和科技创新水平的提高，努力营造强者能充分发挥聪明才智、弱者拥有可靠生活保障的经济基础和社会条件。在我国全面深化改革的现阶段，经济体制改革的核心问题是处理好政府和市场的关系，使市场在资源配置中起决定性作用并更好地发挥政府作用。"建设统一开放、竞争有序的市场体系，是使市场在资源配置中起决定性作用的基础。必须加快形成企业自主经营、公平竞争，消费者自由选择、自主消费，商品和要素自由流动、平等交换的现代市场体系，着力清除市场壁垒，提高资源配置效率和公平性。"① 市场经济具有极大地促进社会经济发展的作用，但也有其不可克服的缺陷。美国著名社群主义思想家桑德尔曾对此给予了深刻的揭露："如果某人愿意花一笔钱来满足自己的性欲或者购买一个肾脏，而另一个同意此桩买卖的成年人也愿意出售，那么经济学家问的唯一问题就是'多少钱'。市场不会指责这种做法，而且它们也不会对高尚的偏好与卑鄙的偏好加以区别。交易各方都会自己确定所交易的东西具有多大价值。"② 因此，必须通过法律、制度、道德等社会控制机制有效杜绝市场规则对非经济领域的渗透，防止社会生活市场化和资本化。有限制地发挥市场经济和科技创新的作用，既要吸取市场经济文明的积极内容，又要继承中国传统文化先义后利的非物质取向，这是实现传统文化创造性转化所形成的中国特色社会主义文化不同于西方资本主义文化的基本特征。

第二，社会是其成员共有、共建、共享的，享有公民权的个人的社会终极主体和主人地位得到确保。在现代社会成员多元化、多样化的历史背景下，社会是所有社会成员（包括个人、企业及其他各种社会组织）共有的社会，也需要所有社会成员共同建设以促进其发展，同时所有社会成员都有权利分享社会的一切资源和机会。所有社会成员都是社会的主体和主人，而享有公民权的个人则是社会的终极主体和主人，他们拥有立法权、选举权和被选举权，享有政治参与权，拥有表达政治见解的自由和渠道。当社会成为其成员共有、共建、共享的时候，当国家真正成为"民有、民治、民享"的时候，人民群众就会有越来越强烈的认同感和归属感、越来越多的获得感和幸福感。"全面小康是全体中国人民的小康，不能出现有人掉队"，

---

① 《中共中央关于全面深化改革若干重大问题的决定》，《人民日报》，2013年11月16日第1版。
② ［美］桑德尔：《金钱不能买什么——金钱与公正的正面交锋》，邓正来译，中信出版社2012年版，XII - XIII。

"一个都不能少"（习近平语）。在全面建成小康社会的基础上，在全社会实现"五有"，即学有所教、劳有所得、病有所医、老有所养、住有宜居。这一特征显然是在吸取现代民主观念的基础上对传统价值文化中王朝是社会的主体和主人的创造性转化。

第三，实行法治，法律在社会生活中拥有最高权威的地位，一切权力在法律之下运行。确立法律特别是宪法在国家中至高无上的地位，将一切权力置于法律之下运行，运用法律防止权力的滥用、误用及不作为，这是当代人类的普遍共识。实现传统价值文化的创造性转化，就是要从根本上改变传统社会的人情大于法，权力高于法，"刑不上大夫"的观念和做法，真正实现依法治国、依宪治国。为此，必须"形成完备的法律规范体系、高效的法治实施体系、严密的法治监督体系、有力的法治保障体系，形成完善的党内法规体系，坚持依法治国、依法执政、依法行政共同推进，坚持法治国家、法治政府、法治社会一体建设，实现科学立法、严格执法、公正司法、全民守法，促进国家治理体系和治理能力现代化"[①]。

第四，社会成员各受其教，各尽所能，各得其所，每个人获得全面而自由的发展。每一个人都有平等的受教育机会，从根本上克服现行"应试教育"和醉心于名校和高学历的弊端，使每一个学生都能够享受适合自己天赋和兴趣的教育，个人的潜能能得到充分的开发。社会不仅能充分提供就业，而且就业质量高，所开发出来的才能能够得到最充分的发挥。从业者具有良好的职业道德、职业素质和专业能力，爱岗敬业，具有强烈的事业性、责任感。社会公平正义，每一个社会成员都各得其应得，强者受到尊重和鼓励，弱者得到应有的充分社会保障，失败者有东山再起的机会。社会不公和两极分化从根本上得到克服，社会为其成员获得全面而自由发展营造公正的环境，并创造有利条件。这一特征是马克思恩格斯社会主义理想的重要体现，它从根本上克服了资本主义制度不可克服的贫富两极分化的痼疾，也使传统文化中的"不患寡，患不均"的平均主义观念创造性地转化为以有适度差别的平等为特征的现代公正观念。

第五，个人品质、人格完善，家庭稳定、和睦、温馨，社会人性化、人道化、人情化，生态环境宜人美丽。传统文化特别重视个人、家庭、国家、天下之间的关系和个人对家庭、国家、天下的责任，强调修身、齐家、治国、平天下。这是优秀的文化传统，弘扬这种传统有助于克服市场文明所导致的以个人为核心、个人自由权利至上等个人主义偏颇。当然，传统文化的这种"修、齐、治、平"观念也存在着局限，它完全将个人淹没在整体之中，不考虑个人的自由、权利和个性发展。对此，我们也需要进行创造性转化，在肯定个人相对独立自主、人权得到切实尊重和保障的前提下构建家庭、社会、天下的和谐秩序，使个人与共同体相互促进，良性

[①] 《中共中央关于全面推进依法治国若干重大问题的决定》，新华网，2014年10月28日。

互动。生态平衡从根本上得到恢复，自然环境得到有效保护。生产空间集约高效、生活空间宜居适度、生态空间山清水秀，给自然留下更多修复空间，给农业留下更多良田，给子孙后代留下天蓝、地绿、水净、气洁的美好家园。① 传统的"天人合一"追求逐渐转化为自然环境与人类生活相协调、相融和的现实，实现现代化与田园诗化的有机统一。

第六，多元主体相互尊重，价值多元共存，社会主流价值观得到普遍认同并融入社会生活。市场经济是一种利益主体多元化的经济，在这种经济的影响下，社会主体必然多元化，不同主体有不同的利益诉求和价值追求，不同的利益群体有不同的价值体系。这是现代市场文明的一个积极后果。美国著名民主理论家达尔认为，以组织形式表现的社会主体多元化是现代民主社会的重要特征。"正是在民主国家，独立组织的存在才受到政权机构的最完全的保护；正是在民主国家里，独立组织才得以繁荣。"② 他还认为，"这些组织并不仅仅是民族国家政府民主化的直接结果。它们对于民主程序自身的运行、对于使政府的高压统治最小化、对于政治自由、对于人类福祉也是必须的。"③ 由于实行市场经济体制和建立民主政治，中国正在成为主体多元化的国家，社会的价值观也日趋多元化。在这种新的历史条件下，"要改变对非主流文化（无论是西方文化、传统文化，或是其他文化）排斥、打压的做法，在允许其存在和发展的前提下，充分吸取其中合理的、有价值的内容，为我所用，使中国主流价值文化成为包含当今人类一切文化中优秀内容的真正最先进的文化"④。

传统文化创造性转化所形成的当代中国价值文化，从根本上说是和谐主义文化，和谐主义是这种价值文化的总体价值取向和一般价值原则。这种价值取向和价值原则承继了作为中国文化传统精髓的和谐观念，它是传统文化"致中和"、"和为贵"、"以和为美"、"和以处众"、"家和万事兴"、"以和邦国"、"协和万邦"及"和而不同"等文化基因的体现；同时，它将这种文化基因孕育于多元化的现代社会，强调在尊重个人和所有社会主体独立自主权利的前提下谋求彼此之间的"和平共处、相辅相成、相得益彰、良性互动"⑤。传统文化创造性转化就是要将传统文化追求人和、家和、国和、天下和、天地人和的全面和谐精神创造性地转化为现代和谐主义。和谐主义就是传统文化中和谐观念和精神的现代提炼和阐发。

---

① 参见辛向阳：《"中国梦"与"两个一百年"》，《中共贵州省委党校学报》，2013年4期。
② ［美］达尔：《多元主义民主的困境——自治与控制》，周军华译，吉林人民出版社2011年第2版，第31页。
③ ［美］达尔：《多元主义民主的困境——自治与控制》，周军华译，吉林人民出版社2011年第2版，第1页。
④ 江畅：《论价值观与价值文化》，科学出版社2014年版，第125页。
⑤ 江畅：《幸福与和谐》，人民出版社2005年版，第7页。

附　录

一、2011年国家社科基金重大招标项目"构建我国主流价值文化研究（11&ZD021）"项目及其成果简介

1. 研究的目的和意义

2011年国家社会科学基金重大招标项目"构建我国主流价值文化研究（11&ZD021）"是国际竞争从注重经济实力转向注重文化实力、党中央根据中国特色社会主义建设的实践要求提出繁荣发展中国特色社会主义文化的新的历史条件下提出来的。其主旨在于阐明我国主流文化构建在繁荣发展中国特色社会主义文化中的地位和作用，揭示在中国特色社会主义建设深化过程中构建我国主流价值文化是的历史必然性，明确构建我国主流价值文化的根据、目标和任务，探讨如何形成我国主流价值文化的核心理念并使之得到全社会的认同，研究如何确立与贯彻落实我国主流价值文化的基本价值原则，探讨如何巩固与增强我国主流价值文化的主导地位、规导作用和标识意义，以为党和国家构建我国主流价值文化提供理论参考和智力支持。

本项目研究具有重要的理论意义和实际价值。首先，有助于全党和全社会在社会主义核心价值观是中国特色社会主义文化之魂、是全社会的共同理念和信念的支柱的问题上形成共识。其次，有助于人们理清中国特色社会主义价值文化与中国特色社会主义价值观、中国特色社会主义核心价值体系、中国特色社会主义文化之间的关系，形成对中国特色社会主义文化的更完整认识。第三，可以为党和政府构建以核心价值观为核心内容的当代中国价值观提供可供选择的方案。第四，可以为党和政府坚持和完善中国色社会主义价值文化的基本原则提供理论辩护和论证。第五，可以为如何巩固与增强我国主流价值文化的主导地位、规导作用和标识意义提供决策咨询。

2. 研究计划执行情况

本项目2011年10月12日由全国社科规划办批准立项。从2011年12月20开题论证会到2016年6月20日全部完成，历经四年半时间，研究计划执行到位，超额完成了所有计划任务，实现了项目目标。

首先，在全国范围内展开了关于我国主流价值文化及其构建方面的社会调查。调查问卷主要涉及构建我国主流价值文化是否必要和紧迫、我们主流价值文化究竟如何界定、如何构建我国主流价值文化等问题。调查历时半年，发放问卷近万份，

回收有效问卷 8156 份,调查范围包括 14 个省市的农村、小城镇、中小城市和大城市,调查对象为不同类型的人群。调查数据整理形成的数据库为整个项目研究提供了一手资料,而且还成果了系列调研报告成果。

其次,各子课题在开展研究的过程中,推出了阶段性成果。本项目的成果包括阶段性成果和最终成果两部分。主要阶段性成果共 12 部著作、109 篇文章。其中,1 部著作获教育部第七届高等学校科学研究优秀成果奖（人文社会科学）二等奖;2 部著作入选了"中宣部、新闻出版总署弘扬社会主义核心价值体系出版工程项目"和"新闻出版总署名社会主义核心价值体系建设'双百'出版工程项目";3 部著作得到了国家出版基金项目资助;1 部著作列入武汉市委宣传部和组织部联合向全市党员干部推荐的 20 本重点读物,并被列入中央宣传部办公厅和国家新闻出版广电总局"2016 年主题出版重点出版物选题";54 篇文章在 CSSCI 来源刊期刊上发表;16 篇文章被中国人民大学复印报刊资料的相关刊物全文转载。

第三,通过项目研究搭建文化发展学科平台,并取得显著成效。2013 年 6 月,湖北大学以首席专家为负责人,以项目组成员为骨干建立了"文化发展研究学科平台"并组建了"湖北大学高等人文研究院"。三年来,学科平台每年研创《文化建设蓝皮书》,每年组编《文化发展论丛》(中国卷、世界卷和湖北卷),多次举办"中国（世界、湖北）文化发展论坛",组织编撰《思想文化史书系》(分中国系列、西方系列和世界系列）。所有这一切都产生了广泛影响,同时也大大地扩大了项目在国内、国际的知名度。

第四,完成项目最终成果《当代中国主流价值文化及其构建》(约 60 万字的研究著作)。最终成果初稿于 2015 年底完成,在听取专家意见后作了进一步的修改。

3. 研究成果的主要内容

其一,研究和回答了构建我国的主流价值文化的必要性和可行性的问题。研究成果通过对文化建设在中国特色社会主义建设中地位,以及构建我国主流价值文化在文化建设中的地位和意义的考察分析,揭示了当前构建我国主流价值文化的历史必然性。研究成果认为,全球化时代迫切需要构建我国主流价值文化,构建主流价值文化具有现实紧迫性,传统价值文化需要创造性转化和创新性发展,构建主流价值文化拥有坚强的保障和坚实的基础。

其二,研究和回答了构建我国主流价值文化的根本目标、基本任务和主要措施的问题。研究成果认为,构建我国主流文化的根本目的在于繁荣和发展中国特色社会主义文化,并通过中国特色社会主义文化的大繁荣、大发展,进一步增强中国特色社会主义文化的凝聚力、渗透力和影响力,使之真正成为我国社会占主导地位的、具有引领力和规范力的主流文化。其主要目标在于在全社会确立中国特色社会主义核心价值观和核心价值体系。

其三,研究和回答我国主流价值文化主导地位、规导作用巩固与增强的问题。

研究成果认为，我国主流价值文化既要支持和鼓励多元文化的共存共荣，同时又要对非主流文化加以适当引导、合理利用与有效控制。巩固与增强我国主流价值文化主导地位、规导作用和标识意义，必须实现我国主流价值文化的凝聚力、渗透力和影响力与社会公众对我国主流价值文化的认同感、自觉性和自信心的良性互动，努力形成和扩大中国特色社会主义核心价值观的世界知名度和认可度。

其四，研究和回答我国主流文化的核心价值观的确立、认同和贯彻落实的问题。研究成果认为，我国主流价值文化的内核是社会主义核心价值观，主流价值观构建问题就是核心价值观培育和践行或现实化问题。因此，一方面要在加强核心价值观教育和宣传的同时，实现核心价值观的道德化、法制化和政策化，使其贯彻到社会生活的各个领域；另一方面要通过国家治理（公共管理）、文化生产、文化传播、学校教育等主要途径自觉、有效地贯彻核心价值观。

其五，研究和回答一些与主流价值文化及其构建相关的问题。如社会主义核心价值观培育和践行与主流价值文化构建的关系、当代中西主流价值文化构建之比较、我国主流价值文化的当代创造性转化的愿景等问题。这些方面的成果有助于对我国主流价值文化及其构建问题的深入理解。

4. 研究成果的重要理论观点

中国特色社会主义价值文化是我们党主张并致力于构建的、已在相当大的程度上在我国的法律制度和政策措施上体现出来的、公众以及其他各种价值文化日趋认同的价值文化。我国主流价值文化是通过中国特色社会主义价值体系、理论体系、制度体系、道德体系四个主要方面体现其特质的。我国主流价值文化构建的基本方式是理论构建与实践构建同时进行的"双重"构建。为了从根本上避免双重构建过程中可能出现的问题，我们需要确保思想自由，确保决策民主，确保设计科学。

当代中国最先进的价值文化就是践行和体现社会主义核心价值观的文化，或者说，就是社会主义核心价值观的现实化，是社会主义核心价值体系从观念到现实的转化。加强社会主义价值文化构建，就是要使社会主义核心价值观成为人类最先进的价值文化。实现社会主义文化的大发展大繁荣，需要进一步增强社会主义价值文化的先进性。而增强社会主义价值文化的先进性，则需要"积极培育和践行社会主义核心价值观"，自觉、主动地加强社会主义价值文化构建，作出正确的构建战略选择。

社会主义核心价值观作为观念的价值体系，与其他社会价值观一样，也包括三个基本层次，即终极价值目标、核心价值理念和基本价值原则。终极价值目标是实现中华民族的伟大复兴和社会主义现代化，即"中国梦"，它是旗帜、是航标，具有形成共识、鼓舞人心、凝聚力量的重要作用。核心价值理念是党的十八报告中提出的"24个字"，它们是终极价值目标的具体化，也是我国共同理想的体现或简明精炼的表达，它们是信念、是动力。基本价值原则是党的十八大提出的八项"基本要求"("必须坚持"),它们是实现共同理想及其核心价值理念所必须遵守、不可违背的基本要求,是党和国家各项工作必须遵循的准则,也是检验党和国家各项工作是否正确有效的尺度。基本价值原则是立党之本、立国之本,只有坚持和贯彻这些原则,中国特色社会主义事业才能不断地从胜利走向更大的胜利,才能始终走在健康而快速发展的轨道上。

面对世界范围思想文化交流交融交锋形势下价值观较量的新态势,我们要全力打造对全世界有竞争力、影响力、吸引力和凝聚力的中国价值观。当代中国价值观就其性质而言就是中国特色的社会主义价值观,其核心内容就是社会主义核心价值观或核心价值体系,它是中国价值观区别于西方价值观、中国传统价值观,乃至传统社会主义价值观的基本标志。与中国传统价值观、西方现代价值观相比较,正在构建中的当代中国价值观具有人民性、平等性、社群性或集体性和道德性等基本特征。

近现代西方主流价值文化是资本主义价值文化,它是西方资产阶级自觉构建的结果,是人类社会自觉构建主流价值文化的成功范例,其经验教训对于我国主流价值文化的构建具有重要启示意义。因此,我们不能掠过它,相反要自觉主动地学习、借鉴它。而比较是前提,只有对两者进行比较,我们才能清楚地知道我们需要向西方价值文化及其构建学习什么以及如何借鉴,从而使我们的价值文化更有实力和竞争力,并成为当代人类最先进的价值文化。

中国文化从辛亥革命前后就开始由传统向现当代转换,但明确提出对传统文化进行创造性转化和创新性发展是在党的十八大以后。今天,这一转换面临着市场经济与社会主义意识形态和制度体系之间的张力关系这一难题。要解决这一难题,必须构建一种市场经济和科技创新在经济领域充分发挥作用、人民具有主体地位、法律在社会生活中具有最高权威、以每个人全面而自由发展为旨归、社会生活充满真情友爱的和谐主义价值文化。和谐主义是这种价值文化的总体价值取向和一般价值原则。

5. 研究成果的对策建议

第一,全面理解社会主义核心价值观的含义。针对普遍流行的将核心价值观理解为"24个字"的偏颇,研究成果根据党的十八大报告提出将其理解为由终极价值目标("中国梦")、核心价值理念("24个字")、基本价值原则(党的十八报告中提出的八项"基本要求")构成的完整体系。

第二,构建以社会主义核心价值观为核心内容的当代中国价值观。研究成果着眼于当代中国价值文化构建、培育和践行核心价值观的需要提出,构建以核心价值观为核心内容的当代中国价值观,这种价值观是中国传统价值观的当代创造性转化,当代价值文化就是这种价值观的现实化。

第三,注重价值体系的双重构建。当代中国价值体系构建与西方近现代价值体系以及传统价值体系构建的一个显著不同在于，它是理论构建和实践构建同时进行的双重构建。为此，研究成果提出要实现我国价值体系的理论构建和实践构建、顶层设计与分层实施的良性互动，既要整体推进又要重点突破。

第四，重视核心价值观的道德化、法制化和政策化。在核心价值观的宣传教育得到普遍重视的情况下，研究成果提出要将核心价值观的内容和要求转化为社会的法制（法律和制度）、道德、政策等社会控制机制，以对人们起约束作用，使人们在一定意义上不得不培育和践行核心价值观。

第五，提出我国主流文化建设应采取"兼收并蓄"模式。针对主流文化有一统天下、唯我独尊和兼收并蓄三种样态，研究成果认为，我国已经具备了构建可以解决目前多元文化对峙、冲突局面的最先进的"兼收并蓄"文化的现实条件，我们需要据此对我们主流文化建设的战略进行调整，更加自觉地构建具有中国特色的最先进的主流文化。

第六，重视当代中西价值文化的比较。当代西方主流价值文化是一种对当代世界具有广泛影响力的成熟价值文化形态，当代中国主流价值文化尚处在构建过程之中。因此，研究成果提出，高度重视对当代中西价值文化进行比较，是为了中国价值文化构建更好地学习、吸收、借鉴和比照西方价值文化，而最终不仅是为了构建立足于中国传统文化和当代中国现实、面向中国和人类未来的价值文化，而且也是为了使我们所构建的价值文化成为超越当代处于强势地位的西方价值文化的人类先进价值文化。

6. 研究成果的学术价值和应用价值

研究成果的学术价值主要有以下三个方面：

第一，对价值、文化、价值文化、价值观、价值体系等概念及其关系作了辨析。价值观不是某种具体的价值观念，而是总体性的、根本性的价值观念。在基本共同体（在当代，基本共同体是国家）中，按照共同体普遍认同的价值观或统治者强制推行的价值观所形成的社会现实，构成了该共同体的独特文化。文化一般来说就是不同群体形成共识的价值观现实化的结果。作为价值观现实化的价值文化，则是作为观念的价值体系现实化为现实的价值体系，是观念价值体系构建与现实价值体系构建交互作用的动态结果。

第二，阐明了主流文化与非主流文化的关系、主流文化存在的三种样态及我们应有的战略选择。主流价值文化是相对于非主流价值文化而言的。主流价值文化与非主流价值文化格局的形成，是在尊重价值文化多元并存这一事实的前提下，通过自觉主动的构建，其中一种价值文化能成为对其他价值文化具有引领、规范作用，使其服从于、服务于自己，并实现共存共荣的结果。主流价值文化与非主流价值文化共存共荣的格局，是当代价值文化存在的主要形态或模式。主流文化有一统天下、唯我独尊和兼收并蓄三种样态，而兼收并蓄已经成为当代民主国家的共同选择。

第三，从德性论的角度将个人德性与社会德性、好生活与好社会、道德哲学与政治哲学统一起来，深化了对价值哲学的认识，也为全面、正确理解价值文化提供了理论依据。

研究成果的应用价值主要体现在，研究成果具有原创性、开拓性、学术性和现实针对性，比较完整、系统地回答了什么是我国主流价值文化和如何构建我国主流价值文化这一当代中国的重大关切，可以为党和政府相关决策提供理论依据和智力支持。其主要的独特贡献和创造性在于，根据改革开放以来党中央的一系列相关文件特别是党的十八大报告和习近平总书记系列讲话精神，着眼于当代世界文化的总体格局和发展趋势，借鉴西方近现代价值文化和继承优秀传统价值文化，构建了一个以社会主义核心价值观为核心内容的完整的当代中国价值观体系，阐明了这一体系现实化为当代中国价值文化的历史必然性和可行路径，并为此提供了有学术深度、有历史感和现实针对性的理论论证。这一理论方案可以成为当代中国价值文化构建和文化强国建设提供一种参考模式。

二、2011年国家社科基金重大招标项目"构建我国主流价值文化研究（11&ZD021）"阶段性成果目录

序号	成果名称	成果形式	作者	应用对策性成果的应用价值和社会效益（领导批示、实际部门采纳等），基础性研究成果的学术价值和社会影响（引用、转载、获奖、社会评价和反响等），已发表阶段性成果须备注发表刊物、年份和期数
1	《德性论》	专著	江畅	2011年9月由人民出版社出版，2015年获教育部第七届高等学校科学研究优秀成果奖（人文社会科学）二等奖
2	《社会主义核心价值理念研究》	专著	江畅	2012年12月由北京师范大学出版社出版，入选"中宣部、新闻出版总署弘扬社会主义核心价值体系出版工程项目"和"新闻出版总署社会主义核心价值体系建设'双百'出版工程项目"，得到国家出版基金项目资助
3	《论价值观与价值文化》	专著	江畅	2014年11月由科学出版社出版，中共湖北省委常委、宣传部部长尹汉宁为该书作序，他说："该书对我国主流价值文化的聚焦，视角独特、视野开阔，既有理论分析，又有实证研究，其理论阐释有一定的高度和深度，现实透析具有针对性。比较系统、深入地分析了我国主流价值文化的背景、意义、内涵、特点、任务、样态等，提出了诸多重要命题，有见地、有新意，可以给人以启迪。"

续表

序号	成果名称	成果形式	作者	应用对策性成果的应用价值和社会效益（领导批示、实际部门采纳等），基础性研究成果的学术价值和社会影响（引用、转载、获奖、社会评价和反响等），已发表阶段性成果须备注发表刊物、年份和期数
4	《论当代中国价值观》	专著	江畅	2016年1月由科学出版社出版。该著是《论价值观与价值文化》姊妹篇
5	《中国梦与中国价值》	专著	江畅 张媛媛	该书是应武汉出版集团之约撰写的普及性理论著作，2016年由武汉出版社荣誉出版，获得了国家出版基金资助立项，成为武汉市委宣传部、武汉市委组织部联合向全市党员干部推荐的20本好书之一，并被列入中央宣传部办公厅和国家新闻出版广电总局"2016年主题出版重点出版物选题"，被列为武汉市市委组织部、市委宣传部"全民读书月"向党员领导干部推荐的20本重点读物之一。武汉大学资深教授陶德麟先生称："这是一本意义重大、切合时需、水平很高的精品力作"，认为它是我国理论界践行马克思主义中国化、时代化、大众化过程中产生的非常优秀的作品之一，十分切合广大干部和青年学生的需要，并建议作为学习中国特色社会主义理论的重要读物向读者推荐。武汉出版社和湖北大学为该书的出版举办了出版座谈会，武汉市委常委、宣传部部长李述永出席会议并讲话，她称："该书从概念的辨析让我们认识到中国梦与中国价值的重要内涵、中国价值的三个维度，让我们在历史与现实、国内与国际的坐标系中认识到了中国的'价值自信'、'文化自信'，同时为我们深入学习中国梦、培育践行社会主义核心价值观和习总书记一系列讲话提供了重要的载体。"人民网、光明日报、新华社、中国新闻社、中国社会科学报、湖北日报等中央级、省市级媒体对座谈会作了报道。来自武汉市各区委宣传部的代表和我校师生代表参加了座谈会，大家认为，该著立足中国实践，围绕中国梦与中国价值的关系，通过对中国价值历史演进的纵向考察和与以美国梦为代表的西方价值观的横向比较，以通俗易懂的语言对中国梦及其所体现的当代中国价值进行了深入浅出的阐释，很好地传递了积极向上的正能量，是一本集学术性与可读性于一体、既有一定理论深度又有较强普及价值的通俗理论读物

续表

序号	成果名称	成果形式	作者	应用对策性成果的应用价值和社会效益（领导批示、实际部门采纳等），基础性研究成果的学术价值和社会影响（引用、转载、获奖、社会评价和反响等），已发表阶段性成果须备注发表刊物、年份和期数
6	《西方德性思想史》（古代卷、近代卷、现代卷上、现代卷下）	专著	江畅	2016年7月由人民出版社出版。该著330多万字，是2011年国家社科基金重点项目的最终成果。该著从德性思想的角度对西方自古以来的价值观作了系统的考察，是进行中西价值文化比较的重要理论依据，因而也可以看作是本项目的阶段性成果
7	《我国主流价值文化及其构建研究》	研究报告集	江畅 戴茂堂 周海春 等课题组成员	2013年6月由人民出版社出版。该著是课题组成员针对我国主流价值文化构建方面面临的问题开展专题研究所取得的成果，入选了"中宣部、新闻出版总署弘扬社会主义核心价值体系出版工程项目"和"新闻出版总署社会主义核心价值体系建设'双百'出版工程项目"，得到了国家出版基金项目资助
8	《我国主流价值文化及其构建调查》	调查报告集	戴茂堂 周海春 江畅 等课题组成员	2014年5月由人民出版社出版。该著是根据课题组组织的调查数据撰写的调查报告集，其中有5篇调查报告在《华中科技大学》（社会科学版）2013年第5期上发表，5篇中有3篇被中国人民大学复印报刊社《文化研究》2013年第12期全文转载
9	《中国公众文化需求满足调查》	调查报告集	戴茂堂等	湖北人民出版社2016年版
10	《中国传统价值观念的基本结构与当代建构》	专著	戴茂堂	黑龙江教育出版社2016年版
11	《〈论语〉哲学》	专著	周海春	中国社会科学出版社2013年版
12	《儒学滥觞：孔子与早期儒学》	专著	周海春	中州古籍出版社2014年版
13	《著作要等"心"》	论文	江畅	《人民日报》2016年6月30日第7版，人民网、中国文明网等多家网站转载
14	《努力使创新成为国家和人民的品质》	论文	江畅 蔡梦雪	《伦理学研究》（CSSCI来源刊）2016年第4期
15	《构建超越西方模式的先进社会发展模式》	论文	江畅 张媛媛	《湖北社会科学》（CSSCI来源刊）2016年第7期
16	《应加强对核心价值观与传统文化关系的学术研究》	论文	江畅	《文化发展论丛》（中国卷）2015，社会科学文献出版社2016年版

续表

序号	成果名称	成果形式	作者	应用对策性成果的应用价值和社会效益（领导批示、实际部门采纳等），基础性研究成果的学术价值和社会影响（引用、转载、获奖、社会评价和反响等），已发表阶段性成果须备注发表刊物、年份和期数
17	《论社会主义核心价值观的政策化》	论文	江畅 陈山	《思想理论教育》（CSSCI 来源刊）2016 年第 4 期，人大复印报刊资料《思想政治教育》2016 年第 7 期全文转载
18	《对传统价值观创造性转化和创新性发展若干问题的思考》	论文	江畅	《当代中国价值观研究》2016 年第 1 期
19	《试论当代中国道德情感体系构建》	论文	江畅 张媛媛	《道德与文明》（CSSCI 来源刊）2016 年第 1 期
20	《应当重视当代中西价值文化比较》	论文	江畅	《决策与信息》2016 年第 1 期
21	《寻求中西德性问题的共识——关于德性伦理学的对话》	论文	江畅 ［美］斯洛特	《湖北大学学报》（哲社版）（CSSCI 来源刊）2015 年第 6 期，人大复印报刊资料《伦理学》2016 年第 2 期全文转载
22	《论核心价值观的道德化》	论文	江畅 张媛媛	《中原文化研究》2015 年第 6 期
23	《论社会主义核心价值观的法制化》	论文	江畅 张景	《思想理论教育》（CSSCI 来源刊）2015 年第 10 期，人大复印报刊资料《中国特色社会主义理论》2016 年第 1 期全文转载
24	《当代中国价值观源流探析》	论文	江畅 张景	《山东社会科学》（CSSCI 来源刊）2015 年第 2 期，人大复印报刊资料《中国特色社会主义理论》2015 年第 5 期全文转载
25	《当代中国价值观的源与流》	论文	江畅	《光明日报》（CSSCI 来源刊）2015 年 2 月 11 日第 13 版理论周刊，该文被全国社科规划办、中国社会科学网、光明网等 100 多家网站转载
26	《论当代中国道德体系构建》	论文	江畅	《湖北大学学报》（哲社版）（CSSCI 来源刊）2015 年第 1 期
27	《论当代中国价值观》	论文	江畅	《文化发展论丛》（中国卷），社会科学文献出版社 2014 年版
28	《价值哲学研究的两种基本取向》	论文	江畅	《哲学动态》（CSSCI 来源刊）2014 年第 10 期，人大复印报刊资料《哲学原理》2015 年第 1 期全文转载
29	《在借鉴与更新中完善中国民主理念——西方民主理论的启示和警示》	论文	江畅	《中国政法大学学报》2014 年第 5 期，人大复印报刊资料《中国政治》2015 年第 1 期全文转载

续表

序号	成果名称	成果形式	作者	应用对策性成果的应用价值和社会效益（领导批示、实际部门采纳等），基础性研究成果的学术价值和社会影响（引用、转载、获奖、社会评价和反响等），已发表阶段性成果须备注发表刊物、年份和期数
30	《社会主义核心价值理念的信念意义与规范意义》	论文	江畅 张卿	《社会转型时期的中国价值论研究》，上海大学出版社2014年版
31	《主流价值文化与非主流价值文化》	论文	江畅	《中原文化研究》2014年第5期
32	《论中国主流价值文化的内涵、特质及其构建》	论文	江畅	《河北学刊》（CSSCI来源刊）2014年第5期
33	《我国底线伦理秩序面临的挑战及对策》	论文	江畅	《湖北社会科学》（CSSCI来源刊）2014年第8期，人大复印报刊资料《伦理学》2014年第12期全文转载
34	《论当代中国价值观构建》	论文	江畅	《马克思主义与现实》（CSSCI来源刊）2014年第4期
35	《中国梦与美国梦之比较》	论文	江畅	《江汉论坛》（CSSCI来源刊）2014年第7期
36	《当代中国价值观的根本性质、核心内容和基本特征》	论文	江畅	《光明日报》（CSSCI来源刊）2014年6月18日第13版，人大复印报刊资料《思想政治教育》2014年第10期全文转载，该文被全国社科规划办、中国社会科学网、光明网等100多家网站转载
37	《培育和践行社会主义核心价值观与中国价值观构建》	论文	江畅	《思想理论教育》（CSSCI来源刊）2014年第4期，人大复印报刊资料《中国特色社会主义理论》2014年第7期全文转载
38	《解放思想与全面深化改革》	论文	江畅	《桂海学刊》2014年第3期
39	《核心价值理念与基本价值原则》	论文	江畅	《中国文化发展论坛》（2015），社会科学文献出版社2014年版
40	《论全面构建社会主义核心价值体系》	论文	江畅	《社会科学战线》（CSSCI来源刊）2014年第3期
41	《主流文化存在的三种样态及我们的战略选择》	论文	江畅	《湖北大学学报》（哲社版）（CSSCI来源刊）2014年第1期
42	《西方近现代价值文化建构的启示》	论文	江畅	《兴国之运魂——积极培育和践行社会主义核心价值观十讲》，湖南教育出版社2013年版
43	《我国主流价值文化新探》	论文	江畅 周海春	《中原文化研究》2013年第6期
44	《公众对我国主流价值文化的期待及其启示》	调查报告	江畅	《华中科技大学学报》（社会科学版）（CSSCI来源刊）2013年第5期，人大复印报刊资料《文化研究》2013年第12期全文转载

续表

序号	成果名称	成果形式	作者	应用对策性成果的应用价值和社会效益（领导批示、实际部门采纳等），基础性研究成果的学术价值和社会影响（引用、转载、获奖、社会评价和反响等），已发表阶段性成果须备注发表刊物、年份和期数
45	《社会责任感与核心价值观践行》	论文	江畅 林季杉	《光明日报》（CSSCI来源刊）2013年7月27日理论·核心价值
46	《中国梦与中国社会的终极价值目标》	论文	江畅	《道德与文明》（CSSCI来源刊）2013年第4期
47	《个人德性与社会德性研究并重——价值哲学的历史回顾与展望》	论文	江畅	《马克思主义与现实》（CSSCI来源刊）2013年第3期，人大复印报刊资料《伦理学》2013年第8期全文转载
48	《论社会主义价值文化的先进性》	论文	江畅	《伦理学研究》（CSSCI来源刊）2013年第2期
49	《推进社会主义价值体系的学术研究》	论文	江畅	《光明日报》（CSSCI来源刊）2013年4月1日理论·核心价值
50	《我国主流价值文化与教育考试机构文化建设》	论文	江畅	《中国考试》2013年第3期
51	《论德性修养及其与德性教育的关系》	论文	江畅	《道德与文明》（CSSCI来源刊）2012年第4期
52	《西方近现代主流价值文化构建的启示》	论文	江畅	《人民论坛》2012年第11期上
53	《论中国特色社会主义核心价值理念》	论文	江畅	《社会科学战线》（CSSCI来源刊）2012年第10期
54	《我国主流价值文化构建的三个问题》	论文	江畅	《光明日报》（CSSCI来源刊）2012年6月21日第11版，被大量网站转载
55	《也要重视文化自我批判》	论文	江畅	《道德与文明》（CSSCI来源刊）2011年第5期
56	《幸福：当代社会价值体系的核心理念》	论文	江畅	《湖北大学学报》（哲社版）（CSSCI来源刊）2011年第3期，人大复印报刊资料《哲学原理》2011年第11期全文转载
57	《法律道德化，抑或道德法律化》	论文	戴茂堂	《道德与文明》（CSSCI来源刊），2016年第2期
58	《和谐问题的三维道德考量》	论文	戴茂堂	《求索》（CSSCI来源刊），2014年第3期
59	《西方社会和谐与社会公正思想研究》	论文	戴茂堂	《和谐社会与社会公正问题研究》，人民出版社2014年版
60	《塑造我国主流文化的全球品质》	论文	戴茂堂	《世界文化发展论坛》（2013），社会科学文献出版社2014年版
61	《中西和谐思想比较研究》	论文	戴茂堂	《湖北大学学报》（哲社版）（CSSCI来源刊），2013年第6期

续表

序号	成果名称	成果形式	作者	应用对策性成果的应用价值和社会效益（领导批示、实际部门采纳等），基础性研究成果的学术价值和社会影响（引用、转载、获奖、社会评价和反响等），已发表阶段性成果须备注发表刊物、年份和期数
62	《构建我国主流价值文化的问题与对策》	调查报告	戴茂堂 李家莲 杨海军	2013年，湖北省政协常务副主席李佑才批示说："调研报告很好，具有决策参考价值"。武汉市政协主席吴超认为，"该调研报告数据翔实，分析透彻，具有很好的决策参考价值"
63	《强化构建我国主流价值文化的国际视野》	调查报告	戴茂堂 刘珊珊	《华中科技大学学报》（社会科学版）（CSSCI来源刊）2013年第5期
64	《当代中国伦理文化构建之全球视野》	论文	戴茂堂	《中国应用伦理学2011～2013》，金城出版社2013年版
65	"Three Doubts About the Comparison Between Wester and Chinese Views Of Harmony from the Perspective of Axiology"	论文	戴茂堂	Values of Our Times, Spinger-Verlag, Berlin, Heidelberg, 2013
66	《生态文明之定位》	论文	戴茂堂	《价值论与伦理学研究》（2012年卷），新华出版社2013年版
67	《论西方公正思想的逻辑进程》	论文	戴茂堂	《唐都学刊》2013年第4期，人大复印报刊资料《伦理学》2013年第8期全文转载
68	《找回德性的力量》	论文	戴茂堂	《江汉论坛》（CSSCI来源刊）2012年第9期
69	《幸福与行性的二律背反》	论文	戴茂堂	《道德与文明》（CSSCI来源刊）2013年第3期
70	《社会主义核心价值观的两个面向》	论文	戴茂堂	《湖北日报》理论版，2012年12月19日
71	《生态文明的哲学解读》	论文	戴茂堂	《武汉宣传》2012年第23期
72	《提升社会主义核心价值体系影响力的着力点》	论文	戴茂堂	《政策》2012年第1期
73	《道德自觉、道德自信、道德自强》	论文	戴茂堂	《道德与文明》（CSSCI来源刊）2011年第4期
74	《文化与价值：强国之路与兴国之魂》	论文	戴茂堂	《武汉宣传》2011年第21期
75	《〈论语〉中的"兄弟"伦常》	论文	周海春	《湖北大学学报》（哲社版）（CSSCI来源刊）2015年第5期
76	《政治与伦理的张力：〈左传〉中的"子曰"读解》	论文	周海春	《南华大学学报》2015年第1期

续表

序号	成果名称	成果形式	作者	应用对策性成果的应用价值和社会效益（领导批示、实际部门采纳等），基础性研究成果的学术价值和社会影响（引用、转载、获奖、社会评价和反响等），已发表阶段性成果须备注发表刊物、年份和期数
77	《"子曰"类文献研究对丰富中国哲学史的意义》	论文	周海春	《湖北大学学报》（哲社版）（CSSCI来源刊）2014年第6期，人大复印报刊资料《中国哲学》2015年第2期全文转载
78	《君子对待善恶政治的伦理抉择——〈论语〉和〈左传〉中的"子曰"比论》	论文	周海春 阮航	《井冈山大学学报》2014年第3期
79	《中西和谐观的价值诉求》	论文	周海春	《湖北大学学报》（哲社版）（CSSCI来源刊）2013年第6期
80	《孟子"四端"思想的伦理价值》	论文	周海春	《道德与文明》（CSSCI来源刊）2013年第1期
81	《和谐因何价值而成为核心价值》	论文	周海春	《中国文化发展论坛》（2013），社会科学文献出版社2013年12月
82	《从"子曰"类文献看孔子心目中"罪"的伦理意义》	论文	周海春	《价值论与伦理学研究》（2012），新华出版社2013年7月版
83	《论邓小平的信仰观》	论文	杨鲜兰	《全国第九届马克思主义理论学科博导论坛论文集》，人民出版社2015年版
84	《构建当代中国话语的难点与对策》	论文	杨鲜兰	《马克思主义研究》（CSSCI来源刊）2015年第2期
85	《城市经济是社会主义核心价值观的具体体现》	论文	杨鲜兰	《湖北社会科学》（CSSCI来源刊）2015年第7期
86	《论网络交往的德性诉求》	论文	杨鲜兰	《湖北大学学报》（哲社版）（CSSCI来源刊）2015年第5期
87	《武当山道教对联所见养生智慧及其现代价值》	论文	吴成国	《湖北大学学报》（哲社版）（CSSCI来源刊）2011年第3期
88	《荆州学派与易学——以刘表易学思想的考察为中心》	论文	吴成国	《中国文化研究》（CSSCI来源刊）2011年第4期
89	《持松法师与民国时期唐密的复兴》	论文	吴成国	《民国档案》（CSSCI来源刊）2012年第2期
90	《屈原〈天问〉史学价值论析》	论文	吴成国	《文艺研究》（教育部学科评估A刊）2012年第11期
91	《楚文化与老子之道》	论文	吴成国	《湖北大学学报》（哲社版）（CSSCI来源刊）2013年第2期，《新华文摘》2013年第15期论点摘要
92	《论陆修静与刘宋时期灵宝道教的流行》	论文	吴成国	《宗教学研究》（CSSCI来源刊）2014年第2期

续表

序号	成果名称	成果形式	作者	应用对策性成果的应用价值和社会效益（领导批示、实际部门采纳等），基础性研究成果的学术价值和社会影响（引用、转载、获奖、社会评价和反响等），已发表阶段性成果须备注发表刊物、年份和期数
93	《论荆楚文化与涵养社会主义核心价值观》	论文	吴成国	《湖北社会科学》（CSSCI来源刊）2015年第2期
94	《论中华民族核心价值观形成过程中的"荆楚贡献"》	论文	吴成国	《湖北大学学报》（哲社版）（CSSCI来源刊）2015年第4期
95	《中国梦的哲学价值论解读》	论文	姚才刚	《湖北大学学报》（哲社版）（CSSCI来源刊）2014年第6期
96	《"义利之辨"与"老字号"企业的德育观》	论文	姚才刚	《计算机工程、伦理道德与法治建设国际学术会议论文集》，Education and Research Press，2012年版
97	《刘宗周的"改过"说及其伦理启示》	论文	姚才刚	《哲学研究》（CSSCI来源刊）2014年第7期
98	《传统儒家慎独学说及其现代价值》	论文	姚才刚	《价值论与伦理学研究》2013年卷，新华出版社2013年版
99	《论思想政治教育对于构建我国主流价值文化的作用》	论文	姚才刚 李平平	《中国文化发展论坛》（2013），社会科学文献出版社2013年版
100	《传统与现代关系的反思与重构》	论文	姚才刚 刘婷婷	《文化发展论丛》（中国卷）2015，社会科学文献出版社2016年5月
101	《现代文化传播体系的建构与主流价值文化传播》	论文	陈俊	《价值论与伦理学论丛》（2015年），社会科学文献出版社2016年版
102	《论主流价值文化建构与发展的社会环境》	论文	陈俊	《文化发展论丛》（湖北卷）2014，社会科学文献出版社2015年版
103	《强"魂"健"体"：建设当代中国主流文化的关键》	论文	陈俊	《文化发展论丛》（世界卷）2014，社会科学文献出版社2015年版
104	《社会各群体对社会主义核心价值的认同差异》	调查报告	陈俊	《华中科技大学学报》（社会科学版）（CSSCI来源刊）2013年第5期，人大复印报刊资料《文化研究》2013年第12期全文转载
105	《文化产品的生产与主流价值文化的建构》	论文	陈俊 柳丹飞	《文化发展论丛》（中国卷）2014，社会科学文献出版社2013年版
106	《规则与德性——规范伦理学的发展之路探寻》	论文	方熹	《湖北大学学报》（哲社版）（CSSCI来源刊）2014年第9期
107	《构建当代中国价值文化势在必行》	调查报告	阮航	《华中科技大学学报》（社会科学版）（CSSCI来源刊）2013年第5期，人大复印报刊资料《文化研究》2013年第12期全文转载

续表

序号	成果名称	成果形式	作者	应用对策性成果的应用价值和社会效益（领导批示、实际部门采纳等），基础性研究成果的学术价值和社会影响（引用、转载、获奖、社会评价和反响等），已发表阶段性成果须备注发表刊物、年份和期数
108	《现代意味着什么：略论中国文化的现代性》	论文	阮航	《文化发展论丛》（中国卷）2015，社会科学文献出版社2016年版
109	《城镇居民对我国主流价值文化认同的问题与对策》	调查报告	周鸿雁	《华中科技大学学报》（社会科学版）（CSSCI来源刊）2013年第5期
110	《论当代中国主流文化面临的困境及重建条件分析》	论文	徐弢	《中国文化发展论坛》（2013），社会科学文献出版社2013年版
111	《试论当代中国价值观中的困境与出路——从"山寨现象普遍化"谈起》	论文	徐弢	《文化发展论丛》（中国卷）2014，社会科学文献出版社2013年版
112	《时代精神与核心价值观的辨析凝练》	论文	贺祥林 鲁塞光	《文化发展论丛》（中国卷）2014，社会科学文献出版社2013年版
113	《新闻媒体要做社会主义核心价值体系建设者》	论文	杨业华	《中国文化发展论坛》（2013），社会科学文献出版社2013年版
114	《社会主义核心价值观系统的要素和结构探析》	论文	杨业华 程亚琴	《文化发展论丛》（中国卷）2014，社会科学文献出版社2014年版
115	《当代中国主流文化视域下的人权文化建设初探》	论文	陈焱光	《中国文化发展论坛》（2013），社会科学文献出版社2013年版
116	《生态价值观教育是当前主流价值文化建设的重要任务》	论文	赵涛	《中国文化发展论坛》（2013），社会科学文献出版社2013年版
117	《马克思主义价值观的当代中国认知》	论文	涂用凯 杨菁	《文化发展论丛》（中国卷）2014，社会科学文献出版社2013年版
118	《城镇化背景下城乡价值文化的冲突与整合》	论文	高乐田 高永瀚	《中国文化发展论坛》（2013），社会科学文献出版社2013年版
119	《当代中国文化的源流思考》	论文	强以华	《世界文化发展论坛》（2013），社会科学文献出版社2013年版
120	《当代中国主流审美文化问题研究》	论文	赵红梅	《世界文化发展论坛》（2013），社会科学文献出版社2013年版
121	《苏联主流文化边缘化教训对当代中国主流文化构建的启示》	论文	张丽君	《世界文化发展论坛》（2013），社会科学文献出版社2013年版
122	《儒家文化走进现代世界的进路》	论文	张丽君	《文化发展论丛》（中国卷）2015，社会科学文献出版社2016年版

后 记

本书是2011年国家社科基金重大招标项目"构建我国主流价值文化研究（11&ZD021）"的最终成果，是项目组集体研究成果的主体部分。担任本书撰写任务的是项目的首席专家和子课题负责人，他们分别是：

江畅，哲学博士，湖北大学哲学学院教授、博士生导师，湖北大学高等人文研究院院长，中华文化发展湖北省协同创新中心、湖北省道德与文明研究中心主任，湖北文化建设研究院院长，教育部长江学者特聘教授。本项目首席专家，负责本书的策划、设计、修改、定稿等工作，本书导言、第六章、第七章、第十章、结语的作者。

周海春，哲学博士，湖北大学哲学学院教授、博士生导师，湖北大学国学研究所所长，湖北大学中国文化研究中心主任，中华文化发展湖北省协同创新中心研究员。本项目策划者之一，本书第二章、第三章、第四章的作者。

姚才刚，哲学博士，湖北大学哲学学院教授、博士生导师，湖北大学哲学学院副院长，中华文化发展湖北省协同创新中心研究员。本书第九章的作者。

吴成国，历史学博士，湖北大学历史文化学院教授、博士生导师，湖北大学高等人文研究院副院长，中华文化发展湖北省协同创新中心常务副主任，湖北文化建设研究院执行院长，湖北大学湖北文化发展研究中心主任。本书第一章的作者。

陈俊，哲学博士，湖北大学哲学学院副教授，湖北大学高等人文研究院副院长，中华文化发展湖北省协同创新中心主任助理、副研究员。本书第八章的作者。

徐瑾，哲学博士，湖北大学哲学学院副教授，中华文化发展湖北省协同创新中心副研究员。本书第五章、第七章的作者。

阮航，哲学博士，湖北大学哲学学院副教授，湖北大学高等人文研究院院长助理，中华文化发展湖北省协同创新中心主任助理、副研究员。本书第二章、第三章的作者。

张敏，历史学博士，湖北大学历史文化学院副教授，中华文化发展湖北省协同创新中心副研究员。本书第一章的作者。

江 畅
2016年9月20日

丛书编后记

1994年，为振兴和发展湖北大学的哲学事业，我们两个人（江畅、戴茂堂）分别从湖北大学政治教育系和《湖北大学学报》编辑部调到湖北大学哲学研究所，当时我们信心满满地想建立中国哲学的"沙湖学派"。从那时到今天，已经整整20年了。20年来，沙湖学派从小到大，从弱到强——从当时的几位老师和几位学生，到今天的几十位老师和几百位毕业生和在校生；从没有一个学位点，到今天拥有本科、硕士、博士学位点，以及博士后流动站；从没有任何重点学科到今天具有省级一级哲学重点学科；从当时单二级学科的西方哲学或伦理学研究到今天的作为一级学科的哲学研究，以及更广范围的文化研究，搭建起了湖北大学基础文科的文化发展研究平台。我们正在组织出版五本集刊（《德国哲学》、《价值论与伦理学研究》、《文化发展论丛》（中国卷、世界卷、湖北卷））和三本蓝皮书（《文化建设蓝皮书：中国文化发展报告》、《世界文化蓝皮书》、《湖北文化蓝皮书》）；正在组织有关中国、世界、湖北文化发展的学术论坛。今天，沙湖学派已经成为中国哲学和文化研究的一支重要力量。我们希望本丛书能以更突出的个性特色为沙湖学派的发展壮大、为我国哲学与文化的繁荣昌盛做出一份贡献！

在2000年开始出版的"价值论与伦理学丛书"的总序中，我们第一次明确宣告了沙湖学派的宗旨，即："以关注和研究人类（特别是中国）价值与道德问题为宗旨，以个体自主和整体和谐为旗帜，以重反思、重批判、重对话为指针，以出思想、出观点、出理论为使命，力求在哲学和伦理学上有所突破，有所创新，形成独树一帜的'沙湖学派'，以成为哲学百花园中的一簇充满生机和活力的鲜花。"我们还阐明了出版丛书的基本思路，即："从广义上理解伦理学，把道德问题作为其中的一部分并放到更广泛的价值问题中去审视和探讨，使伦理学与价值论沟通、统一起来。从哲学的高度研究伦理学，使伦理学成为幸福哲学、价值哲学、人生哲学，成为能为社会和个人观念构建、反思、更新提供一般价值原则和基本行为准则的真正意义的哲学"；"立足中国当代现实，着眼人类未来发展，借鉴现代世界文明，弘扬中国传统文化。不拘一格，广泛吸纳人类已有的一切有价值的思想理论成果，在批判、选择、综合的基础上创新，构建一种理论与应用内在一致的，具有兼容性、开放性、创新性的动态伦理学体系"。在2002年创办的《价值论与伦理学论丛》（后改名为《价值论与伦理学研究》）的发刊词中，我们又强调了这些沙湖学派的基本观念。

上述观念仍然是本丛书的基本观念，我们还会将这些观念进一步运用于文化问题的研究。文化问题的核心是价值问题,价值问题的难题是道德问题。我们将着眼于文化问题研究道德和价值问题,以解决道德问题为突破口破解价值问题和文化问题,以价值问题的研究加强道德问题与文化问题之间的关联,使道德问题、价值问题与文化问题贯通起来,融为一体。我们希望通过我们持续不解的学术探索为我国主流价值观和主流价值体系构建提供理论支持和智库服务。

江 畅

(湖北大学高等人文研究院院长、教育部"长江学者"特聘教授)

戴茂堂

(湖北大学哲学学院院长)

2014 年 10 月